Französische Fayencen

Antoinette Faÿ-Hallé/Christine Lahaussois

Französische Fayencen

des 18. Jahrhunderts

Klinkhardt & Biermann · München

Für Jeanne Giacomotti

CIP-Kurztitelaufnahme der Deutschen Bibliothek:

Französische Fayencen des 18. [achtzehnten] Jahrhunderts / Antoinette Faÿ-Hallé ; Christine Lahaussois. [Die Übers. aus d. Franz. besorgte Roswitha Beyer]. – München : Klinkhardt und Biermann, 1986.
Einheitssacht.: Le grand livre de la faïence française
ISBN 3-7814-0268-1

NE: Faÿ-Hallé, Antoinette [Hrsg.]; EST

Die Übersetzung aus dem Französischen besorgte Roswitha Beyer

Titel der französischen Originalausgabe:
Le grand livre de la faïence française

Satz: Typobauer Filmsatz GmbH, Ostfildern (Scharnhausen)
Schwarzweißlithos: Photolitho Bienna SA, Biel
Farblithos, Druck und buchbinderische Verarbeitung:
Dai Nippon Printing Co., Ltd., Tokyo
Redaktion: Hubertus von Gemmingen
Graphische Gestaltung und Herstellung: Emma Staffelbach

Printed in Japan

Inhaltsverzeichnis

Vorwort

Während vieler Jahre galt Jeanne Giacomottis Untersuchung *Faïences françaises* (1963) als unentbehrliches Hilfsmittel für alle, die sich mit den im Grenzbereich zwischen Kunst und Kunsthandwerk angesiedelten Fayencen beschäftigten. Jeanne Giacomotti hat ihre Arbeit damals nach geographischen Gesichtspunkten angelegt. Sie befaßte sich zudem vor allem mit dem Einfluß von Nevers auf die französische Fayence des 18. Jahrhunderts. Wir sind ihr zu großem Dank verpflichtet, denn sie hat die Grundlagen zu unseren heutigen Kenntnissen erarbeitet. Wir haben – obwohl die damaligen Abbildungen zum Teil wiederverwendet werden – für die vorliegende Betrachtung jedoch zwei andere Schwerpunkte gewählt: einerseits die Fayencen aus Rouen, die für alle Manufakturen nördlich der Loire von Bedeutung waren, andrerseits die – unter dem Einfluß des Porzellans – in der zweiten Hälfte des 18. Jahrhunderts in Muffelbrandtechnik dekorierten Fayencen. Wir verkennen dabei durchaus nicht den besonderen Rang, den Marseille und Moustiers zu dieser Zeit einnahmen und den genauer zu bestimmen augenblicklich Anstrengungen unternommen werden.

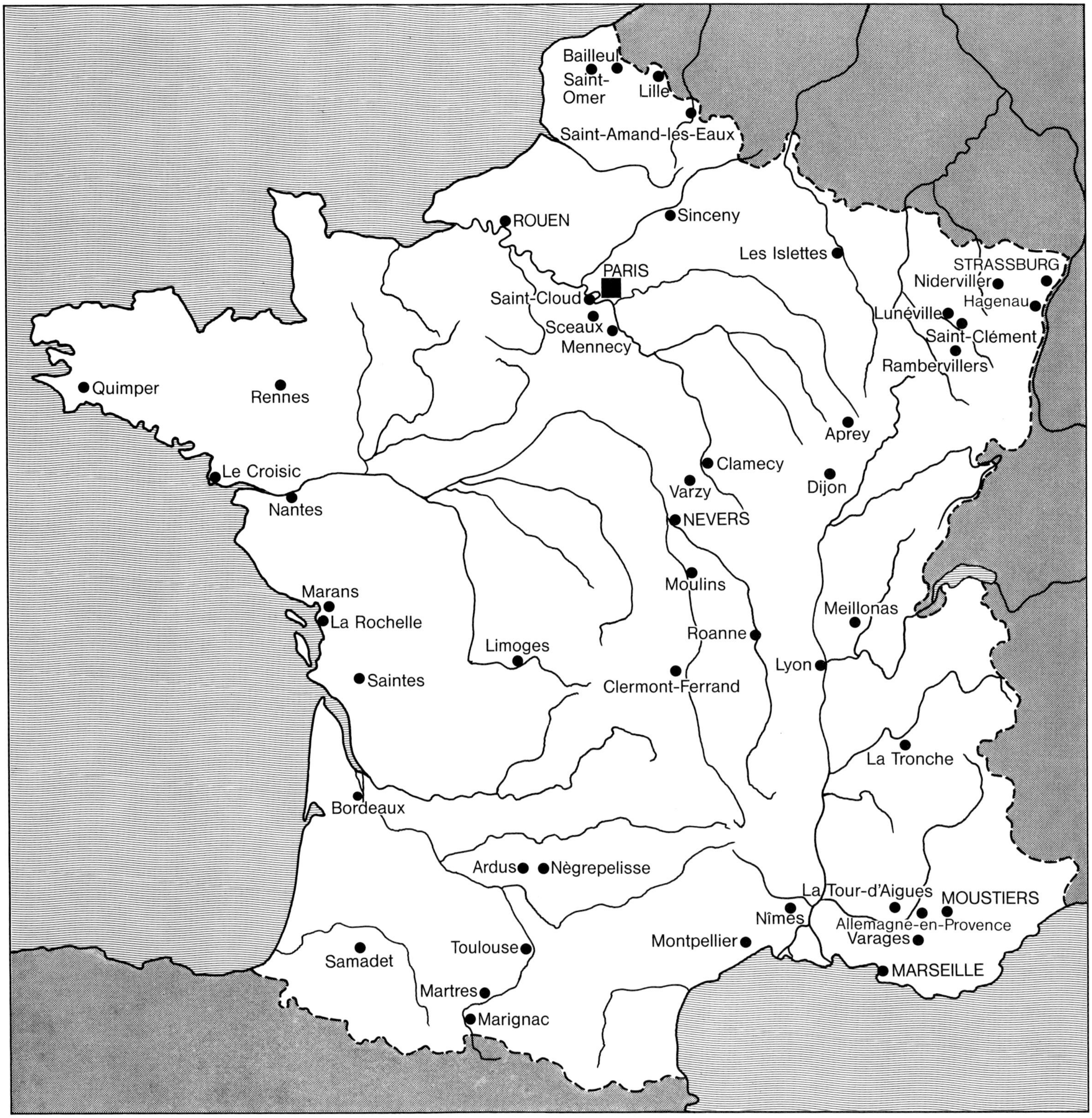

Bailleul
Saint-
Omer
Lille
Saint-Amand-les-Eaux
ROUEN
Sinceny
Les Islettes
PARIS
STRASSBURG
Niderviller
Saint-Cloud
Hagenau
Sceaux
Lunéville
Mennecy
Saint-Clément
Rambervillers
Quimper
Rennes
Aprey
Clamecy
Le Croisic
Varzy
Dijon
Nantes
NEVERS
Moulins
Marans
Meillonas
La Rochelle
Roanne
Limoges
Lyon
Saintes
Clermont-Ferrand
La Tronche
Bordeaux
Ardus
Nègrepelisse
La Tour-d'Aigues
MOUSTIERS
Nîmes
Allemagne-en-Provence
Montpellier
Varages
Samadet
Toulouse
MARSEILLE
Martres
Marignac

Von den Ursprüngen bis zum 17. Jahrhundert

Bei der im Mittelalter gebräuchlichen französischen Keramik handelte es sich um Töpferware, also um eine Keramik mit porösem Scherben. Um sie undurchlässig zu machen, konnte man sie mit einem glasartigen Überzug, der Glasur, versehen. Dieser transparenten, aus Siliziumoxid und Bleioxid bestehenden Glasur kann Farbe beigefügt werden, doch die Tönung des mehr oder weniger weißen oder auch roten Scherbens scheint stets durch.

Während das Abendland und auch Byzanz sich mit dieser Töpferware zufrieden gaben, bemühten sich die Araber seit dem 8. Jahrhundert um eine Keramik mit weißer Oberfläche. Sie erreichten ihr Ziel, indem sie der Glasur zusätzlich Zinnoxid beimischten, wodurch sie undurchsichtig und weiß wird. Die Araber erfanden noch eine Reihe anderer, der jeweils beabsichtigten Wirkung entsprechender keramischer Techniken, doch für das Abendland war die Erfindung der Keramik mit zinnhaltiger Glasur, also der Fayence, am nachhaltigsten wirksam. Der Scherben ist auch hier porös, er wird mit einer Glasur mit bleihaltigem Schmelzzuschlag (das Blei dient zum Schmelzen des Siliziumoxids) überzogen, die durch Zusatz von Zinnoxid undurchsichtig gemacht wurde.

Mit der Eroberung eines großen Teils des Mittelmeerraumes durch die Araber wurden auch deren Erfindungen bis nach Spanien und Italien bekannt. Der Handel mit spanischer Keramik, deren Lüsterdekor Metall nachahmt, führte im 15. Jahrhundert zu einem noch nie dagewesenen Erfolg. Die Ware wurde sicherlich über die Insel Mallorca nach Italien exportiert, wo sie nach eben dieser Insel den italienischen Namen *maiolica* (Majolika) erhielt. Heute bezeichnet dieses Wort in Italien alle Keramik mit zinnhaltiger Glasur. In Frankreich verwendet man *majolique* für Fayencen der italienischen Renaissance und für alle europäischen, von diesem Stil beeinflußten Fayencen.

Frankreich lernte die Fayence auf dem Weg über Italien kennen. Für einen französischen Töpfer war die Übernahme dieser neuen Technik ein Beweis seiner, für die Menschen der Renaissance typischen, dem Neuen aufgeschlossenen Einstellung (Bernard Palissy hat allerdings darauf verzichtet und sich weiter der mittelalterlichen Keramiktechnik bedient). Das französische Wort *faïence* ist ebenso wie das deutsche Fayence vom Namen der italienischen Stadt Faenza abgeleitet, in der diese Kunstform im 15. und 16. Jahrhundert einen außerordentlichen Aufschwung erlebte.

Da die italienische Majolika am Anfang der Entwicklung der französischen Fayence steht, soll hier auf einige ihrer Merkmale hingewiesen werden. Italiener – aus der Toskana oder aus Faenza – haben als erste die Palette der Scharffeuerfarben entwickelt. Metalloxide, die bei gleicher Temperatur gebrannt werden können wie der Scherben, werden vor dem Brand aufgebracht: Kobalt für blaue Töne, Mangan für bräunliches Violett; mit Kupfer erzielt man Grün, mit Antimon Gelbtöne. In dieser Palette gibt es kein Rot, dagegen Ockertöne, die man durch eisenhaltige Erden erhält. Stilistisch haben die Italiener die dekorativen Möglichkeiten vervielfältigt und damit der bescheidenen Keramik Eingang in die großen Kunstströmungen der Zeit verschafft.

Wann und wie hat Italien diese neue Technik an Frankreich weitergegeben? Darüber gibt es mehr Hypothesen als Gewißheit; nur Archive und erhaltene Stücke können weiterhelfen.

Die französische Majolika

Der erste, der in Frankreich Fayencen herstellte, trug den merkwürdigen Namen Masséot Abaquesne; er ist 1526 nachgewiesen und starb vor 1564. Wir wissen, daß er aus Rouen stammte und Packer war, also einen Beruf hatte, der mit Handel und Reisen verbunden war. Man kann sich darum vorstellen, daß Abaquesne nicht selber Fayencen schuf, sondern Leiter einer Werkstatt war, in der er Fremde beschäftigte, oder daß er Fremde veranlaßte, am Ort zu arbeiten. Rouen durchlebte im 16. Jahrhundert eine Zeit handwerklicher Blüte, und es fehlte nicht an begabten Leuten. Auf jeden Fall kann man feststellen, daß die mit der Marke des Masséot Abaquesne gekennzeichneten Stücke einen ausgeprägt lokalen Charakter haben. Es handelt sich vorwiegend um Apothekertöpfe: Im Jahr 1545 bestellte allein der Apotheker Pierre Dubosc mehr als viertausend! Einen weiteren bedeutenden Teil von Abaquesnes Werk bilden Bodenfliesen. Es seien hier nur die zwischen 1542 und 1549 für das Schloß des Connétable Anne de Montmorency ausgeführten Bodenbeläge erwähnt. – Wann die Werkstatt des Masséot Abaquesne die Arbeit eingestellt hat, ist nicht bekannt.

Ende des 16. Jahrhunderts haben Lyon und Nevers die Nachfolge angetreten.

In Lyon bestand eine, gemessen an der Einwohnerzahl, ansehnliche italienische Kolonie, zu der Töpfer aus verschiedenen Städten gehörten. Für uns ist der wichtigste Jules Gambin (Giulio Gambino) aus Faenza. Er arbeitete 1584 in Lyon, 1588 aber in Nevers; das erklärt, warum es praktisch unmöglich ist, Majoliken aus Lyon und Nevers zu unterscheiden. Wir kennen für jedes dieser Zentren nur ein einziges mit Marke versehenes und aus dem 16. Jahrhundert datiertes Stück, das zum Vergleich herangezogen werden kann. Die Italiener änderten, wenn sie ihre Heimat verließen, nicht notwendig auch ihren Stil, ihre französischen Werke sind daher ziemlich schwer zu erkennen. Nur die Lyoner Apothekergefäße vom Ende des 16. und Anfang des 17. Jahrhunderts haben wirklich eigenen Charakter. Sie sind mit italienischen, manchmal sehr alten, aber auch sehr wirkungsvollen Motiven geschmückt.

Während die Keramik von Lyon im 17. Jahrhundert immer mehr jede künstlerische Qualität verlor, erlebte die Fayence in Nevers neuen Aufschwung. Auch dort begann es mit Italienern: 1565 heiratete Henriette von Kleve (das Nivernais war 1491 an Kleve gekommen) Lodovico Gonzaga, der verschiedene italienische Künstler berief, darunter die Conrade (Corradi) aus Albissola und auch Jules Gambin.

Albissola, Genua und Savona, drei Städte an der Küste Liguriens, bildeten im 17. und 18. Jahrhundert ein Fayencezentrum von allergrößter Bedeutung. Die Conrade behielten auch während des 17. Jahrhunderts weiterhin Verbindung zu ihrem Heimatland. Es waren drei Brüder: Augustin, der 1588 mit Jules Gambin assoziiert war, Baptiste und Dominique, die von König Heinrich III. von Frankreich 1578 das Heimatrecht erhielten. Der Louvre in Paris besitzt das einzige Stück, das sich ihnen mit Sicherheit zuschreiben läßt, denn auf seiner Rückseite ist angegeben: 1589 / FESI A- / NEVRS. Die Platte ist ebenso wie die Lyoner der gleichen Epoche mit einem Dekor *a istoriato*, für den also ein Stich als Vorbild diente, geschmückt.

Nevers im 17. Jahrhundert

Im Jahr 1603 erhielten die Conrade für dreißig Jahre das Monopol der Fayenceherstellung in Nevers. Man muß ihnen also alle die prächtigen Dekorschöpfungen des ersten Jahrhundertdrittels zuschreiben. Sie verleugneten ihre Vergangenheit allerdings nicht und stellten weiterhin auch Fayencen mit *istoriati*-Dekor her. Zudem übernahmen sie jüngere italienische Dekors und imitierten die berühmten *bianchi* von Faenza. Sie führten diese Imitationen so gut aus – wie übrigens auch andere Keramiker, besonders die der nördlichen Niederlande –, daß diese weißen Fayencen oft recht schwer zuzuordnen sind, selbst wenn sie noch einen *a compendiario*-Dekor – fein in Gelb und Blau gezeichnet – tragen.

Die Florentiner Renaissancebildhauer della Robbia hatten vollplastische Arbeiten in Fayence geschaffen; die Conrade taten es ihnen nach, und ein Mitglied ihrer Werkstatt, Denis Lefebvre, bezeichnete eine Madonnenstatue (Nevers, Musée municipal) mit seinen Initialen und der Jahreszahl 1636. Damit begründeten die Conrade eine Tradition, die bis zum Ende des 18. Jahrhunderts den Ruhm von Nevers bildete.

Die Conrade übernahmen auch Anregungen aus ihrer alten ligurischen Heimat, und zwar offenbar mit Stolz, denn sie bezeichneten eine Anzahl dieser blau gemalten, mit Blumen und Tieren übersäten Stücke mit ihrem Namen. Diese Verwendung der blauen Camaieumalerei war sicherlich der am meisten der Mode entsprechende Zug in ihrer vielfältigen Produktion, denn Ende des 17. und Anfang des 18. Jahrhunderts verbreitete sich diese Dekorationsform über ganz Europa.

Als das Monopol der Conrade erloschen war, nahm die Zahl der Manufakturen zu, und zugleich endete der italienische Einfluß auf den Stil von Nevers. Damals wurden die farbigen, blauen oder gelben, Fonds eingeführt. Sie blieben sehr lange in Gebrauch, so daß sie die verschiedensten Dekors tragen können. Der Dekor *a istoriato* wurde weiterhin ausgeführt, doch dienten von nun an französische Stiche als Vorbilder. Die Themen sind in manchen Fällen noch der Mythologie entnommen, häufig jedoch zeitgenössischen Romanen, darunter *L'Astrée* von Honoré d'Urfé. Sie schildern eine ländliche Welt, erfüllt von einer Liebe zur Natur, die den von Madame de Sévigné in ihren Briefen ausgedrückten Gefühlen nicht sehr fern steht. Der malerische Stil dieser Fayencen ist ebenso frei wie der Briefstil der berühmten Marquise. Das ist so ausgeprägt, daß man sich schon gefragt hat, ob die Fayencemaler vielleicht freihändig ohne Schablone gearbeitet haben, das heißt ohne perforierte Vorzeichnung auf Papier, durch deren Löcher man mit Holzkohlenstaub Lage und Linien des Dekors auf die Fayence aufpauste.

Im Lauf des 17. Jahrhunderts setzte orientalischer Einfluß ein. Die Bedeutung der chinesischen Kunst für Europa ist bekannt. Porzellane der Compagnie des Indes, die als Ballast auf den Schiffen mitgebracht wurden, deren Ladung – Seide, Tee, Gewürze – zu leicht war, überschwemmten im 18. Jahrhundert das Abendland. Doch bereits im 17. Jahrhundert war chinesisches Porzellan in Europa gesammelt worden. Es hat die Fayenceherstellung stark beeinflußt; sowohl die Verwendung der blauen Camaieumalerei als auch die beachtliche Erweiterung des dekorativen Formenschatzes sind darauf zurückzuführen. In Holland übernahm Delft, dessen Blütezeit in die Epoche Ludwigs XIV. (1661–1715) fällt, den chinesischen Stil, ehe es einen eigenen entwickelte. In Nevers äußerte sich der chinesische Einfluß auf zweierlei Art: bei einer Gruppe in verhältnismäßig getreuen, in blauer Camaieumalerei ausgeführten Übernahmen, bei einer zweiten, merkwürdigeren, in dem Dekor *à la palette*, einem polychromen Dekor, der an chinesische Landschaften erinnert, die jedoch von den Fayencemalern falsch verstanden wurden.

Im 18. Jahrhundert konnte die Fayence zwar hinsichtlich der Menge ihren Rang bewahren, doch die schöpferischen Kräfte verlagerten sich in andere Zentren. Nevers beschränkte sich zu stark auf die Herstellung von Stükken, die mit dem Namenspatron des Empfängers und dessen Namensinschrift geschmückt waren. Nach der Französischen Revolution 1789 tauchten dann politische Themen als Dekor der Fayencen auf. Sie wurden in der Folge unermüdlich wiederholt, so daß eine Datierung solcher Stücke schwierig ist.

Die übrigen im 17. Jahrhundert tätigen Zentren. Der Aufschwung am Jahrhundertende

Im 17. Jahrhundert hatte Nevers mit seiner Fayence also einen Triumph erlebt, den es mit fast niemand teilen mußte. Nur in Rouen wurde von 1644 an, dem Jahr der Gründung der Manufaktur von Edme Poterat, auch Fayence hergestellt. Aus den Anfängen dieser Manufaktur sind drei Stücke bekannt mit der Bezeichnung: faict a Rouen / 1647. Zwei der drei sind mit dem ein Jahrhundert vorher in Faenza entstandenen Dekor *a compendiario* geschmückt, auf den auch Nevers zu jener Zeit sicher nicht verzichtet hatte. Im Verlauf der zweiten Jahrhunderthälfte spezialisierten sich Edme Poterat (gest. 1687) und seine Söhne Louis – der außerdem Porzellan herstellte – und Michel auf camaieublaue Dekors. Da sie Leute aus Delft und Nevers beschäftigten, nahmen sie auch Einflüsse aus diesen Zentren auf, ohne von dem chinesischen Einfluß zu sprechen, dem alle unterlagen. Am Anfang des 18. Jahrhunderts war der Dekor *aux lambrequins rayonnants*, das heißt mit strahlenförmig angeordneten Lambrequins, der Rouen zum besonderen Ruhm gereichte, voll ausgebildet. Diese Lambrequins haben einen dreieckigen Umriß, sind also für den Schmuck runder Formen sehr gut geeignet. Die Anregung gaben Blätter zeitgenössischer Ornamentstecher, deren Motive unendlich abgewandelt wurden. Vom 17. Jahrhundert an wurden sie mit Rot gehöht. Die Anwendung dieses Rouen eigentümlichen Rot, das aus einer eisenhaltigen Erde, dem armenischen Bolus, hergestellt wird, ist sehr schwierig.

Die Erfolge der Fayencehersteller von Nevers, Rouen und weiter entfernten Zentren in Holland und Italien weckten selbstverständlich in andern den Wunsch, das Abenteuer auch zu wagen. Einer der ersten war Pierre Chicaneau. Er ließ sich 1675 in Saint-Cloud nieder. Damals soll er aus Rouen gekommen sein, doch ist diese Überlieferung nicht verbürgt. Chicaneau starb 1677, nachdem es ihm anscheinend gelungen war, Weichporzellan herzustellen; seine Kinder arbeiteten in dieser Richtung weiter. Seine Witwe, die sich 1678 mit Henri Trou, der aus Nevers stammte, verheiratet hatte, stellte mit anderen ihrer Kinder dagegen Fayence her, und zwar in einem stark von Rouen beeinflußten Stil.

Saint-Cloud liegt vor den Toren von Paris. Über die Fayenceproduktion des 17. und 18. Jahrhunderts in der Hauptstadt selbst wissen wir merkwürdigerweise kaum etwas. In den Archiven finden sich zwar Erwähnungen von Töpfern, doch über ihre Produktion könnten nur Grabungen Aufschluß geben.

Im Süden Frankreichs gründeten die Brüder Clérissy gegen 1677 jeder eine Manufaktur, Pierre in Moustiers, Joseph in Saint-Jean-du-Désert, einem Vorort von Marseille. Beide schufen zunächst auf großformatigen Stükken camaieublaue Dekors in einem üppigen Stil; bei den Fayencen aus Saint-Jean-du-Désert sind manganviolette Höhungen häufig. Die Clérissy stellten besonders Jagdplatten her, deren Motive Stichen des Florentiners Antonio Tempesta entlehnt sind. Jede der beiden Manufakturen hatte zwar von Anbeginn ihren eigenen Charakter – ligurischer Einfluß in Saint-Jean-du-Désert, sehr qualitätvolle Glasur und nur seltene Verwendung von Manganviolett in Moustiers –, doch sie arbeiteten unter den gleichen historischen und künstlerischen Voraussetzungen: Beide konnten Nutzen ziehen aus der von Louis de Rouvroy, Herzog von Saint-Simon, in seinen Memoiren – nachdem Ludwig XIV. 1689 und 1709 die Einschmelzung allen Silbergeschirrs befohlen hatte, um den Lasten der Kriege zu begegnen – hoch gepriesenen Fayencen: »Alle Großen und Hochgestellten wendeten sich innerhalb von acht Tagen der Fayence zu. Sie leerten die Lager und richteten ihre Begeisterung auf diese Ware, während alle Mittelmäßigen sich weiter ihres Silbergeschirrs bedienten.« Die Aristokratie kehrte zwar bald zu ihrer ersten Liebe, dem Silbergeschirr, zurück. Doch das 18. Jahrhundert wurde für die Gesamtheit der französischen Gesellschaft zu einer Periode wachsenden Reichtums, und das erklärt die beachtliche Zunahme an großen und kleinen Manufakturen vom Ende des 17. Jahrhunderts bis in die Jahre um 1780.

Eine Beschreibung dieser Blütezeit ist schwierig, denn die Produktion jener Epoche ist ungemein vielfältig. Es lassen sich, kurz gesagt, drei Phasen unterscheiden, die einander überschneiden. Die erste begann am Ende des 17. Jahrhunderts und erstreckte sich bis gegen 1730/1740: In dieser Epoche standen blaue Camaieumalerei und der Lambrequin- oder Stickerei- und Spitzendekor an der Spitze. Die zweite Phase dauerte von 1730 bis ungefähr 1760: In jene Periode fallen die Einführung der polychromen Scharffeuerpalette und der Mode der chinesischen Dekors. Schließlich verbreitete sich, in der dritten Phase, von 1749 an die Technik des Muffelfarbendekors, mit deren Hilfe es möglich wurde, die ursprünglich für Porzellan entwickelten, *au naturel* gemalten Dekors nachzuahmen.

Der Siegeszug der camaieublauen Malerei. 1700–1730

Die Manufakturen nördlich der Loire: Lille und Rouen

Während der ersten Hälfte des 18. Jahrhunderts benutzten die französischen Fayencehersteller also immer noch die Scharffeuertechnik. Die Dekors wurden zusammen mit dem Scherben (der allerdings vorher einem Schrühbrand ausgesetzt worden war) und der Glasur bei hoher Temperatur gebrannt. Die großen Manufakturen entwickelten die neuen Dekormoden, zahllose Nachahmer nahmen sie schnell auf, und ihre Kopien sind oft so getreu, daß wir nach so langer Zeit kaum hoffen dürfen, sie in allen Fällen wirklich zu unterscheiden.

Dies trifft zum Beispiel für Lille zu, das viele Anregungen von Rouen übernahm. Von 1700 an führte Jacques Febvrier nach der Trennung von seinem Teilhaber Jean Bossut allein eine Manufaktur. Eine zweite Manufaktur wurde von Barthélemy Dorez gegründet. Lille liegt zwischen Delft und Rouen und wurde von beiden Zentren beeinflußt. Aus Delft übernahm Lille den Geschmack an Fayencen mit sehr leichtem Scherben, deren Herstellung dank der Verwendung einer aus der Umgebung von Tournai eingeführten Erde möglich war, und für godronierte, also in einer bestimmten Form reliefierte Formen. Das geringe Gewicht findet sich übrigens nur bei kleinen Stücken, die großen sind auch in Lille, ebenso wie in Rouen, schwer. Von Rouen übernahm Lille das Motiv der strahlenförmig angeordneten Lambrequins *(lambrequins rayonnants)*, das manchmal in einem persönlichen Stil ausgeführt ist, häufiger aber mit der wohlüberlegten Absicht, die Kundschaft durch perfekte Imitationen zu täuschen. Es wird häufig gesagt, der Ton des Kobaltblau von Lille sei etwas »schiefrig«, diese Bezeichnung ist jedoch recht ungenau für die voneinander sehr verschiedenen Blautöne. Typischer ist die Qualität der Glasur von Lille. Im Unterschied zu Rouen, das Schwierigkeiten bei der Beschaffung des Zinns hatte, konnte Lille es direkt und mühelos aus England, wo es gefunden wurde, kommen lassen. Das wirkte sich auf die Glasur aus. Schließlich hat man in Lille, zumindest zur Zeit der Lambrequinmode, das sehr schwierig zu verwendende Rot von Rouen durch Gelb ersetzt.

In der gleichen Zeit erlebte Rouen einen beachtlichen Aufschwung, 1722 arbeiteten dort dreizehn Manufakturen. Sie hatten allerdings erhebliche Schwierigkeiten, denn es mangelte nicht nur an Zinn, sondern auch an Holz, dem unerläßlichen Brennstoff, der in gewaltigen Mengen verbraucht wurde. Das scheint aber die schöpferischen Kräfte der Fayencemanufakturen nicht beeinträchtigt zu haben. Sie variierten die Formen, wobei sie Anregungen der Goldschmiedekunst übernahmen und besonders Helmkannen bevorzugten; sie ließen sich auf Schwierigkeiten ein, indem sie Vexierkrüge in beachtlicher Zahl und sehr große Stücke formten. Sie brachten auf ein und demselben Stück Spitzenmotive – sie entsprechen dem Lambrequin, müssen jedoch nicht dessen dreieckige Form haben – und chinesische Motive an; sie führten die Polychromie des Fünffarbendekors der Scharffeuerpalette ein, der darin bestand, einen camaieublauen Spitzendekor mit verschiedenen Farben zu höhen. Um 1720 war alles für die großen Neuschöpfungen bereit, für die ersten farbigen Fonds und für die Meisterwerke des Pierre Chapelle.

In Rouen sind die ersten farbigen Fonds ockerfarben und tragen einen blau, schwarz oder braun gemalten Dekor, der Motive zeitgenössischer Nielloarbeiten aufnimmt und darum den Namen *à l'ocre niellé* erhielt. In der Mitte sind häufig Kinderspiele dargestellt, doch auf einer 1726 datierten Platte im Musée des Beaux-Arts et de la Céramique in Rouen nimmt ein Berain-Dekor diesen Platz ein. In der Folge haben die Fayencemanufakturen von Rouen noch andere farbige Fonds entwickelt – schokoladenbraune, schwarze, blaßblaue –, doch keiner war so dekorativ wie der erste, ockerfarbene.

Die bedeutendsten Werke dieser Epoche wurden von Pierre Chapelle geschaffen. Von ihm stammen unter anderem zwei Globen auf mächtigem, 150 cm hohem Sockel, von denen einer 1725 datiert ist. Es handelt sich um einen Erd- und einen Himmelsglobus. Mit ihrem polychromen Dekor bilden sie auf dem Gebiet der Keramik Hauptwerke des Louis-XIV-Stils.

Die Manufakturen in Südfrankreich: Moustiers und Marseille

Zur gleichen Zeit schufen die großen Fayencezentren Südfrankreichs weiterhin Neues. In Moustiers hatte sich Pierre I Clérissy 1710 mit seinem Sohn Antoine assoziiert. Die Verbindung dauerte bis zum Tode Pierres I im Jahr 1728. Auf Antoine folgte 1736 dessen Sohn Pierre II. Sie beschäftigten weiterhin die begabten Söhne des Malers François Viry, der im 17. Jahrhundert zum Ruhm der Clérissy beigetragen hatte. Wie in Rouen nahm auch in Moustiers die Zahl der Fayencemanufakturen zu, 1728 bestanden acht. Es scheint, daß die Übernahme der Berain-Dekors durch die Clérissy erfolgte, mit deren Namen sie verbunden blieben. Auf einer prachtvollen Glasur sind die eigentlichen Berain-Motive von feinen Spitzenmustern umgeben. Der Berain-Dekor selbst, der stets symmetrisch ist, besteht aus einem zentralen Motiv – einer phantastischen Gottheit, einer Büste, einem Wappen oder ähnlichem –, das von sehr leichten, Architekturen ähnelnden Formen flankiert ist, in denen sich seltsame Gestalten tummeln: Sphingen, Affen, Zwerge, Amoretten, Hermen und noch manche andere. All das ist in Camaieublau gemalt. Dieser Dekor ist nach dem Ornamentstecher Jean II Berain (1640–1711) benannt, der 1710 eine Sammlung solcher Ornamente veröffentlicht hatte. Sie lassen sich mit denen vergleichen, die der Kunstschreiner Charles Boulle (1642–1732) für die Einlegearbeit an seinen Möbeln verwendete. Diese Ornamentik geht auf die Antike zurück, auf den Ende des 15. Jahrhunderts bei Grabungen im Goldenen Haus des Nero in Rom entdeckten Wandschmuck, die sogenannten Grotesken; Raffael nahm diese Motive bei der Ausmalung der Loggien des Vatikans auf. Der Dekor war also vor der Veröffentlichung des Jean II Berain bekannt. Die Motive eignen sich für die verschiedensten Formen; die Clérissy haben sie unter anderem auf Platten, Brunnen, Tafelaufsätzen, Streudosen, Leuchtern und Kaminen angewendet. Sie wurden außerdem von vielen andern Manufakturen – von Alcora in Spanien bis nach Bordeaux, von Martres-Tolosane bis Clermont-Ferrand und selbst in Nevers – nachgeahmt.

Wir kennen merkwürdigerweise weniger Marseiller Fayencen aus dem Anfang des 18. als aus dem Ende des 17. Jahrhunderts. Die Manufaktur von Saint-Jean-du-Désert war bis 1748 in Betrieb, doch wir wissen nicht, was sie während der zweiten Hälfte ihres Bestehens schuf. Im Jahr 1709 hatte Anne Clérissy, die Schwester des Joseph und Frau von Etienne Héraud (im 18. Jahrhundert nahmen die meisten Fayenceherstellerinnen in Marseille nicht den Namen ihres Ehemannes an), eine Manufaktur gegründet. Sie starb im folgenden Jahr. Noch vorher hatte sie die Leitung der Manufaktur Joseph Fauchier übergeben, der sie bis 1724 behielt, bis er sich selbständig machte. Man kann also vermuten, daß die beiden Manufakturen Fauchier und Clérissy-Héraud um 1725/1730 mehr oder weniger in gleicher Art arbeiteten, das heißt, im Stil der wenigen mit dem Namen Fauchier bezeichneten und 1725 bis 1727 datierten Stücke. Im Jahr 1731 assoziierte sich Madeleine Héraud, die Tochter der Anne Clérissy, mit ihrem Sohn Louis Leroy; die Verbindung dauerte bis zu ihrem Tod 1749. Um 1740 ist der Stil von Marseille durch die Verwendung von Spitzenmotiven auf der Grundlage von Einflüssen aus Rouen charakterisiert. Sie sind camaieublau gemalt oder polychrom mit vorherrschendem Blau und Rot, die Motive bestehen jetzt ausschließlich aus Blüten und nicht aus mehr oder weniger abstrakten Ranken.

Die Scharffeuerpolychromie nach 1730

Rouen und seine Trabanten Sinceny und Moulins

Um 1730 ließ die Mode des Camaieublau langsam nach, die der Polychromie gewann Boden. Diese Hinwendung zur Farbe war mit einem wiedererwachenden Interesse für fernöstliches Porzellan verbunden, und zwar nicht mehr für die berühmten chinesischen blau-weißen Porzellane – deren Blüte dem 14. Jahrhundert angehörte –, sondern jetzt für chinesische Porzellane der *famille verte* und für japanische, durch die Europa eine Kunst ohne Symmetrie kennenlernte.

Wieder gab Rouen das Zeichen für den Beginn von etwas Neuem. Die Manufaktur Guillibaud schuf Nachahmungen der Dekore auf chinesischem *famille verte*-Porzellan, bei denen selbstverständlich Grün vorherrscht. Die Motive, unter anderen *à la pagode* und *au sainfoin* (Süßklee, wegen der gefiederten Blätter), werden von einer grünen Gitterwerkbordüre gerahmt. Diese Stücke von sehr unterschiedlicher Qualität bilden eine recht eigentümliche Gruppe innerhalb der französischen Fayencen.

Der Versuch, in wenigen Zeilen auf die zahllosen Schöpfungen der Manufakturen von Rouen in der Mitte des 18. Jahrhunderts einzugehen, wäre vergeblich. Einige Motive, wie das Füllhorn, aus dem Blumen, Insekten und Vögel im Überfluß hervorquellen, entsprechen außerordentlich gut den runden Formen der Fayencen und sind mit einer so strahlenden Palette gemalt, daß man sie zu den besten Leistungen der dekorativen Künste in Frankreich zählen darf. Doch auch hier kann man bei genügender Aufmerksamkeit beachtliche Qualitätsunterschiede an Stücken mit gleichartigen Motiven erkennen. Noch immer werden die Dekors mit dem Drachen, mit dem schwarzen Chinesen, das Geißblatt-, Hecken- und Granatapfelmuster von Liebhabern der Fayence hoch geschätzt. Rouen verwendete aber auch abendländische Dekorationsformen: Genreszenen, die von Rocaillemotiven gerahmt sein können, den »musikalischen« Dekor *à l'aria* und, ebenso wie Nevers, Darstellungen von Namenspatronen und Schutzheiligen der Empfänger. Erst mit der großen Krise am Ende des 18. Jahrhunderts nahm diese Produktion ein Ende.

Es ist recht schwierig, die Werke von Rouen und die von Sinceny (Dep. Aisne) zu unterscheiden. Im Jahr 1737 gründete der Herr von Sinceny dort eine Fayencemanufaktur und berief aus Rouen unter anderen Pierre Pellevé und dessen Sohn Dominique, Pierre und Antoine Chapelle sowie Léopold Malriat, der 1742 zum Leiter ernannt wurde. Wenn sich auch ein Teil der Produktion von Rouen und derjenigen von Sinceny stark ähneln, so hat die von Sinceny doch auch eigene Merkmale: die außerordentliche Qualität des Gelb und einige Dekortypen. Unter ihnen müssen zunächst die in Camaieublau gemalten Wiedergaben von Stichen des Salvator Rosa (1615–1673) erwähnt werden, die eine Serie von Tellern schmücken; dann Stücke mit einem ungewöhnlich kräftigen Dekor von Affen und grotesken Figuren; schließlich zahllose Stücke mit chinoisem Dekor voller Poesie und Humor, die mit sehr sicherem Pinsel in strahlenden

Farben ausgeführt sind. Die Rocailledekors von Sinceny wirken durch eingefügte Muscheln, Ranken, Füllhörner, Blumen und Vögel ganz besonders reich. In Sinceny war man wie in Rouen am Ende des 18. Jahrhunderts auch mit der Muffelbrandtechnik vertraut.

Es scheint, daß Sinceny auf die Manufaktur von Moulins (Dep. Allier) Einfluß hatte, die – ungeachtet der Entfernung – von dort die in sehr lebhaften Farben gemalten phantastischen Chinoiserien übernahm.

Die nordfranzösischen Manufakturen

In der Mitte des 18. Jahrhunderts waren die beiden Manufakturen von Lille weiterhin in Betrieb, hatten aber den Besitzer gewechselt: Die Manufaktur Dorez war mehrfach weiterverkauft worden; diejenige des 1728 verstorbenen Jacques Febvrier war an dessen Schwiegersohn Joseph-François Boussemaert gekommen, der ihr zur Blüte verhalf, aber 1773 ruiniert starb. Beide Manufakturen schlossen im 19. Jahrhundert. Von 1740 bis 1820 stellte eine dritte Manufaktur Fliesen her.

Lille gab durchaus nicht leichthin das Camaieublau auf, mit dem es seinen Ruhm errungen hatte. Während für Rouen der Begriff Rocaillestil zugleich auch polychrome Malerei bedeutet, gibt es aus Lille erstaunliche blau gemalte Dekors mit Genreszenen, Ranken, Blumen, Muscheln, Gitterwerk und ähnlichem. Man schuf in Lille auch polychrome Dekors, manchmal in kräftigen Farben wie bei den eigenartigen, mit Spielkarten geschmückten Tellern oder einigen Stücken mit fernöstlichen Motiven, manchmal in bewußt gedämpften Farben, um die Wirkung der in Lille nicht verwendeten Muffelfarben zu imitieren. Lille hatte zudem einige Spezialitäten: Krüge mit Darstellungen eines Gewerbes oder Handwerks, deren Stil der gerade herrschenden Mode entsprach; Statuetten von Chinesen, Nachahmungen von Porzellanfiguren der gleichen Zeit; die *pots-Jacquot* und *pots-Jacqueline*, anthropomorphe Krüge von manchmal etwas nachlässiger Ausführung, die bis in den Anfang des 19. Jahrhunderts beliebt blieben.

Im Jahr 1750 wollte sich Louis Saladin in Lille niederlassen. Da die Fayencehersteller der Stadt sich dagegen zur Wehr setzten, gründete er seine Manufaktur in Saint-Omer. Er berief den Maler und Bildhauer Jacques-Adrien Levesque aus Rouen, der die Leitung des Unternehmens übernahm und ihm zu einem ganz eigenen Stil verhalf. Stücke mit plastischem Dekor sind in Saint-Omer häufig, ebenso Terrinen in Form eines Kohlkopfs, eines Huhns oder ähnlicher Dinge. Manganviolett ist die vorherrschende Farbe des Dekors, sei es als Camaieumalerei, sei es als Ersatz des Rot in der Polychromie. Levesque sind auch farbige, blaue oder gelbe, Fonds gelungen; der Blumendekor dieser Stücke ist mit Blancfixe (Permanentweiß) gemalt. Die polychromen Dekors von Saint-Omer sind stets mit großem Geschick der Form des Stücks angepaßt.

Auch wenn Saint-Amand-les-Eaux sehr nah bei Saint-Omer liegt, hat man dort auf eine ganz andere Art gearbeitet, die sich derjenigen der nordeuropäischen Manufakturen anschließt. Die Tätigkeit der Manufakturen von Saint-Amand-les-Eaux reicht weit zurück: Das Unternehmen von Nicolas Desmoutiers wurde bereits im Jahr 1700 gegründet. Aufgrund von an seinem Standort gefundenen Scherben kann man ihm jetzt Fayencen mit sehr einfachem, strengem Dekor zuschreiben, die in mancher Hinsicht an das bäuerliche Delft erinnern. Noch vor kurzer Zeit hat man diese Fayencen ganz allgemein Nordfrankreich, ohne weitere Präzisierung, zugeteilt. Doch die Manufaktur von Desmoutiers war nicht die einzige, die in dieser Art arbeitete.

Pierre Fauquez ließ sich 1718 in Saint-Amand-les-Eaux nieder, um Fayencen herzustellen, doch erst sein Sohn François-Joseph verhalf von 1740 an der Manufaktur zu wirklichem Erfolg. Ihre besondere Eigenart war die Herstellung von Fayencen mit einem *bianco sopra bianco*-Dekor. Diese aus Italien stammende Technik besteht im Auftrag von reinweißen Höhungen auf einen leicht getönten, hellblauen oder grauen Grund. Das Verfahren ermöglicht eine perfekte Imitation von Spitzen, und die Fauquez haben sich diese Möglichkeit nicht entgehen lassen. Im Unterschied zu Lille und Saint-Omer haben sie auch Muffelbranddekors geschaffen. Jean-Baptiste Fauquez, der Enkel des Gründers, assoziierte sich 1766 mit seinem Vater; zu seiner Zeit lieferte der Maler Louis Watteau Vorbilder für sehr fein gemalte köstliche Figuren und Genreszenen.

Die südfranzösischen Manufakturen

In Marseille waren, wie auch andernorts, die meisten großen Manufakturen des Jahrhundertanfangs weiterhin tätig. Das gilt auch für die Manufaktur Leroy, die Chinoiseriedekors ausführte, denen sie merkwürdige und unerwartete groteske Züge verlieh.

Man schreibt der Manufaktur Fauchier (Joseph I bis zu seinem Tod 1751, dann sein Neffe Joseph II von 1751 bis 1789, danach dessen Sohn Joseph-François-Marie von 1789 bis zur Schließung der Manufaktur 1795) jene Dekors zu, bei denen die Absicht deutlich wird, den Muffelbranddekors Konkurrenz zu machen. Es handelt sich dabei hauptsächlich um zwei Arten: Einmal sind es Stücke mit Genreszenen in Landschaften, die in Camaieugelb ausgeführt sind und von Rokokogirlanden in Blau, Gelb, Grün und Manganviolett gerahmt werden. Die Genreszenen sind von äußerster Delikatesse, aber das Camaieugelb ist oft im Verhältnis zu den kräftigen Farben der Bordüre etwas blaß. Dann gibt es auch Stücke mit einem polychromen naturalistischen Blumen- oder Tierdekor auf gelbem oder weißem Grund. Die Formen sind bereits der Natur nachgebildet: Schalen mit einem Muschelumriß, Terrinen in Gestalt großer Austern, Henkel wie blühende Zweige, Griffe in Form von Früchten oder Fischen. Die Marseiller Fayencekünstler des 18. Jahrhunderts haben mit bewunderswerter Leichtigkeit Neues hervorgebracht.

Wie die meisten Fayencezentren Frankreichs hat auch Moustiers sich in den dreißiger Jahren des 18. Jahrhunderts der Polychromie zugewendet. Das könnte auf Joseph Olerys zurückgehen, der, nachdem er bei Pierre Clérissy gearbeitet hatte, die Leitung der Manufaktur von Alcora in Spanien innehatte, von der man weiß, daß sie diesen technischen und ästhetischen Wechsel 1730 vollzog. Joseph Olerys kehrte 1738 nach Moustiers zurück und assoziierte sich mit Jean-Baptiste Laugier. Sie haben viele Stücke mit einem verschlungenen O und L gezeichnet. Wurde Polychromie zunächst nur für Höhungen verwendet, bestimmte sie bald darauf die Anlage des Dekors selbst, und das konnte so weit gehen, daß auf zahlreichen Stücken gar kein Blau mehr verwendet wurde. In der Mitte des 18. Jahrhunderts führte Moustiers nur wenige Dekors aus, die zudem leicht zu erkennen sind. Vielleicht geht ihre heutige Beliebtheit bei Sammlern darauf zurück. Doch Vorsicht vor Fälschungen! Es gibt viele, und manche sind alt. In Moustiers und seiner Umgebung wurden Anfang des 19. Jahrhunderts weiße Stücke in großer Zahl hergestellt, die ihren Dekor erst am Ende des Jahrhunderts erhielten. Man darf sie nicht mit den im 18. Jahrhundert in zahllosen kleinen Manufakturen – unter anderen La Tour-d'Aigues, Marignac, La Tronche – entstandenen Fayencen verwechseln; im ganzen Süden Frankreichs hat man damals mehr oder weniger geschickt die Schöpfungen aus Moustiers nachgeahmt. Außerdem arbeiteten in Moustiers selbst im 18. Jahrhundert auch Maler von geringerem Talent.

Die Erfindung des Dekors mit Medaillons und Girlanden schreibt man Olerys zu. Dieser Dekor besteht aus winzigen, rund oder oval gerahmten mythologischen Szenen, die von fortlaufenden oder wie kleine Schaukeln aufgehängten Blumengirlanden und einzeln gestreuten Blüten umgeben sind. Ebenso wird Olerys der Dekor mit grotesken Figuren zugeschrieben. Wir haben bereits erwähnt, daß der Berain-Dekor des Jahrhundertanfangs aus symmetrischen Architekturformen besteht, die von seltsamen Geschöpfen bevölkert sind. Olerys – falls wirklich er diese Idee als erster gehabt hat – ließ die Architekturen fort, gab die aus der Mode gekommene Symmetrie auf und bewahrte nur die auf kleinen, manchmal bewachsenen Bodenstücken stehenden Figuren, denen er eine Bedeutung gab, die sie vorher nicht hatten. Ihr im heutigen Sinn grotesker, eigenartiger Charakter ist offensichtlich und hat dem Dekor mit grotesken Figuren den Namen gegeben. Blühende Zweige und Insekten umgeben die Gestalten.

Blüten sind in Moustiers nicht immer nur als Ergänzung verwendet worden. Die zu Unrecht so genannten Kartoffelblüten bilden häufig den einzigen Schmuck eines Stücks. Sie sind sehr einfach, ohne jeden Anspruch auf Naturtreue, aber um so dekorativer.

Beim Tod von Joseph Olerys 1749 arbeitete seine Manufaktur weiter, aber zwei seiner besten Maler, Joseph Fouque und Jean-François Pelloquin, verließen sie und machten sich gemeinsam selbständig. Joseph Fouque hat ein Fayencebild signiert, von dem bekannt ist, daß es in Moustiers entstand, aber nicht, ob Fouque es während seiner Zeit bei Olerys ausgeführt hat oder später, als er auf eigene Rechnung arbeitete. Auf jeden Fall stammt der Gedanke, solche Fayencebilder herzustellen, sicher aus Alcora, wo sie in großer Zahl angefertigt wurden.

In den achtziger Jahren des 18. Jahrhunderts schuf Jean-Gaspard Féraud in Moustiers einen neuen Dekortyp, indem er entsprechend der gerade herrschenden Mode eine alte Idee wiederaufnahm. Er befreite die mythologischen Szenen aus ihren einengenden Medaillons und Girlanden und setzte sie mitten auf den weißen Grund der Fayencen. Féraud führte auch Muffelbranddekors aus, denen in Moustiers die Ferrat zur Berühmtheit verhalfen.

Im Norden Frankreichs sind wenige Fayencezentren dem Einfluß von Rouen entgangen – wir haben Saint-Amand-les-Eaux genannt –, in der Mitte Frankreichs war Nevers bestimmend (Jeanne Giacomotti, *Faïences françaises*, Fribourg 1963, hat den Einfluß von Nevers auf Manufakturen wie Orléans, Saintes, Angoulême und andere sehr betont), im Süden haben Moustiers und Marseille diesen Einfluß ausgeübt, so hat beispielsweise das Œuvre von Fauchier entscheidend auf Montpellier eingewirkt. Doch man muß den Sonderfall Lyon zur Kenntnis nehmen. Der erste Fayencehersteller, der sich dort im 18. Jahrhundert wieder niederließ, war Joseph Combe. Er kam aus Moustiers und behielt die dortige Arbeitsweise bei. Seine Nachfolger und Konkurrenten arbeiteten jedoch in einem sehr freien und persönlichen graphischen Stil, der nichts mit dem allgemein bei den Anhängern des Stils von Moustiers gebräuchlichen stereotypen Dekors zu tun hat. Man bemerkt einen italienischen Einfluß.

Muffelbranddekors der zweiten Hälfte des 18. Jahrhunderts

Straßburg und die Manufakturen des östlichen Frankreich

Von 1749 an setzte sich in Frankreich die Arbeit mit Muffelbranddekors durch. Die Technik der Fayenceherstellung selbst änderte sich dabei nicht. Nach wie vor mußten die Masse zubereitet und die Stücke geformt werden, die jetzt allerdings seltener rund, also gedreht, sondern häufiger in einem Model geformt sind. Dann wurden sie dem Schrühbrand ausgesetzt, der sie trocknete und ihnen ein Minimum an Festigkeit gab (im 18. Jahrhundert wurde bei 500° C gebrannt), danach glasiert und im Scharffeuer bei ungefähr 850° bis 900° C gebrannt. Diese weißen Fayencen waren bereits benutzbar. Man brachte nun auf solche Stücke mit Flußmitteln versetzte Dekorfarben auf, die zahlreicher und auch feiner sind als die Farben, die dem Scharffeuer ausgesetzt werden können. Zu dieser neuen Palette gehört vor allem ein Rosarot auf der Grundlage von Cassiusschem Purpur, einem Goldchlorid, das nach dem holländischen Chemiker Cassius benannt wurde, der es im 17. Jahrhundert entdeckt hatte. Die bemalten Stücke wurden nun, durch Muffeln – feuerfeste Behälter – geschützt, in besonderen kleineren Muffelöfen bei niedrigerer Temperatur als das vorige Mal gebrannt.

Diese mehrstufige und darum kostspielige Dekortechnik wurde in Meißen für die Porzellanherstellung entwickelt, ehe man sie für Fayencen anwendete. Maler aus Meißen haben sie in Straßburg eingeführt. Mit Hilfe dieser Technik war es möglich, Porzellan in Fayence zu imitieren; ihre Übernahme legte aber auch den Grund für den Niedergang der Fayence und ihren Ersatz durch Porzellan. Dieser Wechsel vollzog sich zu Beginn des 19. Jahrhunderts.

In den Jahren 1748 und 1749 trafen Adam Friedrich von Löwenfinck, seine Frau und sein Bruder Christian Wilhelm in Straßburg ein. Sie wurden von Paul Hannong eingestellt, der seit mehreren Jahren versuchte, das Geheimnis des Cassiusschen Purpur zu ergründen. Er leitete damals zwei Fayencemanufakturen, eine in Straßburg, die andere in Hagenau, die sein Vater Charles 1721 und 1724 gegründet hatte. Charles Hannong hatte Fayencen mit camaieublauem Spitzendekor hergestellt. 1732 übergab er die Leitung der Manufakturen seinen Söhnen, von denen sich allein Paul als fähig zur Führung des Unternehmens erwies. Um 1740 hatte er den polychromen Dekor eingeführt, 1744 wagte er sich dann an die Verwendung von Muffelfarben, doch noch ohne das Rosarot, das erst 1749 dazukam. Paul Hannong verstand es ausgezeichnet, die Fähigkeiten seiner Leute zu fördern, zu denen auch der Bildhauer Johann Wilhelm Lanz gehörte, der Uhren, dekorative Vasen, Statuetten, Geschirrteile, Tafelaufsätze und manches andere in einem ausgeprägten Rokoko schuf. Aus dieser Epoche stammen zahllose Trompe-l'œil-Stücke, darunter Terrinen in Form einer Ente, eines Truthahns, eines Wildschweinkopfes und Teller voller Oliven, Artischocken- oder Eiervierteln. Sie wurden von anderen Manufakturen, zum Beispiel derjenigen von Sceaux, nachgeahmt.

Die Maler waren nicht schlechter. Nicht alle hatten die Begabung der Löwenfinck oder der Brüder Anstett, doch mit Hilfe der perforierten Schablonen malten sie mit großer Vollendung sogenannte indianische Blumen – von einer Linie umzogen und flach –, konturierte Blumen – ebenso von einer Linie umzogen, aber modelliert –, schließlich die nicht umrandeten, lebendig gemalten und schön modellierten »Blumen von Straßburg«, die *fleurs fines*. Nach dem Tod von Paul Hannong im Jahr 1760 setzte dessen Sohn Joseph trotz finanzieller Schwierigkeiten das Werk fort. Seine wichtigste Neuerung war die Einführung des Chinesendekors *(au Chinois)*. Die Chinesen, auf felsigen Hügeln, sind mit tausenderlei Dingen beschäftigt: sie angeln, kämpfen, unterhalten sich... Diese Art Dekor wurde, wenn auch schwerfälliger, im ganzen östlichen Frankreich am Ende des 18. Jahrhunderts reichlich kopiert, mit besonderem Eifer in Lunéville und Les Islettes.

Im Jahr 1781 mußte Joseph Hannong vor seinen Gläubigern fliehen und Frankreich verlassen, doch die Straßburger Lehren hatten gewirkt. Andere Manufakturen übernahmen Hannongs Art. Das gilt zum Beispiel für Niderviller, wo sich 1748 die Beyerlé niedergelassen hatten. Sie beriefen Künstler aus Straßburg, darunter den Maler François-Antoine Anstett, der die Leitung der Manufaktur übernahm. 1770 erwarb sie der Comte de Custine, der wiederum einem Straßburger, Lanfrey, die Leitung übergab. Die Manufaktur, die bis in den Anfang des 19. Jahrhunderts arbeitete, stellte außerdem – ebenso wie Straßburg – seit dem 18. Jahrhundert auch Porzellan her. Die Beyerlé waren Leute von Geschmack, die Baronin hielt es durchaus nicht für unter ihrer Würde, selbst mit dem Pinsel zu arbeiten. Die Werke von Niderviller sind sehr qualitätvoll. In mancher Hinsicht ähneln sie denen von Straßburg, so in der unvergleichlichen Meisterschaft der Verwendung des Rosarot, das gelegentlich auch in Camaieutechnik vorkommt, und in dem sicheren Gefühl für Rocailleformen. Vielleicht hat Niderviller jene Fonds entwickelt, die eine Holzmaserung vortäuschen und auf denen rosa gezeichnete Stiche aufgeheftet scheinen. Die von Cifflé und von Lemire geschaffenen Statuetten sind ungewöhnlich graziös, die minuziöse Ausführung beeinträchtigt ihren Charme durchaus nicht.

Auch die Manufakturen von Lunéville, Saint-Clément und Les Islettes – alle ebenfalls in Lothringen – haben in Muffelbrandtechnik gearbeitet. Die Fayencen von Lunéville wirken in mancher Beziehung wie Straßburger Stücke von etwas ländlicherem, aber nicht reizlosem Aussehen; spätere Fayencen scheinen oft vom gleichen Geist geprägt wie die Bilderbogen von Epinal. Die Fayence von Saint-Clément ist von eigener Art: Die Zinnglasur wurde dort auf einen Scherben aus Pfeifenerde (Kalkerde) aufgebracht, der so weiß ist, daß sie dadurch besondere Brillanz erhält. Mit einem Golddekor ist die Porzellanimitation nahezu perfekt.

Marseille

Auf welchem Weg Marseille die Muffelbrandtechnik kennengelernt hat, ist uns unbekannt, man kann nur seine Vorherrschaft auf diesem Gebiet feststellen. Die Hauptrolle hat eine Frau gespielt, die Veuve Perrin (Witwe Perrin); ihre VP bezeichneten Stücke gibt es heute noch in großer Zahl. Wie die Hannong hat die Veuve Perrin Porzellane der Compagnie des Indes als Anregung benutzt. So hat sie zum Beispiel ihren Chrysanthemendekor entwickelt. Doch häufiger sind ihre fernöstlichen Dekors eher phantastische Chinoiserien als Kopien. Europäische, naturalistisch gemalte Blumen haben den Ruf der Manufaktur begründet. Auf geschmeidigen Formen heben sich von einem weißen, manchmal gelben, seltener türkisfarbenen Grund – man wollte damit die damals beliebten farbigen Porzellanfonds imitieren – Blumen an langen Stengeln ab, die sich den konkaven Formen der Teller und Schalen ausgezeichnet anpassen. Manchmal kreuzen sie sich und bilden ganz zufällig einen Strauß. Die Tiere, vor allem Fische, bilden so natürlich bewegte Trophäen, daß ihnen alle Strenge fehlt. Hafenansichten und Hirtenszenen auf Hügeln mit Laubwerk oder auf Felsen sind die am häufigsten vorkommenden belebten Landschaften. Naturgefühl macht sich überall bemerkbar.

Für den großen Konkurrenten der Veuve Perrin, Joseph-Gaspard Robert, galt das nicht immer. Bei ihm, der auch Porzellan herstellte, paßt sich der Dekor noch weit geschickter den Forderungen der Fayenceformen an. Da sich der Geschmack der Kundschaft vom Rokoko, das in Marseille sehr beliebt gewesen war, dem Louis-XVI-Stil zugewendet hatte, beugten sich Robert und besonders Antoine Bonnefoy der neuen Mode: Die Formen wurden etwas strenger, und man begann, die Dekors in kleine runde Medaillons einzufügen, so daß sie eigentlichen Miniaturbildern auf Fayence glichen. Die Zeit war nicht mehr fern, in der gedruckte Dekors, genaue Abdrucke von Stichen, sich durchsetzten.

Nicht weit von Marseille, in Moustiers, arbeiteten die Ferrat und gelegentlich auch Joseph Fouque in Muffelbrandtechnik, doch sie erreichten mit ihren Arbeiten nicht das Niveau von Marseille.

Auch in dem weit entfernt liegenden La Rochelle war ganz am Ende des Jahrhunderts die Muffelbrandtechnik bekannt. Das Wesentliche der Produktion dieser Manufaktur blieben aber die in einem sehr freien Stil gemalten Blumen- und Vogeldekors in Scharffeuerfarben.

Die Manufaktur von Sceaux und weitere Manufakturen

Im Jahr 1748 ließ sich Jacques Chapelle nicht weit von Paris in Sceaux, nahe beim Schloß der Herzogin von Maine, nieder. Er wollte dort Porzellan herstellen, wurde aber durch das Monopol von Vincennes-Sèvres daran gehindert. Darauf beschloß er, zusammen mit seinem Teilhaber Louis-François de Bey, *faïence japonée* zu fabrizieren, und hatte damit den größten Erfolg. Chapelle warb ausgezeichnete Künstler an, darunter einzelne aus Straßburg. Die Produktion zeichnet sich durch einen hervorragenden Sinn für das Rokoko aus, durch kühne Formen, Reliefdekors und sehr reizvolle gemalte Motive. Wie Straßburg und Niderviller folgte auch Sceaux der Mode und stellte Trompe-l'œil-Fayencen und Statuetten her. Man bevorzugte in der Manufaktur einen prachtvollen Blumendekor, der sowohl in sehr leuchtenden als auch in sehr zarten Farben ausgeführt wurde. Von 1763 bis 1772 vermietete Chapelle die Manufaktur an den Maler Joseph Jullien und den Bildhauer Symphorien Jacques, die sich ebenso als sehr fähig erwiesen, auch wenn die hohe Zeit des Rokoko bereits vorbei war. Auch sie beschäftigten bemerkenswerte Maler. Die Vogeldekors und die Dekors *aux marchands levantins*, kleine Szenen mit morgenländischen Händlern, gehören zu den Neuerungen jener Zeit. Im Jahr 1772 verkaufte Chapelle die Manufaktur an Richard Glot, der ihrer durchaus würdig war; doch die Zeiten wurden für Fayencemanufakturen immer schwieriger. Aus der Zeit von Glot stammen dekorative Vasen, direkte Kopien der berühmten Sèvres-Vasen, mit etwas schweren Formen und überreichem Dekor: Die Fayence hatte endgültig ihre Eigenständigkeit verloren.

Im Osten Frankreichs haben zwei Manufakturen in Muffelbrandtechnik gearbeitet: Aprey (Dep. Haute-Marne) und Meillonas (Dep. Ain). In Aprey hatten die Brüder Lallemant diese Technik 1760 eingeführt. Bei den Dekors lassen sich drei Typen unterscheiden: der *type large* in der Art des Meißner Porzellans; der sehr viel kleinteiliger ausgeführte *type fin*; der einfachere *type paysan*. Besonders hübsch sind vor allem einige Bordürenmotive mit Streifen, die Stoffe vom Ende des 18. Jahrhunderts imitieren. Die Manufakturen von Meillonas wurde 1759 beim Eintreffen von Claude Gautherot gegründet. Sie arbeitete sowohl in Scharffeuer- als auch in Muffelbrandtechnik; ihre Stücke sind nur ganz selten mit einer Marke versehen. Die Produktion läßt großes Können im Umgang mit Farben erkennen, das außer Blumen- auch figürliche Dekors zuließ. An den Werken von Meillonas wird eine recht unerwartete »akademische« Form des Rokoko sichtbar.

Wenn wir am Schluß dieses kurzen Überblicks noch die Muffelbrandfayencen von Rouen erwähnen, so kehren wir damit zu den Anfängen der französischen Fayence zurück. Die neue Technik ist in Rouen zwar verhältnismäßig wenig verwendet worden, doch sie hat den Beweis erbracht, daß Rouen dank Levavasseur Neuerungen durchaus nicht fernstand. Jetzt ergab sich die Gelegenheit, schöne Stücke zu schaffen, die sowohl – mit den Dekors *aux marchands levantins* – an dem verfeinerten Geschmack des Jahrhundertendes teilhaben als auch – mit den Blumendekors – an dem für Rouen charakteristischen kräftigen Geschmack.

Es handelte sich dabei um die letzten Leistungen in der Geschichte der französischen Fayence, deren Niedergang bereits vor 1789 einsetzte. Welches waren die Gründe für diesen Niedergang, der in der Schließung der meisten Manufakturen zum Ausdruck kam? Man hat in diesem Zusammenhang häufig den 1786 geschlossenen Vertrag von Vergennes genannt, der den freien Warenaustausch zwischen England und Frankreich ermöglichte. Dadurch konnte das englische Steingut – eine Keramik mit weißem opakem Scherben und durchscheinender Glasur – in wenigen Jahren den französischen Markt erobern. Steingut eignet sich gut für eine industrielle Herstellung, für die serienweise Ausformung aus Modeln und den Druckdekor. In die achtziger Jahre des 18. Jahrhunderts fiel außerdem der Siegeszug des Porzellans. Von 1768 an wurden die Kaolinvorkommen von Saint-Yrieix im Limousin ausgebeutet, die Manufaktur von Sèvres konnte ihr Monopol nicht mehr behaupten, die Zahl der Porzellanmanufakturen nahm sehr schnell zu. Der wichtigste Punkt war aber, daß der Geschmack der Kundschaft sich gewandelt hatte. Anstelle der Rocailleformen und der mit der Zinnglasur der Fayencen verschmolzenen Dekors bevorzugte sie nun die trockenen Formen des Klassizismus und gedruckte oder minuziös gemalte Dekors. Das goldene Zeitalter der Fayence war vorüber.

Antoinette Faÿ-Hallé

Von den Ursprüngen bis zum 17. Jahrhundert

1 ROUEN (Seine-Maritime), Manufaktur Abaquesne, um 1545
Kürbisflasche mit vier Aufhängeösen; polychromer Scharffeuerdekor; H 35 cm
Sèvres, Musée national de Céramique, Inv. MNC. 8292
Form und Dekor dieser berühmten Kürbisflasche mit dem Wappen eines Abts von Lisieux gehören dem 16. Jahrhundert an. Der Schmuck ist entsprechend dem System des italienischen *a candelieri*-Dekors symmetrisch angeordnet, die Groteskenmotive – Arabesken, die in Figuren enden, Masken und Insekten – sind hier ebenso fein gemalt wie auf den Bodenfliesen des Schlosses La Bastie d'Urfé aus der gleichen, in Rouen arbeitenden Werkstatt. Der Dekor der Flasche ist sehr sorgfältig, die Glasur dagegen fehlerhaft, mit Blasen und körnigen rauhen Stellen.

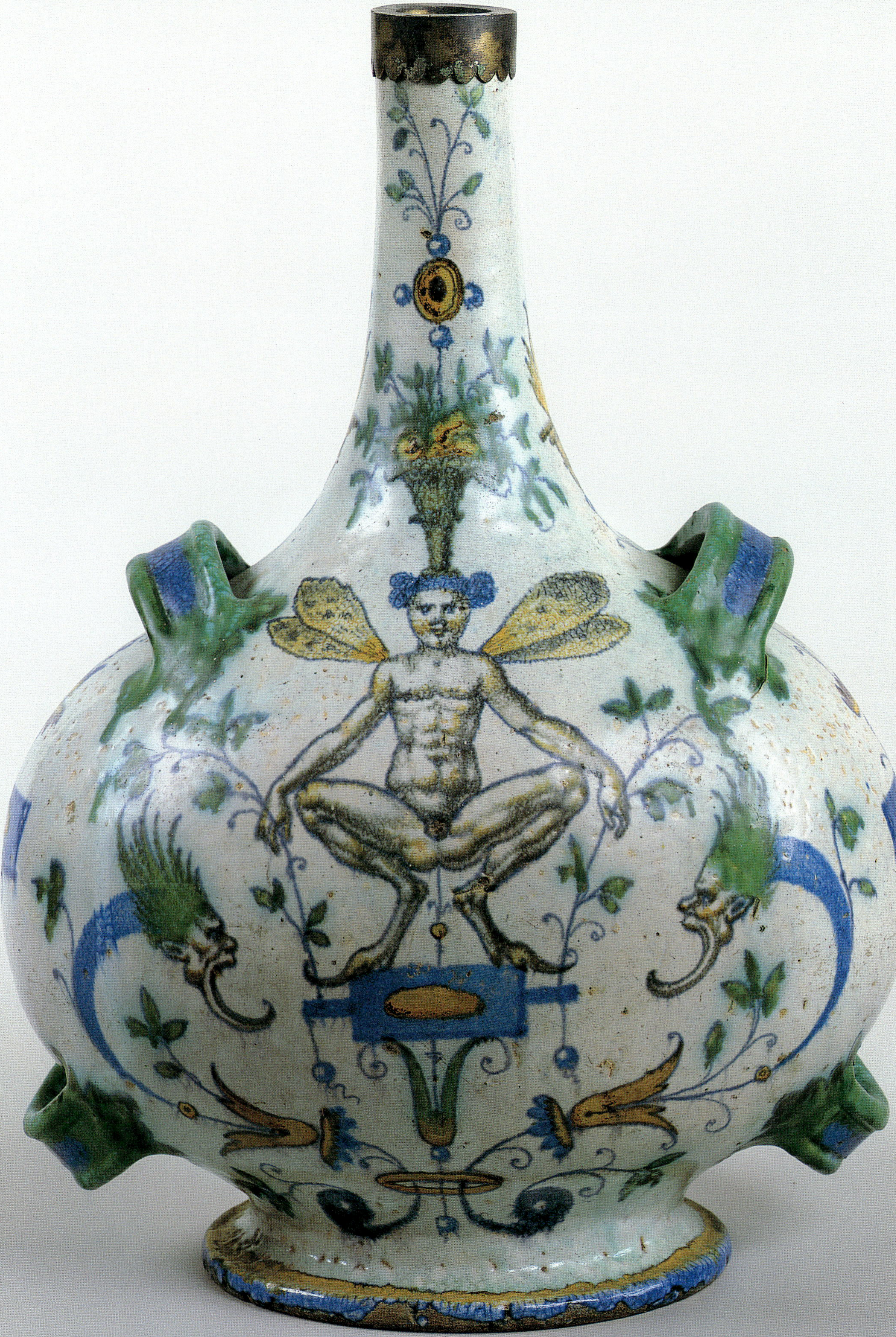

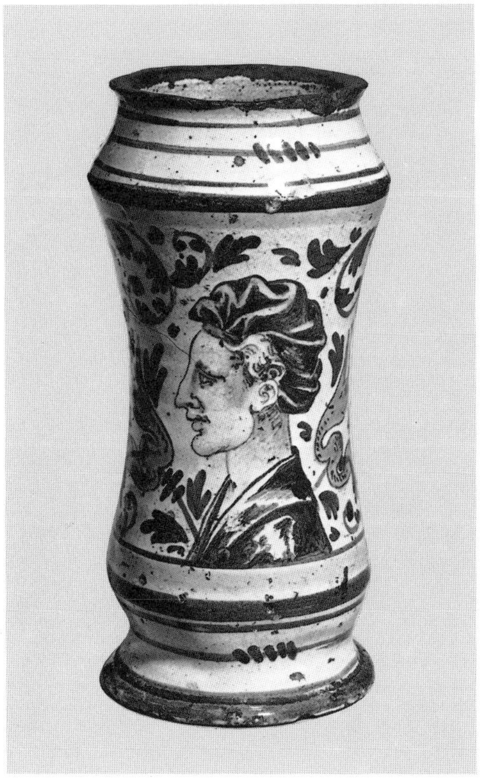

2 ROUEN (Seine-Maritime), Manufaktur Abaquesne, um 1545
Albarello; polychromer Scharffeuerdekor; H 23 cm
Louviers, Musée municipal, Inv. LOV. 3649
Die Werkstatt des Masséot Abaquesne hat Apothekergefäße in sehr großer Zahl hergestellt. Ihren größten bekannten Auftrag erhielt sie 1545 von Pierre Dubosc; es handelte sich um 4152 Gefäße. Chevrettes und Albarelli sind überwiegend mit einem faentinischen Dekor geschmückt, Profilbüsten, die sich von einem Grund üppiger Ranken mit gelben Blüten abheben. Die Palette steht derjenigen italienischer Majoliken nahe. Die Eigenart der Stücke aus der Manufaktur Abaquesne liegt in der, gegenüber den italienischen Vorbildern, kühneren Pinselführung und in der realistischen, fast karikaturistischen Zeichnung der Gesichter.

3 ROUEN (Seine-Maritime), Manufaktur Abaquesne, um 1550
Fliesenbild; polychromer Scharffeuerdekor; H 138 cm, B 224 cm
Ecouen, Musée de la Renaissance, Inv. Ec 21
Die Darstellung der Einschiffung in die Arche Noah ist das Mittelbild eines Triptychons mit Szenen der Sintflut. Es wurde von dem Connétable Anne de Montmorency zum Schmuck seines Schlosses Ecouen bei Masséot Abaquesne in Rouen in Auftrag gegeben. Wahrscheinlich haben Maler der Schule von Fontainebleau wie Lucca Penni und Jean Cousin die vorbereitenden Kartons ausgeführt; der malerische Stil ähnelt stark den Werken dieser Meister. Es sind die gleichen in der Ferne verblauenden Landschaften, die gleichen gelängten Gestalten, die gleichen Bäume mit hängenden Zweigen.
Die Ausführung dieses für die Fayence ungewöhnlichen Meisterwerks geschah in der Werkstatt des Masséot Abaquesne, der traditionell als der erste große Fayencekünstler Frankreichs gilt. Man kann heute jedoch nicht sicher sagen, ob Abaquesne ein schöpferischer Künstler oder der außerordentliche befähigte Leiter der Manufaktur war, der Künstler von großer Begabung beschäftigte, um Aufträge, die ihm aus ganz Frankreich zukamen, auszuführen.

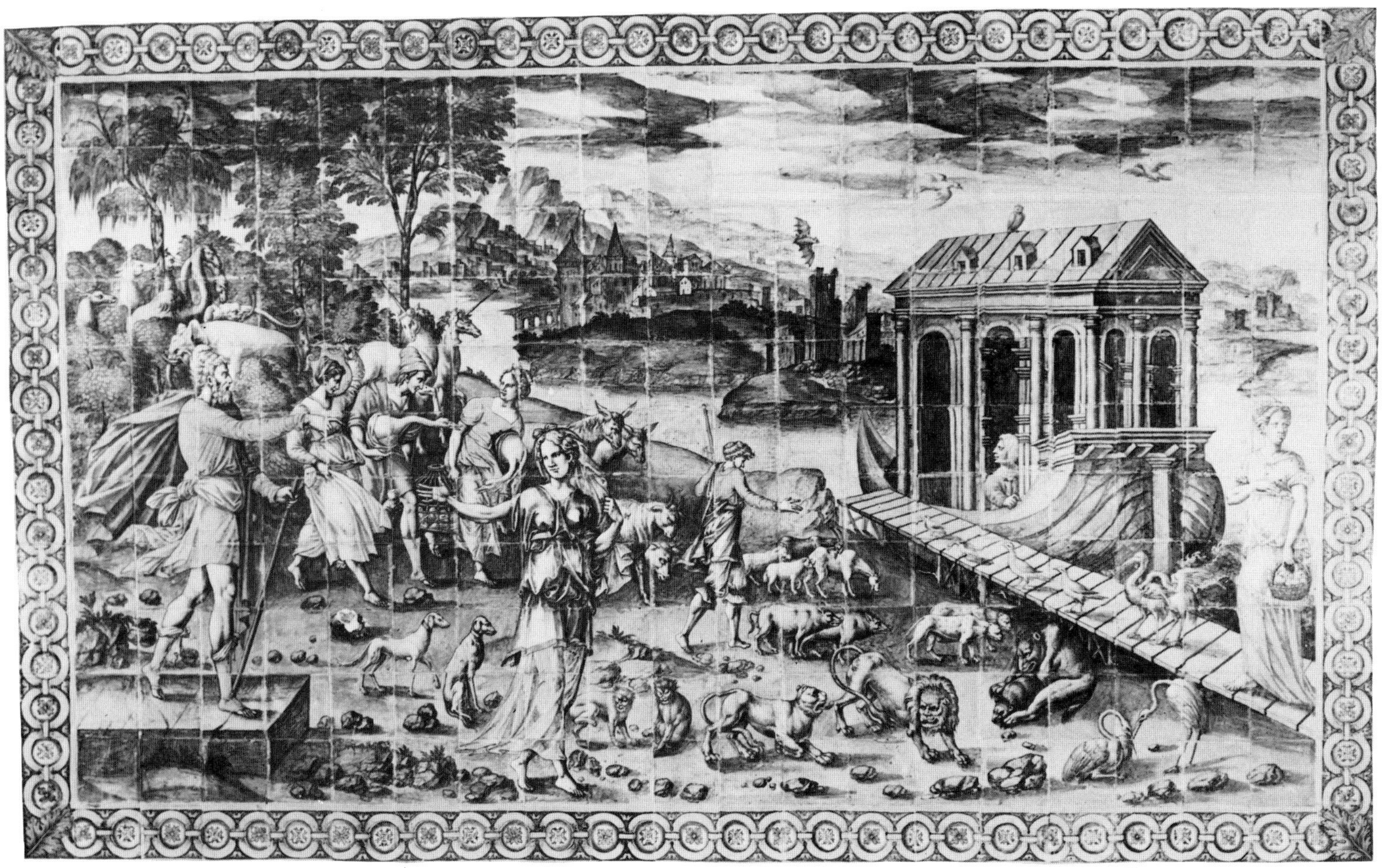

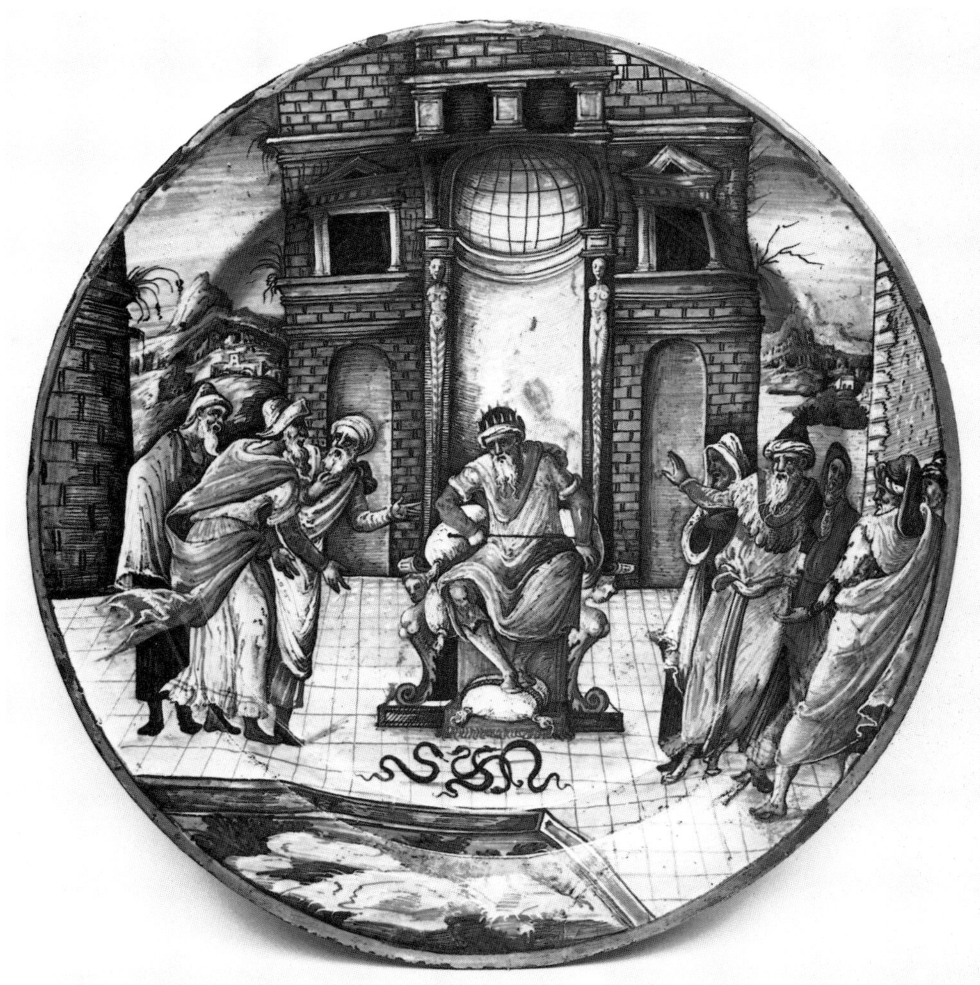

4 LYON (Rhône), 1582
Platte; Inschrift auf der Rückseite: La verba di faraô / in serpentte / 1582 / GTVF / Lyon; polychromer Scharffeuerdekor; ∅ 41,5 cm
London, British Museum, Inv. XXIV-58-57
Die Zuschreibung der ersten französischen Fayencen mit einem Dekor *a istoriato* an Lyon oder Nevers – Rouen hat einen sehr viel persönlicheren Stil – ist recht schwierig, denn es gibt für jede Stadt nur ein mit Marke versehenes Stück (vgl. Abb. 5). Auf dieser Platte hat sich der Maler sehr getreu an die Vorlage, einen Stich von Bernard Salomon zu den *Quadrins historiques de la Bible*, gehalten (vgl. auch Abb. 10).

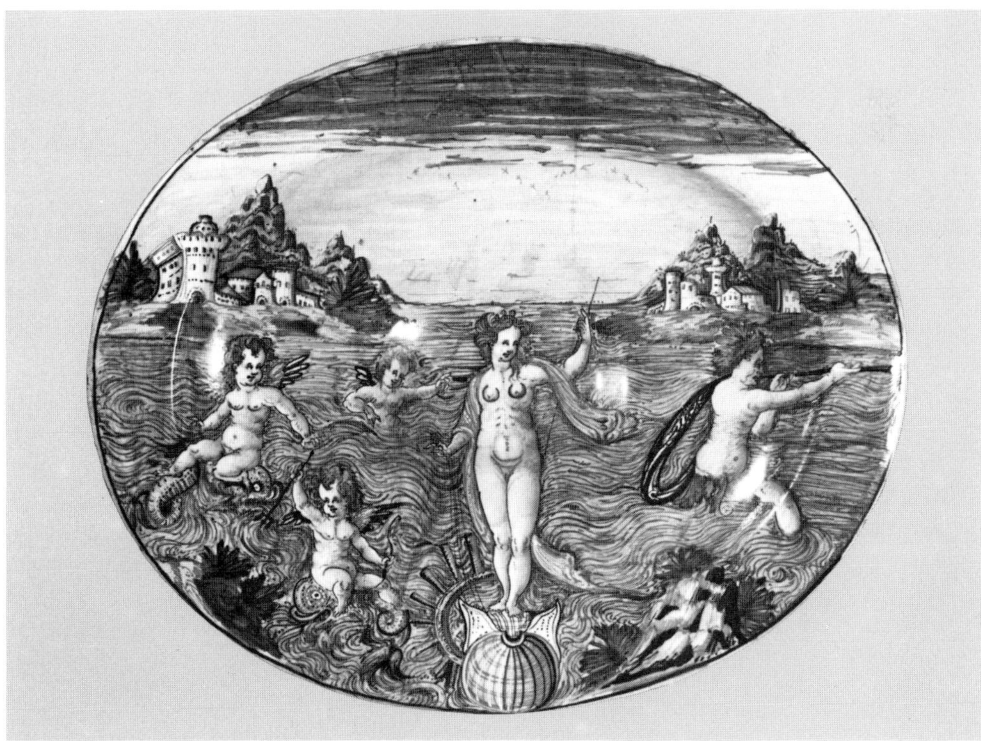

5 NEVERS (Nièvre), 1589
Platte; Inschrift auf der Rückseite: 1589 / FESI A- / NEVRS; polychromer Scharffeuerdekor; L 54,5 cm
Paris, Musée du Louvre, Inv. OA. 9247
Der Stil, in dem zuerst in Nevers gearbeitet wurde, mußte zwangsläufig italienisch sein, denn die ersten in dieser Stadt tätigen Fayencekünstler kamen von jenseits der Alpen, handle es sich nun um Jules Gambin (Giulio Gambino) oder die Conrade. Diese Platte, durch ihre Inschrift eine Inkunabel, ist mit einem Dekor *a istoriato*, das heißt mit der Kopie eines Stichs geschmückt, wie auch die Vase (Abb. 10).

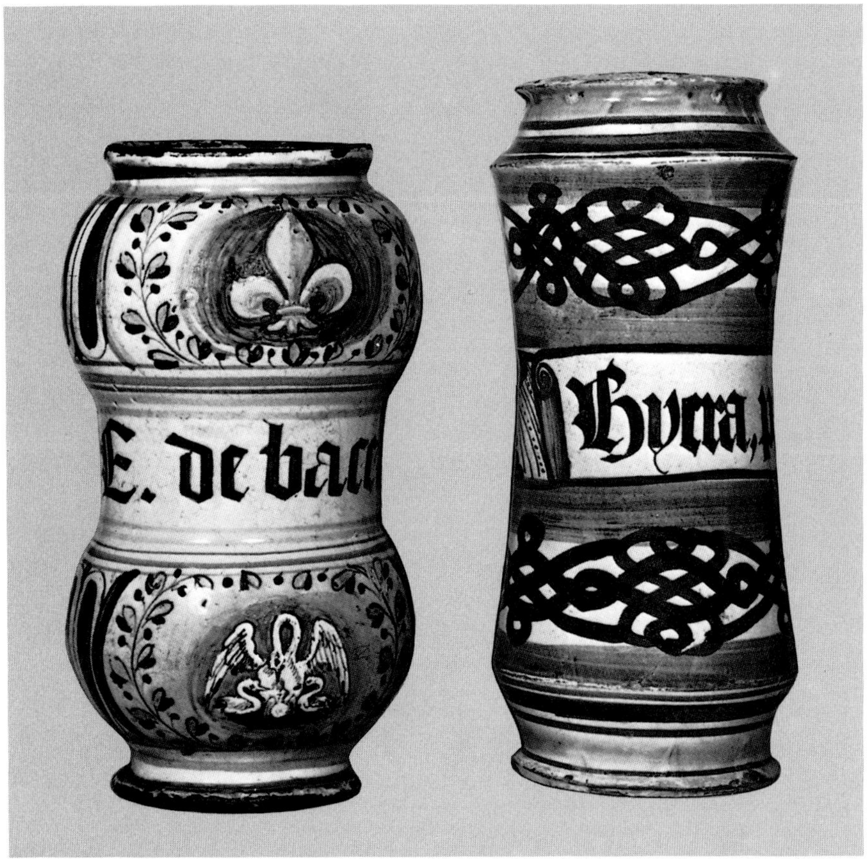

6 LYON (Rhône), um 1600 oder Anfang des 17. Jahrhunderts
Zwei Albarelli; polychromer Scharffeuerdekor; H 23 cm
Lyon, Musée des Hospices civils, Inv. 508/2 und 504/2
Im 16. Jahrhundert war Lyon eine Stadt von franko-italienischer Kultur, und Italiener haben damals die Fayencekunst dort eingeführt. Bei den ältesten bekannten Lyoneser Fayencen handelt es sich zum größten Teil um Apothekergefäße, Chevrettes und Albarelli. Die Dekors entstammen einem italienischen Formenschatz, der zum überwiegenden Teil Ende des 15. Jahrhunderts in der Toskana oder in Faenza entwickelt worden, inzwischen aber dort aus der Mode gekommen war.

7 NÎMES (Gard), um 1580
Teller; Inschrift: SEIGNEUR – NOUS – AVONS – ESPERE – EN – TOY; dazu viermal das doppelte verschlungene Monogramm IG; polychromer Scharffeuerdekor; ∅ 27,5 cm
Leningrad, Staatliche Eremitage, Inv. C/0394
(ehem. Sammlung A. Basilewsky)
Die außerordentlich große Zahl gefälschter Fayencen von Nîmes macht die Beurteilung dieses Tellers besonders schwierig. Den lokalen Archiven ist zu entnehmen, daß es in Nîmes einen Fayencekünstler mit Namen Antoine Syjalon gab, der 1524 geboren wurde und 1590 starb. Er war Hugenotte. Man vermutet, daß Syjalon in Italien ausgebildet worden war. Der Teller ist mit einem Dekor *a quartieri* des in den dreißiger Jahren des 16. Jahrhunderts in Faenza entwickelten Typs geschmückt. Das seit dem 19. Jahrhundert bekannte Stück – es gelangte 1885 in die Eremitage – könnte Fälschern als Vorbild gedient haben.

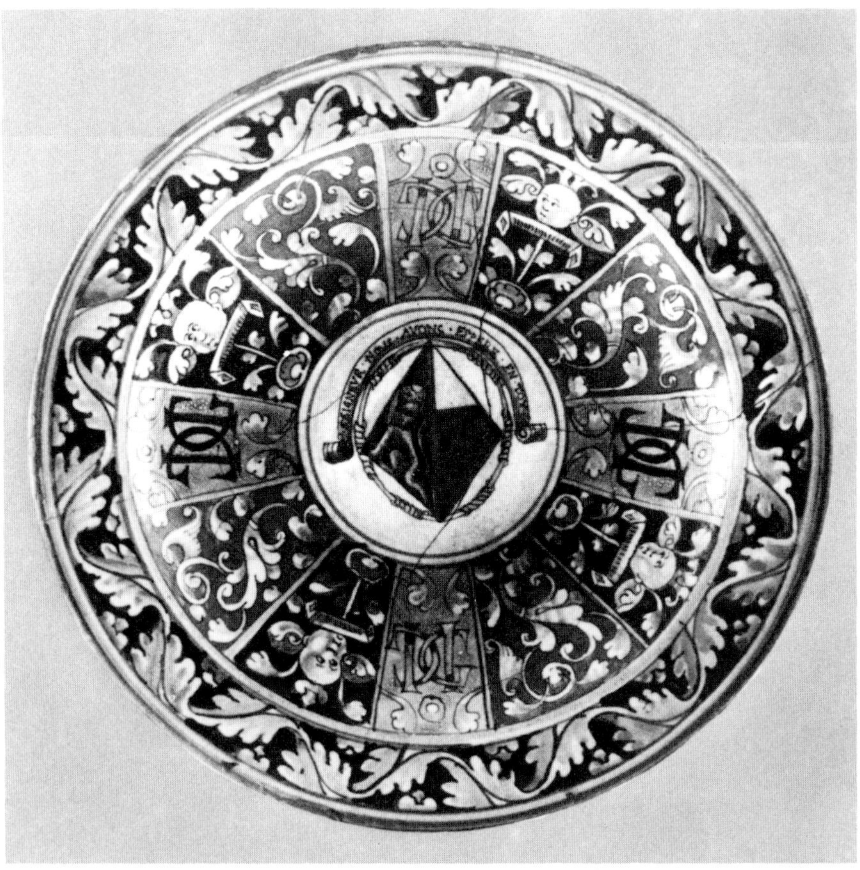

8 MONTPELLIER (Hérault), um 1625 ▷
Chevrette; polychromer Scharffeuerdekor; H 24 cm
Saint-Etienne, Sammlung Jean Bernard
Jean Thuile hat 1943 sein Werk *La Céramique à Montpellier du XVIe au XVIIIe siècle*, dem Archivstudien zugrundeliegen, veröffentlicht; seinen Darlegungen folgend hat man Montpellier eine bedeutende Produktion von Apothekergefäßen zugeschrieben, viele darunter haben sich mit der Zeit als Fälschungen erwiesen. Bei diesem Krug handelt es sich sicher um ein echtes Stück. Sein Dekor ist sowohl mit manchen venezianischen als auch mit niederländischen Fayencen verwandt.

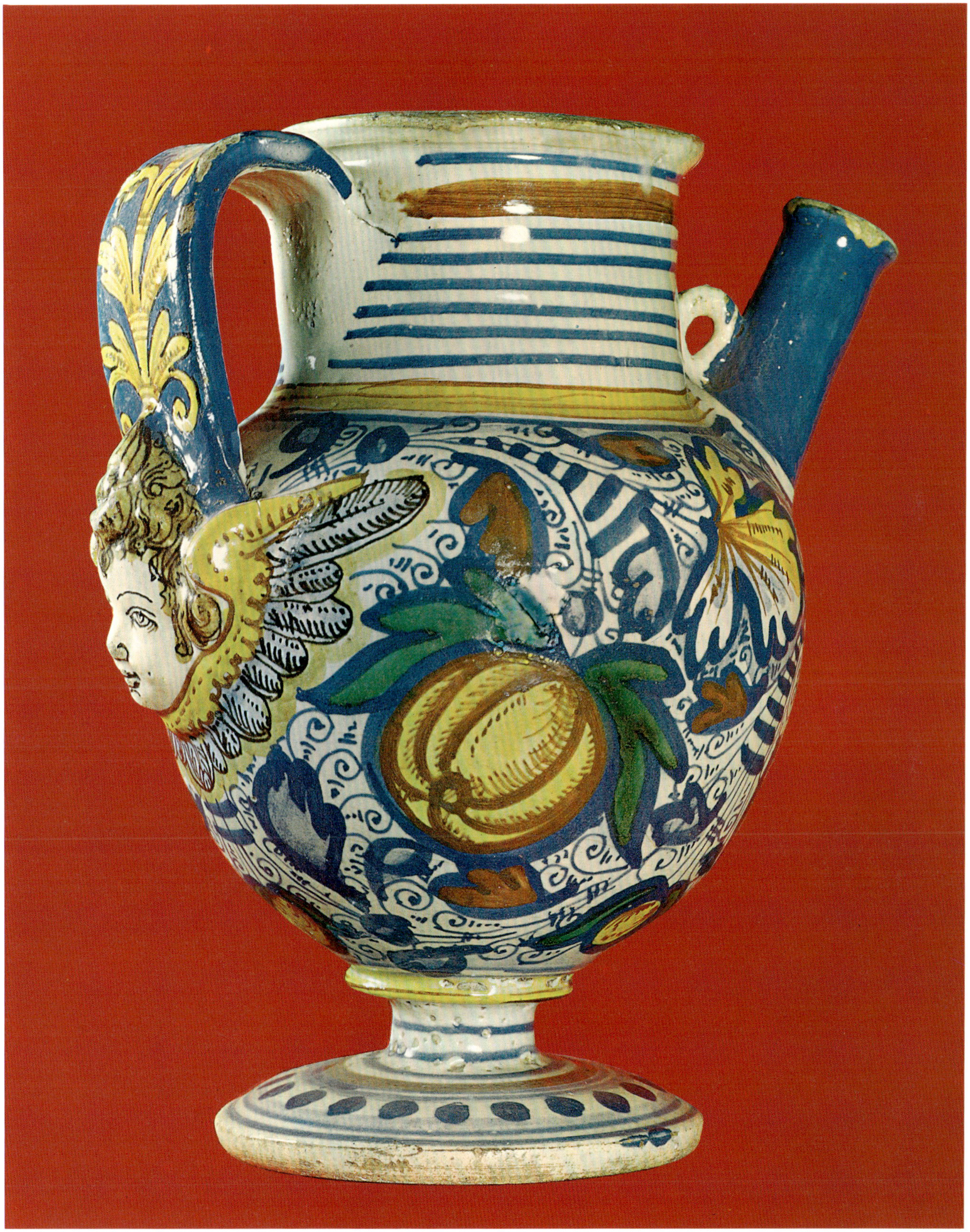

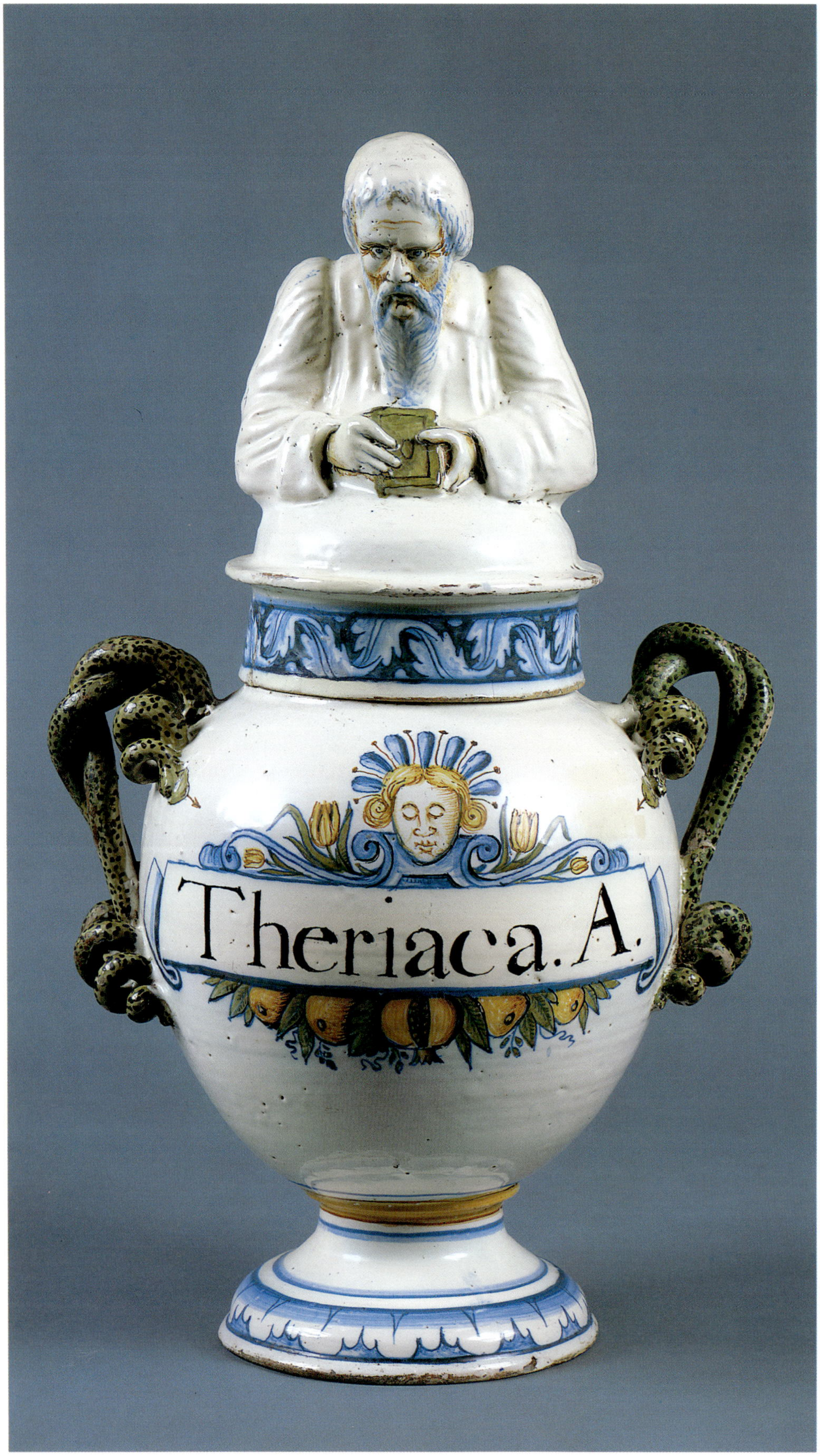

9 MONTPELLIER (Hérault), 17. Jahrhundert
Apothekergefäß; Inschrift: Theriaca. A.; polychromer Scharffeuerdekor; H. 55 cm
Sèvres, Musée national de Céramique, Inv. MNC. 21231 (Legat Fombeure)
Die Zuschreibung dieses Apothekergefäßes an Montpellier ist eine sehr verlockende Hypothese, denn es ist bekannt, daß die Stadt im 17. Jahrhundert eine der bedeutendsten medizinischen Fakultäten jener Zeit besaß. Wie es sich auch damit verhalten mag, der Einfluß der weißen Fayencen von Faenza ist bei diesem Gefäß offensichtlich.

10 NEVERS (Nièvre), Manufaktur Conrade, Anfang des 17. Jahrhunderts
Vase; polychromer Scharffeuerdekor; H 39 cm
Sèvres, Musée national de Céramique, Inv. MNC. 22740
Der Dekor dieser Vase wie auch ihres Gegenstücks ist einer Illustration von Bernard Salomon zu dem von dem Verleger Jean de Tournes 1555 in Lyon herausgegebenen Werk *Les Quadrins historiques de la Bible* entlehnt. Dieses Werk hatte so viel Erfolg, daß es mehrfach, sowohl in französischer als auch in italienischer Sprache, wieder aufgelegt wurde und Fayencemaler auf beiden Seiten der Alpen angeregt hat. In manchen Fällen ist es sehr schwierig, italienische und französische Stücke voneinander zu unterscheiden. Bei diesem Stück scheint der Dekor französisch zu sein, die lockere, freie Art ist recht verschieden von dem damals in Urbino herrschenden manieristischen Stil.

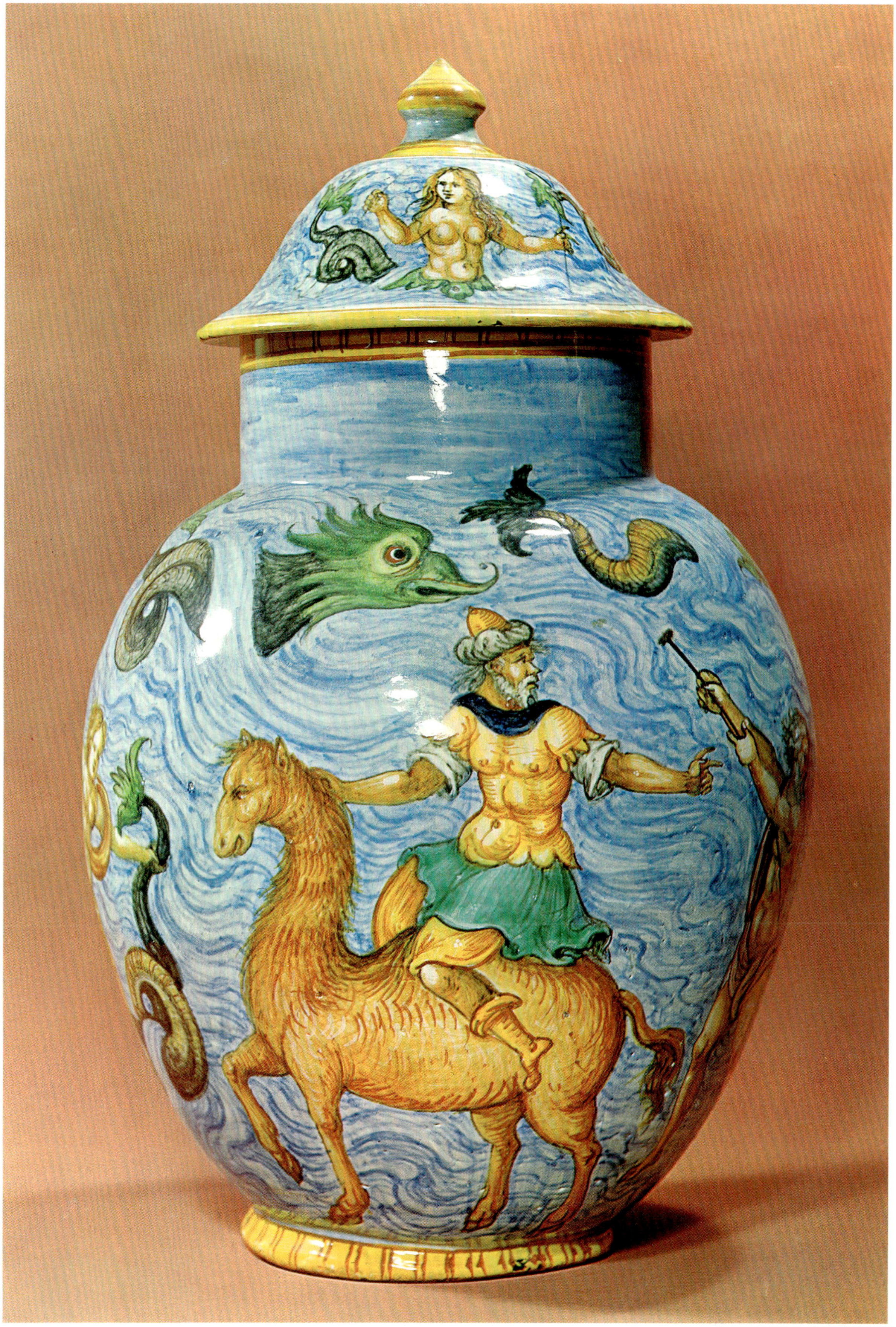

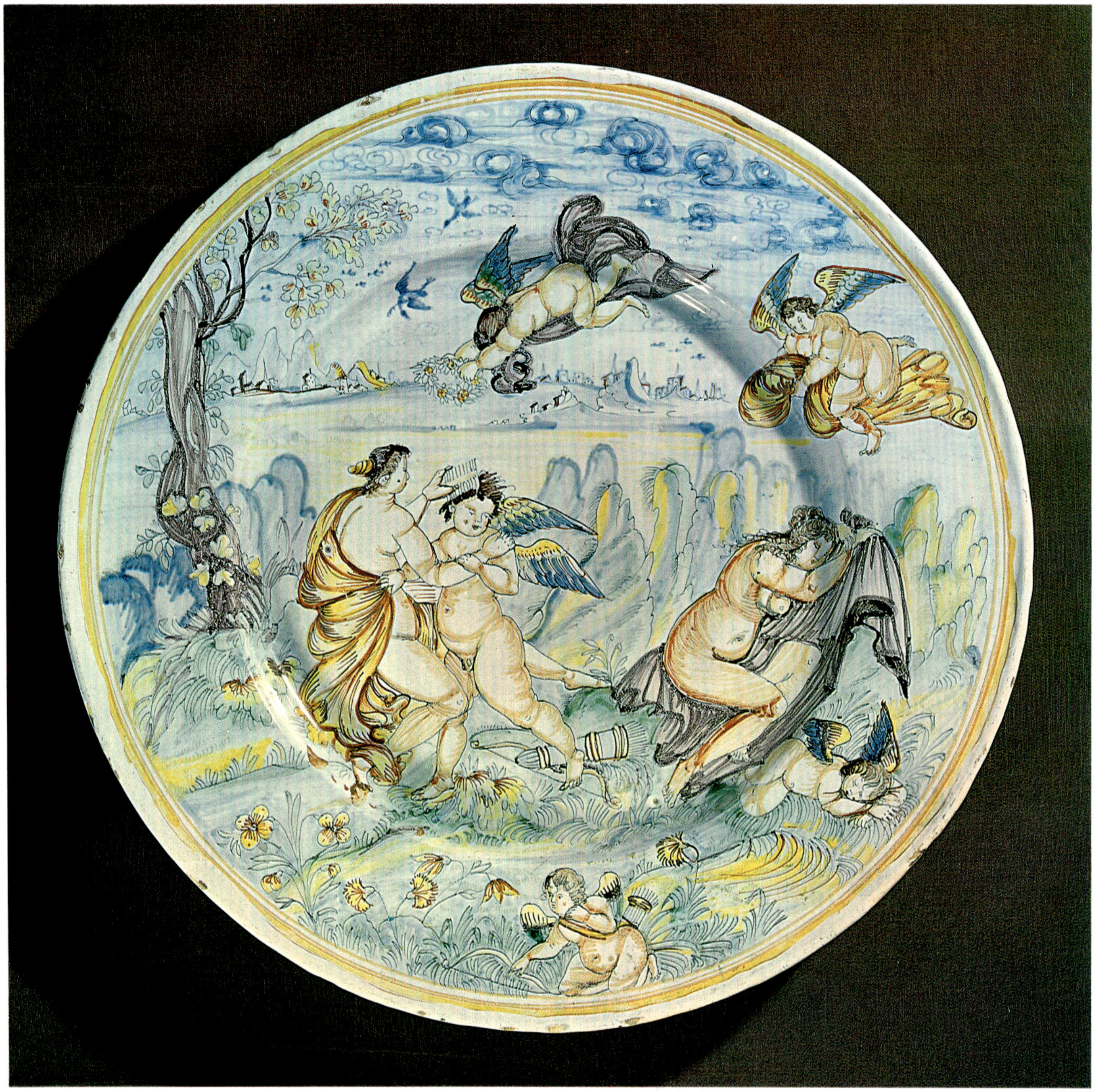

11 NEVERS (Nièvre), Manufaktur Conrade, Anfang des 17. Jahrhunderts
Platte; polychromer Scharffeuerdekor; ∅ 42,3 cm
Nevers, Musée municipal, Inv. NF. 239

Im 18. Jahrhundert haben die Fayencemaler in den meisten Fällen mit Schablonen gearbeitet. Es handelt sich dabei um Zeichnungen auf Papier, deren Linien perforiert sind. Diese Schablonen werden auf die zu dekorierende Fläche aufgelegt und mit Hilfe eines Beutels mit Holzkohlepuder eingestäubt, der so durch die Löcher der Perforierung dringt. Die Linien der Zeichnung erscheinen dann fein punktiert auf der Fayence. Seit wann diese Schablonen in Gebrauch sind, ist nicht bekannt.

Bei manchen Dekors von Nevers ist, wie auch bei dem Schmuck dieser Platte, die Zeichnung so ungezwungen und phantasievoll, manchmal auch ungeschickt, daß man annehmen darf, der Maler habe freihändig gearbeitet.

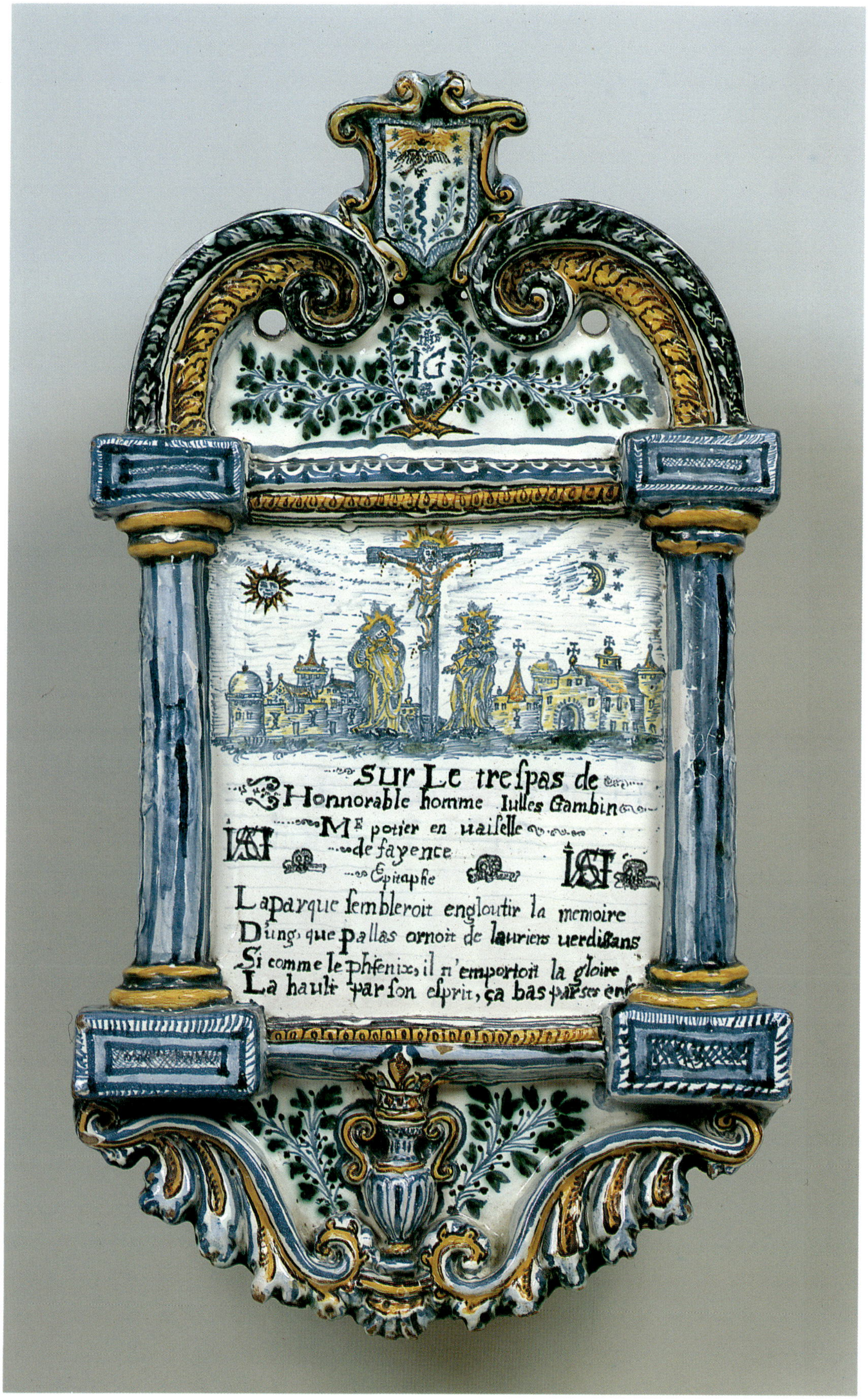

12 NEVERS (Nièvre), um 1630 (?)
Epitaph für Jules Gambin; Inschrift: sur Le trespas de / Honnorable homme Julles Gambin / M^{E} potier en vaiselle / de fayence / Epitaphe / Laparque sembleroit engloutir la memoire / D'ung que pallas ornoit de lauriers uerdisans / Si comme le phsenix, il n'emportoit la gloire / La hault par son esprit, ça bas par ses enfens; polychromer Scharffeuerdekor; H 44,5 cm
Sèvres, Musée national de Céramique, Inv. MNC. 24941
Dieses Epitaph ist im *a compendiario*-Stil ausgeführt, doch sind grüne, ockerfarbene und manganviolette Höhungen zugefügt. Es handelt sich um ein Epitaph für einen Jules Gambin. Wir wissen, daß Jules Gambin (Giulio Gambino) aus Faenza 1574 in Lyon eine Fayencemanufaktur gründete und sich um 1588/1589 in Nevers mit Augustin Conrade assoziierte. Natürlich könnte das Epitaph auch für einen Mann gleichen Namens und gleichen Berufs geschaffen worden sein, doch die Hypothese, daß es sich um das Epitaph des historisch bekannten, bedeutenden Jules Gambin handelt, hat viel für sich.

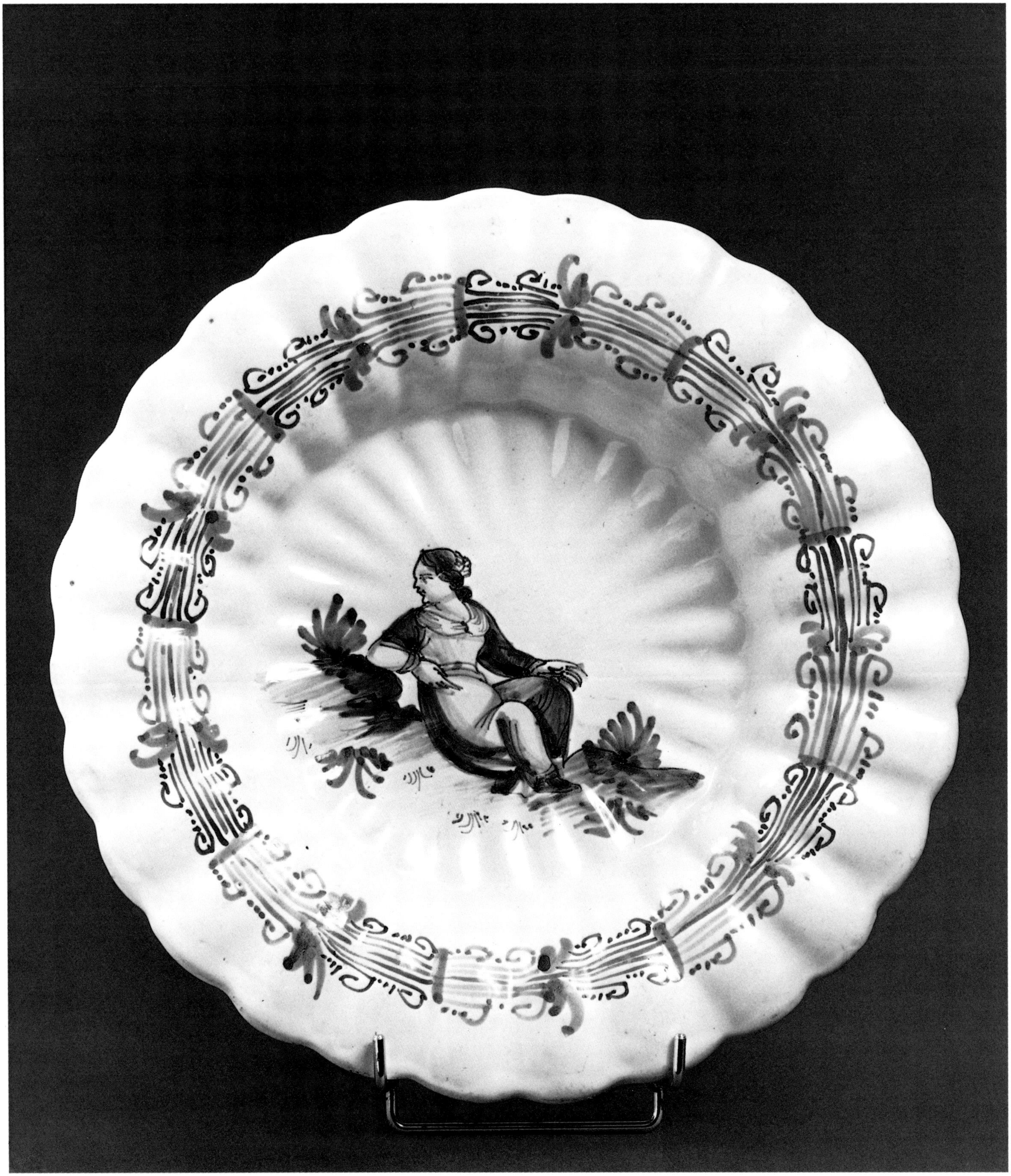

13 NEVERS (Nièvre), erste Hälfte des 17. Jahrhunderts
Schale; Scharffeuerdekor in Gelb und Blau; Ø 30 cm
Abbeville, Musée Boucher de Perthes, Inv. I.P. 103
In der Mitte des 16. Jahrhunderts wurde in Faenza der Dekor *a compendiario* entwikkelt. Bei mit dieser italienischen Bezeichnung belegten Stücken hat sich der Künstler auf die ausschließliche Verwendung der Farben Gelb und Blau beschränkt. Ende des 16. und in der ersten Hälfte des 17. Jahrhunderts kam dieser Dekor in ganz Europa in Mode. Als die Poterat 1644 ihre Manufaktur in Rouen gründeten, arbeiteten sie zunächst in dieser Art. Die Zuschreibung solcher Stücke an eine bestimmte Manufaktur ist also schwierig. Hier macht die in der Mitte der Schale dargestellte Gestalt eine Entstehung in Nevers sehr wahrscheinlich.

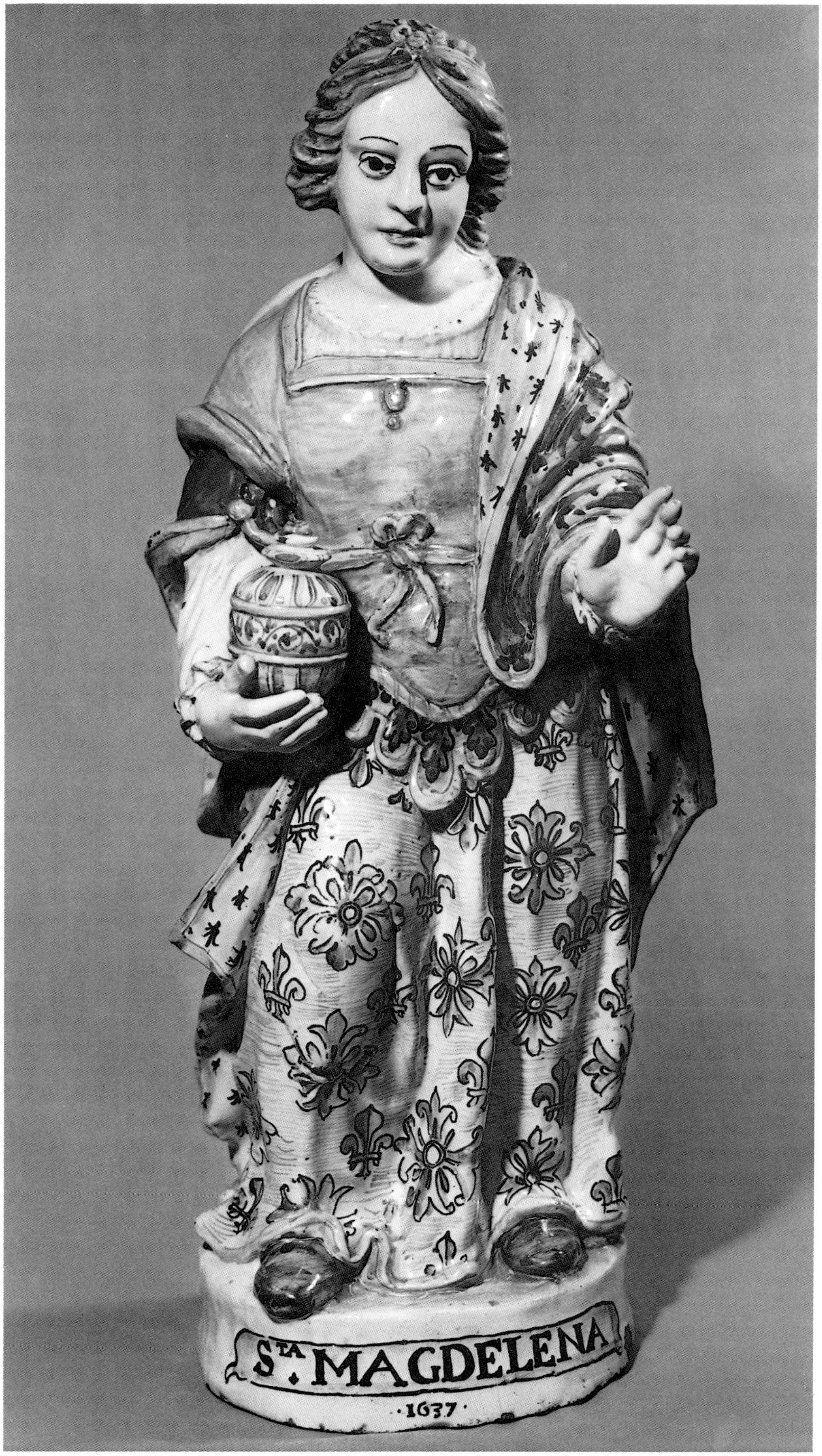

14 NEVERS (Nièvre), 1637
Heilige Magdelena; Inschrift: S^TA. MAGDALENA. / 1637; polychromer Scharffeuerdekor; H 67 cm
Nevers, Musée municipal, Inv. NF. 1726
Man kennt mehrere für dieses Material verhältnismäßig große Fayencestatuen, die im 17. Jahrhundert in Nevers geschaffen wurden. Sie erscheinen uns als eine Zwischenstufe zwischen den im 15. und 16. Jahrhundert in Italien oder Frankreich entstandenen Fayencen der della Robbia und den Werken aus der Blütezeit der Statuettenherstellung in Nevers im 18. Jahrhundert. Diese ziemlich unbeholfene heilige Magdalena erinnert weniger an frühere Stücke, sondern kündigt eher die volkstümlichen Fayencen des 18. Jahrhunderts an.

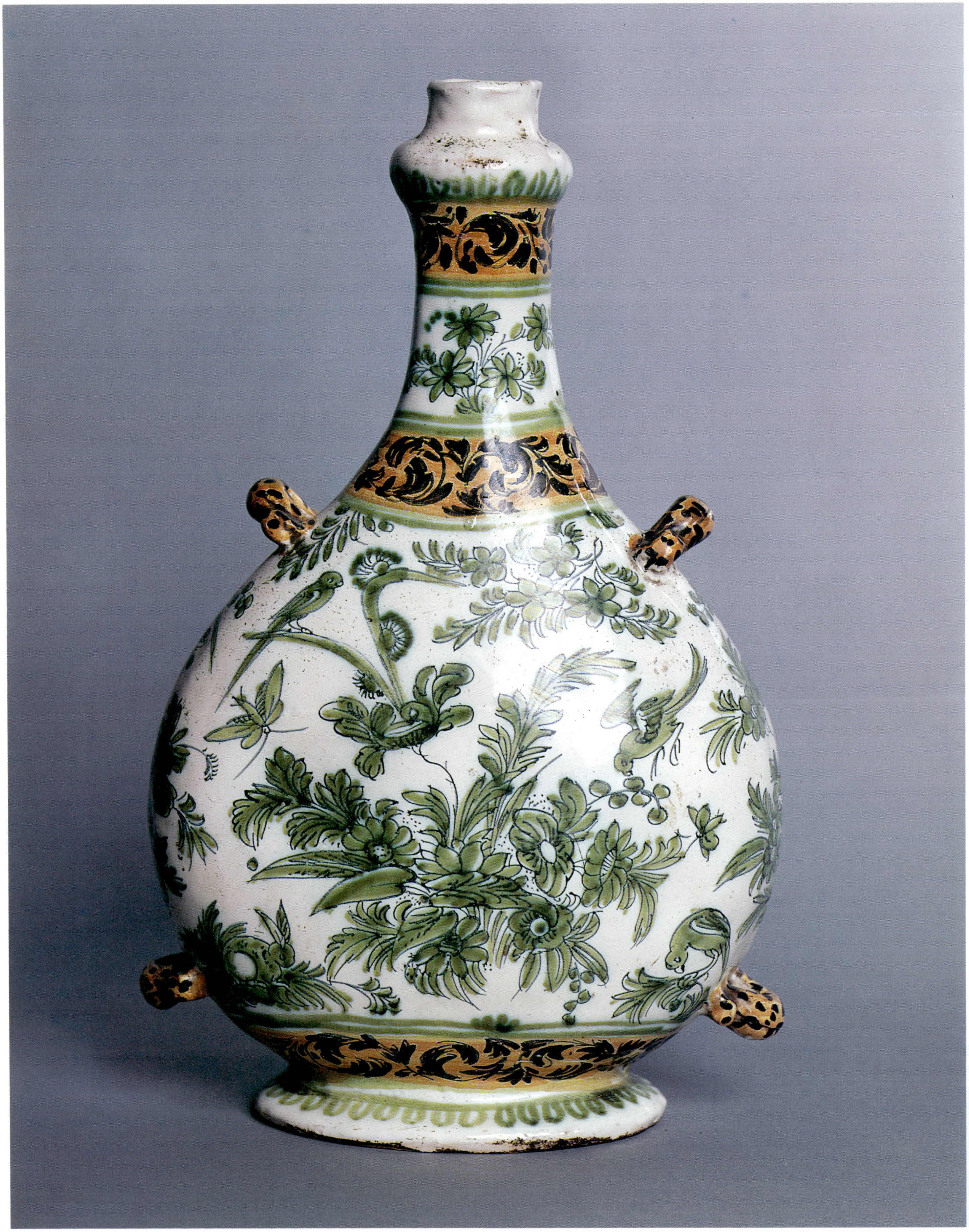

◁ 15 NEVERS (Nièvre), Mitte des 17. Jahrhunderts
Kürbisflasche mit vier Aufhängeösen (zu einem Paar gehörig); Scharffeuerdekor in Camaieugrün, Ocker und Schwarz; H. 35 cm
Paris, Musée du Louvre, Inv. MR. 2257–2258
Dieser Dekor aus Blumen, Vögeln und Insekten wurde zweifellos in Savona entwikkelt. Er ist mit feinen, schnellen Strichen gezeichnet und mit einem dickeren Pinsel koloriert. Wir wissen auch, daß die Familie Conrade aus Ligurien stammte. In Italien kommt dieses Motiv jedoch nicht in camaieugrüner Ausführung vor.

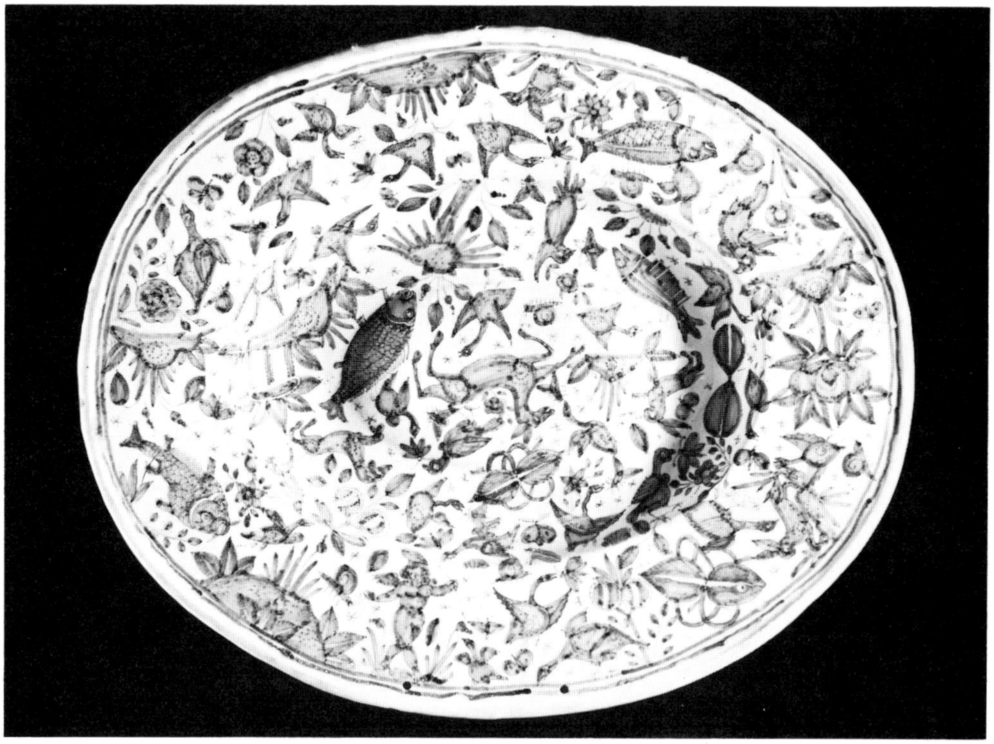

16 NEVERS (Nièvre), Manufaktur Conrade, erste Hälfte des 17. Jahrhunderts
Platte; Inschrift auf der Rückseite: de conrade a nevers; Scharffeuerdekor in Camaieublau; L 48 cm
Saumur, Musée des Arts décoratifs, Inv. 283
Es sind mehrere Platten und Teller bekannt, die mit der gleichen Marke wie dieses Stück, de Conrade A Nevers, bezeichnet sind. Sie sind bedeutend, weil sie die ältesten Zeugnisse der Kunst von Nevers am Anfang des 17. Jahrhunderts, also jener Zeit sind, als der Dekor *a istoriato* der Renaissance aus der Mode gekommen war.
Die Conrade (Corradi) stammten aus Ligurien. Auch die ligurischen Fayencen der ersten Hälfte des 17. Jahrhunderts sind mit camaieublauen Motiven überstreut, doch die ersten mit einer Marke versehenen Stücke der Conrade sind von ganz persönlicher Phantasie geprägt.

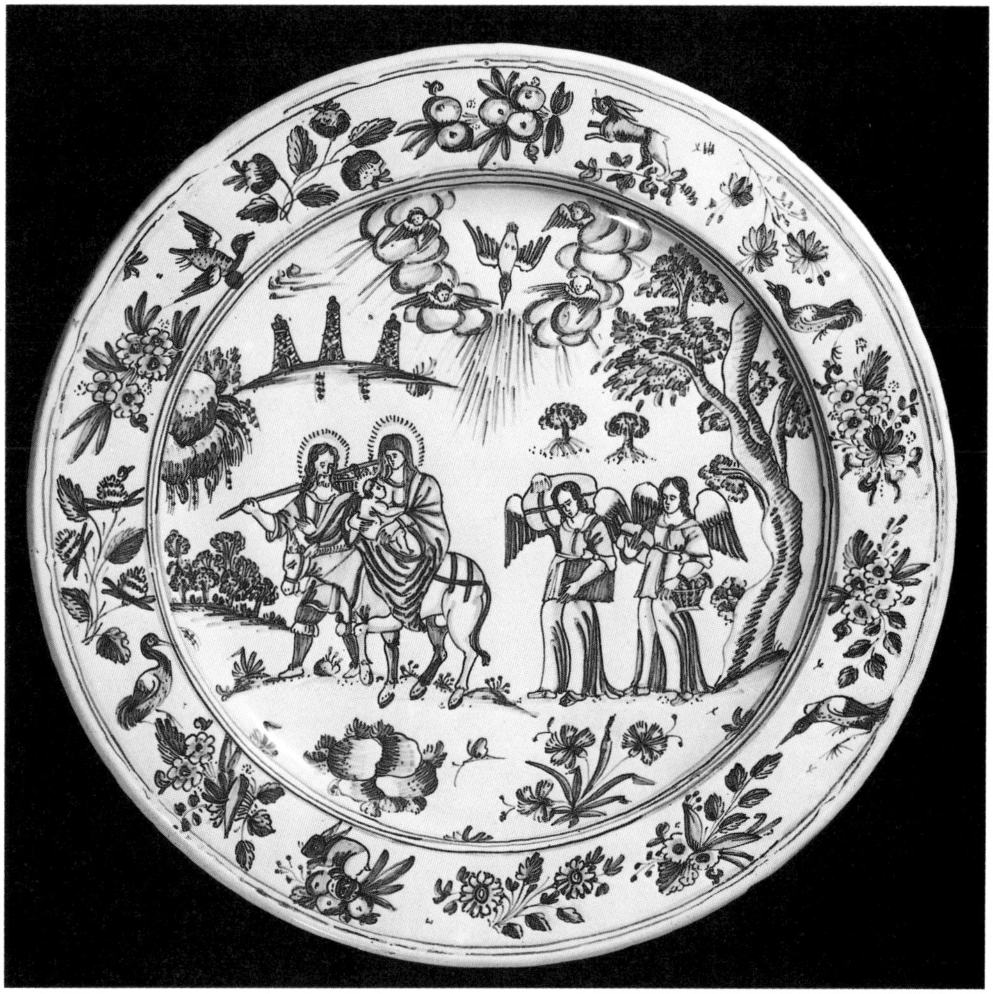

17 NEVERS (Nièvre), zweite Hälfte des 17. Jahrhunderts
Platte; Scharffeuerdekor in Camaieublau; ⌀ 51 cm
Nevers, Musée municipal, Inv. NF. 1714
Auf der Platte ist die Flucht nach Ägypten dargestellt. Religiöse Themen sind auf französischen Fayencen des 17. Jahrhunderts recht selten. Die einzelnen Motive des Dekors sind hier ohne eigentliche Verbindung über die ganze Platte verstreut, sie sollen die Fläche füllen. Dieses Verfahren geht auf die Werke von Savona, Genua und Albissola zurück; die Conrade, die Gründer der ersten Manufaktur von Nevers, stammten ja aus Albissola. Der Stil der ligurischen Manufakturen ist jedoch sehr verschieden von dem Stil von Nevers mit seinen oft ungelenken Dekors, deren Reiz gerade in dieser Unbeholfenheit liegt.

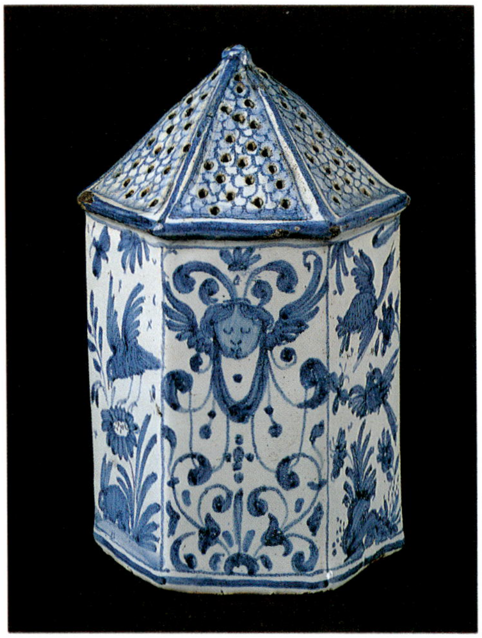

18 NEVERS (Nièvre), Mitte des 17. Jahrhunderts
Zuckerstreuer; Scharffeuerdekor in Camaieublau; H 13 cm
Sèvres, Musée national de Céramique, Inv. MNC. 2604[1] (Geschenk Devéria)
Diese Streudose für Zucker hat die ungewöhnliche Form eines sechseckigen Gebäudes mit ziegelgedecktem Dach. Der Schmuck der Seiten besteht abwechselnd aus locker verteilten Tieren und Pflanzen in der Art von Savona – der für ihre östlich beeinflußten Fayencen berühmten ligurischen Stadt – und einem Grotesken- und Arabeskendekor, der noch von der Renaissance geprägt ist.

19 NEVERS (Nièvre), um 1630–1640
Teller; Scharffeuerdekor in Permanentweiß, Gelb und Ocker auf blauem Grund; ⌀ 21 cm
Sèvres, Musée national de Céramique, Inv. MNC. 19 250 (Depot des Musée Carnavalet, Paris)
Man nimmt für die blauen Fonds von Nevers häufig persischen Einfluß an, doch auch in Persien kam der blaue Grund erst im 17. Jahrhundert auf. Die Sträuße aus Tulpen und Nelken, mit denen die blaugrundigen Stücke häufig geschmückt sind, lassen eher an einen Einfluß durch türkische Keramik aus Iznik denken, deren Blütezeit ins 16. Jahrhundert fiel.

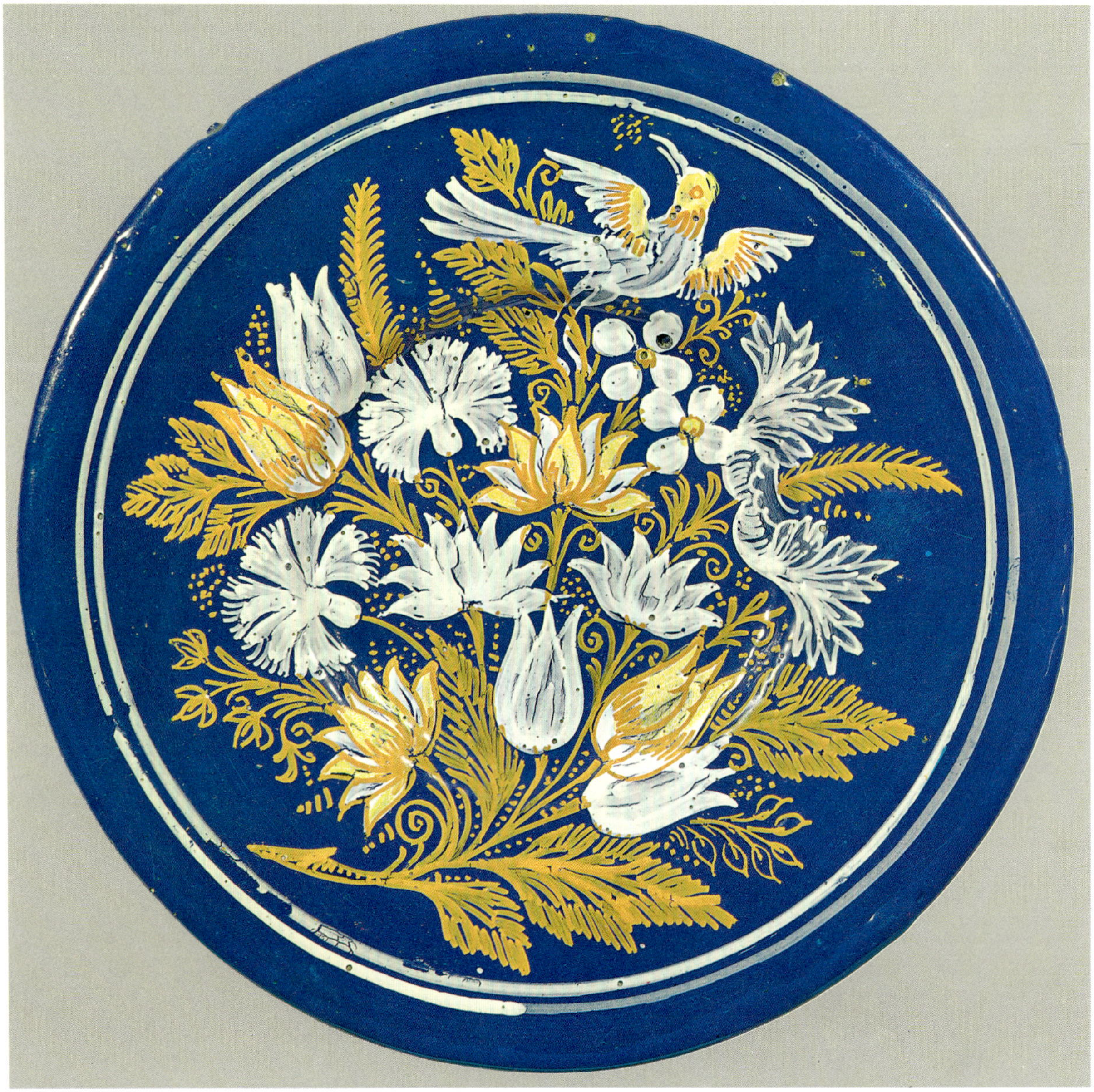

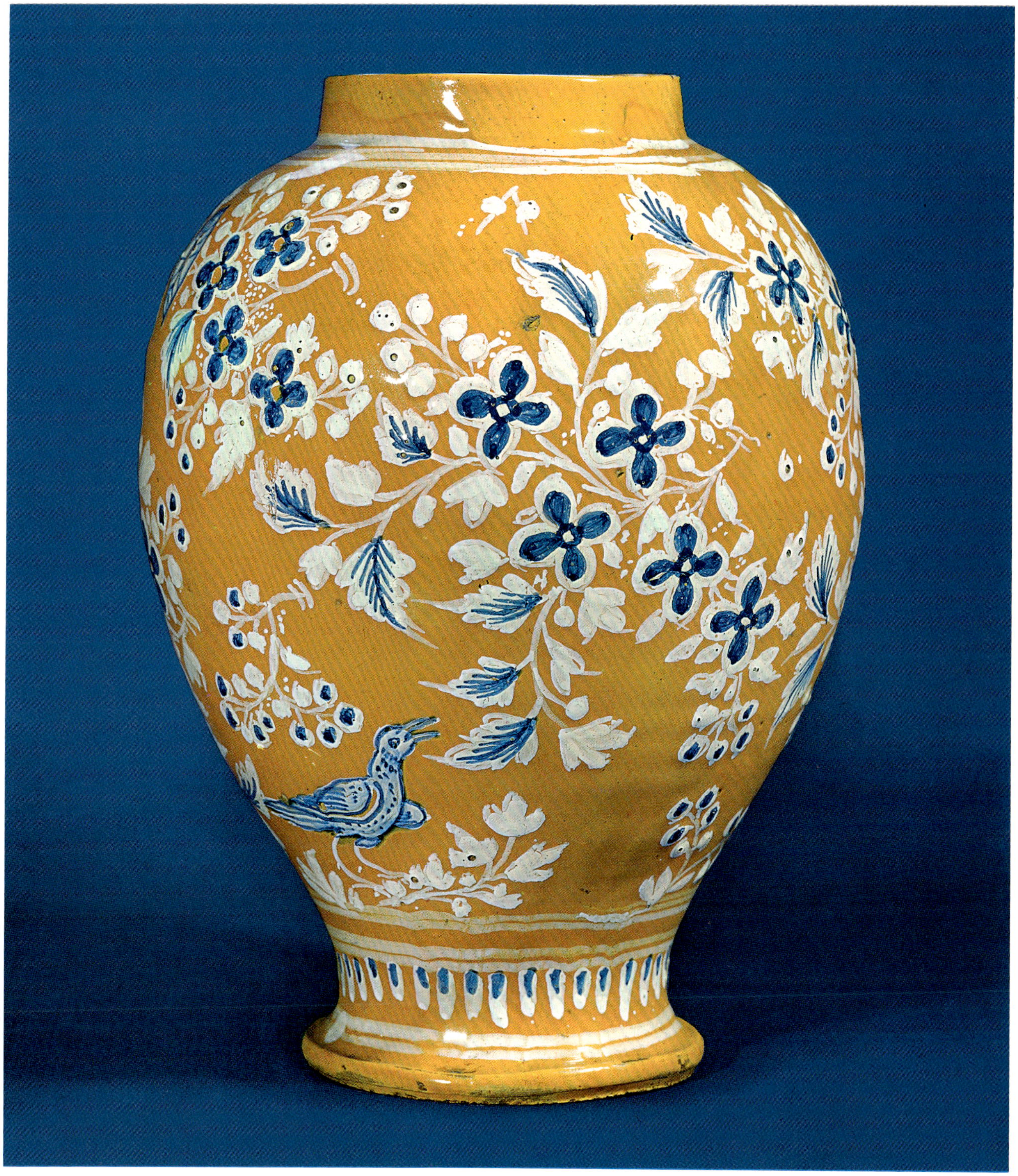

20 NEVERS (Nièvre), Mitte des 17. Jahrhunderts
Vase; Scharffeuerdekor in Weiß und Blau auf gelbem Grund; H 25 cm
Lyon, Musée historique, Inv. 42.375 (Legat René Franc)
Die farbigen Fonds von Nevers sind meist blau und nur selten gelb. Die Wirkung des Blau ist tatsächlich viel überraschender, denn das Kobalt in der Glasur gibt ihr – in den glücklichsten Fällen – eine leichte Transluzidität: Von einer dunklen, leicht transluziden Oberfläche hebt sich ein heller, aber opaker Dekor ab (Zinnoxid macht das Weiß lichtundurchlässig). Da Antimongelb, das hier für den Grund verwendet wurde, ebenso opak ist, hebt sich der weiße Dekor, auch wenn er blau gehöht ist, nicht so kräftig ab wie von einem blauen Grund.

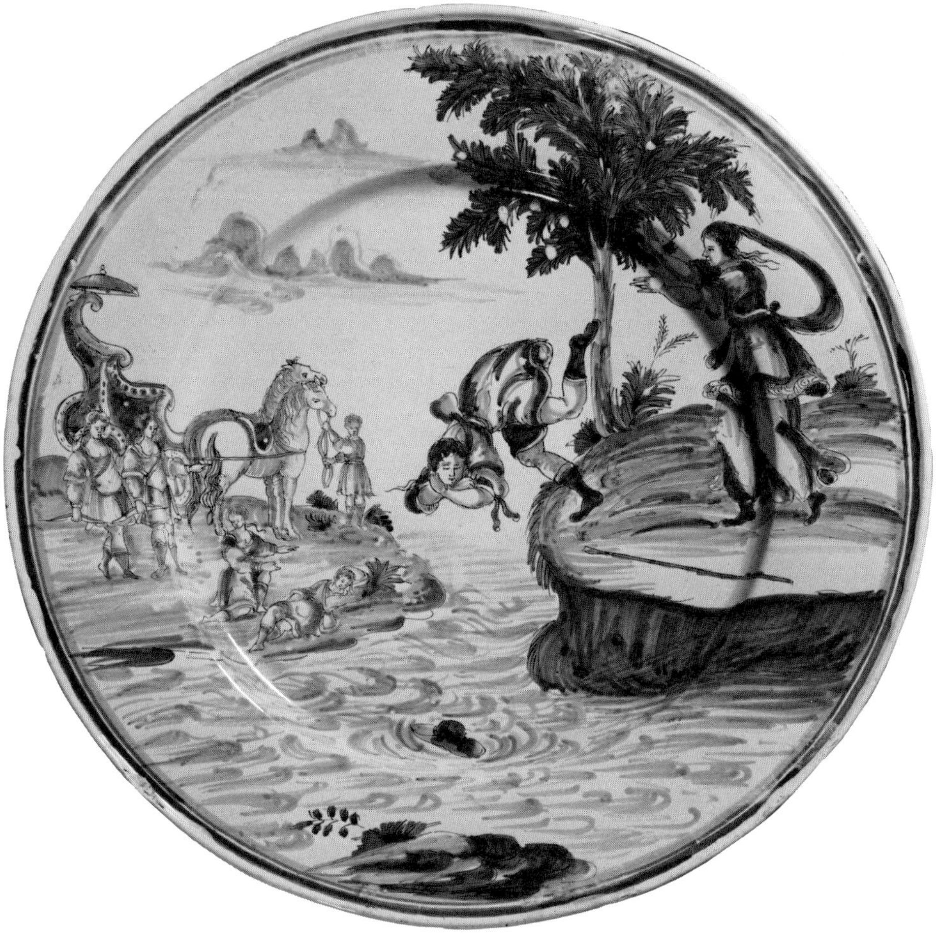

21 NEVERS (Nièvre), zweite Hälfte des 17. Jahrhunderts
Platte; Scharffeuerdekor in Camaieublau; ∅ 51,5 cm
Nevers, Musée municipal, Inv. NF. 228
Während die Verwendung von Camaieublau für manche Manufakturen des 17. Jahrhunderts – Rouen, Moustiers und Saint-Jean-du-Désert (mit oder ohne Zusatz von Manganviolett) – charakteristisch ist, wurde es in Nevers nicht systematisch benutzt. Doch Blau ist die am besten zur Wiedergabe von Stichen geeignete Farbe. Auf dieser Platte ist eine Illustration kopiert – Céladon stürzt sich in die Fluten des Lignon –, die sich in der 1632 von Michel Tavernier besorgten Ausgabe des berühmten Romans *L'Astrée* des Honoré d'Urfé findet.

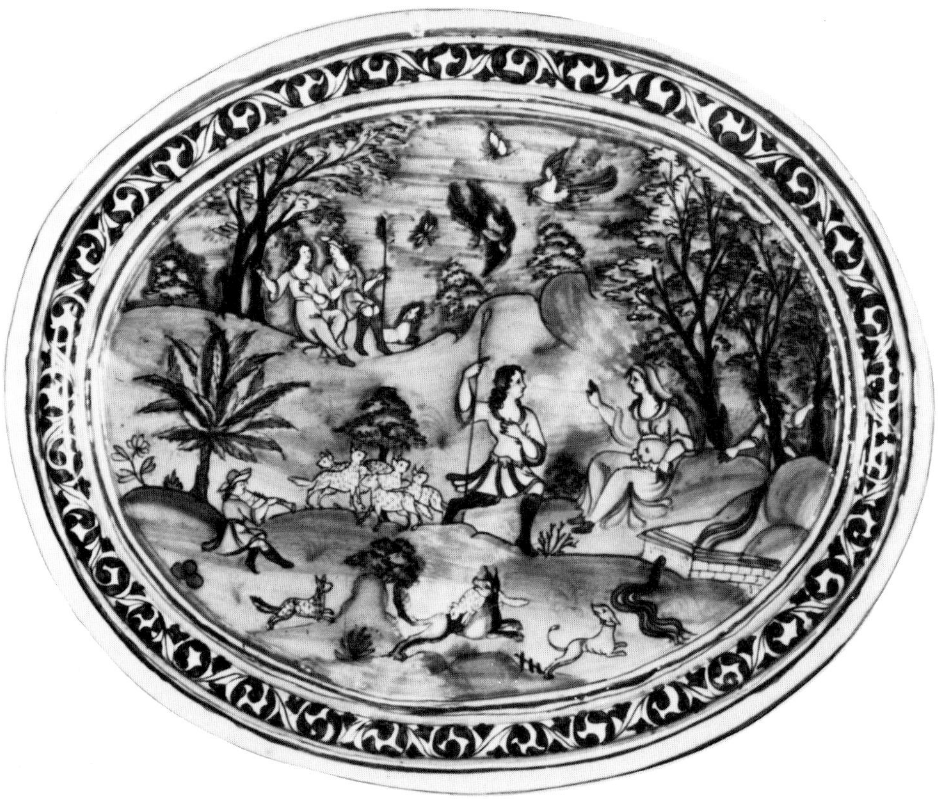

22 NEVERS (Nièvre), zweite Hälfte des 17. Jahrhunderts
Platte; polychromer Scharffeuerdekor; L 44 cm
Nevers, Musée municipal, Inv. NF. 15
Viele Werke von Nevers zeichnen sich durch Phantasie aus. Der Humor der Darstellung auf dem Wasser wandelnder Tiere, wie sie auf der Vase (Abb. 10) zu sehen sind, hat sich hier zur Heiterkeit gewandelt. Die helle und leuchtende Polychromie ebenso wie die lebhafte Zeichnung machen aus dieser Platte ein innerhalb der Geschichte der französischen Fayence besonders eigentümliches Meisterwerk.

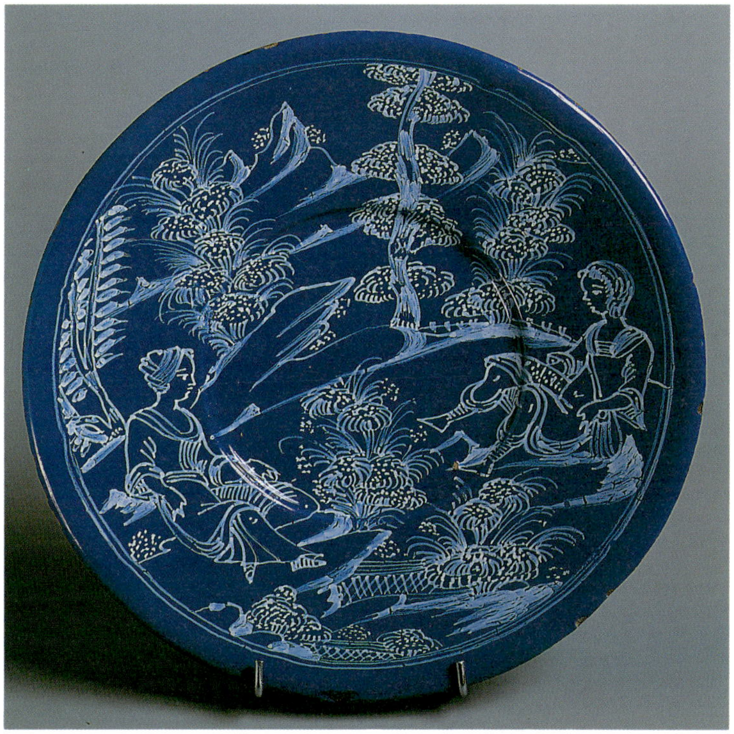

23 NEVERS (Nièvre), zweite Hälfte des 17. Jahrhunderts
Teller; Scharffeuerdekor in Weiß auf blauem Grund; Ø 25 cm
Sèvres, Musée national de Céramique, Inv. MNC. 23491
(Legat R. Savalle)
Die auf blaugrundige Fayencen gemalten Dekors sind verschiedenartig. Sicher sind die lose hingebreiteten Blumenbüschel mit Tulpen und Nelken das häufigste Motiv (vgl. Abb. 19), doch auch chinoise Figuren (vgl. Abb. 29) und, wenngleich seltener, durchaus französische Schäferszenen kommen vor. Der graphische Stil, in dem die Figuren hier dargestellt sind, läßt sich mit dem der Schale mit *a compendiario*-Dekor (Abb. 13) vergleichen: Bei aller dekorativen Vielfalt besteht doch ein eigener, für Nevers charakteristischer Stil.

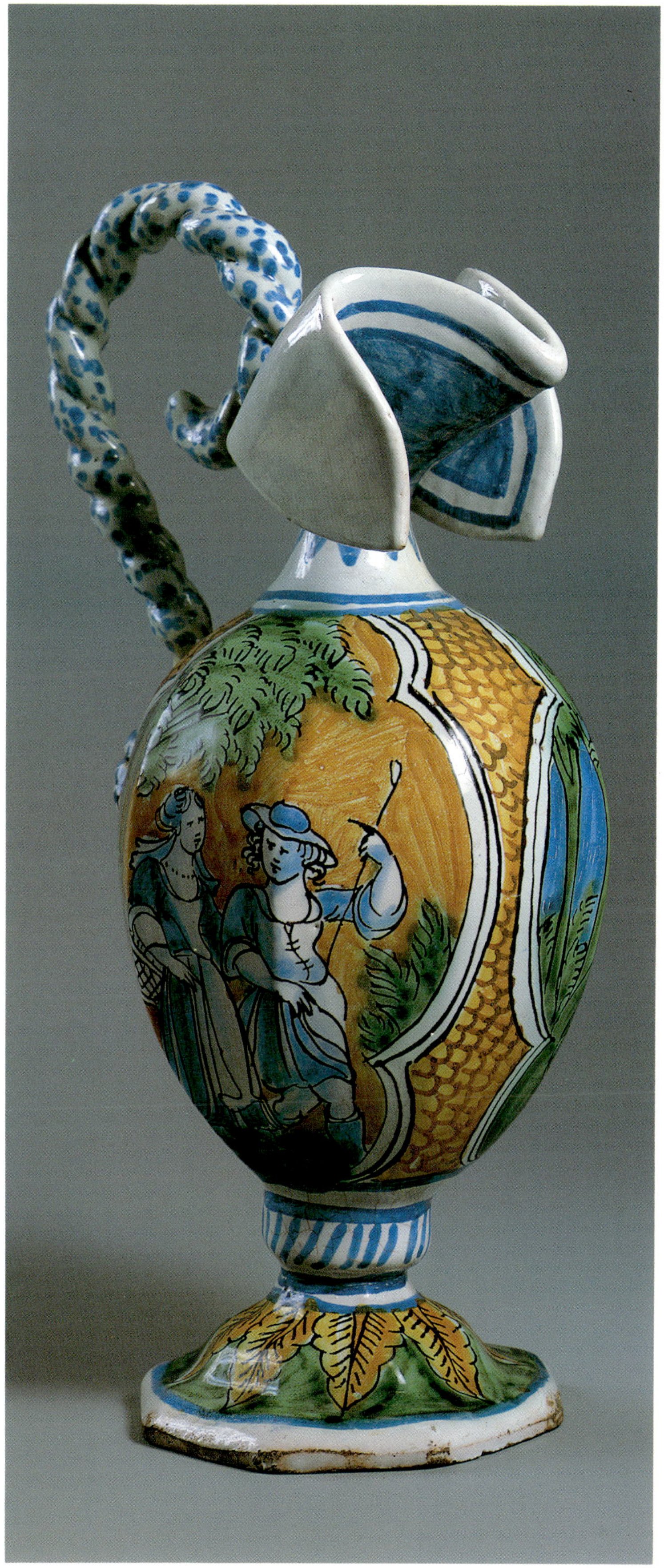

24 NEVERS (Nièvre), zweite Hälfte des 17. Jahrhunderts
Kanne; polychromer Scharffeuerdekor; H 26 cm
Sèvres, Musée national de Céramique, Inv. MNC. 20850
(Geschenk Chompret)
Die Kanne ist, ebenso wie die Platte (Abb. 22), mit Figuren im Stil der Illustrationen zu *L'Astrée* von Honoré d'Urfé geschmückt. Konnten wir auf der Platte die Phantasie feststellen, die einen großen Teil der Dekors von Nevers auszeichnet, so wird dieser Zug hier auch in der Form der Kanne deutlich.

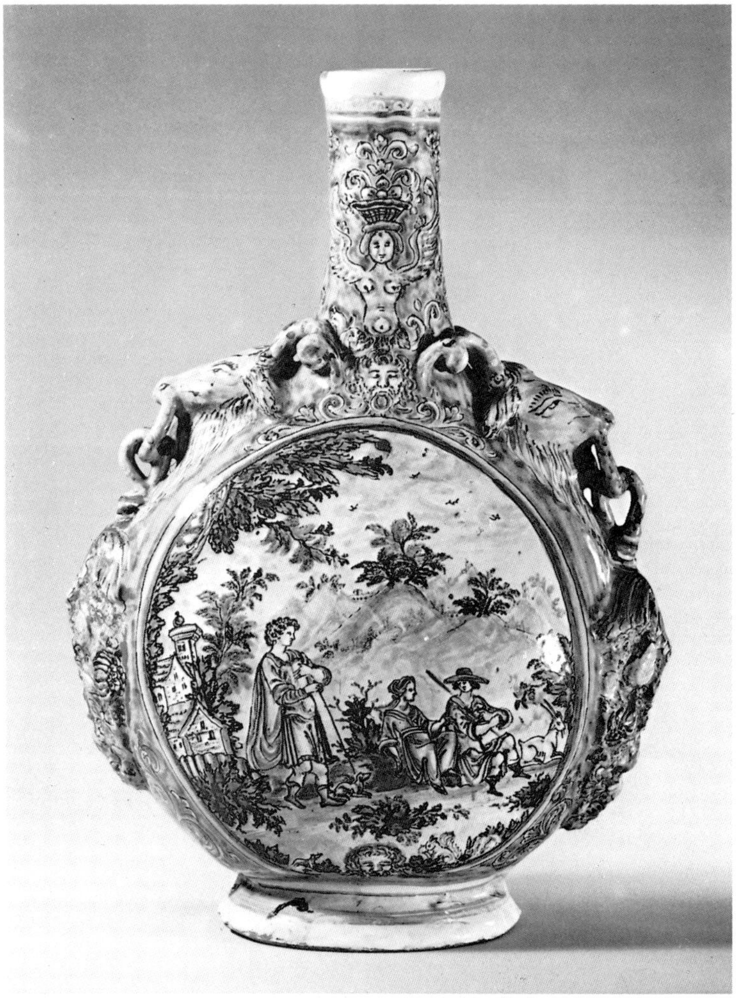

25 NEVERS (Nièvre), um 1670
Flasche; polychromer Scharffeuerdekor; H 32 cm
Paris, Musée du Louvre, Inv. OA. 6592
Nevers hat seine Fayencen gern mit Reliefdekor geschmückt. Bei dieser Flasche mit flachem Bauch dienen Widderköpfe und Girlanden als Griffe. Auf der Vorderseite ist eine idyllische Schäferszene vor einer bergigen Landschaft gemalt. Diese Art szenischen Dekors kommt in Camaieublau oder in Blau und Manganviolett auf Fayencen von Saint-Jean-du-Désert (Marseille) vor, in Camaieublau, aber stilistisch recht anders, auf solchen von Savona.

26 NEVERS (Nièvre), um 1650
Platte; polychromer Scharffeuerdekor; ⌀ 53,5 cm
London, Victoria and Albert Museum, Inv. 366–1870
Die aus Italien stammende Tradition des Dekors *a istoriato*, der Wiedergabe von Stichen auf Fayence, ist hier wieder aufgenommen. Der Schmuck dieser Platte ist zwei Stichen des Florentiners Antonio Tempesta entlehnt, dessen Jagdszenen – hier eine Löwenjagd – bei den französischen Fayencemalern sehr beliebt waren. Das ist verständlich, denn der Stil der Stiche ist kräftig und lebendig, und da das Tier, das gejagt wird, meist in der Mitte der Komposition angeordnet ist, läßt sie sich gut in das Rund einer Platte einfügen.

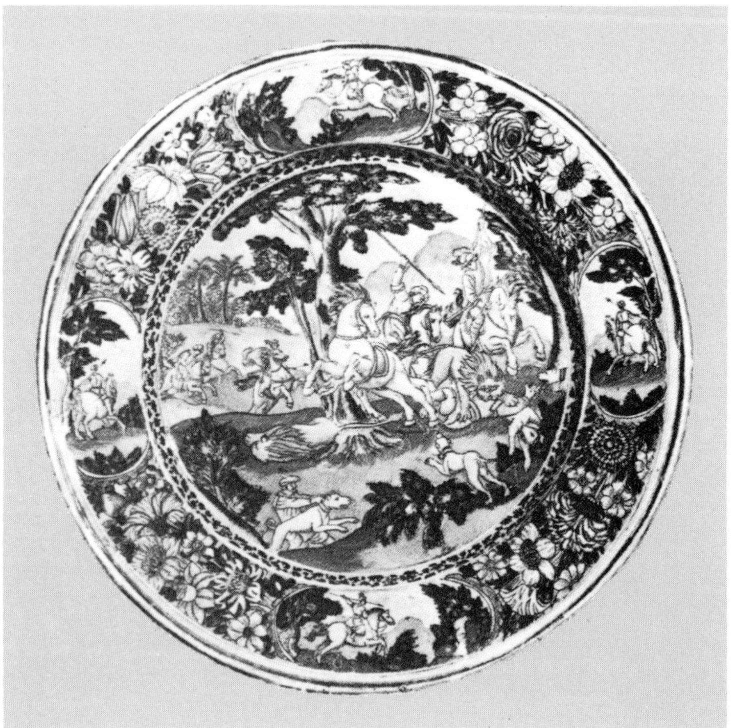

27 NEVERS (Nièvre), um 1670 ▷
Kanne; polychromer Scharffeuerdekor; H 65 cm
Paris, Musée du Louvre, Inv. OA. 5013 A
Nevers hat während des 17. Jahrhunderts für einen Teil seiner Produktion den Dekor *a istoriato* – die Wiedergabe von Stichen mit szenischen Darstellungen – beibehalten, der im 15. Jahrhundert in Faenza entstanden war. Ein Wandel läßt sich jedoch in der Wahl der Vorbilder feststellen, die von jetzt an französisch sind. Bei dieser Kanne wurden Stiche von Michel Dorigny benutzt. Das 17. Jahrhundert schätzte den Reliefdekor; der Kannenhenkel in Gestalt eines Drachen ist von barockem Geist geprägt.

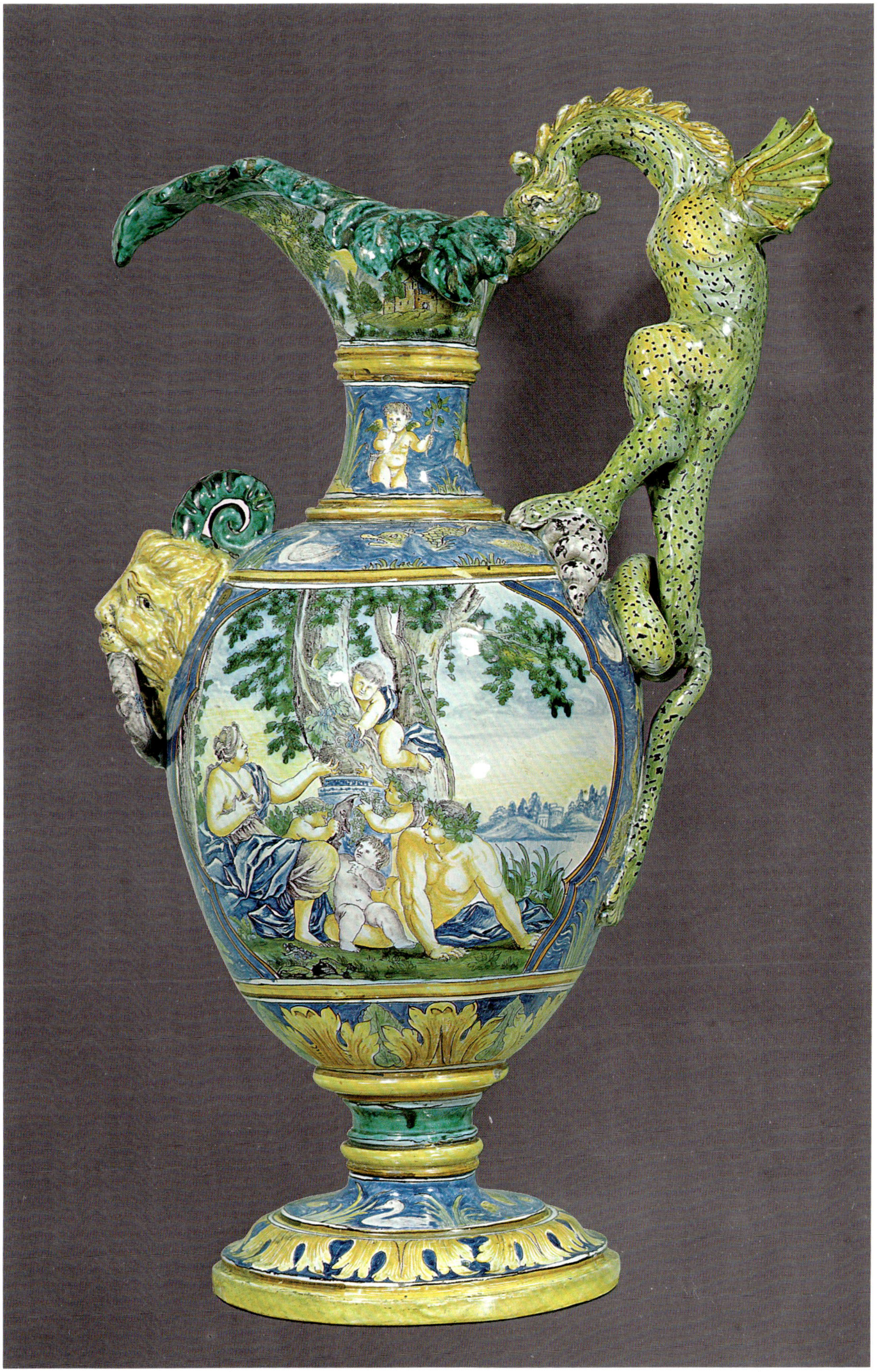

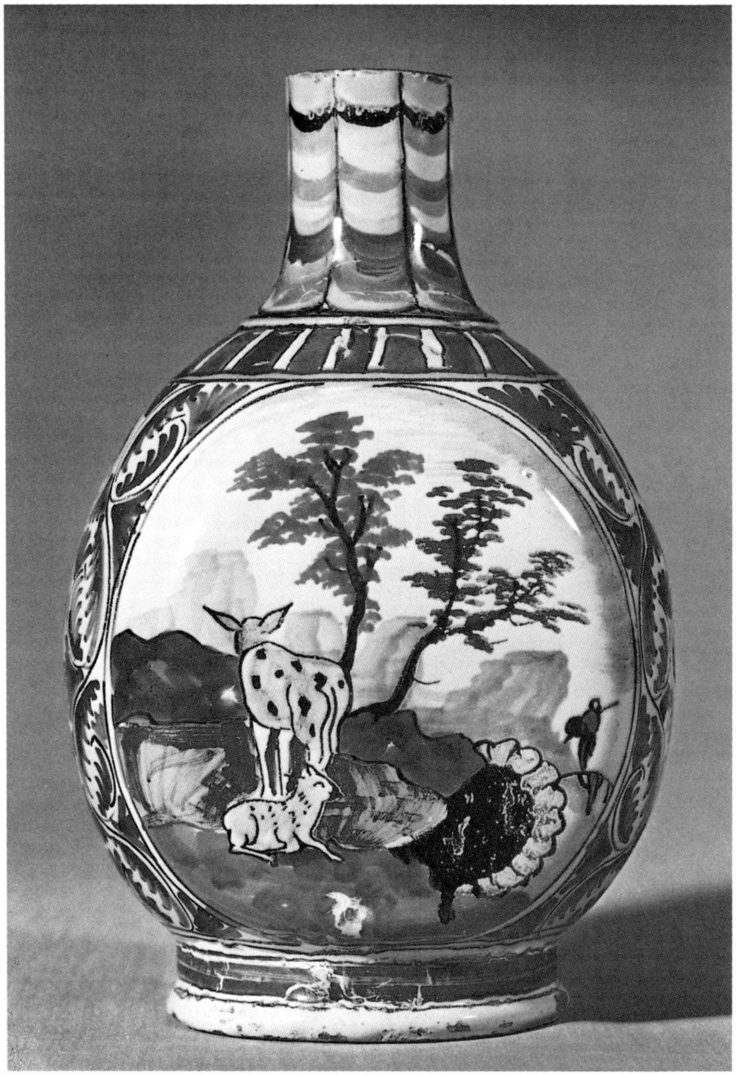

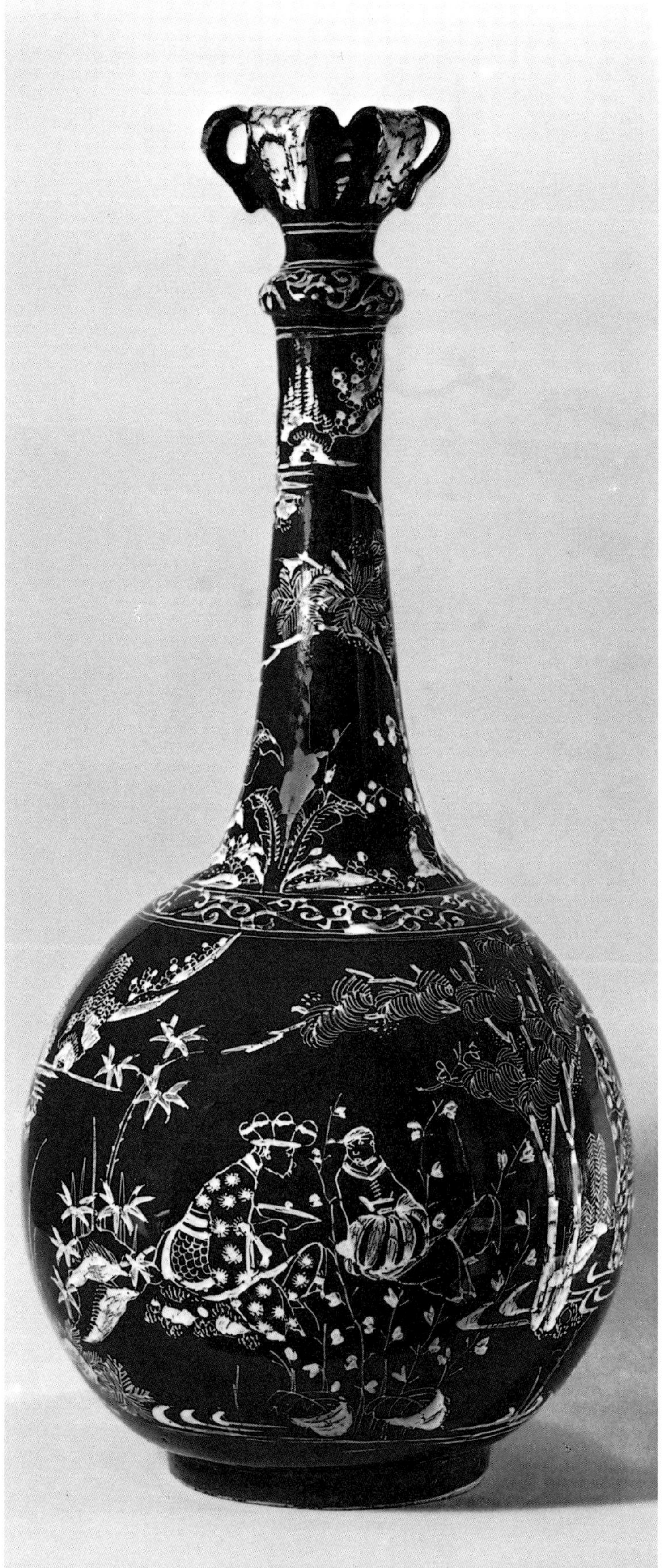

28 NEVERS (Nièvre), zweite Hälfte des 17. Jahrhunderts
Flasche; polychromer Scharffeuerdekor; H 23,4 cm
Nevers, Musée municipal, Inv. NF. 1711
Diesen polychromen Dekor, für den nur wenig Beispiele bekannt sind, bezeichnet man allgemein als Dekor *à la palette*. Er ist mit einer bestimmten, vielleicht beabsichtigten Unbeholfenheit gezeichnet, die einen exotischen Eindruck hervorrufen soll. Meist sind Landschaften mit kleinen – chinesischen? – Menschen oder mit Tieren dargestellt. Man datiert diese Dekors in die Periode, in der in Frankreich wie in Delft und Ligurien die Verwendung von Camaieublau vorherrschte.

29 NEVERS (Nièvre), Mitte des 17. Jahrhunderts
Enghalsflasche; Scharffeuerdekor in Weiß auf blauem Grund; H 49 cm
Sèvres, Musée national de Céramique, Inv. MNC. 22284
Den blauen Grund von Nevers bezeichnet man gewöhnlich als »persisch blau«. In Wirklichkeit ist er entweder mit einem türkisch beeinflußten (vgl. Abb. 13) oder mit einem fernöstlichen Dekor wie hier, manchmal auch mit einem europäischen geschmückt. Der Dekor dieser Flasche ist ausschließlich weiß gemalt, wodurch die Poesie der Szene noch besser zur Wirkung kommt.

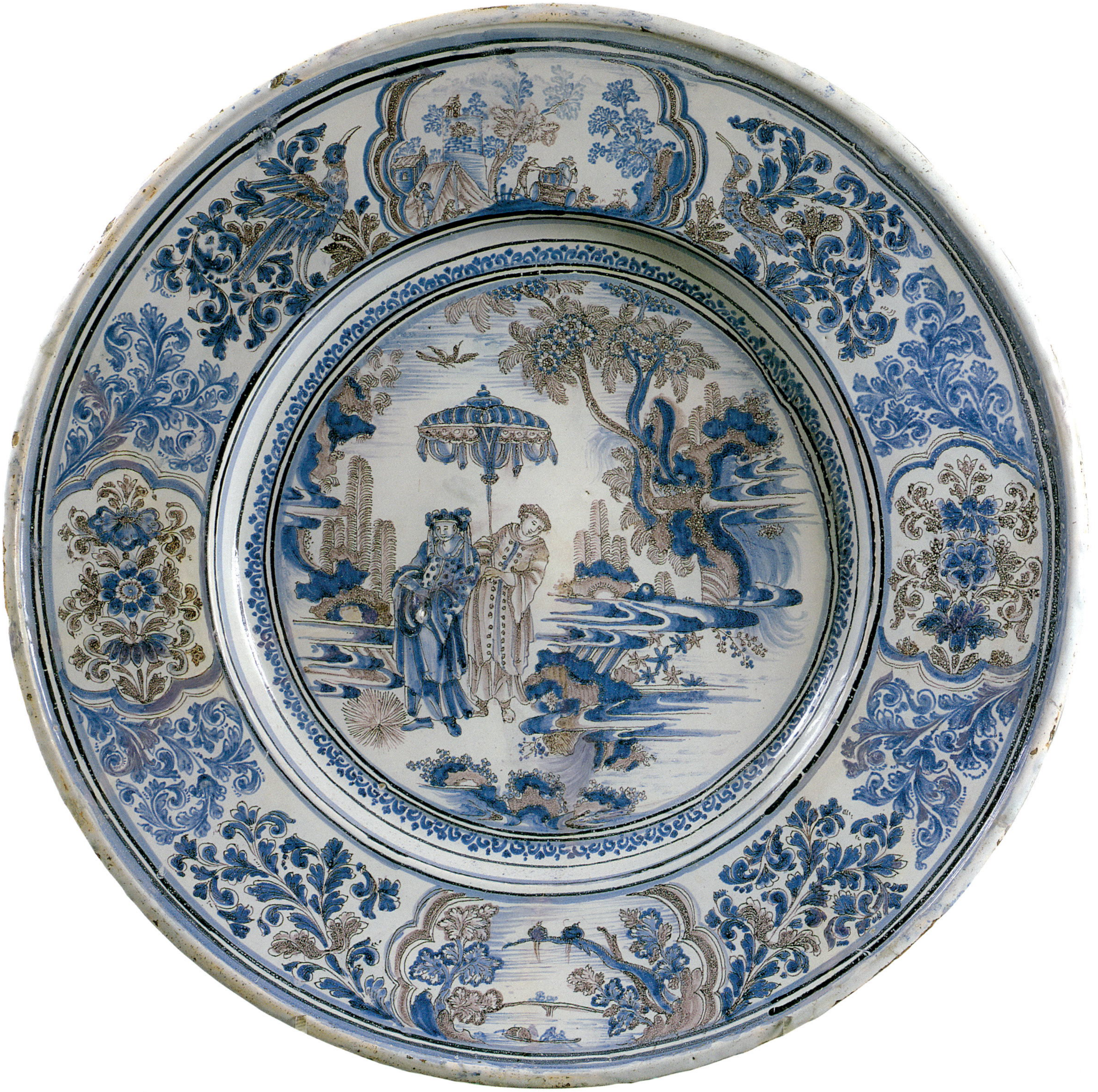

30 NEVERS (Nièvre), Ende des 17. Jahrhunderts
Platte; Scharffeuerdekor in Blau und Manganviolett; ∅ 55 cm
Sèvres, Musée national de Céramique, Inv. MNC. 20031
Am Ende des 17. Jahrhunderts haben die Manufakturen von Nevers und Saint-Jean-du-Désert einen blau und manganviolett gemalten Dekor mit chinoisen oder europäischen Themen entwickelt. In einigen Fällen ist der Stil der beiden Zentren sehr ähnlich, dagegen sind die begleitenden Themen manchmal eigenständiger. So ist hier der Blattwerk- und Vogeldekor deutlich von Ligurien beeinflußt und trägt alle Kennzeichen der Werke der Conrade.

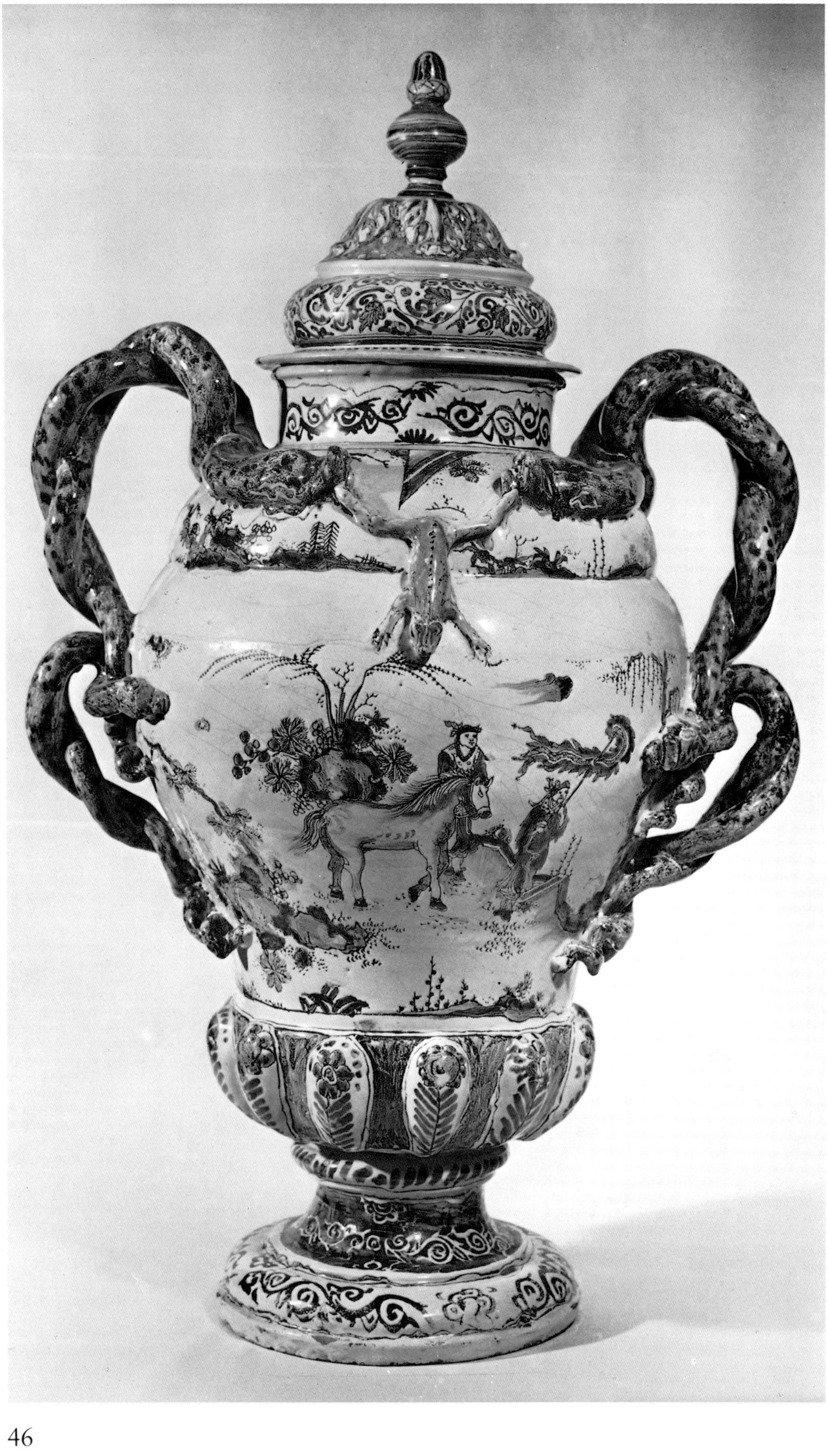

31 NEVERS (Nièvre), um 1670
Deckelvase; Scharffeuerdekor in Camaieublau und Manganviolett mit grünen Höhungen; H 84 cm
Nevers, Musée municipal,
Inv. NF. 17/8 (1–2)
In dieser Vase sind zwei ganz verschiedene Schönheitsideale vereinigt. Mit ihrer Balusterform ist sie für den Geschmack von Nevers typisch, ebenso mit der starken Einschnürung oberhalb des Fußes, dem eierstabähnlichen Relief unterhalb des Bauches, den Henkeln in Form verschlungener, eine Eidechse haltender Schlangen. Henkel wurden in Nevers häufig aus miteinander verschlungenen oder verflochtenen Wülsten gebildet. Andererseits folgt die Vase mit ihrem chinoisen Dekor fernöstlichen Vorstellungen.

Der Siegeszug der camaieublauen Malerei. 1700–1730

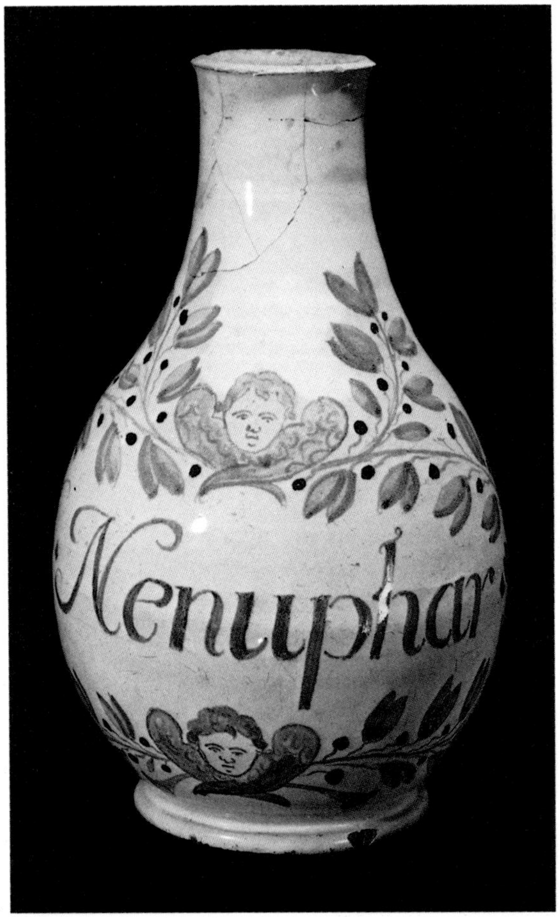

32

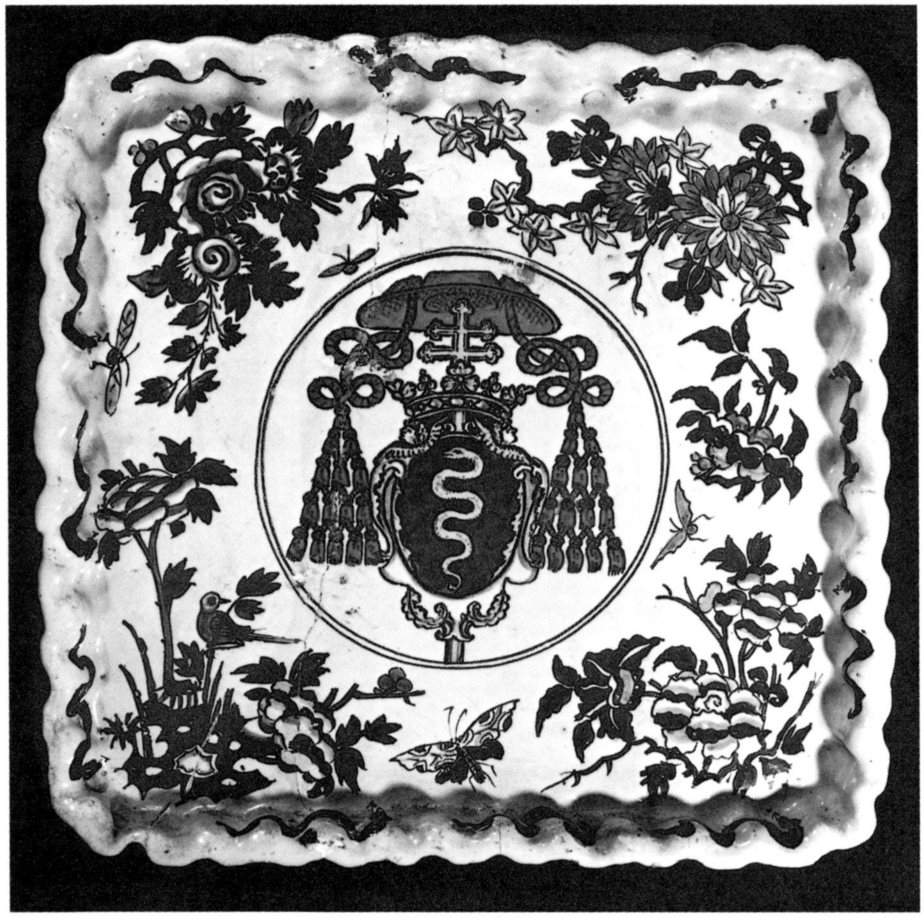

33

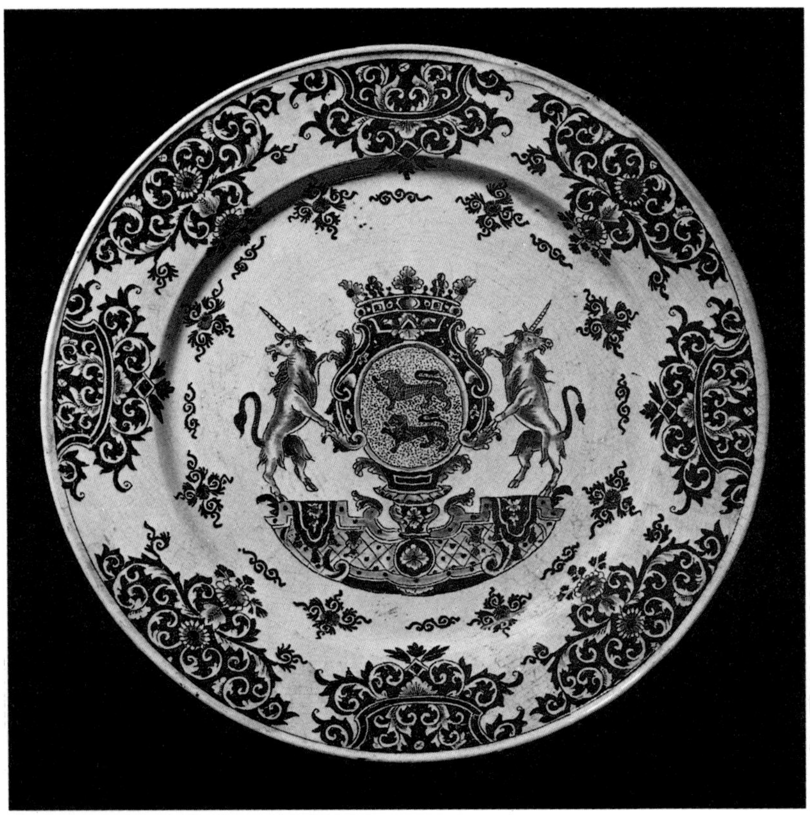

34

34 ROUEN (Seine-Maritime), um 1700
Platte; Scharffeuerdekor in Camaieublau; ⌀ 55 cm
Bernay, Musée municipal, Inv. 866.1.33
Der Wappenschmuck, der auf Silbergeschirren eingraviert war, wurde von den Fayencemalern für ihre Stücke übernommen, als nach den Aufwandsgesetzen Ludwigs XIV. Fayencegeschirr das Edelmetall ablöste.
Die Poterat bereicherten ihre Fayencen mit ornamentalen Bogen oder Zacken, die zum Teil von fernöstlichen Vorbildern angeregt sind, die aber auch bei den Einlegearbeiten von André-Charles Boulle, in den Garten-Parterres im »Stickereistil« und auf anderen Gebieten des Kunsthandwerks im Louis-XVI-Stil vorkommen. Es war der Beginn des Lambrequindekors, der während des ganzen 18. Jahrhunderts, sich entwickelnd und verändernd, weiterbestand. Die Lambrequins, die auf dieser Platte das von Einhörnern flankierte Wappen einer normannischen Familie, der Langlois de Motteville umgeben, bezeichnet man als *gros lambrequins.*

32 ROUEN (Seine-Maritime), Periode Edme Poterat, 1647
Apothekerflasche; Inschrift: faict a Rouen / 1647; polychromer Scharffeuerdekor; H 27 cm
Rouen, Musée des Beaux-Arts et de la Céramique, Inv. 12
In ihren Anfängen schuf die große Manufaktur von Edme Poterat weiße Fayencen mit einem Dekor *a compendiario*, das heißt mit einem einfachen, auf die Farben Gelb und Blau beschränkten Dekor. Diese Flasche trägt, ebenso wie zwei weitere Stücke im Museum von Rouen, die Inschrift faict a Rouen / 1647. Sie ist ein Zeichen dafür, daß dieser ursprünglich italienische Stil in vielen französischen und ausländischen Manufakturen in der ersten Hälfte des 17. Jahrhunderts gebräuchlich war.

33 ROUEN (Seine-Maritime), Periode Edme Poterat, um 1695–1700
Anbietplatte auf vier Füßen; Scharffeuerdekor in Camaieublau mit gelben und grünen Höhungen; 35 × 35 cm
Bernay, Musée municipal, Inv. 866.1.218
Jacques Nicolas Colbert, einer der Söhne des Ministers Ludwigs XIV., war von 1691 bis 1707 Erzbischof von Rouen. Sein Wappen in Gold mit blauer Schlange *(d'or à une couleuvre d'azyr)* beherrscht die Mitte dieser Platte. Es ist von einem Pflanzendekor nach fernöstlichem Vorbild, mit durchlöcherten Felsen, exotischen Blumen und Insekten, umgeben.

35 ROUEN (Seine-Maritime), um 1700
Krug; Scharffeuerdekor in Camaieublau mit eisenroten Höhungen; H 43 cm
Sèvres, Musée national de Céramique, Inv. MNC. 16428 (Legat Papillon)
Dieser chinoise Dekor in der Art von Delft und Nevers ist für Rouen die erste Variante eines Themas, das die normannischen Manufakturen bis zum Ende des 18. Jahrhunderts immer wieder aufgenommen haben. Die Motive sind hier mit manganvioletten Linien umzogen, das Blau ist sehr dunkel. Direkte Vorbilder für diesen Dekor waren Ming-Porzellane der Übergangsepoche. Die weiteren Ornamente, das Behangmuster mit Blättern oder Lambrequins an der Basis und auf der Schulter, laufen kranzartig um das Gefäß. Der lustige, bekrönende, plastisch ausgeführte Hahnenkopf mit rotem Kamm dämpft die feierliche Note des Dekors.

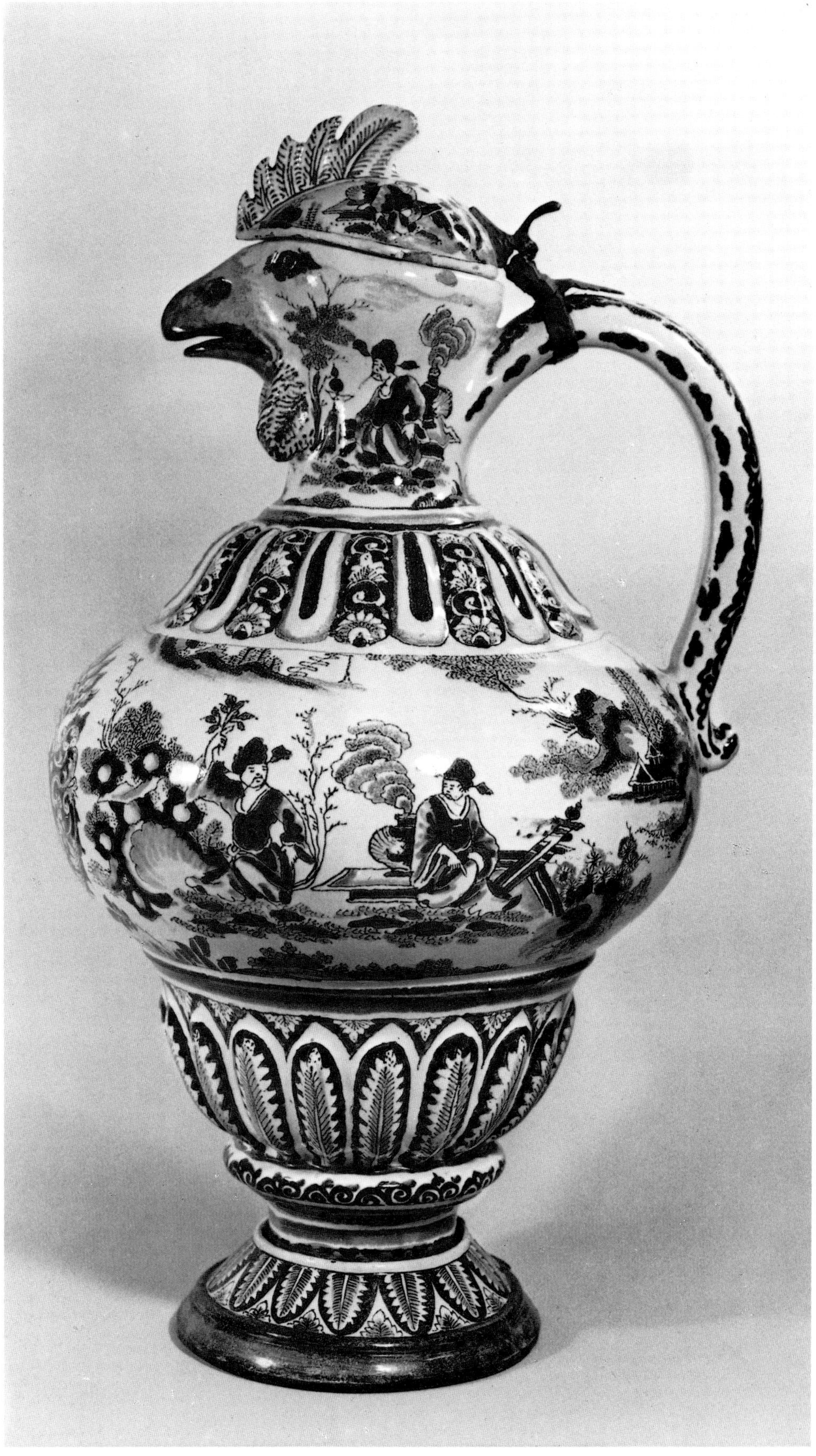

35

36 ROUEN (Seine-Maritime), um 1725
Helmkanne; Scharffeuerdekor in Camaieublau; H 30,5 cm
Rouen, Musée des Beaux-Arts et de la Céramique, Inv. 459
Die Helmkanne ist mit ihrer gedrungenen, weit ausladenden Form, dem Wulstrand, dem wie die Krümme eines Bischofsstabs eingerollten Henkel und dem in Relief gearbeiteten unteren Teil die getreue Kopie eines Goldschmiedemodells. Das unterhalb der Maske des Ausgusses gemalte Wappen ist von fein gezeichneten Lambrequins begleitet, die sich wechselnd vom Grund abheben oder in Reserven stehen, eine Form, die sich beim Lambrequindekor einbürgerte.

37 ROUEN (Seine-Maritime), um 1720–1730
Zuckerstreuer; Marke auf der Unterseite: GS; polychromer Scharffeuerdekor; H 19,5 cm, ∅ 8,7 cm
Sèvres, Musée national de Céramique, Inv. CL. 7165 (Depot des Musée des Thermes et de l'Hôtel de Cluny, Paris)
Ständer für Ölflaschen, Salzfässer, Gewürzdosen und Zuckerstreuer gehörten als Ergänzung zum Tafelgeschirr, und zwar in großer Zahl, weil sie jeweils zwischen zwei Teilnehmern am Mahl bereitgestellt wurden. Die Form dieses Zuckerstreuers, ein Kegelstumpf, gehört dem Louis-XIV-Stil an, der Dekor dagegen, korbgeflechtartiges Gitterwerk und rotgezeichnete Vierecke, nimmt Louis-XV-Formen voraus. Wie die Initialen auf der Unterseite vermuten lassen, könnte es sich um die Arbeit eines Fayencemalers aus der Manufaktur Guilbaud handeln.

38 ROUEN (Seine-Maritime), um 1700–1720 ▷
Kühlgefäß; Scharffeuerdekor in Camaieublau; L 30,3 cm
Paris, Musée des Arts décoratifs, Inv. AD. 23019
Dieses in seiner Form merkwürdige Gefäß diente dazu, Speisen bei Tisch kühl zu halten; zu diesem Zweck war im Innern ein Metalleinsatz eingefügt. Das Gefäß ist mit dekorativen Borten und Stickereimustern in länglichen Feldern geschmückt. Das Blau der Camaieumalerei ist sehr dunkel, die Glasur leicht blau getönt, ein Verfahren, das in Rouen häufig angewendet wurde, um die Transparenz von Porzellan vorzutäuschen.

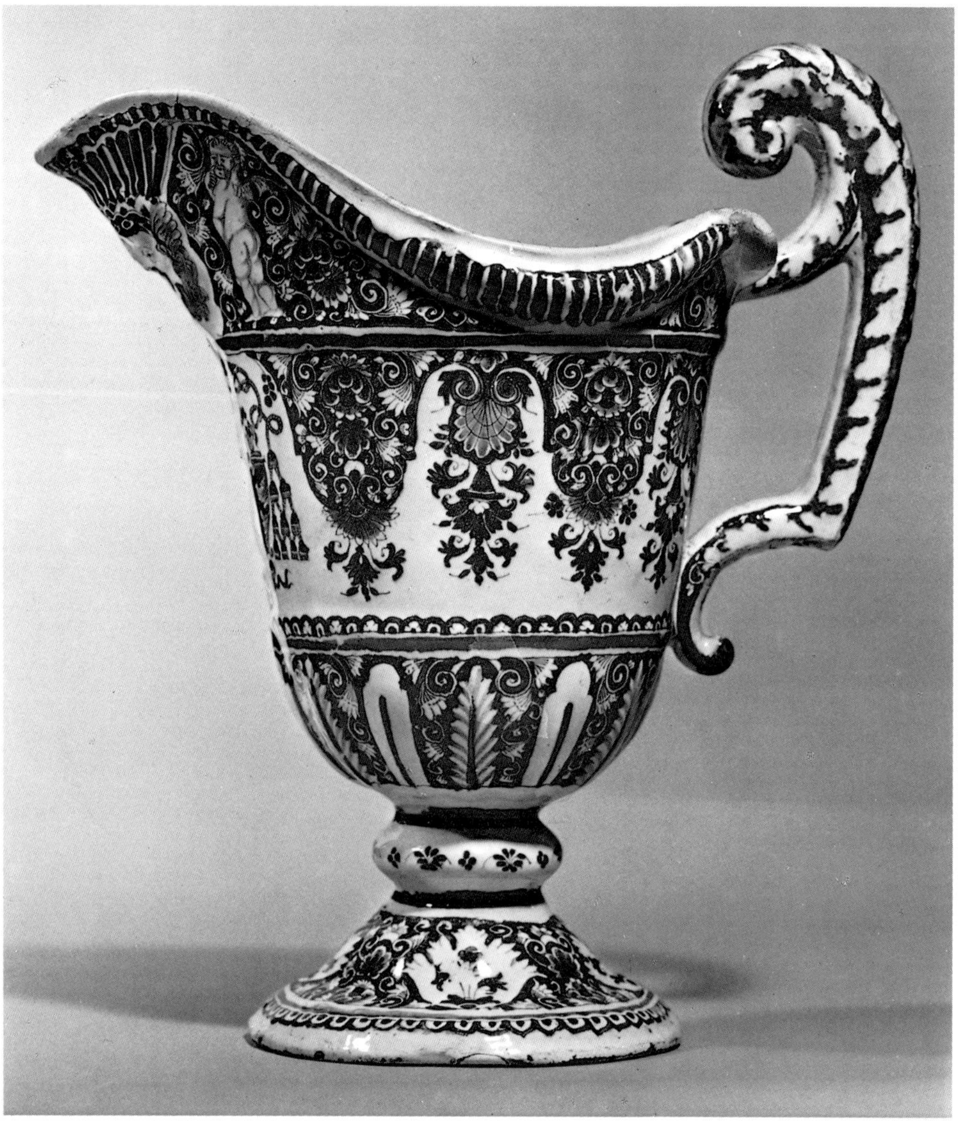

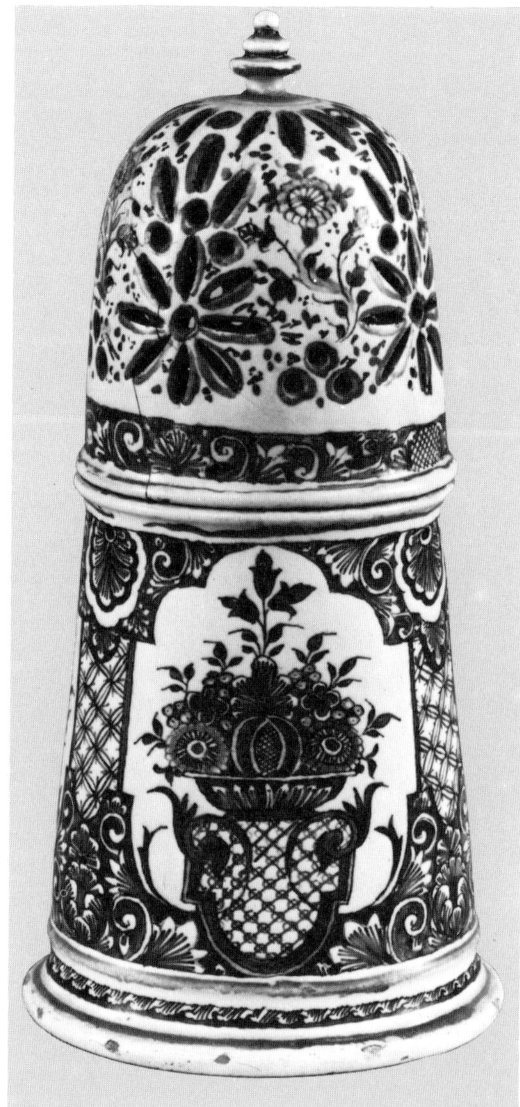

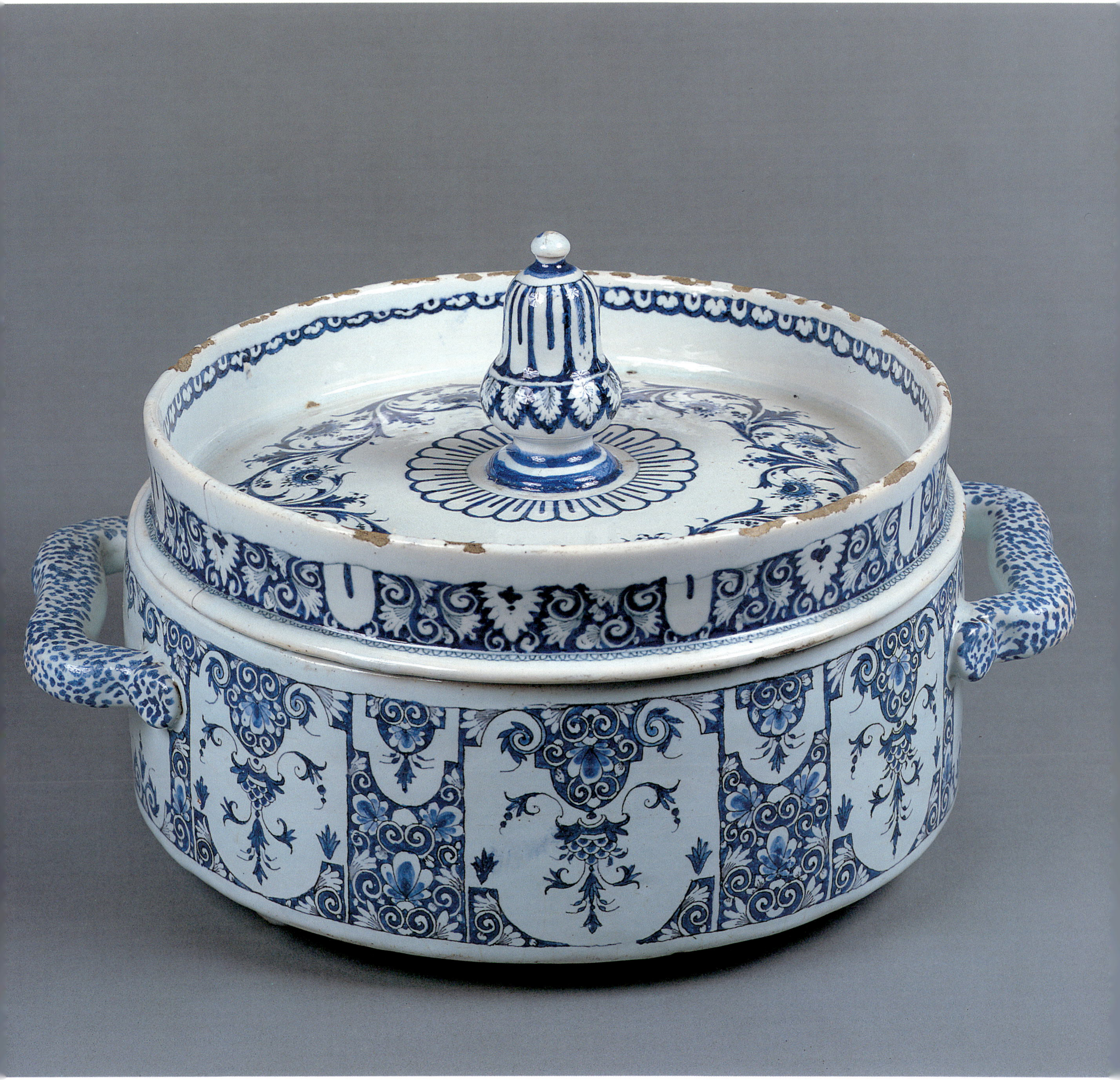

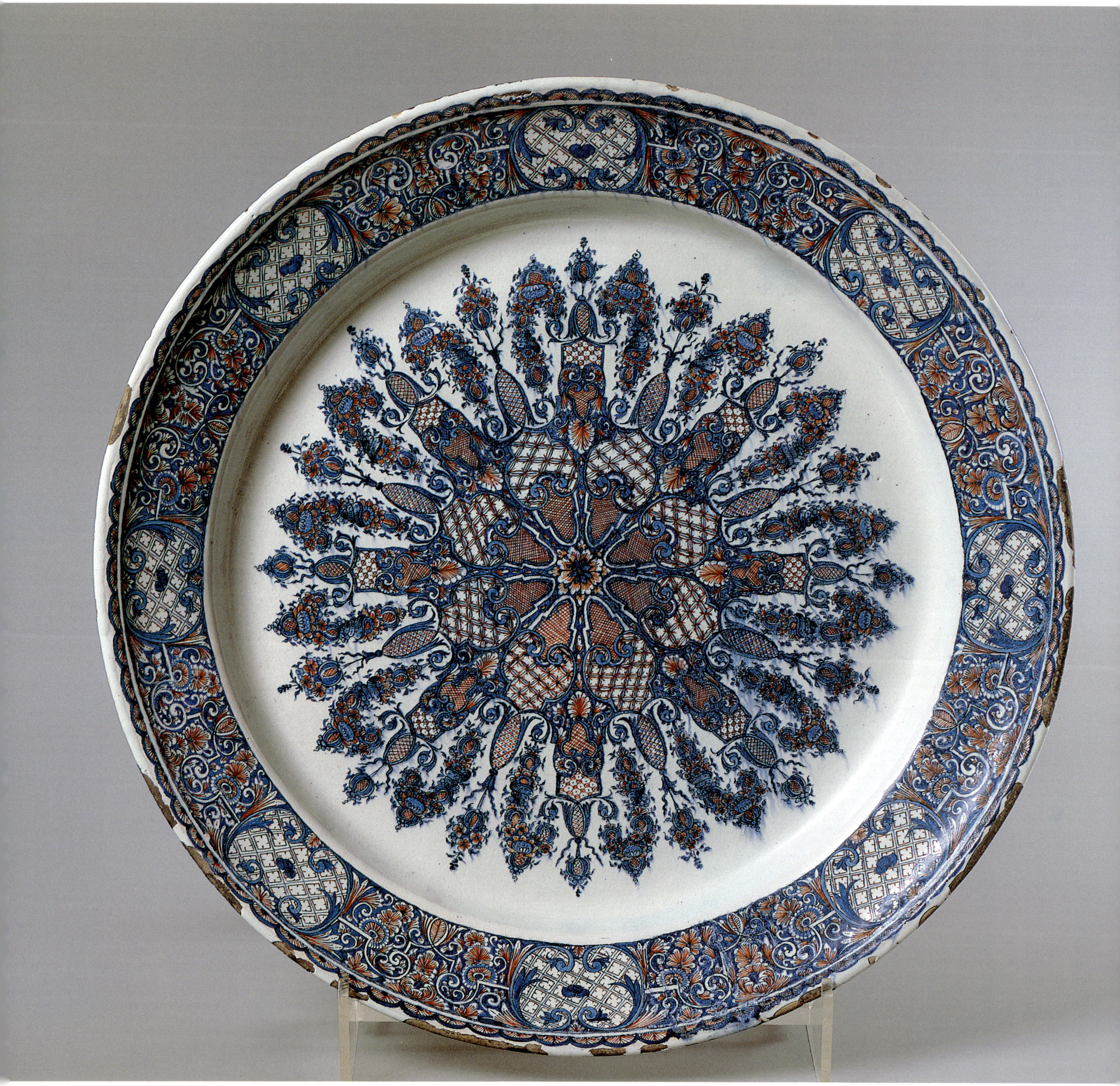

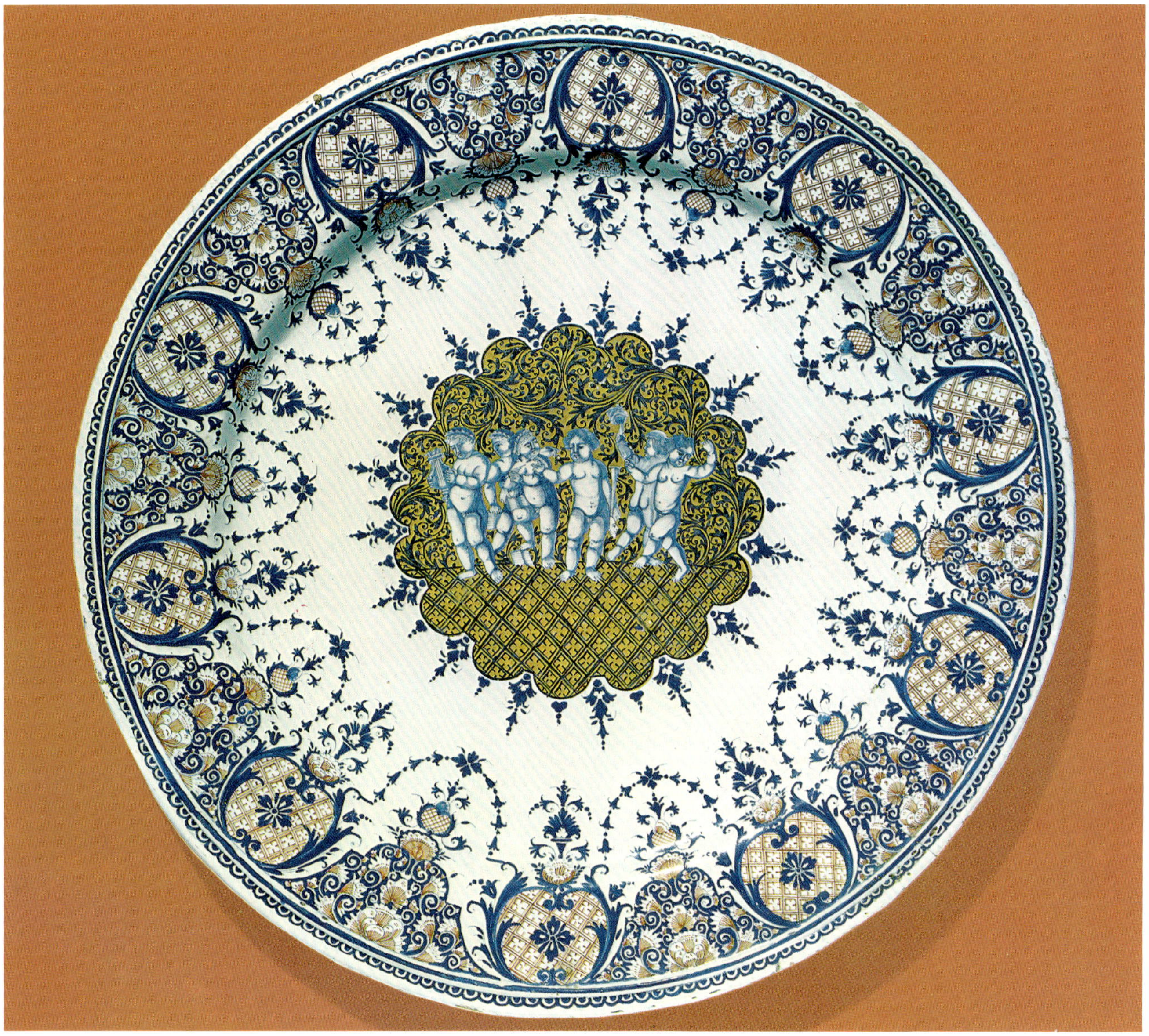

40 ROUEN (Seine-Maritime), um 1725
Platte; Scharffeuerdekor in Blau, Rot und Ocker; ∅ 56 cm
Bernay, Musée municipal, Inv. 866.1.219
Hier erinnert das mittlere Medaillon nicht mehr an Spitze, sondern an ziselierte und niellierte Dosen aus Edelmetall, wie sie zu jener Zeit in Gebrauch waren. Blau gezeichnete und modellierte Putti heben sich von einem teils arabeskengeschmückten, teils quadrierten Grund ab. Dieses von einer anderen Kunstgattung beeinflußte, gebogte und sternförmig ausstrahlende Medaillon ist von einer kunstvollen Bordüre blauer und roter blütenbesetzer Lambrequins im *style rayonnant* umgeben.

◁ 39 ROUEN (Seine-Maritime), um 1700
Platte; Scharffeuerdekor in Blau und Rot; ∅ 49,5 cm
Sèvres, Musée national de Céramique, Inv. MNC. 23145
Diese große Platte, eines der Meisterwerke im Besitz des Museums von Sèvres, gehörte zum Tafelgeschirr und diente dazu, in Form einer Pyramide aufgetürmte Speisen aufzutragen. Sie ist mit einer Rosette aus roten und blauen Lambrequins und einer prächtigen Borte, die zeitgenössischen Damast imitiert, geschmückt.
Die Verwendung des Eisenrot von ziegelroter Tönung zusammen mit dem gebräuchlichen Kobaltblau war eine von den Poterat Anfang des 18. Jahrhunderts eingeführte Neuerung. Dieses Rot, das auf der Grundlage von feingemahlenem und verdünntem Ton hergestellt wurde, zwang die Maler, es mit charakteristischen feinen parallelen Strichen aufzutragen.

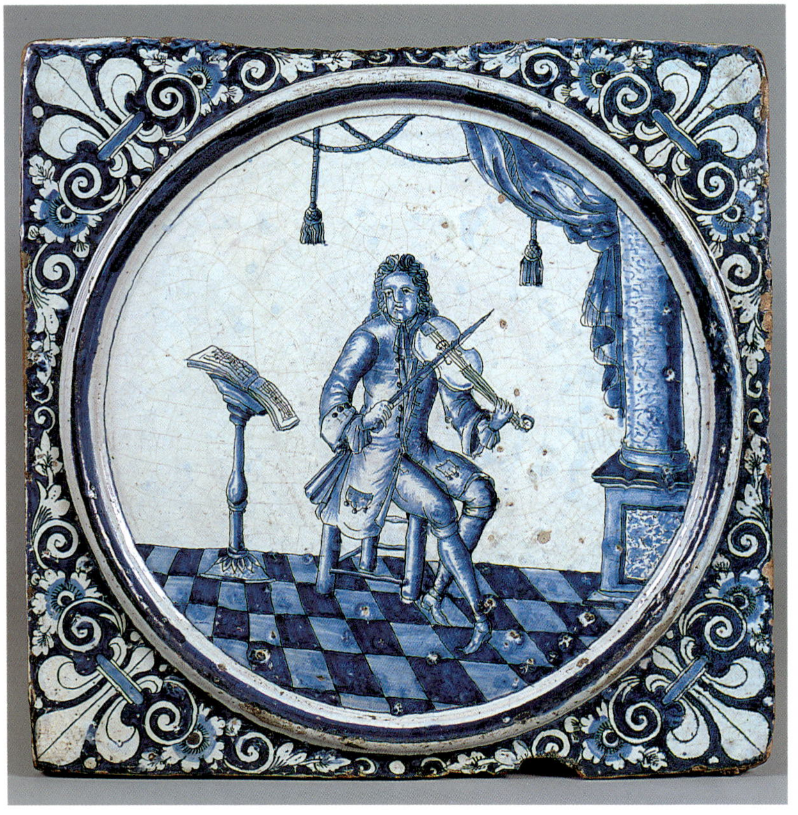

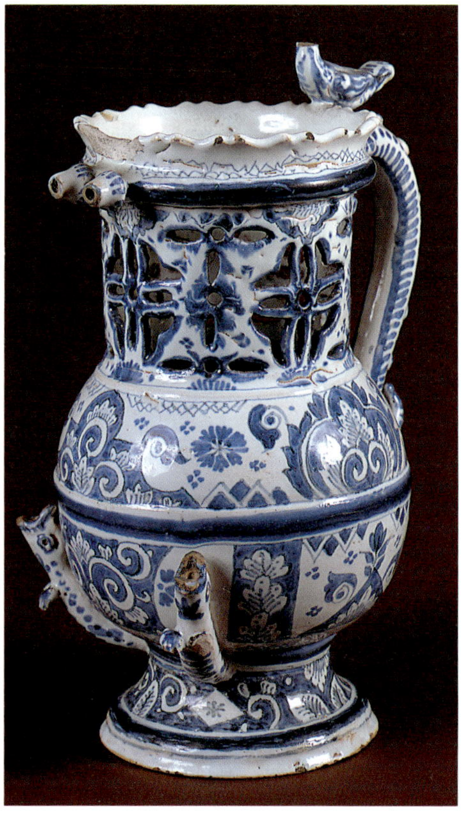

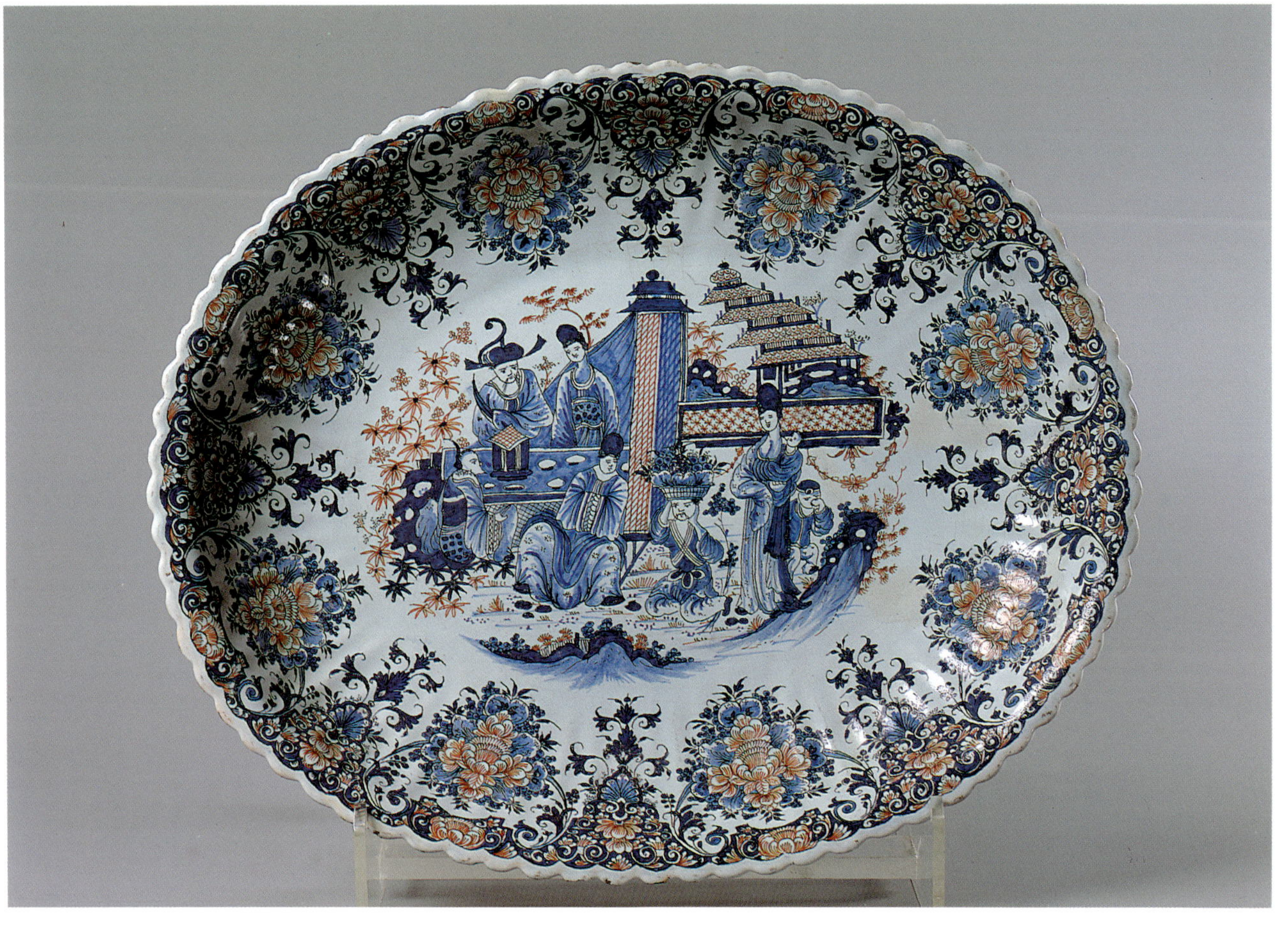

41 ROUEN (Seine-Maritime), um 1705
Ofenkachel; Scharffeuerdekor in Camaieublau; 34 × 34 cm
Sèvres, Musée national de Céramique, Inv. MNC. 21616
Innenraumszenen, deren Anordnung mit sich verjüngendem Fliesenboden und Draperien mit dicken Troddeln sich fast immer gleicht, sind ein von Delft verbreiteter Dekortypus. Die Darstellungen dieser Zeitgenossen Ludwigs XIV., mit Perücke oder *fontange* – einer Frisur, wie sie die Herzogin von Fontange trug –, haben Stiche zum Vorbild. Für die Ofenkacheln mit Musikern haben wahrscheinlich Blätter der Pariser Graphikhändler Bonnart als Vorlagen gedient. Ihre Übertragung auf Fayence wird dem berühmten Maler Pierre Chapelle aus Rouen zugeschrieben, der zu jener Zeit bei den Poterat arbeitete.

42 ROUEN (Seine-Maritime)?, um 1710–1725
Vexierkrug; Scharffeuerdekor in Camaieublau; H 21 cm
Sèvres, Musée national de Céramique, Inv. MNC. 12812
Vexierkrüge aus Rouen waren so beliebt, daß es Kopien sowohl aus südfranzösischen Manufakturen als auch aus Delft gibt. Es bestehen sogar, wie die Sammlungen des Musée Guimet in Paris zeigen, Kopien aus chinesischem Porzellan. Bei diesen zum Vergnügen der Tischrunde erfundenen Gefäßen trinkt man aus einer kleinen Röhre, die im Henkel und im Wulst des Halses liegt.

43 ROUEN (Seine-Maritime), um 1730
Becken; Scharffeuerdekor in Blau und Rot; L 42,5 cm, B 35,2 cm
Sèvres, Musée national de Céramique, Inv. CL. 7068 (Depot des Musée des Thermes et de l'Hôtel de Cluny, Paris)
Die »holländisch-chinesische« Szene im Grund des Beckens, mit sehr sorgfältig gemalten Chinesen und *longues dames* (in Holland nennt man sie *Lange Lijsen*), hat ihren Wert nicht an sich, sondern als Teil einer kunstvollen, durch Lambrequins vervollständigten Komposition in der Art des *style rayonnant.*

44 ROUEN (Seine-Maritime), um 1700–1720
Schale; Scharffeuerdekor in Blau und Ocker; L 35 cm, B 26 cm
Sèvres, Musée national de Céramique, Inv. MNC. 12376
Dieser merkwürdige Dekor des Schalenbodens, ein Vasensatz in einer Reserve mit Lambrequinfond, beweist die erfinderische Begabung der Fayencemaler von Rouen. Hier hat der Maler zudem einen geschickten Vorwand gefunden, kleine Landschaften einzufügen.

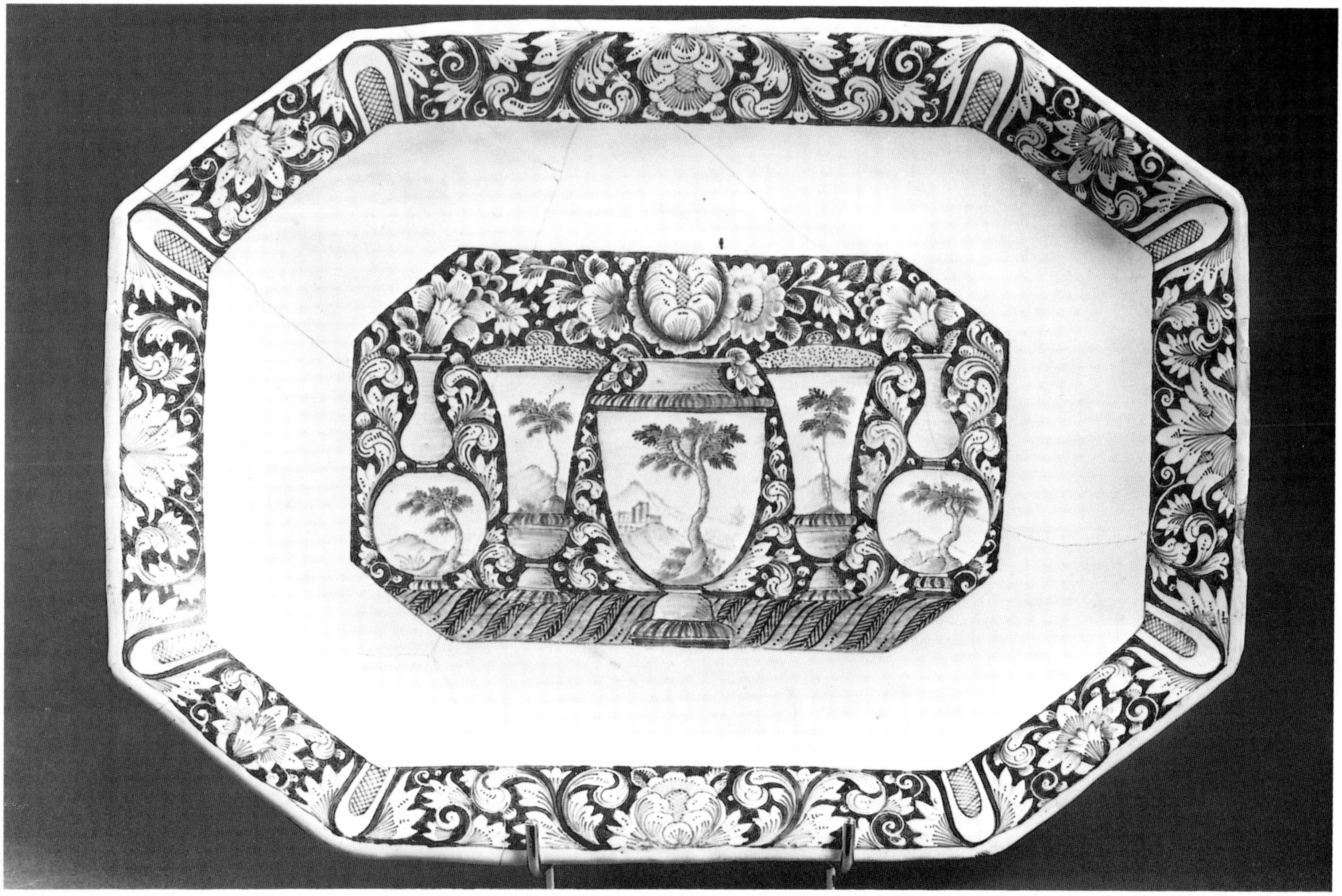

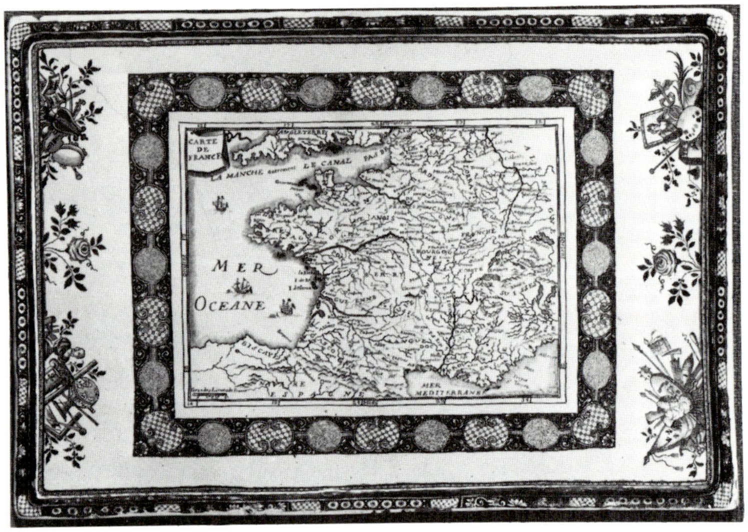

45 ROUEN (Seine-Maritime), um 1720–1730
Präsentiertablett; polychromer Scharffeuerdekor;
L 51 cm, B 34,5 cm
Sèvres, Musée national de Céramique, Inv. CL. 7094 (Depot des Musée des Thermes et de l'Hôtel de Cluny, Paris)
Einige der vielen von Graphikhändlern angebotenen Landkarten haben als Vorbilder für den Dekor von Fayencen gedient. Auf diesem Präsentiertablett ist die Karte Frankreichs mit großer Sorgfalt wiedergegeben. Der Maler hat das dekorative Stück durch Trophäen bereichert, die auf der linken Seite Musik und Wissenschaft, auf der rechten Krieg und Malerei symbolisieren.

46 ROUEN (Seine-Maritime), um 1730
Tablett; polychromer Scharffeuerdekor; L 55 cm, B 39 cm
Paris, Musée du Petit Palais, Inv. Dutuit 1152
Dieses Tablett ist für jeden an der Geschichte der Fayence Interessierten von besonderer Bedeutung: Es ist mit dem Alliancewappen der Tochter des Herzogs von Lorges und des Herzogs von Saint-Simon geschmückt, das heißt jenes Mannes, der den wesentlichen Grund für den Aufschwung der Fayencemanufakturen am Anfang des Jahrhunderts, nämlich die Verkündung der Aufwandgesetze, betont hatte. Er schrieb: »Alle Großen und Hochgestellten wendeten sich innerhalb von acht Tagen der Fayence zu.«
Während das Wappen camaieublau gemalt ist, wurde der übrige Dekor polychrom ausgeführt. In diesen Schmuck sind merkwürdige, Blumenkörbe auf dem Kopf tragende, hermenähnliche Gestalten eingefügt, die durch Girlanden aus nahezu naturalistischen Blumen miteinander verbunden sind.

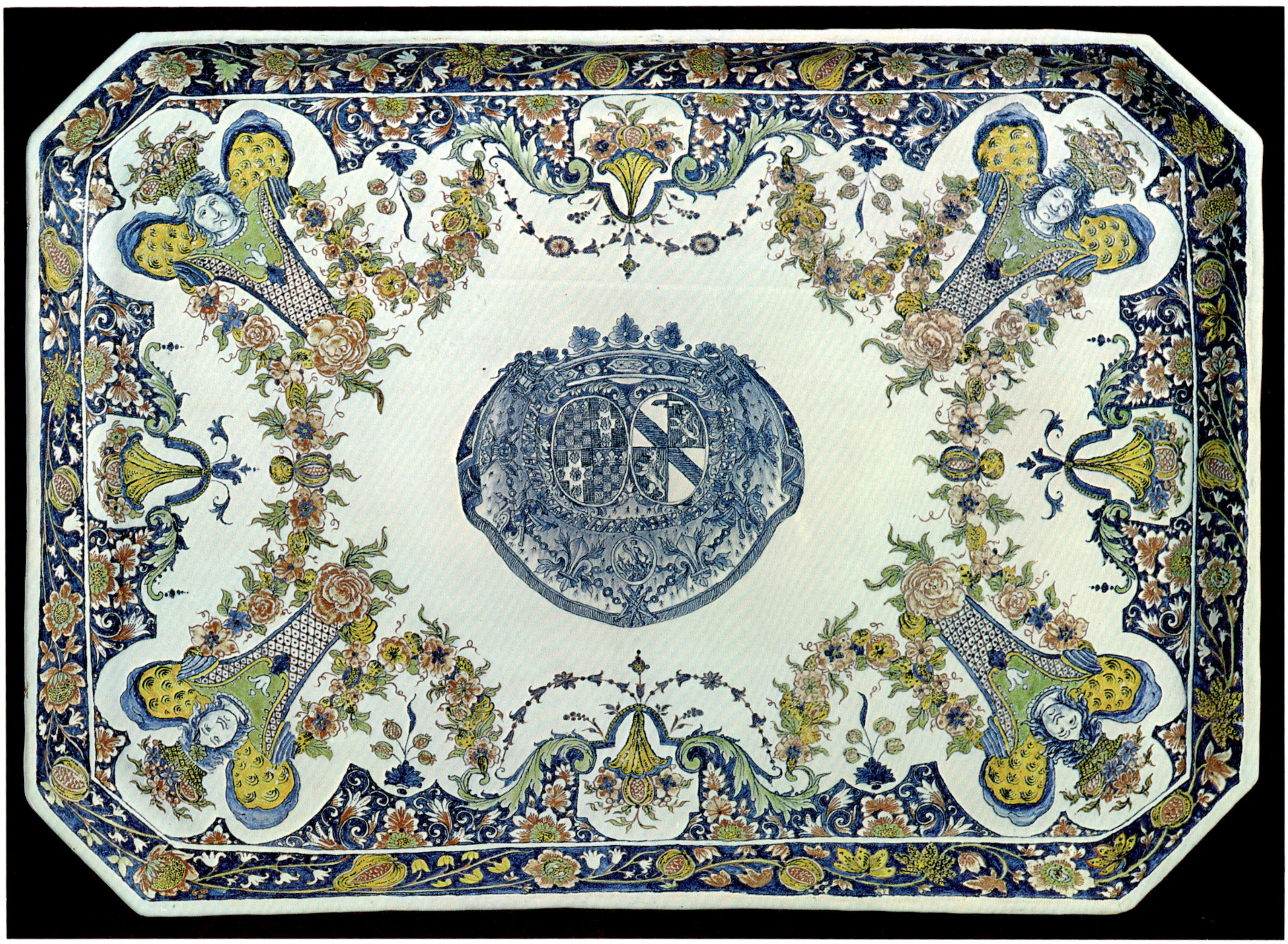

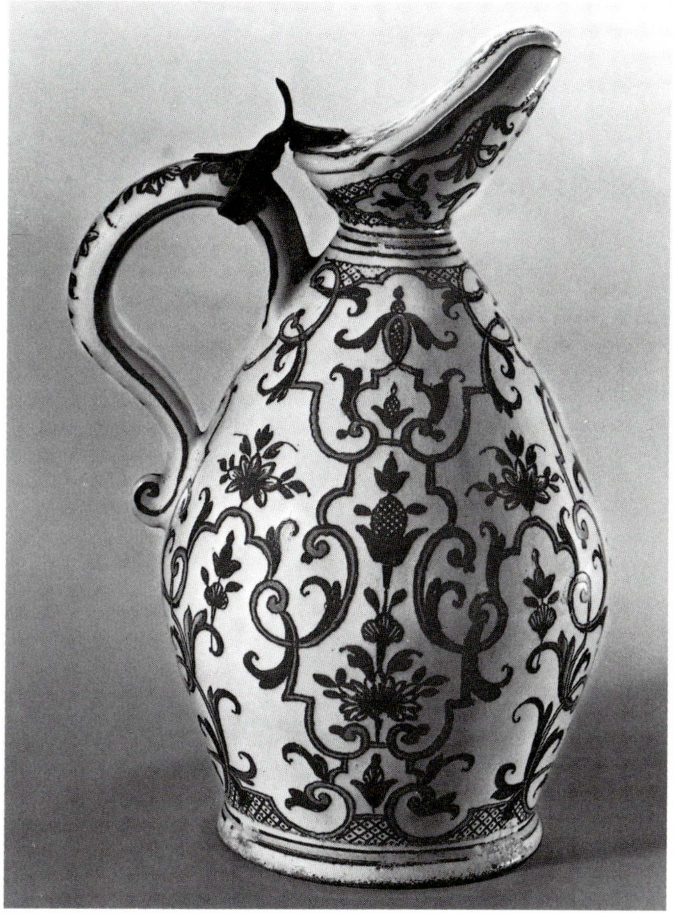

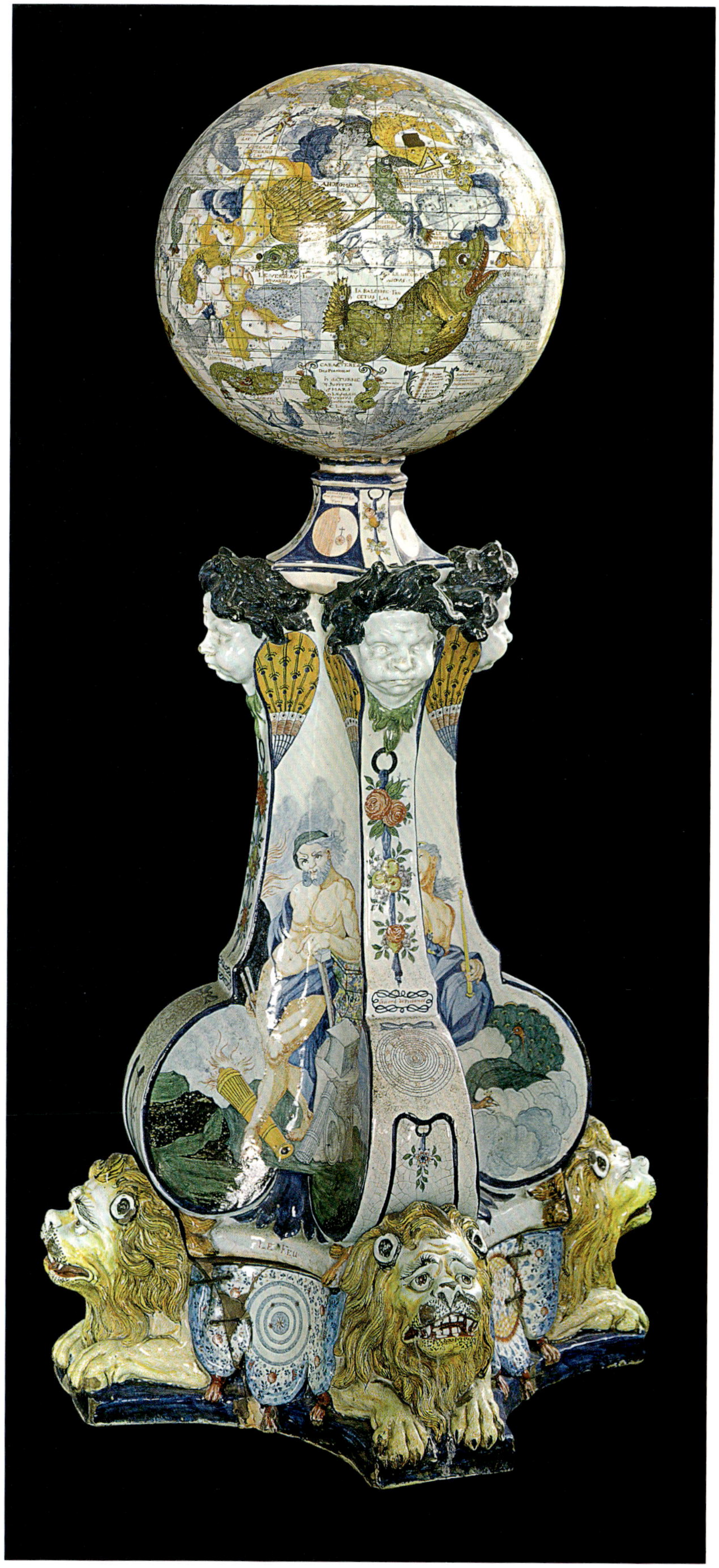

47 ROUEN (Seine-Maritime), um 1740
Apfelweinkrug; polychromer Scharffeuerdekor; H 18,5 cm
Sèvres, Musée national de Céramique, Inv. MNC. 15 480 (Legat Piet-Lataudrie)
In diesem Dekor *à ferronnerie* (Beschlagwerk) sieht Henri-Pierre Fourest die letzte Stufe in der Entwicklung des Lambrequin, der linear geworden ist und jetzt dem Schmiedeeisenwerk oder den Ornamenten der Buchbinder näher steht. Die Anpassung dieses Dekors an die Form des Stückes ist stets schwierig. Die Verwendung der Fünffarbenpalette gibt dem für sein Herkunftsgebiet charakteristischen Krug für Cidre, also Apfelwein, das fröhliche Aussehen, das gut zu seiner Bestimmung paßt.

48 ROUEN (Seine-Maritime), 1725
Himmelsglobus; Inschrift A ROÜEN / · 1725 · / PEINT PAR / PIERRE / CHAPELLE; polychromer Scharffeuerdekor; H 150 cm
Rouen, Musée des Beaux-Arts et de la Céramique, Inv. 403
Die Manufakturen Fouquay und Le Coq de Villeray haben monumentale Fayencen ausgeführt, sowohl Büsten auf einem Sockel als auch Globen auf hohem Piedestal. Das Museum von Rouen besitzt ein Globenpaar – einen Himmels- und einen Erdglobus –, das von Pierre Chapelle signiert und datiert ist. Der hier abgebildete Himmelsglobus zeigt das astronomische System. Das prunkvolle Piedestal ist, als Ergänzung der wissenschaftlichen Angaben, mit einem allegorischen und mythologischen Dekor geschmückt.

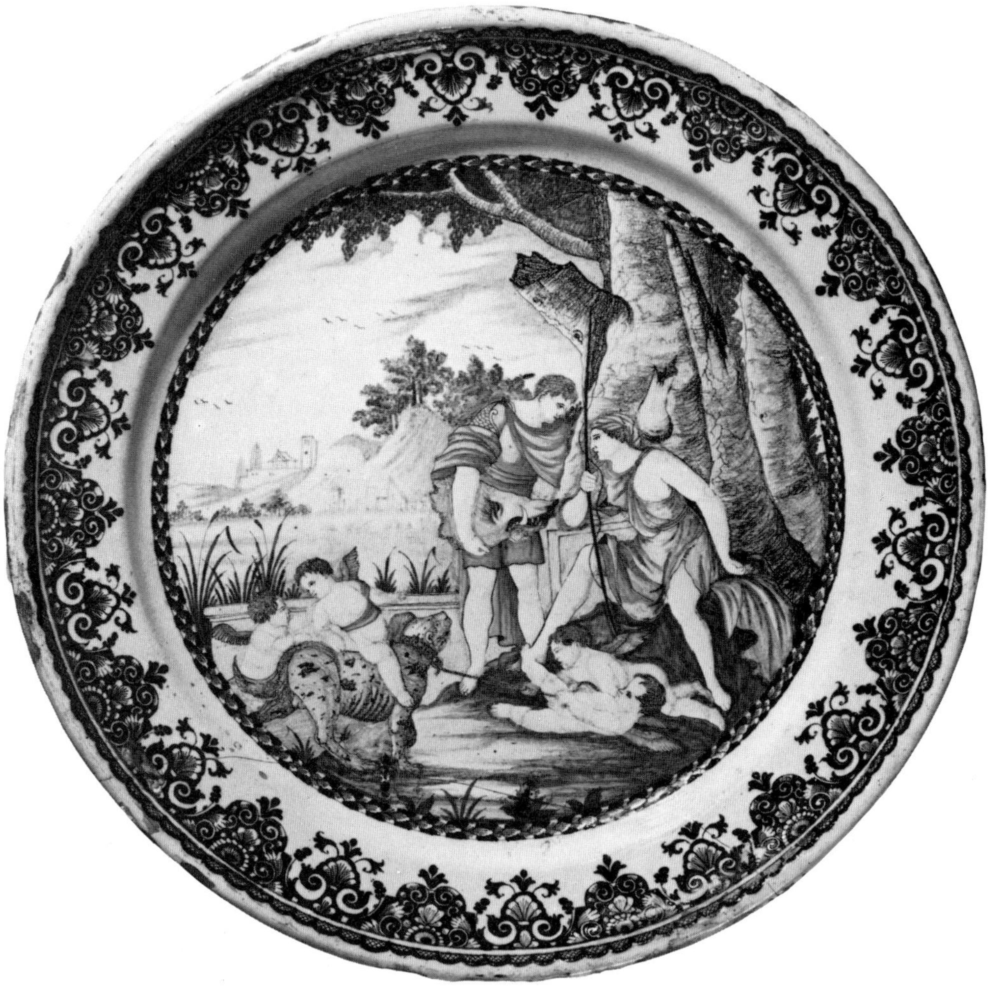

49 ROUEN (Seine-Maritime), um 1735
Platte; polychromer Scharffeuerdekor;
⌀ 48,5 cm
Bernay, Musée municipal, Inv. 866.1.160
Bei den großen Platten von Rouen ist manchmal – wie auch hier – mit einer Lambrequinborte die Wiedergabe eines Stichs verbunden. Die Szene auf dieser Platte, Atalantes Rückkehr von der Jagd, wird Claude Borne zugeschrieben, einem berühmten Maler aus Nevers, der sich mehrfach in Rouen aufgehalten hat, wie den lokalen Archiven zu entnehmen ist. Der Dekor verbindet Polychromie mit einem dunklen Camaieublau.

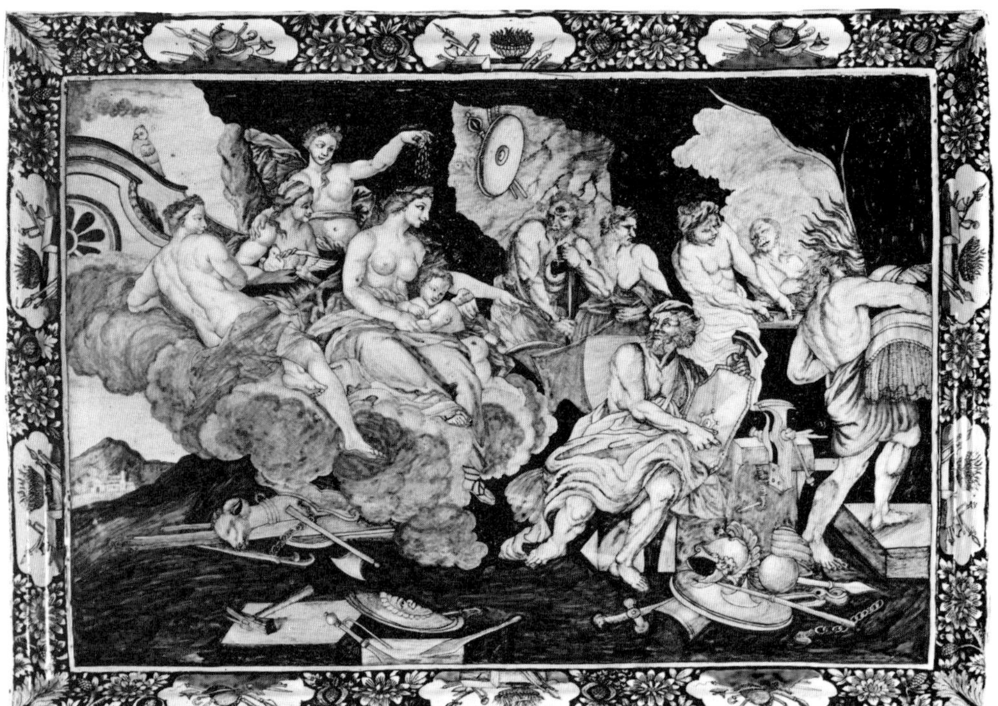

50 ROUEN (Seine-Maritime), um 1740
Tablett; polychromer Scharffeuerdekor;
L 62,5 cm, B. 45 cm
Paris, Musée du Louvre, Inv. OA. 5012
(Legat Albert Gérard)
Die Lebhaftigkeit der fünf verwendeten Farben läßt die so oft wiederholten mythologischen Szenen nach Stichvorlagen – hier Venus und Vulkan – in einem ganz neuen Licht erscheinen. Die starken Grün- und Gelbtöne heben das Ton in Ton gemalte Rosarot und Violett der unbekleideten Körperpartien besonders reizvoll hervor.

51 ROUEN (Seine-Maritime), um 1720
Schale; polychromer Scharffeuerdekor auf schokoladebraunem Grund; L 30 cm, B 25 cm
Sèvres, Musée national de Céramique, Inv. MNC. 15 640 (Depot des Musée des Thermes et de l'Hôtel de Cluny, Paris)
Nicht so sehr der schokoladebraune Grund der Schale, der von Delft schon in einer früheren Epoche ausgeführt wurde, als der eigenartige Zusammenklang dieser Farbe mit der umlaufenden Bordüre aus gelben und blauen Arabesken ist erstaunlich. Das humorvolle Thema des Mittelbildes, Venus züchtigt Amor, wurde von Rouen mehrfach dargestellt.

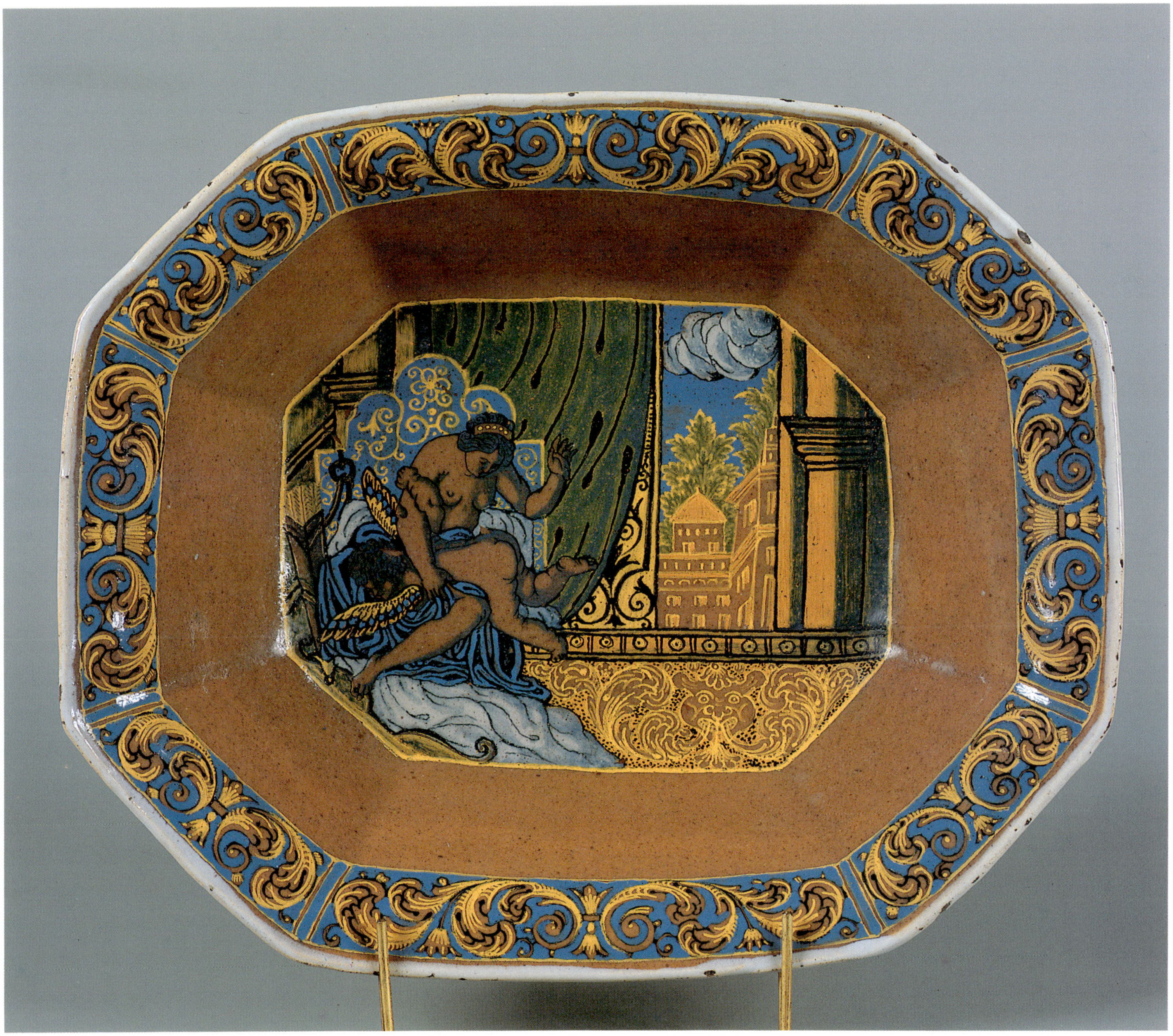

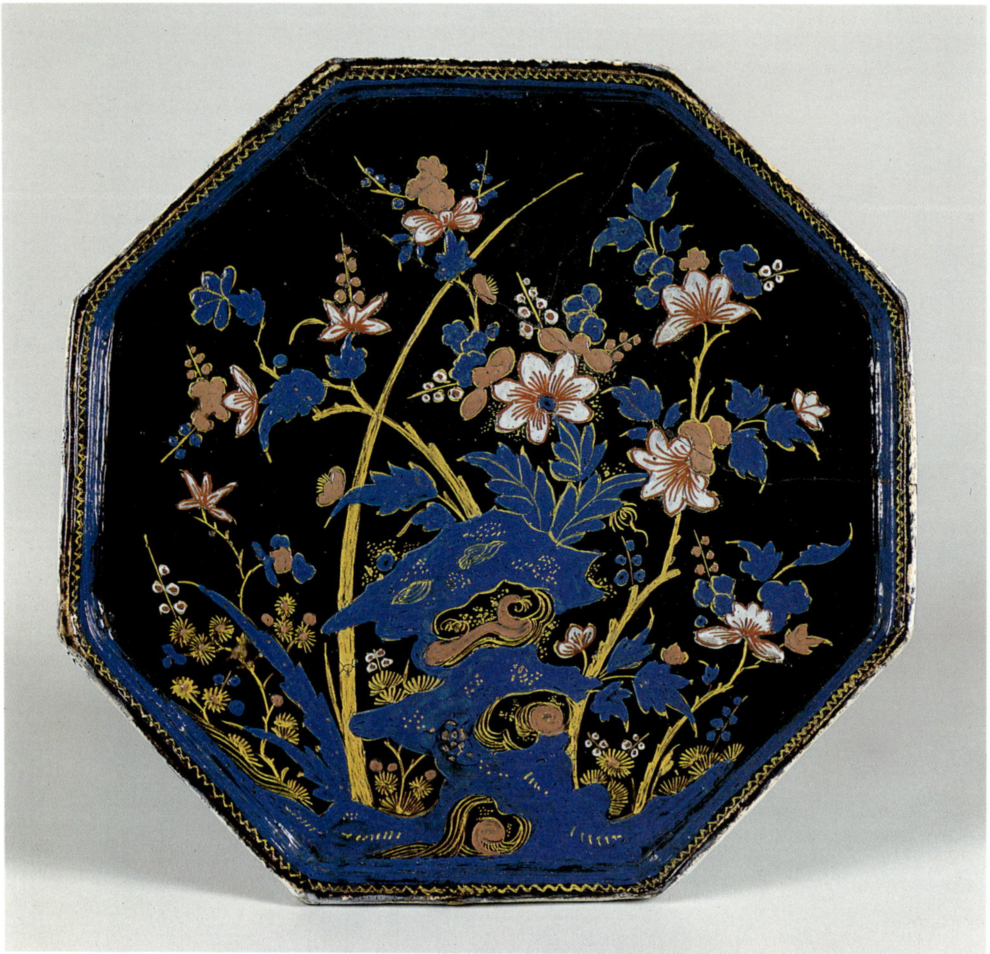

52 ROUEN (Seine-Maritime), um 1720–1730
Platte; polychromer Scharffeuerdekor auf schwarzem Grund; 27 × 27 cm
Paris, Musée des Arts décoratifs, Inv. AD. 23198
In Delft sind schwarze Fonds, seien sie in der Masse gefärbt oder – wie hier – mit dem Pinsel aufgetragen, außerordentlich selten. Man schreibt diese Platte jedoch aufgrund einer Analyse des schweren und rötlichen Scherbens Rouen zu. Es ist nicht klar, wozu sie dienen sollte, vielleicht zum Ablegen von Schmuck. Der strahlende, gemalte schwarze Grund erinnert an chinesische Lackarbeiten, ein typisch fernöstlicher Blumendekor hebt sich von ihm ab.

53 ROUEN (Seine-Maritime), um 1730–1740
Suppenschüssel *(pot à oille)*; polychromer Scharffeuerdekor auf blauem Grund; L. 25 cm
Paris, Musée des Arts décoratifs, Inv. AD. 25487
Nach Faenza war es Nevers, dem die schönsten blauen Fayencen mit »negativen« Dekors gelangen. Die blauen Fayencen, mit denen Rouen an diese Tradition anzuknüpfen suchte, sind weit davon entfernt, eine gleiche Farbintensität zu erreichen. Das Blau ist kälter, man bezeichnet diesen Ton als *bleu empois*. Häufig sind diese farbigen Fonds mit einem Dekor *au sainfoin* (Süßklee) und Gitterwerk geschmückt.

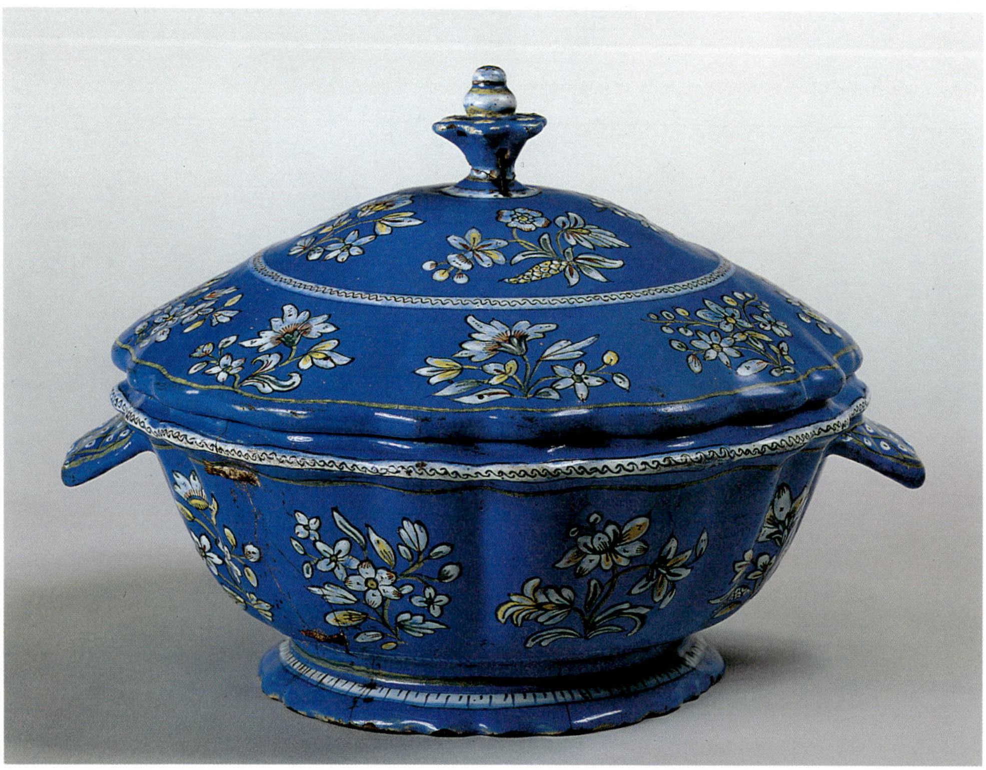

54 SAINT-CLOUD (Hauts-de-Seine), um 1710 ▷
Apothekergefäß; Scharffeuerdekor in Camaieublau mit schwarzer Zeichnung; H 36 cm
Sèvres, Musée national de Céramique, Inv. MNC. 10176
Am 26. August 1674 vermietete Pierre Chicaneau an François Révérend eine Fayencemanufaktur in Saint-Cloud. 1677 starb er, nachdem er anscheinend mit der Fabrikation von Porzellan begonnen hatte. Diese Produktion übernahmen seine Kinder als Erben. Die Kinder aus einer zweiten Ehe seiner Witwe Barbe Coudray mit Henri Trou haben Fayencen hergestellt.

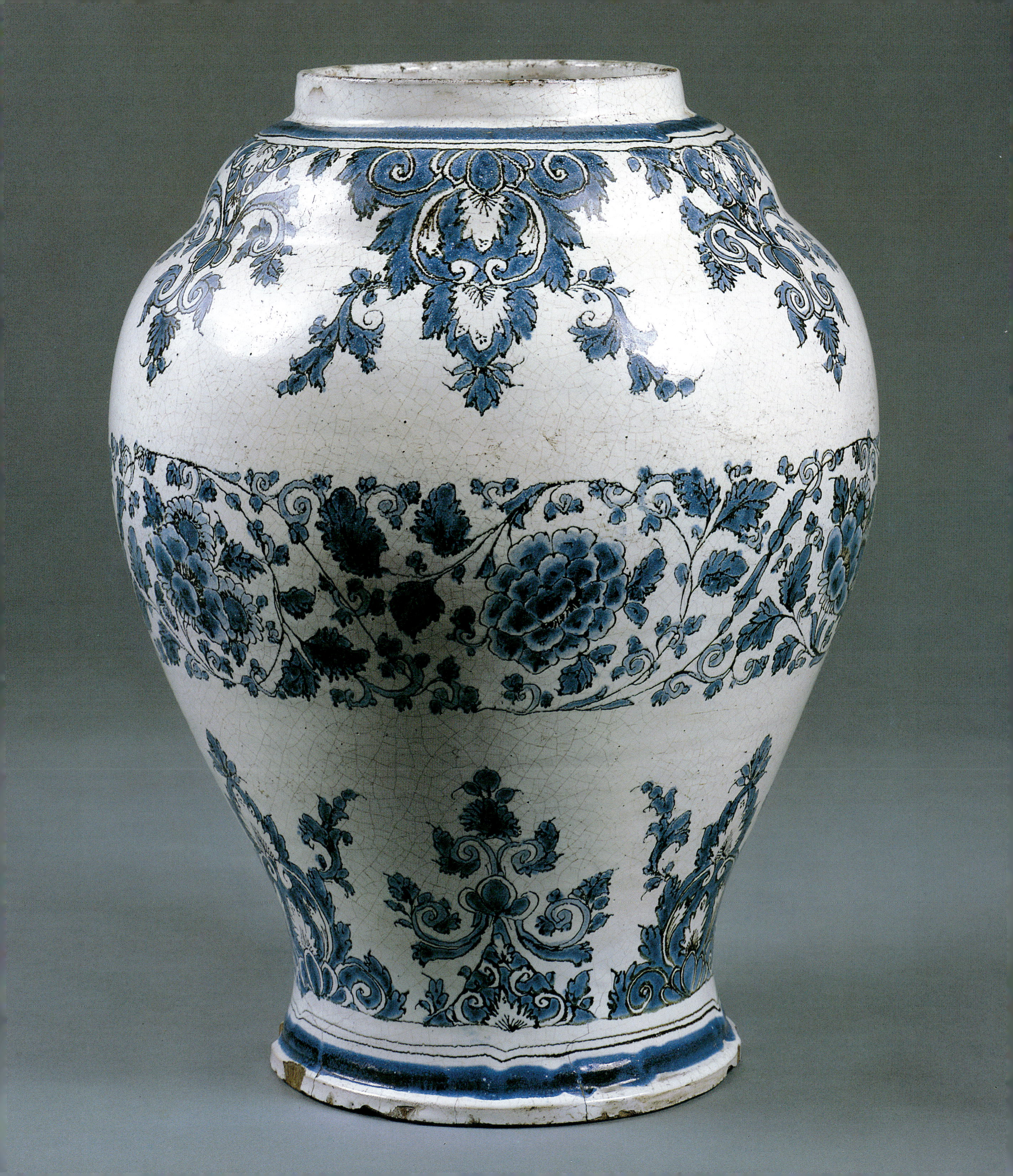

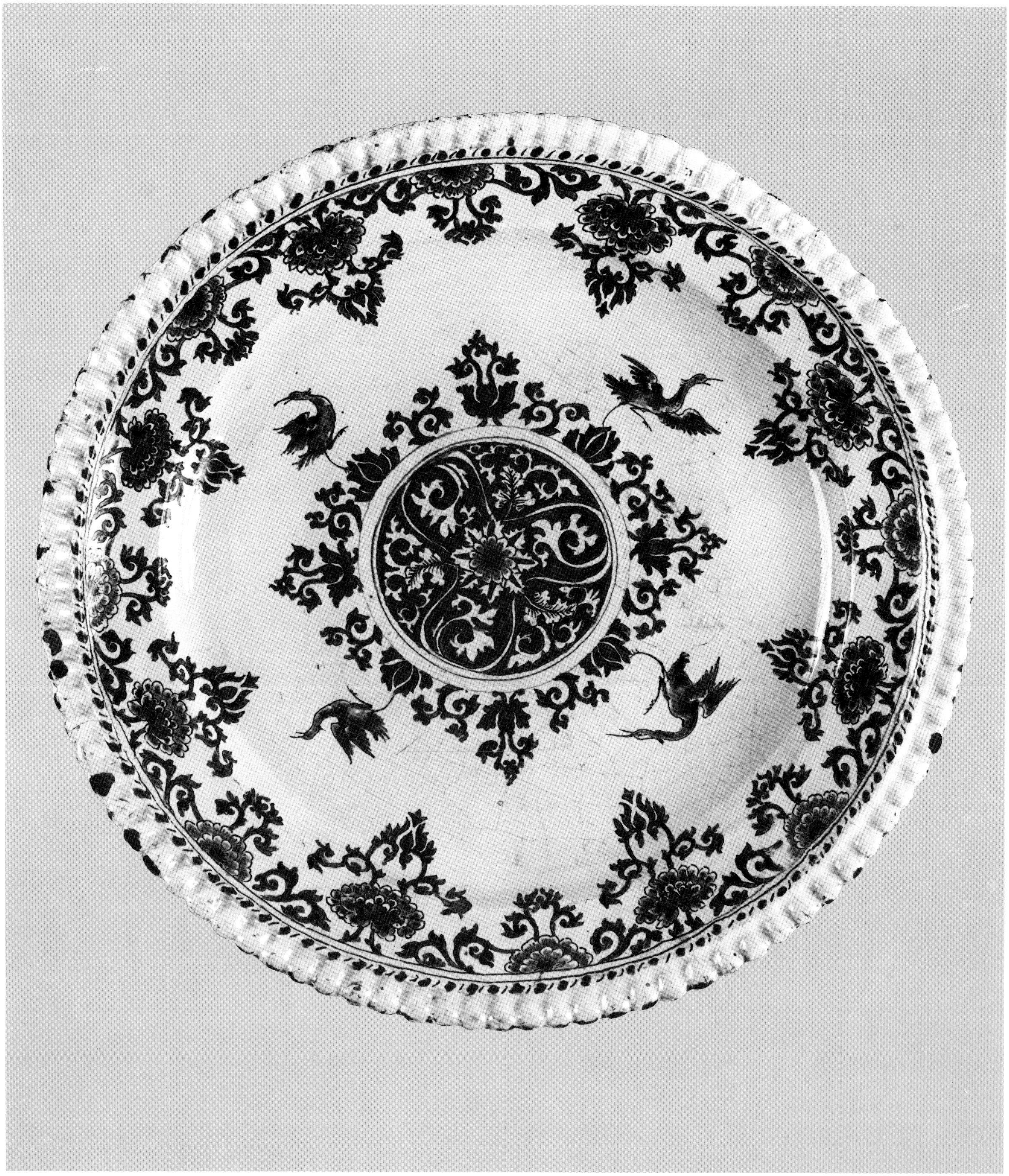

◁ 55 SAINT-CLOUD (Hauts-de-Seine), um 1700
Platte; Scharffeuerdekor in Camaieublau mit schwarzer Zeichnung; Ø 41 cm
Paris, Musée des Arts décoratifs, Inv. AD 25 068 (Legat Abraham)
Außer zahlreichen Apothekergefäßen wie dem aus dem Hospice civil von Versailles stammenden Beispiel (vgl. Abb. 54) hat die Manufaktur von Saint-Cloud auch Platten und Teile von Tafelgeschirren hergestellt, deren Qualität sehr unterschiedlich ist. Diese Platte gehört zu den Stücken bester Qualität. Sie ist mit einem strahlenförmig angelegten Dekor geschmückt, dessen Vorbilder eher in der chinesischen Kunst als unter den Fayencen von Rouen zu suchen sind.

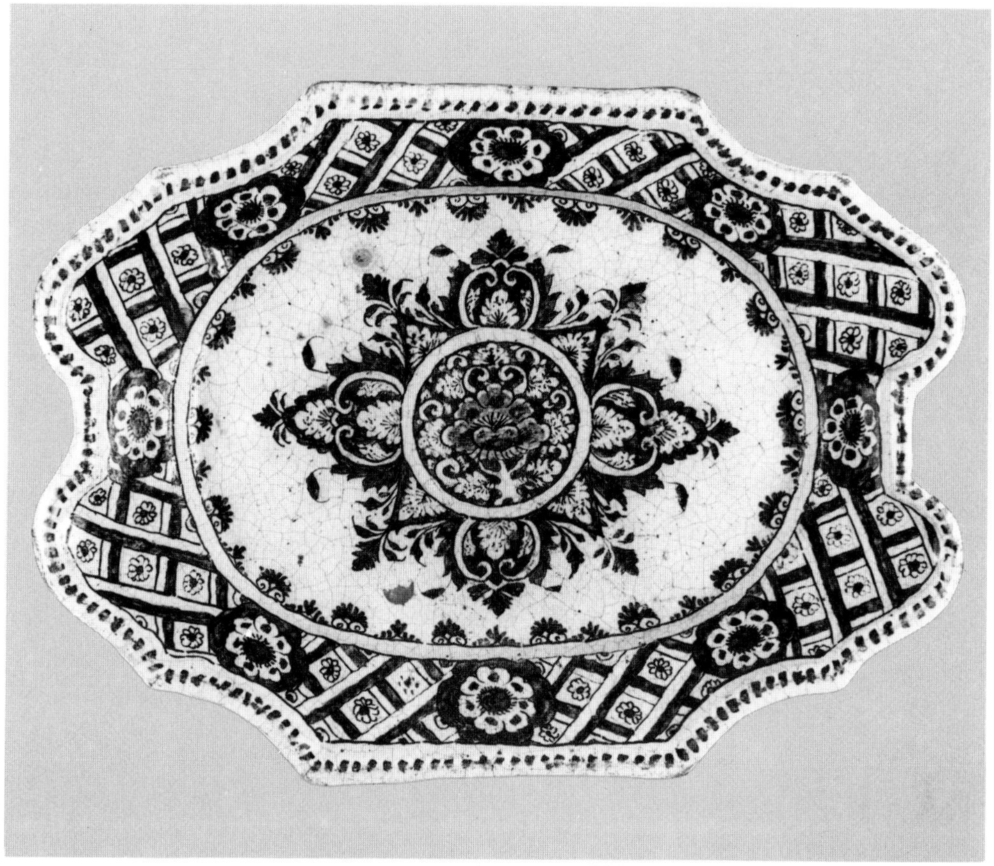

56 SAINT-CLOUD (Hauts-de-Seine), um 1700
Platte; Scharffeuerdekor in Camaieublau mit schwarzer Zeichnung; L 35,7 cm
Paris, Musée des Arts décoratifs, Inv. AD 29 370 (Geschenk Marie)
War die Platte der Abb. 55 von sehr guter Qualität, so ist diese hier von recht gewöhnlicher, mit rotem Scherben und gesprungener Glasur. Der Dekor mit strahlenförmig angeordnetem Stickereimotiv in der Mitte sowie Blumen und Gitterwerk auf dem Rand, ist jedoch auch hier kunstvoll und fein.

57 SAINT-CLOUD (Hauts-de-Seine), um 1720
Weinkühler; Scharffeuerdekor in Camaieublau; H 17,5 cm
Limoges, Musée national Adrien-Dubouché, Inv. ADL. 215
Einige seltene Fayencen von Saint-Cloud veranlassen zu einem Vergleich mit Porzellanen derselben Manufaktur. Das gilt auch für den Weinkühler, dessen glasurüberzogener Reliefdekor in Form von ovalen Rippen, Blüten und Ranken an die gleichzeitigen weißen Porzellane mit Reliefdekor von Saint-Cloud erinnert. Die gemalten Dekors auf dem Porzellan von Saint-Cloud sind jedoch viel feiner als die beiden Streifen auf diesem Weinkühler.

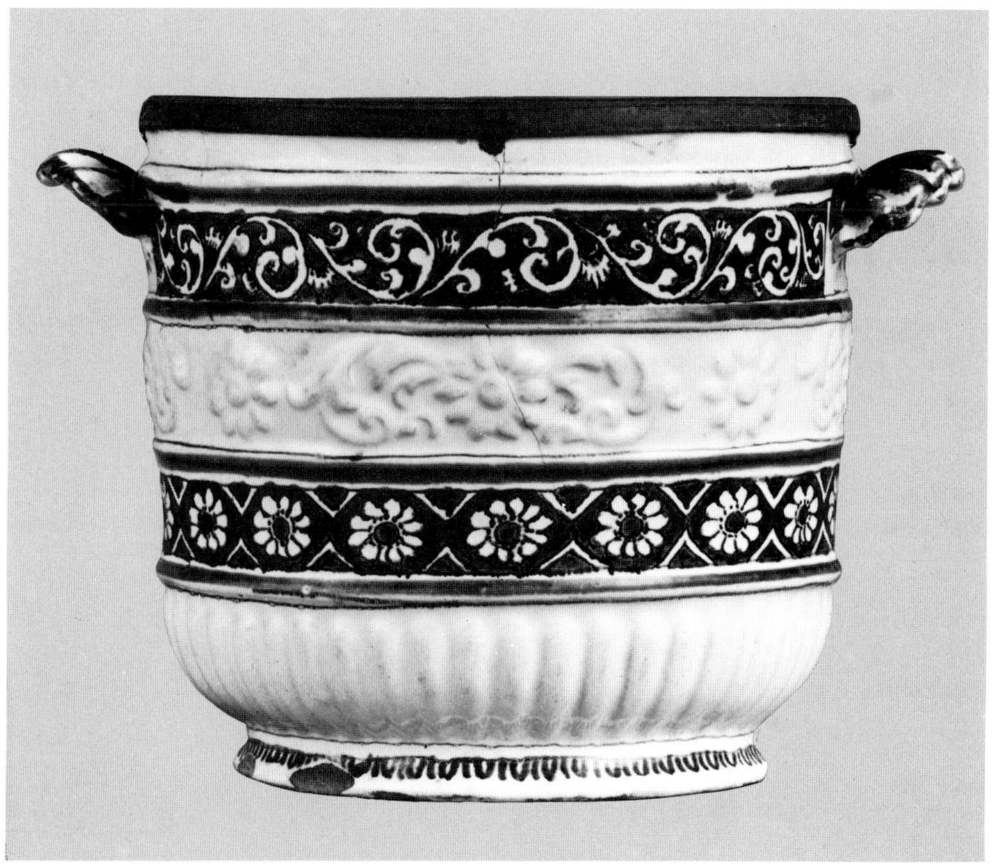

58 PARIS (Seine), 17. März 1654
Inschriften: Plaisanterie d'un Pedant et d'une harangere / hortentius / dame Christine / men mere ha / A paris le 17e Mars 1654 baquets de la place mauvert; Scharffeuerdekor in Camaieublau; L 50 cm
Sèvres, Musée national de Céramique, Inv. MNC. 10288
Auf der Platte ist eine lustige Volksszene dargestellt: Ein Schulmeister reizt eine *harengère*, ein Fischweib, um sich Grobheiten anzuhören und so seinen Wortschatz zu erweitern. Das Datum kann sich auf die Vollendung des Stiches, also der Vorlage, oder auf die des Dekors beziehen. Die Ausführung des die ganze Platte füllenden Dekors mit abwechselnd feinem und sattem Pinsel ähnelt der zur gleichen Zeit in Nevers gebräuchlichen Art (vgl. Abb. 21), doch ist der Stil völlig verschieden.

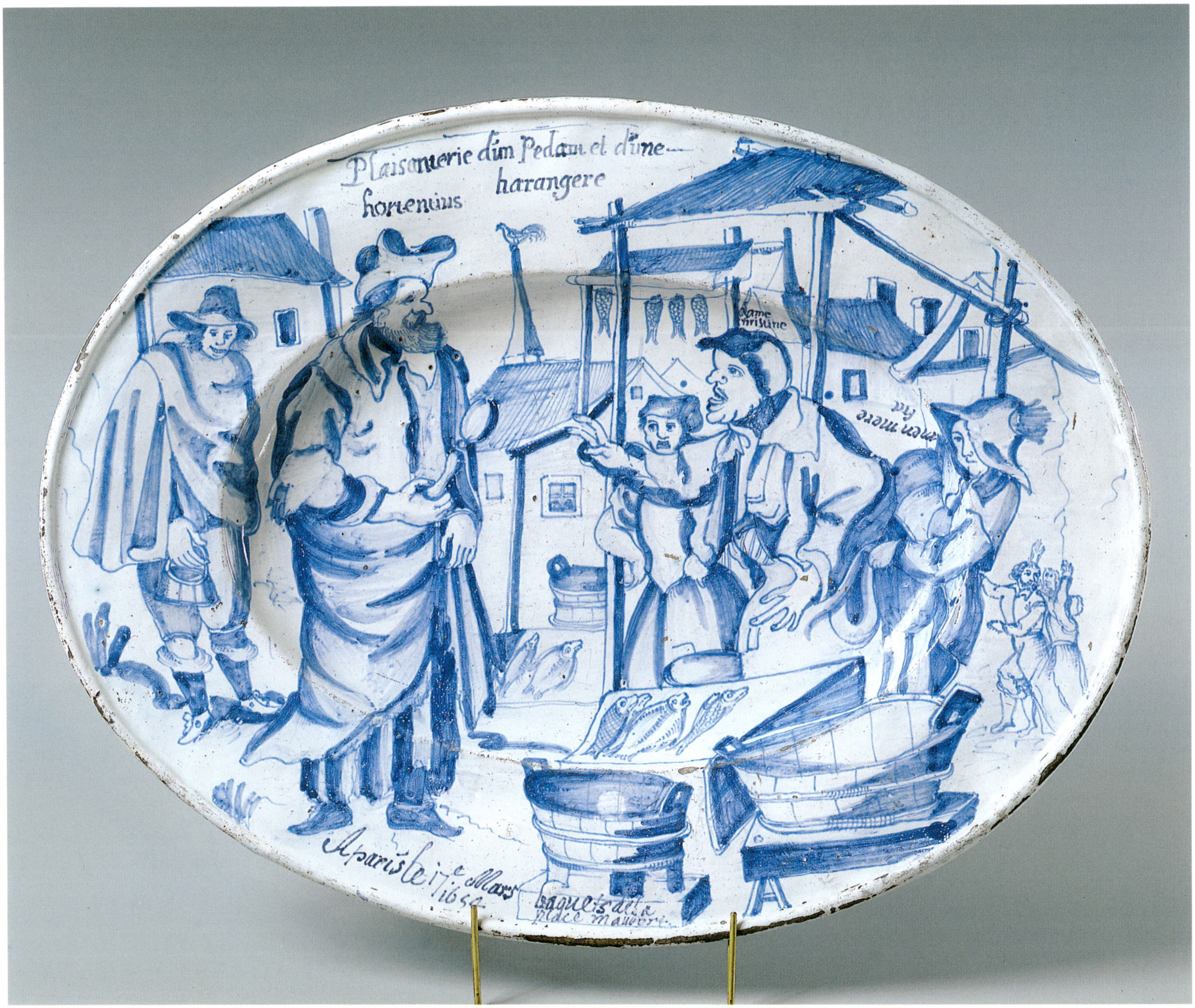

60 PARIS (Seine), Manufaktur Digne (zugeschrieben); um 1725 ▷
Apothekergefäß mit Deckel; Scharffeuerdekor in Blau, Gelb und Manganviolett; H. 24,9 cm
Sèvres, Musée national de Céramique, Inv. MNC. 1661
(Geschenk Mortelèque)
Dieses Gefäß wird zusammen mit anderen aus derselben Apothekeneinrichtung aufgrund seiner Provenienz der Manufaktur Digne in Paris zugeschrieben. Die Gefäße stammen aus der Abtei Notre-Dame in Chelles (Seine-et-Marne), deren Äbtissin von 1719 bis 1734 Louise-Adelaïde von Orléans, die Tochter des Regenten Philippe von Orléans, war. Die Formen der Stücke mit ihrem leicht gewölbten Deckel sind ziemlich eigenständig. Der Dekor entspricht dem Typ von Rouen, doch ist das Ziegelrot durch Gelb und Ocker ersetzt.

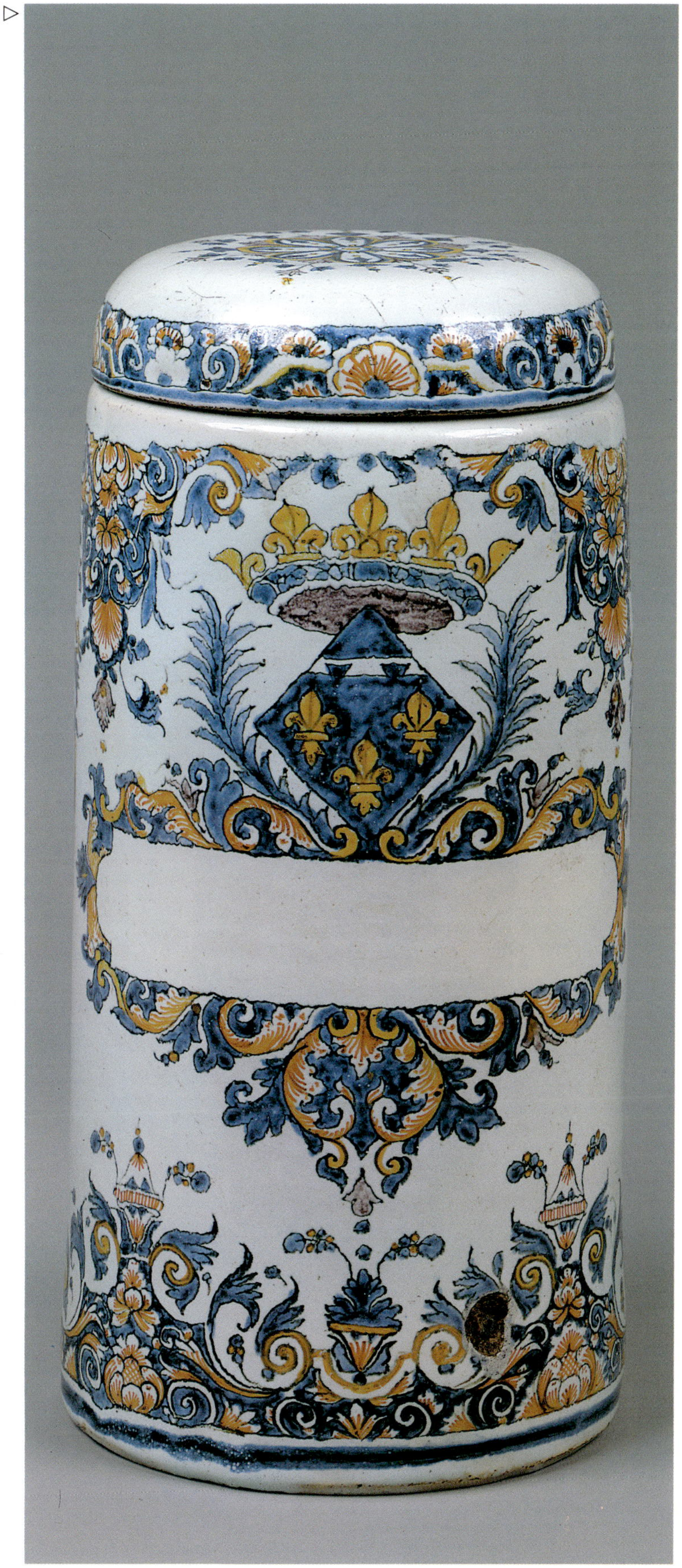

59 PARIS (Seine), 1724
Napf; Inschrift im Innern: Antoine . Boutron . Marchand . De Vin . A . Paris . 1724; polychromer Scharffeuerdekor; ⌀ 32 cm
Sèvres, Musée national de Céramique, Inv. MNC. 10230
(Geschenk Boutron)
Da Stücke mit Marken fehlen, sind wir über die Pariser Fayenceproduktion des 17. und 18. Jahrhunderts schlecht unterrichtet. Archäologische Grabungen, die zur Zeit im Hof des Louvre durchgeführt werden, berechtigen zu der Hoffnung, daß unsere Kenntnisse zunehmen werden, auch wenn im Grabungsgebiet keine Fayencemanufakturen gearbeitet haben.
Sicherlich hat Antoine Boutron seinen Napf dort anfertigen lassen, wo er selbst seinen Beruf ausübte. Das Stück gehört zu einer Serie mit Darstellungen des Namenspatrons und Schutzheiligen des Empfängers, dessen Name auch verzeichnet ist. Der ornamentale Schmuck entspricht dem Stil von Rouen.

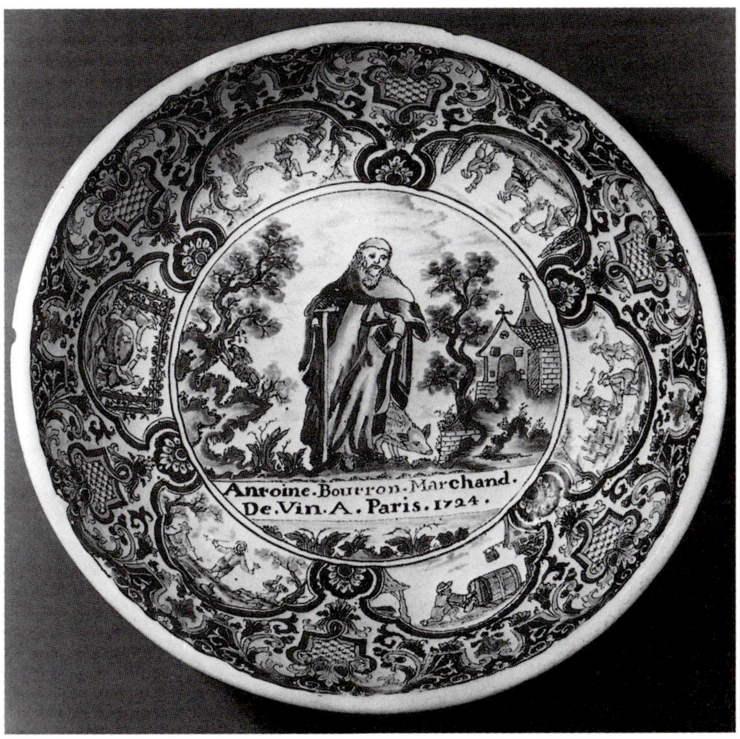

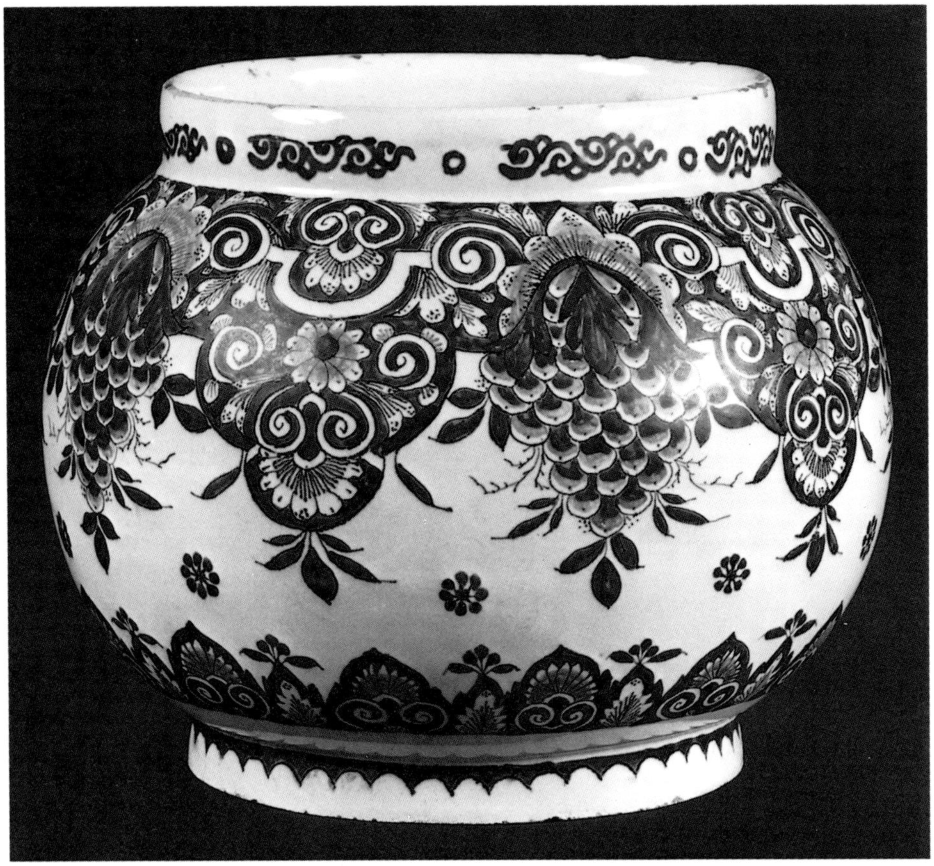

61 LILLE (Nord), um 1710
Kugelförmiger Topf; Scharffeuerdekor in Camaieublau; H 16,5 cm
Laon, Musée municipal, Inv. O. 799
Der durch Weintraubenmotive bereicherte Dekor dieses Gefäßes scheint eher nach Lille als nach Rouen zu gehören. Dafür spricht vor allem der »schiefrige« Ton des Blau. Die Glasur ist zudem von hervorragender Qualität.

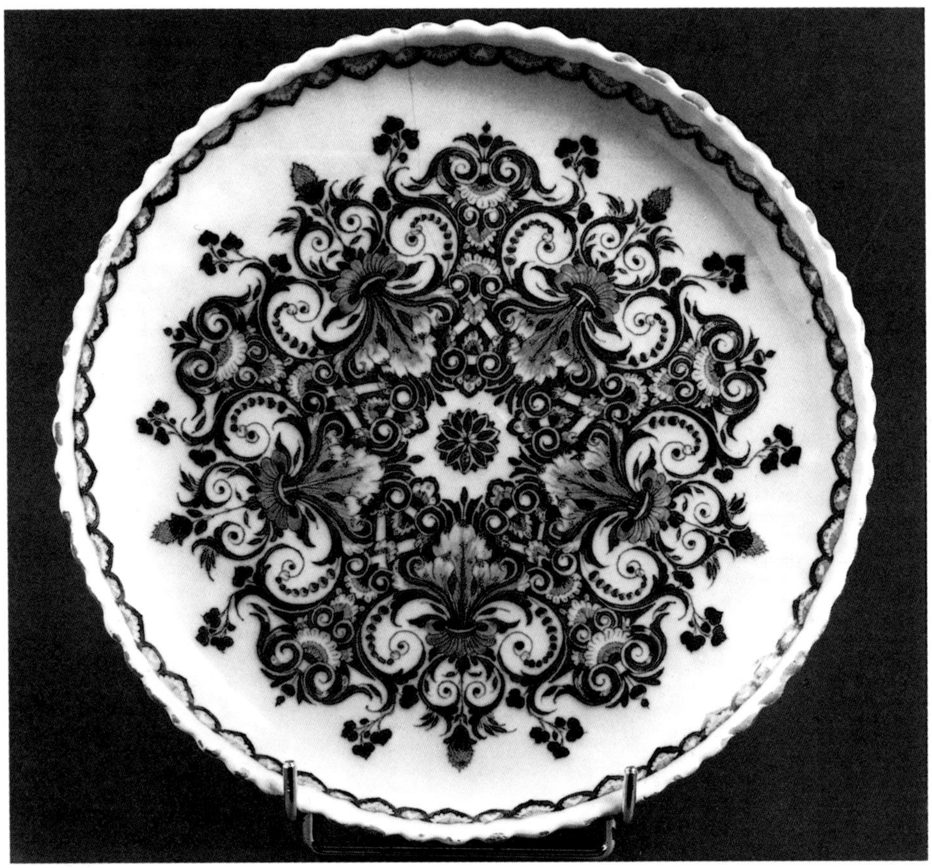

62 LILLE (Nord), um 1710
Fruchtschale; Marke: B, zwei verschlungene V, Wappenlilien; Scharffeuerdekor in Camaieublau; ⌀ 24 cm
Sèvres, Musée national de Céramique, Inv. MNC. 10159
Diese Fruchtschale von sehr hoher Qualität der Ausführung zeigt alle Charakteristika der besten Fayencen von Lille: leichter Scherben, Freude an ausgebogten Formen – beides hat Lille mit Delft gemeinsam –, strahlende Glasur und leuchtendes Blau, strahlenförmige Anordnung der Lambrequins wie in Rouen.

63 LILLE (Nord), um 1720
Platte; Inschrift auf der Rückseite: vier B; Scharffeuerdekor in Camaieublau; ⌀ 48,5 cm
Saint-Quentin, Musée A. Lecuyer, Inv. L. 422
Lambrequindekors wurden sowohl in Lille als auch in Rouen entwickelt, die Unterscheidung zwischen den Werken der beiden Manufakturen ist nicht einfach. Man spricht oft von dem »schiefrigen« Blau der Fayence von Lille, aber im Grund ähnelt sich das Kobaltblau beider Zentren häufig. Charakteristischer ist die Glasur von Lille, deren Qualität sehr viel besser ist als die von Rouen.

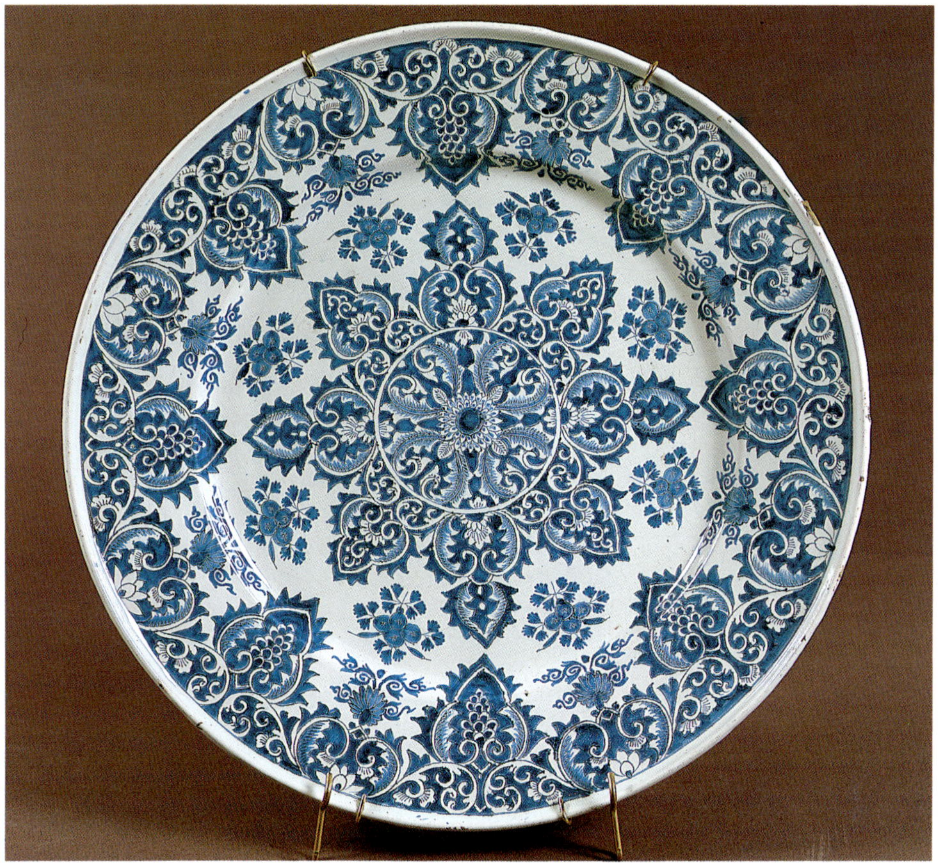

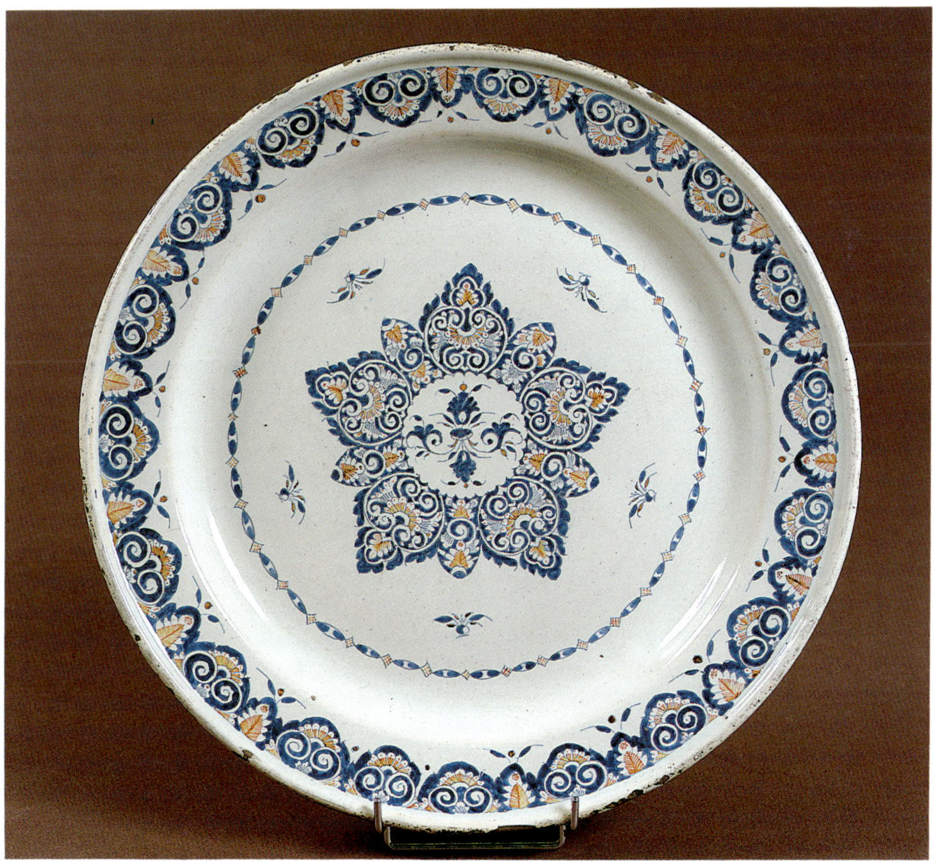

64 LILLE (Nord), um 1720
Platte; Marke: Wappenlilie, B und C; Scharffeuerdekor in Gelb und Blau; ⌀ 38,8 cm
Sèvres, Musée national de Céramique, Inv. Réc. LXXXXV
Der blau und gelb gemalte Lambrequindekor vom *type rayonnant* ist für Lille charakteristisch. In Rouen hat man für die Höhung des Blau einen roten Farbton verwendet.

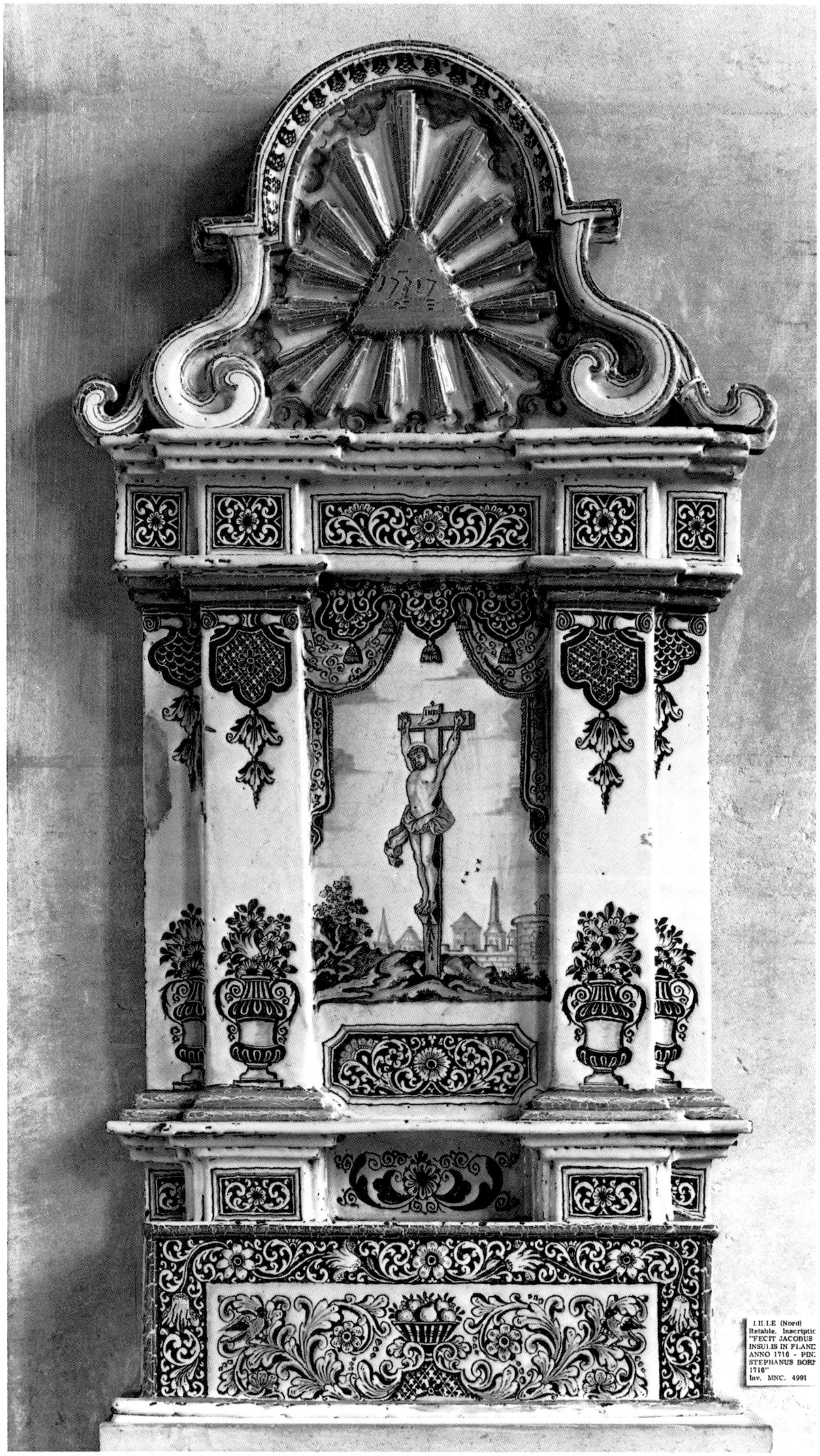

65

65 LILLE (Nord), 1716
Retabel; Inschrift auf der Rückseite: Fecit Jacobus Feburier / Insulis in Flandrià. / Anno 1716 / pinxit Maria Stephanus Borne: / Anno 1716; Scharffeuerdekor in Blau und Gelb; H 83 cm
Sèvres, Musée national de Céramique, Inv. MNC. 4991
Seit dem Anfang des 17. Jahrhunderts haben in Lille zwei Fayencemanufakturen gearbeitet: diejenige des Jacques Febvrier, in der dies mit der Herstellerbezeichnung versehene Retabel entstand, und die des Barthélemy Dorez. Meist ist es kaum möglich, ihre Werke zu unterscheiden, daher ist die Bedeutung dieses bezeichneten Stückes besonders groß. Auf ihm ist, wie für Lille charakteristisch, Gelb verwendet.

66 LILLE (Nord), 1736
Platte; Inschrift: NOUS · SOMMES · A · TAB- / LE · ET · TOVsTE · LA · FAM- / ILLE · ET · LE · PETIT / 1736; Scharffeuerdekor in Camaieublau; ⌀ 37 cm
Lille, Musée des Beaux-Arts, Inv. C. 1307 (Geschenk Donat-Agache)
Die Platte ist in mehrfacher Hinsicht ungewöhnlich: Der Dekor der Fahne ist von den Spitzenmustern von Moustiers beeinflußt; die Mittelszene läßt an Delfter Einfluß denken, dort waren solche Szenen in Innenräumen sehr beliebt. Die Inschrift dagegen ist einzigartig.

67 LILLE (Nord), um 1710
Teller; polychromer Scharffeuerdekor; ⌀ 23,5 cm
Lille, Musée des Beaux-Arts, Inv. C. 1555
Das Motiv des Blumenkorbs hat seinen Ursprung in Rouen, doch Lille hat häufig aus dem dekorativen Formenschatz der normannischen Hauptstadt geschöpft. Daß dieses Stück in Lille entstand, ist an der Farbwahl zu erkennen, an dem charakteristischen sehr zarten Grün, das in der Glasur zerfließt, dem sehr schönen Gelb und dem matten Rot.

68 LILLE (Nord), um 1725
Tablett; Scharffeuerdekor in Camaieublau; L 72 cm
Lille, Musée des Beaux-Arts, Inv. C. 1540
Ob dieses Tablett in der Manufaktur von Jacques Febvrier entstanden ist, der das von ihm zusammen mit Jean Bossut 1696 gegründete Unternehmen vom Jahr 1700 an allein leitete, oder ob es eine Arbeit aus der 1711 von Barthélemy Dorez gegründeten Manufaktur ist, läßt sich unmöglich entscheiden. Doch eine Zuschreibung an eine der beiden Manufakturen ist wohlbegründet, denn das Stück vereinigt mehrere Kennzeichen der Fayencen von Lille: die Qualität der Glasur, die Verwendung des Lambrequindekors in der Art von Rouen zusammen mit einer Landschaft, wie sie in Nevers üblich war.

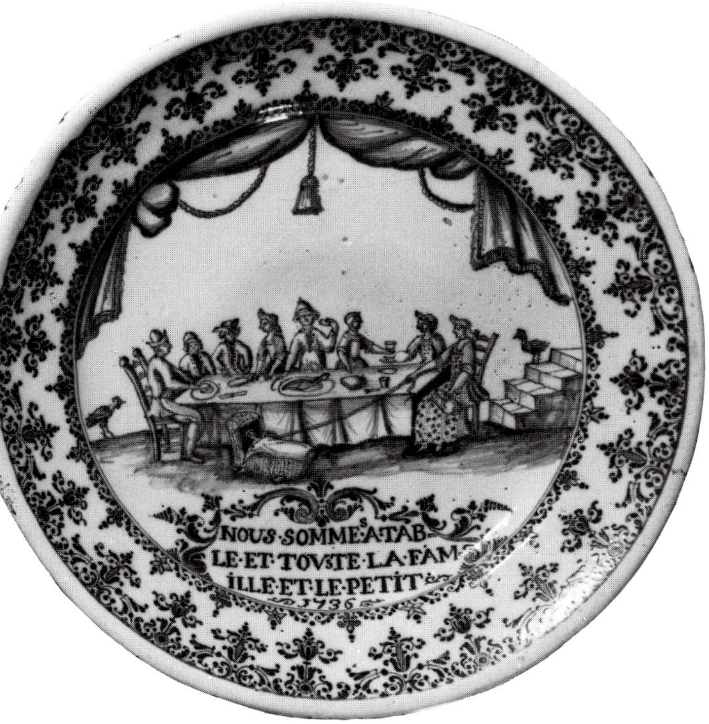

66

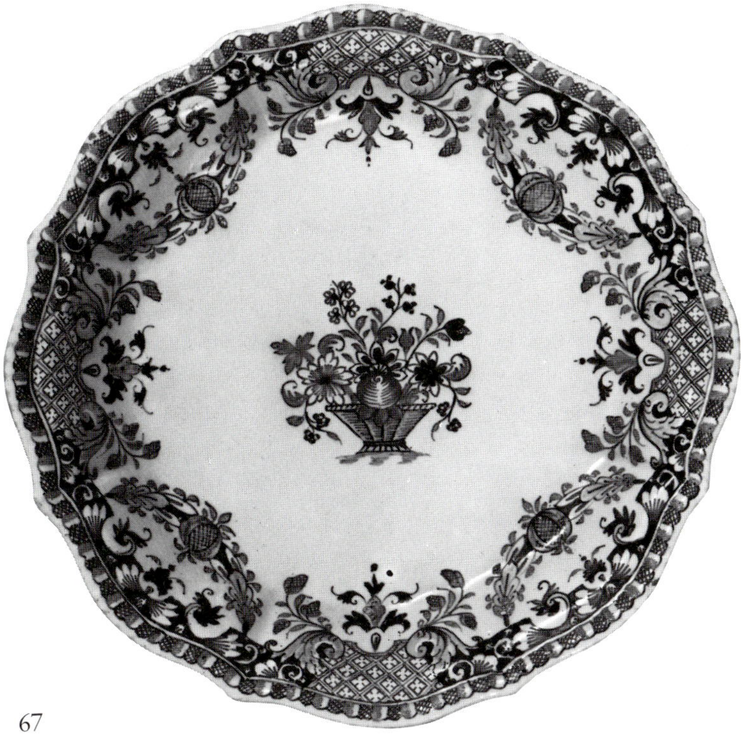

67

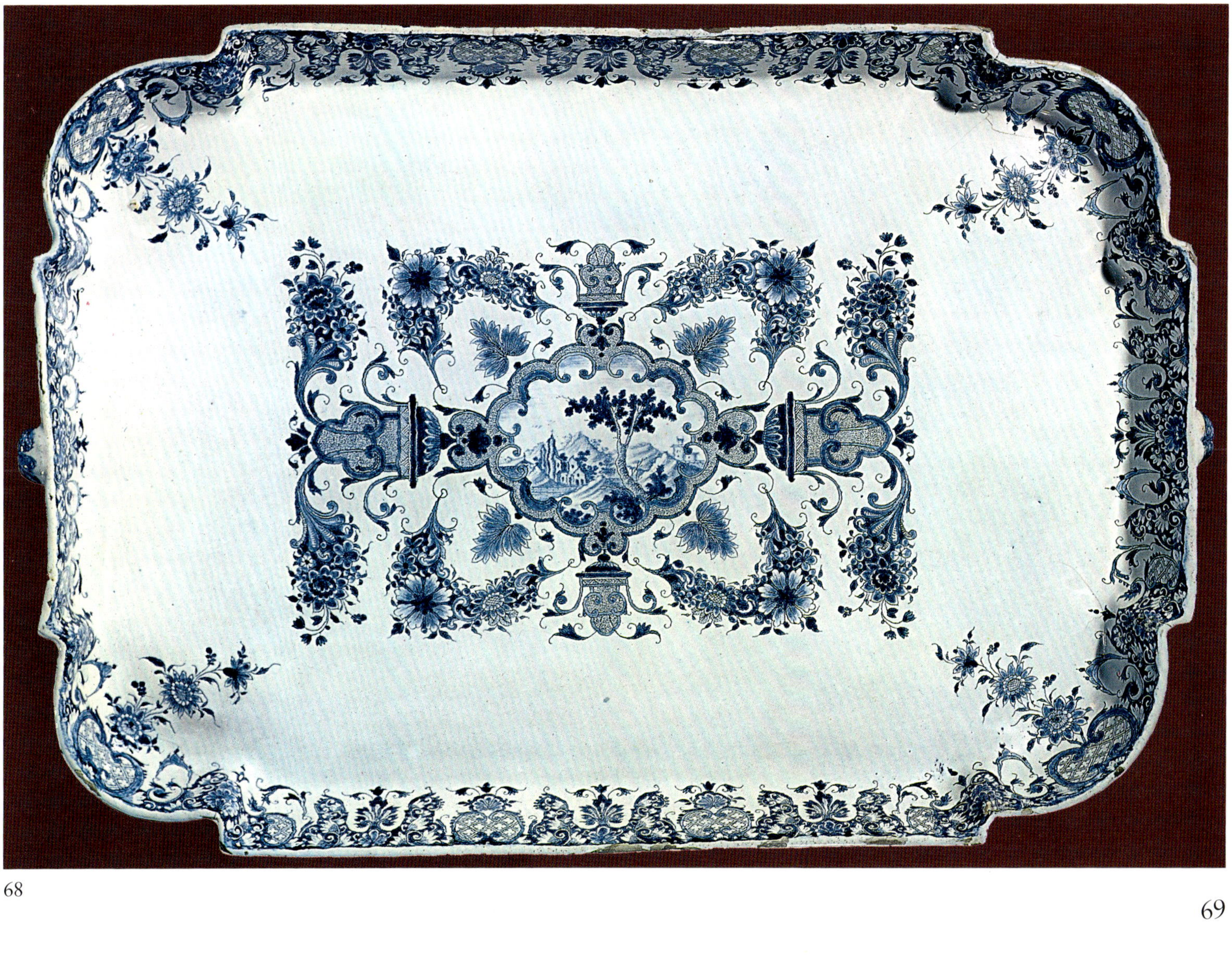

68

69 BAILLEUL (Nord), um 1725
Terrine; Scharffeuerdekor in Camaieublau; L 32 cm
Saint-Omer, Musée Sandelin, Inv. 83.87
Der Vergleich mit einem ebenso geformten Stück, das im Schloß Ecouen aufbewahrt wird, ermöglicht die Zuschreibung dieser Terrine an Bailleul. Der Stil der Terrine von Ecouen ist sehr viel einfacher: Sie ist mit vielen Motiven in leichtem Relief geschmückt. Zudem trägt sie die Jahreszahl 1717 und den Namen ihres Schöpfers, des Jacob Hennekens. Das hier abgebildete Stück ist – offensichtlich überladen – mit Lambrequins in der Art von Rouen verziert.

70 MARSEILLE (Bouches-du-Rhône), Saint-Jean-du-Désert, 1697
Platte; Inschrift auf der Rückseite: A. Clerissy / a St Jean / du dezert 1697 / a marseille; Scharffeuerdekor in Camaieublau und Manganviolett; ⌀ 50,5 cm
Limoges, Musée national Adrien-Dubouché, Inv. ADL. 6906
Saint-Jean-du-Désert hat wie Moustiers Dekors mit Jagdszenen (man nannte sie damals *en chasse*-Dekors) geschaffen. Beide Manufakturen benutzten Stiche des Florentiners Antonio Tempesta als Vorlagen. Die hier dargestellte Löwenjagd ist in ein mit Lambrequins im Stil von Rouen umgebenes Medaillon eingefügt. Die Fahne der Platte ist mit locker gestreuten Blumen und Vögeln geschmückt, in der Art der Dekors auf Fayencen von Savona. Die malerische Behandlung in Blau und Manganviolett ist Saint-Jean-du-Désert eigentümlich.

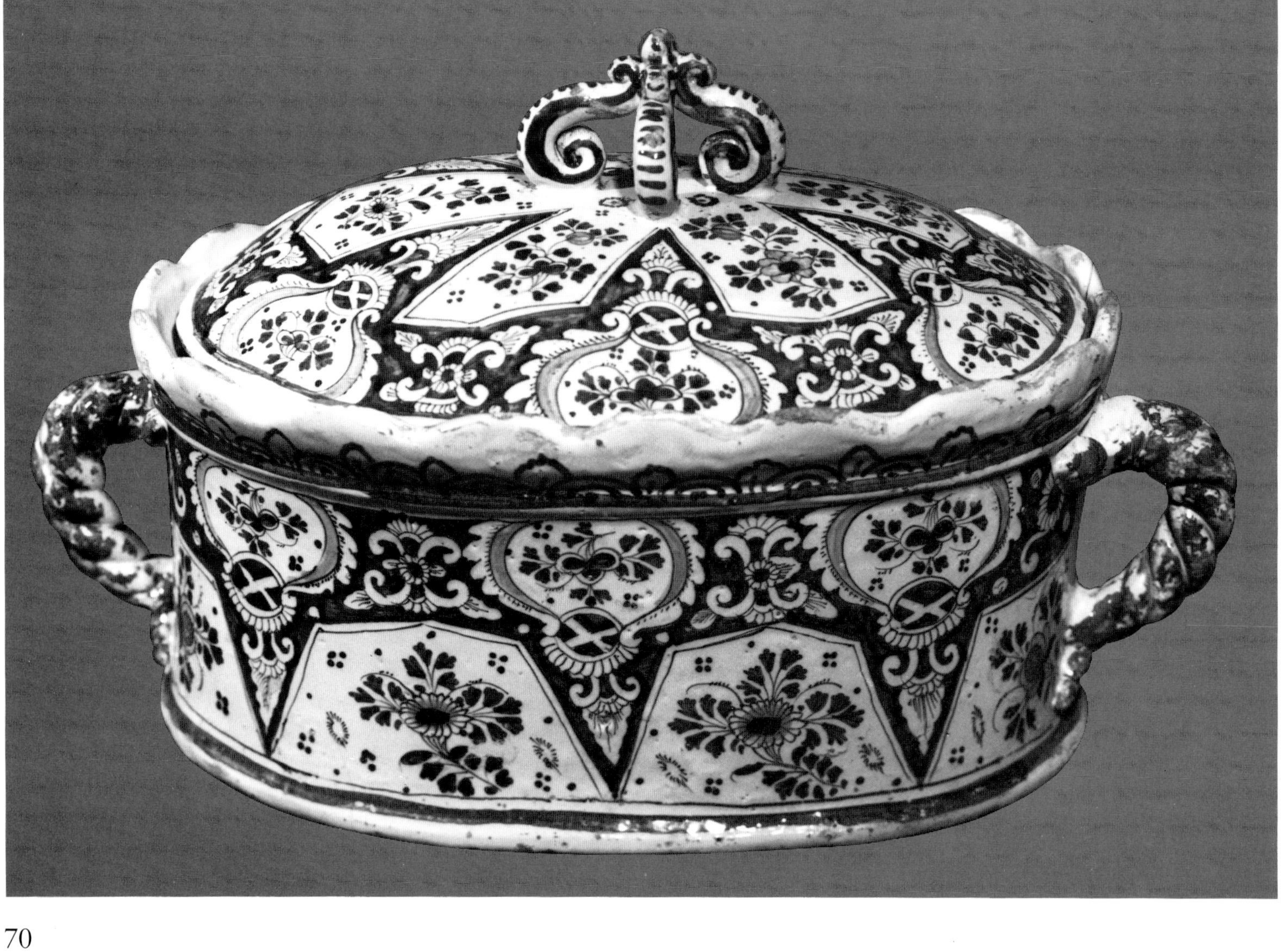

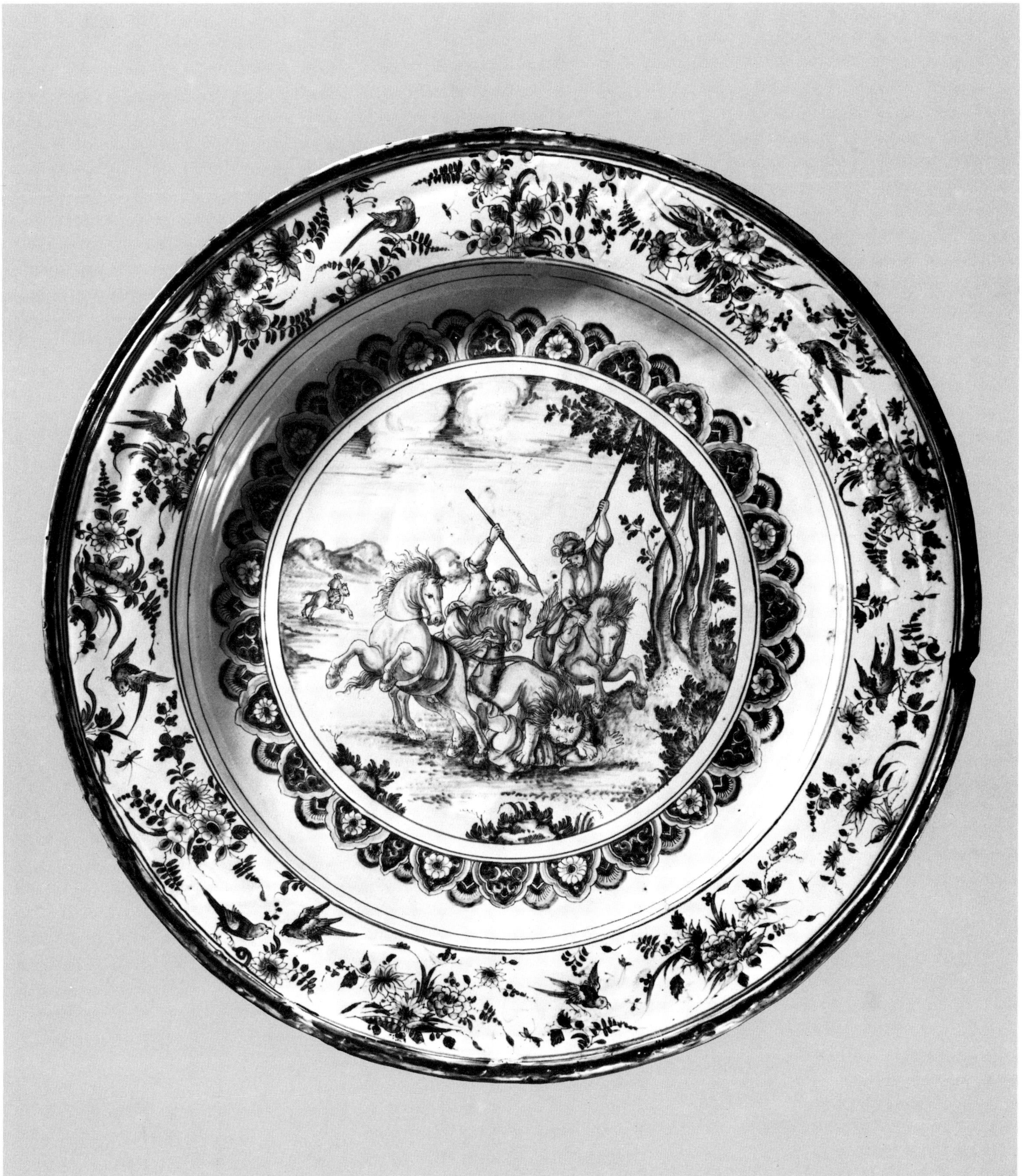

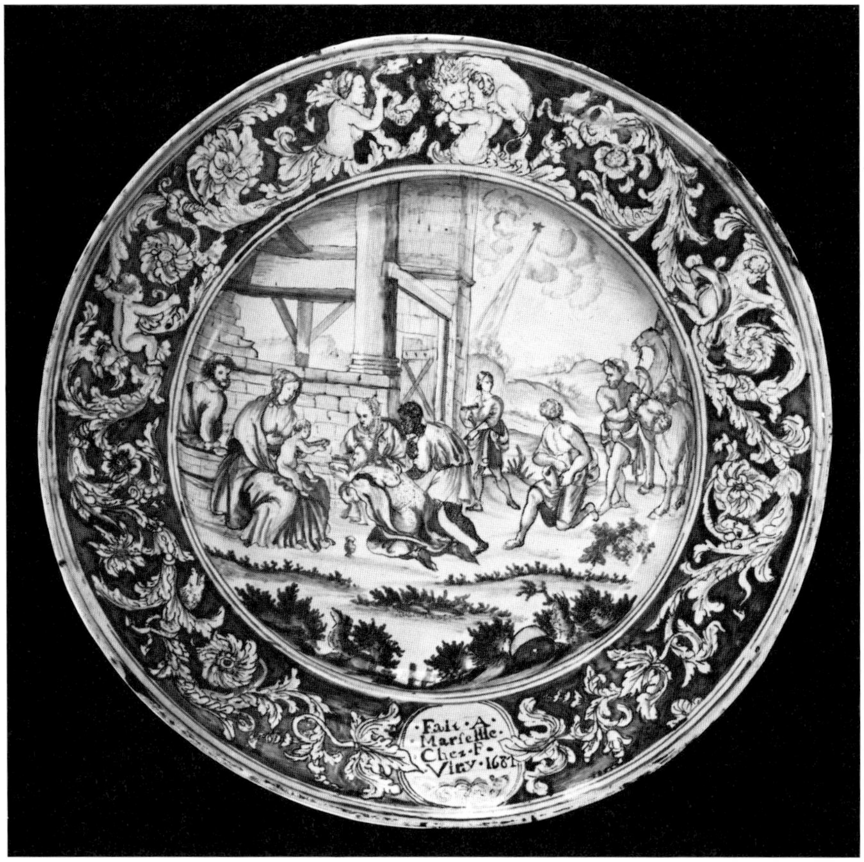

71 MARSEILLE (Bouches-du-Rhône), Saint-Jean-du-Désert, 1687
Platte; Inschrift: · Fait · A · / · Marseille · / · Chez · F · / · Viry · 1687; Scharffeuerdekor in Camaieublau und Manganviolett; ⌀ 55,4 cm
Paris, Musée du Louvre, Inv. OA. 3837
Das große Format der Platte, der Schmuck der in Art einer Reserve blaugrundierten Fahne mit Akanthusranken und Büsten, der Dekor des Spiegels mit einer Anbetung der Könige nach einem Bild von Nicolas Poussin (1594–1665) ordnen das Werk dem *style classique* zu. Die Inschrift in der Kartusche unten auf der Fahne bestätigt, daß die Platte zu den ersten, sehr anspruchsvollen, Werken der Manufaktur Joseph Clérissy in Saint-Jean-du-Désert, einem Vorort von Marseille, gehört. Diese Manufaktur wurde 1687 von dem bedeutenden Maler François Viry geleitet, der Kobaltblau und Manganviolett ebenso behandelte wie der Maler eines Staffeleibildes, wenn er seine Figuren modellierte.

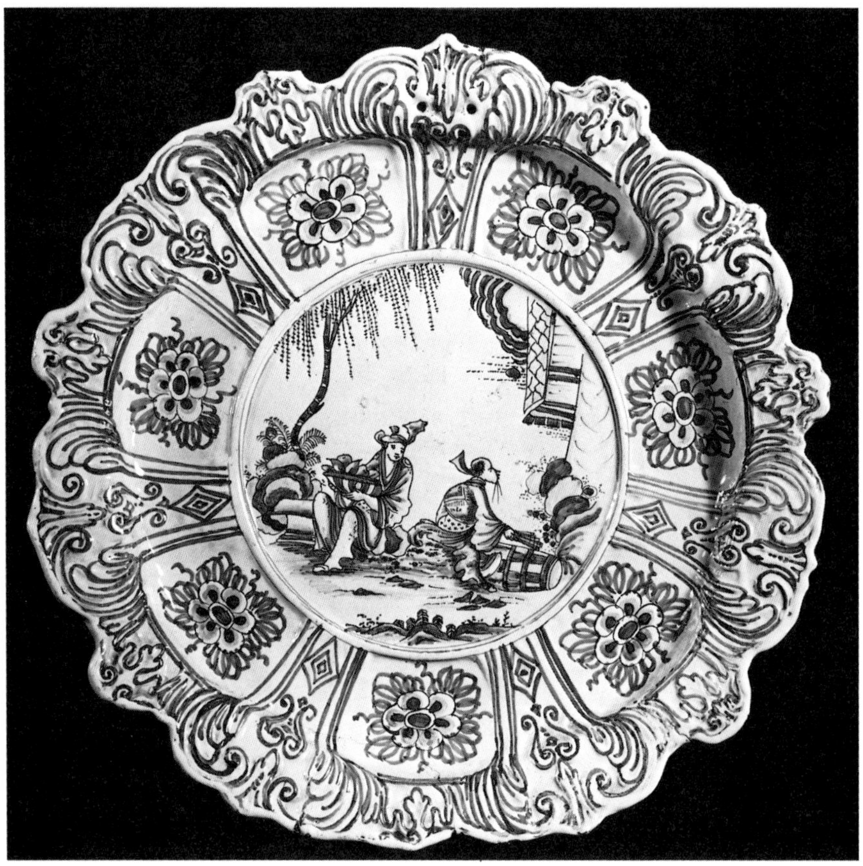

72 MARSEILLE (Bouches-du-Rhône), Saint-Jean-du-Désert, um 1700
Platte mit reliefiertem Rand; Inschrift auf der Rückseite: A St. Jean du Dézert; Scharffeuerdekor in Camaieublau und Manganviolett; ⌀ 49 cm
Bordeaux, Musée des Arts décoratifs, Inv. 2432
Die barocke Form der Platte ähnelt einigen an der ligurischen Küste entstandenen Fayencen. Die strahlenförmig angeordneten übergreifenden Ornamente des reliefierten Rahmens steigern dessen Wirkung und heben das mit einer chinoisen Szene geschmückte Mittelmedaillon hervor. Die Szene ist in der Art von Delft und Nevers gemalt.

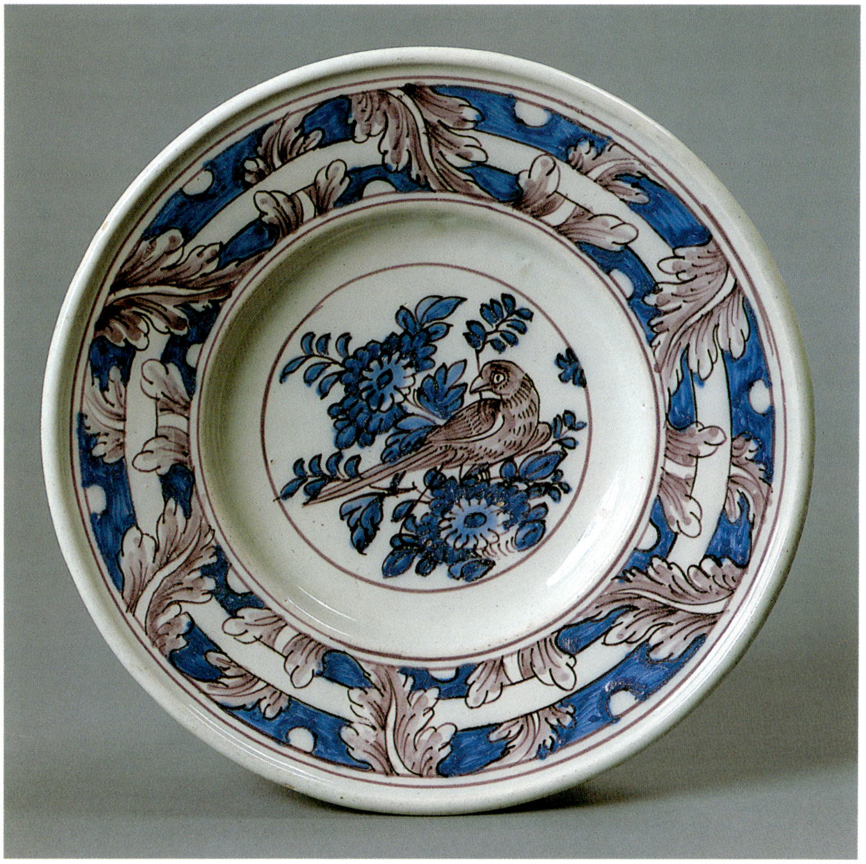

73 MARSEILLE (Bouches-du-Rhône), Saint-Jean-du-Désert, Ende des 17. oder Anfang des 18. Jahrhunderts
Teller; Marke auf der Rückseite: blaues Kreuz und blaue Kreise; Scharffeuerdekor in Camaieublau und Manganviolett; Ø 22 cm
Sèvres, Musée national de Céramique, Inv. MNC. 20 885 (Legat Sagnier)
Mächtige eingerollte Akanthusblätter auf blauem Grund schmücken häufig die Fahne von Tellern oder Platten der Manufaktur von Saint-Jean-du-Désert. Doch dieser Dekor ist keine eigene Schöpfung, sondern eine späte Anleihe bei dem dekorativen Formenschatz vom Ende des 17. Jahrhunderts. Auch die Fayencemanufakturen von Nîmes haben dieses Motiv verwendet.

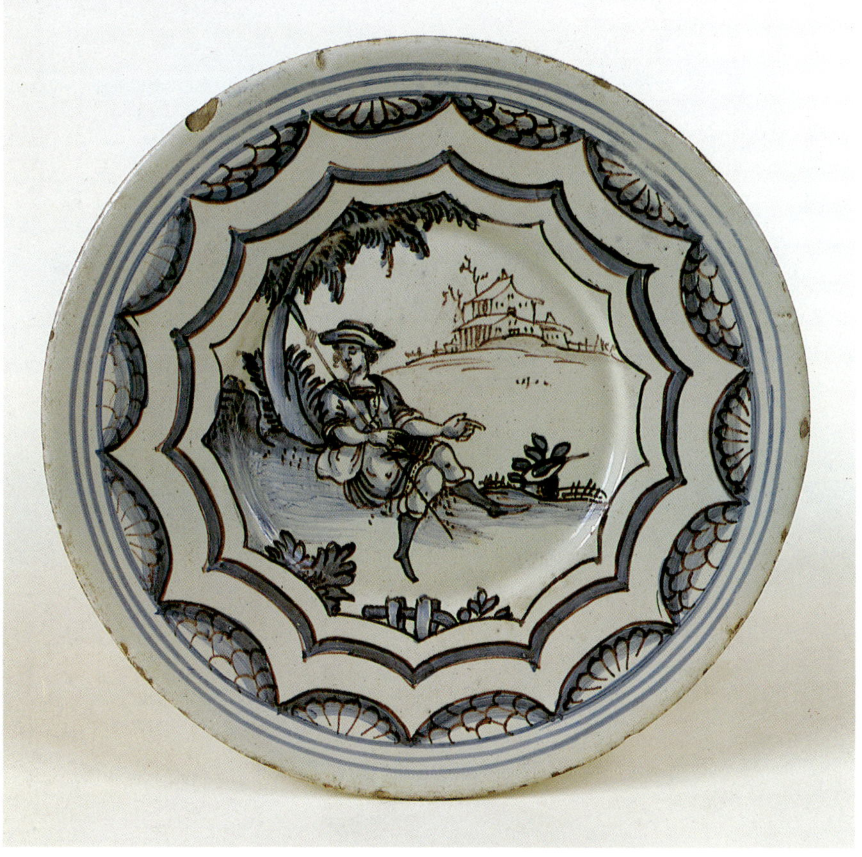

74 MARSEILLE (Bouches-du-Rhône), Saint-Jean-du-Désert, Ende des 17. oder Anfang des 18. Jahrhunderts
Teller; Scharffeuerdekor in Camaieublau; Ø 22 cm
Sèvres, Musée national de Céramique, Inv. MNC. 6686
Die Hirtenszene auf diesem Teller ist den Fayencen von Nevers, und zwar deren Dekor in der Art der Illustrationen zu *L'Astrée* entlehnt. Die vielteilige sternartige Rahmung ist eine neue, eigenständige Schöpfung der Manufaktur von Saint-Jean-du-Désert.

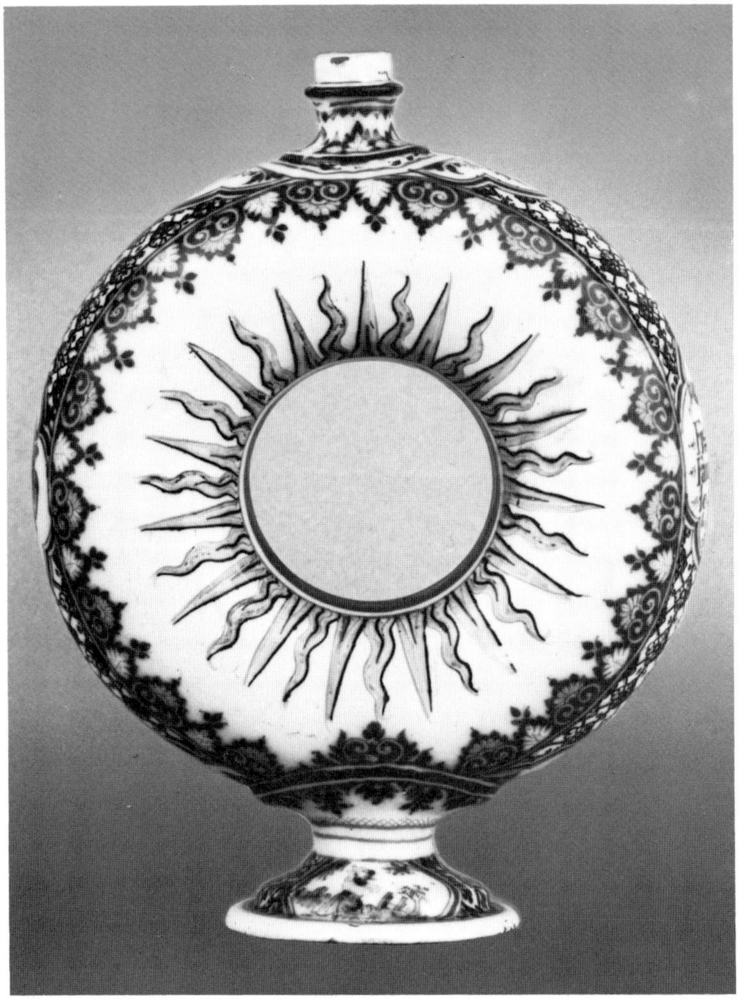

75 MARSEILLE (Bouches-du-Rhône), Manufaktur Fauchier, 1727
Ringförmige Flasche; Inschrift: François / Fauchier / le · pere / le 25 · Fevrier / · 1727; polychromer Scharffeuerdekor; H 34 cm
Limoges, Musée national Adrien-Dubouché, Inv. ADL. 6905
Trüge diese ringförmige Flasche von klassischer Form nicht eine Inschrift, wäre man geneigt, sie nach Nordfrankreich zu lokalisieren. Sie ist mit für Rouen typischen Lambrequins geschmückt. Der gelbe Strahlendekor nähert das für den häuslichen Gebrauch bestimmte Stück einem liturgischen Gefäß an.

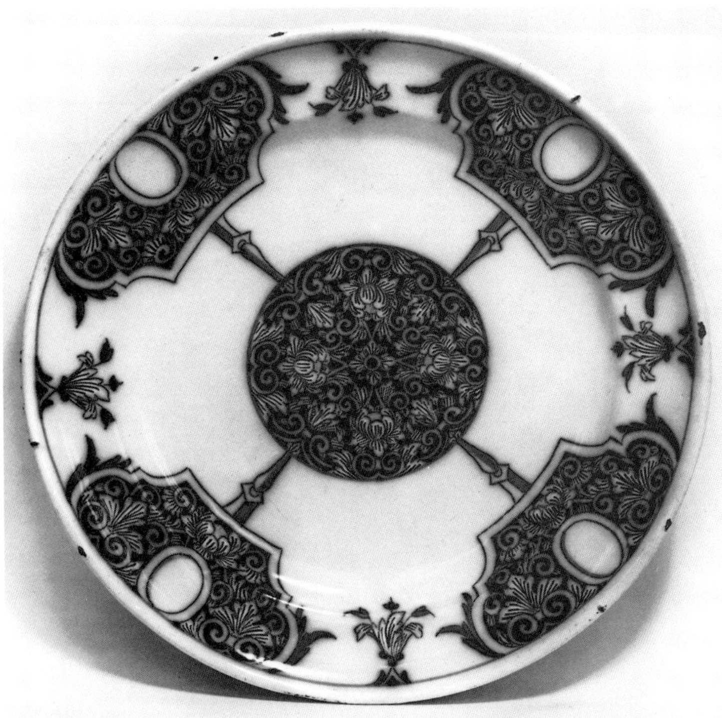

76 MARSEILLE (Bouches-du-Rhône), Manufaktur Leroy, um 1740
Teller; Inschrift auf der Rückseite: Fab[que] De Mars[lle] Le Roy; polychromer Scharffeuerdekor; Ø 24 cm
Sèvres, Musée national de Céramique, Inv. MNC. 7101
Das strahlenförmige Dekorationssystem dieses Tellers ist ungewöhnlich streng, die Stickereimuster in Reserven sind sehr dicht. Die Palette umfaßt drei Farben: Dunkelblau, Eisenrot und Zitronengelb.

77 MARSEILLE (Bouches-du-Rhône), Manufaktur Leroy, um 1740
Schale; polychromer Scharffeuerdekor; L 29 cm
Marseille, Privatsammlung
Den Boden dieser Schale schmückt ein Medaillon mit der Darstellung einer schlafenden Diana. Dieser Dekor folgt dem Brauch vom Anfang des Jahrhunderts, Stiche als Vorlagen zu benutzen; der Maler hat die Szene, um sie dem Geschmack der Mitte des 18. Jahrhunderts anzupassen, koloriert. Aufgrund der Palette und der vegetabilen Motive der Bordüre kann das ungewöhnliche Stück der Manufaktur Louis Leroy zugeschrieben werden.

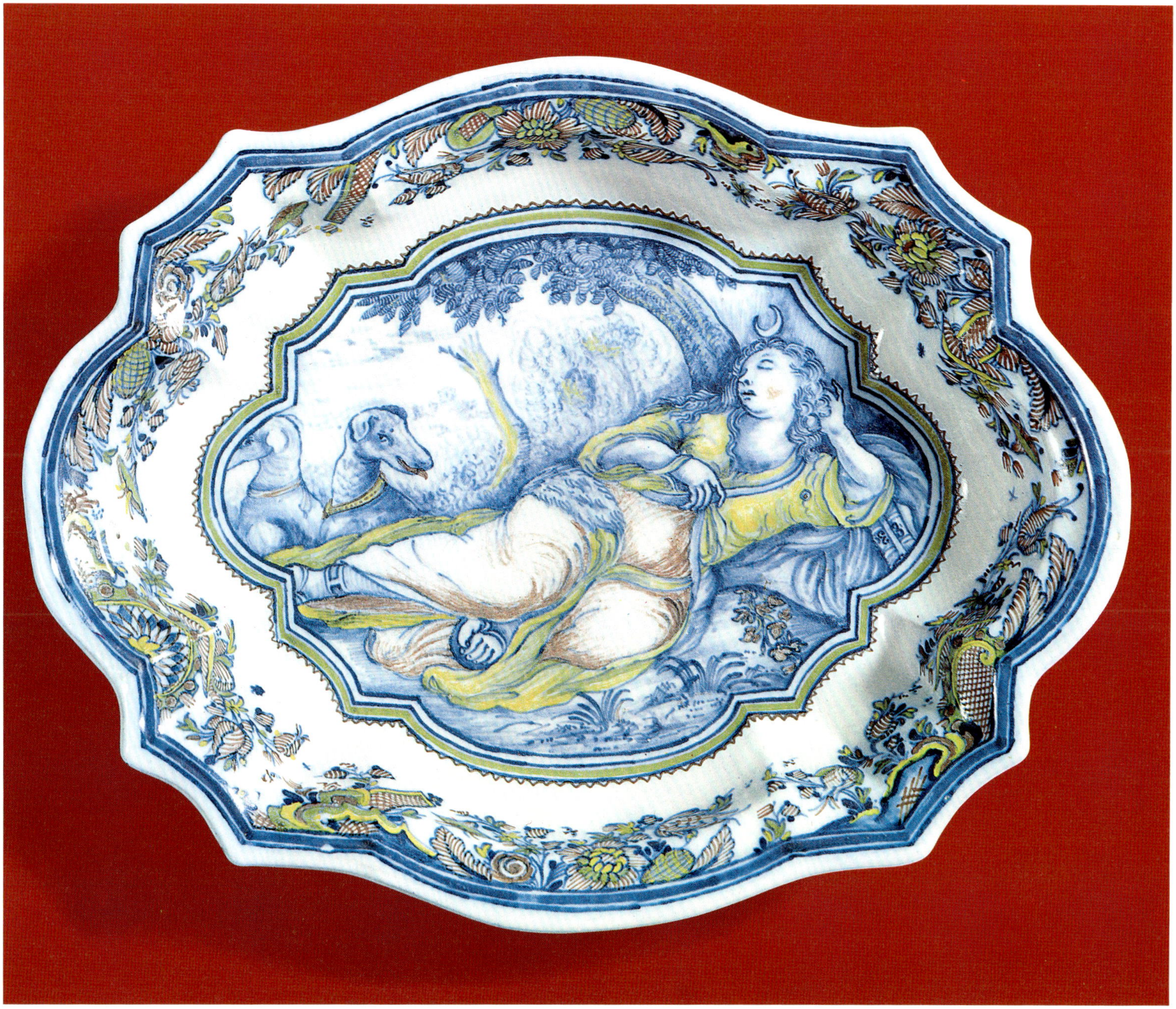

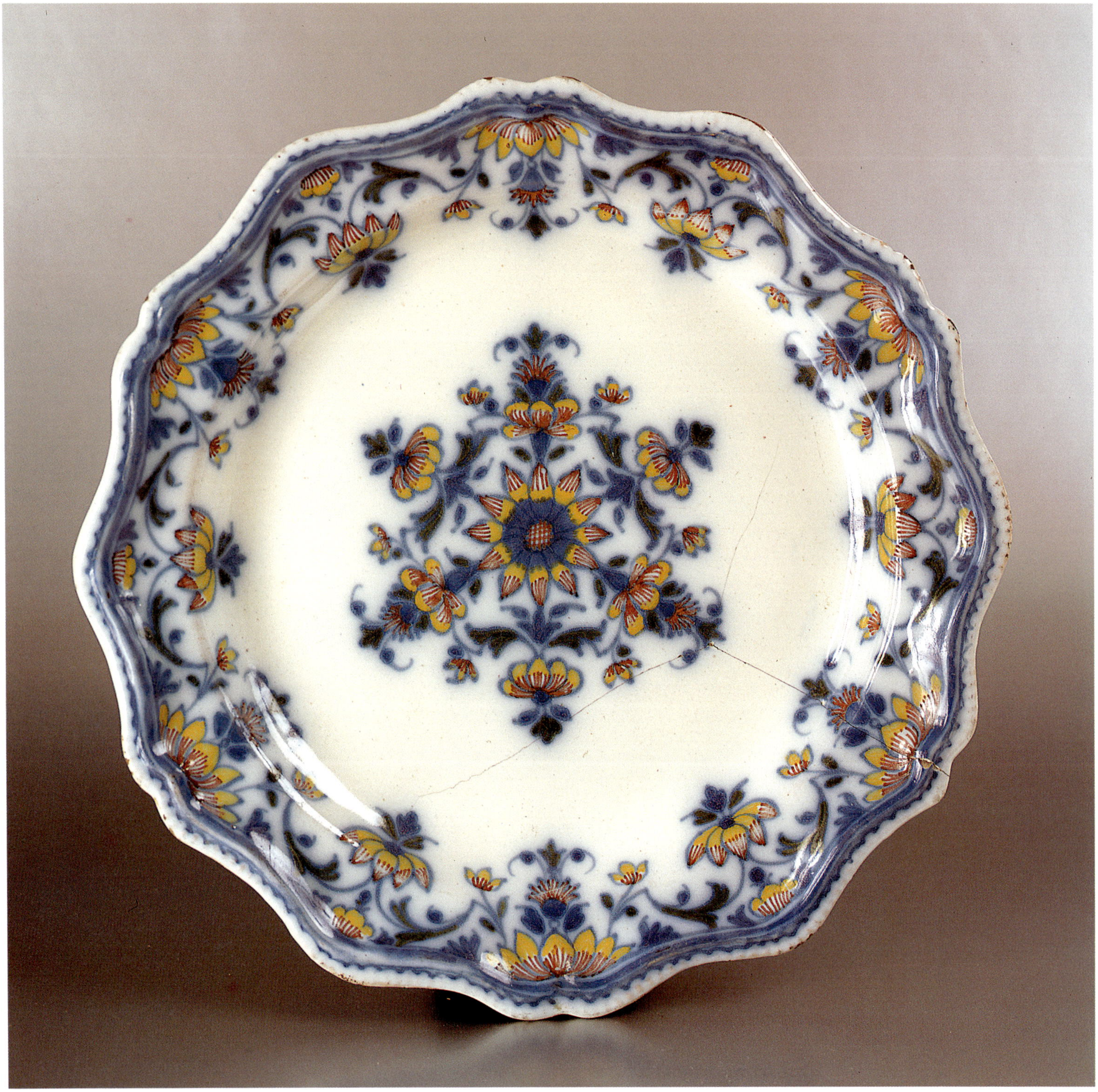

78 MARSEILLE (Bouches-du-Rhône), Manufaktur Leroy, um 1740
Teller; Scharffeuerdekor in Camaieublau mit roten und gelben Höhungen; Ø 24 cm
Sèvres, Musée national de Céramique, Inv. MNC. 13 232 (Geschenk Juge)

Der Dekor dieses der Manufaktur Leroy zugeschriebenen Tellers ist die südliche Ausprägung der Blütenlambrequins von Rouen. Die in der Glasur verfließenden Motive sind kräftig blau gemalt mit zusätzlichem Rot, zudem sind sie – als besondere Eigenart – mit einem Zitronengelb gehöht.

79 MOUSTIERS (Alpes-de-Haute-Provence), Manufaktur Clérissy, um 1690–1700
Platte; Inschrift auf der Rückseite: G. Viry f. a Moustiers chez clerissy; Scharffeuerdekor in Camaieublau; L 58 cm
Sèvres, Musée national de Céramique, Inv. MNC. 23 189
Die Jagd war das bevorzugte Thema der Manufaktur Clérissy zur Zeit der Viry, die Inschrift auf der Rückseite dieser Platte legt dafür Zeugnis ab. Nach den verschiedenartigen Jagdszenen – unter anderem Bärenjagd, Eberjagd, Straußen-, Tiger- oder Hirschjagd – werden diese großen runden oder ovalen Platten des *style classique* Jagdplatten genannt. Manchmal spricht man auch von einem Tempesta-Dekor, denn Stiche des Florentiners Tempesta haben als Vorlagen gedient. Die über die Fahne der Platte verteilten Löwenköpfe und Greife bilden einen italianisierenden Rahmen, die darin eingeschlossenen Kartuschen mit Tieren (dreimal ein Hund, einmal ein Hirsch) erinnern dagegen an Dekors von Nevers.

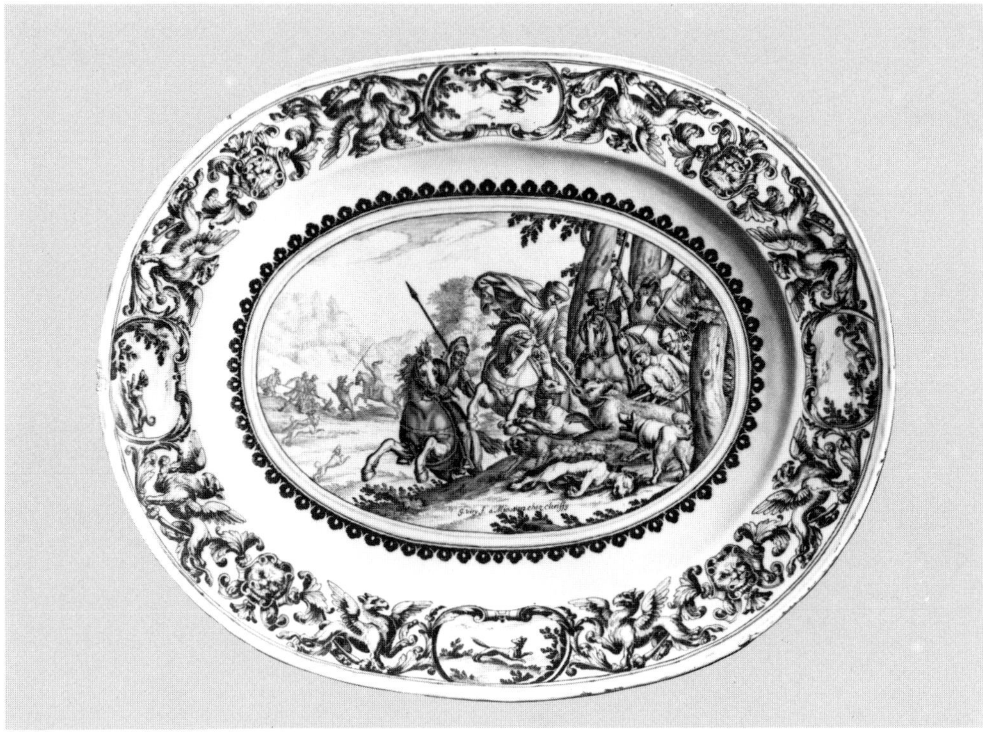

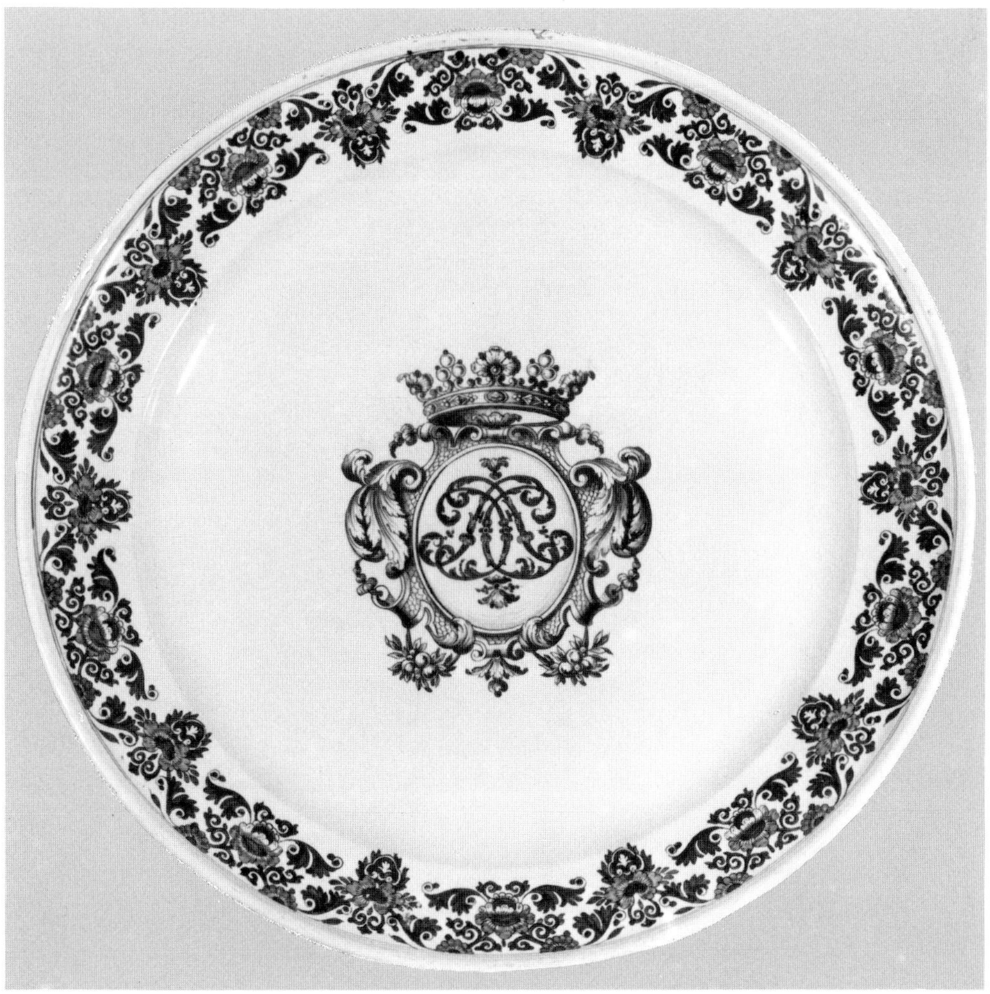

80 MOUSTIERS (Alpes-de-Haute-Provence), um 1700
Platte; Scharffeuerdekor in Camaieublau; ∅ 53,2 cm
Ecouen, Musée de la Renaissance, Inv. CL. 7289
Wappen- und Initialendekors gehörten zusammen mit mythologischen Dekors zu den am häufigsten von den Malern von Moustiers ausgeführten Schmuckformen. Als Vorbilder dienten ihnen *Le Recueil d'Emblèmes* von Verrien oder *Le Livre de Chiffres* und *Le Livre de Différents Cartouches* von Charles Mavelot, die 1685 erschienen waren. Die speckige und weiße Glasur läßt die in der Mitte der Platte isolierten Motive reizvoll hervortreten. Ein ornamentales Band schmückt den Bord der Platte.

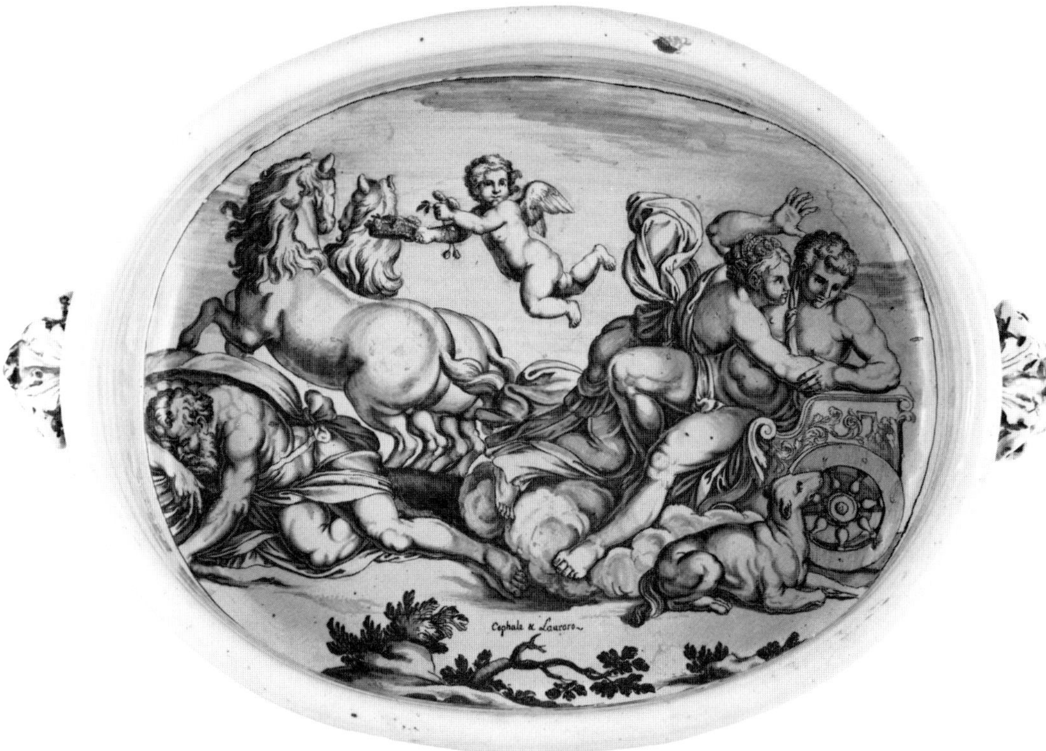

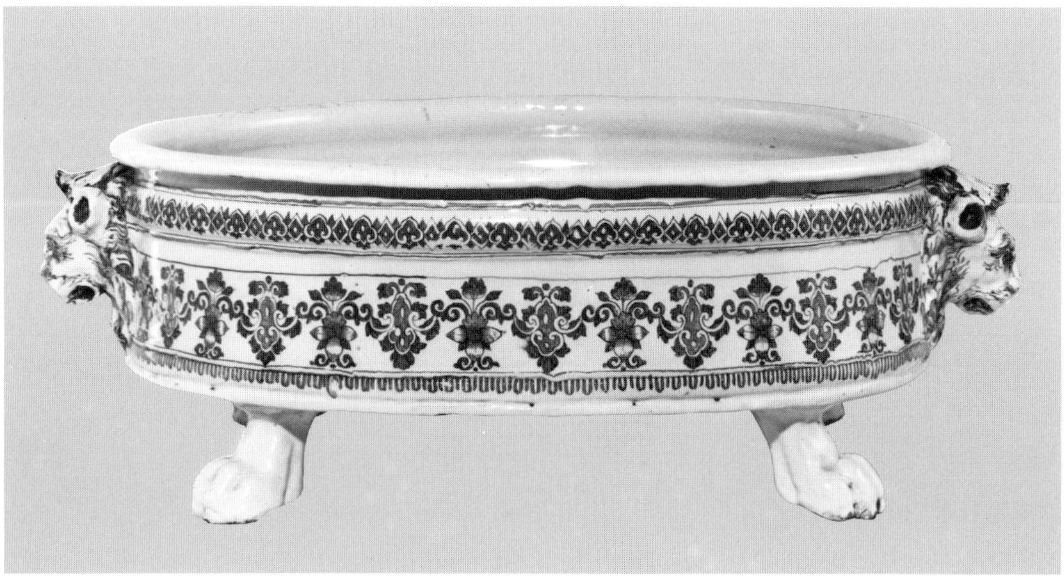

81 MOUSTIERS (Alpes-de-Haute-Provence), um 1700–1715
Becken; Inschrift im Innern: Cephale & Laurore; Scharffeuerdekor in Camaieublau; L 60 cm, B 41 cm
Paris, Privatsammlung
Die ersten Fayencemaler der Clérissy bewiesen, indem sie die Tradition der Camaieumalerei in nur einer Farbe beibehielten und weiterhin ihre Dekors nach Stichvorlagen schufen, wie sehr in den Fayencemanufakturen im ersten Viertel des 18. Jahrhunderts der *goût classique*, der Geschmack an der Kunst des hohen Barocks französischer Prägung, noch herrschte.
Mit erstaunlichem Geschick ist es den Fayencemalern gelungen, die monumentale Wirkung des von den Caracci im Palazzo Farnese in Rom geschaffenen Freskos – es handelt sich um Cephalus und Aurora, wie die Inschrift im Becken besagt – in das kleine Format zu übertragen.

82 MOUSTIERS (Alpes-de-Haute-Provence), um 1710
Zuckerstreuer; Scharffeuerdekor in Camaieublau; H 26 cm
Paris, Musée des Arts décoratifs, Inv. AD. 23013
Durch seine anmutige Leichtigkeit paßt sich der Berain-Dekor ausgezeichnet dem in Moustiers geschaffenen Geschirr an. Er unterstreicht die Umrißlinien, die eleganter sind als bei Stücken von Rouen. Der balusterförmige, im untern Teil godronierte Zuckerstreuer ist die genaue Kopie einer Goldschmiedearbeit.

83 MOUSTIERS (Alpes-de-Haute-Provence), um 1710–1720
Platte; Scharffeuerdekor in Camaieublau; L 57 cm, B 47 cm
Ecouen, Musée de la Renaissance, Inv. CL. 7287
Wenn das Wappenmotiv in der Mitte des Plattenspiegels auf eine Tradition zurückgeht, so ist das Spitzenmuster des ornamentalen Bandes auf der Fahne dagegen eigenständig. Die linearen Ornamente, in die Masken eingefügt sind, stammen aus dem Werk der Ornamentstecher Berain Vater (1638–1711) und Sohn (1674–1728). Wie es scheint, haben die Fayencemanufakturen von Moustiers dieses dekorative System übernommen, um ihre Arbeiten von denen Nordfrankreichs zu unterscheiden, die traditionell mit Lambrequins geschmückt wurden. Auch die Manufaktur von Saint-Cloud übernahm für ihr Weichporzellan Berain-Stiche als Vorbilder.

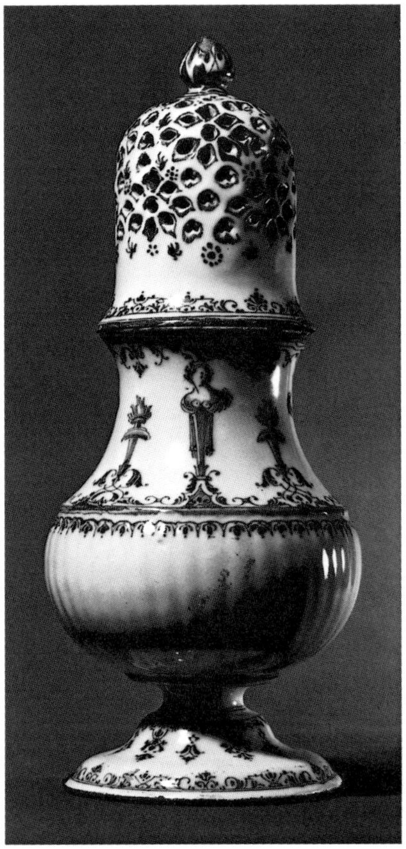

82

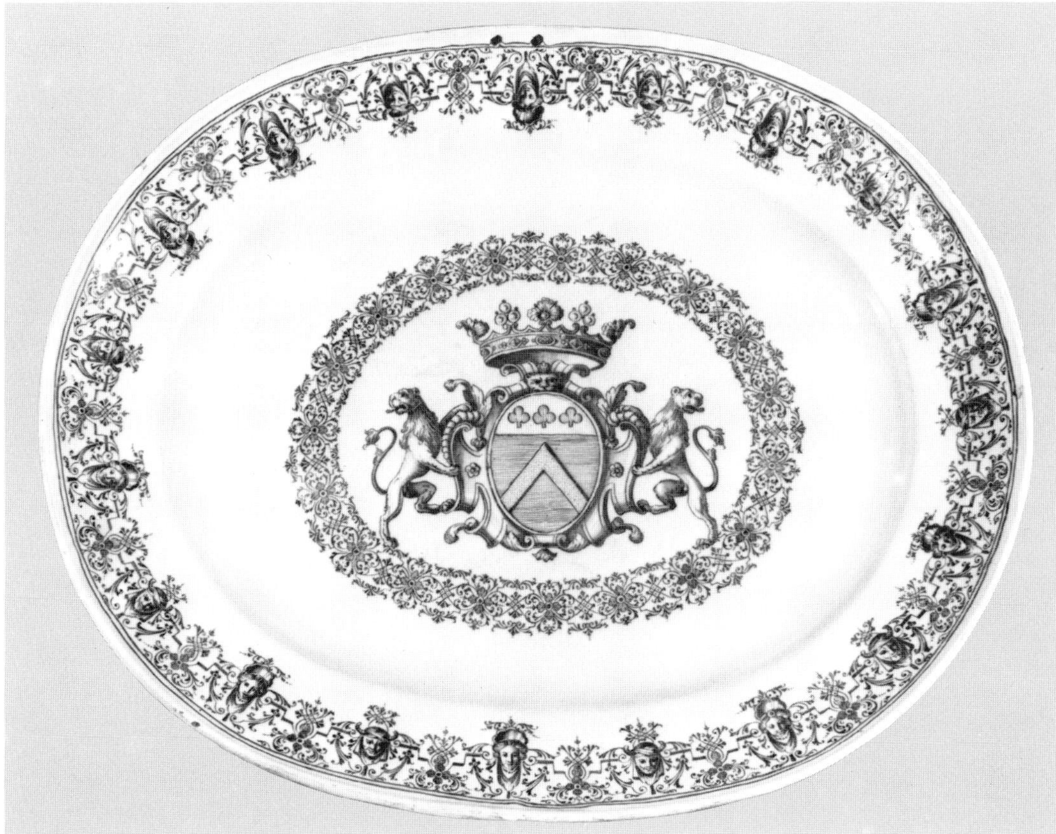

83

84 MOUSTIERS (Alpes-de-Haute-Provence), um 1720–1730
Platte; Scharffeuerdekor in Camaieublau; L 63 cm
Sèvres, Musée national de Céramique, Inv. MNC. 8460
(Legat Davillier)
Im Unterschied zu den strahlenförmig angelegten Dekorationssystemen von Rouen ist der ornamentale Berain-Dekor stets streng symmetrisch zu einer vertikalen Achse angelegt. Dekorative Gitter sind das Ergebnis einer Zusammenfügung von Elementen, die vor allem der italienischen Renaissance entstammen, die sie ihrerseits von der Antike übernommen hatte.
Raffael hat als erster die von Gestalten belebten Ornamente verarbeitet, die zu seiner Zeit bei den Grabungen im Goldenen Haus des Nero in Rom zutage gekommen waren. Er ließ sich von ihnen für die Fresken in den Loggien des Vatikan anregen. Auch die Majolikamaler von Urbino machten sie sich zunutze, als sie ihren Dekor *a Raffaelesche* schufen. Mit dem Berain-Dekor knüpften die Fayencemaler von Moustiers also an eine recht alte Tradition an.

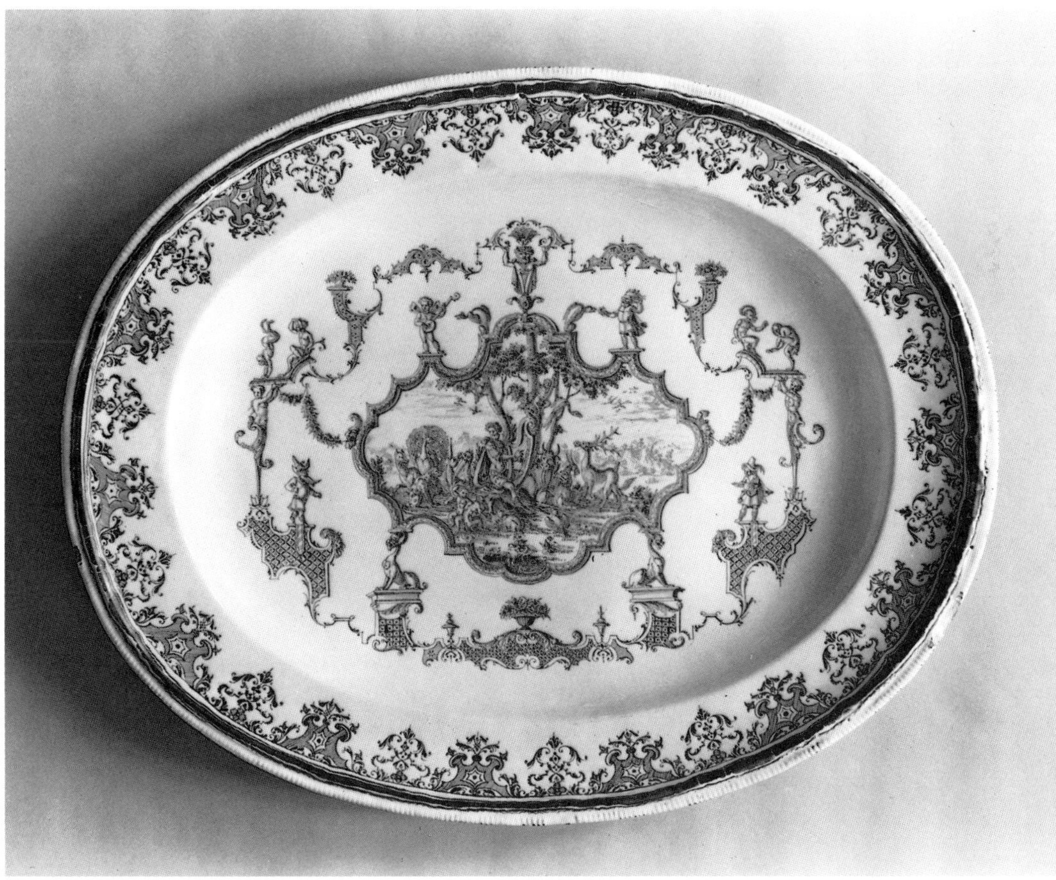

84

85 MOUSTIERS (Alpes-de-Haute-Provence), um 1730–1740
Tafelaufsatz; Scharffeuerdekor in Camaieublau; H 10 cm, ⌀ 28,2 cm
Paris, Musée des Arts décoratifs, Inv. AD. 25928
Die Form des Tafelaufsatzes – abgeflachte Kugelfüße, achteckiger Umriß, ausgezackter Rand – kommt auch unter den Fayencen der Manufaktur von Alcora in Spanien vor. Auch wenn der Berain-Dekor ebenso in der spanischen Manufaktur ausgeführt wurde, spricht die leichte Art, mit der er hier auf der zentralen Platte des Aufsatzes behandelt ist, für die Zuschreibung an eine Manufaktur von Moustiers, an die der Clérissy oder vielleicht an die des Joseph Olerys.

86 MOUSTIERS (Alpes-de-Haute-Provence), um 1725–1730
Kamin; Scharffeuerdekor in Camaieublau; H 110 cm
Paris, Musée des Arts décoratifs, Inv. AD. 23772
(Geschenk Donat-Agache)
Der Kamin ist mit zusammengefügten Fayenceplatten verkleidet. Er scheint eine Ausnahme in der Produktion von Moustiers zu bilden, wo offenbar monumentale Werke nicht in so großer Zahl hergestellt wurden wie in Rouen. Der strahlende Glanz des hellen, ins Malvenfarbene spielenden Blau und die vollkommene Übereinstimmung des Berain-Dekors mit diesem Einrichtungsstück, das einen Widerhall in der Eichentäferung und anderen umgebenden Dekorationselementen finden sollte, ist überwältigend.

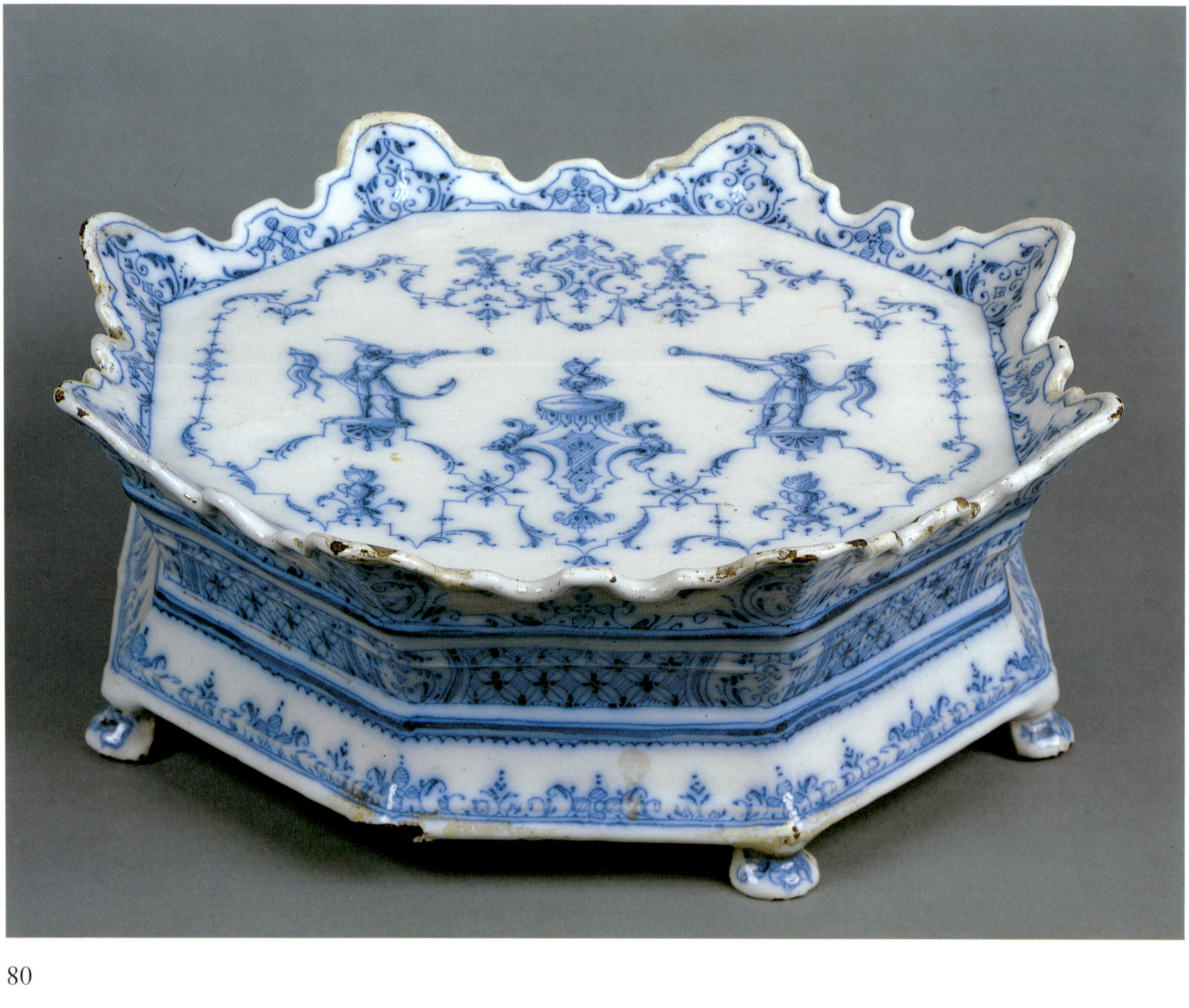

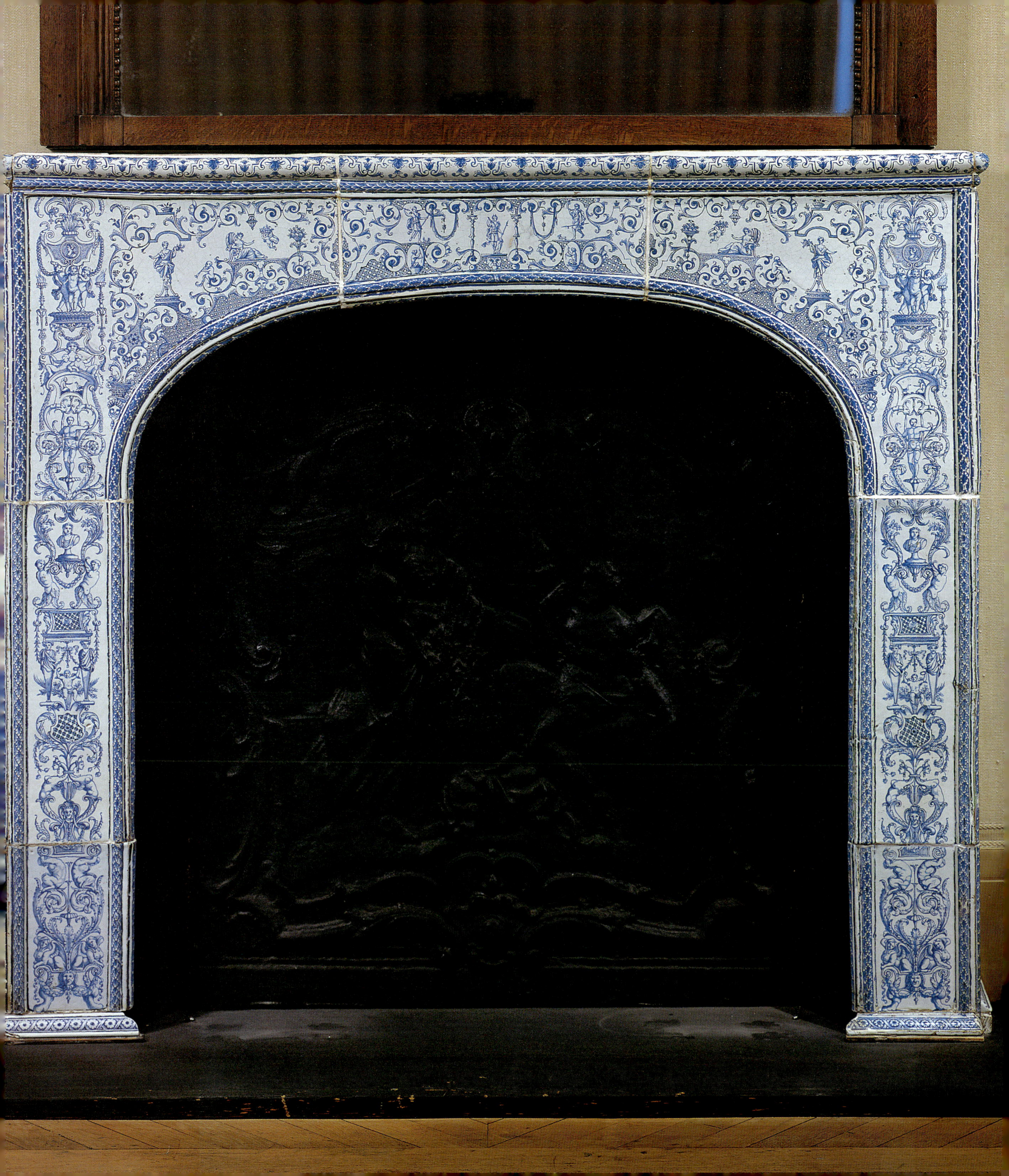

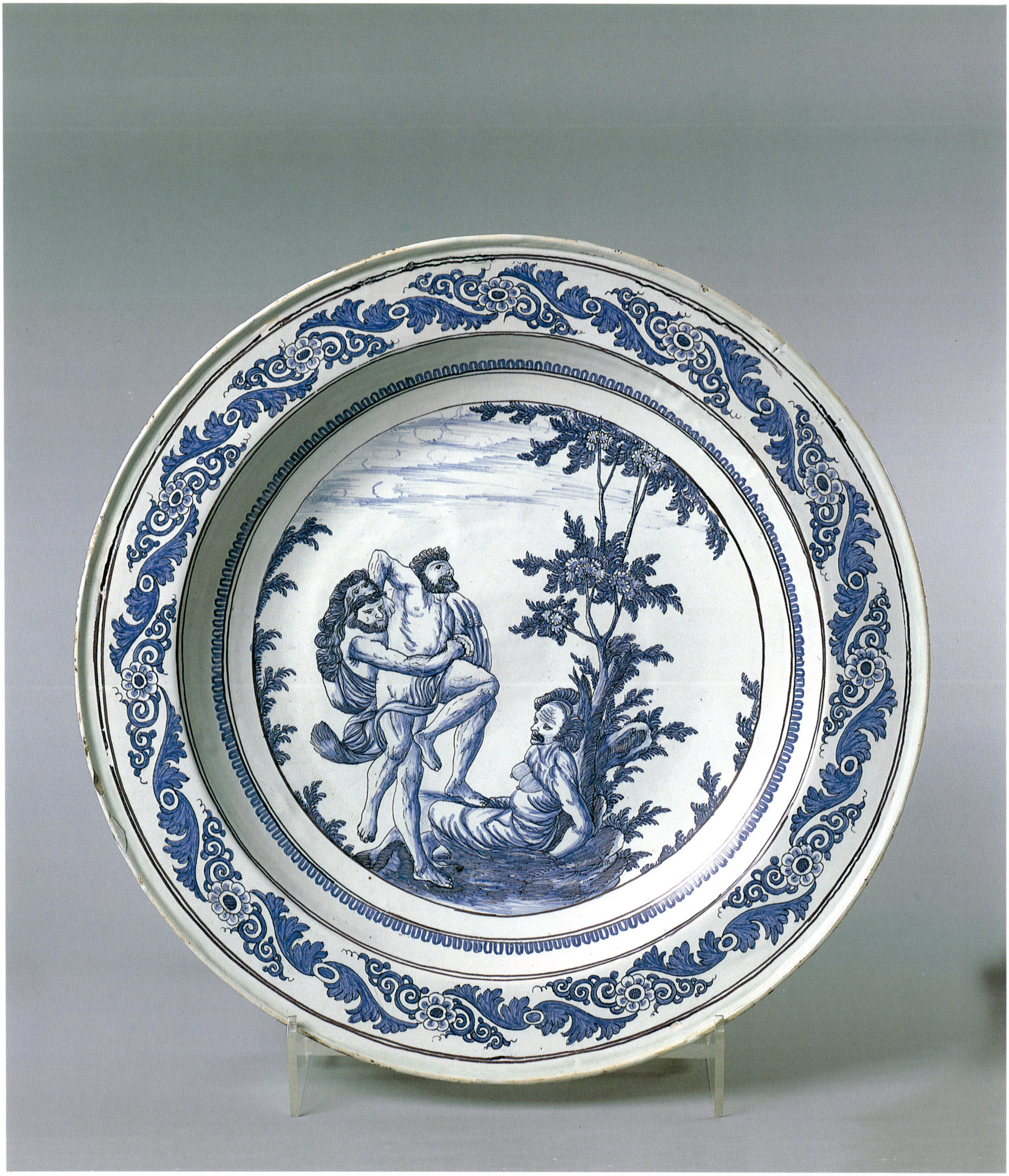

87 VARAGES (Alpes-de-Haute-Provence), 1698
Platte; Inschrift auf der Rückseite: fait par moi / F. armand / a varages / 1698; Scharffeuerdekor in Camaieublau; ⌀ 49 cm
Sèvres, Musée national de Céramique, Inv. MNC. 20665 (Geschenk Recher)
Die runde, camaieublau gemalte Platte ist signiert und datiert. Sie ist eine der beiden Inkunabeln dieses provenzalischen Fayencezentrums, das im 18. Jahrhundert neben Marseille und Moustiers Bedeutung erlangte. Der Stil zeigt in der Art, wie in den klassischen Motiven – Akanthusranken und Spiralvoluten – das Camaieublau mit Manganviolett betont ist, den Einfluß von Saint-Jean-du-Désert. Er läßt sich gut mit dem Aufenthalt des Malers in Saint-Jean-du-Désert von 1690 bis 1695 erklären. Die Unbeholfenheit der Szene – Herkules erwürgt Antäus – beweist allerdings, daß der Maler sein Handwerk nicht besonders gut verstand.

88 LYON (Rhône), um 1730–1739
Platte; Inschrift auf der Rückseite: Lyon C.F.; Scharffeuerdekor in Camaieublau; L 34 cm
Lyon, Musée historique, Inv. 42.213
Das Gegenstück zu dieser Platte mit der Metamorphose der Daphne befindet sich im Musée national de Céramique in Sèvres. Beide tragen die gleiche Inschrift, sind camaieublau gemalt und mit dem Wappen des Camille Perrichon, Vorsteher der Kaufmannschaft von Lyon in den Jahren 1730 bis 1739, geschmückt. Sie sind das Werk des Joseph Combe, der aus Moustiers kam. Das C.F. der Inschrift ist als Combe Fecit zu deuten.

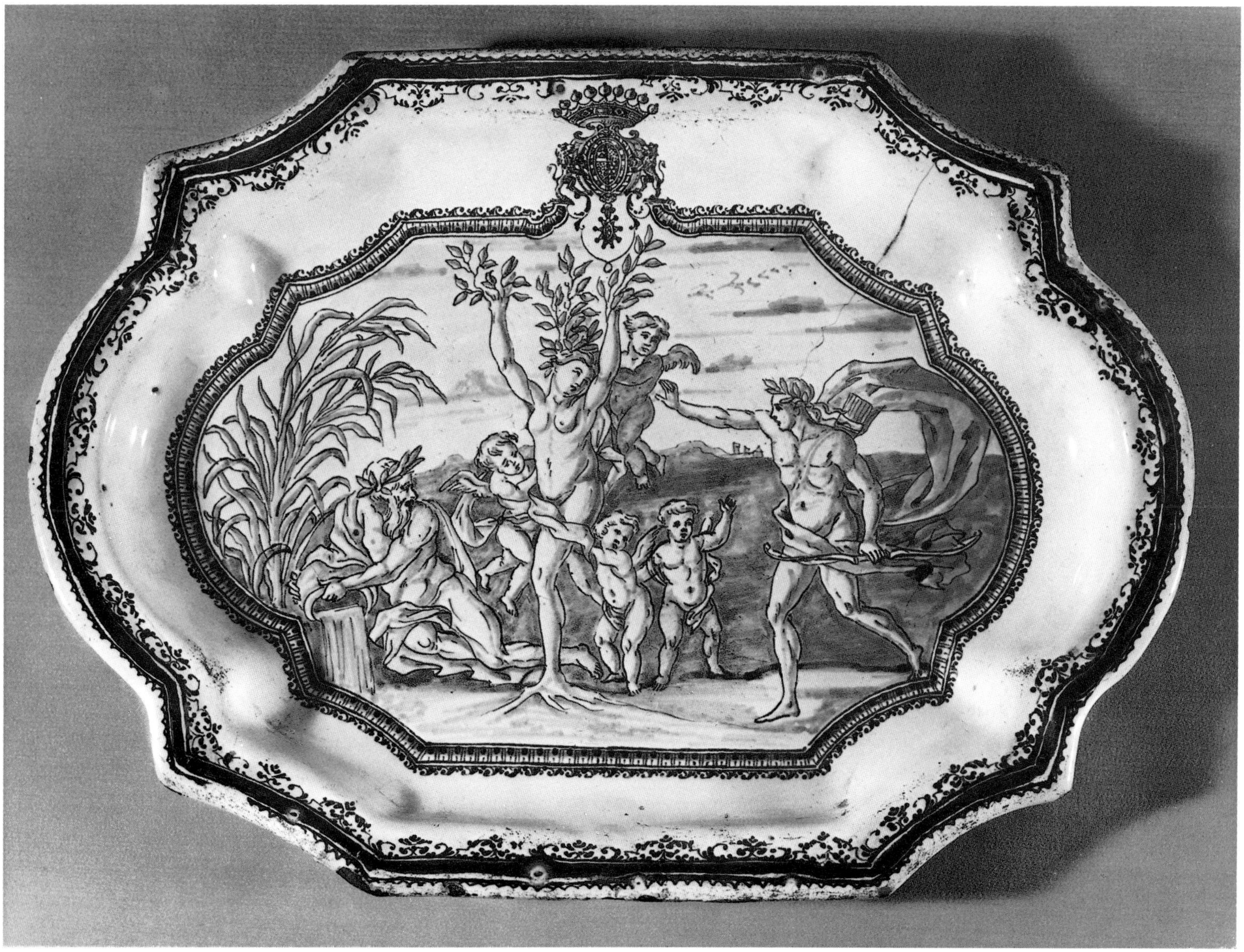

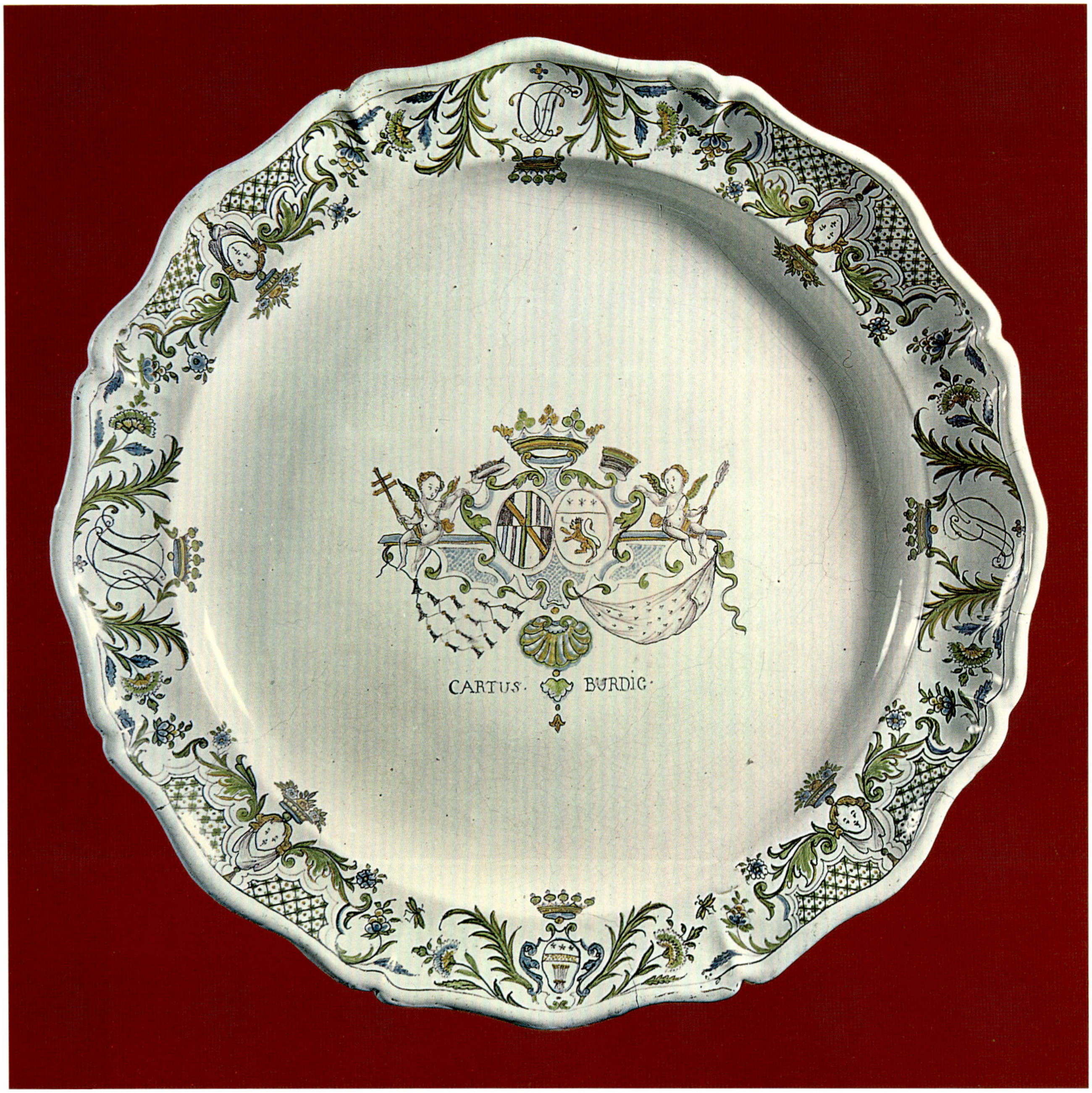

89 BORDEAUX (Gironde), um 1730
Platte; Inschrift: CARTUS BURDIG; polychromer Scharffeuerdekor; ⌀ 50 cm
Bordeaux, Musée des Arts décoratifs, Inv. 2630 (Legat Périé)
Jacques Hustin besaß in Bordeaux, wo er sich niedergelassen hatte, in den Jahren 1714 bis 1762 das Monopol für die Herstellung von Fayencen. Er arbeitete wiederholt für die Kartausen von Bordeaux, Toulouse und Port-Sainte-Marie. Wie die Inschrift, eine Abkürzung von CARTUSIA BURDIGALENSIS, und die Wappen der Gasc und Sourdis, Wohltätern des Klosters, besagen, war die Platte für die Kartause von Bordeaux bestimmt. Der Dekor ist sehr fein, auf anderen, späteren Stücken, die ebenso für Kartausen bestimmt waren, ist er kräftiger.

90 MARTRES-TOLOSANE (Haute-Garonne), 1751
Flasche; Inschrift am Hals: Fait a Martre – 1751; Scharffeuerdekor in Camaieublau mit gelben Höhungen; H 14,8 cm
Sèvres, Musée national de Céramique, Inv. MNC. 23409
(Geschenk Madame Thuile)
Die vier mit dem Namen von Martres-Tolosane bezeichneten Stücke genügen nicht, um den Stil dieser Manufaktur zu bestimmen. Man kann nur feststellen, daß der Berain-Dekor hier gewandt aufgenommen und ausgeführt wurde. Die systematische ausschließliche Zuschreibung dieser Art des Berain-Dekors an Moustiers ist sicher nicht gerechtfertigt.

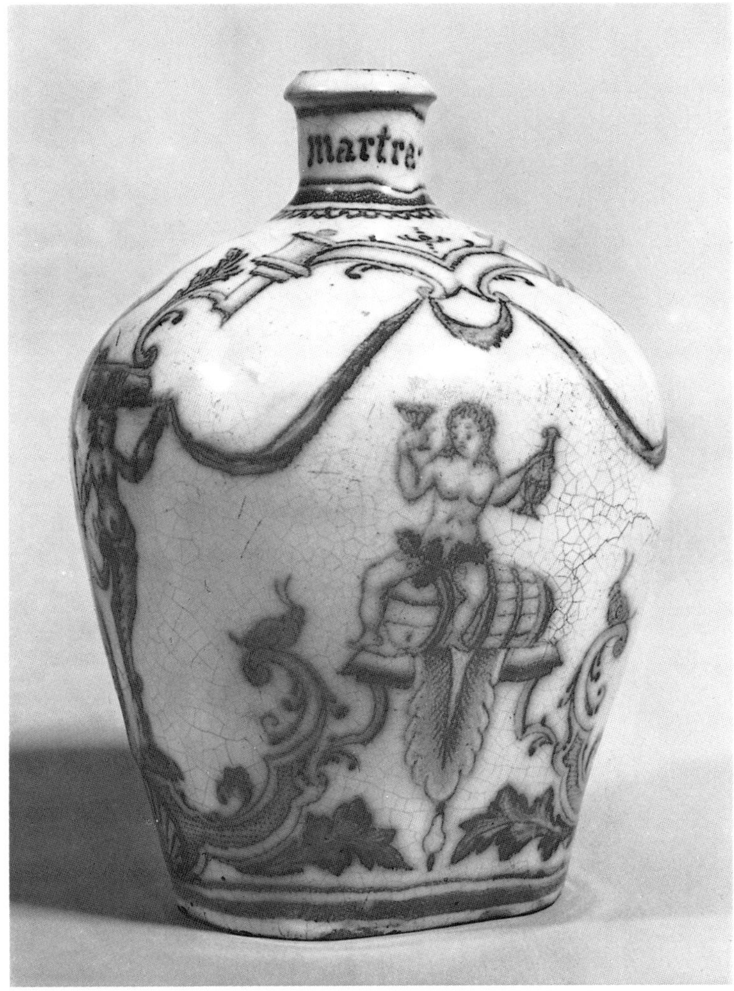

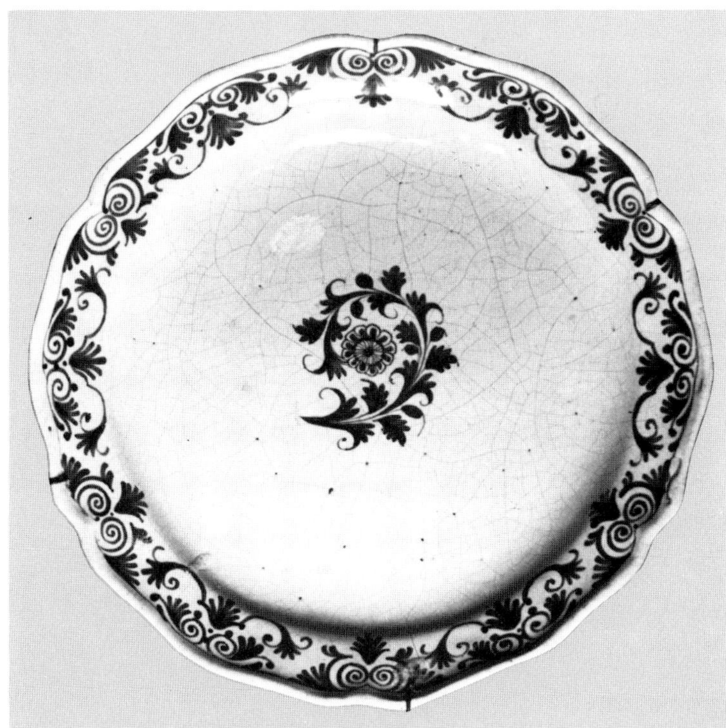

91 CLERMONT-FERRAND (Puy-de-Dôme), um 1740
Platte; Inschrift auf der Rückseite: m. clermont ferrand 2 P D'auvergne; Scharffeuerdekor in Camaieublau; ⌀ 35,5 cm
Montluçon, Musée du Vieux-Château, Inv. 929.1.486
(Geschenk Clément)
Das m in der Inschrift der Platte kommt auch in der Inschrift einer Kanne im Besitz des Musée national de Céramique in Sèvres vor, die mit der Kanne (Abb. 92) stilgleich ist. Man möchte es für das Zeichen des Malers Meilhaud halten, der aus Montpellier gekommen war. Der Dekor dieser Platte beweist auf jeden Fall einen guten Sinn für kreisförmige Kompositionen.

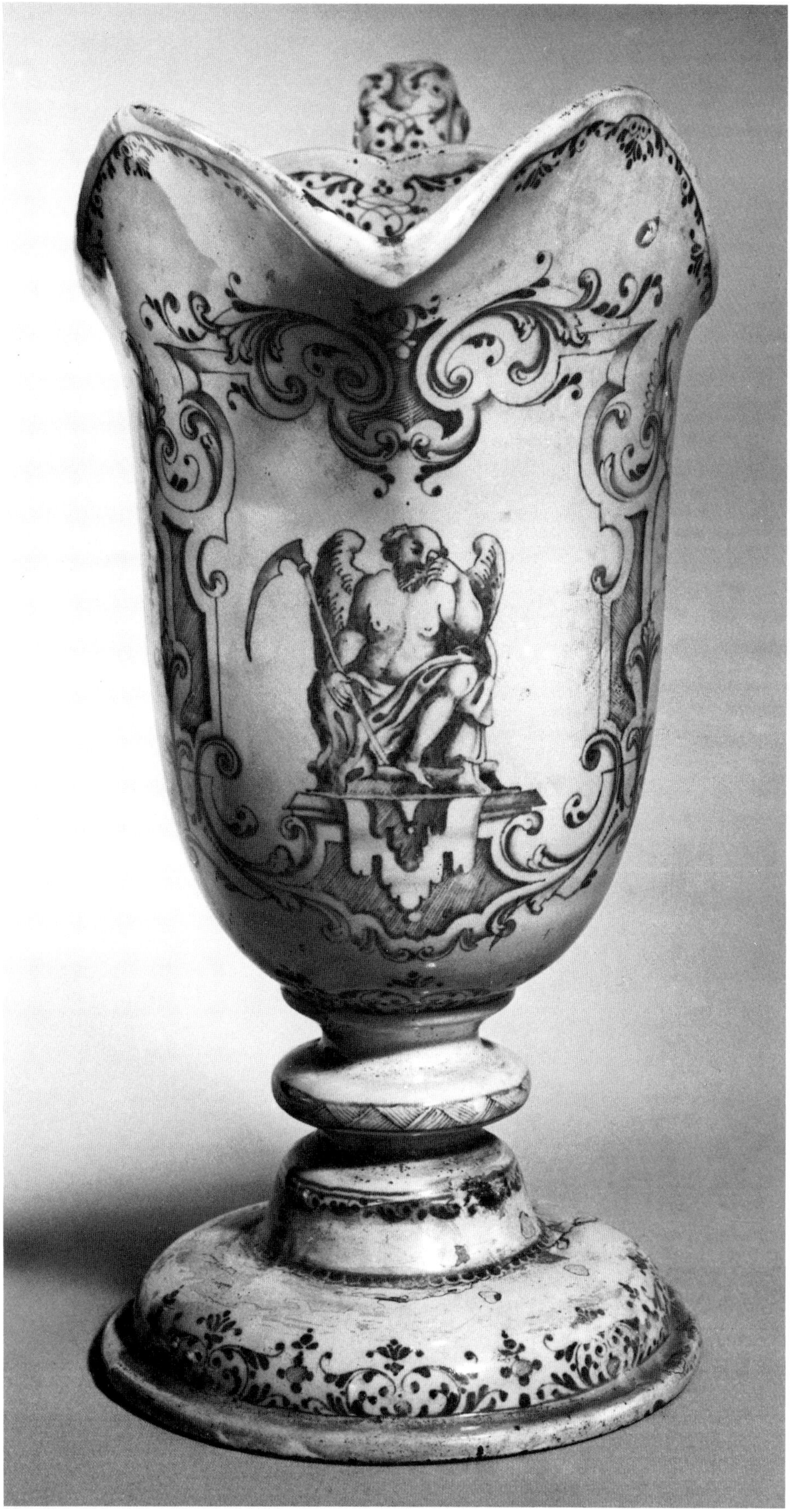

92 CLERMONT-FERRAND (Puy-de-Dôme), Antoine Savignat, 1734
Helmkanne; Inschrift unter dem Fuß: Clermont-Ferrand 1734; Scharffeuerdekor in Camaieublau; H 28,5 cm
Clermont-Ferrand, Musée du Ranquet, Inv. 64-97-1
Der Dekor auf dieser Kanne wurde vielleicht von dem Maler Meilhaud geschaffen. Sie ist camaieublau bemalt, und zwar in dem traditionell mit Moustiers verbundenen Stil, von dem aber bekannt ist, daß ihn viele Manufakturen, darunter auch Clermont-Ferrand, verwendeten. Im Jahr 1734, als diese Kanne geschaffen wurde, stand die Manufaktur unter dem Schutz des Herrn von Alagnat, Antoine Joseph Jouvenceau, und wurde von Antoine Savignat geleitet. Sie beschäftigte Arbeiter aus Montpellier und Nevers. Um 1757 schloß die Manufaktur.

Die Scharffeuerpolychromie nach 1730

93 ROUEN (Seine-Maritime), Manufaktur Guillibaud, um 1730
Platte; polychromer Scharffeuerdekor; L 44 cm, B 34,8 cm
Rouen, Musée des Beaux-Arts et de la Céramique, Inv. 89
Der Dekor *au sainfoin* (Süßklee) und die Gitterwerkbordüre lassen sofort an die Manufaktur Guillibaud denken. Dieser neue, von Porzellanen der *famille verte* beeinflußte Dekortyp tauchte tatsächlich im zweiten Viertel des 18. Jahrhunderts zuerst in dieser Manufaktur auf, wurde in der Folge aber in großem Umfang von den andern Manufakturen von Rouen übernommen. Diese Platte aus der Manufaktur Guillibaud gehört zu einem Service, das die Stadt Rouen Charles François II de Montmorency zum Geschenk machte, der 1728 zum Gouverneur der Normandie ernannt worden war.

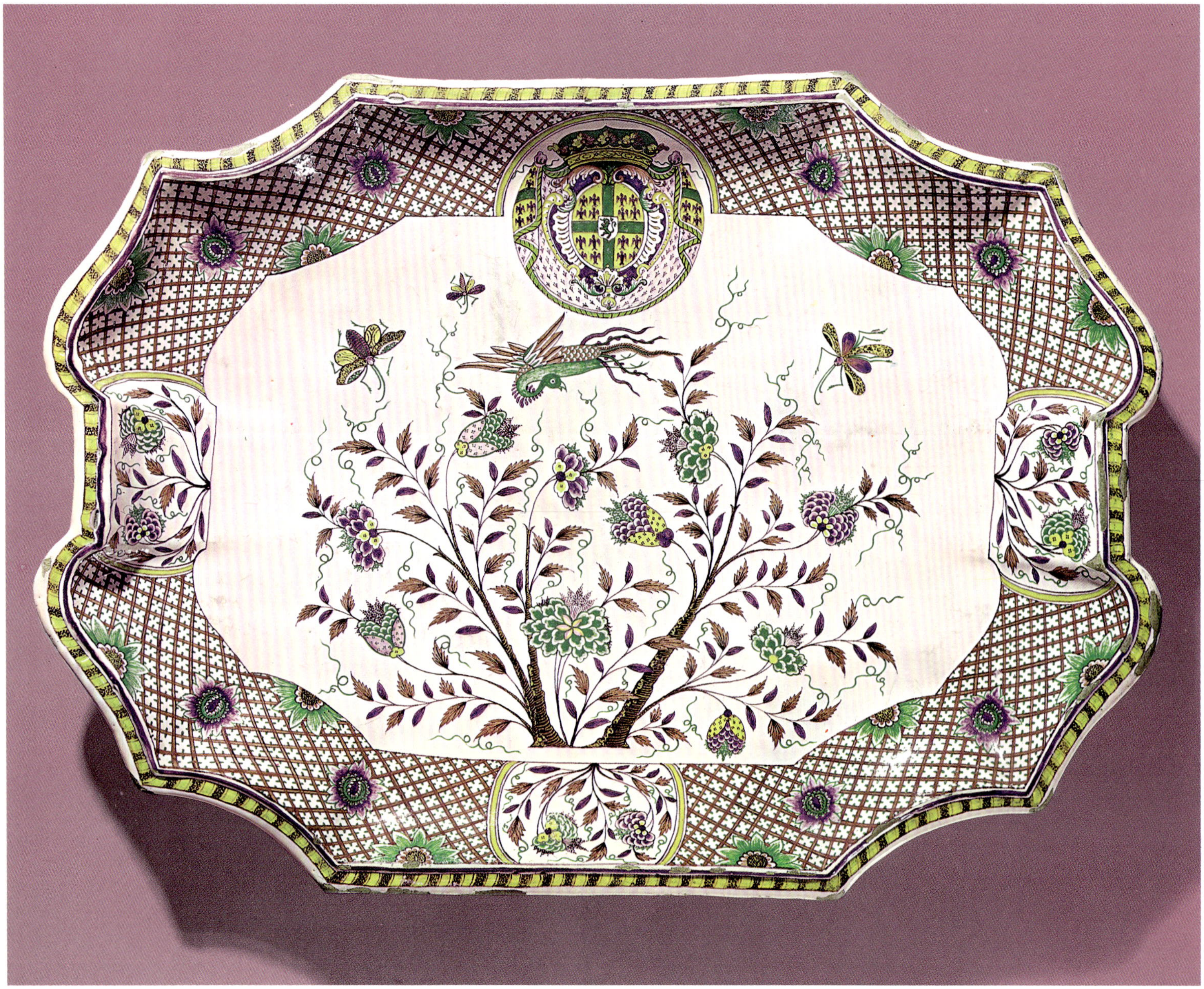

94 ROUEN (Seine-Maritime), um 1740
Schale; polychromer Scharffeuerdekor; L 30,8 cm, B 25 cm
Paris, Musée des Arts décoratifs, Inv. AD. 23179
(Geschenk Doisteau)
Der in stark kontrastierenden Farben auf den Boden der Schale gemalte chinoise Dekor steht dem fernöstlichen Vorbild noch sehr nahe. Man bezeichnet ihn als Dekor *à chèvrefeuille* (Geißblatt) wegen des Gesträuchs mit sich windenden Zweigen und ausgezackten Blüten, das der Szene einen üppigen pflanzlichen Rahmen gibt. Der Maler benutzte ihn als Kunstgriff, um die leeren Flächen der Komposition zu füllen.

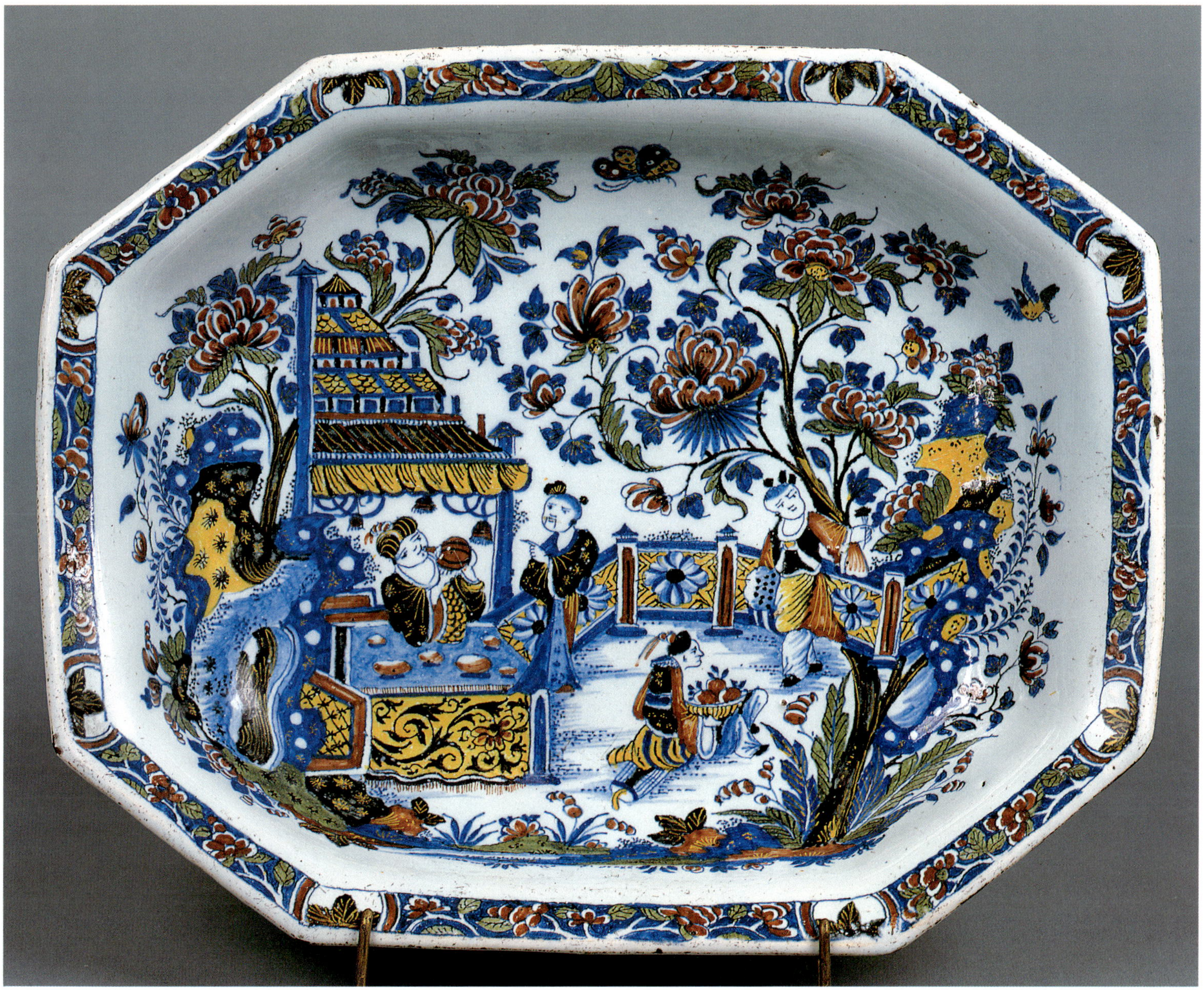

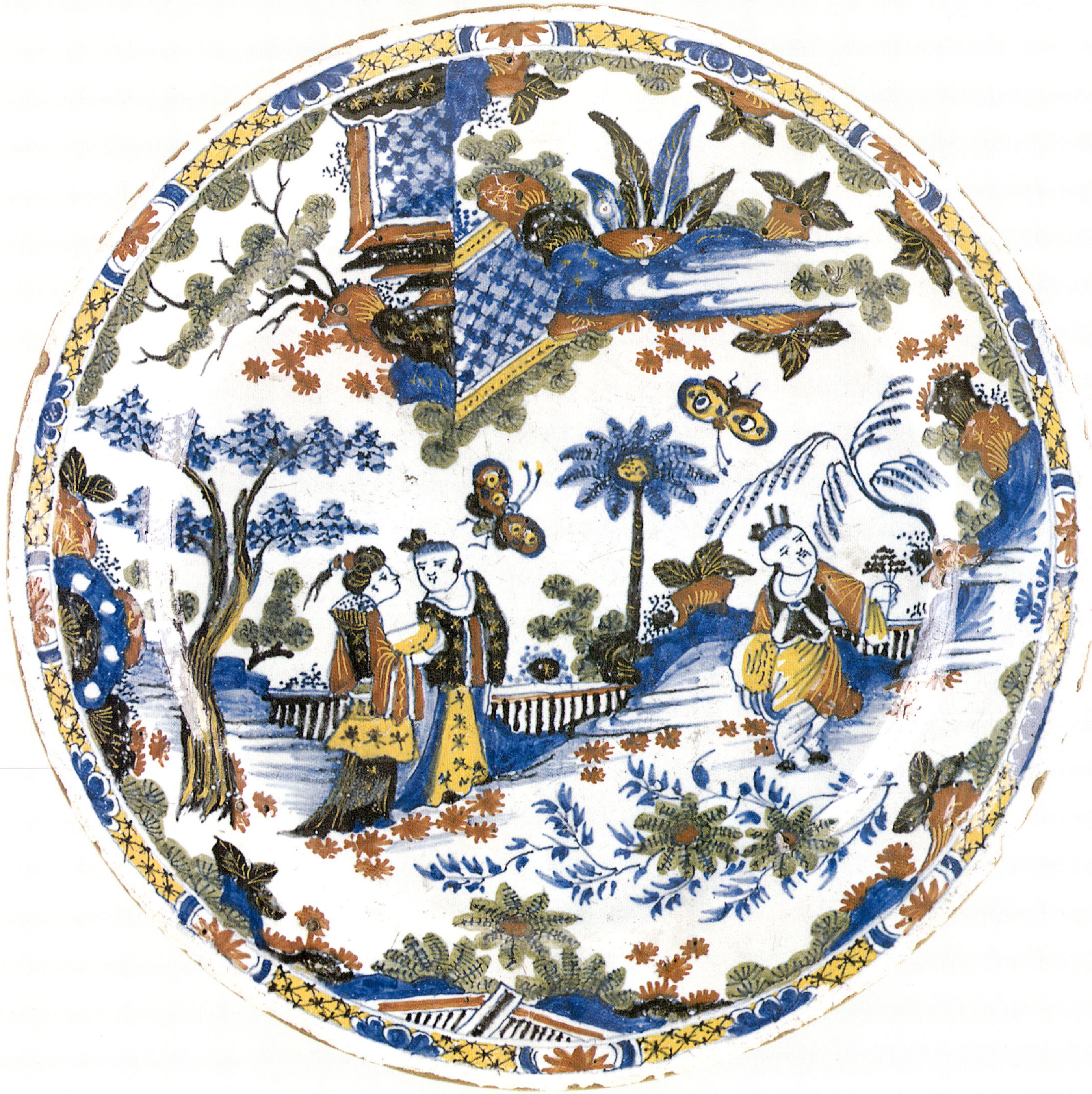

95 ROUEN (Seine-Maritime), um 1730
Teller; polychromer Scharffeuerdekor; ∅ 24 cm
Paris, Musée des Arts décoratifs
Die übliche Palette der Fayencen von Rouen aus dem zweiten Viertel des 18. Jahrhunderts umfaßt die fünf Farben Blau, Rot, Grün, Gelb und Manganbraun. Bei diesem Teller ist sie – wie auch bei manchen Stücken aus Delft – durch Schwarz bereichert. Sie nimmt damit chinesische Porzellane der *famille verte* zum Vorbild, in deren Dekors Schwarz eine große Rolle spielt. Das Gitterwerkband des Tellerrandes geht auf die gleiche Quelle zurück.

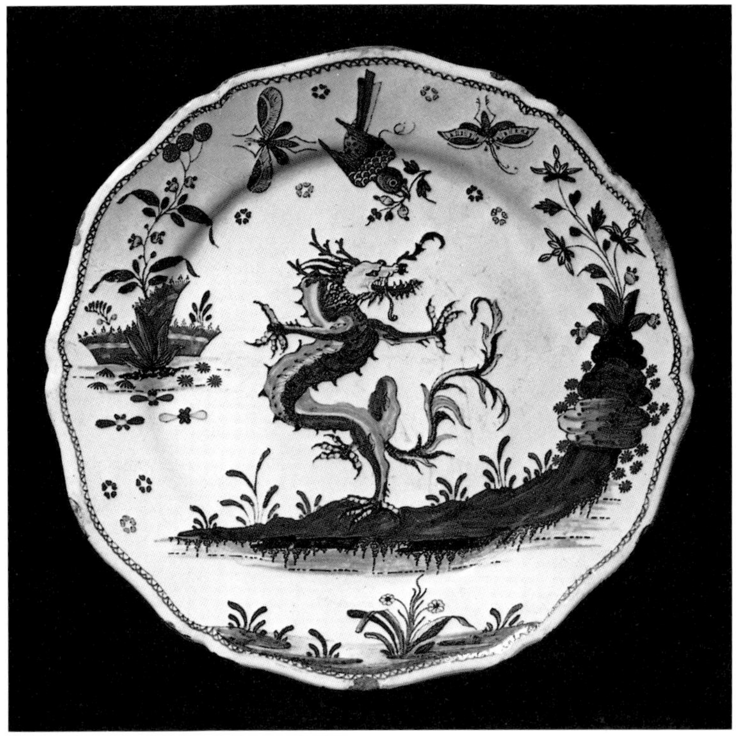

96 ROUEN (Seine-Maritime), um 1750
Teller; polychromer Scharffeuerdekor; Ø 25 cm
Bernay, Musée municipal, Inv. 866.1.40
Phönix und Drache sind in der chinesischen Kunst die Symbole des kaiserlichen Paars. Rouen hat sich zu seinem Drachendekor, bei dem sich dieses Phantasietier auf einer Tatze aufrichtet, sicher von chinesischen Vorbildern anregen lassen. Die freien Flächen um das gewundene Tier sind mit Motiven der japanischen Kakiemon-Porzellane geschmückt, mit blühenden Hecken, Insekten und kleinen verstreuten fünfblättrigen Blüten.

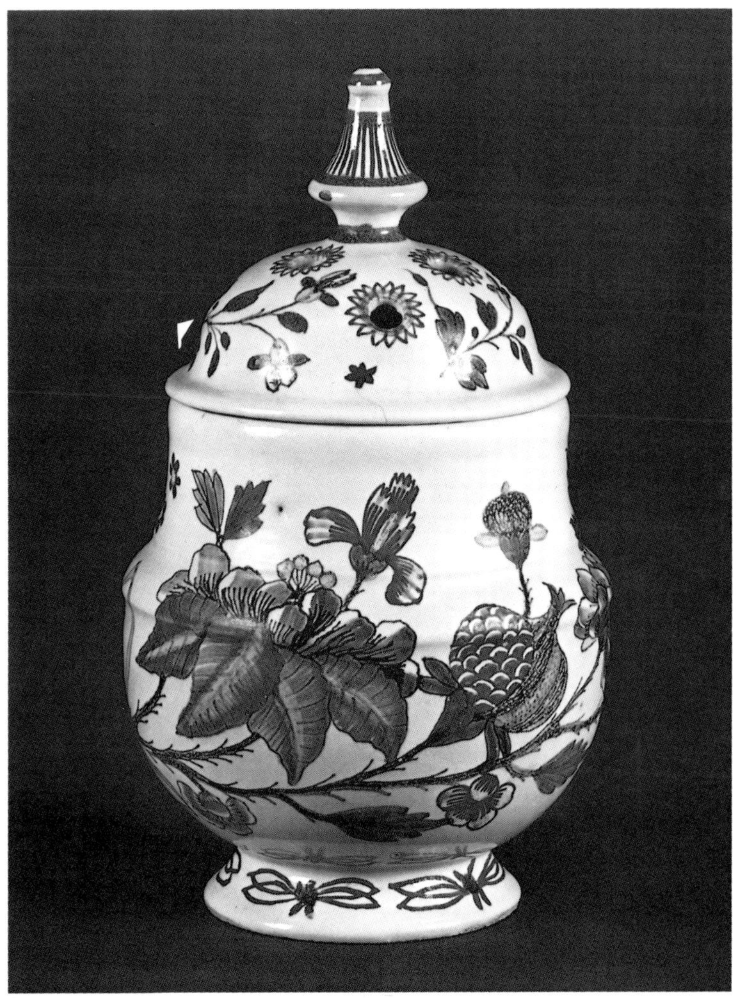

97 ROUEN (Seine-Maritime), Mitte des 18. Jahrhunderts
Potpourri-Vase; Marke: D.2; polychromer Scharffeuerdekor;
H 16,5 cm
Abbeville, Musée Boucher de Perthes, Inv. 591–592 (Legat Buigny)
Die in ihrer Form sehr einfache Potpourri-Vase ist von fast klassizistischer Eleganz. Eine kräftige dekorative Granatapfel- und Nelkenranke zieht sich um die Mitte des Vasenkörpers, ein Beweis für das Weiterbestehen dieses pflanzlichen Dekors bis in die Mitte des 18. Jahrhunderts.

98 ROUEN (Seine-Maritime), um 1760
Anbietplatte; polychromer Scharffeuerdekor; L 44,5 cm
Saumur, Musée des Arts décoratifs, Inv. 219
Der Dekor *à la double corne*, eine berühmte Schöpfung von Rouen, verbindet meisterhaft Asymmetrie und Gleichgewicht. Er schmückt hier eine Platte von gleicher Grundform wie die der Platte Abb. 101. Aus zwei an der Basis verbundenen gewundenen Füllhörnern wachsen Zweige mit großen Nelken, deren Blütenblätter gestrichelt gezeichnet sind. Vögel und Insekten sitzen auf den Zweigen oder fliegen umher.

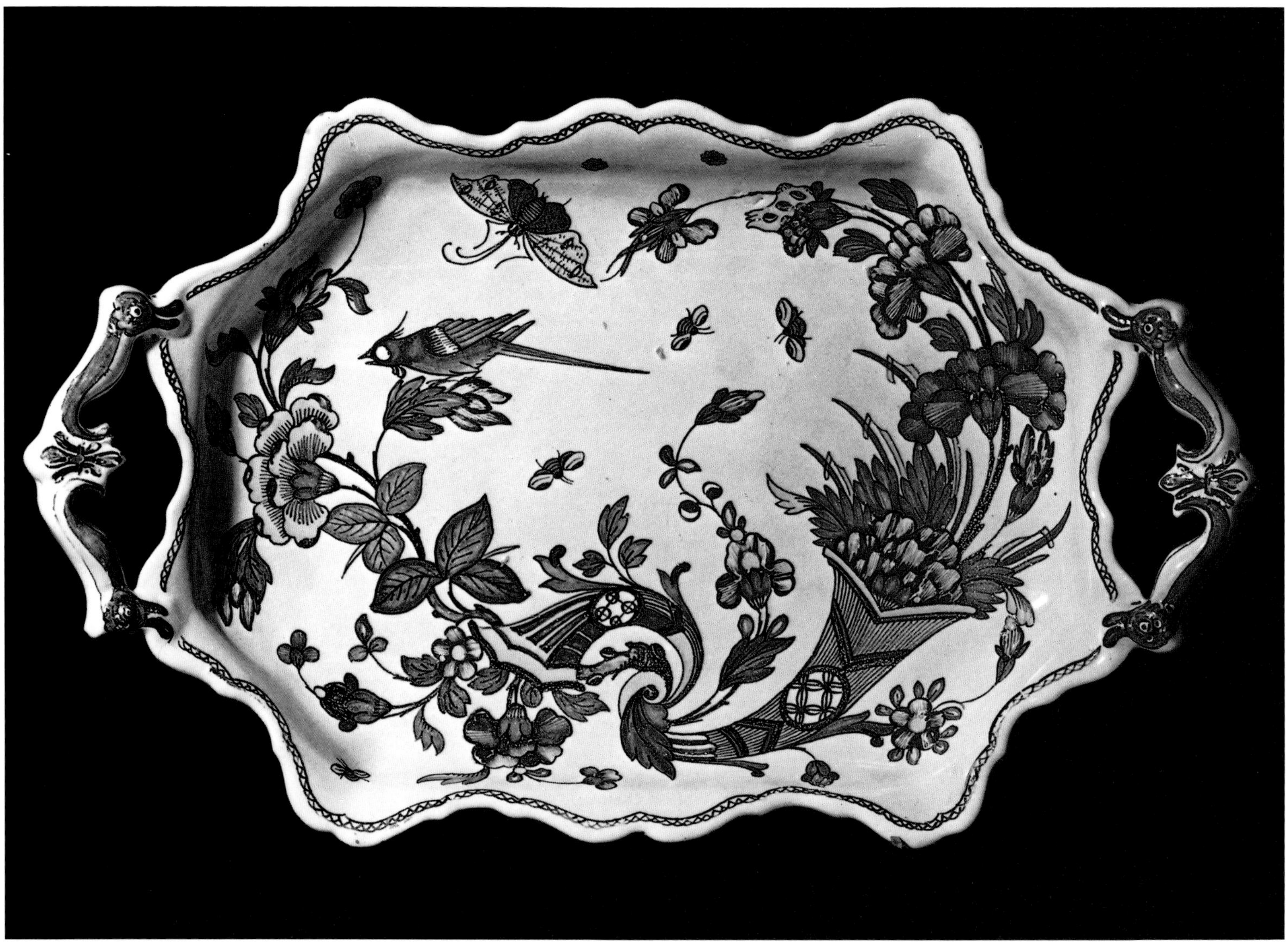

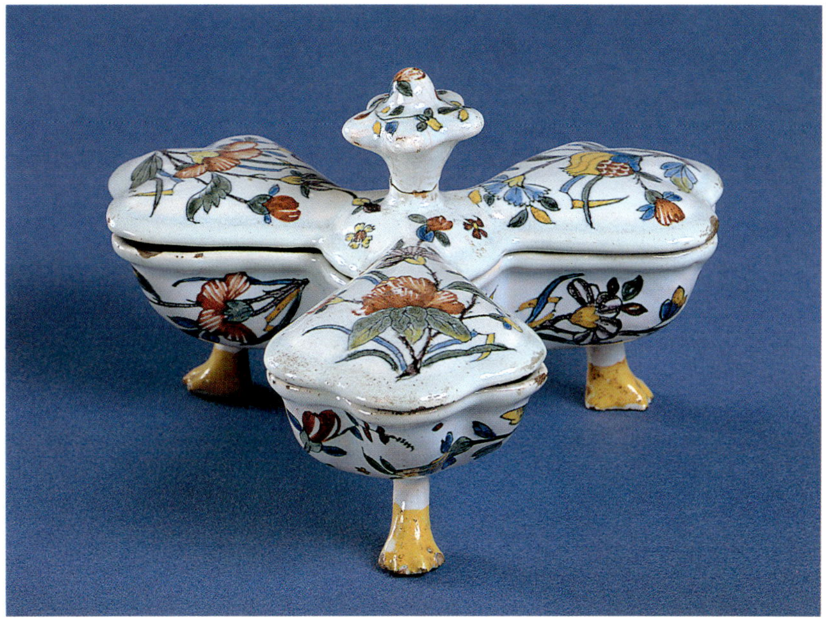

99 ROUEN (Seine-Maritime), um 1750
Gewürzdose; polychromer Scharffeuerdekor; Ø 14 cm
Paris, Musée des Arts décoratifs, Inv. AD. 23243
In der Mitte des 18. Jahrhunderts wurden die bei Tisch notwendigen Gewürze nicht mehr in getrennten Behältern angeboten, sondern in kleeblattförmigen Dosen mit voneinander getrennten Fächern. Der allen Fächern gemeinsame, um eine Achse bewegliche Deckel ist mit Nelkenblüten und geöffneten Granatäpfeln geschmückt.

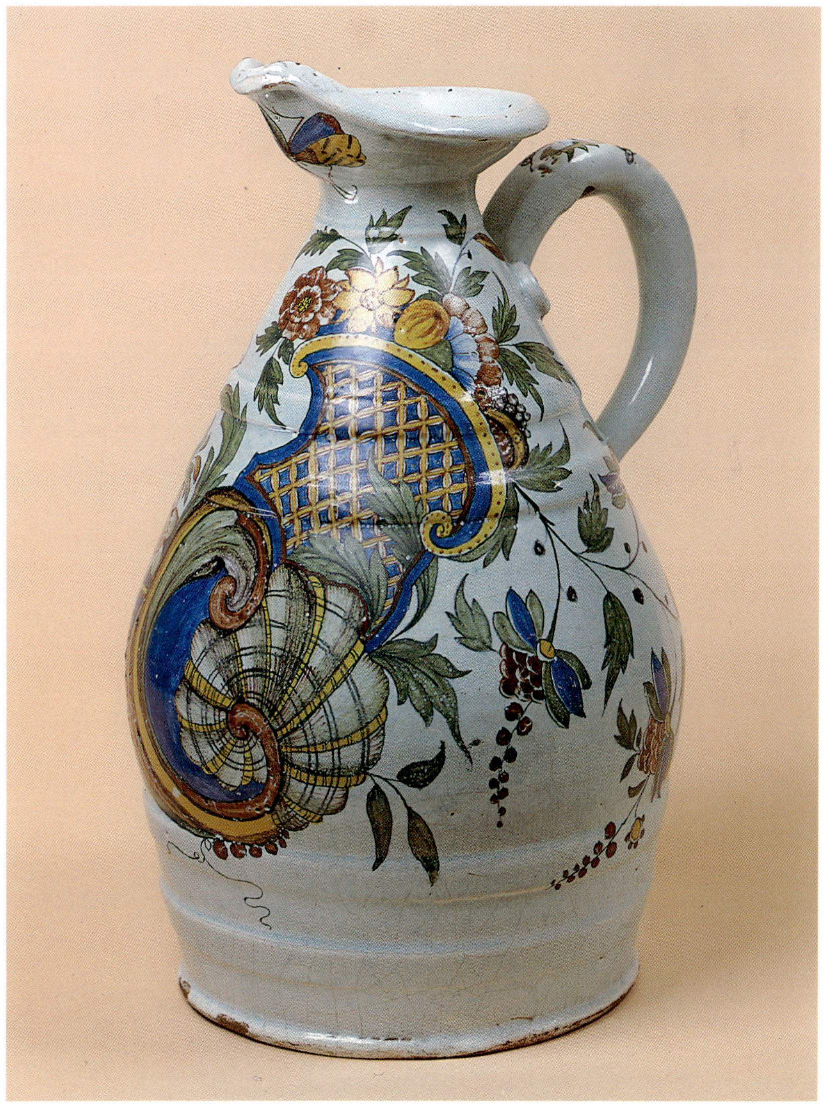

100 ROUEN (Seine-Maritime), um 1760
Apfelweinkrug; polychromer Scharffeuerdekor; H 35,5 cm
Paris, Musée des Arts décoratifs, Inv. AD. 23274
Dieser Apfelweinkrug zeigt großartig das sichere Gefühl der Maler von Rouen für die Anpassung des Dekors an die Form des Stücks. Kurven und Gegenkurven sind nicht zufällig auf die sphärische Form aufgelegt, sondern der Maler hat die stärkste Wölbung des Bauchs ausgewählt, um darauf eine üppige Muschel – das bevorzugte Rocaillemotiv der Fayencemaler in einer Hafenstadt – auszubreiten, mit der er einen übervollen Blumenkorb verbunden hat.

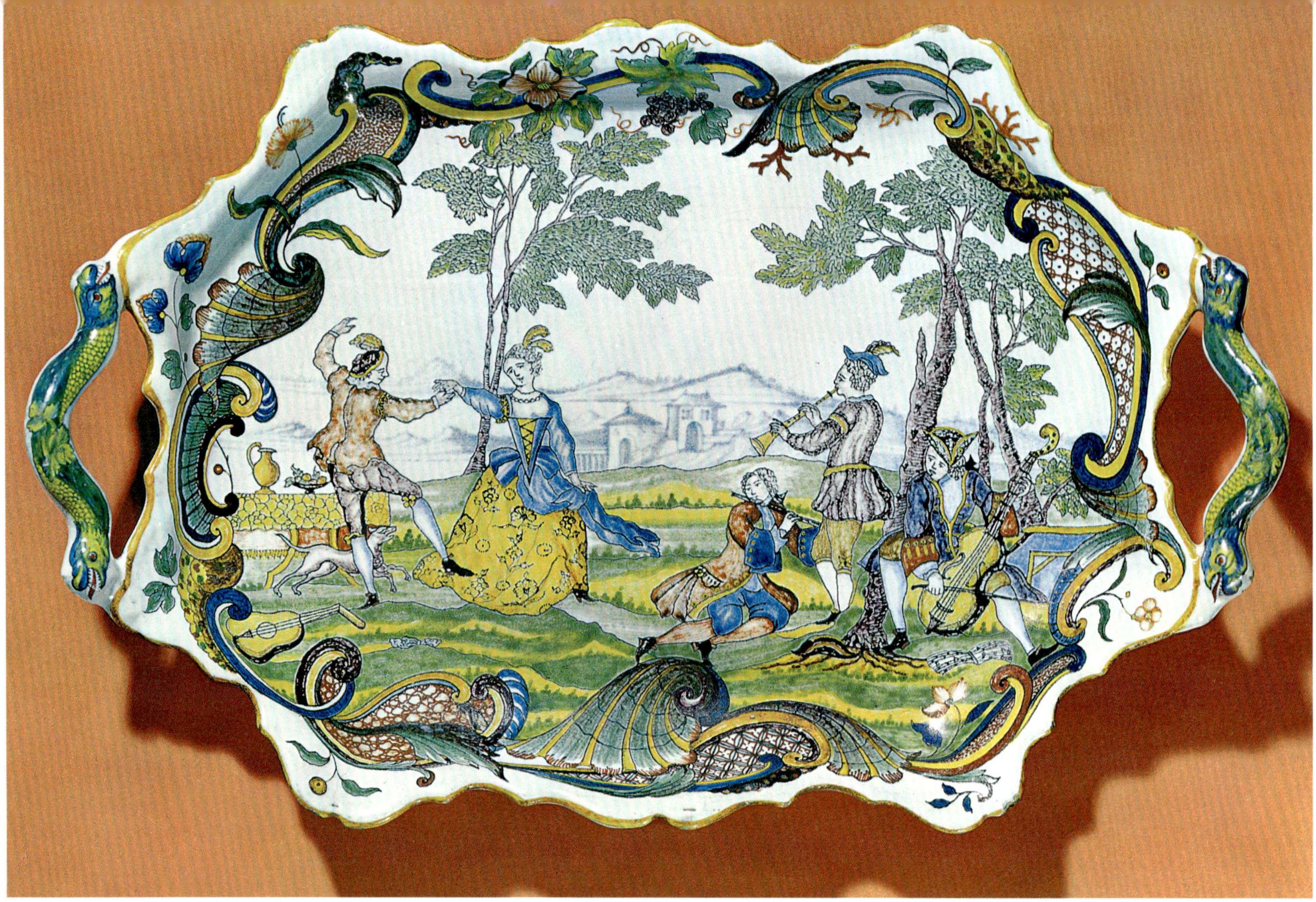

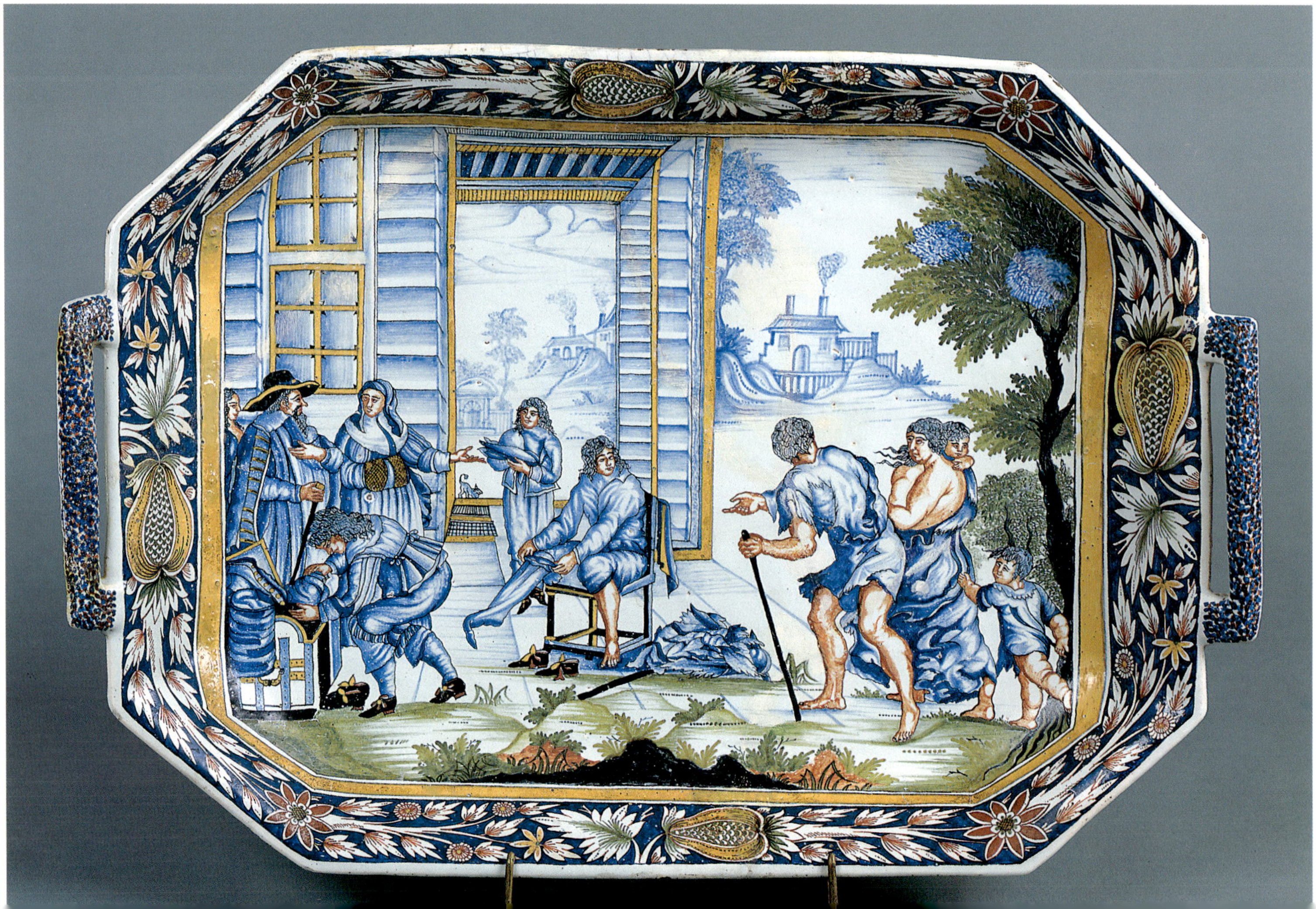

◁ 101 ROUEN (Seine-Maritime), um 1750
Anbietplatte; polychromer Scharffeuerdekor; L 38,5 cm
Rouen, Musée des Beaux-Arts et de la Céramique, Inv. 234
Der Rocaillegeschmack kommt nicht nur im stark bewegten Rand und den Schlangengriffen zum Ausdruck, sondern auch in den Motiven der gemalten Bordüre: Muscheln und Schalentiere, Voluten, geschwungene, kartuschenähnliche Formen. Diese Bewegtheit fügt sich sehr gut zu der in der Mitte der Platte dargestellten Szene eines Tanzes im Freien, zu der Werke zeitgenössischer Maler – Jean-Antoine Watteau, François Boucher, Nicolas Lancret – die Anregung gegeben haben.

◁ 102 ROUEN (Seine-Maritime), um 1740
Anbietplatte; polychromer Scharffeuerdekor; L 44,5 cm, B 31,4 cm
Paris, Musée des Arts décoratifs, Inv. AD. 23153
Die Platte ist mit dem recht ernsthaften Thema der Caritas, der Nächstenliebe und Barmherzigkeit, geschmückt; der Maler hat es in der Art einer familiären Szene dargestellt. Das umlaufende dunkelblaue Band mit Granatäpfeln und blühenden Zweigen, das bei den frühesten polychrom dekorierten Stücken häufig vorkommt, läßt die Darstellung besonders reizvoll erscheinen.

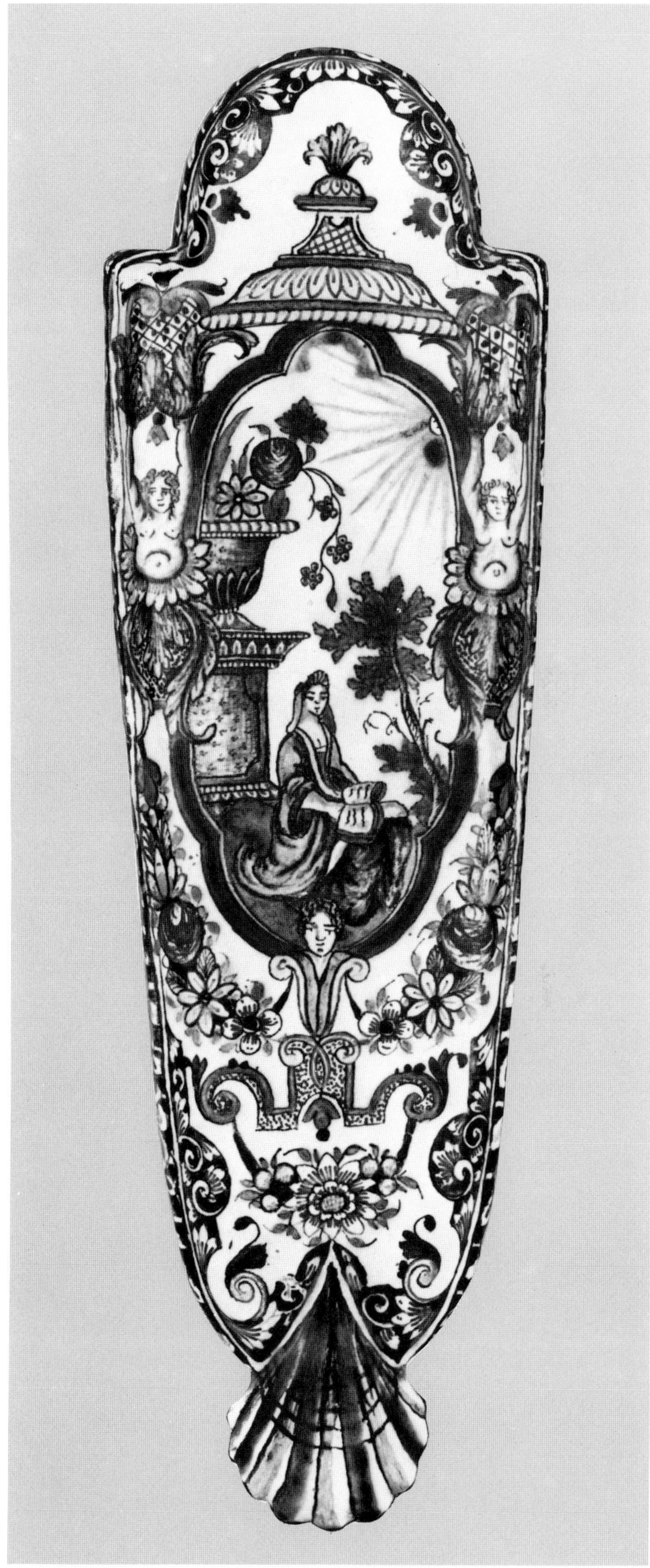

103 ROUEN (Seine-Maritime), um 1740–1750
Platte einer Tabaksreibe; polychromer Scharffeuerdekor; L 37 cm, B 11 cm
Sèvres, Musée national de Céramique, Inv. CL. 13221 (Depot des Musée des Thermes et de l'Hôtel de Cluny, Paris)
Auf Delfter Fayencen sind häufig Szenen in Tabaksstuben dargestellt. Die Mode jener Zeit, den Tabak zu schnupfen, führte zur Schaffung dieser merkwürdigen Tabaksreiben, mit denen der Tabak zu Puder zerrieben werden kann. Die Platten waren häufig aus Fayence und mit feinen Dekors geschmückt. Das europäische Motiv auf diesem Stück ist in der für den polychromen Scharffeuerdekor von Rouen charakteristischen Fünffarbenpalette ausgeführt.

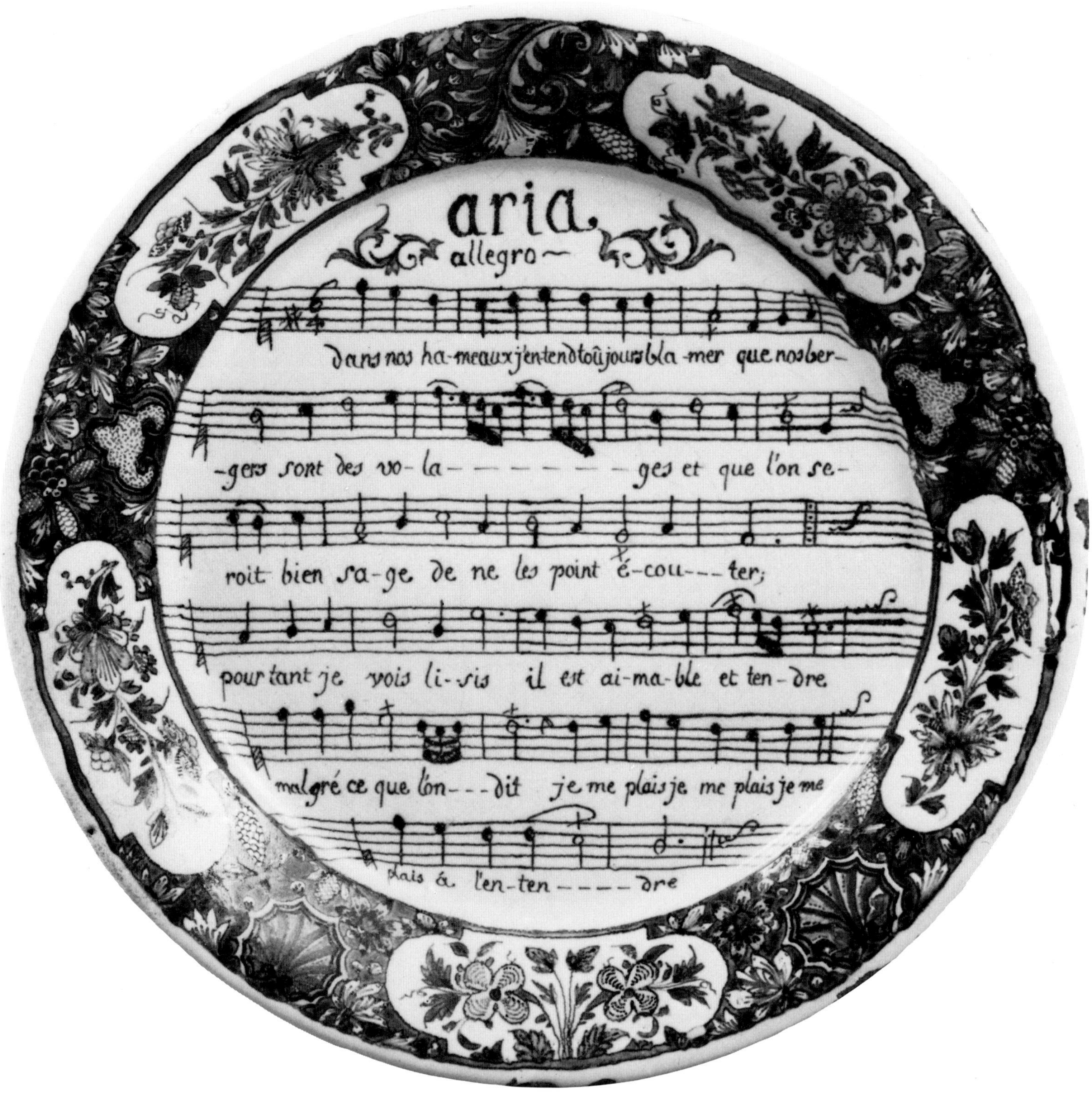

104 ROUEN (Seine-Maritime), um 1740
Teller; polychromer Scharffeuerdekor; ⌀ 24,5 cm
Sèvres, Musée national de Céramique, Inv. MNC. 9674
In der Mitte des 18. Jahrhunderts war der Gebrauch der Fayence bereits seit langem verbreitet. Die Manufakturen boten dem größer gewordenen Kundenkreis Stücke mit neuen Dekorthemen an; ein Beispiel ist der »musikalische« Dekor *à l'aria* auf diesem Teller.

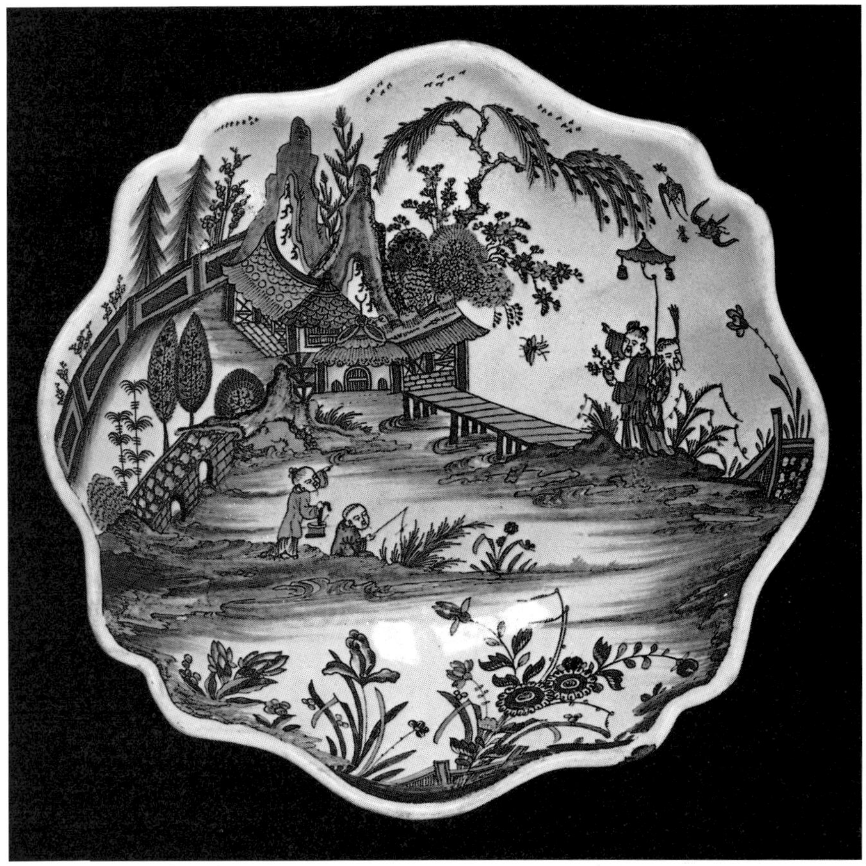

105 SINCENY (Aisne), 1749
Fruchtschale; Inschrift auf der Unterseite: dominique pelleve 1749; polychromer Scharffeuerdekor; ∅ 25 cm
Sèvres, Musée national de Céramique, Inv. MNC. 5186
Die Signatur auf der Unterseite der Schale beweist, daß sie ein Werk des Sohnes von Denis-Pierre Pellevé, des ersten Direktors der Manufaktur von Sinceny, ist. Jean-Baptiste de Fayard, der Herr von Sinceny, hatte Denis-Pierre Pellevé aus Rouen zum Leiter seines gerade gegründeten Unternehmens berufen. Vater und Sohn Pellevé arbeiteten, wie ihre Scharffeuerpalette beweist, in der Tradition von Rouen. Doch man kann auf diesem Stück auch einige Motive entdecken, die den Dekors von Sinceny eigen sind: die Wasserpflanzen im Vordergrund – Iris und Seerosenknospen – und die Pavillons mit kleiner Brücke, die am Fuß zweier zuckerhutartiger Hügel stehen, aus denen ein schirmförmiger Baum aufragt. Die Vorlage stammt aus *Recueil de Dessins chinois*, einer 1734/1735 von J. A. Fraysse für die Porzellanmaler des Prinzen von Condé in Chantilly zusammengestellten Sammlung. Die Fayencemanufaktur von Sinceny und die Weichporzellanmanufaktur von Chantilly waren nur wenige Kilometer voneinander entfernt, was die Anleihe erklären könnte.

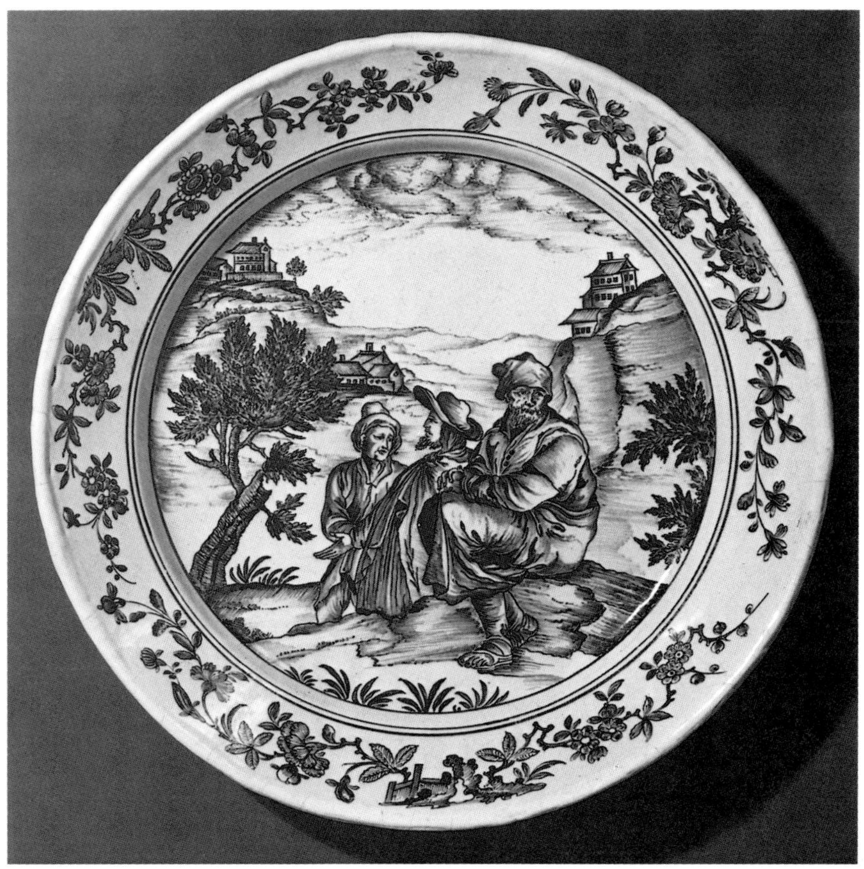

106 SINCENY (Aisne), um 1750
Teller; Marke auf der Rückseite: .S. Scharffeuerdekor in Camaieublau; ∅ 23 cm
Sèvres, Musée national de Céramique, Inv. MNC. 23 170
Rund zwanzig Fayenceteller von Sinceny bilden eine recht einheitliche Gruppe. Sie sind mit in schiefrigem Camaieublau oder polychrom ausgeführten Wiedergaben von Stichen nach Werken des neapolitanischen Malers Salvator Rosa (1615–1673) geschmückt. Die Zuschreibung der Teller an Sinceny stützt sich auf den Blütendekor der Fahne, dem chinesische und japanische Anregungen zugrundeliegen, und auf die Marke .S. mit der einige der Teller, wie auch dieser hier, bezeichnet sind.

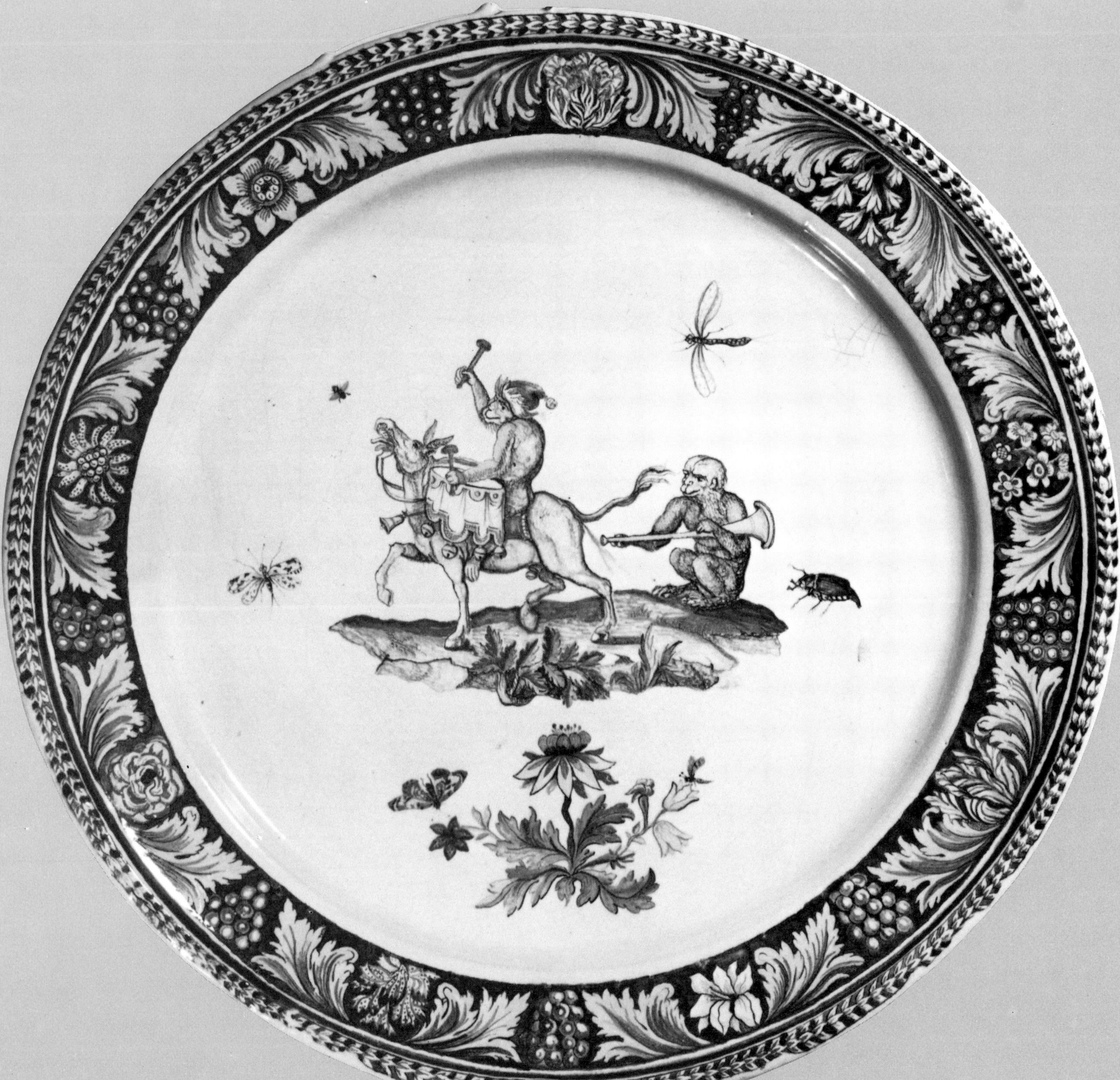

107 SINCENY (Aisne), um 1745
Platte; polychromer Scharffeuerdekor; ∅ 55 cm
Sèvres, Musée national de Céramique, Inv. MNC. 6435
Die klassische Borte von Rouen, ein aufgelegter dunkelblauer Grund mit polychromem Dekor, taucht hier wieder auf; als Motive sind Akanthusblätter und Weintrauben gewählt. Die Borte rahmt eine Affenszene auf einem Bodenstück, darunter eine der für die Dekors von Sinceny typischen blühenden Pflanzen.

108 SINCENY (Aisne), um 1755
Anbietplatte; Marke auf der Rückseite: .S.; polychromer Scharffeuerdekor; L 40 cm, B 25,5 cm
Dijon, Musée des Beaux-Arts, Inv. 2842 (Geschenk Roydet)
Die wellenförmig bewegte Zeichnung dieser Chinoiserie ist zwar ungewöhnlich, aber vor allem ein Zeichen für die große Freiheit, die man jenen Künstlern zugestand, die – von der jungen Manufaktur angezogen – aus verschiedenen Gegenden gekommen waren. Sie konnten die modernen Themen ihrer eigenen Vorstellung entsprechend ausdeuten. Dabei bedienten sie sich gewiß auch der üblichen Werkstattschablonen, handhabten sie aber phantasievoller.

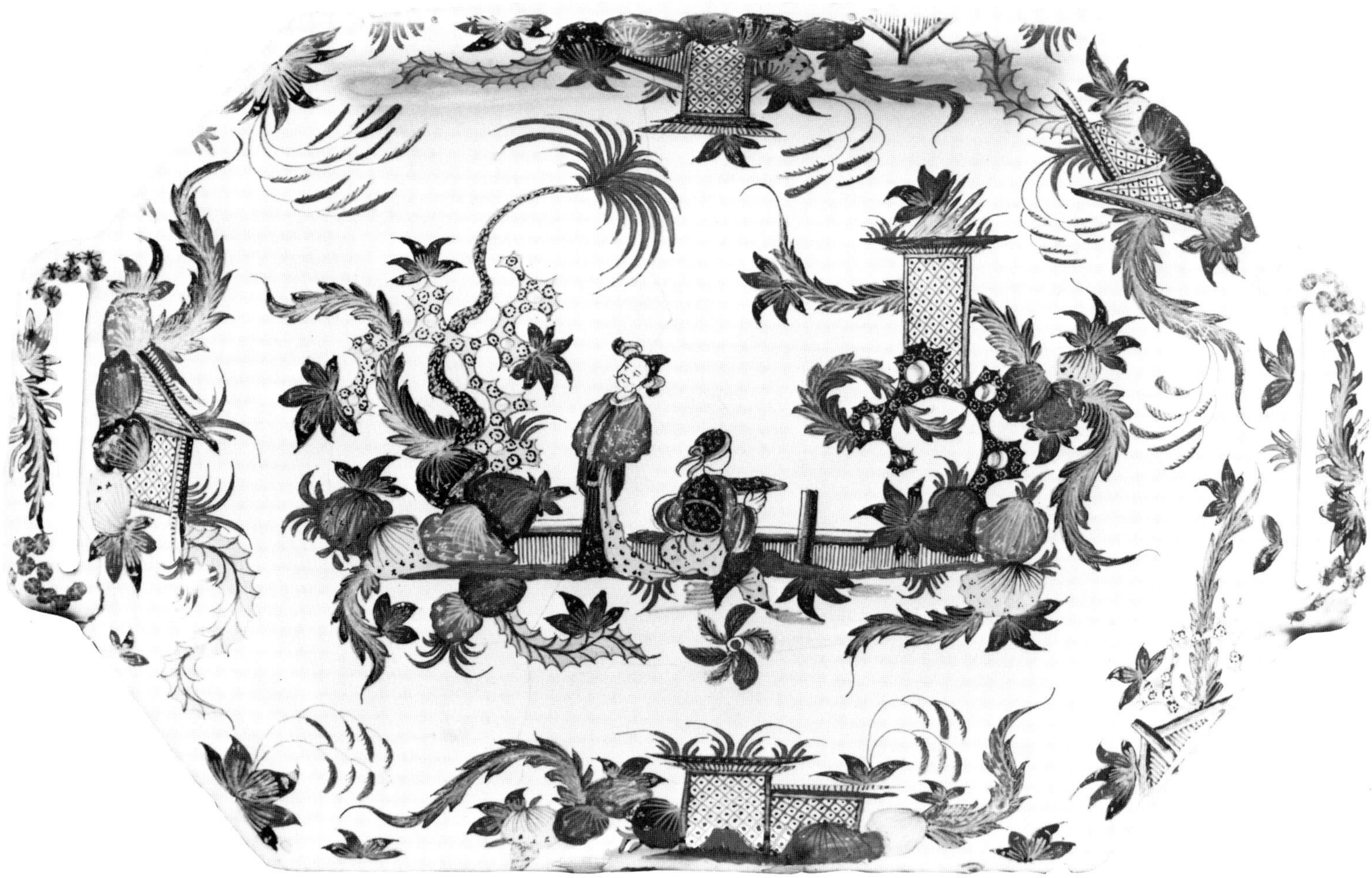

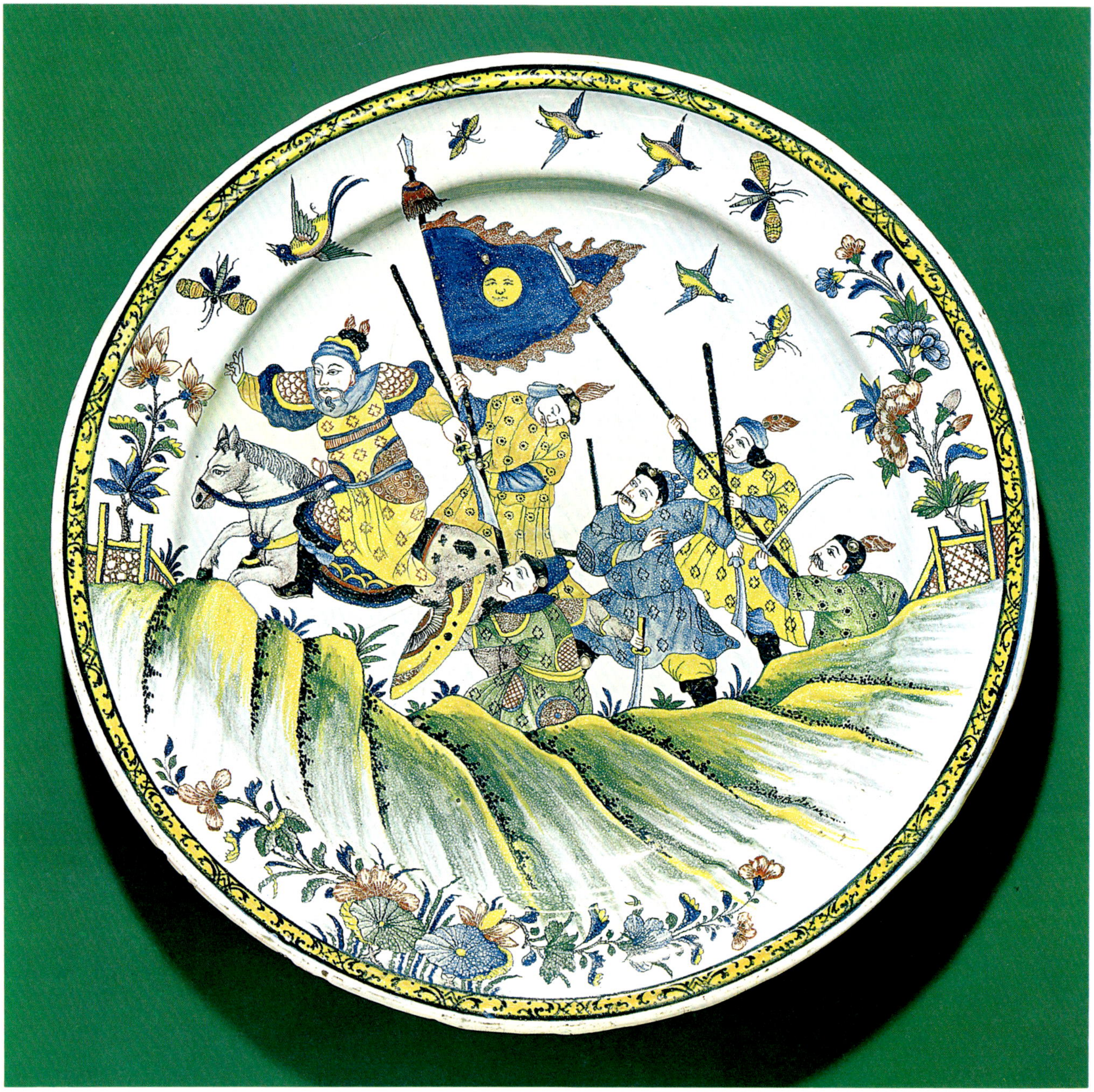

109 SINCENY (Aisne), um 1750
Platte; polychromer Scharffeuerdekor; ⌀ 55,5 cm
Paris, Musée du Louvre, Inv. OA. 6572 (Legat Camondo)
Die Themen der Dekors auf chinesischen Porzellanen der *famille verte* sind häufig Kriegerromanen entnommen. Auch der Dekor *au cavalier tatar* (mit dem tatarischen Reiter) geht auf eine solche Quelle zurück. Auf dieser Platte wie auch auf dem Weinkühler (Abb. 110) sind die großen Gestalten in einer gemeinsamen Beschäftigung oder bewegten Aktion zusammengefaßt, die von rechts nach links verläuft. Man datiert diese Dekors, in denen ein strahlendes Gelb vorherrscht, in die Blütezeit von Sinceny, die Jahre von 1740 bis 1760.

110 SINCENY (Aisne), um 1750
Weinkühler; Marke auf der Unterseite: blaues .S.; polychromer Scharffeuerdekor; H 20 cm
Paris, Musée des Arts décoratifs, Inv. AD. 23209 (Geschenk Doisteau)
Auf den Fayencen von Sinceny ist ein imaginäres China dargestellt, dessen Bild stärker von den Berichten der Missionare und Reisenden geprägt ist als von der Kenntnis echter ostasiatischer Kunstwerke. Die Maler hatten eine Vorliebe für auf dem Wasser spielende Szenen und brachten den Dekor *à la jonque*, mit Dschunken, in Mode, eine Einladung zu einem exotischen Traum, doch nach den Gesetzen der abendländischen Perspektive ausgeführt.

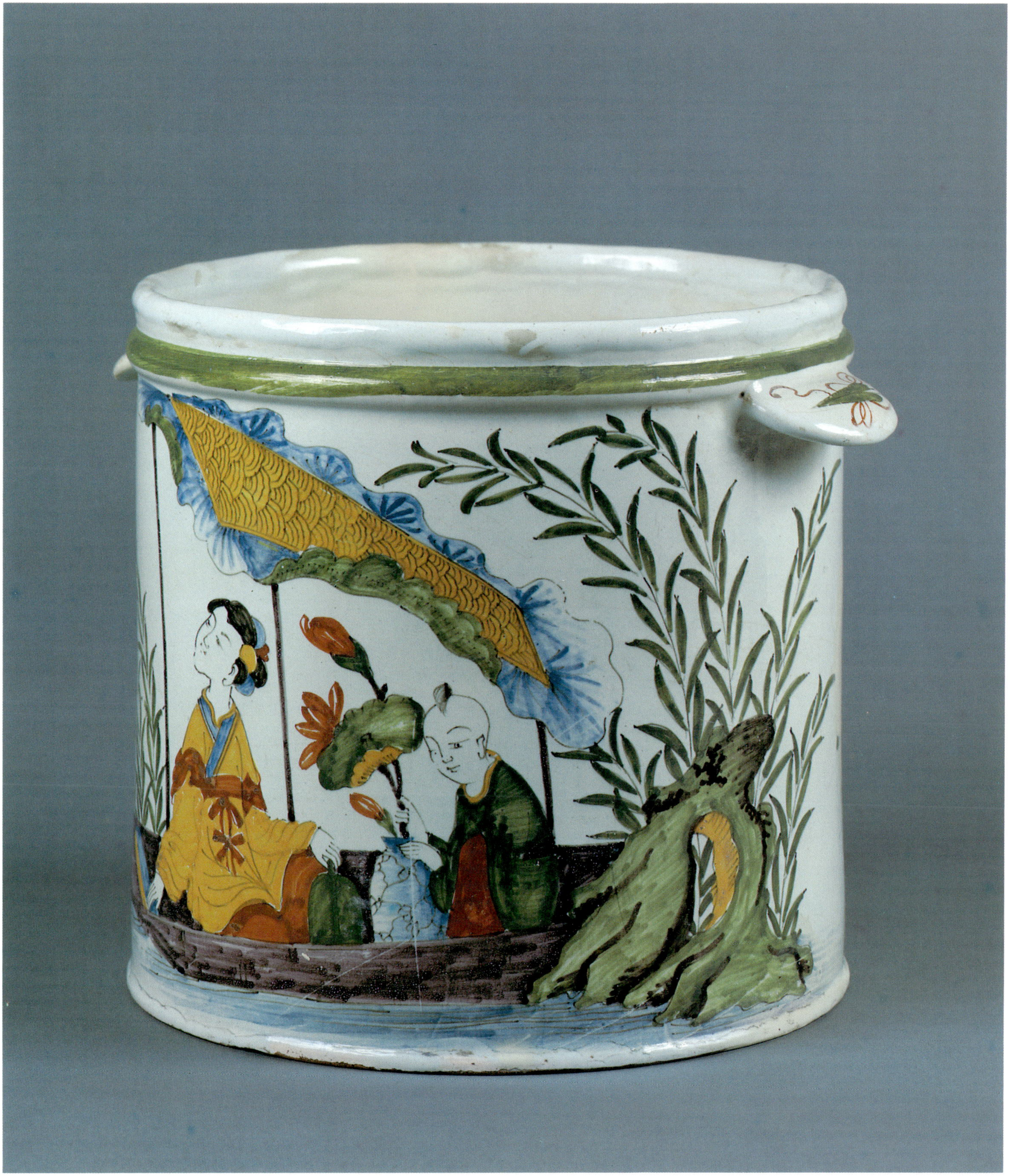

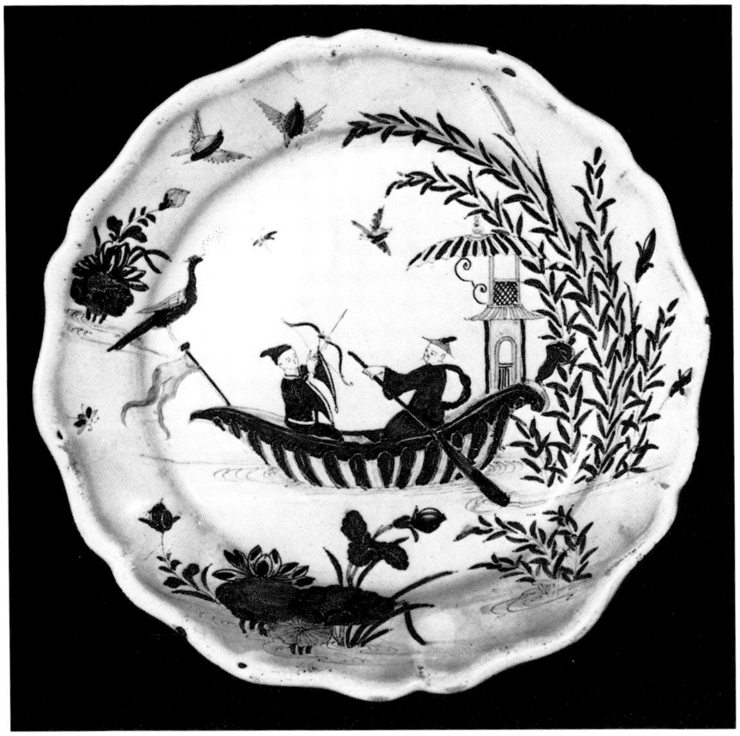

111 SINCENY (Aisne), um 1750–1760
Teller; Marke auf der Rückseite: .S.; polychromer Scharffeuerdekor; Ø 24 cm
Paris, Privatsammlung
Diese Szene einer Jagd mit Pfeil und Bogen im Schilf wurde in Serie ausgeführt; das Musée national de Céramique in Sèvres besitzt eine längliche Platte mit der gleichen Darstellung. Das gelbgerippte Boot mit Hinterkastell bahnt sich einen Weg durch die Wasserpflanzen und schreckt Wasservögel auf. Ein Chinese legt mit Pfeil und Bogen auf dieses Wild an. Könnte man sich eine typischere chinoise Szene vorstellen?

112 SINCENY (Aisne), um 1750
Platte; Marke auf der Rückseite: .S.; polychromer Scharffeuerdekor; L 32 cm, B 24 cm
Amiens, Musée de la Picardie, Inv. 5672
Einige Platten von Sinceny zeichnen sich durch die Qualität ihrer sehr weißen Glasur aus. Sicherlich ist aus diesem Grund die Komposition auf solchen Stücken besonders luftig, und die Szenen beschränken sich auf einige ausdrucksstarke Figuren. Hier taucht, in Scharffeuerfarben, der Kugelbaum der Chinoiserien von Les Islettes wieder auf.

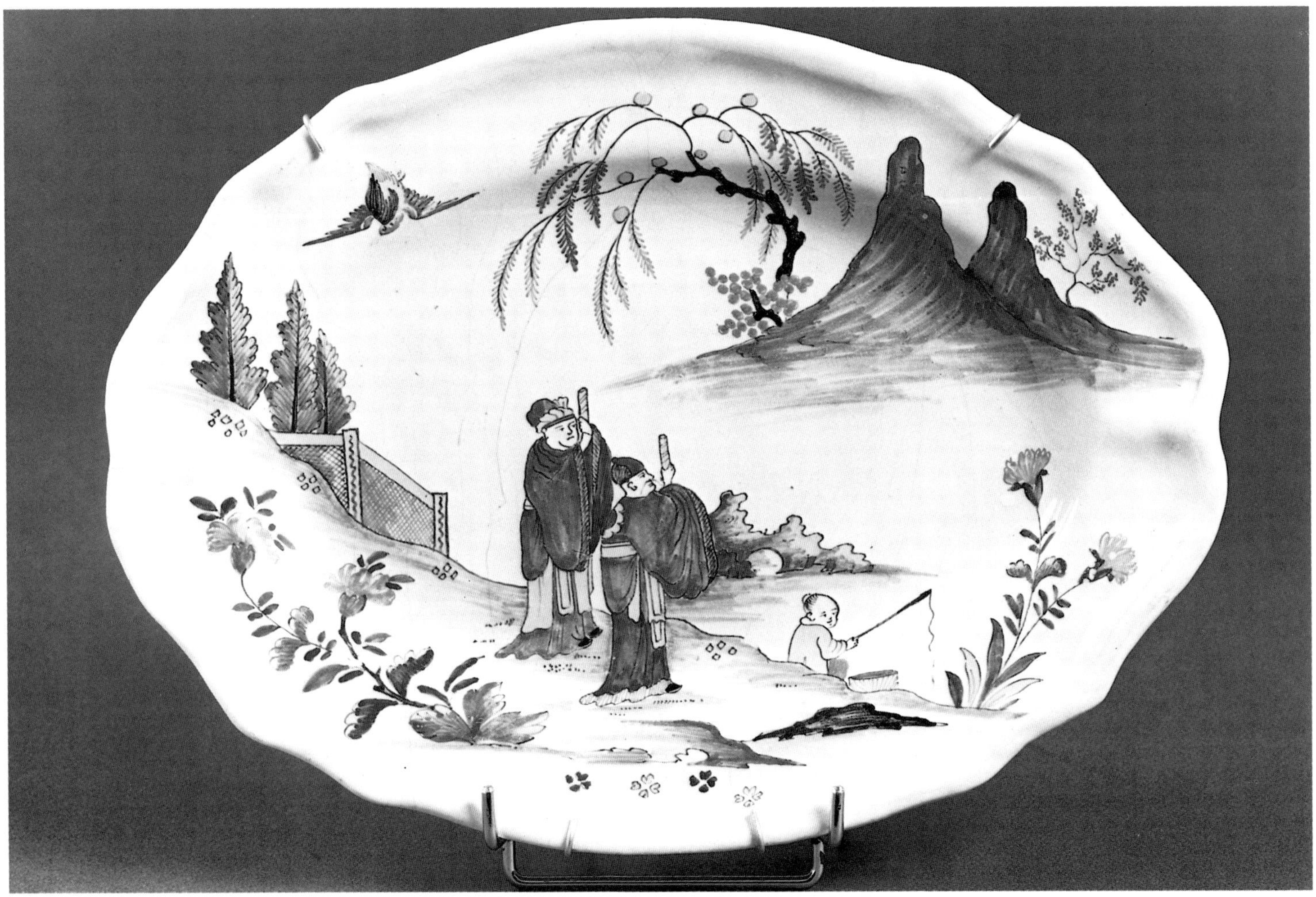

113 a SINCENY (Aisne), zweite Hälfte des 18. Jahrhunderts
Platte; polychromer Scharffeuerdekor; ∅ 41,5 cm
Saint-Martin-de-Ré, Musée municipal, Inv. 7.302

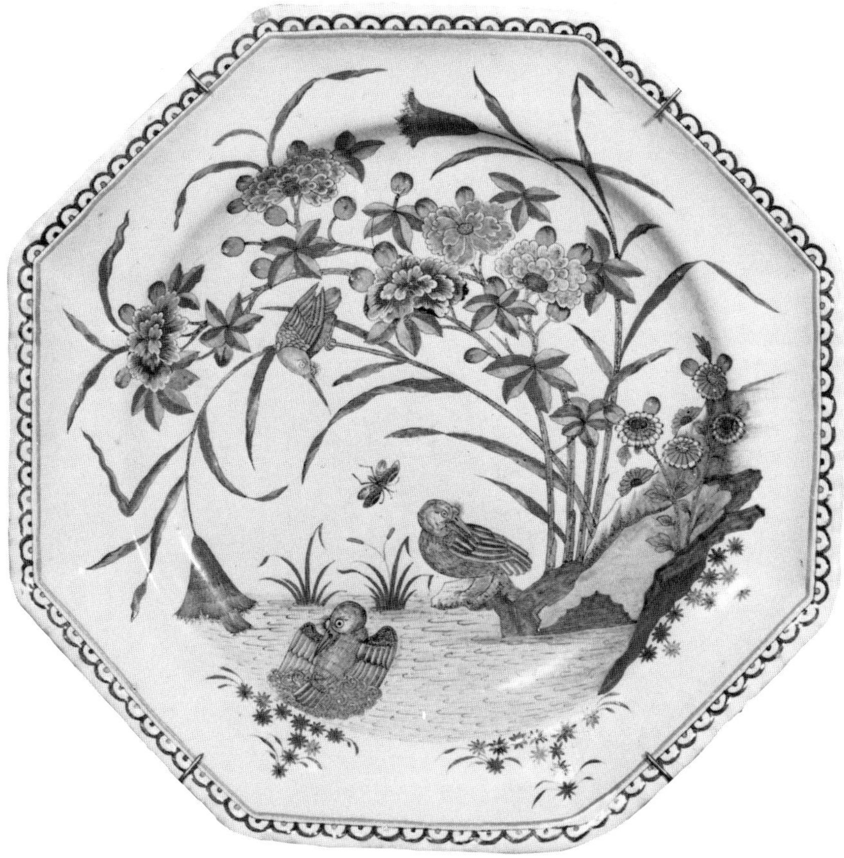

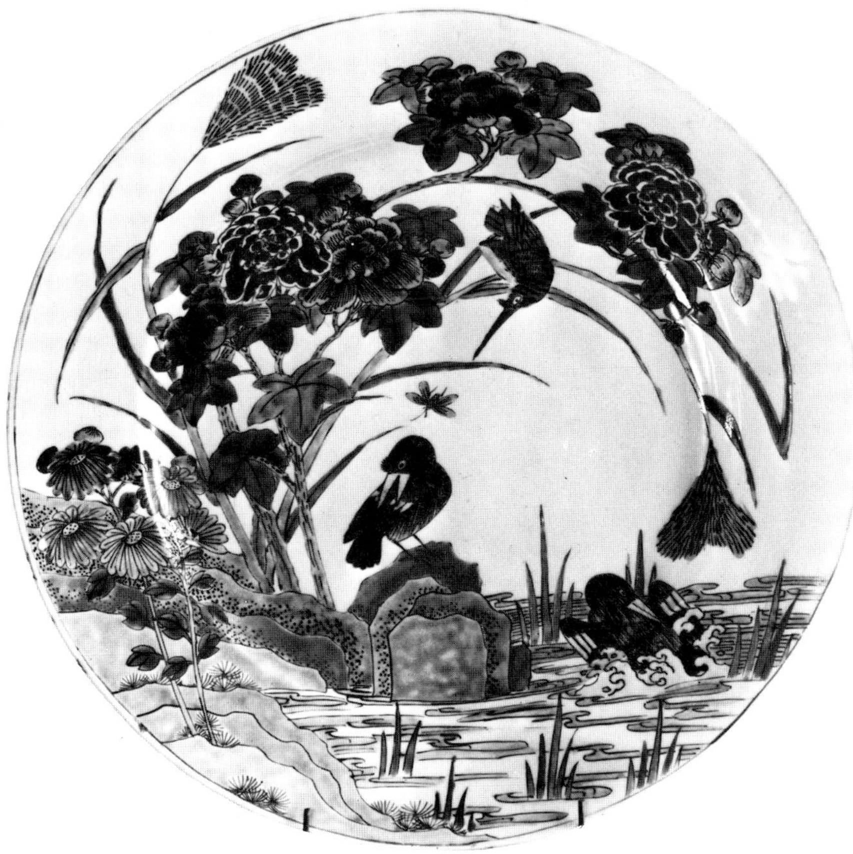

113 b CHINA, Qing-Zeit, Kangxi-Periode (1662–1722)
Platte; Porzellan, *famille verte*; ∅ 45 cm
Paris, Musée Guimet, Inv. G. 2802
Die Gegenüberstellung der Fayenceplatte und ihres Vorbildes aus chinesischem Porzellan ist eine eindrucksvolle Demonstration der Arbeitsweise französischer Fayencemaler. Durch den Gebrauch der Schablone erscheint der Dekor zwar seitenverkehrt, ist aber gleichwohl getreu wiedergegeben. Die Fayencetechnik bestimmt das weitere Vorgehen, zu feine Details müssen fortgelassen und die Farben auf jene beschränkt werden, die den Brand bei 900° C aushalten.

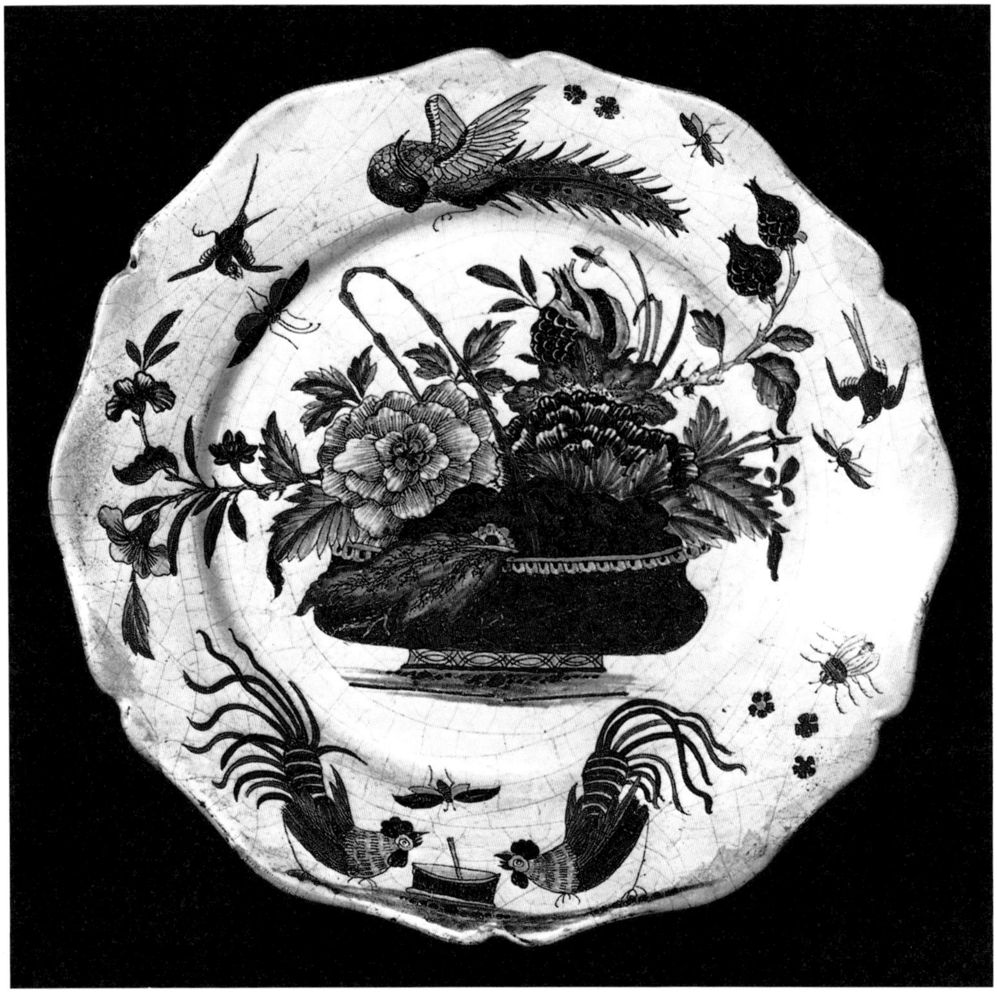

114 SINCENY (Aisne), um 1740–1760
Teller; polychromer Scharffeuerdekor; Ø 24 cm
Paris, Privatsammlung
Eine fernöstliche, überreich mit Nelken und Granatäpfeln gefüllte Vase ist über den Spiegel des Tellers gebreitet; sie ist in einem Rokokogeschmack ausgeführt, der dem Blumenkorbmotiv von Rouen sehr fern steht. Der Hahnenkampf und der Phönix auf den freien Flächen der Fahne sind Motive, die häufig auf Fayencen von Sinceny vorkommen.

115 SINCENY (Aisne), um 1765
Bartschüssel; Marke auf der Rückseite: MP.; polychromer Scharffeuerdekor; L 33 cm, B 25,5 cm
Paris, Musée des Arts décoratifs, Inv. AD. 23292 (Geschenk Doisteau)
Auf die exotischen folgten europäische Dekors, häufig mit Blumenmotiven. In der zweiten Hälfte des 18. Jahrhunderts führten die Maler von Sinceny Sträuße mit naturalistischen Blumen aus. An die Stelle der dicken, knotigen Stiele des Nelkendekors traten nun Sträuße aus Blüten auf feinen Stengeln, die ein wenig Gräsern ähneln, und dazwischen Narzissen, Rosen und Tulpen.

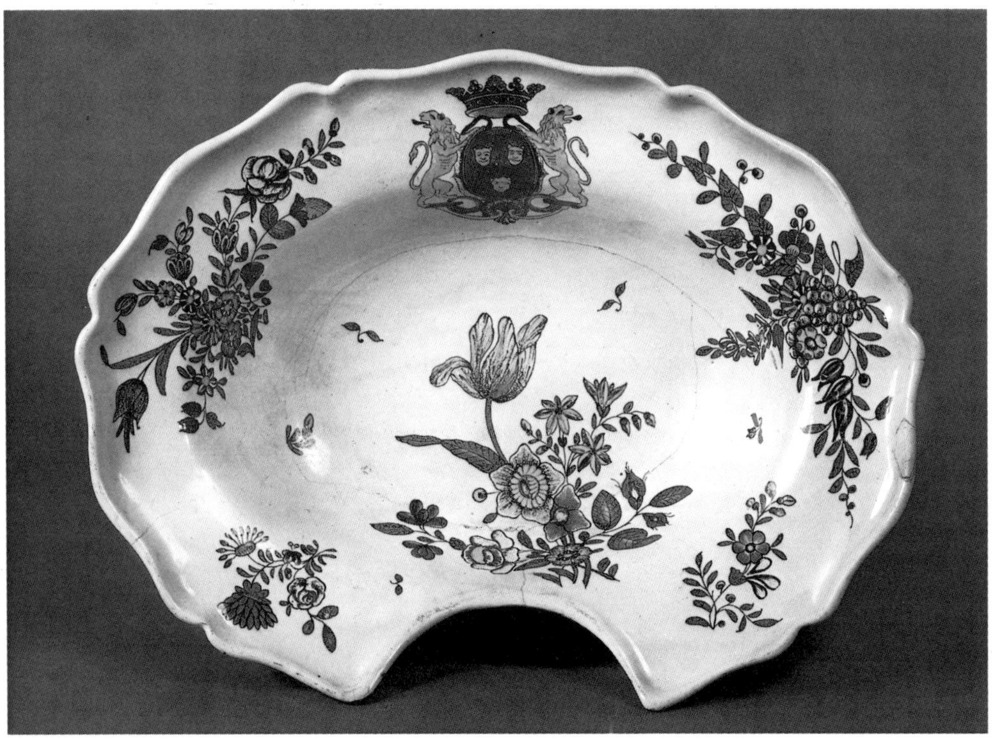

116 SINCENY (Aisne), um 1760 ▷
Ein Paar viereckiger Blumenvasen; Marke auf der Unterseite einer Vase: .S.; polychromer Scharffeuerdekor; H 16 cm
Paris, Musée des Arts décoratifs, Inv. AD. 32999[1 et 2]
(Legat Berthault)
Die eckige Form dieser Blumenvasen ist ungewöhnlich. Im Schmuck ist den Nelken des Rokokodekors von Rouen ein Zweig mit Pflaumenblüten zugefügt, der vom Kakiemon-Dekor japanischen Porzellans übernommen wurde. Bei dem Wappen handelt es sich um das des Charles-Blaise Méliand, Intendant des Steuerbezirks von Soissons in den Jahren 1743 bis 1765.

117 SINCENY (Aisne), zweite Hälfte des 18. Jahrhunderts ▷
Sternförmiger Tafelaufsatz; Marke auf der Unterseite: .S.; polychromer Scharffeuerdekor; Ø 34 cm
Sèvres, Musée national de Céramique, Inv. MNC. 19136 (Depot des Musée Carnavalet, Paris)
Bei manchen Fayencen von Sinceny ist eine für den Louis-XVI-Stil charakteristische Rückkehr zu geraden Linien und nüchternen Dekors festzustellen. Ein Beispiel ist dieser sternförmige Tafelaufsatz: Eine doppelte Linie in Gelb und Blau rahmt die fünf Zacken der Platte, der Dekor mit blühenden Ranken ist vom Dekor *au sainfoin* (Süßklee) abgeleitet.

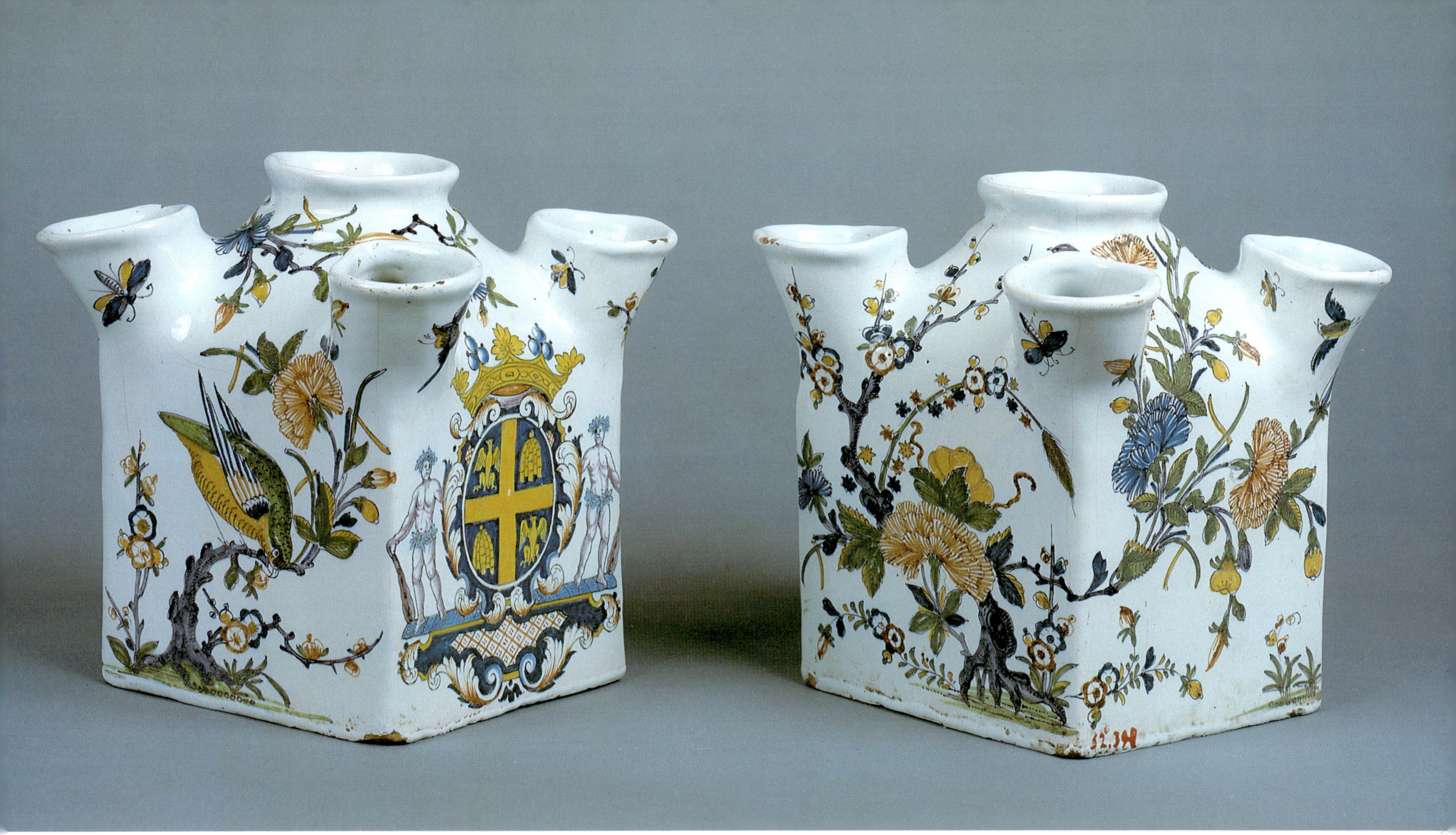

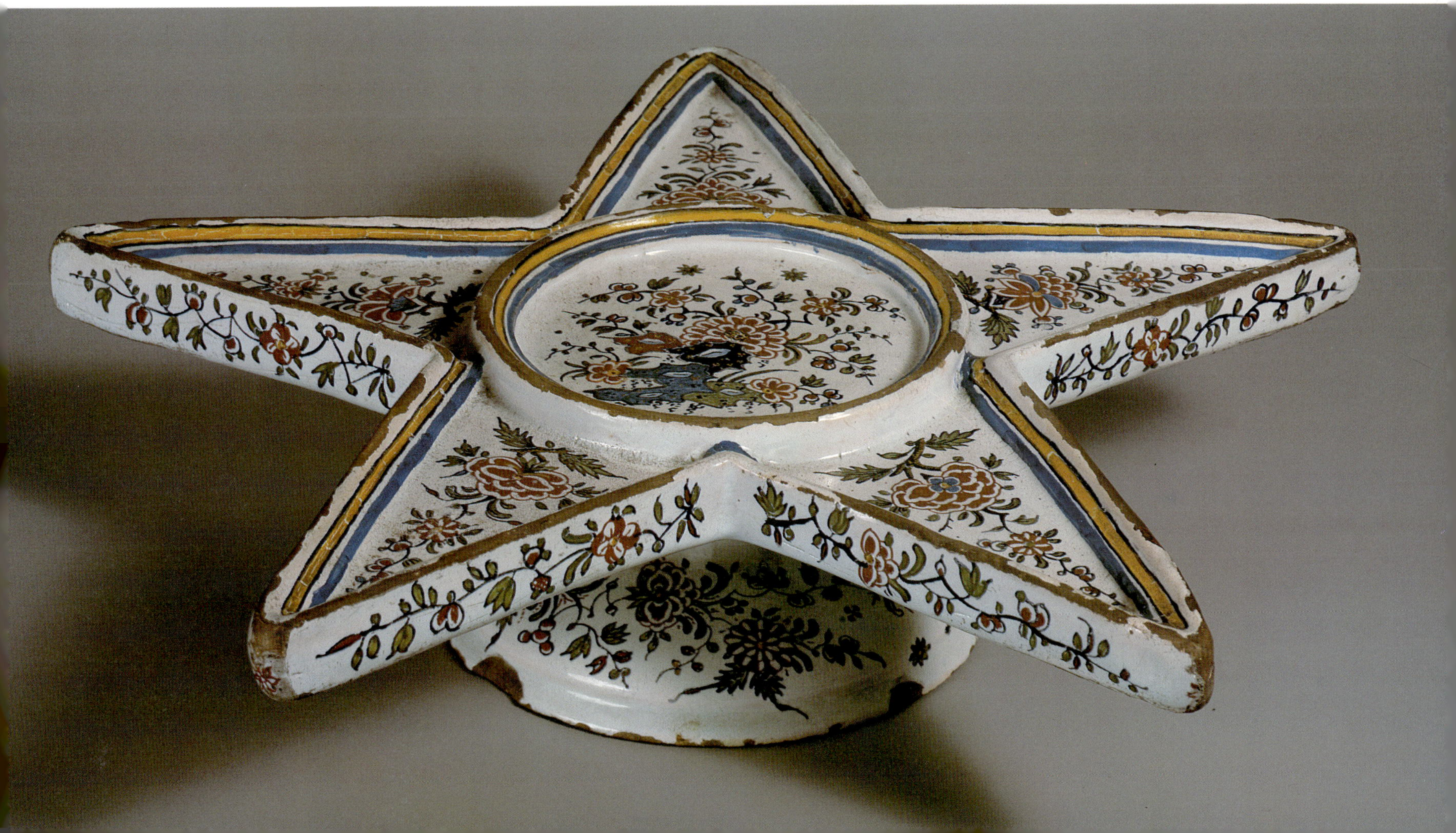

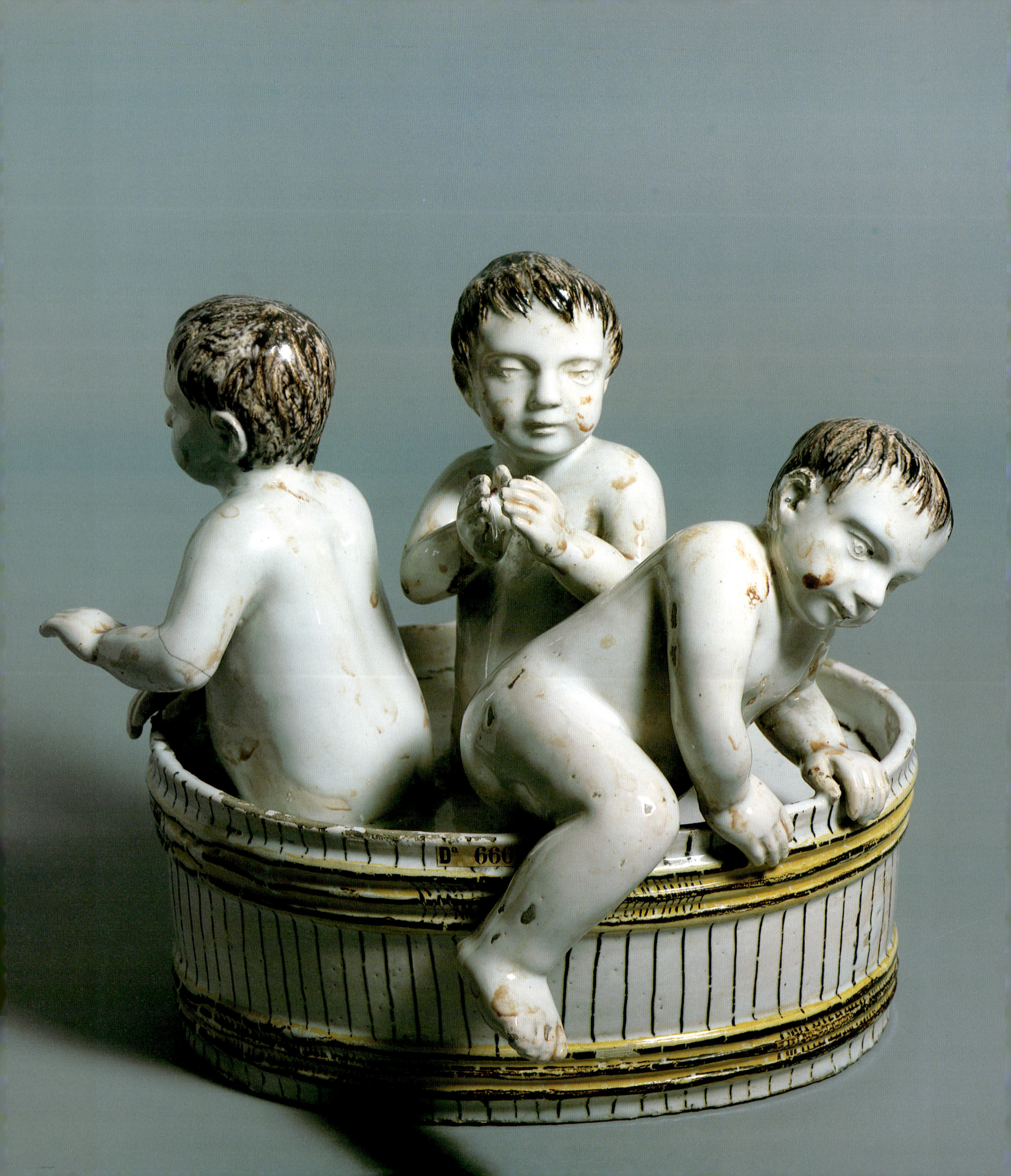
Dª 666

118 SINCENY (Aisne), zweite Hälfte des 18. Jahrhunderts
Die drei Knaben im Bottich (aus der Nikolauslegende); polychromer Scharffeuerdekor; H 21 cm
Sèvres, Musée national de Céramique, Inv. MNC. 5095 (Geschenk Longuet)
Die glasierte vollplastische Gruppe soll, wie es heißt, die Kapelle der Fayencehersteller in der Kirche von Sinceny geschmückt haben; eine zugehörige Figur des hl. Nikolaus ist heute verloren. Unter den Werken von Sinceny scheint diese Arbeit eine Ausnahme zu bilden.

119 MOULINS (Allier), um 1740–1750
Platte; Inschrift auf der Rückseite: a moulins; polychromer Scharffeuerdekor; L 45 cm, B 33 cm
Sèvres, Musée national de Céramique, Inv. MNC. 4624
Von diesem halb fernöstlichen, halb europäischen Dekor sind weitere Beispiele bekannt. Auf einem bühnenartigen, auf Pfosten ruhenden Boden stehen musizierende Chinesen zu seiten eines Delphinbrunnens, auf dem ein Putto reitet. Die Behandlung der Figuren und die Farbgebung sind – abgesehen vom Eisenrot – von Nevers beeinflußt, der üppige Blumenrahmen steht dagegen den Dekors *au sainfoin* von Sinceny nahe.

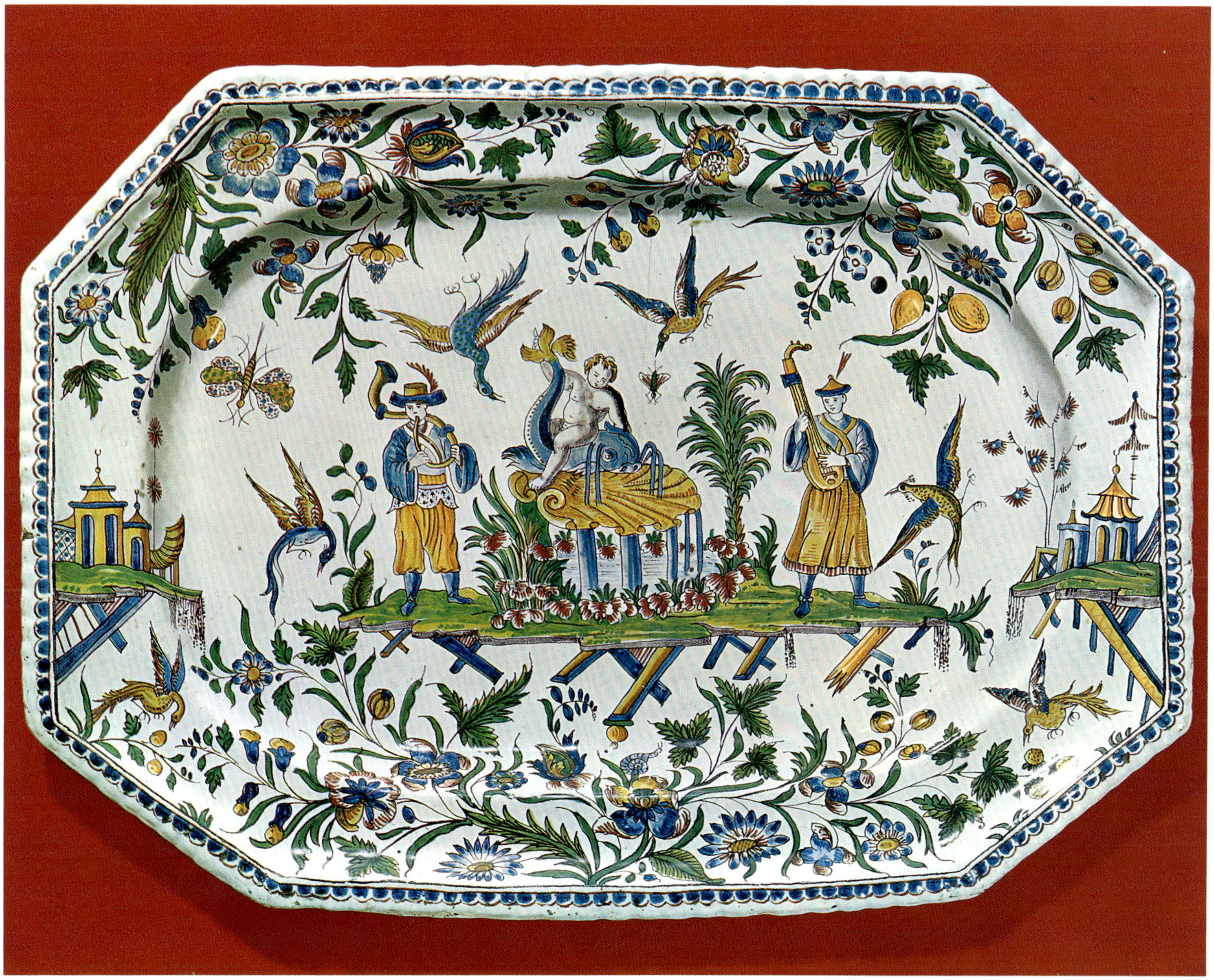

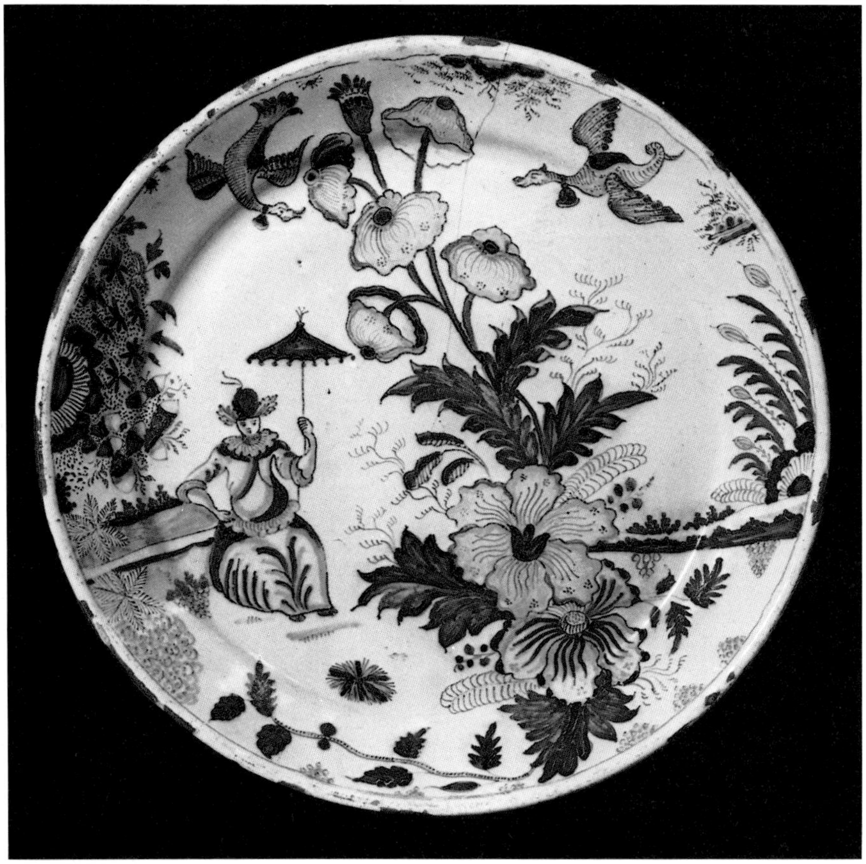

120 MOULINS (Allier), um 1750
Teller; polychromer Scharffeuerdekor; Ø 23 cm
Sèvres, Musée national de Céramique, Inv. MNC. 13 100
(Geschenk Duval)
Bei diesem Beispiel eines Dekors mit einem Chinesen hat der Maler den Pflanzenmotiven den Vorrang eingeräumt und einen Zweig mit großen, weit aufgeblühten Blumen in die Mitte der Komposition gesetzt. Die Maler von Moulins haben diesen Dekor, der als Dekor *à la campanule* (Glockenblume) bezeichnet wird, häufig ausgeführt. Ein humoristischer Zug: Zwei geflügelte Drachen am oberen Rand tragen jeder ein Glöckchen um den Hals.

121 MOULINS (Allier), um 1770
Teller; polychromer Scharffeuerdekor; Ø 23 cm
Moulins, Musée départemental, Inv. 135
(Geschenk Verrilaud)
Dieser Vogeldekor stammt aus dem Motivschatz der Porzellanmaler, die Fayencemaler haben ihn zum Vorwand für eine reiche Rokokoornamentik genommen, in die sich gruppenweise angeordnete Vögel einordnen und mit ihr verschmelzen. Dieser Teller wird der Manufaktur von Joseph Chambon zugeschrieben.

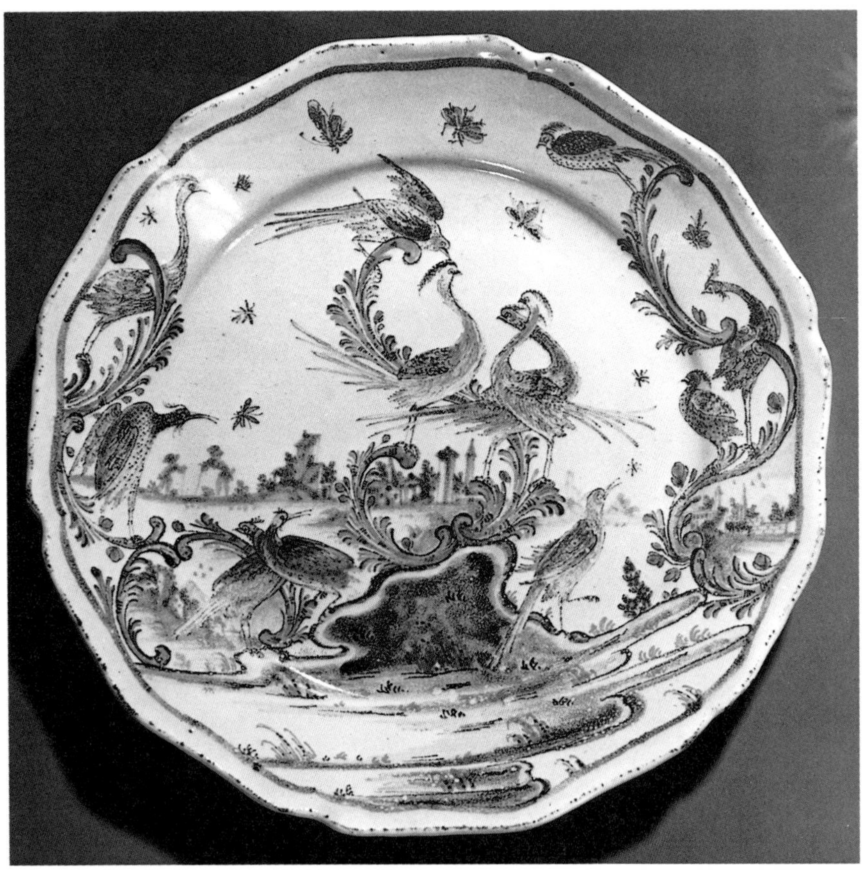

122 MOULINS (Allier), um 1750 ▷
Napf; polychromer Scharffeuerdekor; Ø 31,5 cm
Sèvres, Musée national de Céramique, Inv. MNC. 23 480
(Legat R. Savalle)
In der Fayenceproduktion von Nevers ist in der zweiten Hälfte des 18. Jahrhunderts diese Form eines Napfes häufig. Sie ist mit Dekors wie dem Liebesbaum, der Brücke von Nevers oder patriotischen Themen geschmückt.
Der Maler in Moulins hat diese Schale mit einer europäischen Szene von gedrängter Komposition – es sind nicht weniger als sechzehn Personen dargestellt – geschmückt und sich dabei sehr um perspektivische Wirkung bemüht, auch wenn das Ergebnis ungeschickt erscheint. Der Napf illustriert das Bemühen lokaler Fayencemaler um prächtige, üppige Werke.

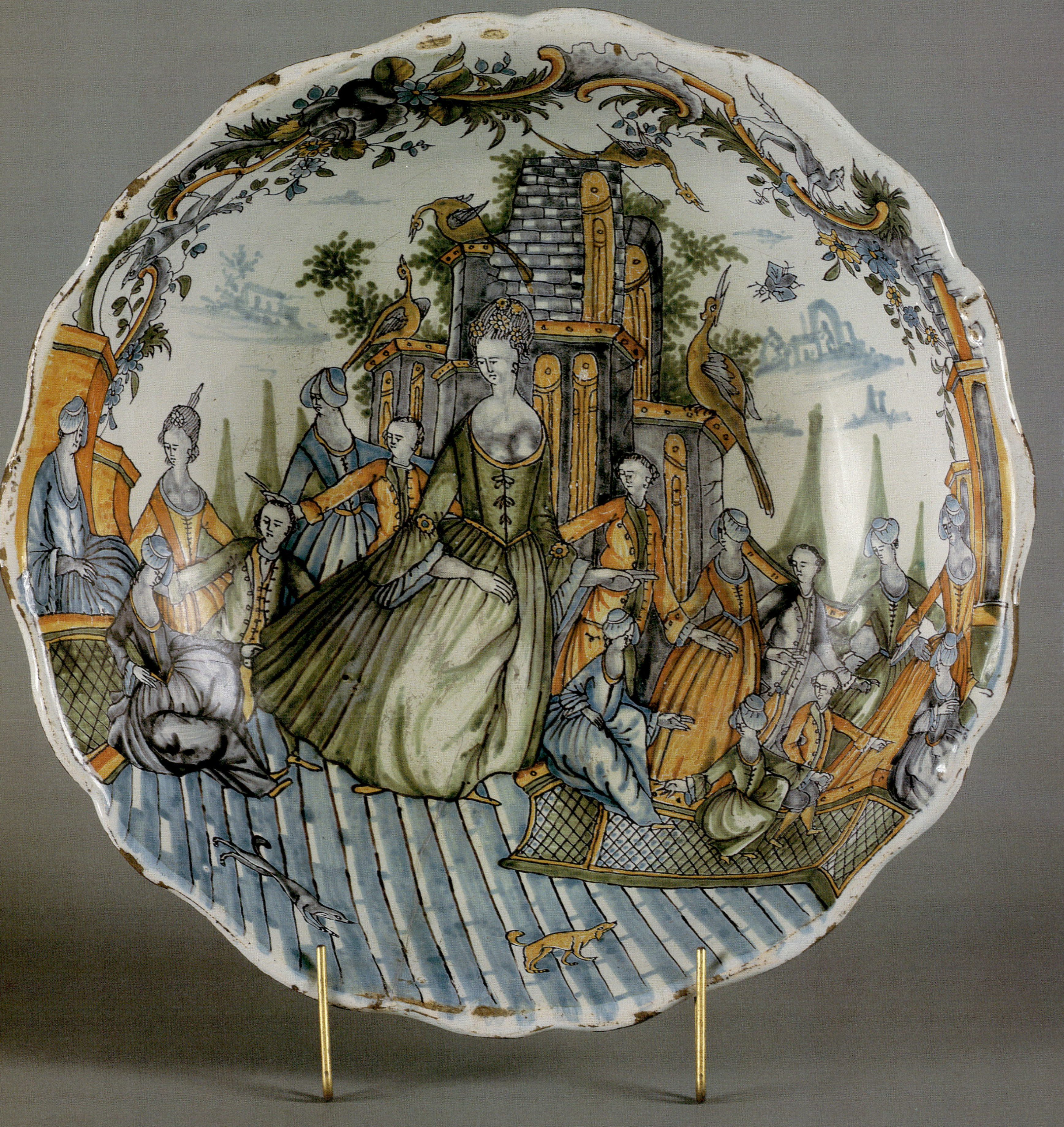

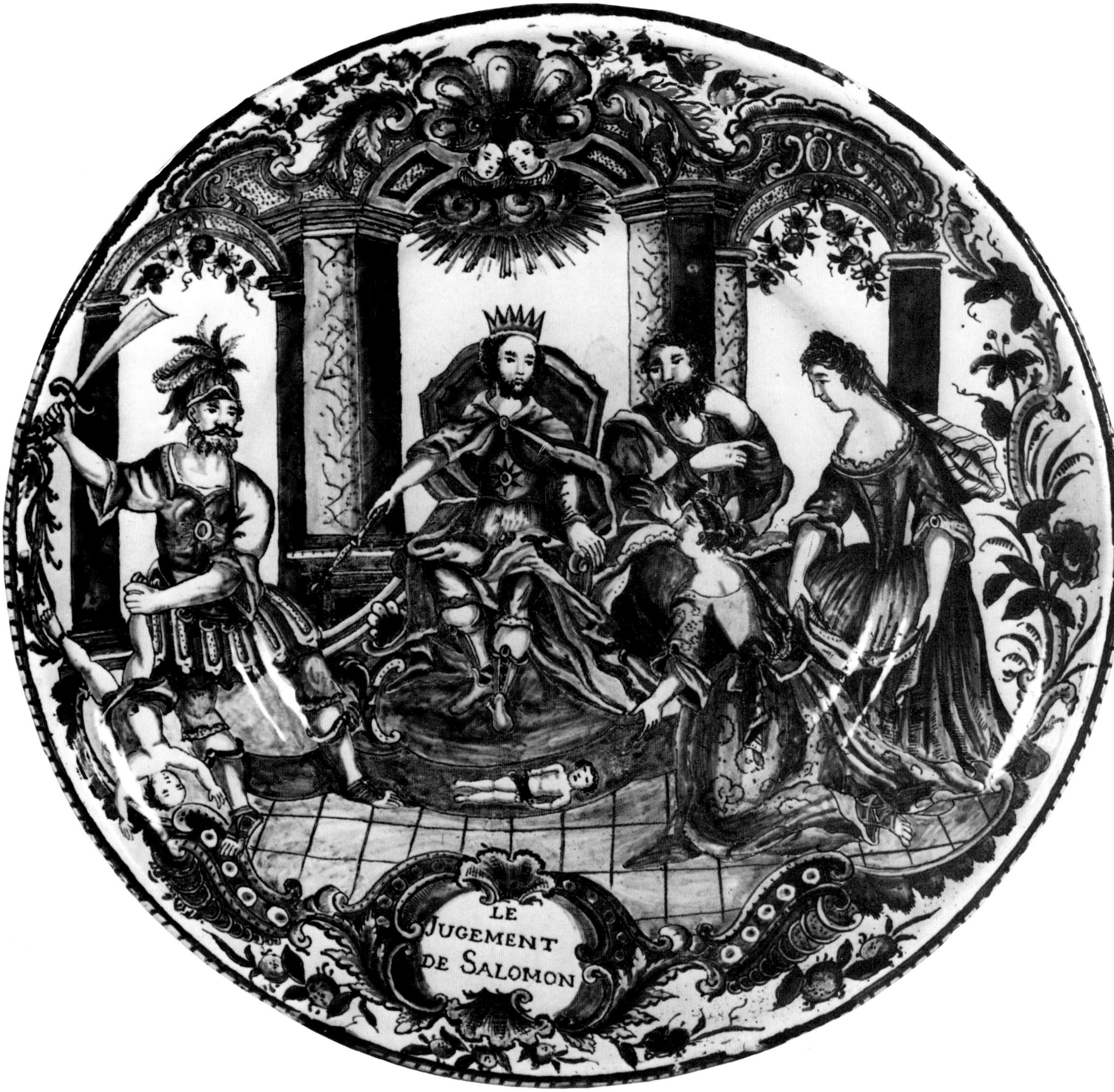

123 MOULINS (Allier), um 1750
Platte; Inschrift in einer Kartusche: Le / Jugement / de Salomon; polychromer Scharffeuerdekor; ∅ 43 cm
Sèvres, Musée national de Céramique, Inv. MNC. 23 479
(Legat R. Savalle)
Biblische Themen sind unter den Fayencedekors der Mitte des 18. Jahrhunderts selten, man darf also die Originalität dieses Stückes betonen. Das Urteil Salomonis wurde hier vermutlich nach einer zeitgenössischen Stichvorlage gemalt. Ein reicher, dichter Rocaillerahmen mit eingerollten Formen, Engelsköpfchen, Kartuschen und blühenden Zweigen umgibt die Szene.

126 RENNES (Ille-et-Vilaine), 1763 ▷
Schreibzeug; Inschrift auf der Unterseite: ARennes / ce. 12. 8bre / 1763 / Fecitte.P. / Bourgoüin; polychromer Scharffeuerdekor; L 46,5 cm
Sèvres, Musée national de Céramique, Inv. MNC. 8290
Nicht jedes Fayencezentrum konnte einen eigenen Stil entwickeln. Die Bretagne hat viele Anregungen von Rouen übernommen, wie dieses Schreibzeug beweist, bei dem Blau und Rot vorherrschen. Wenn das Stück nicht so deutlich bezeichnet wäre, datiert und signiert von der Hand des Malers Jean-Baptiste Alexis Bourgouin, würde man es sicherlich Rouen zuschreiben.

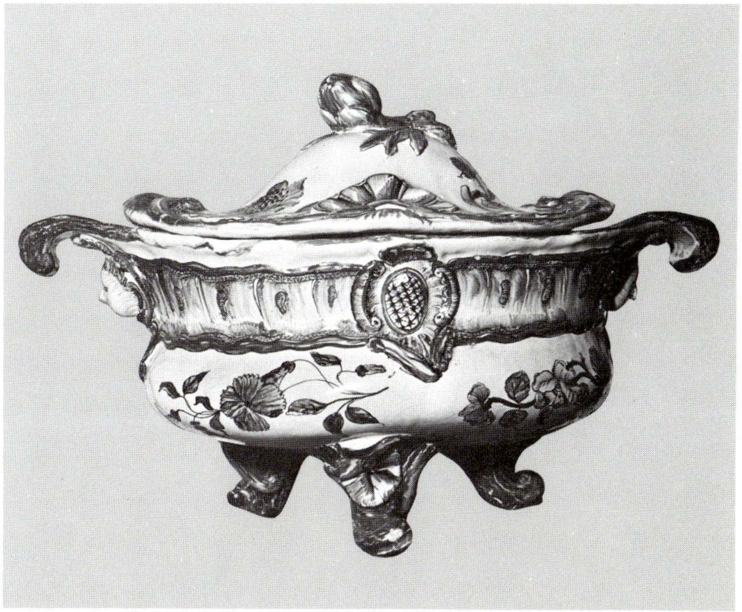

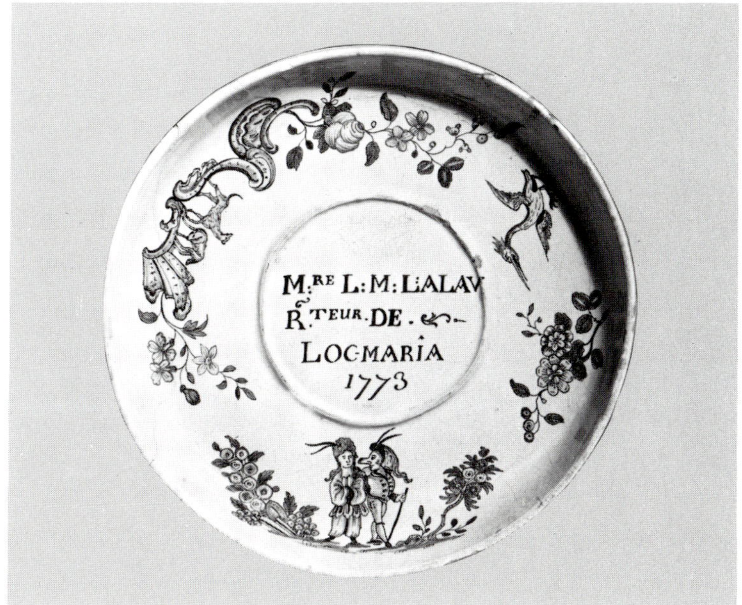

124 RENNES (Ille-et-Vilaine), um 1765
Deckelterrine; Signatur unter dem Rand des Deckels: Choisy Ft; polychromer Scharffeuerdekor; H 28 cm, L 42 cm
Rennes, Musée de Bretagne, Inv. 871.7.12.31
Die Terrine zeigt, wenn auch etwas ungeschickt, den im dritten Viertel des 18. Jahrhunderts modernen Barockstil. Die verschiedenen Elemente des Dekors, sei er reliefiert oder gemalt, sind verhältnismäßig schlecht untereinander verbunden. Die bretonische Fayence ist im 18. Jahrhundert nur, wenn sie im Stil von Rouen oder, falls es sich um Statuetten handelt, im Stil von Nevers gearbeitet ist, wirklich erfreulich.

125 QUIMPER (Sud-Finistère), 1773
Schale; Inschrift auf dem Boden: M:^{RE} L: M: L: ALAV / R.$^{TEUR.}$ DE. / LOC-MARIA / 1773; polychromer Scharffeuerdekor; ⌀ 26,5 cm
Quimper, Musée départemental breton, Inv. 54.385
Die Fayence von Quimper ist im 19. und 20. Jahrhundert berühmt geworden; die Manufaktur mit dem Namen Henriot besteht noch heute. Doch in dieser Stadt arbeiteten schon viel früher Keramiker, wie diese für den Rektor von Loc-Maria bestimmte, 1773 datierte Schale beweist. Ihr Stil ist recht trocken, ein Zeichen von mehr Fleiß als Begabung.

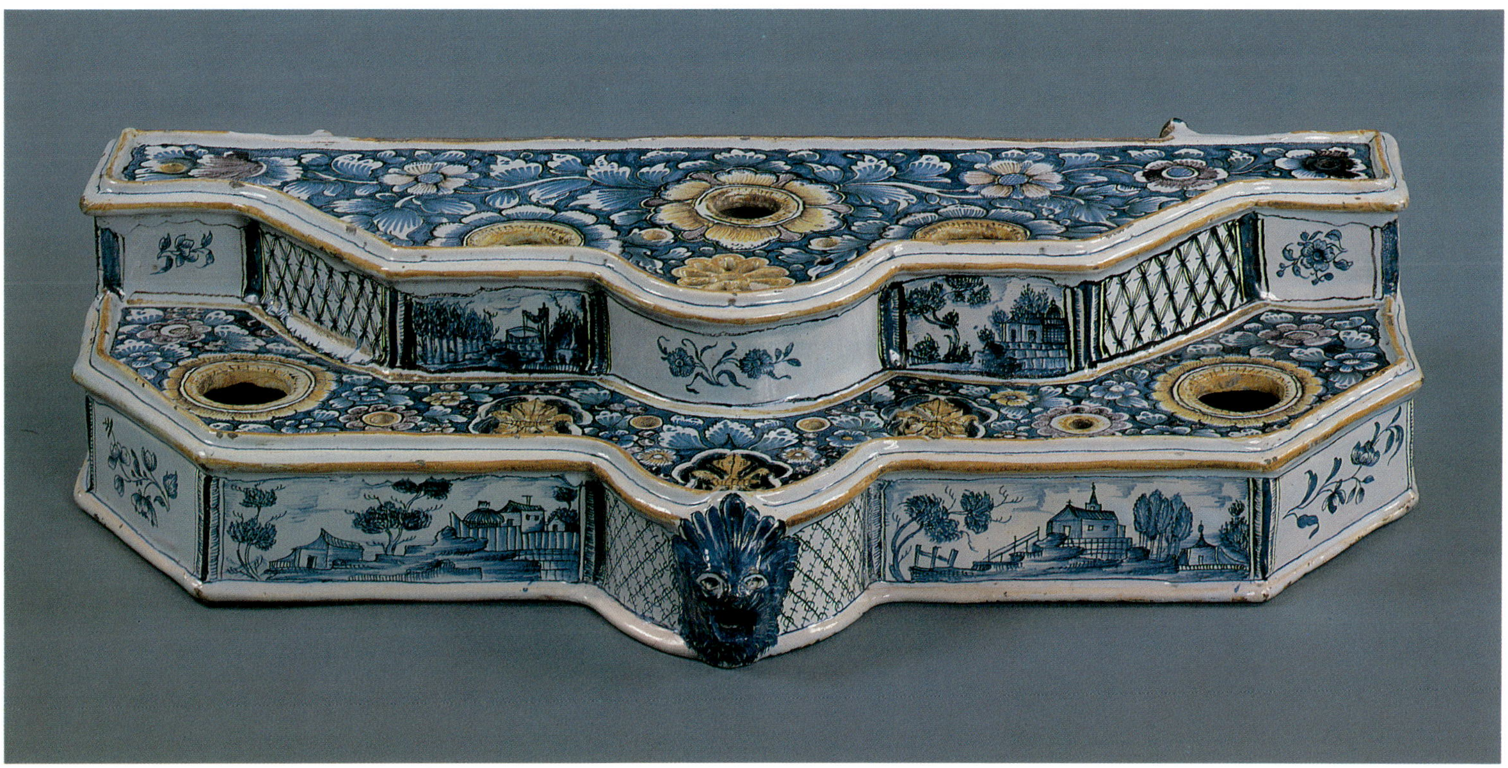

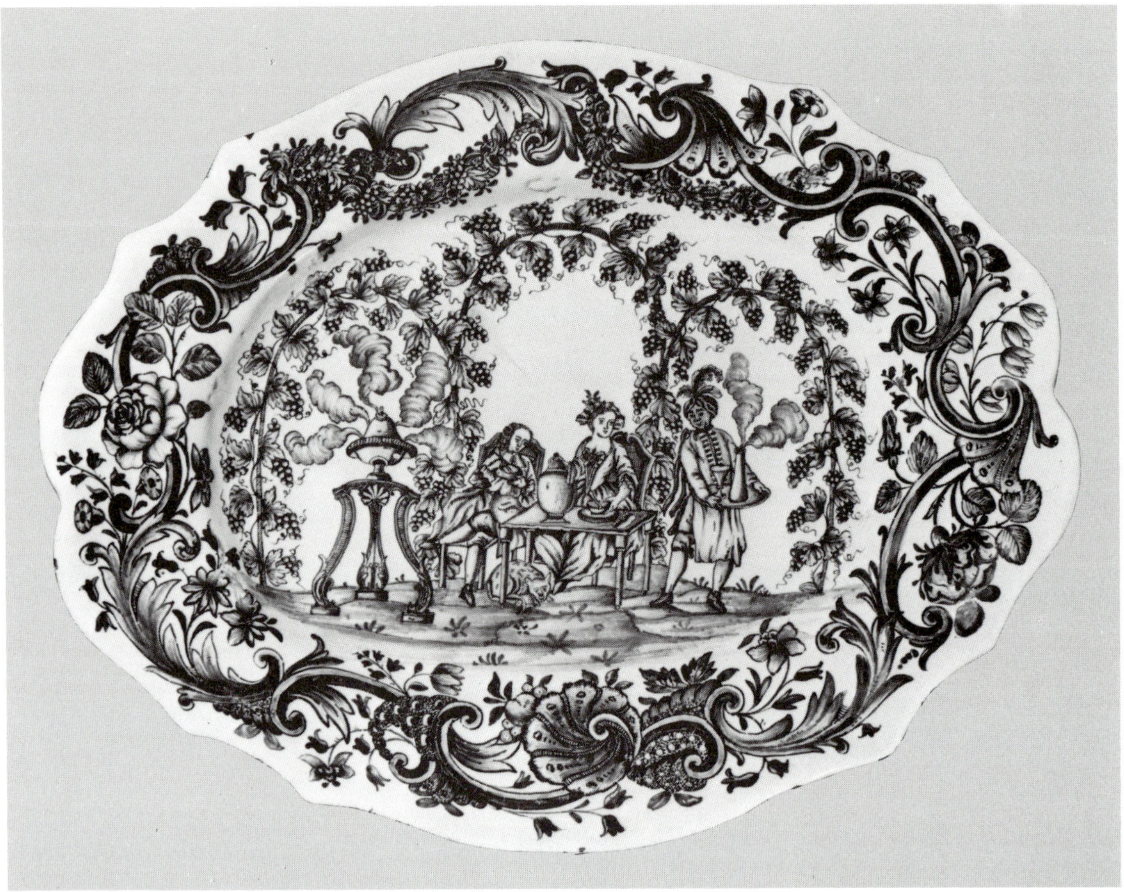

127 LILLE (Nord), um 1750
Platte; Scharffeuerdekor in Camaieublau; L 36 cm
Paris, ehem. Sammlung Delesalle
In der Mitte des 18. Jahrhunderts gab man in Lille die strahlenförmig angeordneten Dekors in der Art von Rouen zugunsten des Rokokostils auf, der sowohl in polychromer (Abb. 130–132) als auch, wie hier, in camaieublauer Malerei ausgeführt wurde. Die Stücke behalten jedoch eine Eigenheit der früheren Periode, den »schiefrigen« Blauton von Lille, bei.

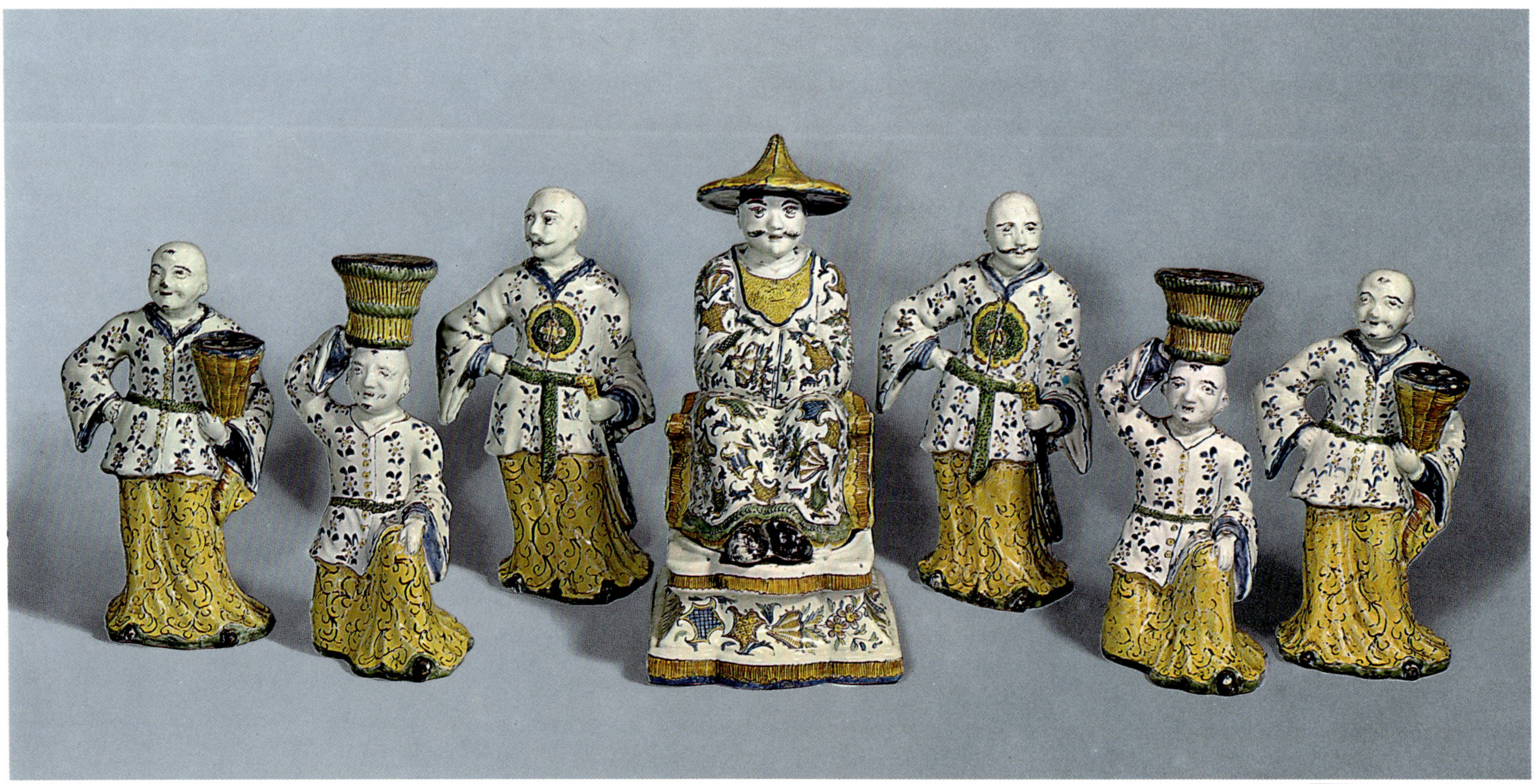

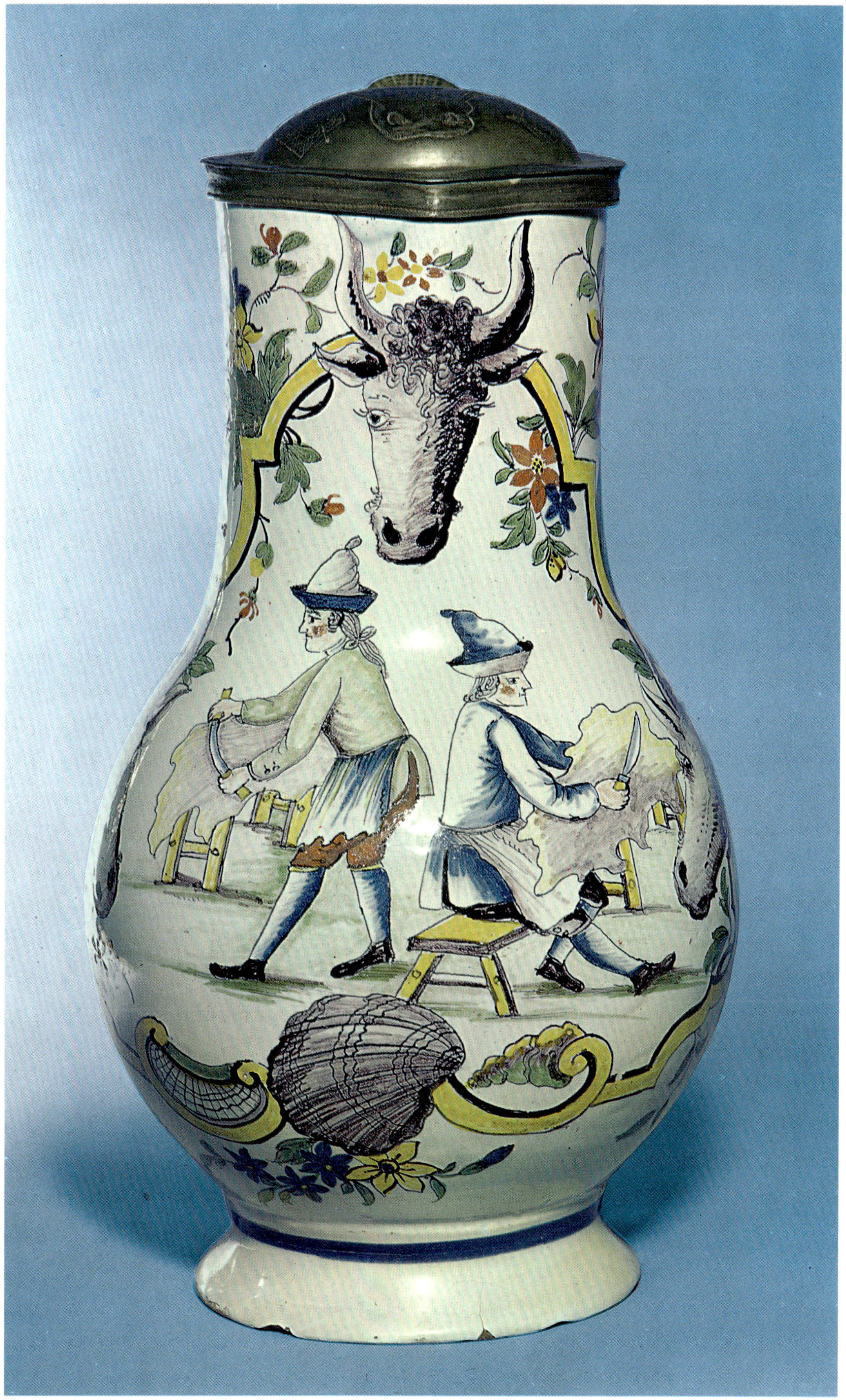

◁ 128 LILLE (Nord), um 1755
Sieben Chinesen; polychromer Scharffeuerdekor; H 38 cm; 33 cm; 31,5 cm; 31 cm
Limoges, Musée national Adrien-Dubouché, Inv. ADL. 145[1 à 7] (ehem. Sammlung Gasnault)
Die Chinesen von Lille sind Abbilder der von den zur gleichen Zeit arbeitenden Weichporzellanmanufakturen Saint-Cloud, Chantilly und Mennecy geschaffenen Chinesen-Statuetten. Hinter ihrer ernsten Erscheinung verbirgt sich viel Humor. Die Zuschreibung an die Manufaktur der Dorez in Lille ist überzeugend, denn diese besaß solche Stücke, wie die Inventare von 1740 und 1745 beweisen.

129 LILLE (Nord), um 1770
Zunftkrug; polychromer Scharffeuerdekor; H 27 cm
Paris, ehem. Sammlung Delesalle
Die Zunftkrüge waren ein sehr typischer Teil der Produktion von Lille. Während die in Nevers hergestellten Teller mit Schutzheiligen die Verbindung des Auftraggebers oder Empfängers mit seinem Namenspatron deutlich machten (vgl. Abb. 153), ist auf diesen Krügen das Gewerbe des Empfängers dargestellt.
Dieser Krug mit Rocailledekor ist in den in der Manufaktur von Lille üblichen Farben bemalt, mit der charakteristischen reichen Verwendung von Gelb und Manganviolett, dem weitgehenden Verzicht auf Rot und mit dem kalten Ton des Grüns.

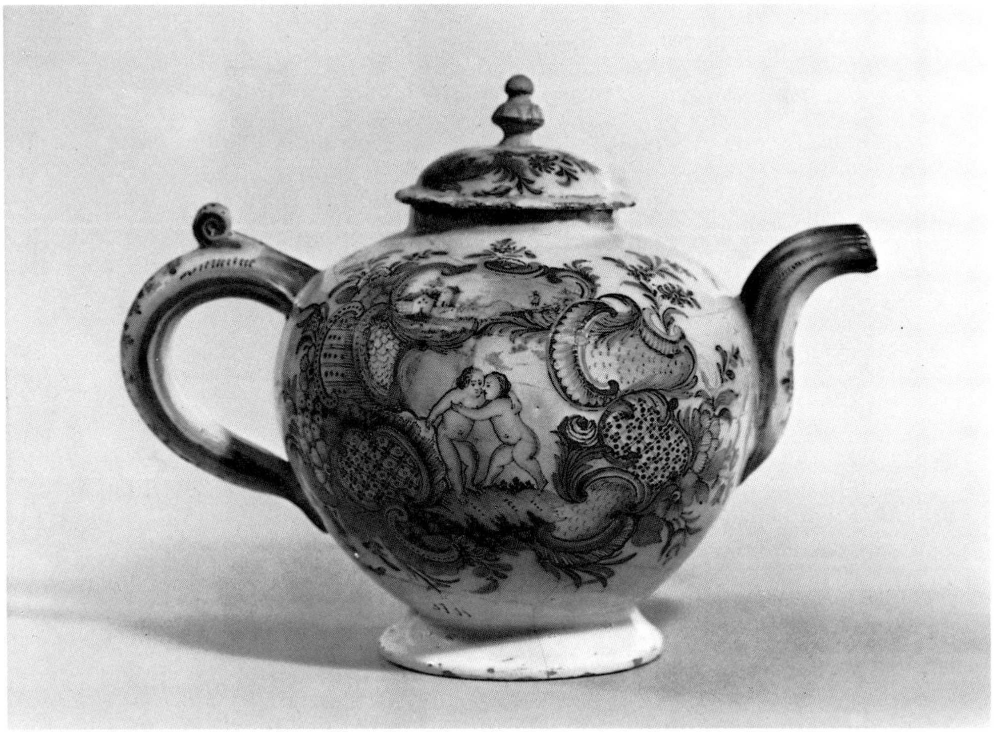

130 LILLE (Nord), 1768
Teekanne; Inschrift im Deckel: lille 1768; polychromer Scharffeuerdekor; H 19 cm
Sèvres, Musée national de Céramique, Inv. CL. 7239 (Depot im Musée de la Renaissance, Ecouen)
Mit Marke und Datum versehene Fayencen der Manufaktur von Lille sind selten, um so wichtiger ist diese Teekanne. Sie ist mit einer Landschaft, Putten und Rocaillen geschmückt, die in sehr zarten, beinahe faden Tönen gemalt sind. Zu dieser Zeit, als die meisten Manufakturen Dekors in Muffelbrandfarben ausführten und damit sanfte Töne erzielten, hat Lille seine Palette dem herrschenden Geschmack angepaßt.

131 LILLE (Nord), um 1770
Teller; polychromer Scharffeuerdekor; ∅ 24 cm
Paris, ehem. Sammlung Delesalle
Wie die Teekanne (Abb. 130) ist auch dieser Teller mit Rocaillemotiven in einer bewußt gedämpften Palette geschmückt. Die beiden Personen in der Mitte, die auf einer Erdscholle stehen, sind in frischer Natürlichkeit dargestellt.

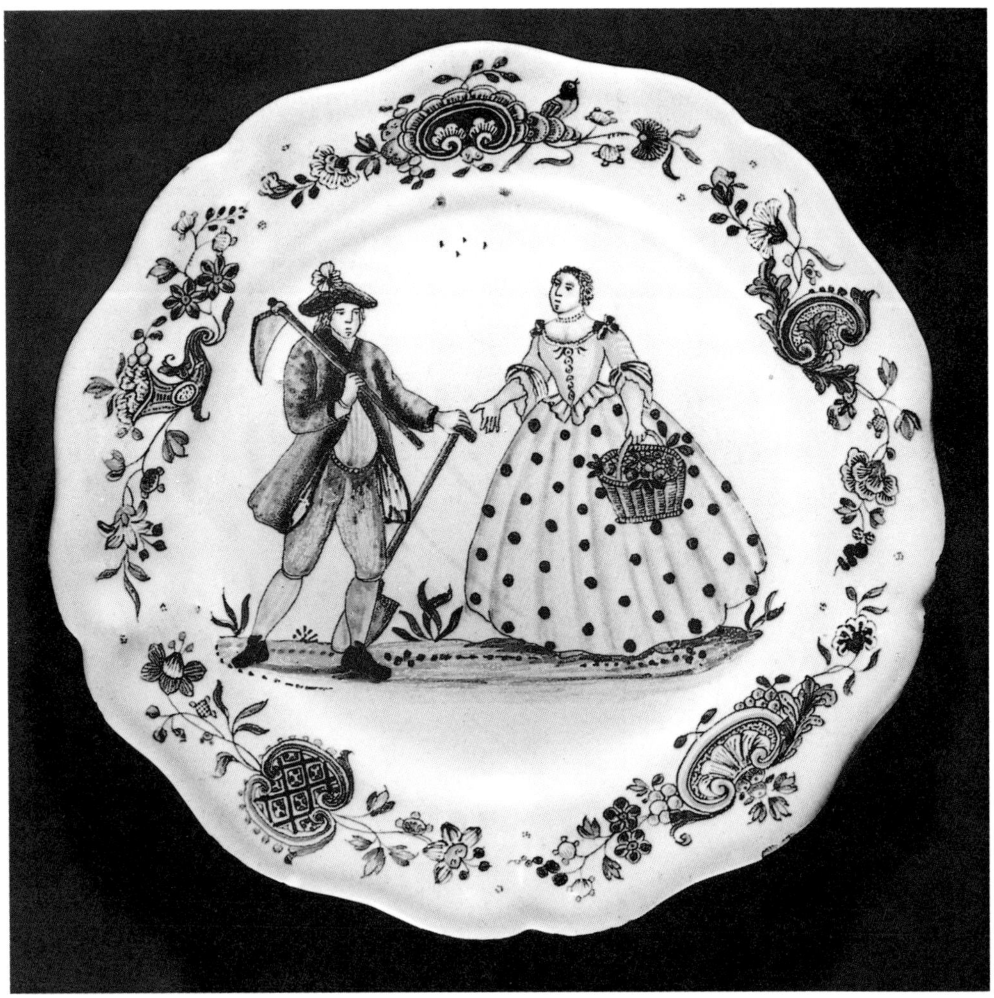

132 LILLE (Nord), 1767 ▷
Teller; Inschriften: auf der Vorderseite: MAITRE DALIGNE; auf der Rückseite: LILLE 1767, darüber eine Krone; polychromer Scharffeuerdekor; ∅ 25 cm
Sèvres, Musée national de Céramique, Inv. MNC. 6695 (Geschenk Pichon)
Lille arbeitete nicht mit Muffelbrandfarben, stellte aber manchmal in etwas fahlen Farben dekorierte Stücke her, um die Wirkung der Muffelbrandtechnik zu imitieren. Dies trifft hier nicht zu, denn Rot ist eine notwendigerweise lebhafte Farbe.

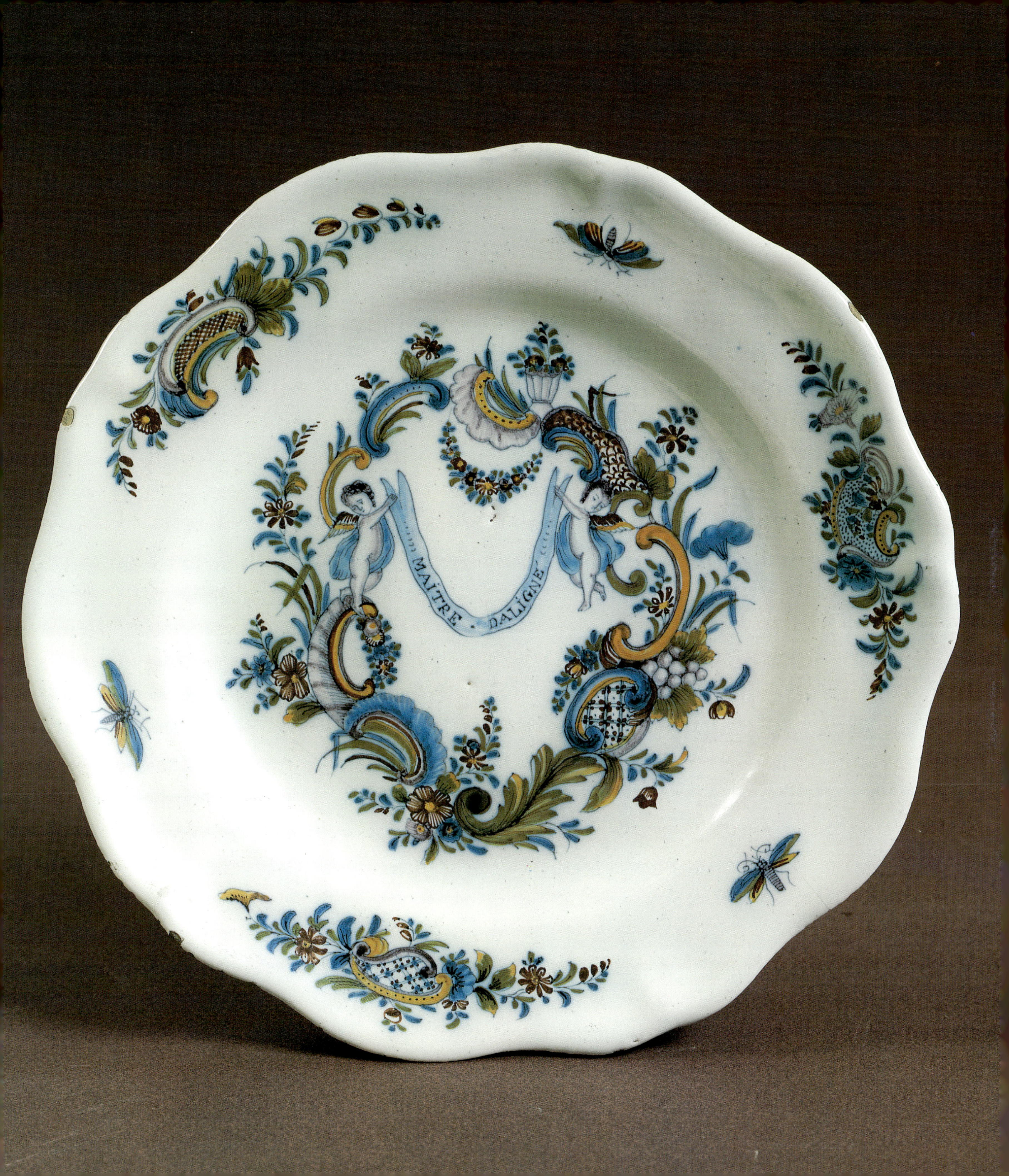
MAÎTRE · DALIGNE

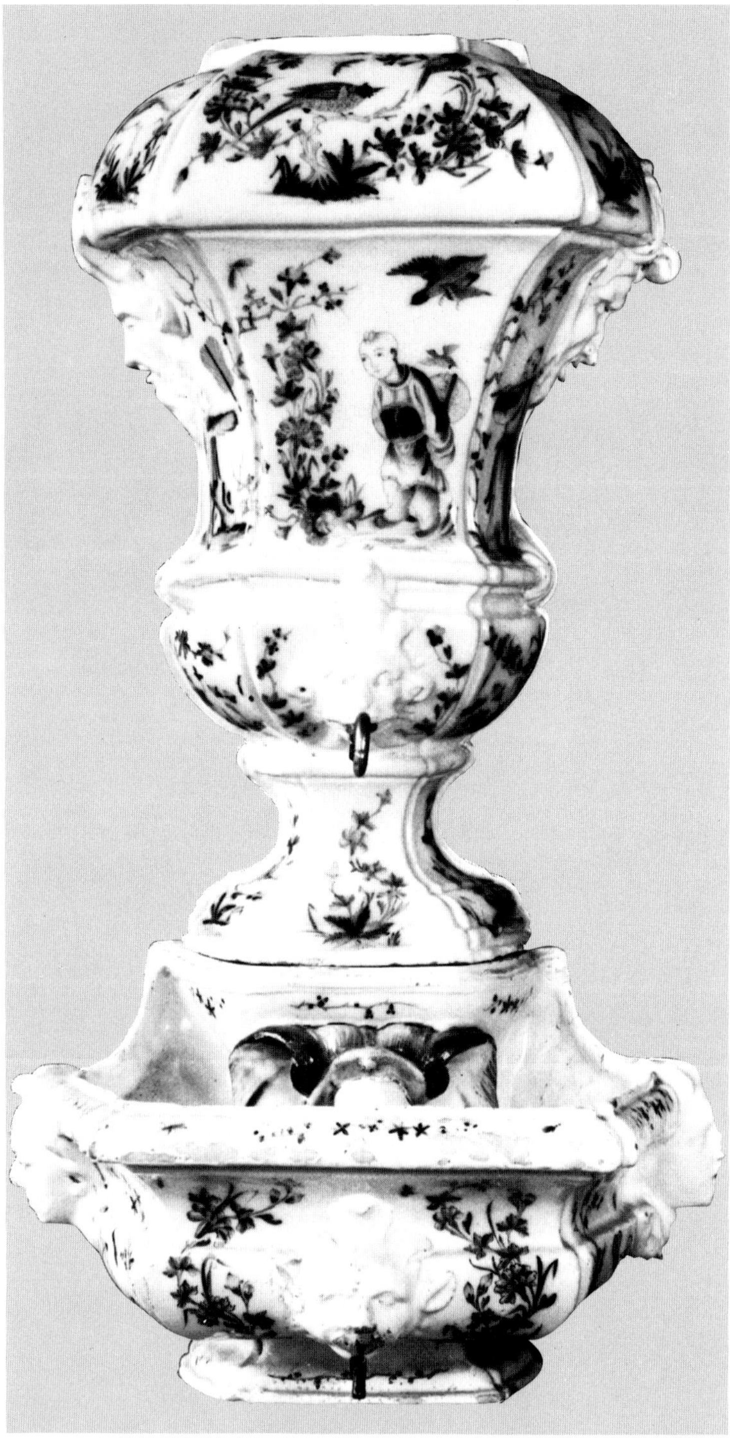

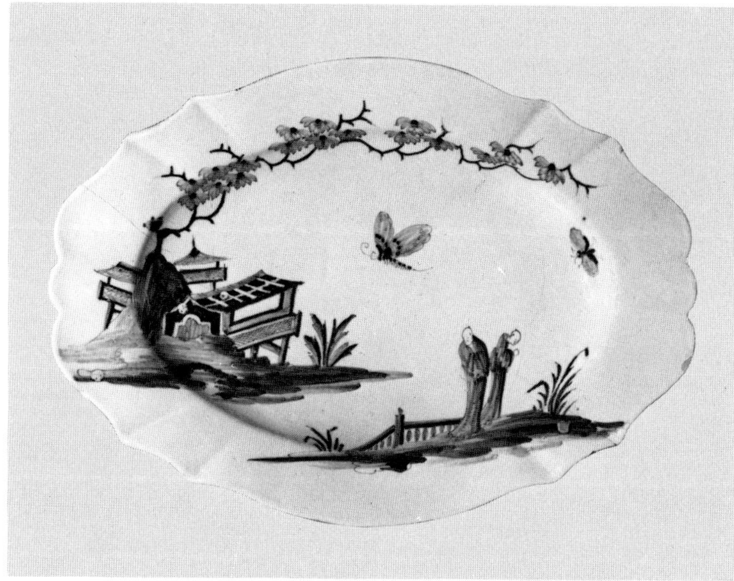

134 SAINT-OMER (Pas-de-Calais), Manufaktur Saladin-Levesque, um 1760
Platte; Scharffeuerdekor in Camaieumanganviolett; L 41,2 cm, B 30,6 cm
Saint-Omer, Musée Sandelin, Inv. 7003
Die Manufaktur Levesque in Saint-Omer hat zwei Dekortypen mit Chinesen geschaffen, diesen hier und den auf dem Wandbrunnen (Abb. 133), die stets in Manganviolett ausgeführt sind. Die langgezogenen Personen auf dieser Platte sind durchaus nicht realistisch dargestellt, die ganze Komposition fügt sich jedoch sehr elegant der Form der Platte und dem Ansatz der Fahne an.

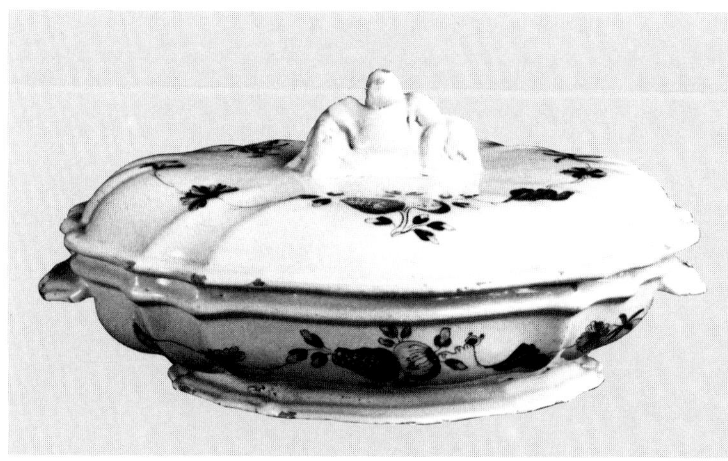

133 SAINT-OMER (Pas-de-Calais), Manufaktur Saladin-Levesque, um 1760
Wandbrunnen mit zugehörigem Becken; H 102 cm (mit Becken)
Saint-Omer, Musée Sandelin, Inv. 4076
Der streng aufgebaute Wandbrunnen ist mit Reliefmasken besetzt. Levesque, dem Saladin die Leitung seiner Manufaktur übergeben hatte, war in Rouen zum Maler und Modelleur ausgebildet worden. Der gemalte, wie auf der folgenden Platte (Abb. 134) manganviolette Dekor hat einen ganz anderen, realistischeren Charakter. Die dargestellten Chinesenkinder wirken echt und lebendig, die Blumen lassen sich zum Teil identifizieren, dazu kommen noch Vögel.

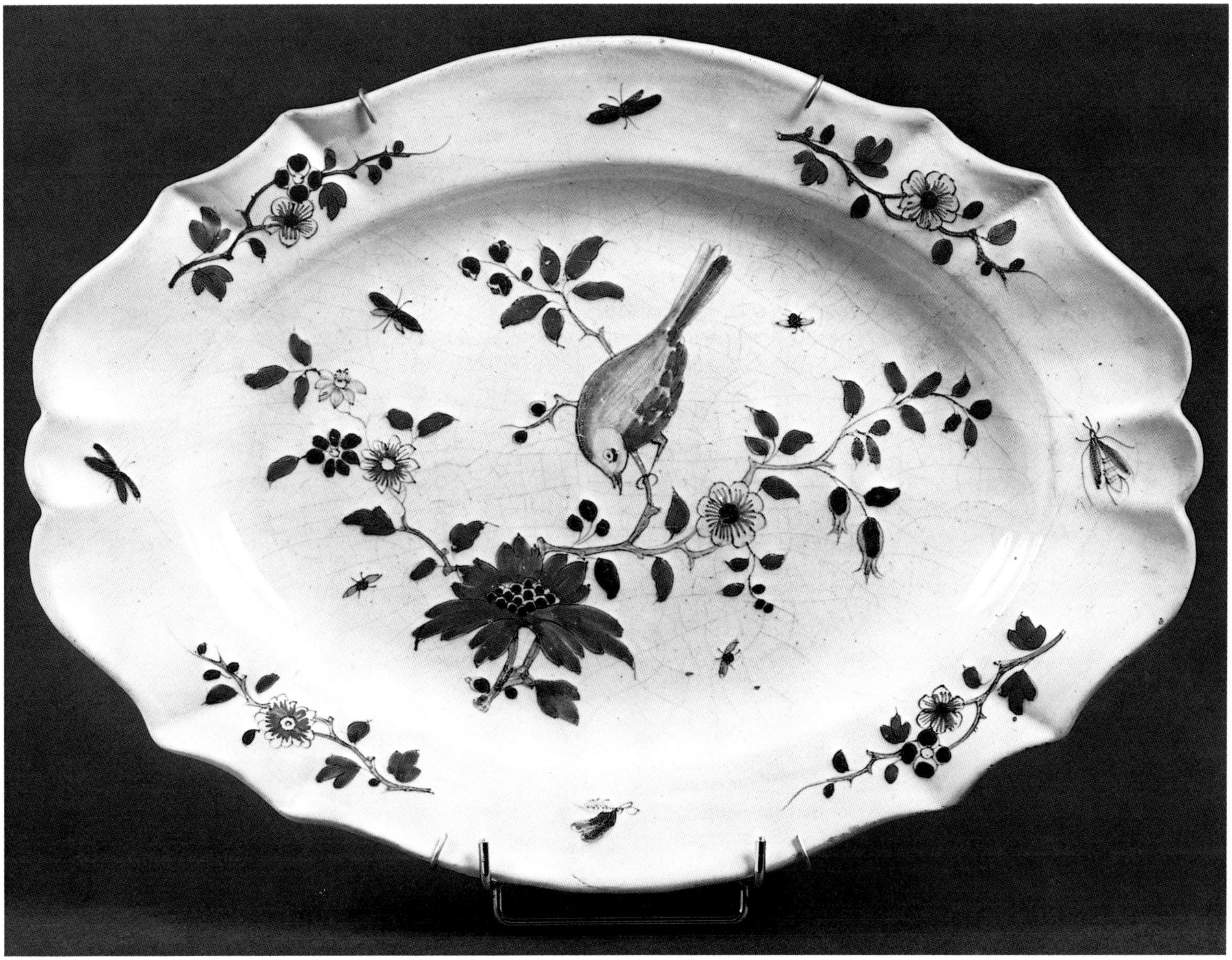

◁ 135 SAINT-OMER (Pas-de-Calais), Manufaktur Saladin-Levesque, um 1760
Deckelterrine; Scharffeuerdekor in Camaieumanganviolett; L 38,5 cm
Saint-Omer, Musée Sandelin, Inv. CM. 1112
Wie der Wandbrunnen (Abb. 133) ist auch diese Terrine mit plastischem Schmuck versehen. Hier ist es die Figur eines Chinesen, deren Gewicht übrigens die Wölbung des Deckels etwas eingedrückt hat. Der gemalte Dekor *à la grenade* – Blüten und Früchte – ist manganviolett in Camaieutechnik ausgeführt.

136 SAINT-OMER (Pas-de-Calais), Manufaktur Saladin-Levesque, um 1760
Platte; polychromer Scharffeuerdekor; L 41,5 cm
Saint-Quentin, Musée A. Lecuyer, Inv. L. 468
Die Platte mit dem Dekor *à l'oiseau branché* – einem Vogel auf einem Zweig – ist ein Beispiel für einen bekannten Typus von Saint-Omer. Hier wird ein sicherer Sinn für ein Gleichgewicht der Massen bei offensichtlicher Asymmetrie deutlich. In der Palette herrschen Grün und Manganviolett vor.

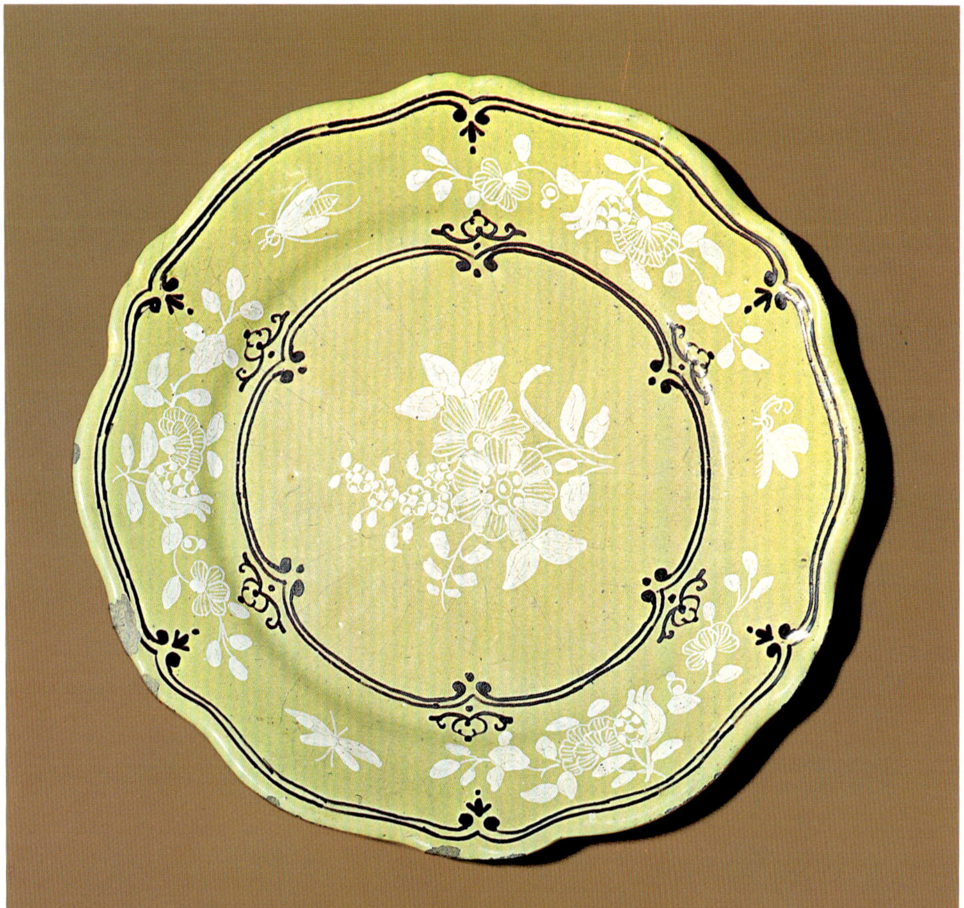

137 SAINT-OMER (Pas-de-Calais), Manufaktur Saladin-Levesque, um 1765
Zwei Teller; Scharffeuerdekor in Farbe und Permanentweiß auf farbigem Grund; ⌀ 25,4 cm; 24,7 cm
Saint-Omer, Musée Sandelin, Inv. 4174 bis und 5910
Die farbigen Fonds waren eine Spezialität der 1750 von Saladin in Saint-Omer gegründeten und von 1751 an von Jacques-Adrien Levesque geleiteten Manufaktur. Sie sind selten gelb, häufiger blau. Auch Rouen und Delft haben ebenso wie Saint-Omer die blauen Fonds von Nevers nachgeahmt, allerdings mit wechselndem Glück; diejenigen von Saint-Omer gehören zu den gelungensten.

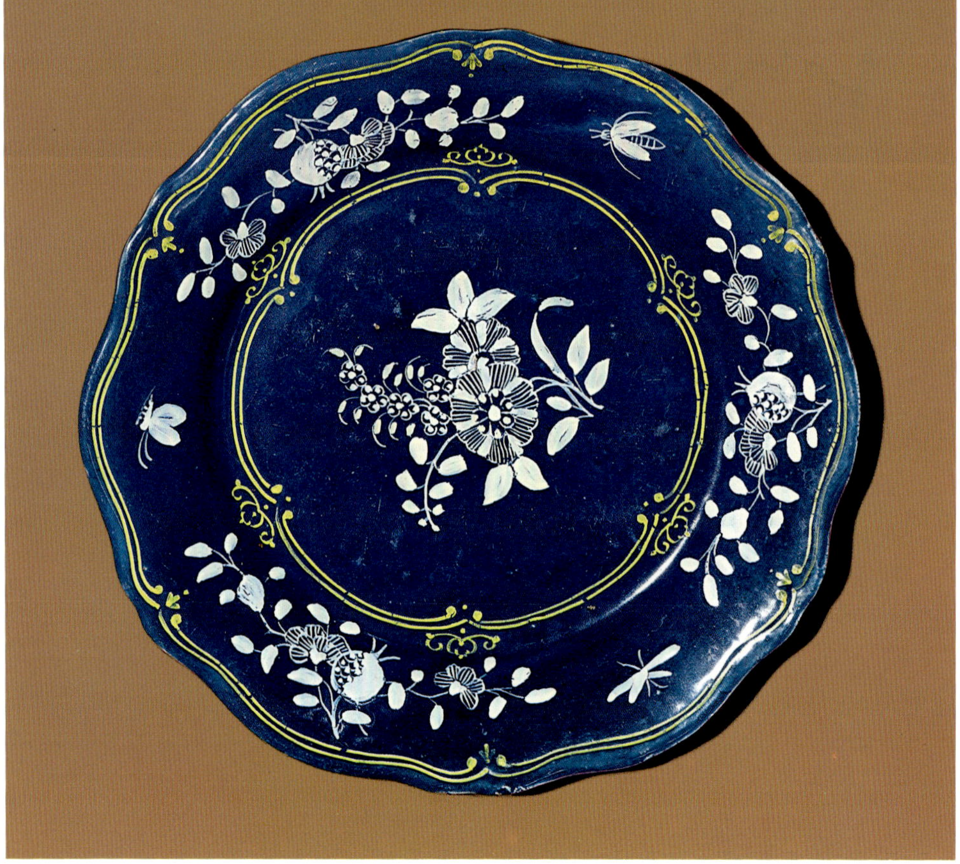

138 SAINT-OMER (Pas-de-Calais), Manufaktur Saladin-Levesque, um 1760
Teller; polychromer Scharffeuerdekor; ⌀ 25 cm
Sèvres, Musée national de Céramique, Inv. MNC. 6712 (Geschenk O. Petit)
Die Serie der Teller *à la maraîchère* (Gemüsegärtnerin) umfaßt sechs Modelle. Vorbilder für den Dekor sind Stiche von Ingram nach Werken von François Boucher. Auf diesem Teller ist ein Stich mit dem Titel *La Jardinière* (Die Gärtnerin) wiedergegeben. Mit sicherem Sinn für dekorative Wirkung hat der Fayencemaler sich auf das Wesentliche beschränkt und nur die zentrale Figur der Graphik kopiert, die er in lebhaften Farben ausführte.

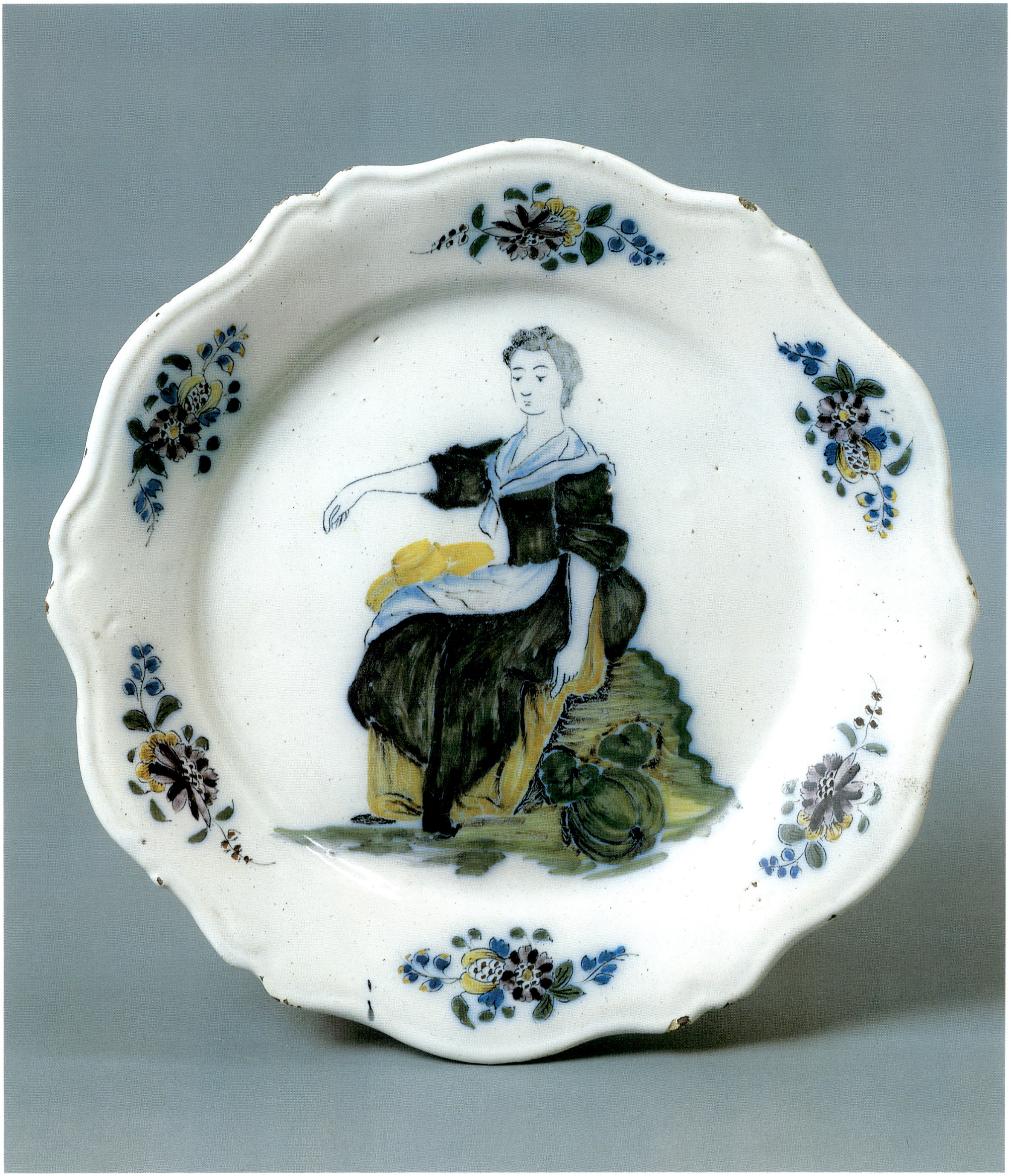

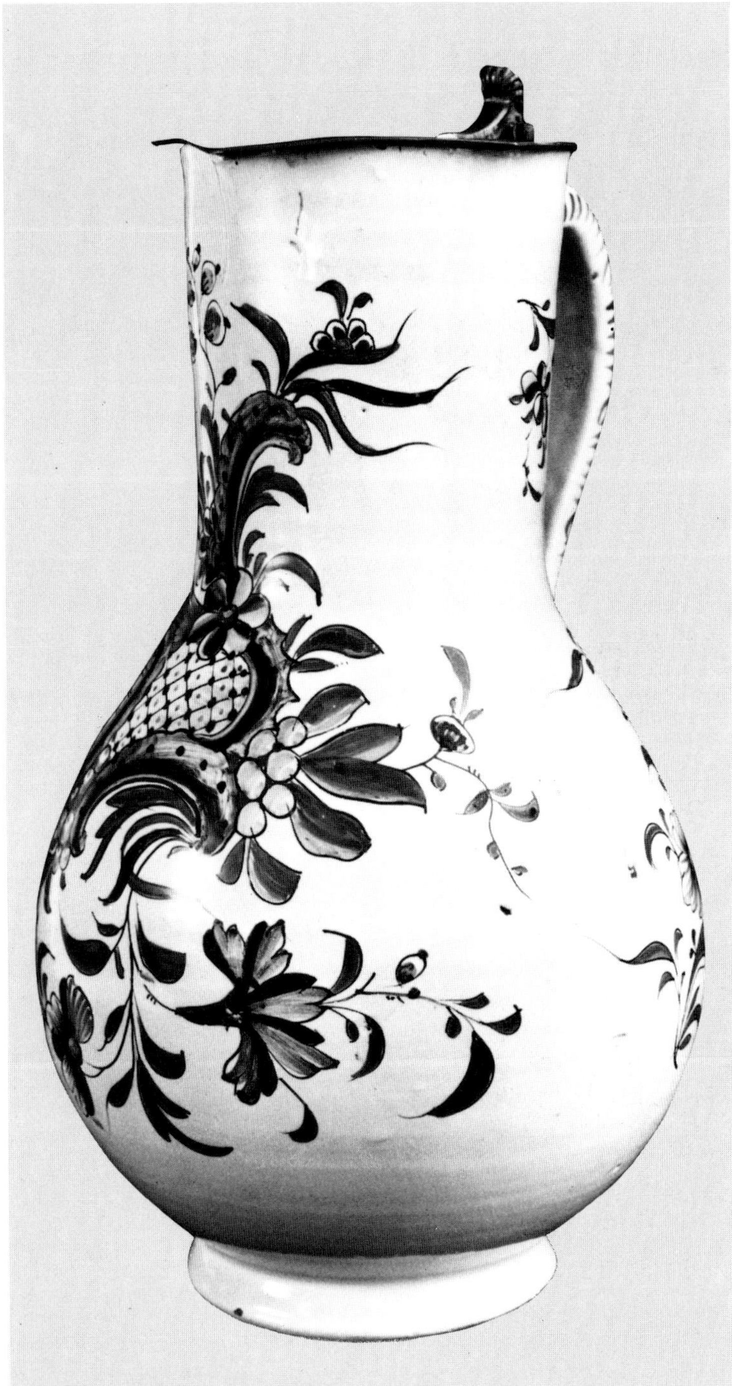

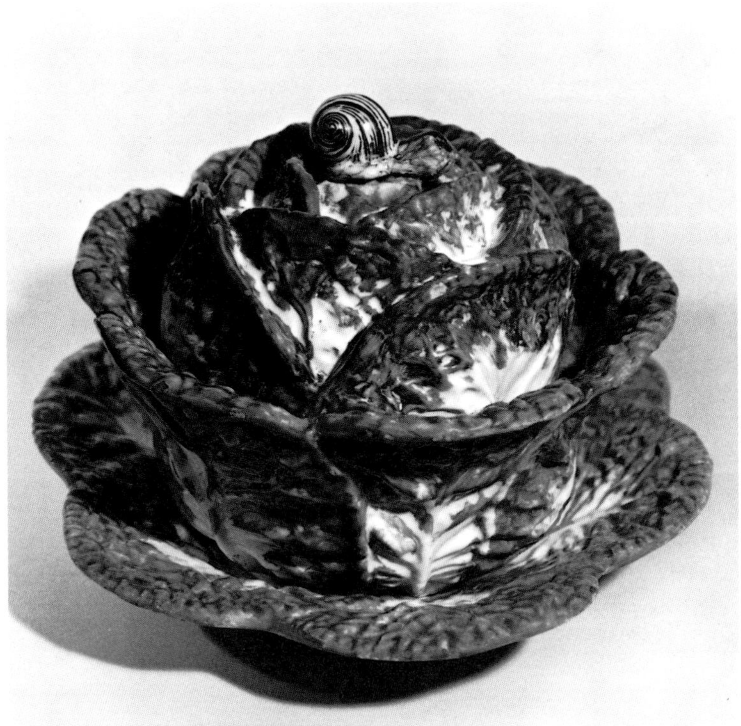

140 SAINT-OMER (Pas-de-Calais), Manufaktur Saladin-Levesque, 1759
Terrine in Form eines Kohlkopfs und mit Untersatz; Inschrift auf der Unterseite der Terrine: A St Omer 1759; polychromer Scharffeuerdekor; Terrine: H 24 cm; Untersatz: ⌀ 36 cm
Saint-Omer, Musée Sandelin, Inv. 7605
Dieser Kohlkopf – vielleicht ein Musterstück – trägt eine äußerst seltene Marke; man kennt nur noch eine weitere mit dem Namen von Saint-Omer bezeichnete Fayence, bei der es sich um ein Versuchsstück in Muffelbrandtechnik zu handeln scheint, das keine weitere Produktion zur Folge hatte. Dagegen wurden im 18. Jahrhundert in Saint-Omer Terrinen in Form von Kohlköpfen, Hühnern, Wildschweinköpfen und anderem in großer Zahl hergestellt.

139 SAINT-OMER (Pas-de-Calais), Manufaktur Saladin-Levesque, um 1755
Wasserkrug; polychromer Scharffeuerdekor; H 43,3 cm
Saint-Omer, Musée Sandelin, Inv. CM. 7649
In der zweiten Hälfte des 18. Jahrhunderts hat jede Manufaktur ihre eigene Version des Rokokostils ausgebildet: Diejenige von Rouen ist sicherlich die farbigste. Saint-Omer hat kaum Rot verwendet, sondern an seiner Stelle Manganviolett, dem das strahlende Leuchten fehlt, was aber durch die Lebhaftigkeit des Gelb ausgeglichen wird. Olivgrün und einige blaue Pinselstriche sorgen für die Harmonie des Ganzen.

141 SAINT-AMAND-LES-EAUX (Nord), Manufaktur Desmoutiers, zweite Hälfte des 18. Jahrhunderts ▷
Platte; polychromer Scharffeuerdekor; ⌀ 36 cm
Abbeville, Musée Boucher de Perthes, Inv. 1135
Dieser Plattentypus ist traditionell dem Norden Frankreichs zugeschrieben worden. Die jüngsten Untersuchungen von Janine Bonifas haben nun den Beweis erbracht, daß die Manufaktur Desmoutiers in Saint-Amand-les-Eaux diese Art von Dekor verwendet hat. Er hat seinen Ursprung in den Niederlanden, wo er auf Fayencen von Manufakturen des 17. Jahrhunderts vorkommt, die also aus der Periode vor dem großen Aufschwung von Delft stammen.

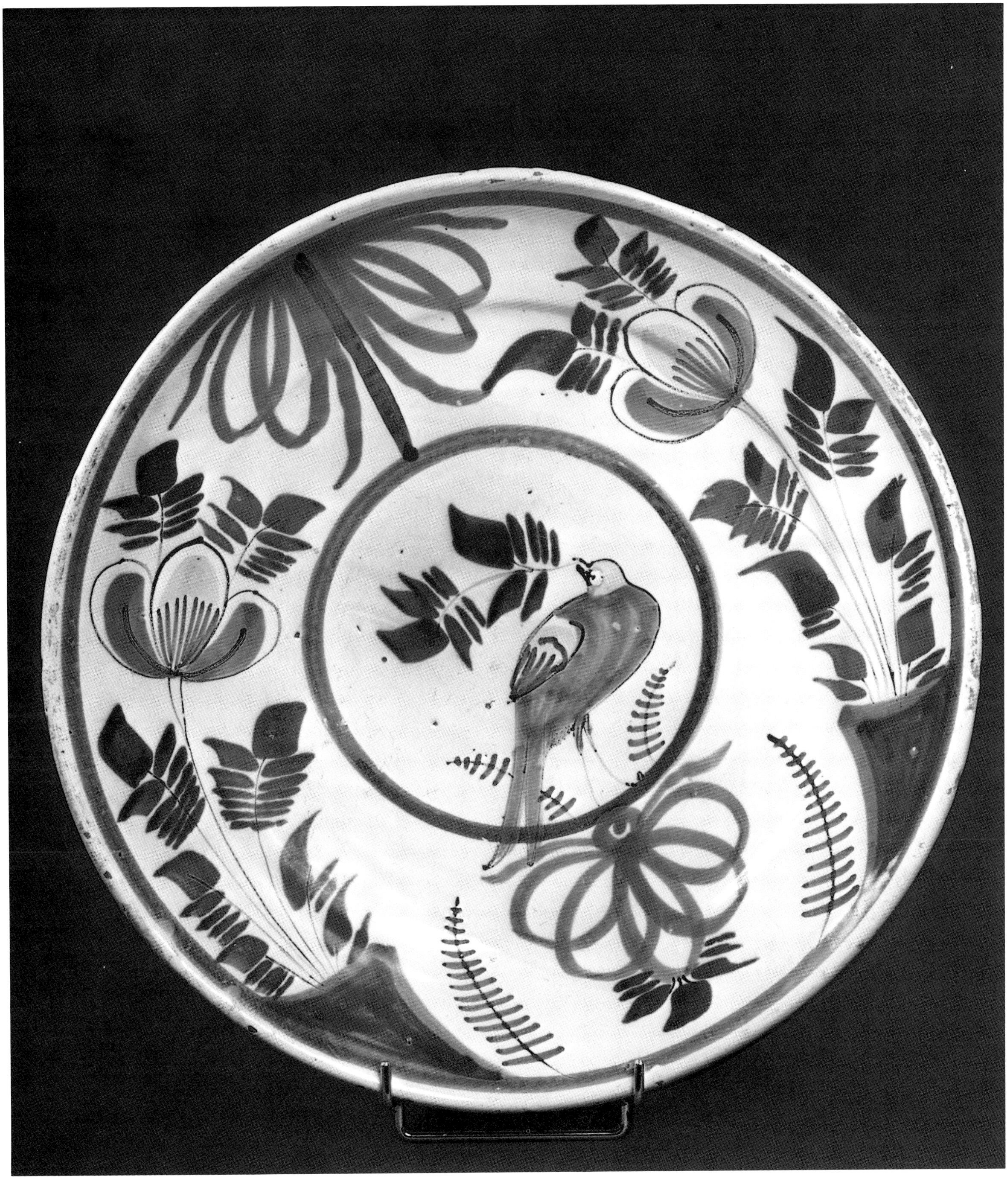

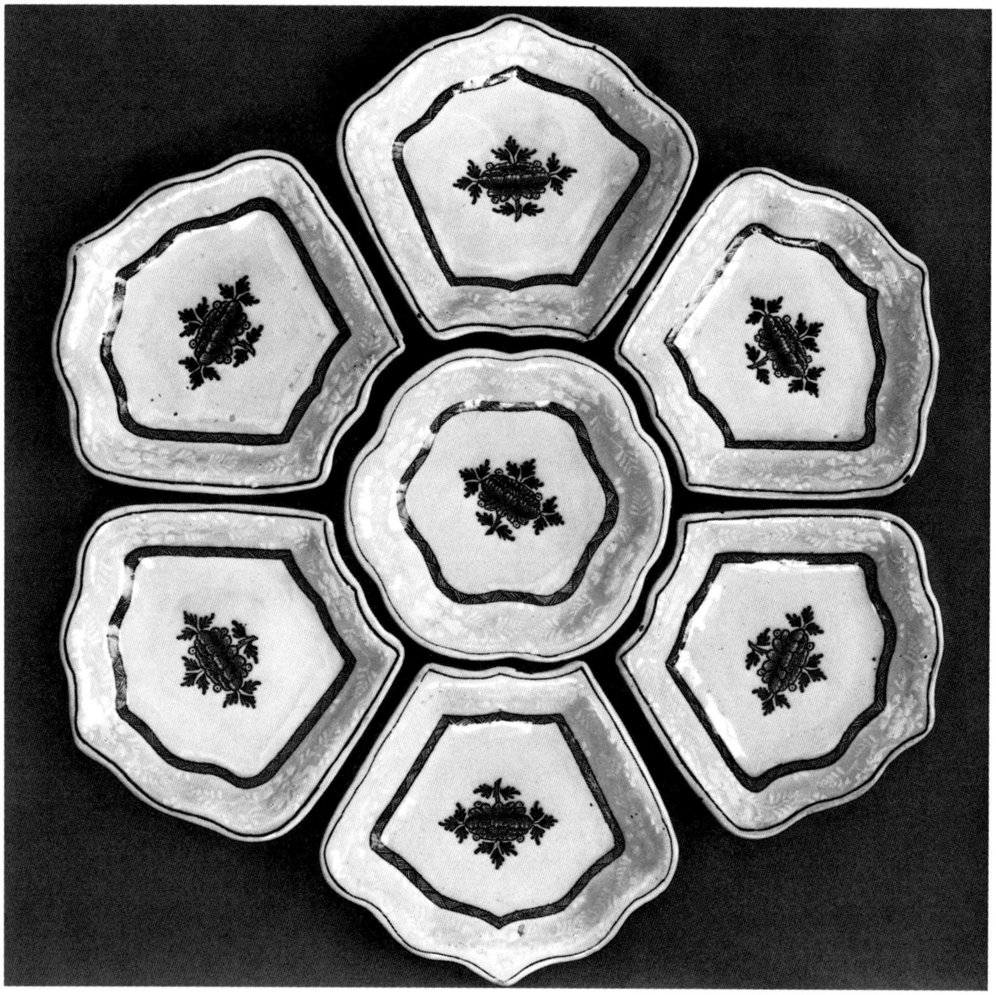

142 SAINT-AMAND-LES-EAUX (Nord), Manufaktur Fauquez, um 1760
Tafelaufsatz, sog. *service à mendiants*; Scharffeuerdekor in Blau und Permanentweiß auf bläulich-grauem Grund; ⌀ 56,4 cm
Saint-Amand-les-Eaux, Musée municipal
Die Anregung zur Form dieses Tafelaufsatzes haben die Fauquez sicherlich von Delfter Fayencen übernommen, die ebenfalls aus flachen Schalen zusammengefügt sind. Das ursprüngliche Vorbild entstand in China. Ist die Form reich, so ist der Dekor, in dem auch feine, für die Fayencen von Saint-Amand-les-Eaux charakteristische Höhungen mit Permanentweiß vorkommen, recht einfach.

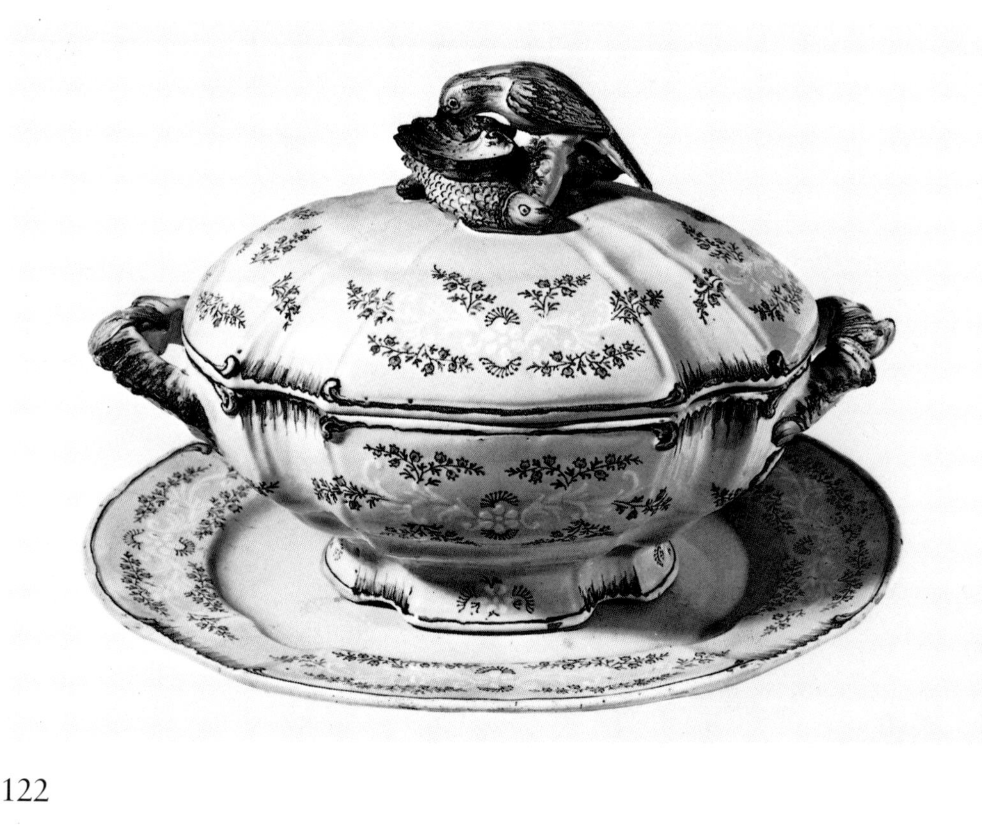

143 SAINT-AMAND-LES-EAUX (Nord), Manufaktur Fauquez, um 1760
Deckelterrine mit Untersatz;
Scharffeuerdekor in Manganviolett und Permanentweiß; ⌀ 31 cm
Saint-Amand-les-Eaux, Musée municipal, Inv. 192 (ehem. Sammlung Bouchart)
Der Dekor der Terrine ist nicht mit Blau gemalt, sondern mit dem in nordfranzösischen Manufakturen häufig verwendeten Manganviolett. Das Motiv *à la bruyère* (Heidekraut) ist so fein ausgeführt wie die weißen Höhungen. Als Deckelknauf dient eine plastische Gruppe, ein Vogel, der etwas aus einer Muschel pickt, die auf einem Fisch ruht. Die Freude am plastischen Dekor ist für Saint-Amand-les-Eaux charakteristisch.

144 SAINT-AMAND-LES-EAUX (Nord), Manufaktur Fauquez, um 1760
Leuchter; Scharffeuerdekor in Manganviolett; H 23 cm
Saint-Amand-les-Eaux, Privatsammlung
Man schreibt Saint-Amand-les-Eaux nicht nur Stücke mit plastischem Dekor wie die Terrine (Abb. 143) zu, sondern auch solche, deren Schmuck in ihrer Form selber liegt. Das trifft für diesen Leuchter zu, der den Forderungen des Rokoko ausgezeichnet entspricht. Er war allerdings in Fayence sehr viel schwieriger auszuführen als in Goldschmiedetechnik. Man weiß aber, daß die Fayencemanufakturen häufig von Goldschmieden entwickelte Formen übernommen haben.

145 SAINT-AMAND-LES-EAUX (Nord), Manufaktur Fauquez, um 1760
Eierbecher und Senftopf; Scharffeuerdekor in Blau und Permanentweiß auf bläulich-grauem Grund; Eierbecher: H 9,9 cm; Senftopf: H 13 cm
Saint-Amand-les-Eaux, Musée municipal, Inv. 133 und 131
Fayencen aus Saint-Amand-les-Eaux mit plastischem Dekor sind zahlreich, so besitzt das Musée national de Céramique in Sèvres einen Brunnen, dessen Körper mit einem erhabenen Delphin geschmückt ist. Hier bildet ein Delphin den Sockel und damit den wesentlichen Teil der Stücke. Der gemalte Dekor, Camaieublau mit weißen Höhungen, ist ebenso für die Fayencen von Saint-Amand-les-Eaux charakteristisch.

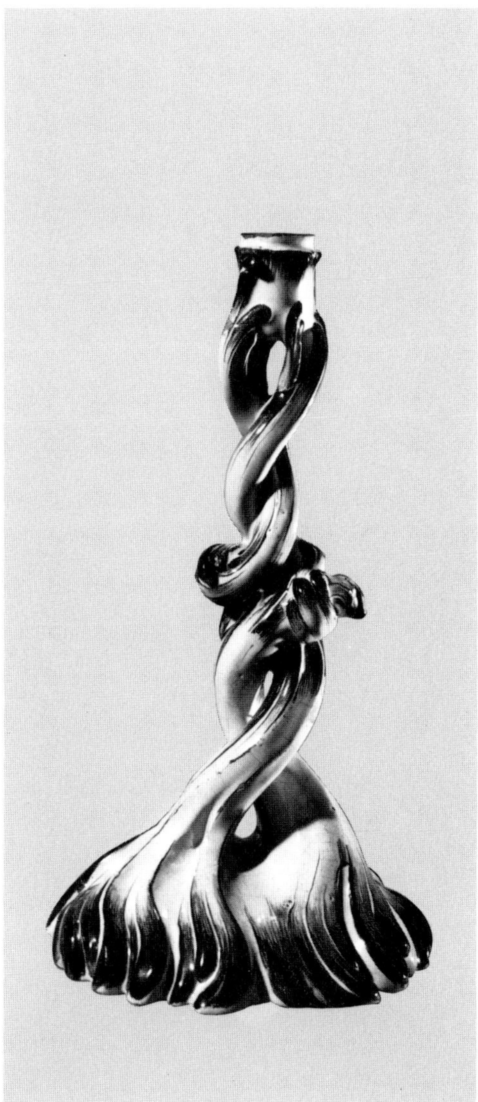

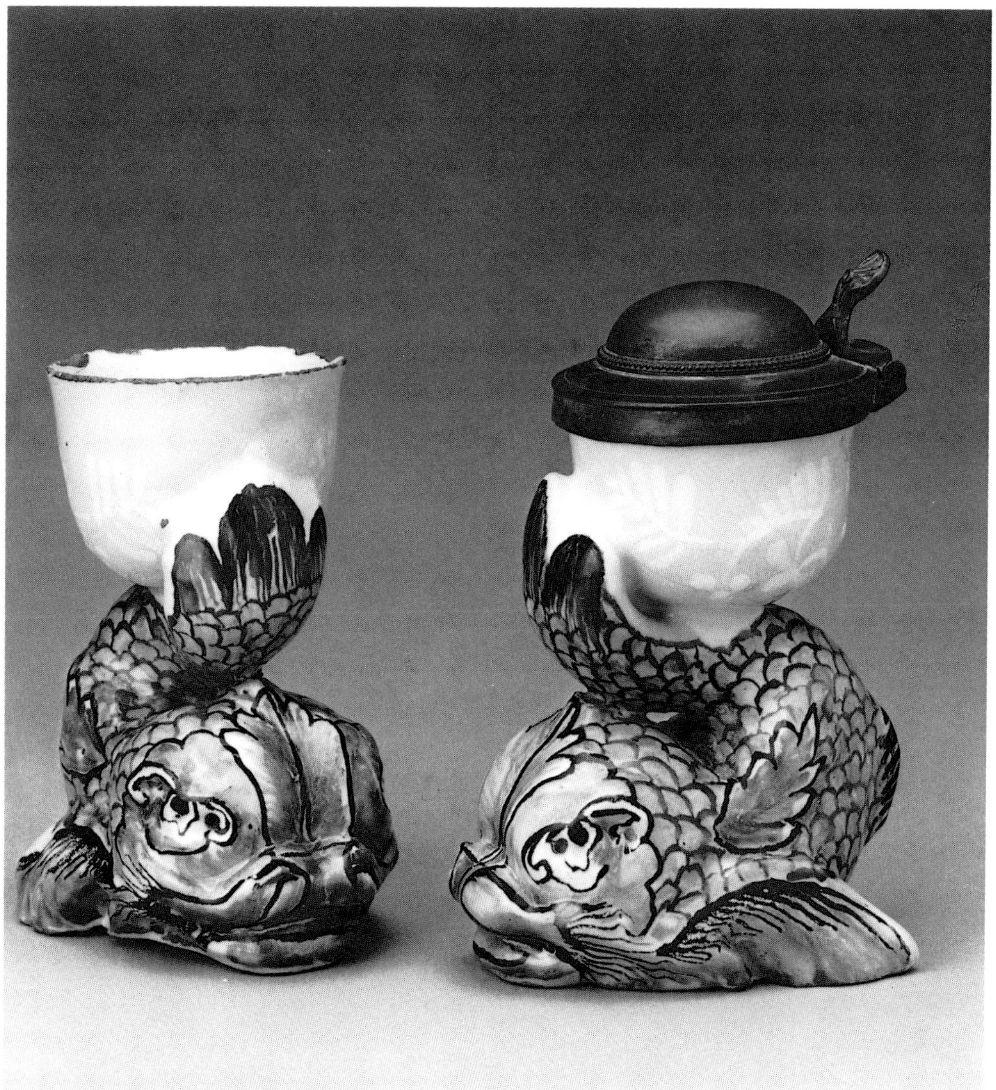

146 SAINT-AMAND-LES-EAUX (Nord), Manufaktur Fauquez, Ende des 18. Jahrhunderts
Deckelterrine; Marke auf der Unterseite: verschlungene blaue F; Scharffeuerdekor in Blau, Gelb und Schwarz; L 30,3 cm, H 23,3 cm
Saint-Amand-les-Eaux, Musée municipal, Inv. 143
Der Rocaillegeschmack hielt bis zum Ende des 18. Jahrhunderts an, wie diese Terrine beweist. Sie trägt reichen Blumenschmuck. Den Knauf des Deckels bildet eine gelb bemalte Zitrone, die Blüten dagegen sind blau und die Punktierungen schwarz.

147 SAINT-AMAND-LES-EAUX (Nord), Manufaktur Fauquez, Ende des 18. Jahrhunderts
Deckelterrine; polychromer Muffelbranddekor mit Höhungen in Permanentweiß auf bläulich-grauem Grund; L 33,7 cm, H 24,8 cm
Saint-Amand-les-Eaux, Musée municipal, Inv. 297
Zwar ist eine Terrine der gleichen Form bekannt, die als Marke den Turm von Tournai trägt, doch scheint uns die allgemeine Anlage des Dekors auf diesem Stück ganz besonders typisch für Fayencen von Saint-Amand-les-Eaux zu sein. Charakteristisch ist das Vorkommen von mit Permanentweiß ausgeführten Höhungen, die zugleich mit der getönten Glasur bei Scharffeuer gebrannt werden, und Blumenmotiven in Muffelbrandtechnik auf ein und demselben Stück.

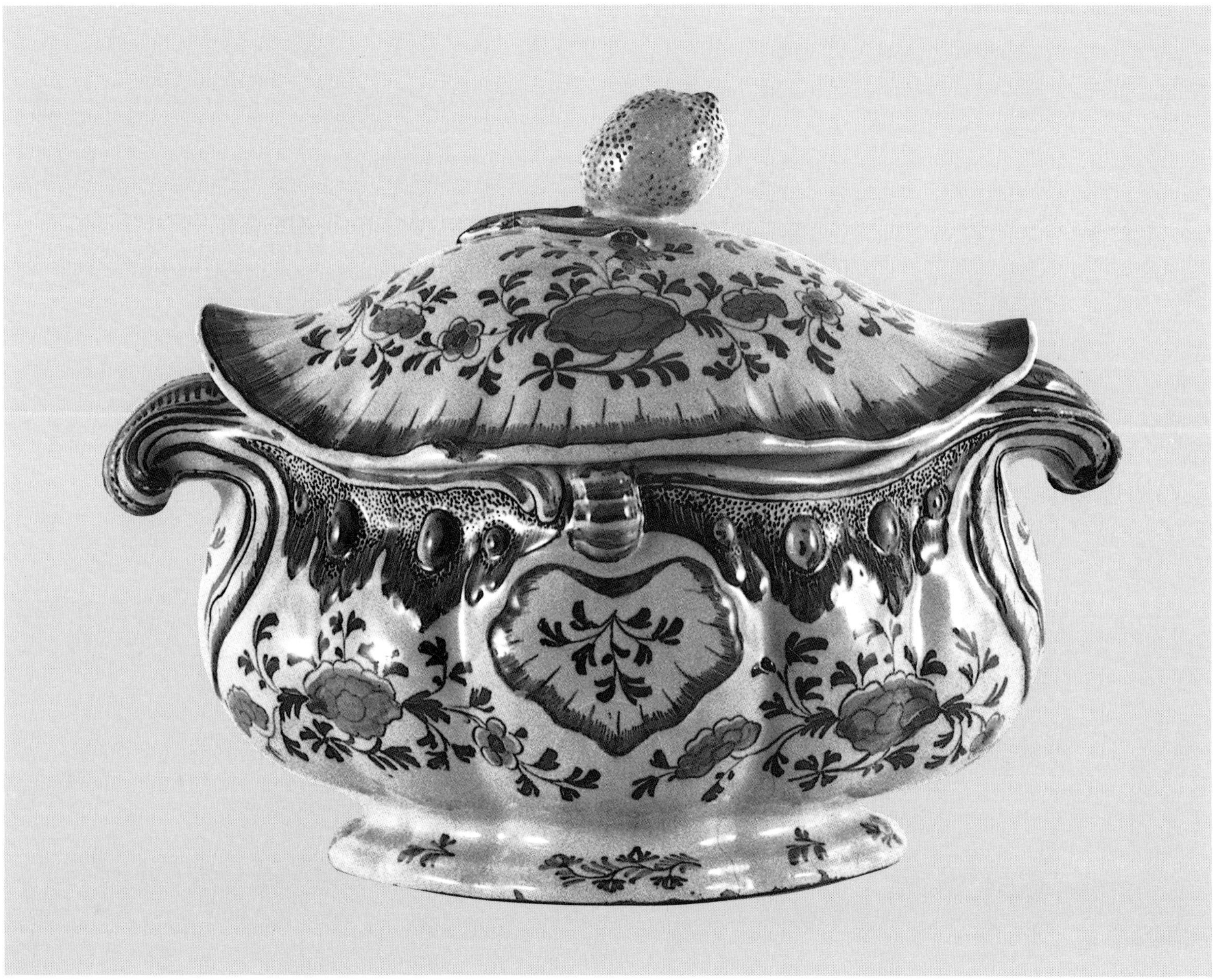

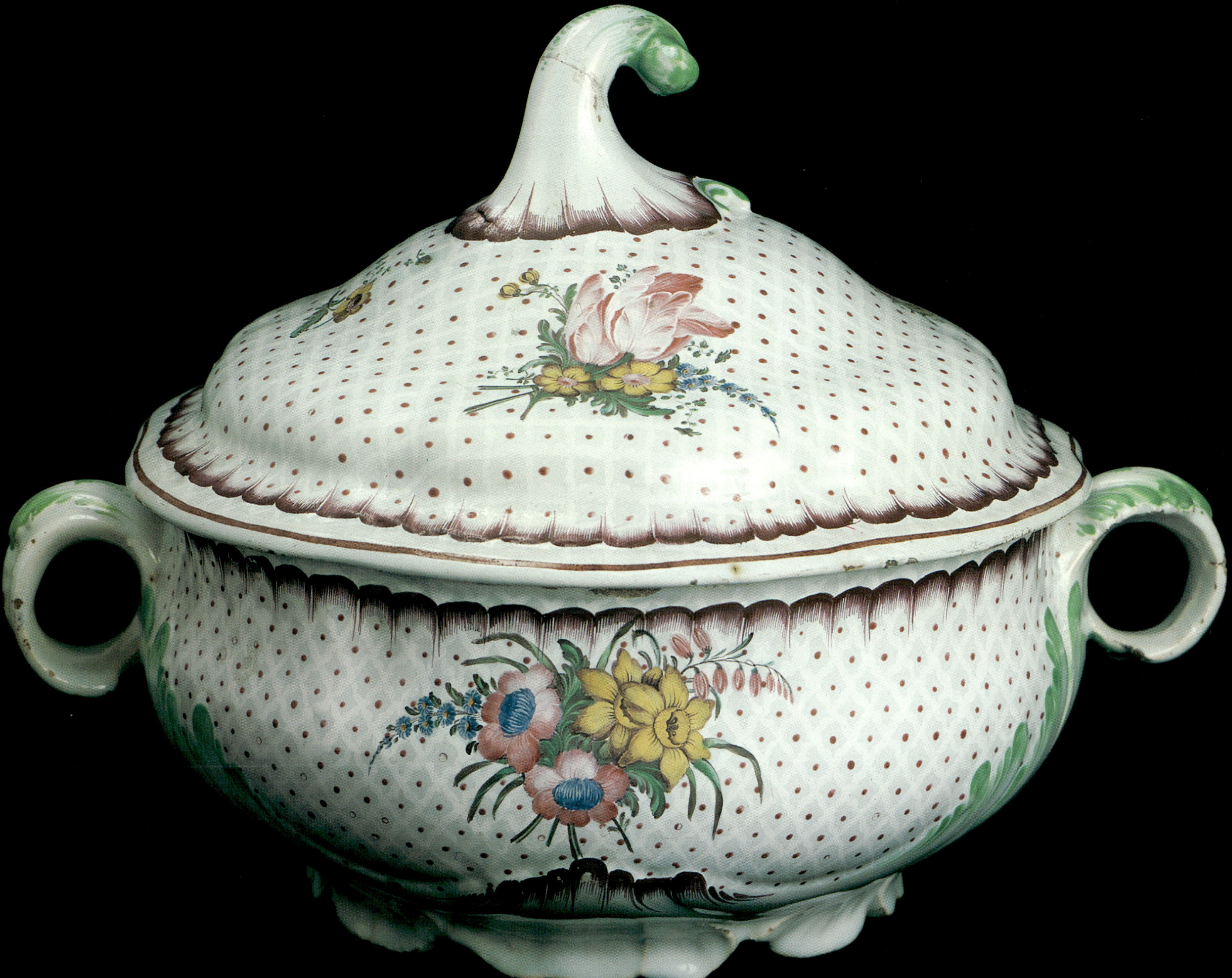

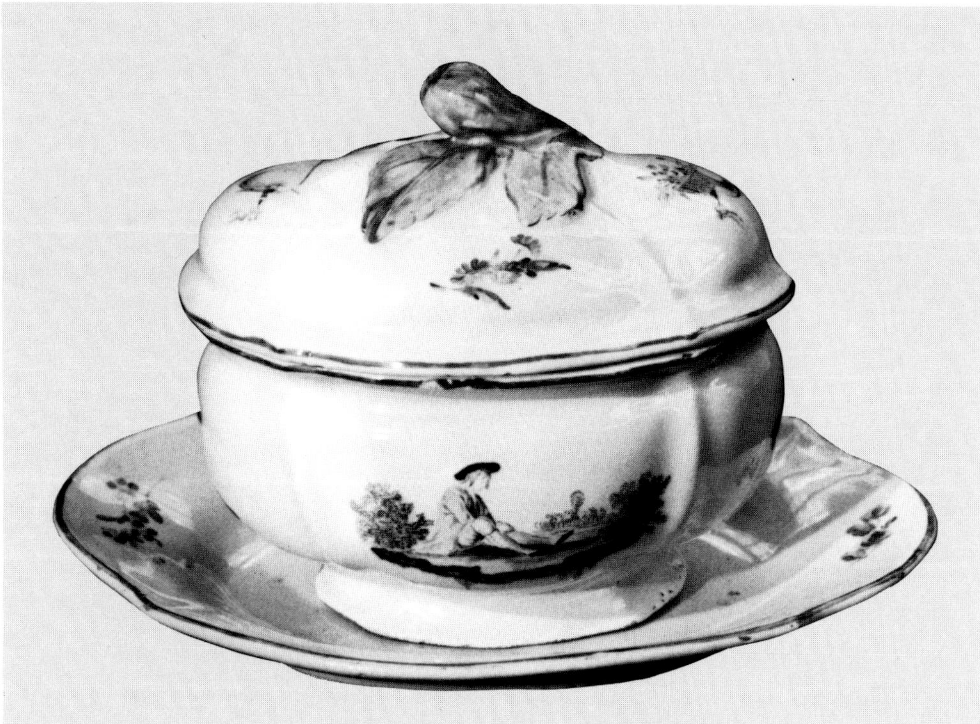

148 SAINT-AMAND-LES-EAUX (Nord), Manufaktur Fauquez, um 1780
Zuckerdose mit Unterteller; Marke unter jedem Teil: vier verschlungene f; polychromer Muffelbranddekor; L 19,8 cm
Saint-Amand-les-Eaux, Musée municipal, Inv. B 233 und B 236
Von etwa 1775 an scheint Saint-Amand-les-Eaux Fayencen geschaffen zu haben, deren Schmuck in sehr zarten Farben gemalte, auf Bodenstücken sitzende Gestalten bilden. Man sieht darin den Einfluß – wenn nicht sogar Werke – von Louis Watteau (1731–1798), einem Neffen des berühmten Antoine Watteau, von dem man weiß, daß er mit Jean-Baptiste Fauquez eng befreundet war.

149 SAINT-AMAND-LES-EAUX (Nord), Manufaktur Fauquez, um 1780
Teller; Marke: schwarze verschlungene F; polychromer Muffelbranddekor; ∅ 21 cm
Saint-Amand-les-Eaux, Musée municipal, Inv. 400
Die Manufaktur der Fauquez in Saint-Amand-les-Eaux hat Fayencen mit Muffelbranddekor in großer Zahl hergestellt. Sie hat dabei den Straßburger Dekor mit konturierten Motiven übernommen, führte ihn jedoch in ziemlich schwerfälliger Zeichnung, aber mit lebhaften Farben aus.

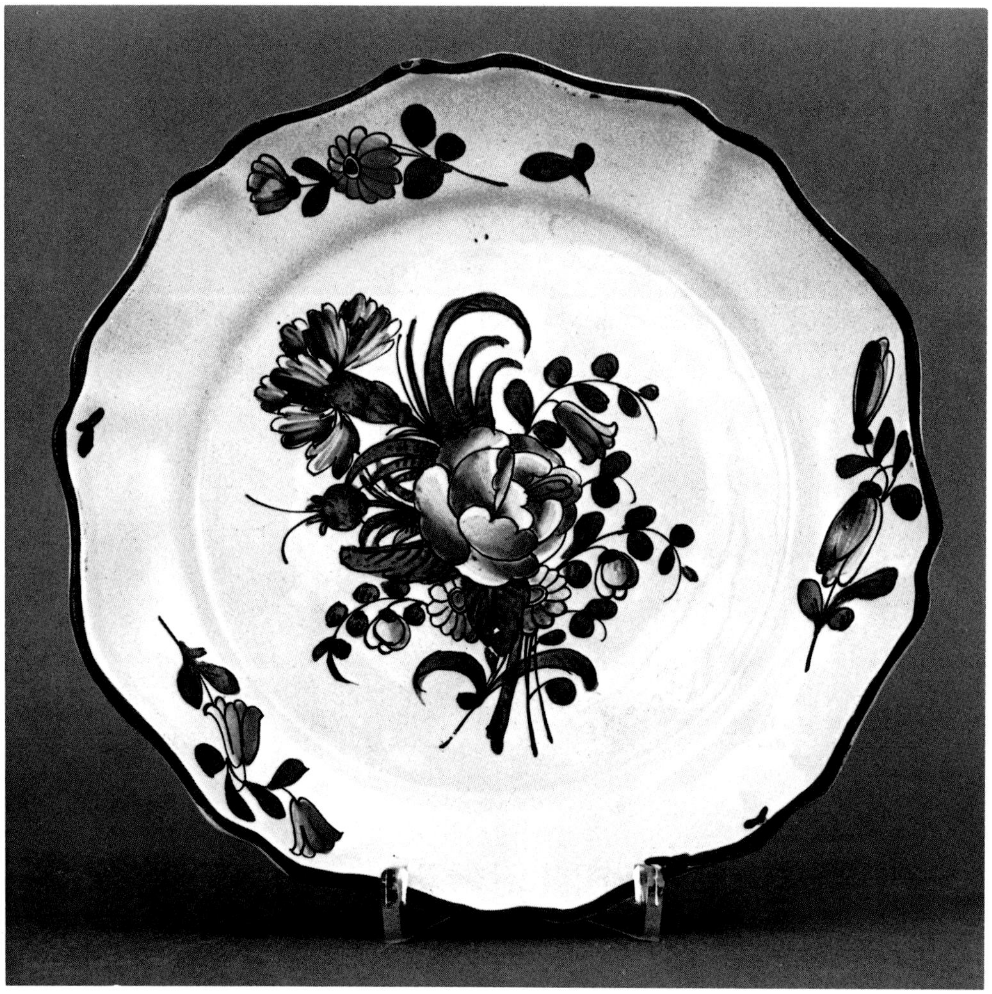

150 SAINT-AMAND-LES-EAUX (Nord), ▷
Manufaktur Fauquez, um 1760–1770
Teller; Marke auf der Rückseite: schwarzes S; polychromer Muffelbranddekor und Permanentweiß auf bläulich-grauem Grund; ∅ 23,7 cm
Saint-Amand-les-Eaux, Musée municipal, Inv. 271
Außer mit einem Dekor aus konturierten Blumen in Straßburger Art ist dieser Teller noch mit dem sogenannten Dekor *aux coupons*, das heißt mit aufgemalten Abschnitten von Spitzenbändern, geschmückt. Saint-Amand-les-Eaux war im 18. Jahrhundert für die Herstellung derartiger Spitzen sehr berühmt.

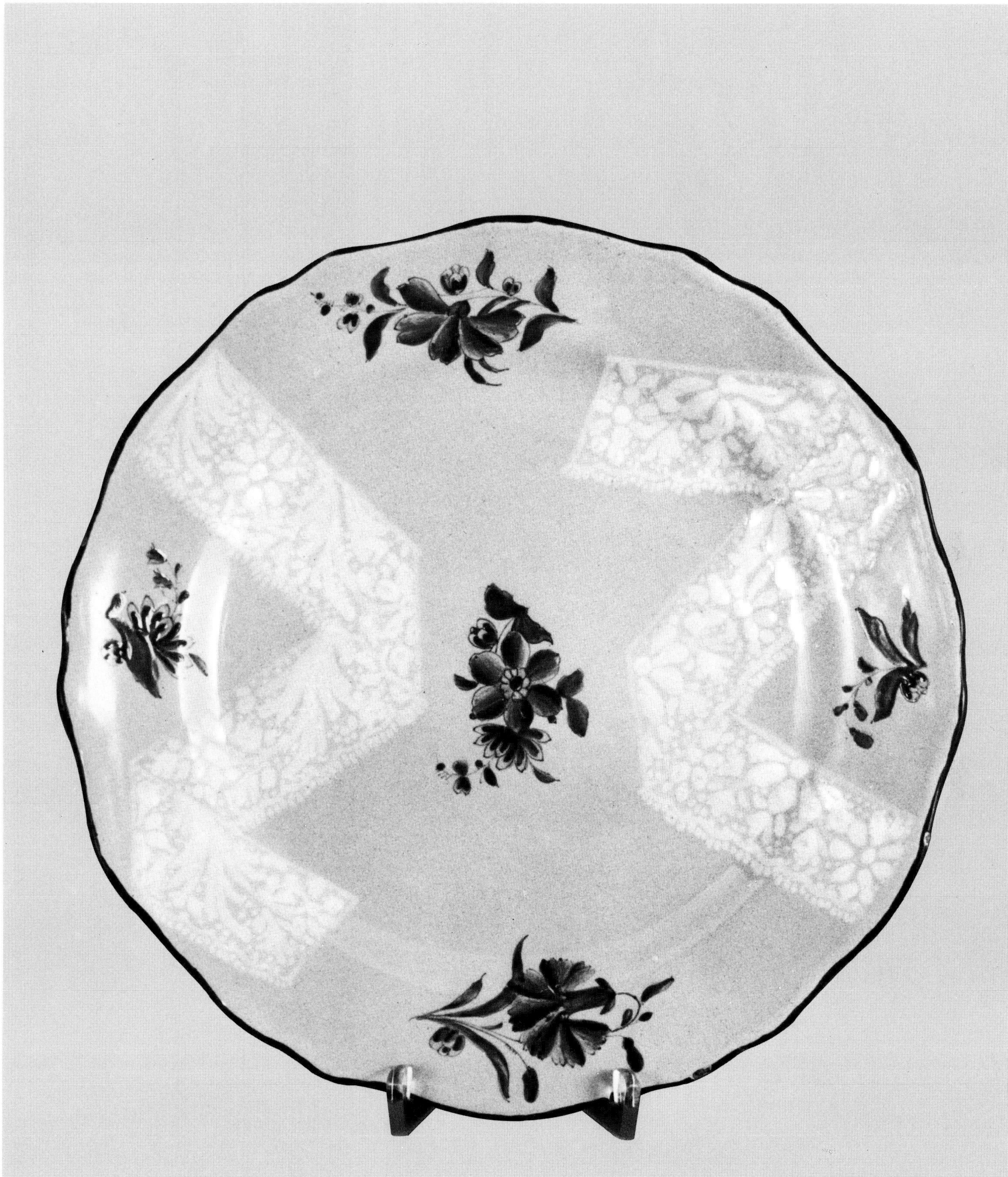

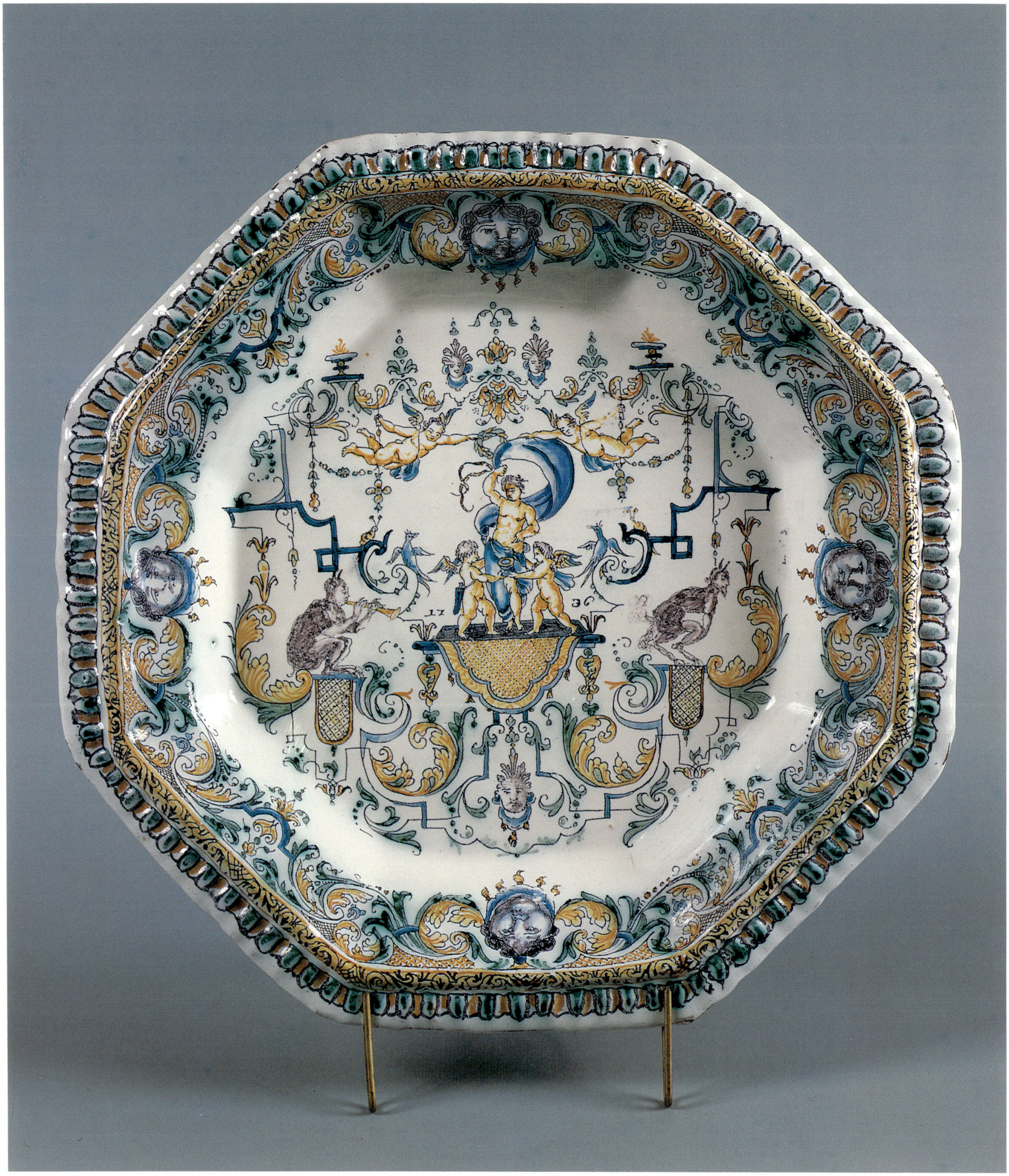

◁ 151 NEVERS (Nièvre), 1736
Platte; Datum im Dekor: 1736; polychromer Scharffeuerdekor; ∅ 38 cm
Sèvres, Musée national de Céramique, Inv. MNC. 22457 (Geschenk der Amis du Musée)
Die Ausführung von Berain-Dekors gilt allgemein als Vorrecht der Manufaktur Clérissy in Moustiers, doch solche Stiche waren weit verbreitet, und auch Nevers hat diesen Dekortyp verwendet. Die Platte ist 1736 datiert, was für einen derartigen Dekor recht spät ist. Das Musée municipal von Nevers besitzt einen Brunnen, der ebenfalls mit einem polychromen Berain-Dekor geschmückt ist; er ist 1735 datiert. Im Unterschied zu den sehr feinen und eleganten, camaieublau gemalten Berain-Dekors von Moustiers sind die weit selteneren von Nevers polychrom gemalt und recht schwerfällig.

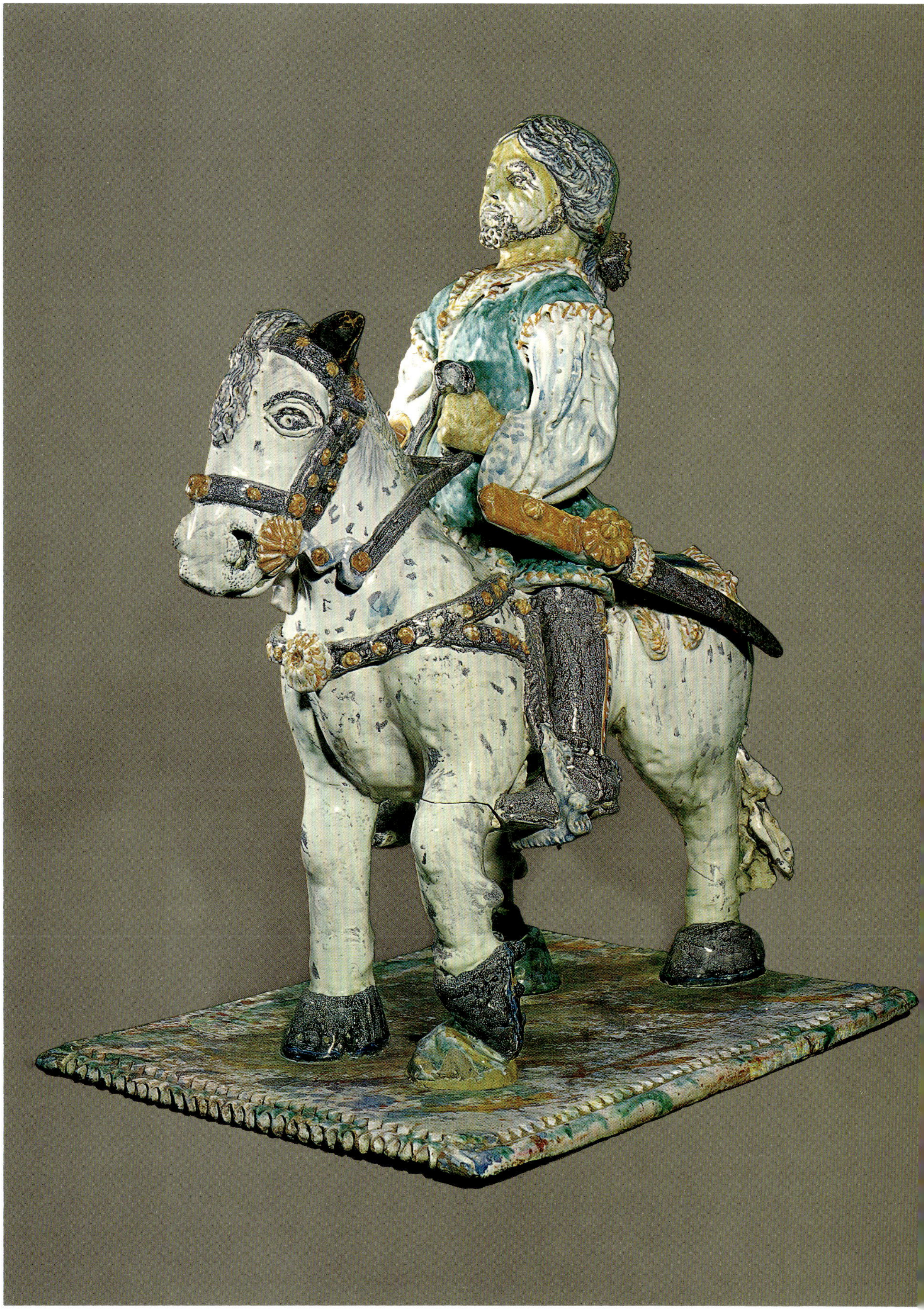

152 NEVERS (Nièvre), 1734 oder 1754
Hl. Hubertus zu Pferde; Datierung auf dem linken Hinterhuf des Pferdes: 1734 oder 1754; Marke auf der rechten Seite der Kruppe und auf dem Sockelrand: F. Haly; polychromer Scharffeuerdekor; H 68 cm
Varzy, Musée municipal
Statuetten haben in der Produktion von Nevers eine bedeutende Rolle gespielt, darunter zahlreiche religiöse Werke – Schutzheilige, Madonnen, Votivgaben usw. –, die im Lauf des 18. Jahrhunderts in großer Zahl hergestellt wurden. Die Stücke aus dem zweiten Jahrhundertdrittel stehen durch ihre Naivität der Volkskunst nahe.

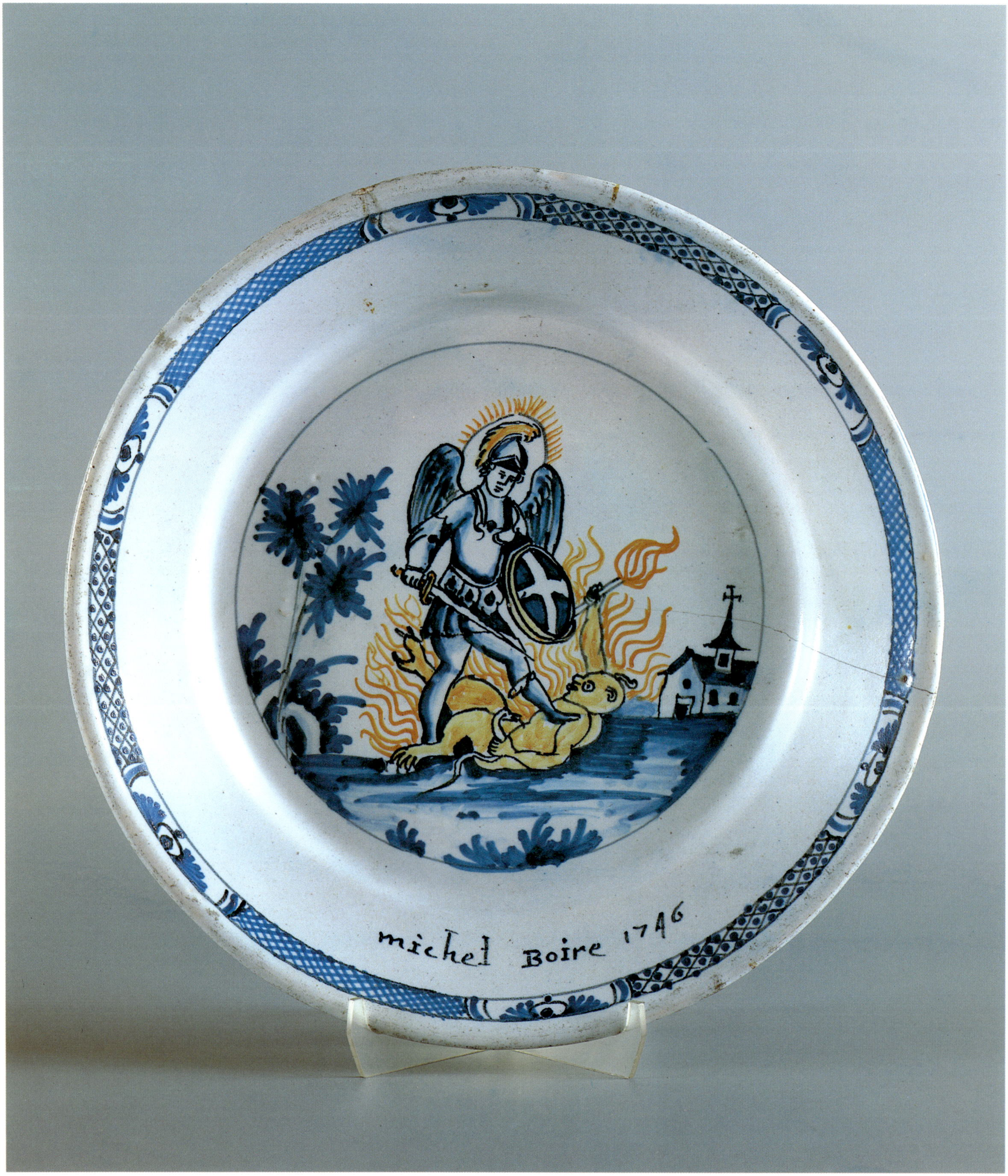
michel Boire 1746

153 NEVERS (Nièvre) oder Stil von Nevers, 1746
Teller; Inschrift: michel Boire 1746; ⌀ 24 cm
Sèvres, Musée national de Céramique, Inv. MNC. 5825[7] (Geschenk Petitet)
Von den vierziger Jahren des 18. Jahrhunderts an wurden in Nevers und in jenen Manufakturen, die den Stil von Nevers imitierten, Fayencen mit der Darstellung von Schutzheiligen in großer Zahl hergestellt. Das Dekorationssystem ist einfach: In der Mitte ist der Schutzheilige des Empfängers gemalt, darunter stehen dessen Name und das Datum der Ausführung. Die Teller der zweiten Jahrhunderthälfte haben einen ausgebogten Rand.

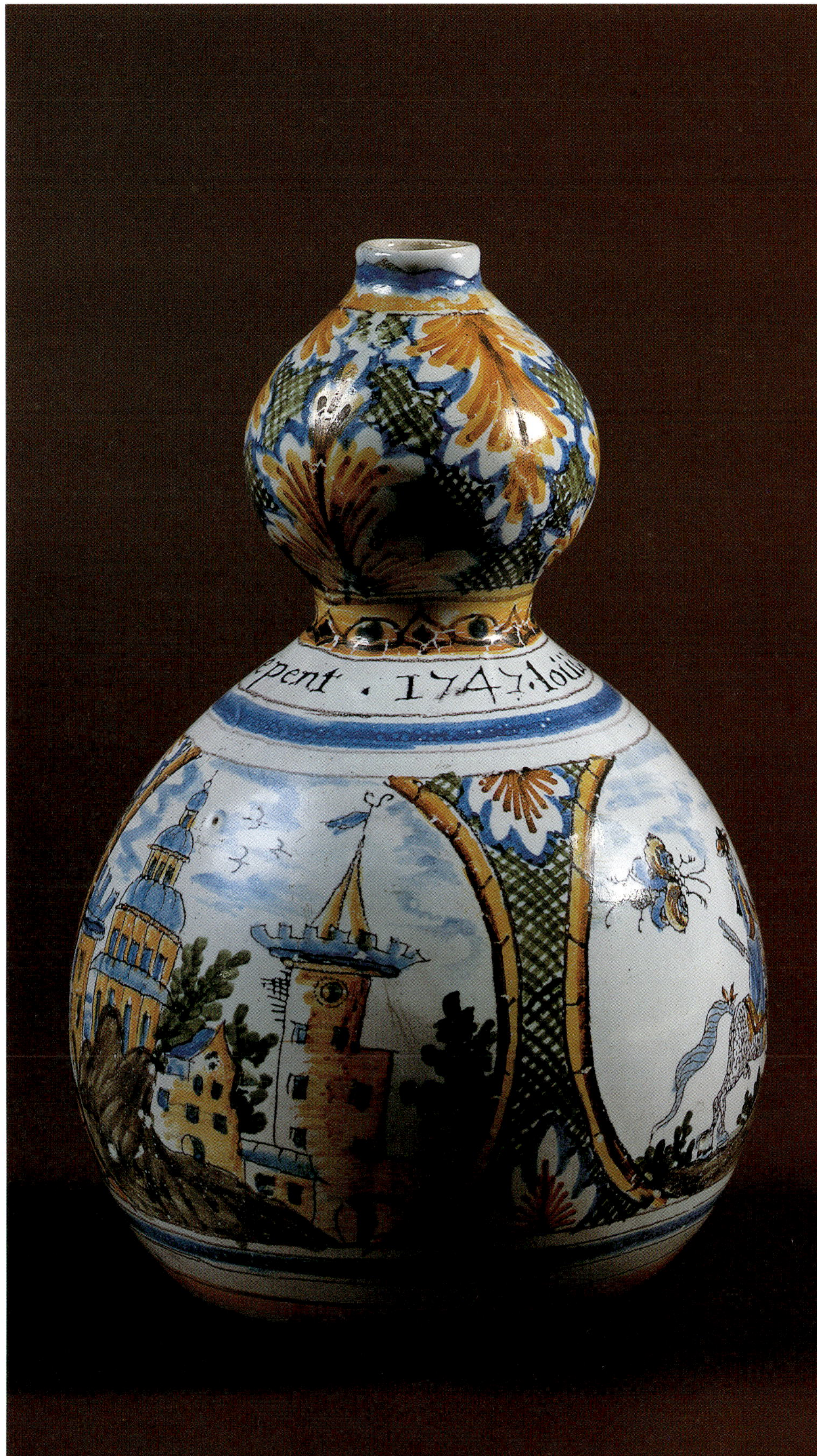

154 NEVERS (Nièvre), 1747
Flasche; Inschrift auf der Schulter: loüis-Francois Ganiepent · 1747 · ; polychromer Scharffeuerdekor; H 21,5 cm
Sèvres, Musée national de Céramique, Inv. MNC. 3798[2]
Als im 18. Jahrhundert die Mode zu immer naturalistischerer Fayencemalerei tendierte, bewahrte Nevers seine freie und fröhliche Art, die populär wurde. In den drei Reserven auf dieser Flasche sind eine Landschaft, ein Reiter und eine tanzende junge Frau mit einer Blütengirlande in Händen gemalt.

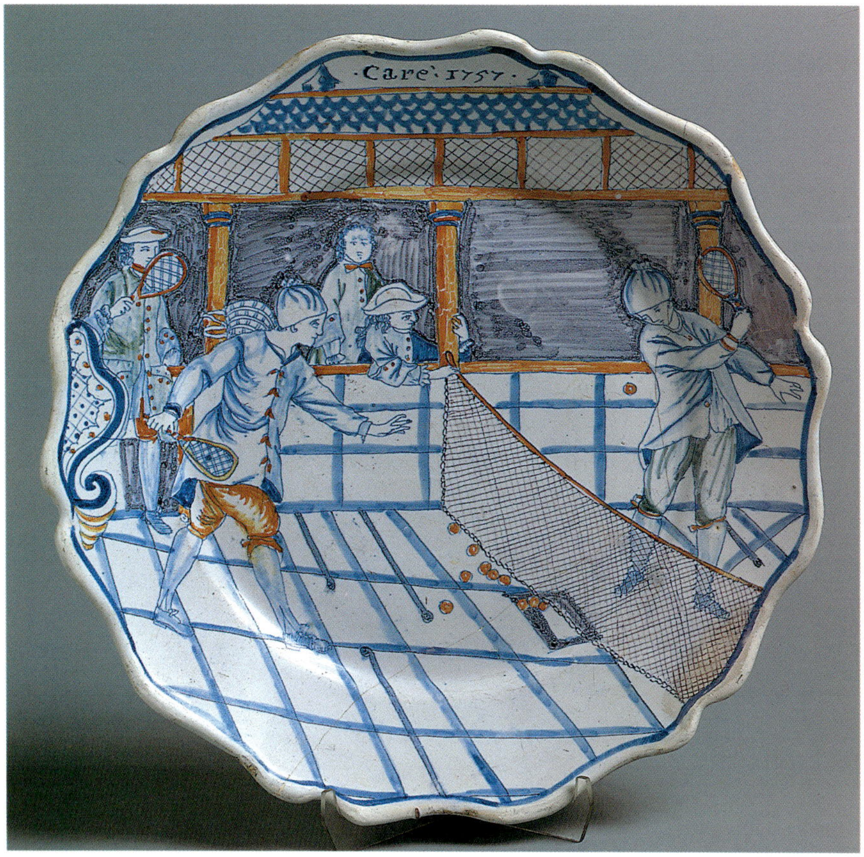

155 NEVERS (Nièvre), 1757
Teller; Inschrift: Caré · 1757; polychromer Scharffeuerdekor; ∅ 24 cm
Sèvres, Musée national de Céramique, Inv. MNC. 19734 (Depot des Musée Carnavalet, Paris)
Zu den besonderen Reizen der Fayence von Nevers gehört ihre Vielfalt. Selbst zu der Zeit, als der wesentliche Teil der Produktion stereotyper wurde, die Zahl der Fayencen mit Schutzheiligen und Namensinschrift (vgl. Abb. 153) zunahm, waren die Maler von Nevers noch in der Lage, so lebhafte Szenen wie dieses Ballspiel darzustellen.

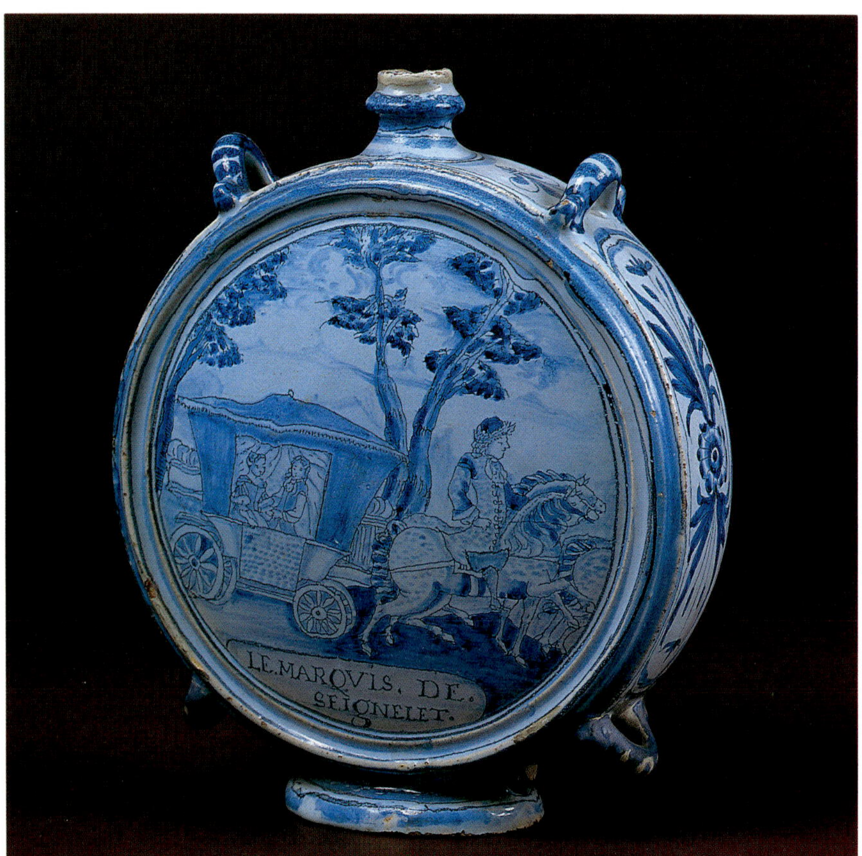

156 NEVERS (Nièvre), Mitte des 18. Jahrhunderts
Flasche; Inschrift auf der Rückseite: le. marquis. de. seignelet.; Scharffeuerdekor in Camaieublau;
H. 20,5 cm
Sèvres, Musée national de Céramique, Inv. CL. 7264 (Depot des Musée des Thermes et de l'Hôtel de Cluny, Paris)
Fayencen mit Namensinschrift sind in einem sehr populären Stil dekoriert. Diese Flasche trägt auf ihrer einen Seite eine Inschrift, die den Empfänger des Stücks bezeichnet, der zugleich auf der andern Flaschenseite dargestellt zu sein scheint. Trotz der aristokratischen Ambitionen des Marquis ist der Dekor recht naiv.

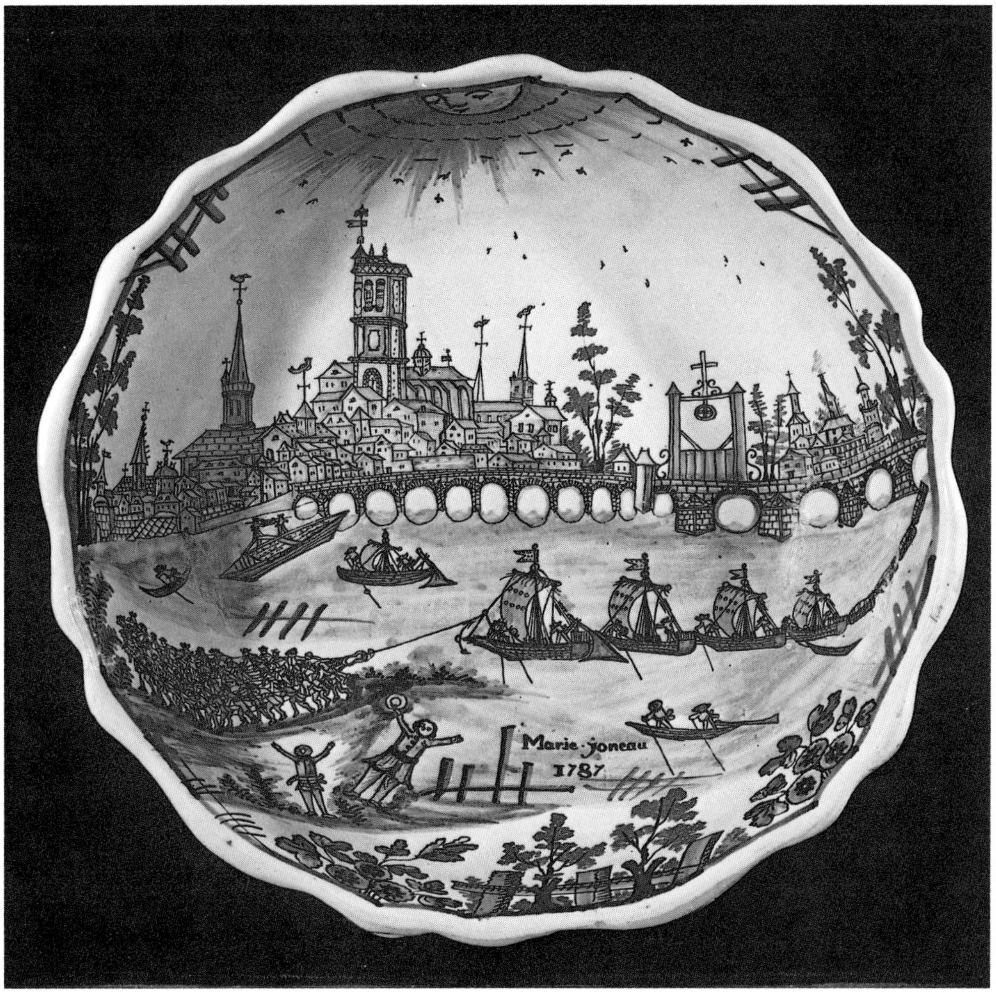

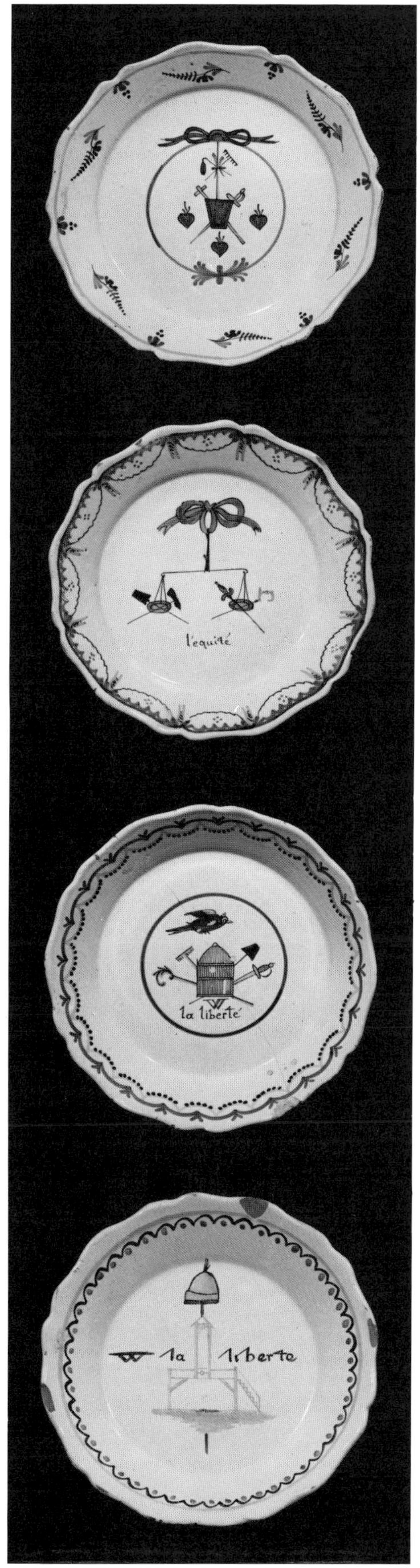

157 NEVERS (Nièvre), 1787
Napf; Inschrift im Dekor: Marie · joneau / 1787; polychromer Scharffeuerdekor; ⌀ 36 cm
Saumur, Musée d'Arts décoratifs, Inv. 415 (Legat Lair)
Im Lauf des 18. Jahrhunderts wiederholen sich die Dekors immer häufiger. Einige sehr hübsche Motive wie der Liebesbaum oder die Brücke von Nevers auf diesem Napf wurden mehrfach ausgeführt, allerdings – das muß betont werden – mit vielen Varianten. Bei den Ansichten der Stadt Nevers ist im Vordergrund die Loire mit ihren Schiffen dargestellt, dahinter die berühmte Brücke und ganz im Hintergrund, von der Kathedrale überragt, die Stadt. Das Pittoreske der Darstellung schließt ihre Treue nicht aus.

158 NEVERS (Nièvre) oder Stil von Nevers, Ende des 18. oder Anfang des 19. Jahrhunderts
Vier Teller; polychromer Scharffeuerdekor; ⌀ 22,8 cm; 22,5 cm; 22,8 cm; 23,3 cm
Clamecy, Musée municipal
Im 18. Jahrhundert hatten in Nevers Fayencen mit Schutzheiligen, also mit einem religiösen Thema, eine Blüte erlebt. Mit der Französischen Revolution 1789 trat die Politik an die Stelle der Religion. Einzeln genommen, haben diese Teller mit ihrem einfachen Dekor wenig Künstlerisches an sich, und ihre »Botschaft« erinnert ein wenig an Werbung. Sieht man aber viele Teller zusammen, so entdeckt man in ihnen ein Zeugnis der Hoffnungen und Ängste jener unruhigen Zeit. Außer den Manufakturen von Nevers haben noch zahlreiche andere solche Teller immer wieder hergestellt, deren Erfolg im Verlauf der verschiedenen Revolutionen, die Frankreich durch das ganze 19. Jahrhundert begleiteten, nicht nachließ. Es ist daher schwierig, derartige Teller zu datieren und einer bestimmten Manufaktur zuzuschreiben.

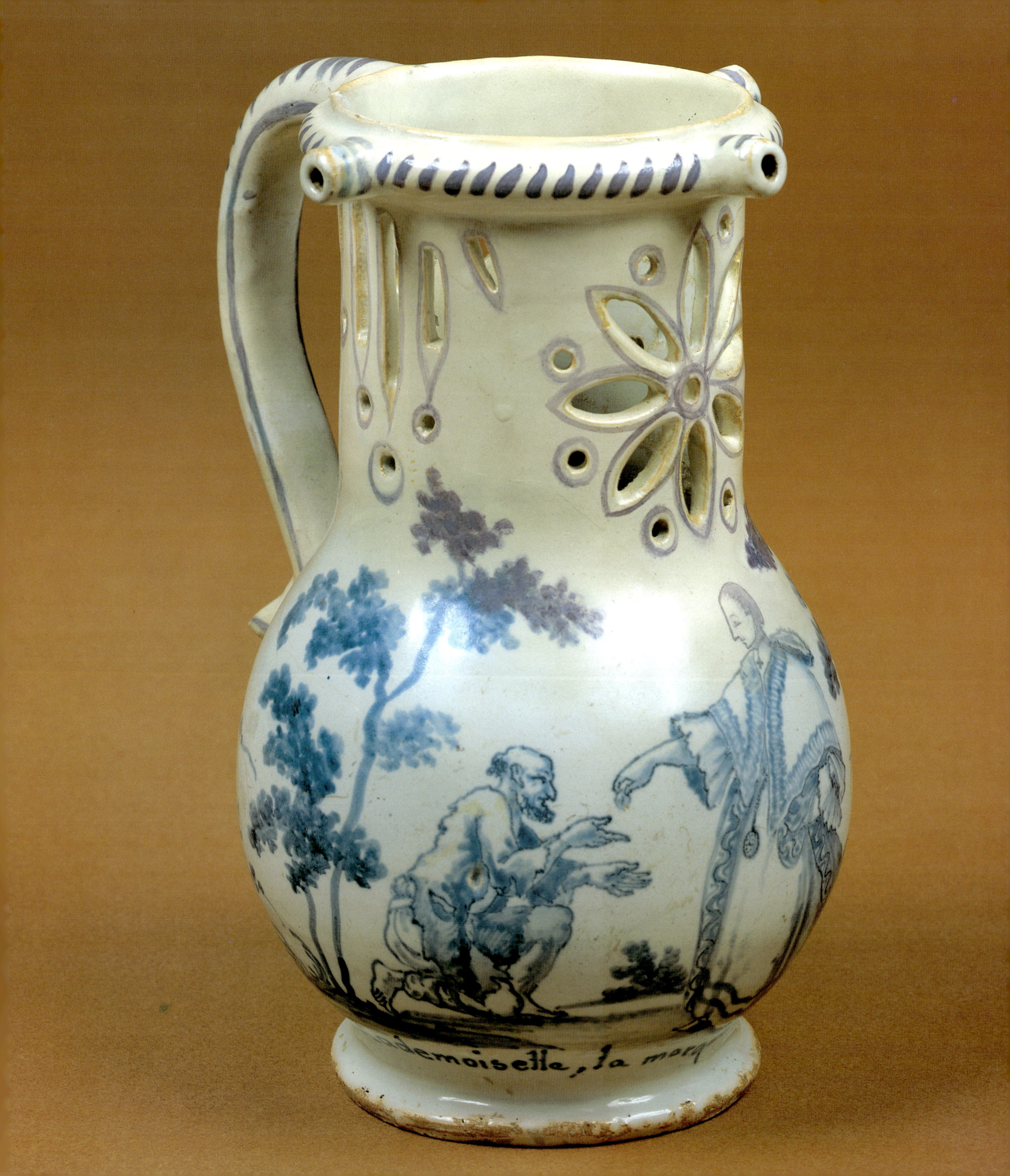
demoiselle, la

◁ 159 MENNECY (Yvelines), 1757
Vexierkrug; Inschrift: Mademoiselle, la marquise de Ville Roy, Mademoiselle, la Marquise, très charitable; unter dem Henkel: 1757; Scharffeuerdekor in Camaieublau; H. 20 cm
Sèvres, Musée national de Céramique, Inv. MNC. 18 257 (Geschenk Viennot)
Die Manufaktur von Mennecy ist für ihr Weichporzellan berühmt, dessen Herstellung allerdings wegen des Monopols von Vincennes-Sèvres verboten wurde. François Barbin, der Leiter der Manufaktur, war also, ebenso wie Chapelle in Sceaux, praktisch gezwungen, stattdessen Fayencen herzustellen. Man kennt zwei Stücke aus dieser Produktion: einen mit Marke und Datum 1738 bezeichneten Krug im Musée national de Céramique in Sèvres und diesen erheblich später entstandenen Vexierkrug. Keins dieser beiden Stücke macht aber eine begründete Zuschreibung weiterer Fayencen an Mennecy möglich.

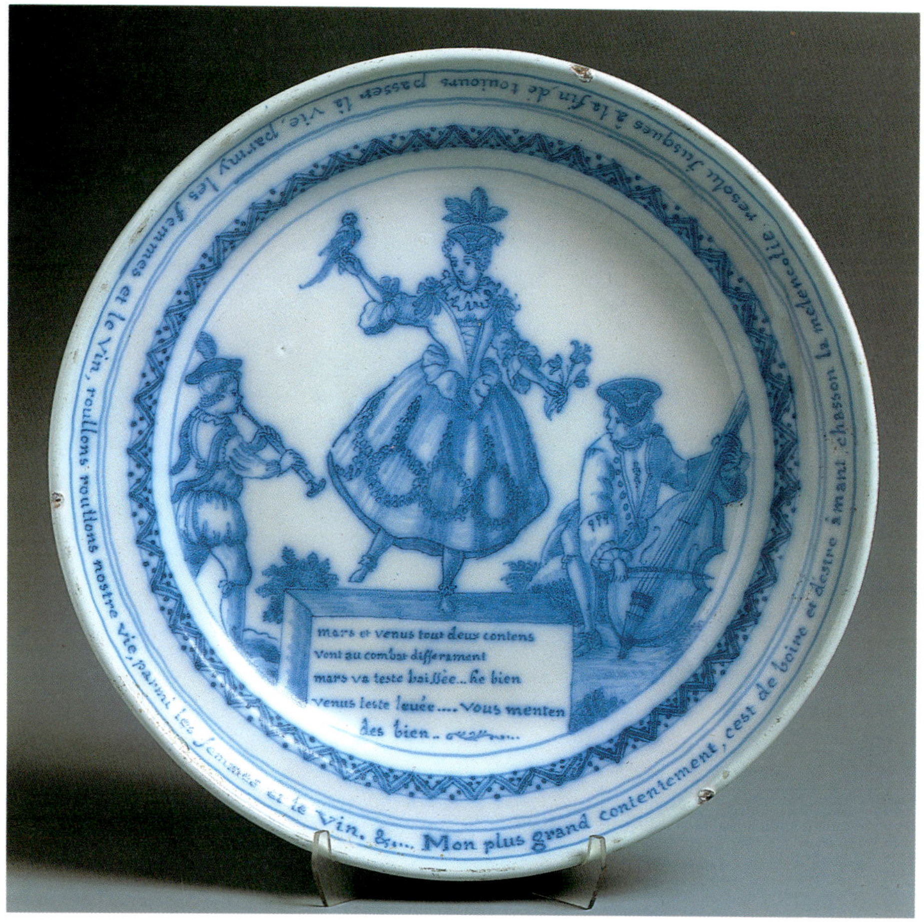

160 MARSEILLE (Bouches-du-Rhône), Manufaktur Héraud-Leroy, Mitte des 18. Jahrhunderts
Teller; Scharffeuerdekor in Camaieublau; Ø 23,1 cm
Sèvres, Musée national de Céramique, Inv. MNC. 20943 (Legat Sagnier)
Marseille hat den volkstümlichen Dekor *à la Camargo*, die Darstellung der berühmten belgischen Tänzerin Mademoiselle de Camargo, (1710–1770) geschaffen. Die Vorlage zu dieser Szene war ein Stich von Laurent Cars nach Nicolas Lancret. Wie bei dem »musikalischen« Dekor *à l'aria* von Rouen und dem Liebesbaum von Nevers sind auf dem Spiegel und der Fahne des Tellers zahlreiche Inschriften angebracht. Der Scherben und das in der Glasur leicht verfließende Kobaltblau rechtfertigen eine Zuschreibung dieser Teller an die Manufaktur Leroy.

161 MARSEILLE (Bouches-du-Rhône), Manufaktur Héraud-Leroy, um 1750
Teller; polychromer Scharffeuerdekor; Ø 26 cm
Sèvres, Musée national de Céramique, Inv. MNC. 24722 (Geschenk Lafitte)
Unter den Fayencedekors mit Blumen in Scharffeuertechnik sind gleichmäßig über das ganze Stück verteilte Streublumen verhältnismäßig selten. Dieser Teller wird der Manufaktur Héraud-Leroy zugeschrieben. Der Dekor erinnert an einige provenzalische Druckstoffe, in denen Schwarz überwiegt; hier sind die Motive in einem sehr kräftigen Manganviolett und einem in der Glasur verfließenden Zitronengelb ausgeführt.

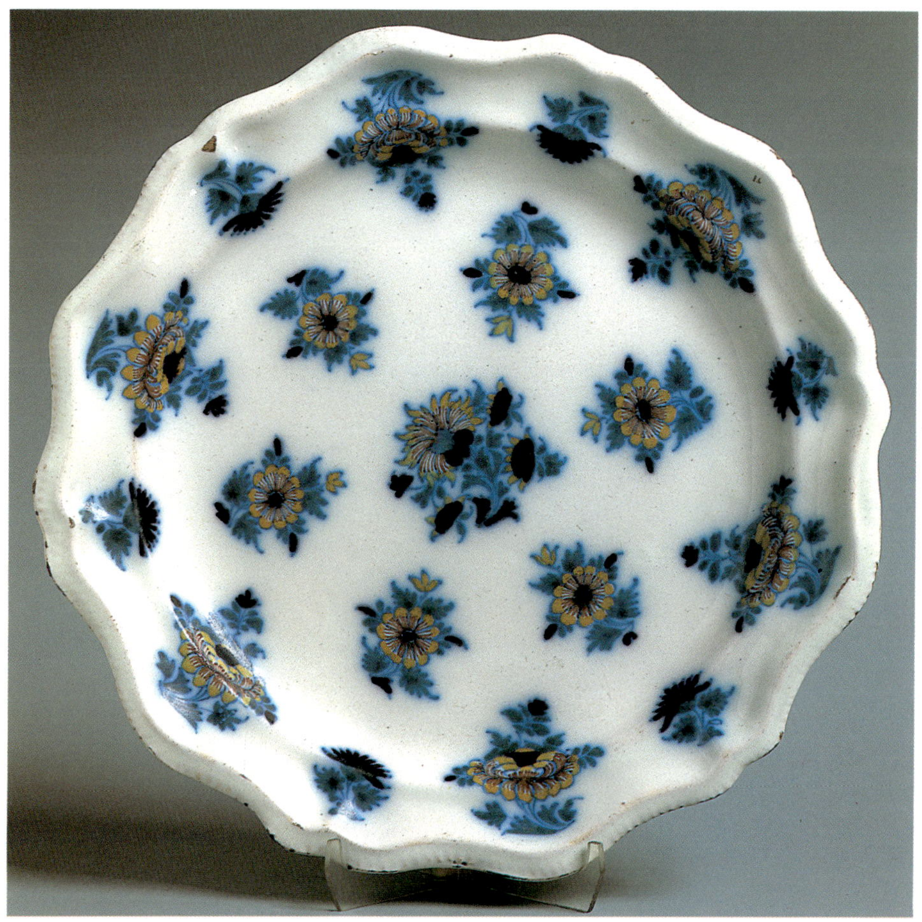

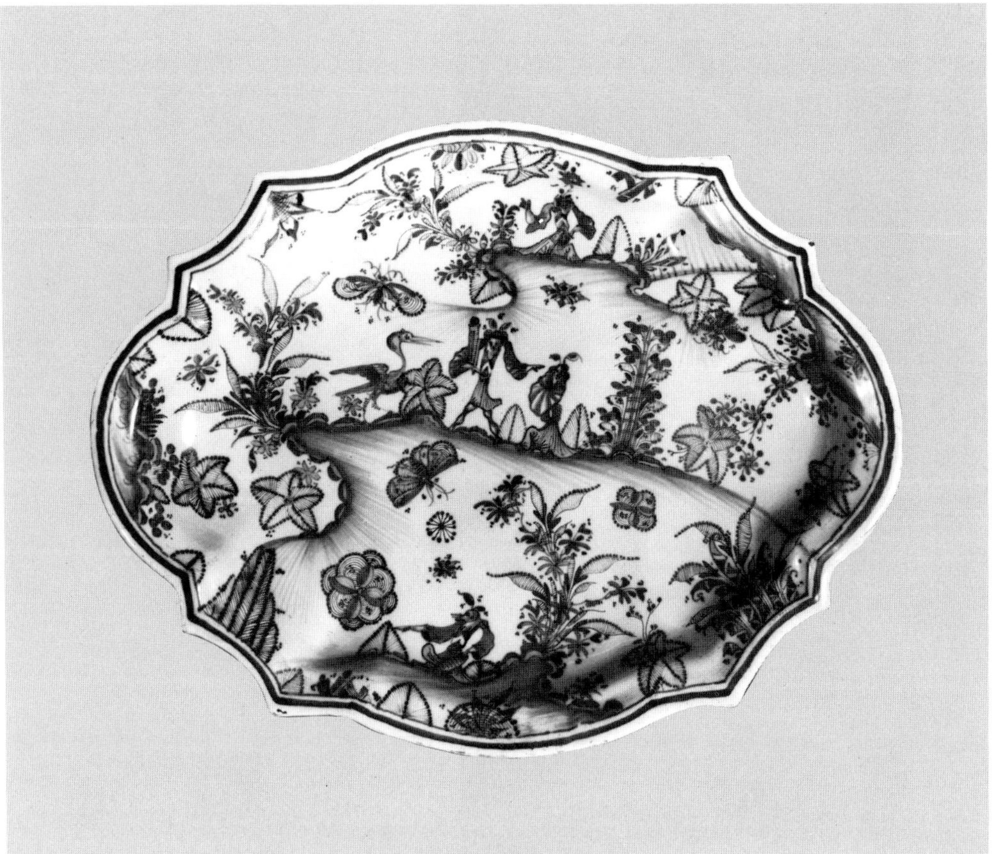

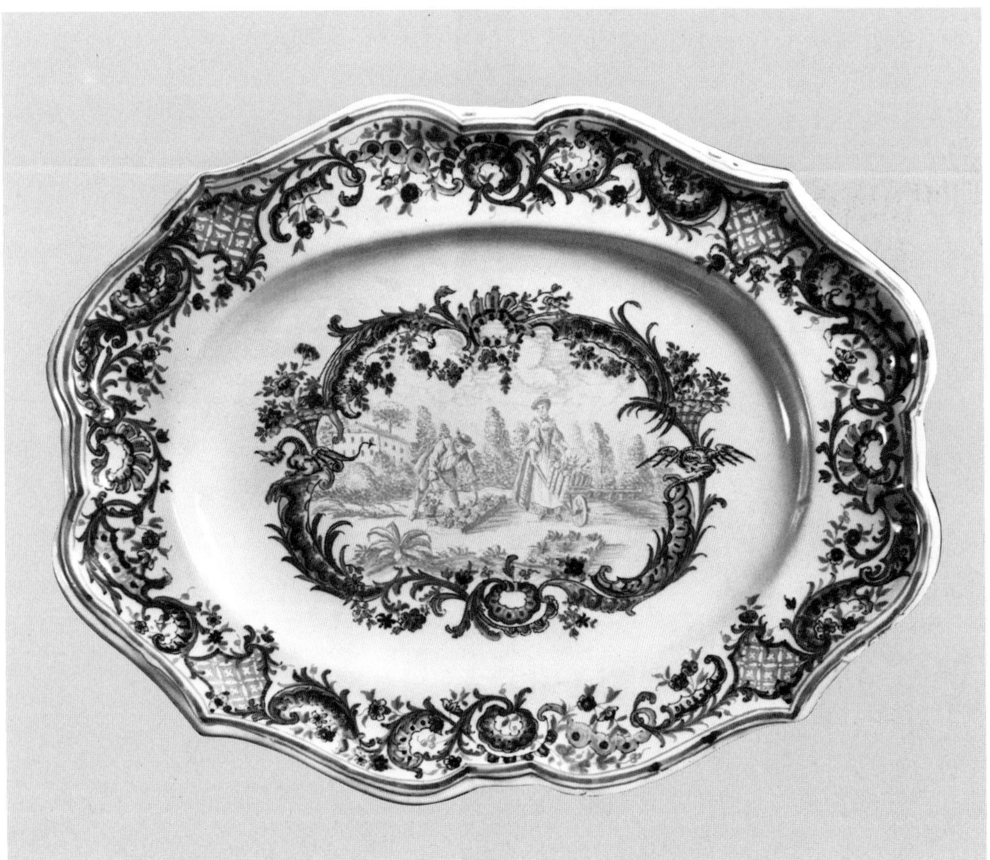

162 MARSEILLE (Bouches-du-Rhône), Manufaktur Héraud-Leroy, um 1750
Platte; polychromer Scharffeuerdekor; L 35,7 cm
Aix-en-Provence, Musée Paul-Arbaud, Inv. 148
Die Dekorationsmaler der Manufaktur von Louis Leroy haben den gewohnten Chinoiseriedekor in eine phantastische Welt verwandelt, in der Figuren und Pflanzen, in einem unzusammenhängenden Universum, von gleicher Größe sind. Die Gesamtkomposition ist dabei immer lebhaft und der geschweiften Form der Fayence angepaßt. In der Palette spielt häufig, wie auf dieser Platte, der Gegensatz von Kobaltblau und Eisenrot eine wichtige Rolle.

163 MARSEILLE (Bouches-du-Rhône), Manufaktur Fauchier, um 1750
Platte; polychromer Scharffeuerdekor; L 36 cm
Narbonne, Musée d'Art et d'Histoire, Inv. (provisorisch) PAL 779 (Legat Canonge)
Die um 1724 von Joseph Fauchier gegründete *Manufacture du Pentagone* lieferte unter der Leitung seines Neffen Joseph II Fauchier (1751–1789) Stücke, in deren Formen und ornamentalem Schmuck – Gitterwerkkartuschen, Rocaillen und Muscheln – ein üppiger Régencestil zum Ausdruck kommt, der sich von den zentralen, in der Art des Louis-XVI-Stils gemalten Medaillons deutlich abhebt. Die Palette betont diesen Unterschied: Die Ornamente sind häufig polychrom mit einem fast schwarzen Manganviolett ausgeführt, die Szenen dagegen in feinem Camaieugelb, -blau oder -violett.

164 MARSEILLE (Bouches-du-Rhône), Manufaktur Fauchier, um 1760 ▷
Krug; polychromer Scharffeuerdekor; H 32 cm
Marseille, Musée Cantini, Inv. 3330
Fayencemanufakturen, die der Scharffeuertechnik treu blieben, mußten in der zweiten Hälfte des 18. Jahrhunderts ihre Blumendekors auf eine ganz besondere Art dem Tagesgeschmack anpassen. So entstand in der Manufaktur Fauchier der Dekor *à la rose manganèse* (mit der manganvioletten Rose), bei dem die Scharffeuerfarbe Violett die Stelle des Cassiusschen Purpur einnimmt, der in der Muffelbrandtechnik verwendet wird. Dieses Violett ist die Hauptfarbe, auf der die Farbharmonie aufbaut, zu der hier Olivgrün und Ockergelb gehören. Auch viele Fayencemanufakturen anderer Gegenden benutzten diesen Kunstgriff, so unter anderen Montpellier, Samadet, Montauban, Bordeaux, Lyon, Rennes und die Manufakturen der Franche-Comté.

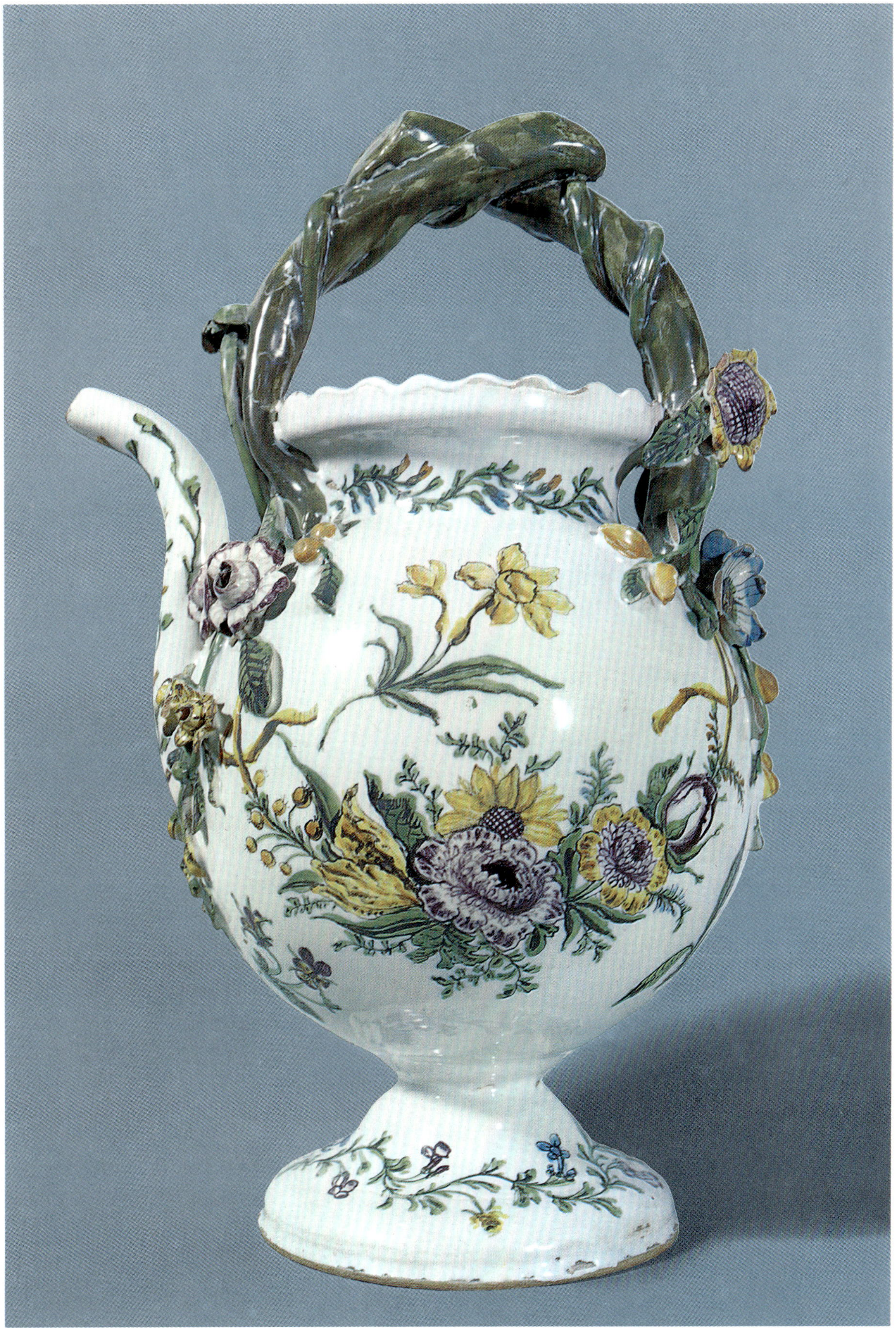

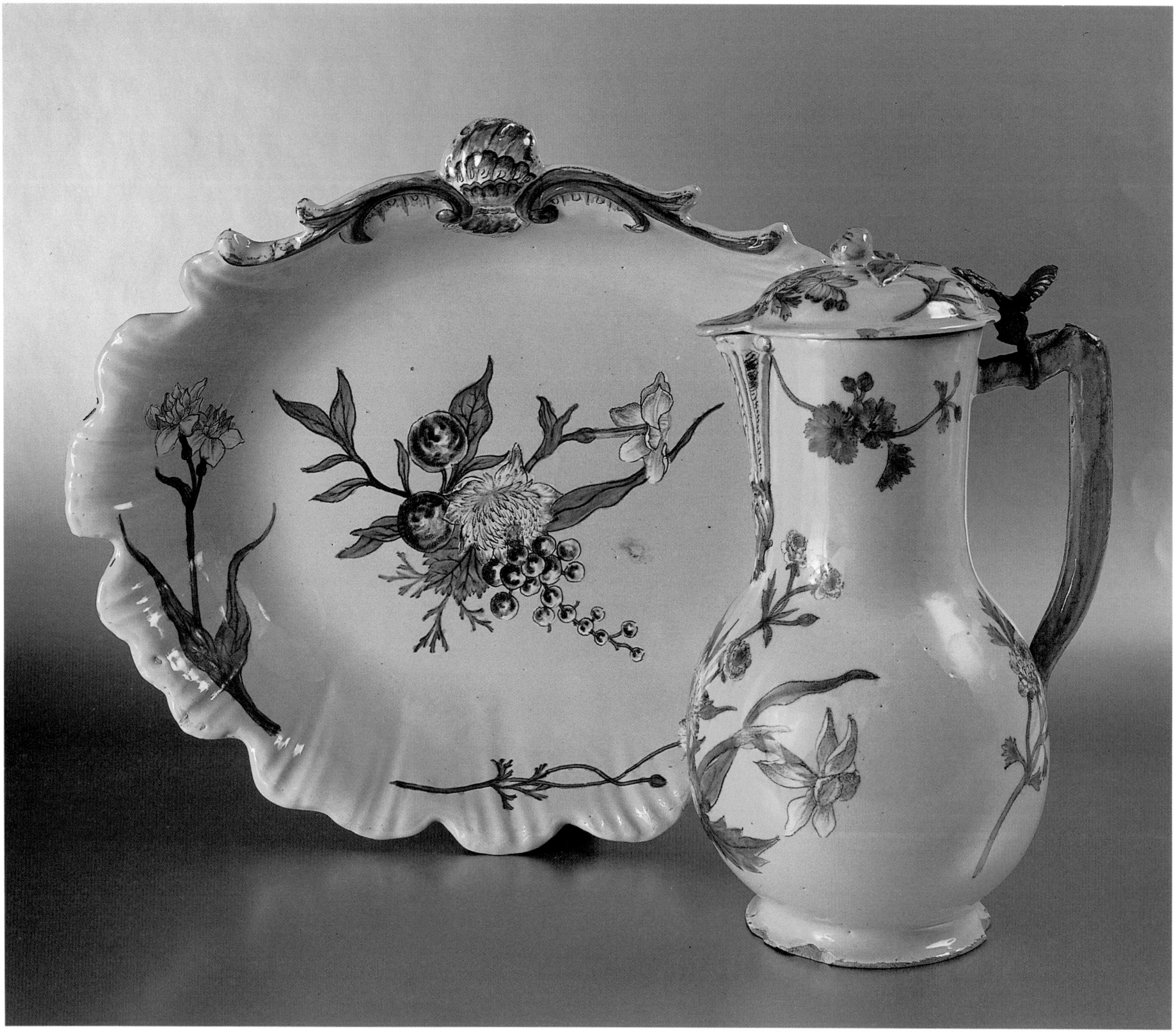

165 MARSEILLE (Bouches-du-Rhône), Manufaktur Fauchier, um 1760
Wasserkrug und Becken; polychromer Scharffeuerdekor auf gelbem Grund; Krug: H 28 cm; Becken: L 35 cm
Sèvres, Musée national de Céramique, Inv. MNC. 20881 [1 et 2]
(Legat Sagnier)
Unter den farbigen Fonds sind die auf der Basis von Antimongelb hergestellten besonders warm im Ton. Diese Farbe wurde, das sei betont, vor allem in den südlichen Manufakturen verwendet. Spielte dabei das Klima des Entstehungsortes eine Rolle?

Wenn Nevers in der ersten Hälfte des 17. Jahrhunderts als erstes Fayencezentrum dekorative Stücke mit gelbem Grund und persischem Dekor schuf, so scheint die Manufaktur der Fauchier in Marseille für die Verbreitung der Mode der gelben Fonds in der zweiten Hälfte des 18. Jahrhunderts gesorgt zu haben. In dieser Manufaktur wurde dem gelben Grund häufig ein Blumendekor in Scharffeuerfarben aufgelegt. Später benutzten auch in Muffelbrandtechnik arbeitende zeitgenössische Manufakturen diesen Fond, um ihre mit Cassiusschem Purpur ausgeführten Dekors besser zur Wirkung zu bringen.

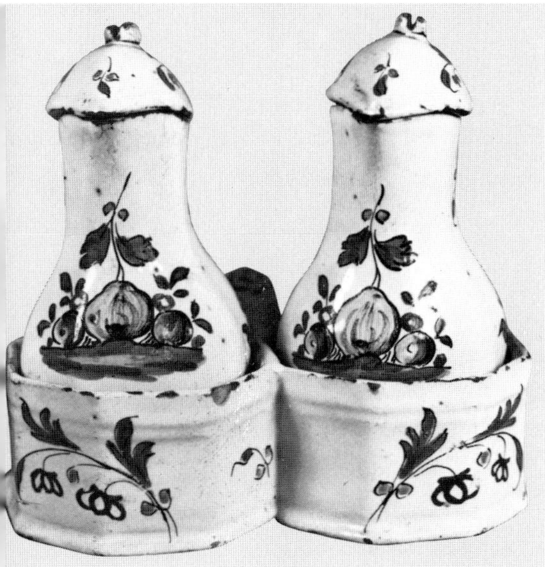

5 FRANCHE-COMTÉ, zweite Hälfte des
Jahrhunderts
ig- und Ölkännchen mit Ständer; polychromer
arffeuerdekor; B 17,5 cm
ançon, Privatsammlung
hrend das 18. Jahrhundert den dekorativen For-
nschatz der Blumen unermüdlich ausschöpfte, sind
rstellungen von Früchten auf den Fayencen jener
t seltener. Birnen und Pflaumen, auf kleine Erdhü-
gestellt, wie es sonst für Menschen üblich war,
len jedoch ein Motiv, das immer wieder auf
schirrteilen vorkommt.

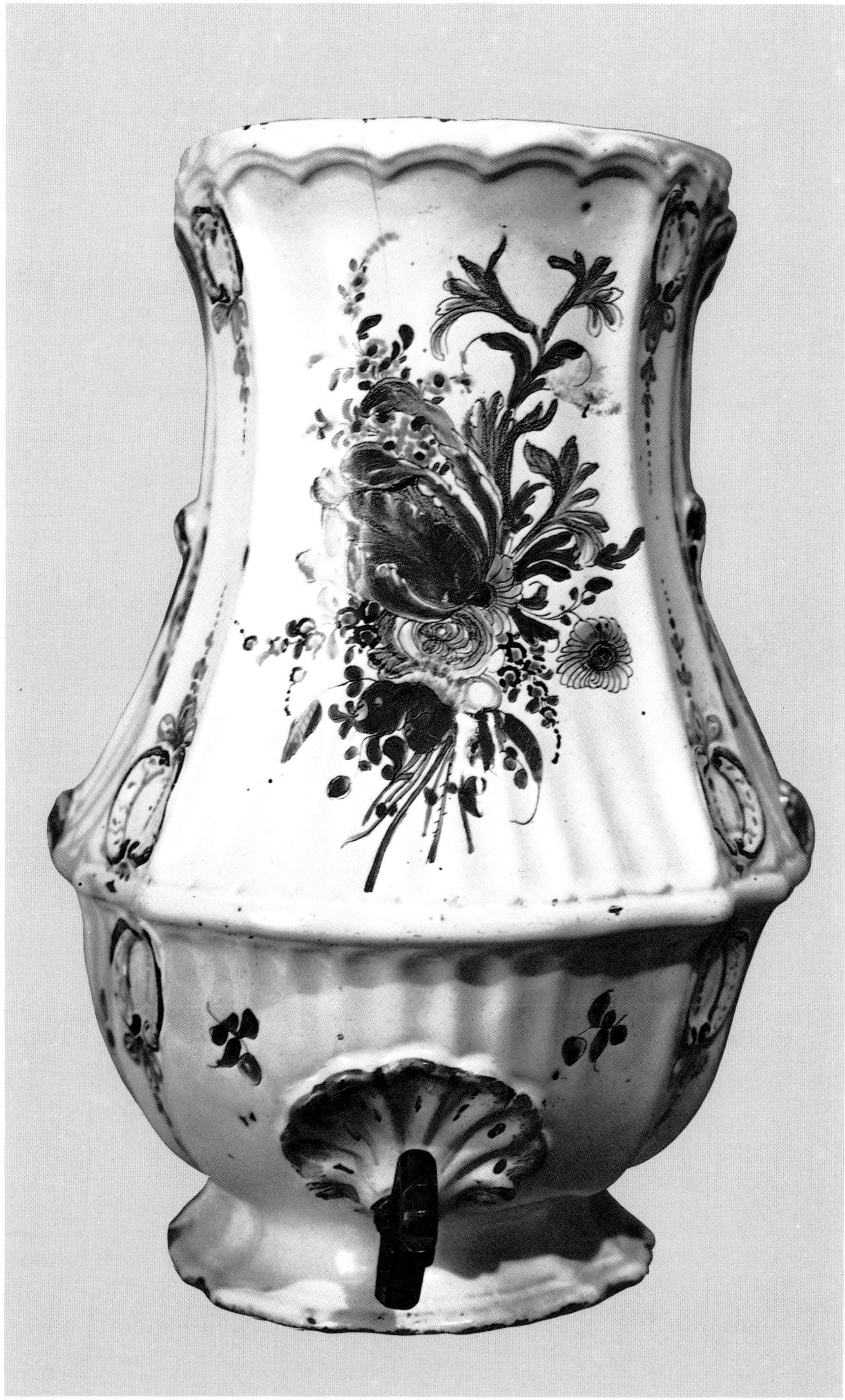

7 FRANCHE-COMTÉ, um 1770
ndbrunnen; polychromer Scharffeuerdekor;
37 cm
ançon, Privatsammlung
Franche-Comté war im 18. Jahrhundert ein sehr
ives Produktionsgebiet für Fayencen. Louis und
anne de Buyer haben versucht, den dieser Gegend
entümlichen Stil zu bestimmen, was angesichts
nes Reichtums und seiner Vielfalt schwierig ist.
ser in Cirey-les-Bellevaux entstandene Brunnen
rde bis vor kurzem an seinem Herstellungsort
vahrt.

168 LA ROCHELLE (Charente-Maritime), um 1760–1770
Vier Teller; polychromer Scharffeuerdekor; ∅ 23 cm; 23,5 cm; 22,5 cm; 22,2 cm
Saintes, Musée régional Dupuy-Mestreau
Die vier Teller mit Frucht- und verschiedenem Vogeldekor sind Beispiele aus der großen Zahl der von den Fayencemalern von La Rochelle in Serien hergestellten Typen. Die Scharffeuerpalette bringt die in ihrer vereinfachten Art manchmal naiven Kompositionen gut zur Geltung.

169 LA ROCHELLE (Charente-Maritime), um 1760–1770
Teller; polychromer Scharffeuerdekor; ∅ 22 cm
Sèvres, Musée national de Céramique, Inv. MNC. 9627[5]
(Geschenk Jolly)
Auf mehreren Tellern von La Rochelle sind große Blumen in Profilansicht – unter anderen Tulpen, Narzissen, Rosen – dargestellt; häufig sind sie aus der Mitte gerückt. Die Maler sind in ihrem Bemühen um Naturalismus durch die Verwendung der Scharffeuerpalette behindert worden, doch war dies hier die gebräuchlichste Technik.

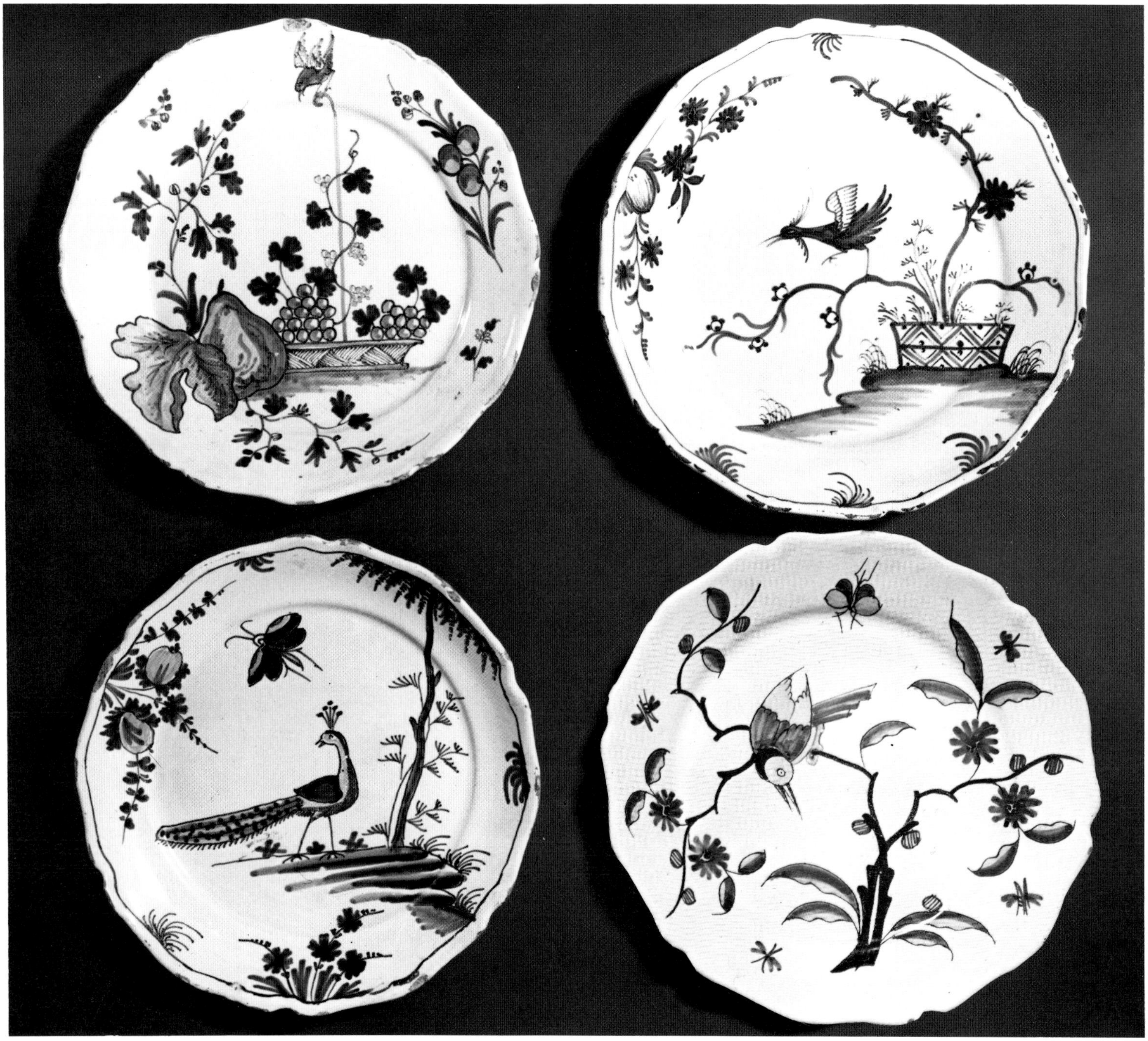

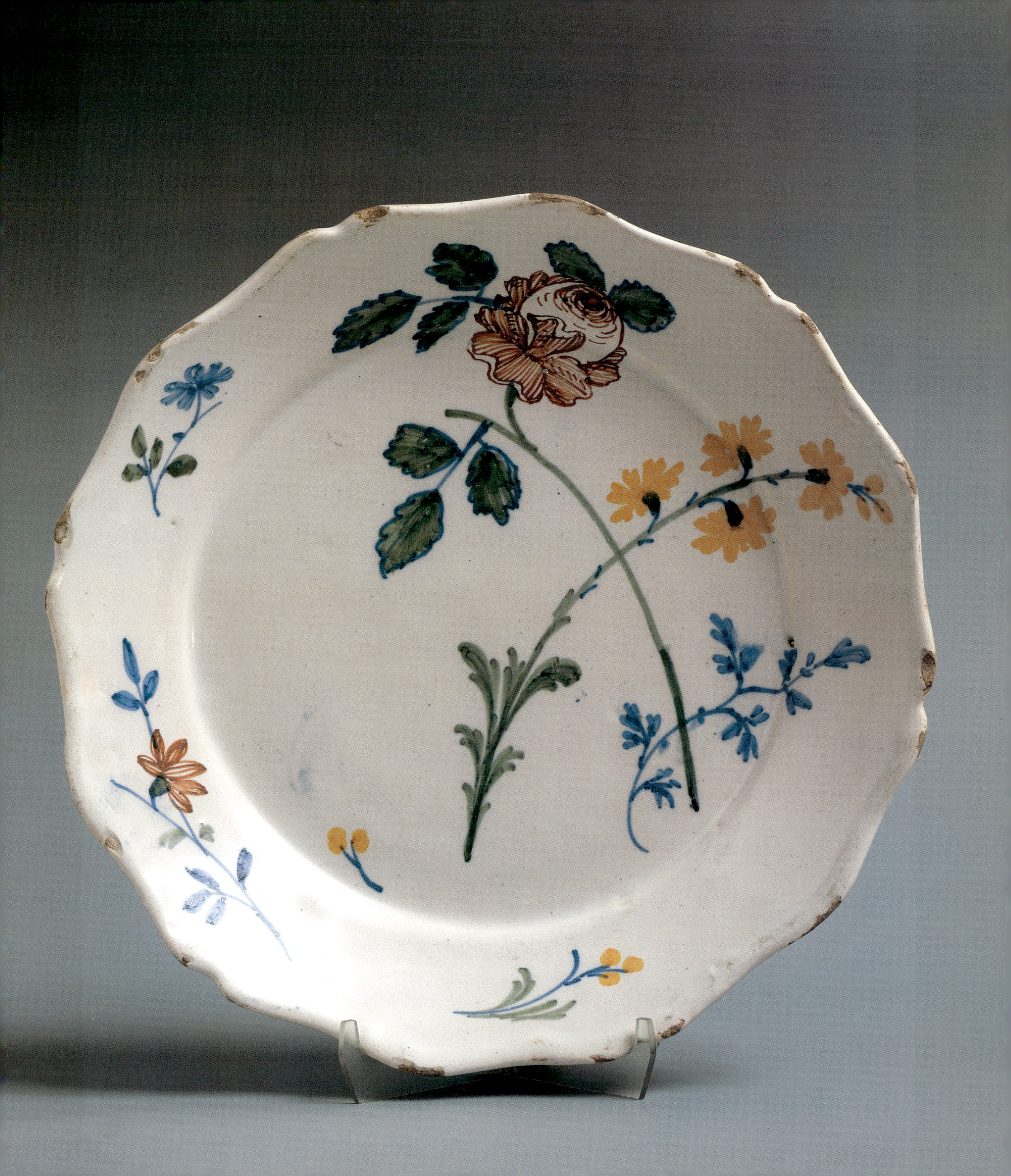

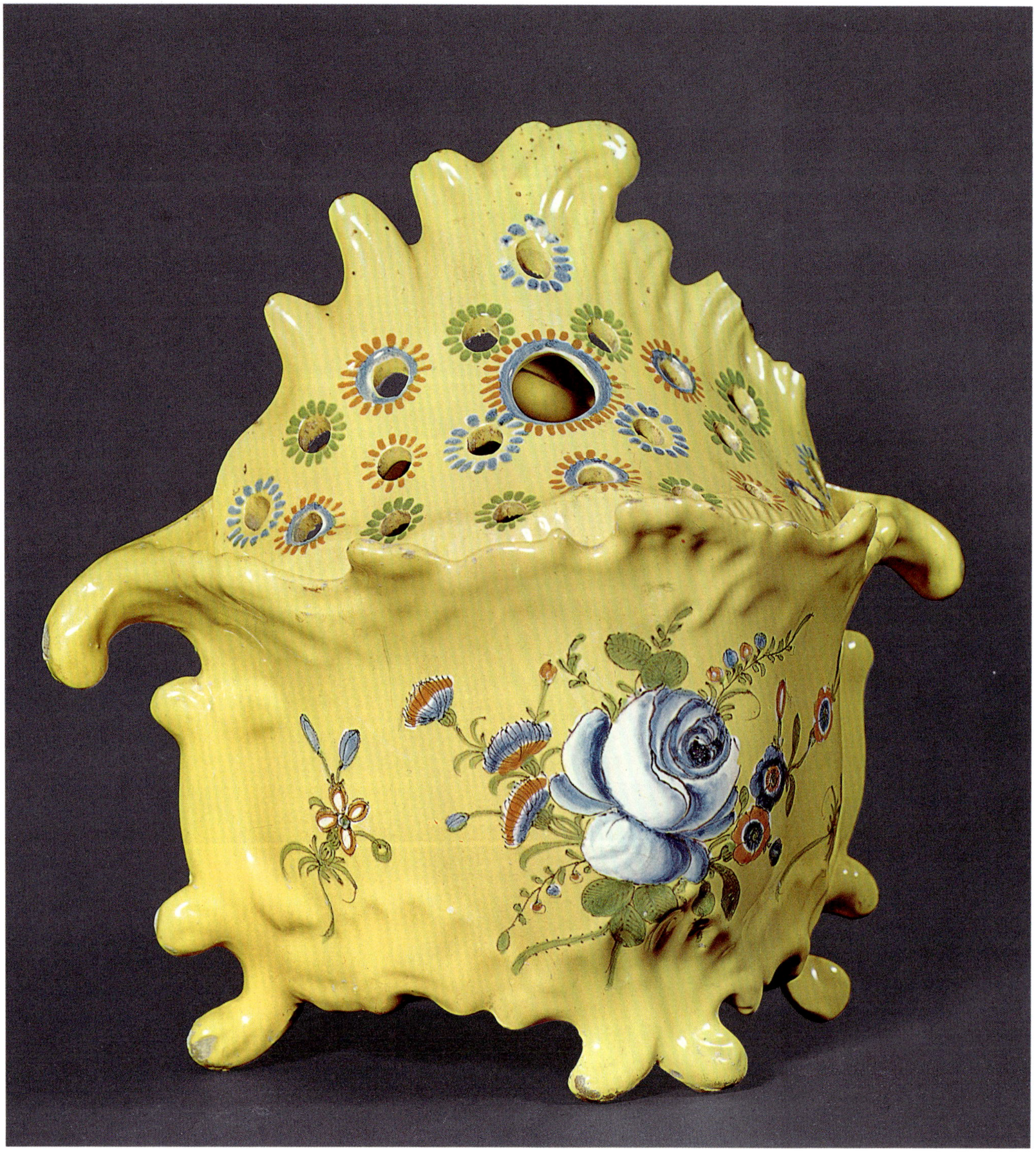

170 MONTPELLIER (Hérault), um 1760–1770
Blumenvase; polychromer Scharffeuerdekor auf gelbem Grund; H 38 cm
Montpellier, Musée de la Société archéologique, Inv. 19
Jean Thuile hat durch umfangreiche Studien in den Archiven von Montpellier Alter und Bedeutung der dortigen Fayenceproduktion bekannt gemacht. Aufgabe seiner Nachfolger ist nun eine bessere Herausarbeitung der Eigenart dieser Fayencen von Montpellier, die häufig mit denen von Marseille und Moustiers verwechselt werden.

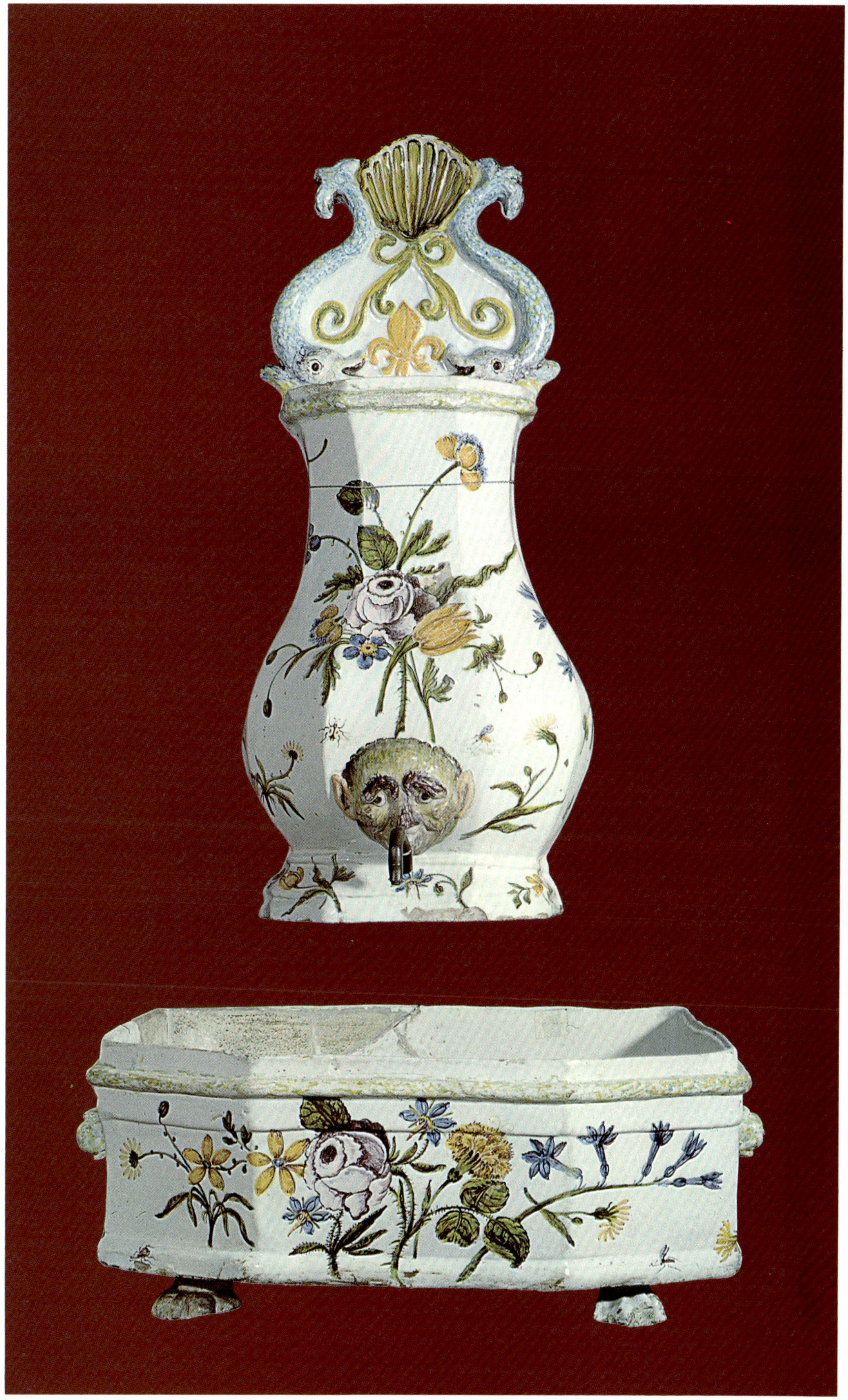

171 MONTAUBAN (Tarn-et-Garonne), um 1770
Wandbrunnen mit zugehörigem Becken; polychromer Scharffeuerdekor; Brunnen: H 63,5 cm; Becken: L 46 cm
Montauban, Musée Ingres, Inv. MI. 50.317 bis
Dieser seit der Zeit seiner Entstehung in Montauban bewahrte Wandbrunnen kann als Basis für das Studium der noch sehr schlecht erforschten Fayencen dieses Zentrums dienen. Die manganviolett gemalte Rose kommt so ziemlich überall in Südfrankreich gelegentlich vor, doch die fast etwas ungeschickte Anordnung der Blumen in ihrer bäurischen Derbheit ist ein besonderer Zug von Montauban.

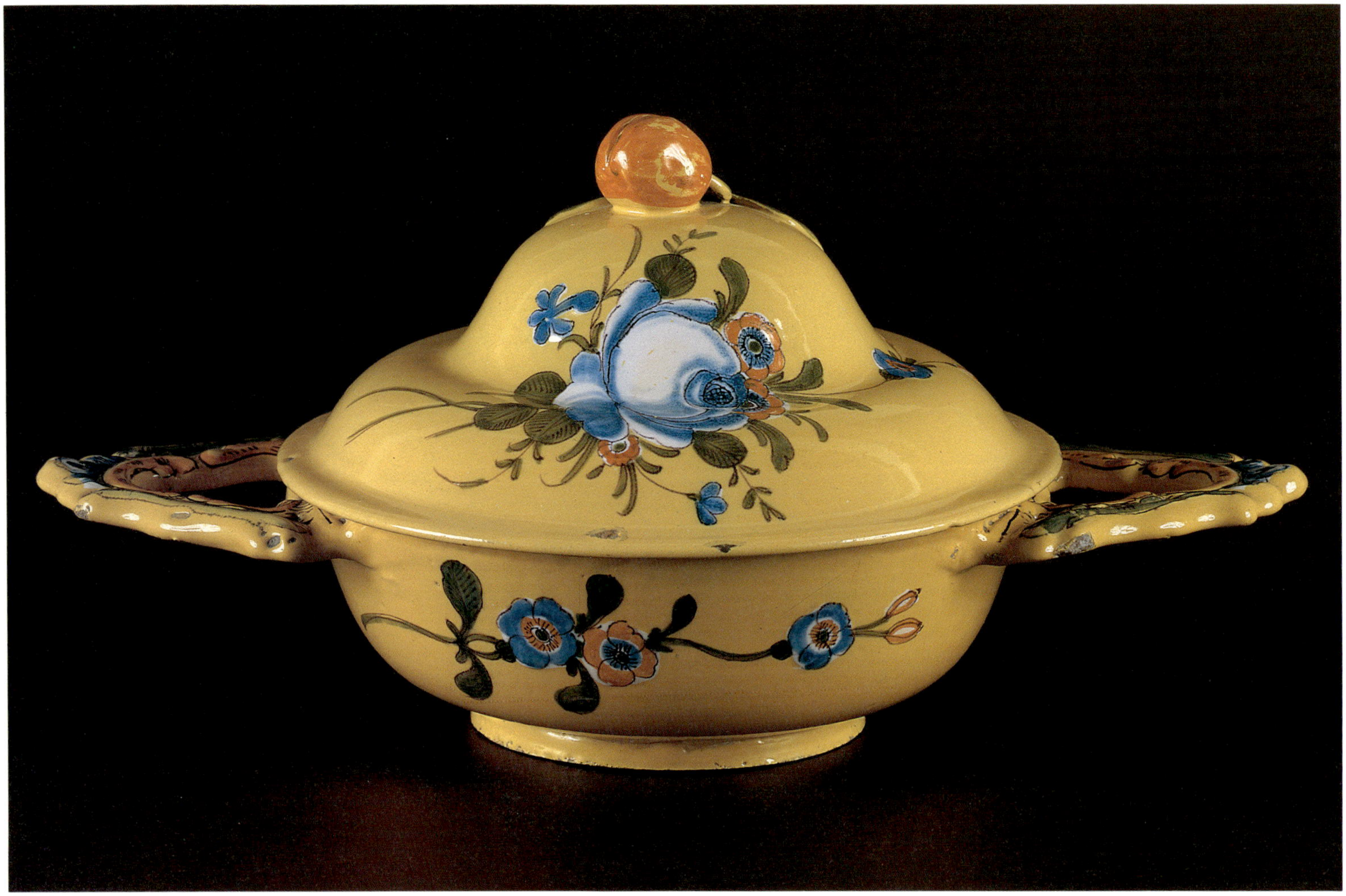

172 MONTPELLIER (Hérault), um 1760
Deckelschale; polychromer Scharffeuerdekor auf gelbem Grund; L 26,8 cm
Sèvres, Musée national de Céramique, Inv. MNC. 20863[1] (Legat Sagnier)
Man schreibt im allgemeinen gelbgrundige Stücke mit – wie hier – blau gemalter Rose Montpellier zu, mit manganvioletter Rose dagegen der Manufaktur Fauchier in Marseille. Diese systematische Art der Zuschreibung kann Spezialisten nicht zufriedenstellen. Es ist zu hoffen, daß eine Untersuchung der Formen, die häufig aus Modeln gepreßt wurden, also für die eine oder andere Manufaktur charakteristisch sind, unsere Kenntnisse bereichern wird.

173 SAMADET (Landes), um 1760
Platte; polychromer Scharffeuerdekor auf gelbem Grund; L 41,6 cm
Sèvres, Musée national de Céramique, Inv. MNC. 20461 (Legat Viennot)
Gelbe Fonds waren eine Spezialität der südfranzösischen Manufakturen, während sie in Nevers und Saint-Omer, die sie auch verwendeten, Ausnahmen blieben. Der bäuerliche Strauß von Samadet, mit der dieser Manufaktur eigenen Rose, deren Blütenblätter ineinandergeschoben wirken, kommt auf dieser Platte sehr gut zur Geltung.

174 SAMADET (Landes), um 1760
Platte; polychromer Scharffeuerdekor; L 30,7 cm
Bordeaux, Musée des Arts décoratifs, Inv. 60,2 – 108 (Legat Chalus)
Zur Zeit werden in Südfrankreich Studien durchgeführt, die uns vielleicht in Kürze zu einer besseren Kenntnis der Manufaktur von Samadet verhelfen, die von 1732 bis in die Jahre um 1840 gearbeitet hat und von der wir sehr wenig wissen. Man schreibt Samadet Blumendekors zu, die einfach und sparsam, aber doch qualitätvoll sind.

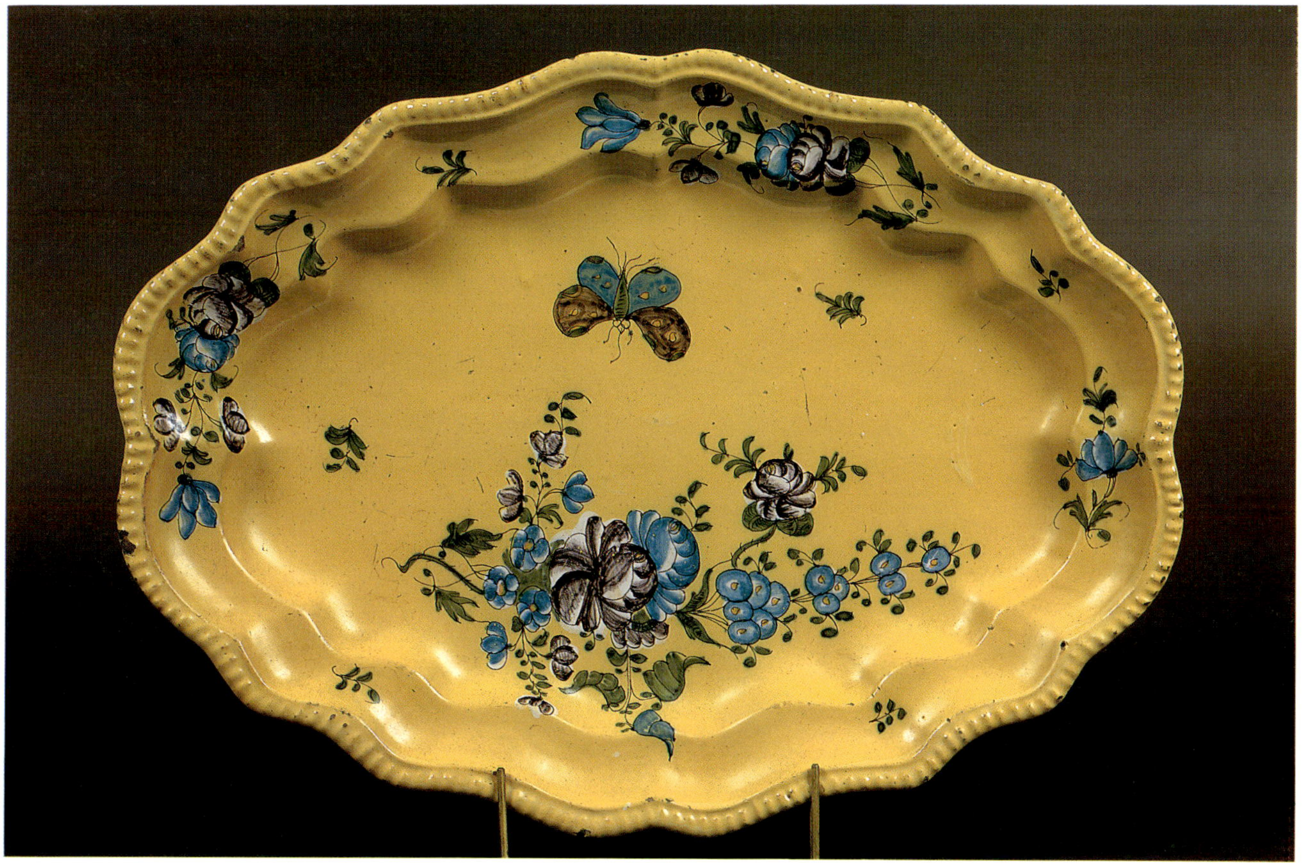

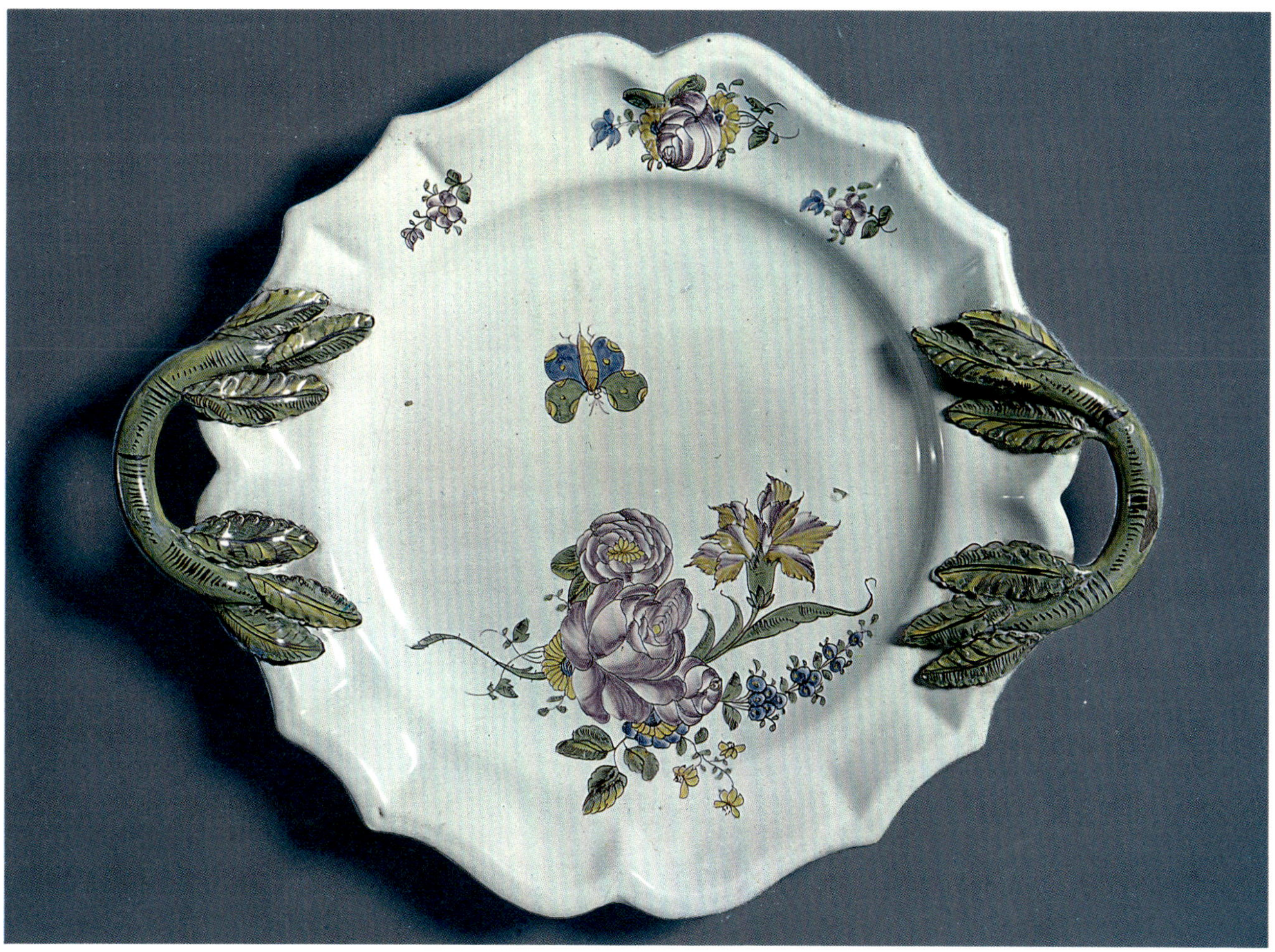

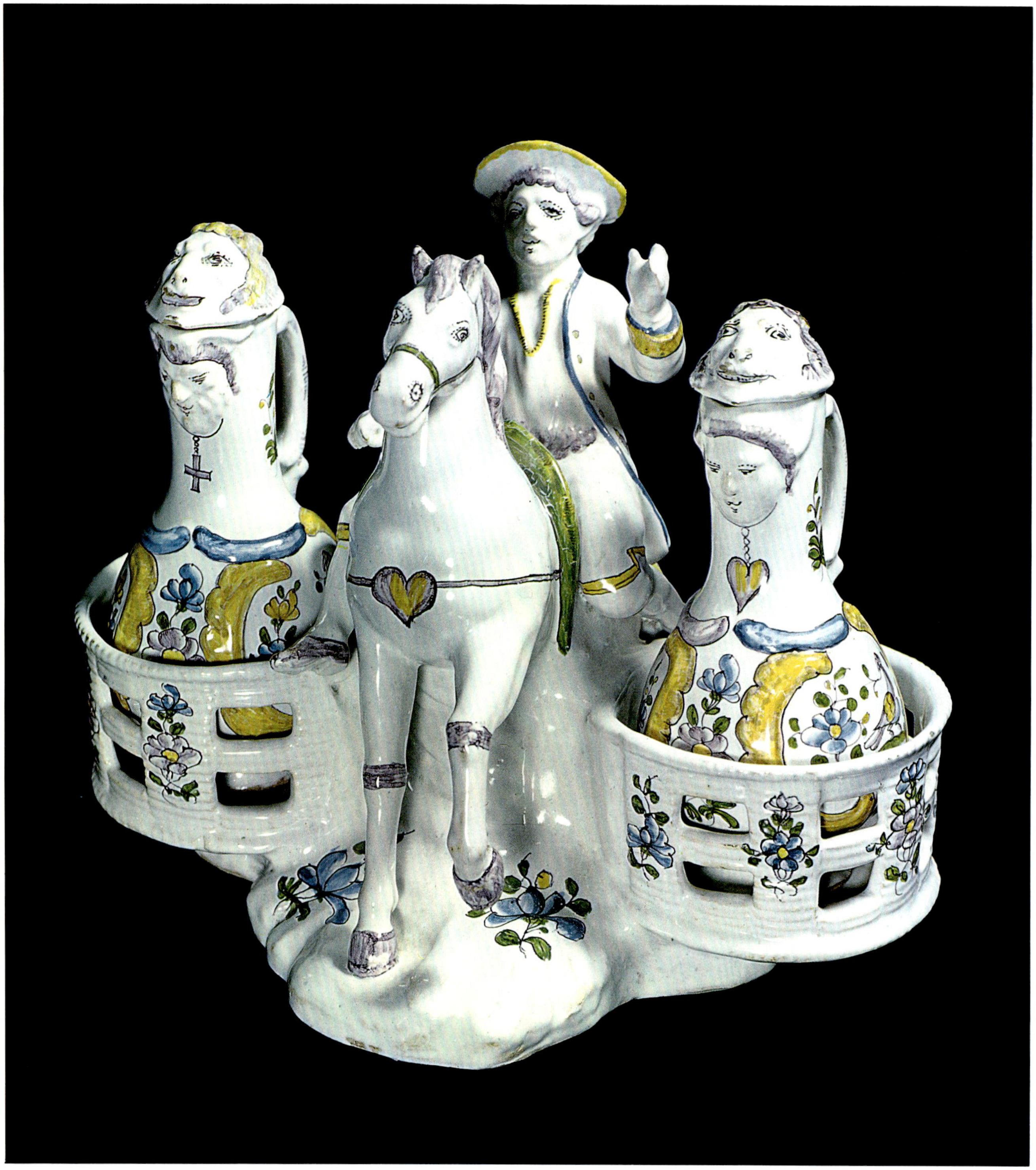

175 SAMADET (Landes), 1775
Öl- und Essigkännchen mit Ständer; polychromer Scharffeuerdekor; L 24 cm
Lourdes, Musée pyrénéen, Inv. 44.1.70[1 à 5] (Legat Laffite)
Man kann diesen Reiter zwischen zwei Körben mit Kännchen aufgrund der Machart des Tafelgeschirrs, zu dem er gehört, datieren. Hier werden die Qualitäten der Fayence von Samadet deutlich: ausgezeichnete Modellierung, weißer Ton der Glasur, lebhafte Farben, freie und lockere Zeichnung.

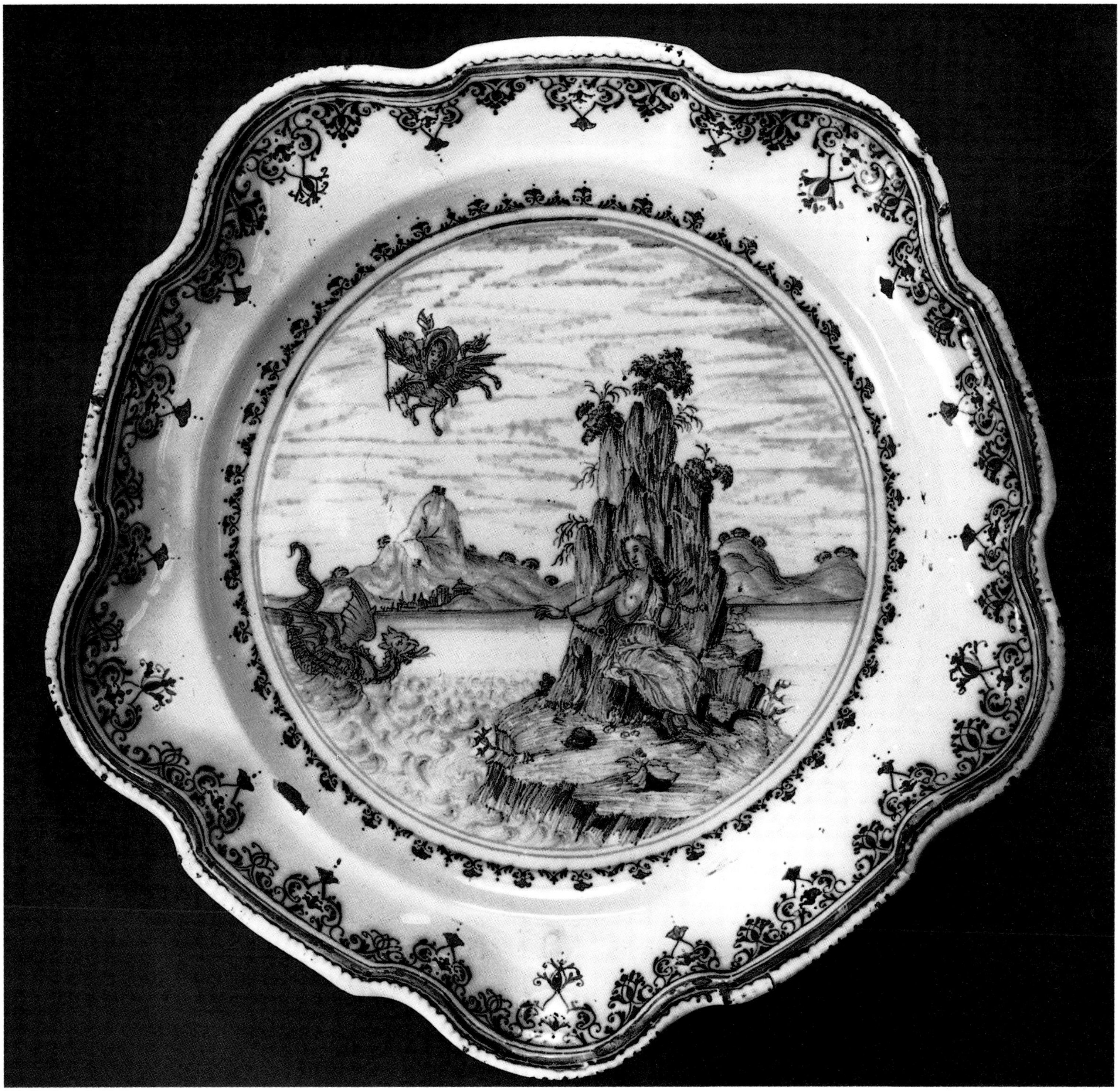

176 MOUSTIERS (Alpes-de-Haute-Provence), Manufaktur Olerys-Laugier, um 1740–1745
Teller; Marke auf der Rückseite: Monogramm OL; polychromer Scharffeuerdekor; Ø 27 cm
Limoges, Musée national Adrien-Dubouché, Inv. ADL. 863
Im zweiten Viertel des 18. Jahrhunderts ging Moustiers zur Vielfarbigkeit über. Dieser Wechsel geschah zur Zeit der Rückkehr von Joseph Olerys, Fayencehersteller und -maler, aus Spanien, wo er während elf Jahren angestellt gewesen war. Die ungewöhnliche fünfeckige Form des Tellers und die Kolorierung der noch camaieublau gezeichneten mythologischen Szene mit Mandelgrün, Ockergelb und Braunviolett datieren das Stück in die Anfänge der Manufaktur, die Olerys 1738, bei seiner Rückkehr in die Heimat, in Moustiers gegründet hatte. Die Marke OL auf der Rückseite wird als Verbindung der Initialen von Joseph Olerys und seines mit ihm assoziierten Schwagers Laugier gedeutet.

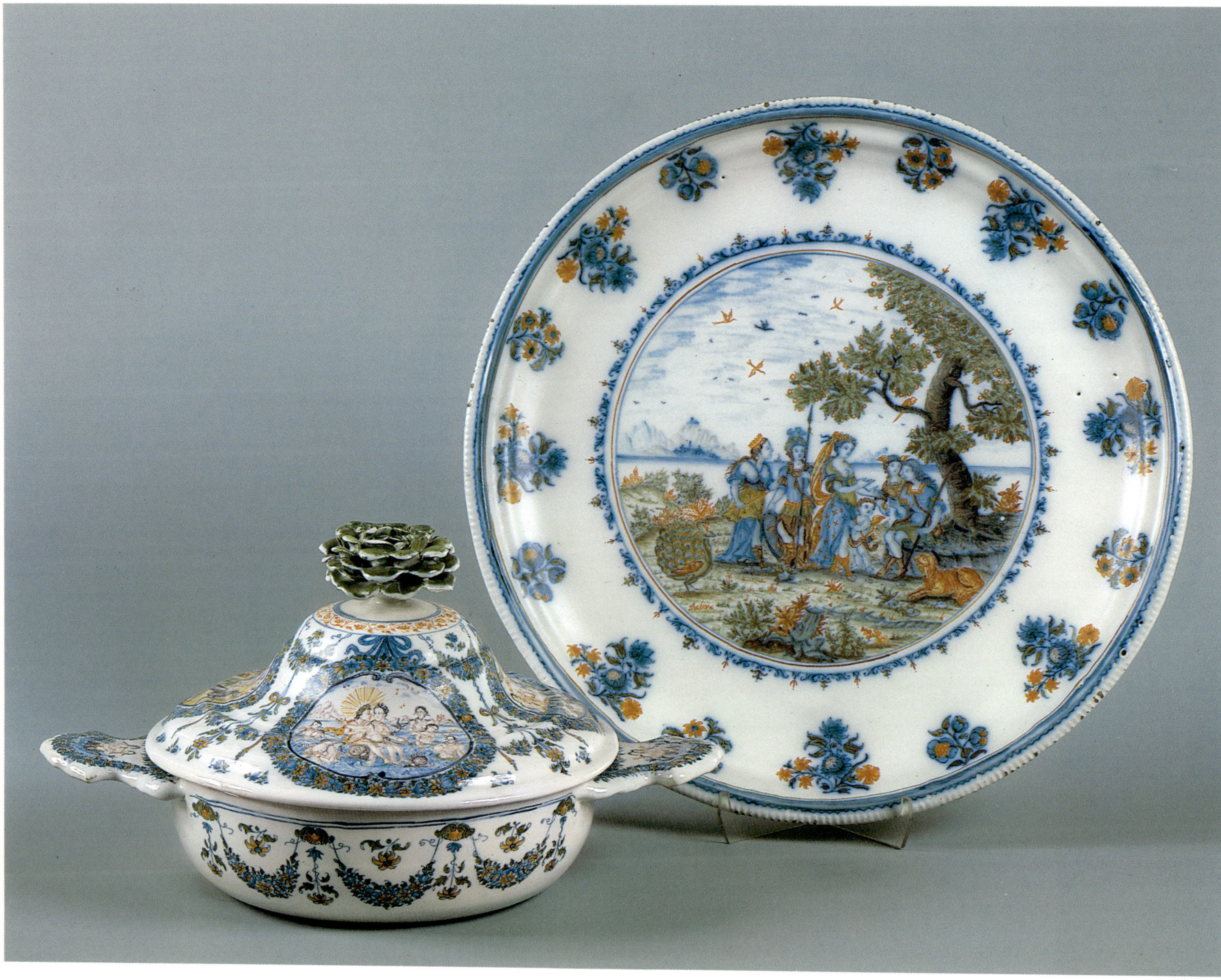

177 MOUSTIERS (Alpes-de-Haute-Provence), Manufaktur Olerys-Laugier, um 1735–1745
Platte; Marke auf der Rückseite der Fahne: zweimal zwei ockerfarbene verschlungene Buchstaben: B und T (?), und Monogramm OL; polychromer Scharffeuerdekor; ⌀ 31 cm
Sèvres, Musée national de Céramique, Inv. MNC. 20962
(Legat Sagnier)

MOUSTIERS (Alpes-de-Haute-Provence), um 1750
Deckelschale; Marke: J H F; polychromer Scharffeuerdekor; L 27 cm
Sèvres, Musée national de Céramique, Inv. MNC. 21123
(Legat Sagnier)
Auch wenn der Glanz der Glasur gleich ist und beide Stücke mit mythologischen Szenen geschmückt sind, wurden die Deckelschale und die Platte nicht für einander geschaffen.
Das Urteil des Paris, das die Mitte der Platte schmückt, stammt aus den Anfängen der polychromen Malerei in Moustiers. Es handelt sich um eine kolorierte Camaieumalerei. Die strahlenförmig angeordneten Büschel sogenannter Kartoffelblüten sind eine stilisierte Darstellung einer im ganzen Süden Frankreichs häufigen Steinpflanze. Die Rückseite der Platte trägt die Marke der Manufaktur Olerys-Laugier.
Die Deckelschale ist einige Jahre jünger. Die blaue Zeichnung fehlt jetzt. Der Maler hat den Girlandendekor gewählt, der hier von ganz besonderer Zierlichkeit ist. Dieses Stück trägt das Wappen der Monier, Mailänder Herren, die aus Moustiers stammten.

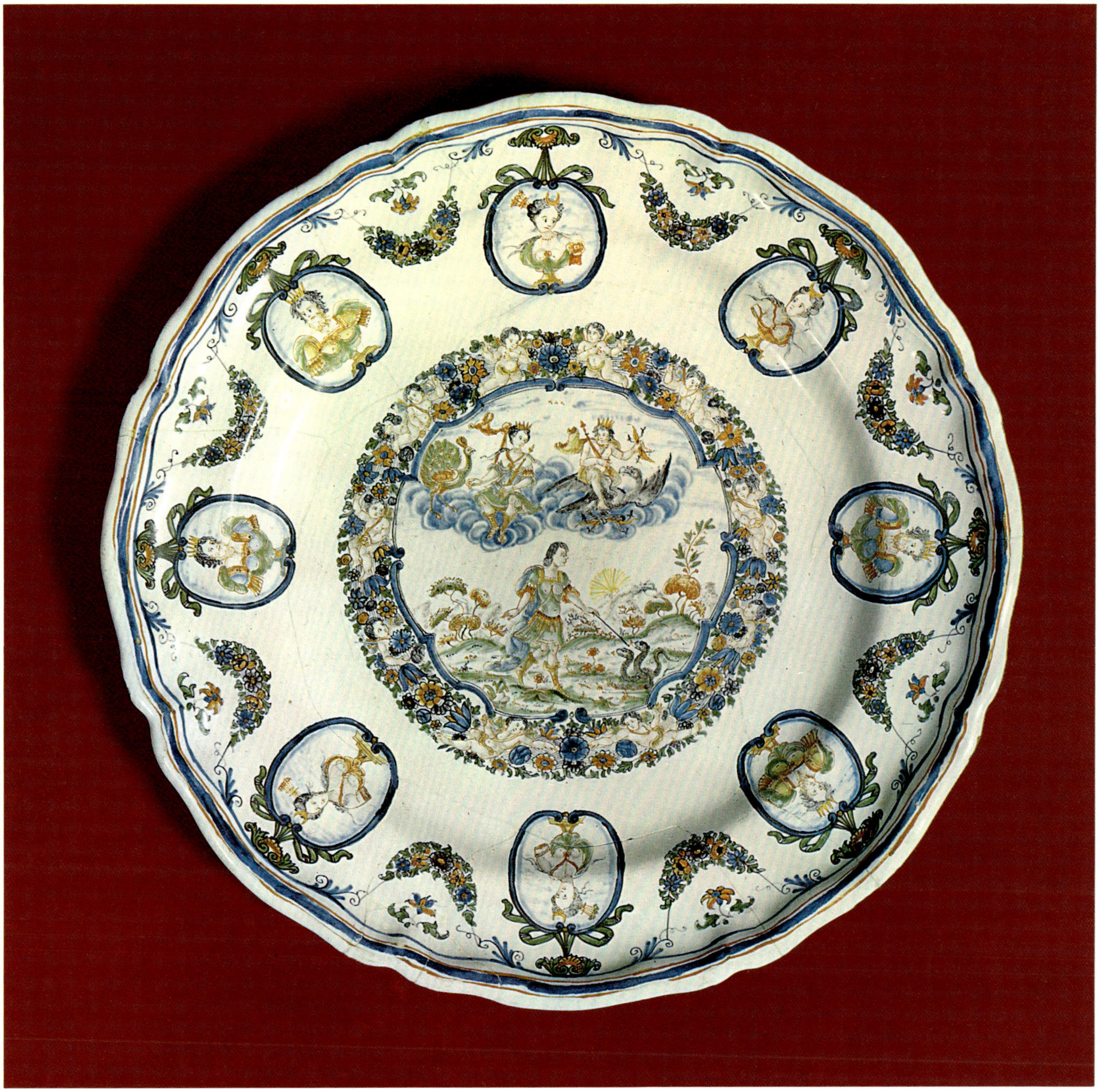

178 MOUSTIERS (Alpes-de-Haute-Provence), um 1750
Teller; polychromer Scharffeuerdekor; ⌀ 25 cm
Aix-en-Provence, Musée Paul-Arbaud, Inv. 117
Bereits in den Berain-Dekors vom Jahrhundertanfang kommen, wenn es sich um Hochzeitsplatten handelt, Büsten vor. Hier sind sie in von Bändern gerahmte Medaillons einbeschrieben und bilden mit den Blütengirlanden und Kartoffelblüten ein strahlenförmiges Dekorationssystem. Dieser Dekor, der vom Rand der Fahne bis in den Spiegel hinein reicht, läßt der szenischen Darstellung nur Raum für ein winziges, allerdings von einem dichten Blütenkranz mit Putten gerahmtes Medaillon.

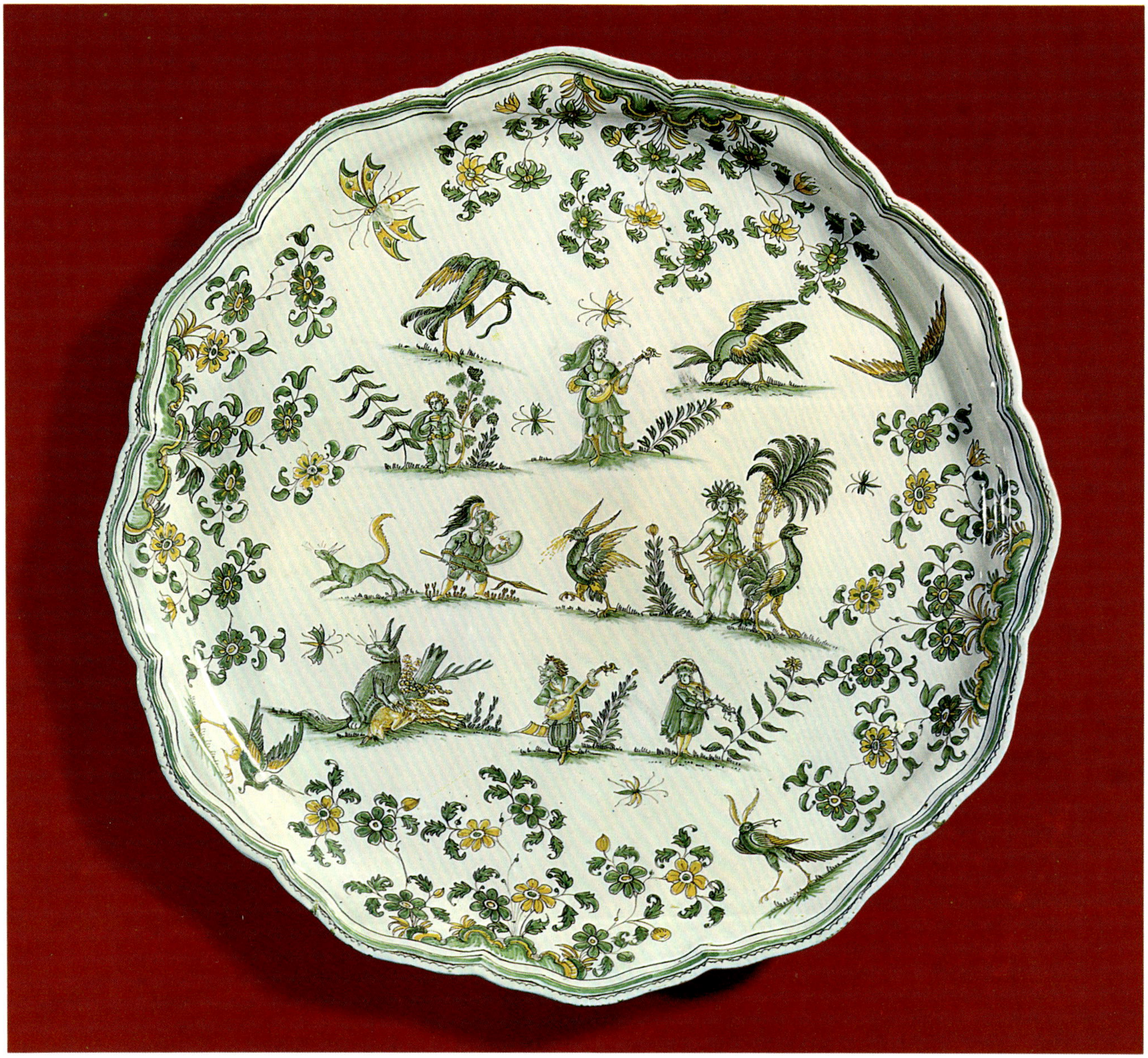

179 MOUSTIERS (Alpes-de-Haute-Provence), Manufaktur Olerys-Laugier, um 1750–1760
Platte; Marke auf der Rückseite: OL; Scharffeuerdekor in Grün und Gelb; ∅ 44,6 cm
Narbonne, Musée d'Art et d'Histoire, Inv. (provisorisch) PAL 565 (Legat Canonge)
Der Dekor mit grotesken Figuren – im Keim bereits im Berain-Dekor, in dem verschiedenartige und humoristische Tiere ein Netz linearer Lambrequins beleben, angelegt – geht vor allem auf die Gestalten des Jacques Callot und spanischer Fabelsammlungen zurück. In den Werken von Olerys, der diesen Dekor geschaffen hat, sind die verschiedenen Quellen mit ihren Eigenheiten zu erkennen. Der Dekor wandelt sich bald zu einer winzigen, von merkwürdigen Menschen und Tieren, die auf kleinen Bodenstücken inmitten üppiger Pflanzen stehen, belebten Welt.

181 MOUSTIERS (Alpes-de-Haute-Provence), um 1745–1750 ▷
Bildplatte; polychromer Scharffeuerdekor; L 52 cm, B 42 cm
Marseille, Musée Cantini, Inv. 3329
Bildplatten sind unter den Delfter Fayencen zahlreich. Auch diejenigen von Alcora sind berühmt, und sie haben Moustiers beeinflußt. Die Manufakturen Olerys-Laugier und Fouque-Pelloquin in Moustiers haben, innerhalb dieser Tradition, mehrere Bildplatten mit mythologischen Darstellungen oder Genreszenen geliefert. Die Anregung zu dieser Bildplatte hat ein Stich von Jacques Callot, eine Versuchung des hl. Antonius, gegeben, doch der Fayencemaler hat die Darstellung geschickt in eine Affenszene im Geschmack des 18. Jahrhunderts umgewandelt.

180 MOUSTIERS (Alpes-de-Haute-Provence), um 1750
Platte; polychromer Scharffeuerdekor; L 42 cm
Paris, Musée des Arts décoratifs, Inv. AD. 10929
Dieses als Kartoffelblüten bezeichnete Dekormotiv – zu seiner Zeit wurden Kartoffeln in Frankreich jedoch noch nicht angebaut – ist der charakteristische Blütendekor von Moustiers. Die in Sträußen, als Streublumen, als Büsche oder Girlanden auftretenden stilisierten Pflanzen erinnern an eine im Süden Frankreichs vorkommende Steinpflanze. Botaniker haben sie als *jasmina fructicans* identifiziert.

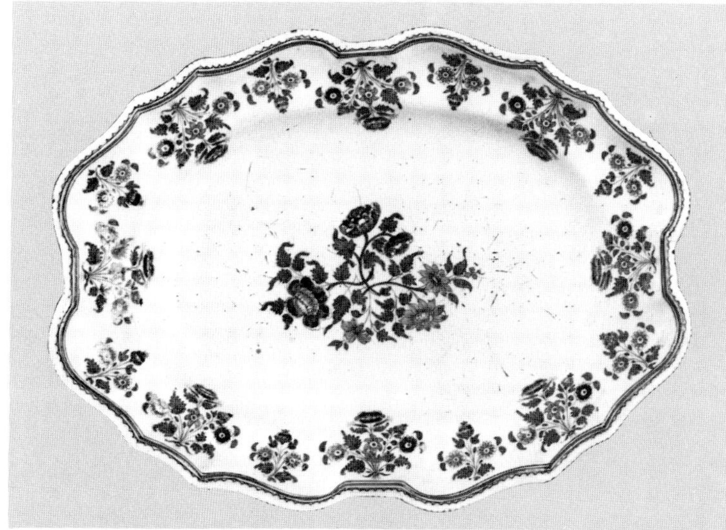

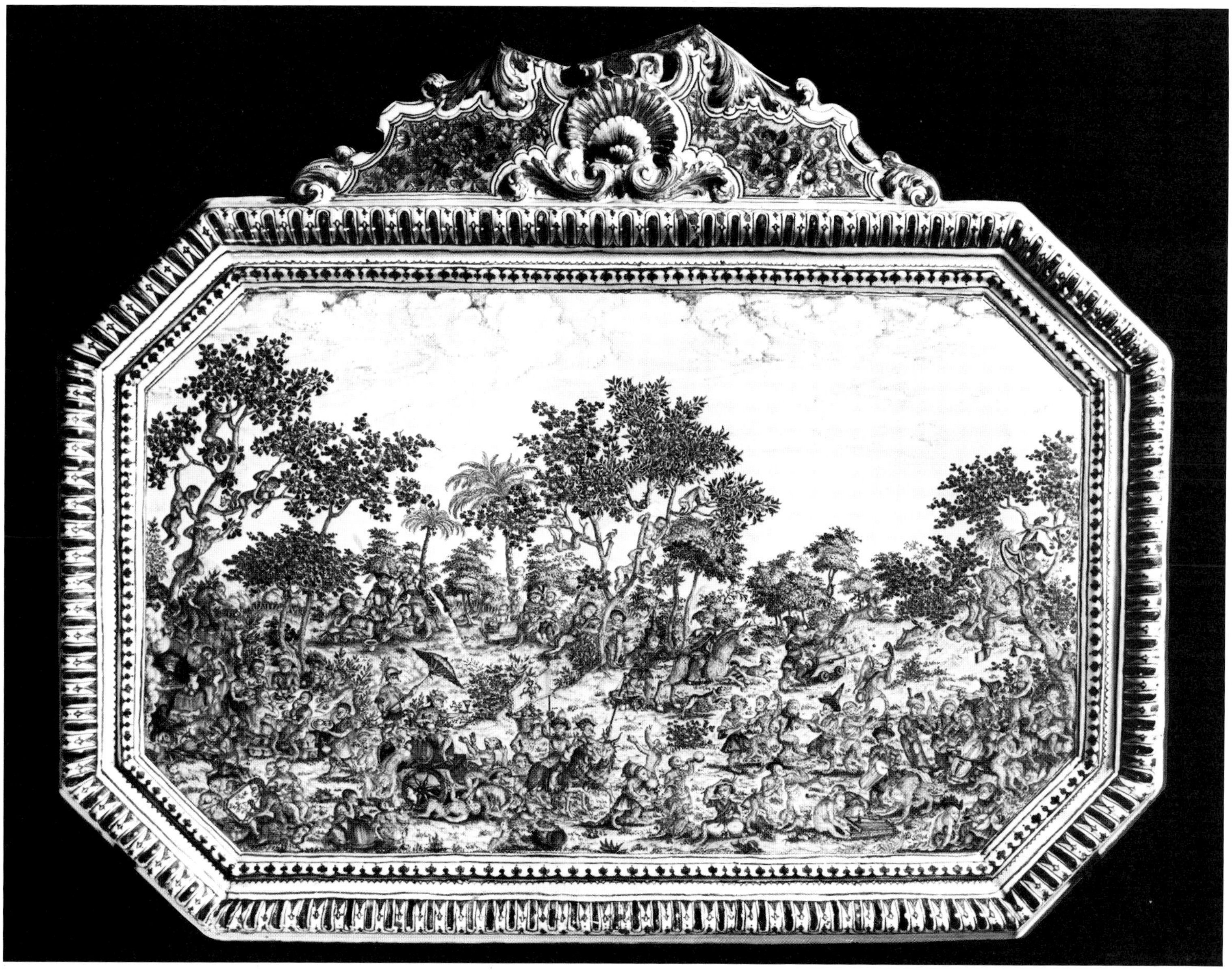

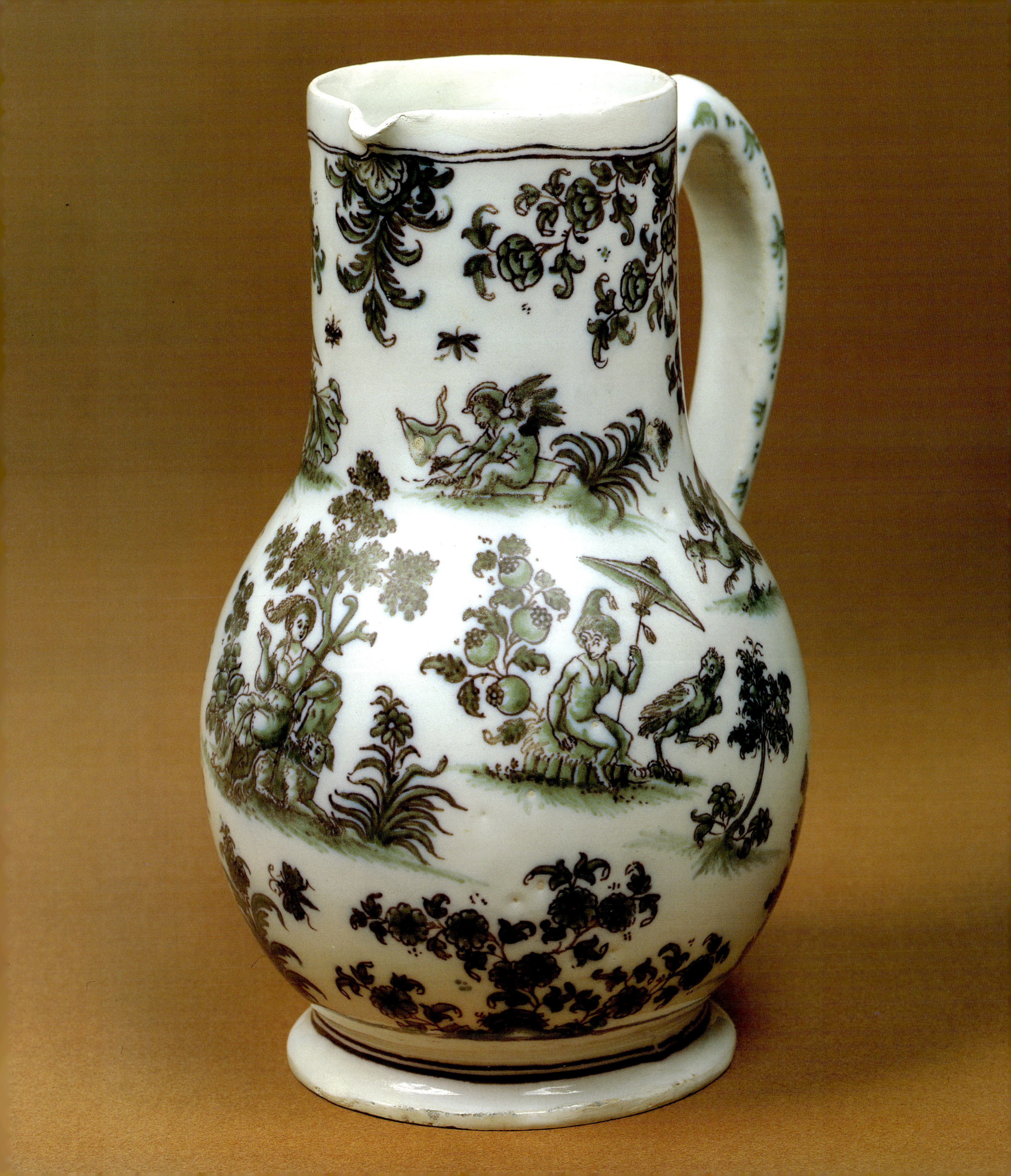

182 MOUSTIERS (Alpes-de-Haute-Provence), Manufaktur Olerys-Laugier, um 1750–1760
Wasserkrug; Marke: grünes OL.F; Scharffeuerdekor in Camaieugrün mit manganvioletten Konturen; H 20 cm
Sèvres, Musée national de Céramique, Inv. MNC. 10918 (Geschenk Duval)
Der Dekor mit grotesken Figuren, der über den ganzen Krug gestreut ist, paßt sich dessen Form gut an. Die Tiermotive und die Zweige mit sogenannten Kartoffelblüten sind gleichmäßig verteilt wie bei einem Stoffdruck oder einer Tapete. Bei weitem nicht alle Stücke mit einem solchen Dekor erreichen die Qualität dieses wirklich ungewöhnlichen Kruges.

183 MOUSTIERS (Alpes-de-Haute-Provence), um 1750
Kürbisflasche; Inschrift: Vive le Roy Et cest gardes fraçoise . arnaud; polychromer Scharffeuerdekor auf gelbem Grund; H. 16,8 cm
Sèvres, Musée national de Céramique, Inv. MNC. 16434 (Legat Papillon)
Moustiers hat Fayencen von Marseille nachgeahmt und auch gelbe Fonds hergestellt, die durch den speckigen, weich wirkenden Schimmer ihrer Glasur zu den schönsten Südfrankreichs gehören. Der Dekor *aux drapeaux* dieser doppelt gebauchten Kürbisflasche ist in leuchtendem Blau ausgeführt. Die begleitende Inschrift wurde – wahrscheinlich zur Zeit der Revolution – zum Teil abgekratzt.

184 MOUSTIERS (Alpes-de-Haute-Provence), um 1750
Platte; polychromer Scharffeuerdekor; ∅ 24,4 cm
Sèvres, Musée national de Céramique, Inv. MNC. 20971 (Legat Sagnier)
Der Dekor *aux drapeaux* von Moustiers – eine kriegerische Trophäe, bei der Fahnen, Trommeln, Schilde und Kanonen in einem Rokokomotiv vereinigt sind – kann man mit gleichem Recht wie entsprechende Stücke aus dem Gebiet von Nevers den patriotischen Dekors zuordnen. Nach der Überlieferung bezieht sich der Dekor dieser Platte allerdings auf ein bestimmtes Ereignis, nämlich auf die Schlacht von Fontenoy im Jahr 1745.

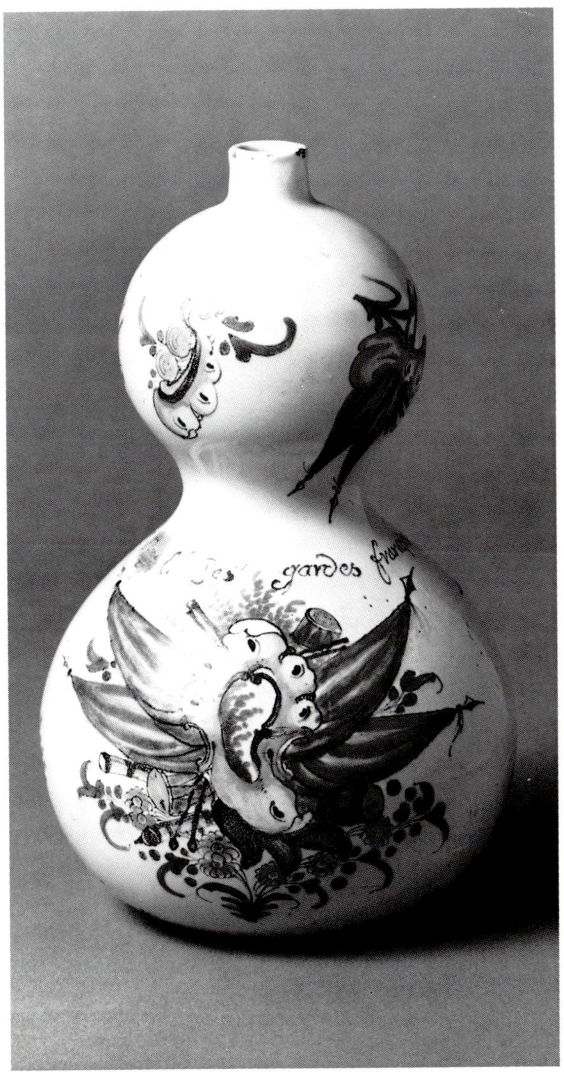

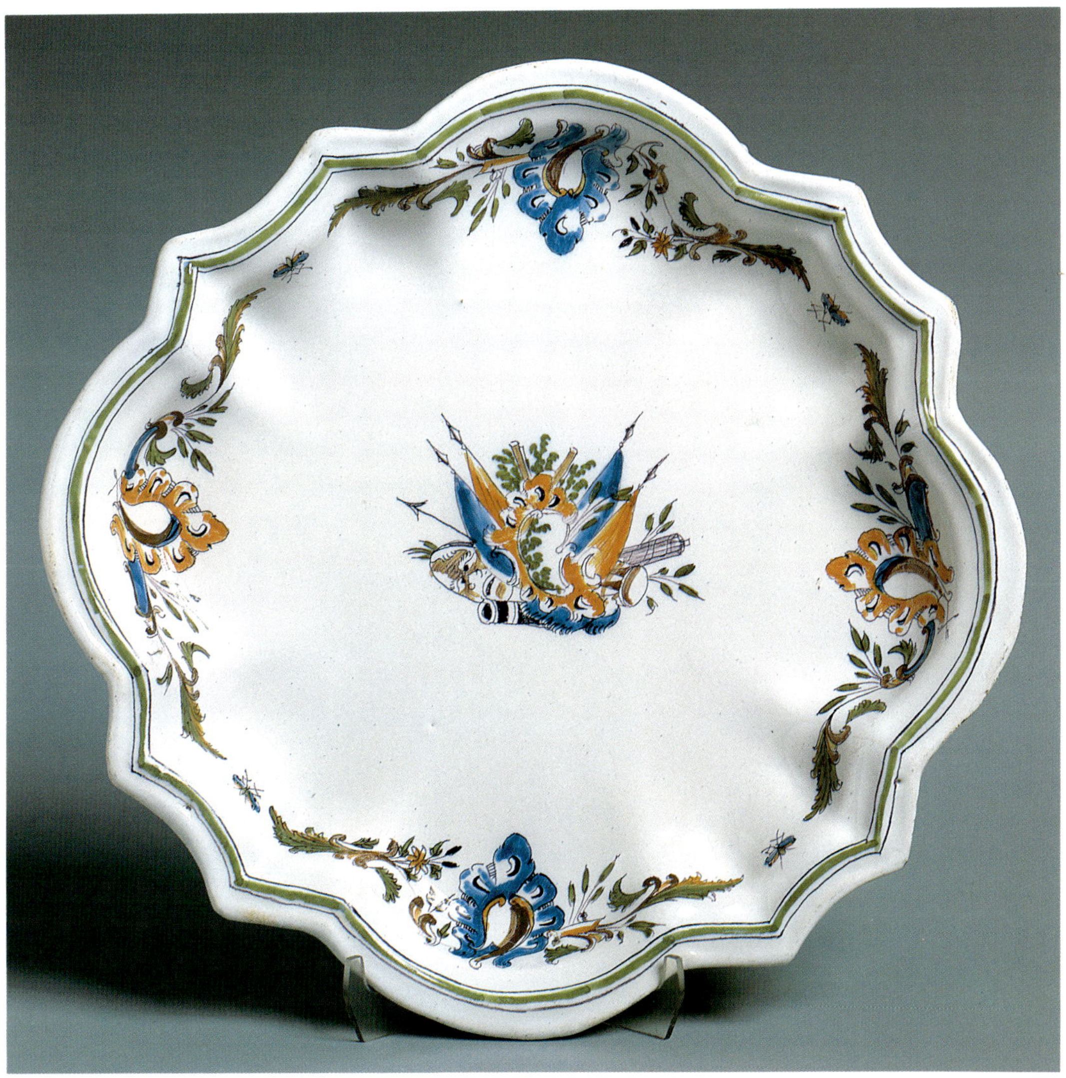

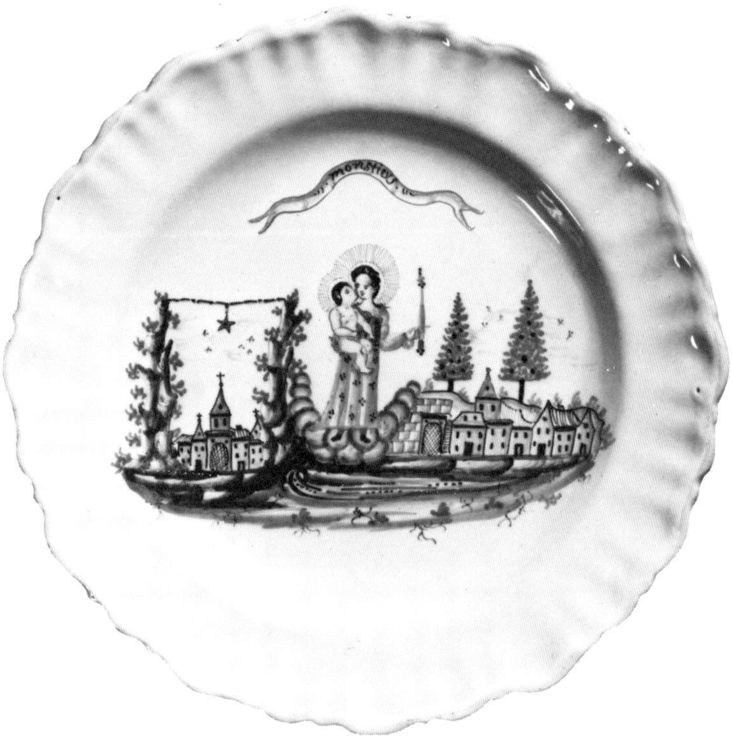

185 MOUSTIERS (Alpes-de-Haute-Provence), Manufaktur Féraud, um 1780
Teller; Inschrift im Dekor: monstiers; polychromer Scharffeuerdekor; ⌀ 25 cm
Saumur, Musée d'Arts décoratifs, Inv. 491 (Legat Lair)
Als Gaspard Féraud 1780 in Moustiers seine eigene Manufaktur gründete, kannte er das Geheimnis dieser fetten, strahlenden, sehr weißen Glasur, die bereits seit einem Jahrhundert den Ruhm der Manufakturen von Moustiers ausmachte. Auch dieser Teller, der Féraud zugeschrieben wird, ist damit überzogen. Der Dekor ähnelt ein wenig den Dekors mit Schutzheiligen von Nevers, hat aber durchaus seine Eigenart, denn Maria mit dem Kind ist hier als Beschützerin von Moustiers dargestellt. Daß es sich um diesen Ort handelt, sagt nicht nur die Inschrift, sondern ist auch an dem zwischen den Felsen aufgehängten Stern gut zu erkennen.

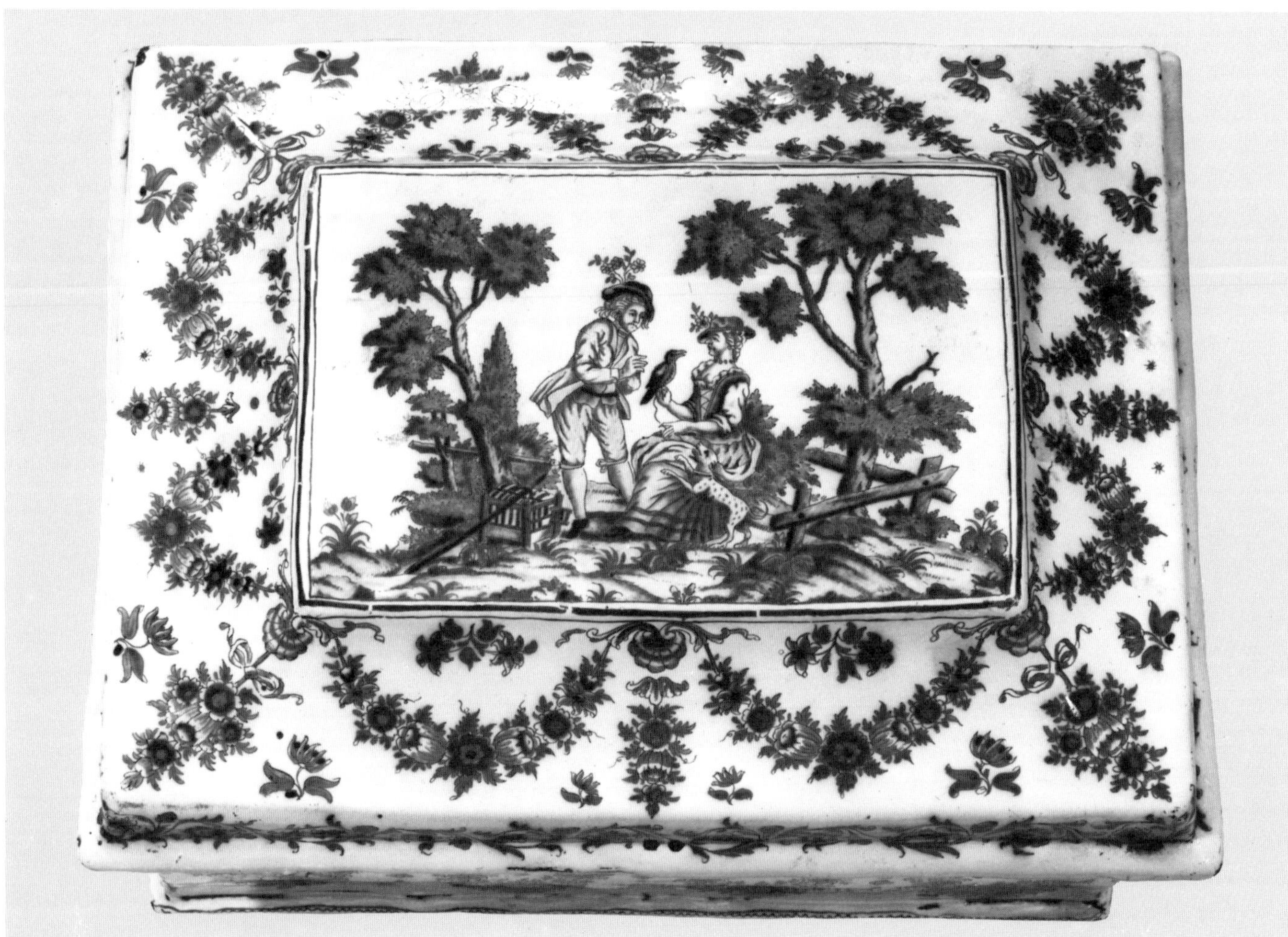

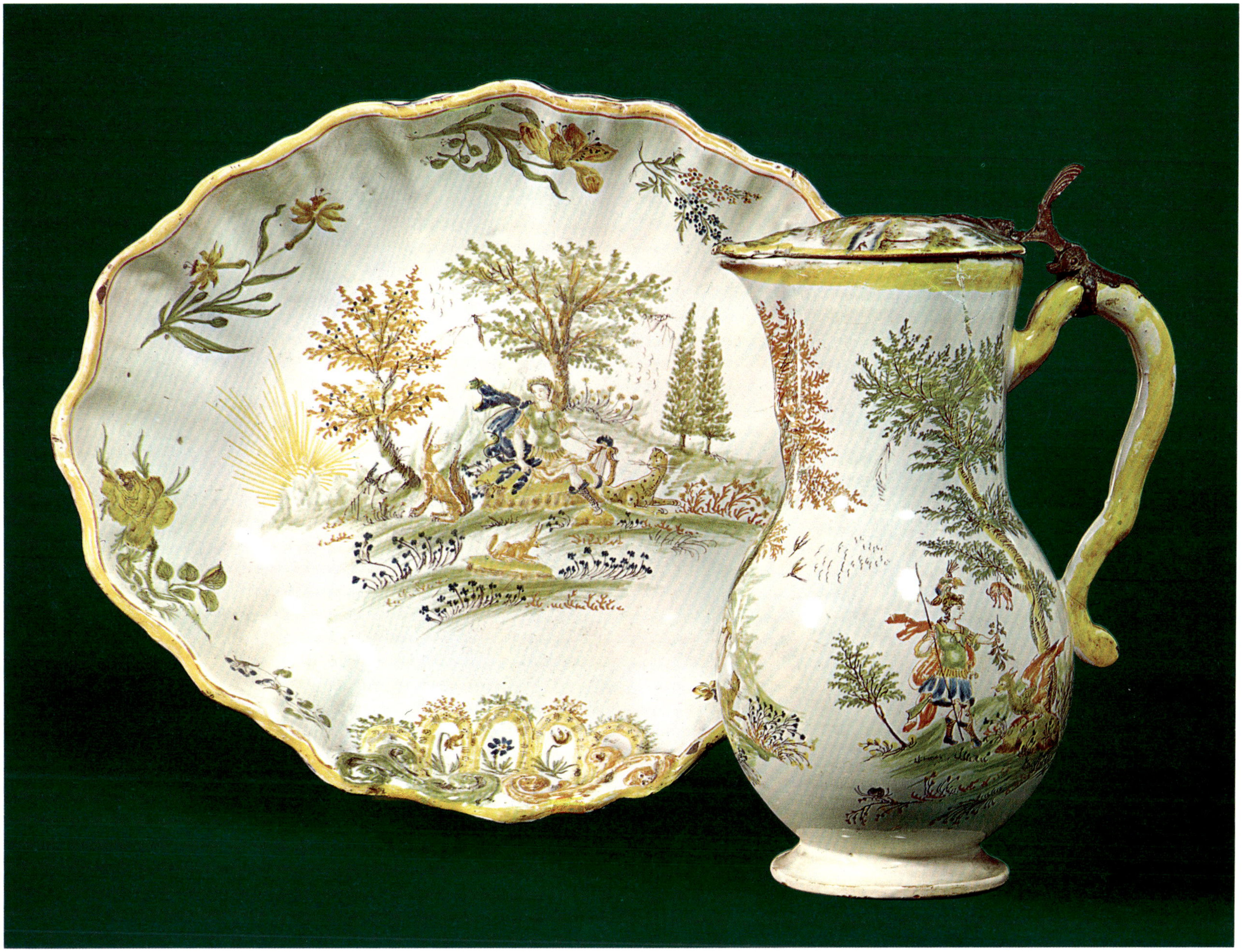

◁ 186 MOUSTIERS (Alpes-de-Haute-Provence), zweite Hälfte des 18. Jahrhunderts
Kästchen; polychromer Scharffeuerdekor; L 31,5 cm, B 25 cm, H 15 cm
Paris, Musée du Louvre, Inv. OA. 7766 (Geschenk Corroyer)
Die Zierlichkeit des Girlandendekors paßt gut zu Toilettengegenständen wie Dosen und Kästchen, die in den Manufakturen von Moustiers serienweise hergestellt wurden. Hier begleitet dieser Dekor eine galante Szene im Louis-XVI-Stil, die den Deckel schmückt. Dieses Dekorationssystem wurde so anerkannt, daß man es bis zum Ende des 18. Jahrhunderts beibehielt.

187 MOUSTIERS (Alpes-de-Haute-Provence), Manufaktur Féraud, um 1780
Wasserkrug und Becken; polychromer Scharffeuerdekor; Krug: H 24 cm; Becken: L 34,5 cm, B 29 cm
Marseille, Musée Cantini, Inv. 3422 und 3421 (Geschenk Luzzati)
Obgleich sich Gaspard Féraud für die traditionelle Scharffeuertechnik entschieden hatte, wandelte er unter dem Einfluß des Muffelbranddekors und des Porzellans seine Palette leicht ab, vor allem bei den Grün- und den Gelbtönen. Zudem werden jetzt aus den traditionellen mythologischen Szenen eigentliche Genreszenen. In dieser Darstellung des Orpheus, der die Tiere bezaubert, ist eine Hinwendung des Malers zu einer naturalistischeren Ausdrucksweise zu erkennen. Das zeigen sowohl die drei gut voneinander zu unterscheidenden Baumarten als auch die der Natur abgeschauten Blumen, mit denen die Leerflächen der Komposition gefüllt sind.

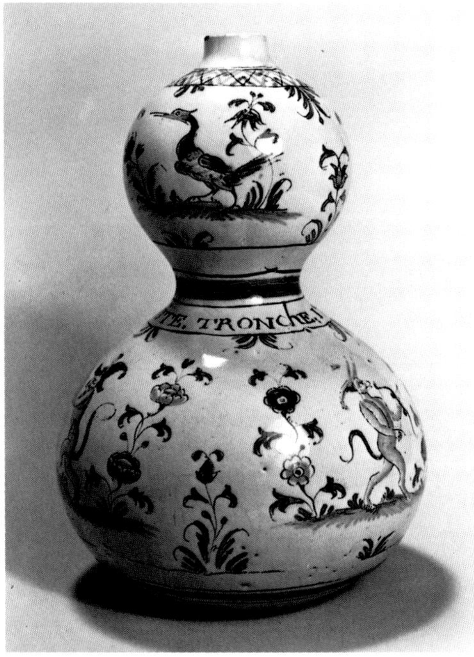

188 LA TRONCHE (Isère), 1760
Kürbisflasche; Inschrift: FAIT-A-LA-PETITE-TRONCHE, 1760; polychromer Scharffeuerdekor; H 15,8 cm
Grenoble, Musée dauphinois, Inv. 34.6305 (Geschenk Jullian)
Im 18. Jahrhundert wurden in der Nähe von Grenoble drei Fayencemanufakturen gegründet: die erste 1735 im Vorort Très-Cloîtres durch Edouard Roux, der aus Moustiers gekommen war; die zweite 1745 in Plaisir-de-la-Tronche durch Joseph Perret; sie teilte sich in eine obere Manufaktur und eine untere, die Petite-Tronche genannt wurde. Die durch ihre Inschrift sehr kostbare, stark von Moustiers beeinflußte Kürbisflasche entstand in dieser dritten Manufaktur.

189 MARIGNAC (Haute-Garonne), 1749
Becken; Inschrift auf der Rückseite: A marignac, a la facteure de pons. Le 31 mars 1749; polychromer Scharffeuerdekor; L 36 cm
Sèvres, Musée national de Céramique, Inv. MNC. 19677 (Geschenk Lévy)
Wir kennen nur dieses eine Stück aus der Manufaktur von Marignac, über die wir sonst nichts wissen. Im Dekor dieses Beckens mit reliefiertem Rand herrschen Blau und Rot stark vor. Er ist phantasievoll, nicht ohne Charme und wirkt wie ein volkstümlicher Widerhall der Dekors mit grotesken Chinesen, die in der Manufaktur Leroy in Marseille entstanden.

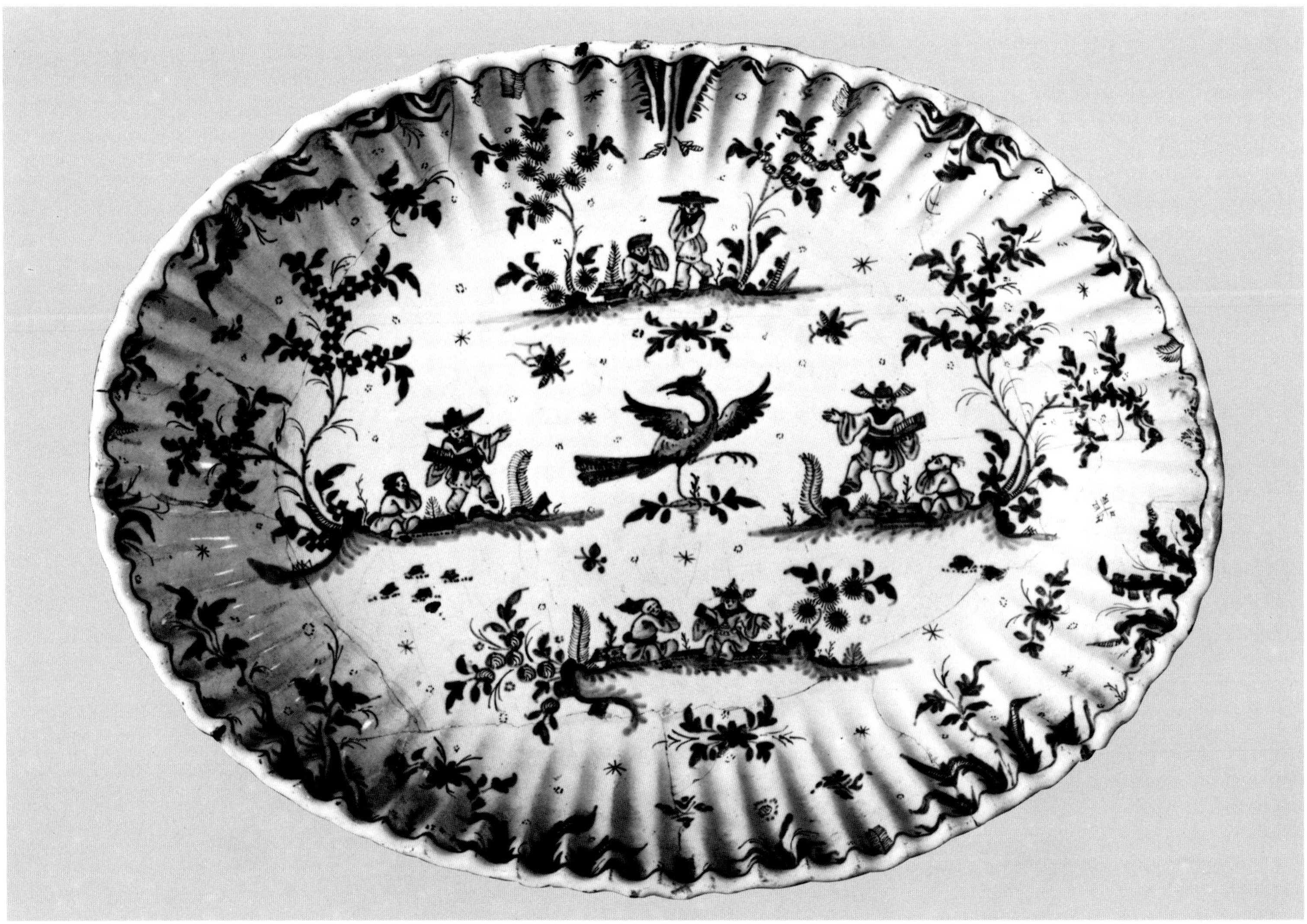

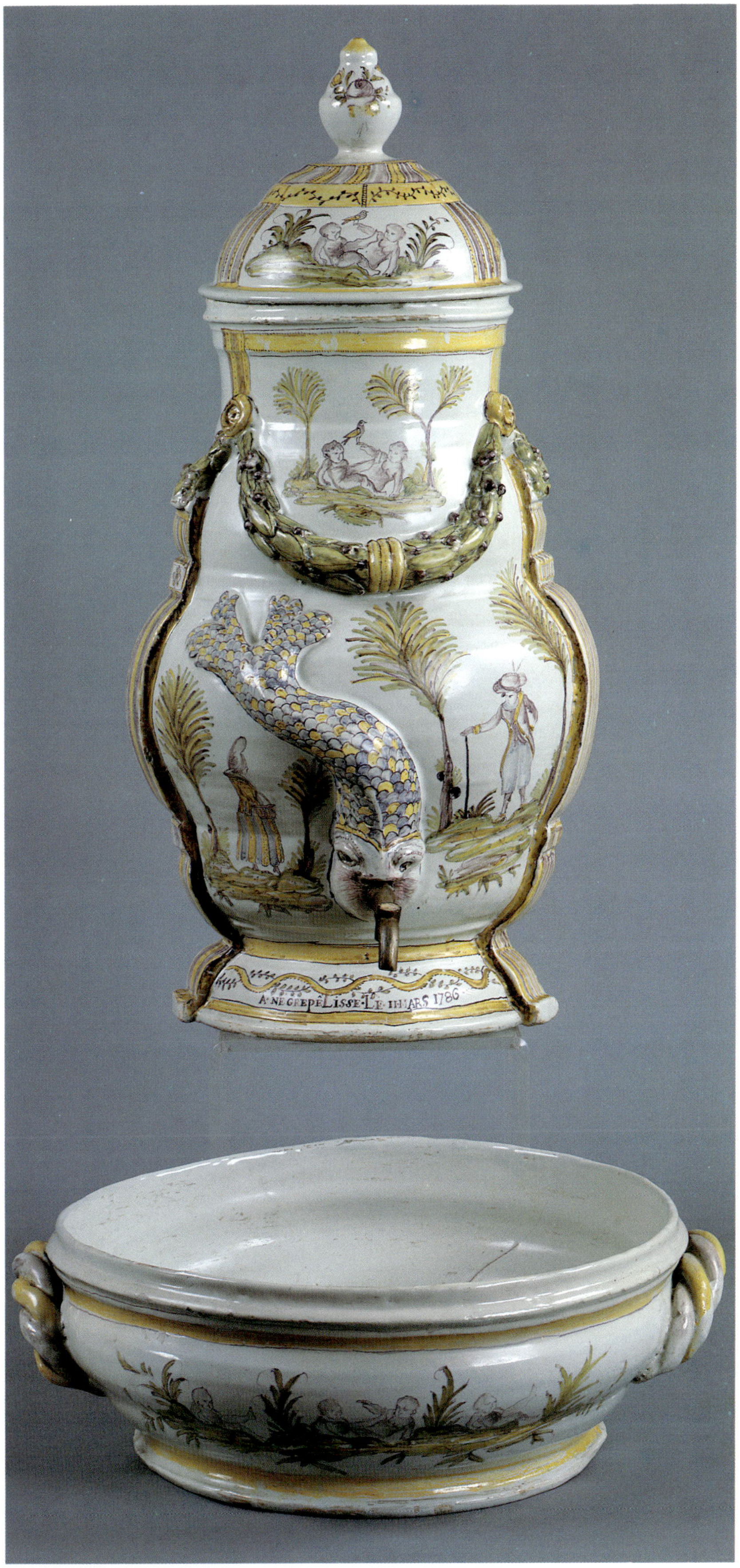

190 NÈGREPELISSE (Tarn-et-Garonne), 1786
Wandbrunnen mit zugehörigem Becken; Inschrift auf dem Sockel des Brunnens: A NÉGREPELISSE · LE II · MARS 1786; polychromer Scharffeuerdekor; H 74 cm
Sèvres, Musée national de Céramique, Inv. MNC. 19977
Die Fayencen von Nègrepelisse, einem Ort nahe Montauban, sind kaum bekannt. Dort gründete der Unternehmer Jean Viguié zwischen 1775 und 1780 eine Manufaktur. Dieser Wandbrunnen befand sich noch Anfang des 20. Jahrhunderts in dem einst von Viguié bewohnten Haus. Die Form, durch den in Relief aufgelegten Delphin etwas aus dem Gleichgewicht gebracht, ist kaum geschickter als der unbedeutende malerische Dekor.

191 ALLEMAGNE-EN-PROVENCE (Alpes-de-Haute-Provence), Ende des 18. Jahrhunderts
Wasserkrug mit Deckel; polychromer Scharffeuerdekor; H 24 cm
Sèvres, Musée national de Céramique, Inv. MNC. 24505 (anonymes Geschenk)
Man schreibt der nicht weit von Moustiers entfernt gelegenen Manufaktur von Allemagne-en-Provence Fayencen in einem recht einfachen Stil zu, deren Dekor im wesentlichen aus einer kleinen Landschaft in einem Medaillon und einigen hingestreuten Blumen besteht. Die Manufaktur, die von dem benachbarten Moustiers beeinflußt war, scheint ungefähr von 1780 bis 1820 gearbeitet zu haben.

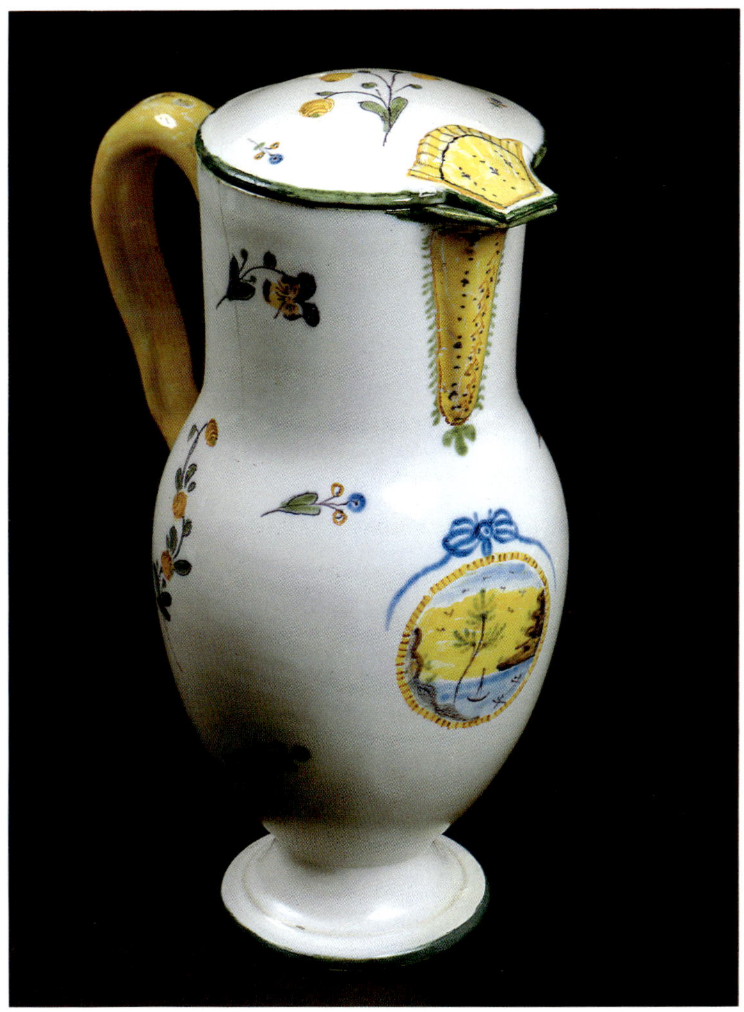

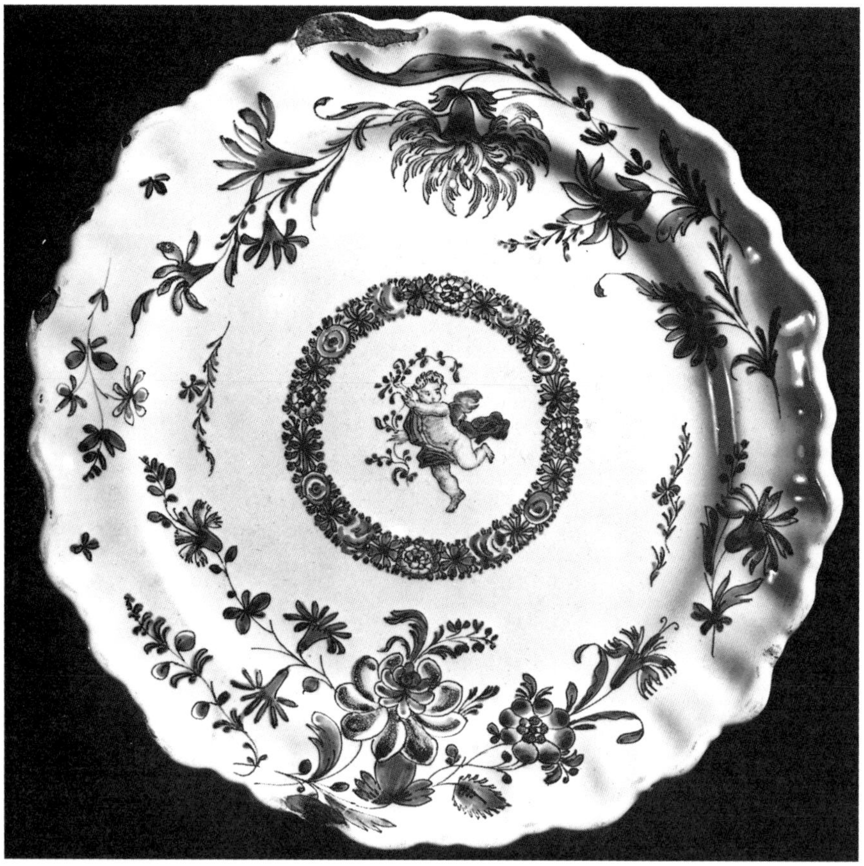

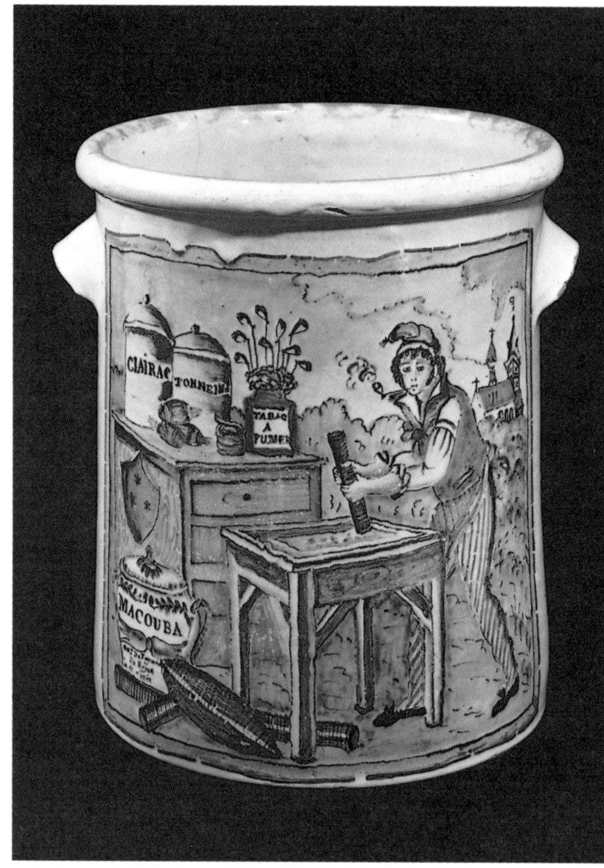

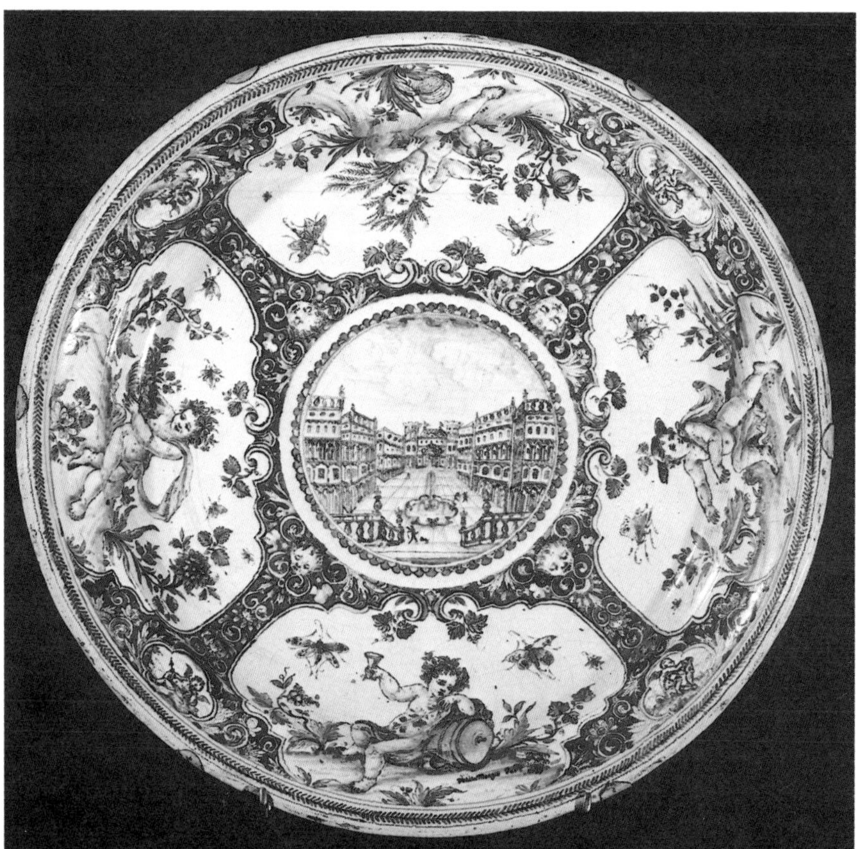

194 LYON (Rhône), 1739
Platte; Inschrift im Dekor: Pierre Mongis 1739; polychromer Scharffeuerdekor; ⌀ 51 cm
Lyon, Musée historique, Inv. 41.262 (Geschenk Visseaux und der Société des Amis de Gadagne)
Der Fayencemaler Pierre Mongis wurde 1712 in Turin geboren, verheiratete sich 1741 in Lyon und starb dort 1756. Er hat den Dekor dieser Platte geschaffen, in dem verschiedene Einflüsse zusammentreffen: solche aus seiner Heimat, denn in den Dekors von Lodi und Turin stehen häufig Landschaften im Zentrum; Einflüsse von Rouen, dessen polychrome Spitzenmuster hier aufgenommen sind; schließlich Vorbilder aus Lyon, für dessen Fayencen die liegenden Putti als Darstellungen der Jahreszeiten charakteristisch sind.

◁◁ 192 BORDEAUX (Gironde), zweite Hälfte des 18. Jahrhunderts
Teller; polychromer Scharffeuerdekor; ⌀ 24 cm
Bordeaux, Musée des Arts décoratifs, Inv. 57.5.1
(Geschenk Dubédat)
Man schreibt Bordeaux Stücke mit Blumendekor zu, der südlichen Einfluß zeigt, manchmal italienischen, hier den von Moustiers. Sie sind durch eine Scharffeuerpalette gekennzeichnet, die etwas matt wirkt, weil in ihr Rot selten und Manganviolett reichlich vorkommt.

◁ 193 BORDEAUX (Gironde), Manufaktur Boyer, um 1770
Tabaktopf; Inschriften im Dekor: Mre de Fayance de Boyer a St Serin; verschiedene Tabaknamen; polychromer Scharffeuerdekor; H 27 cm
Sèvres, Musée national de Céramique, Inv. MNC. 8985
Dieser zu einem Paar gehörige Tabaktopf ist das Werk des Charles-Antoine Boyer, der zu jenen Fayenceherstellern gehört, denen es nach dem Auslaufen des Privilegs von Jacques Hustin im Jahr 1762 gelungen war, sich in Bordeaux niederzulassen. Der Dekor zeigt den Laden eines Tabakhändlers, seine Einrichtung und Töpfe. Abgesehen von Fayencen mit Darstellungen von Schutzheiligen sind Stücke mit reizvollen Dekors dieser Art am Ende des 18. Jahrhunderts selten.

195 LYON (Rhône), zweite Hälfte des 18. Jahrhunderts
Platte; polychromer Scharffeuerdekor; L 37 cm
Lyon, Musée des Arts décoratifs, Inv. 1335 (Legat Frachon)
Es ist nur eine in der ersten Hälfte des 18. Jahrhunderts tätige Lyoner Manufaktur bekannt – die 1733 gegründete des Joseph Combe –, von den fünfziger Jahren an nimmt ihre Zahl dann zu. Man schreibt diesen Manufakturen zahlreiche ovale Platten mit ausgebogtem Rand zu, bei denen die Figuren des Dekors, wie hier, auf einem Bodenstück stehen, auf dem links eine Ruine aufragt. Die Jagdszene in der Art des Tempesta ist eigenartig, denn bei den Jägern handelt es sich hier um Chinesen.

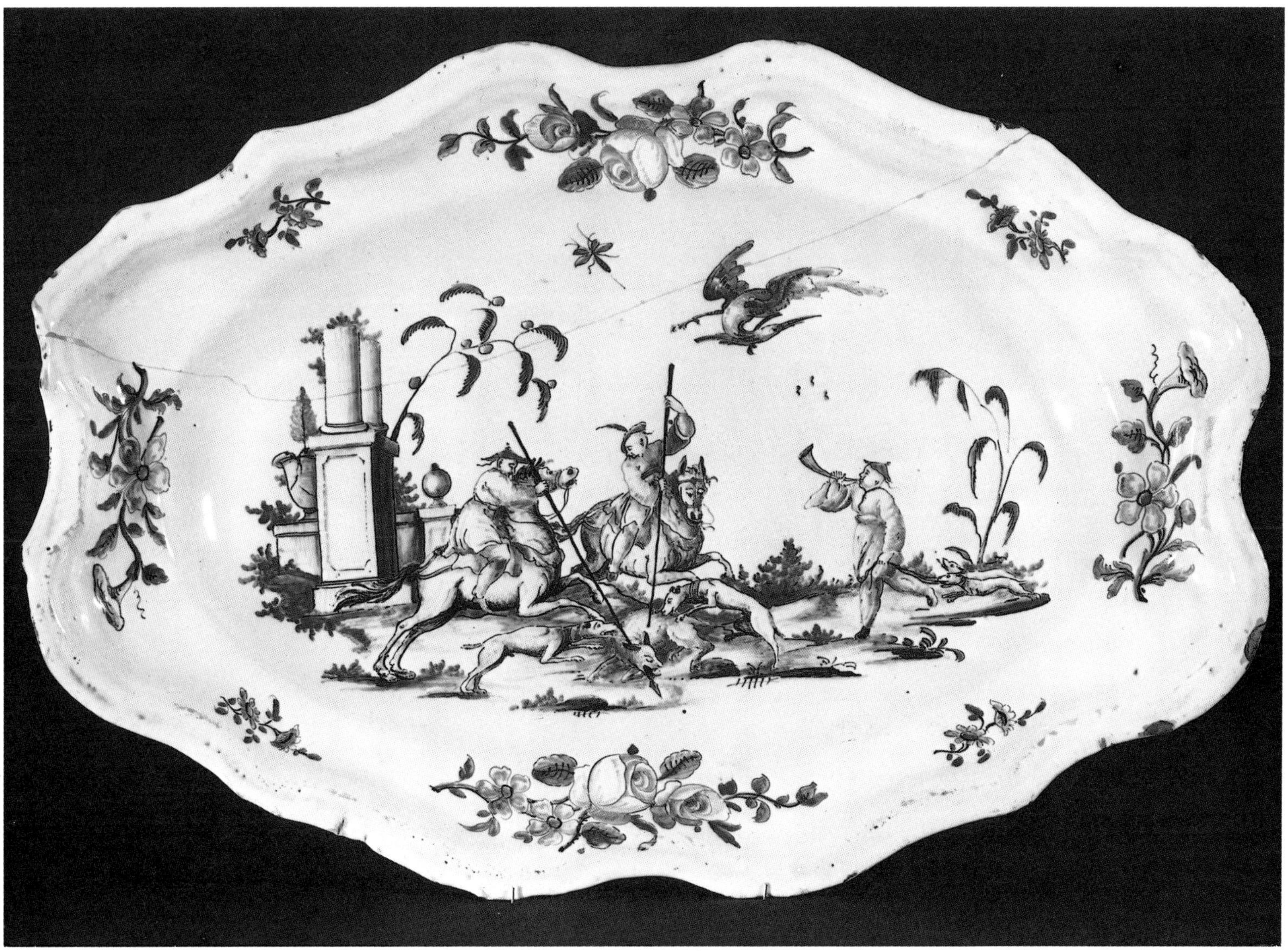

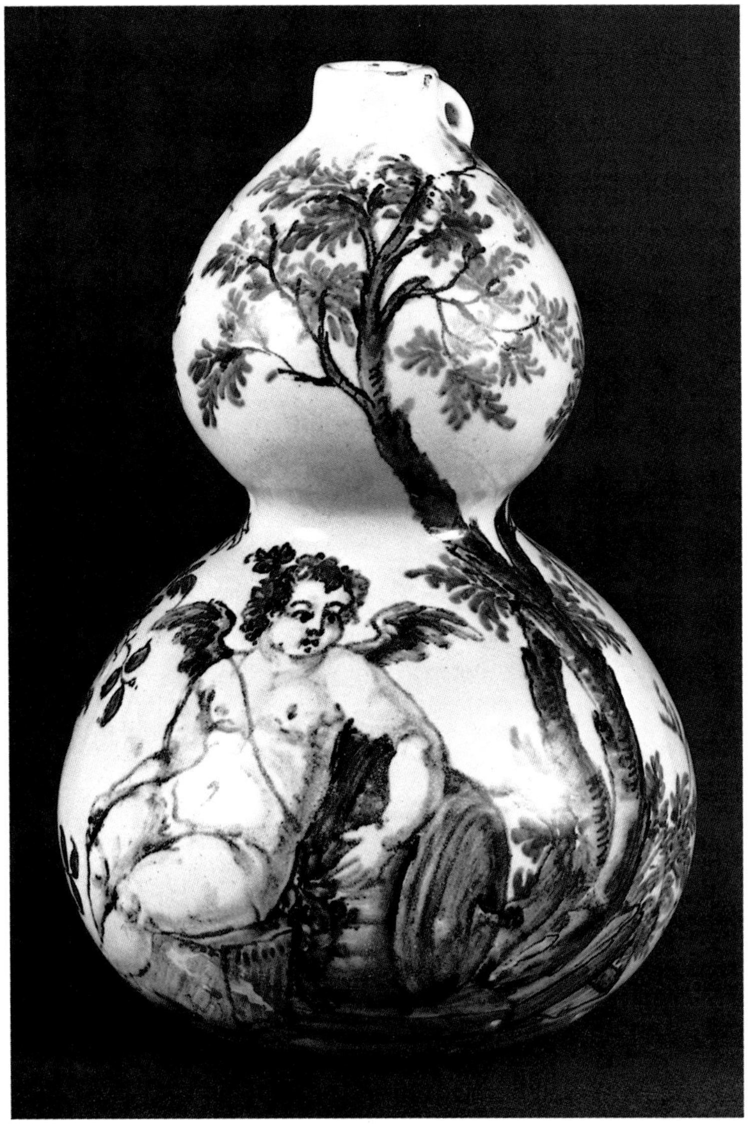

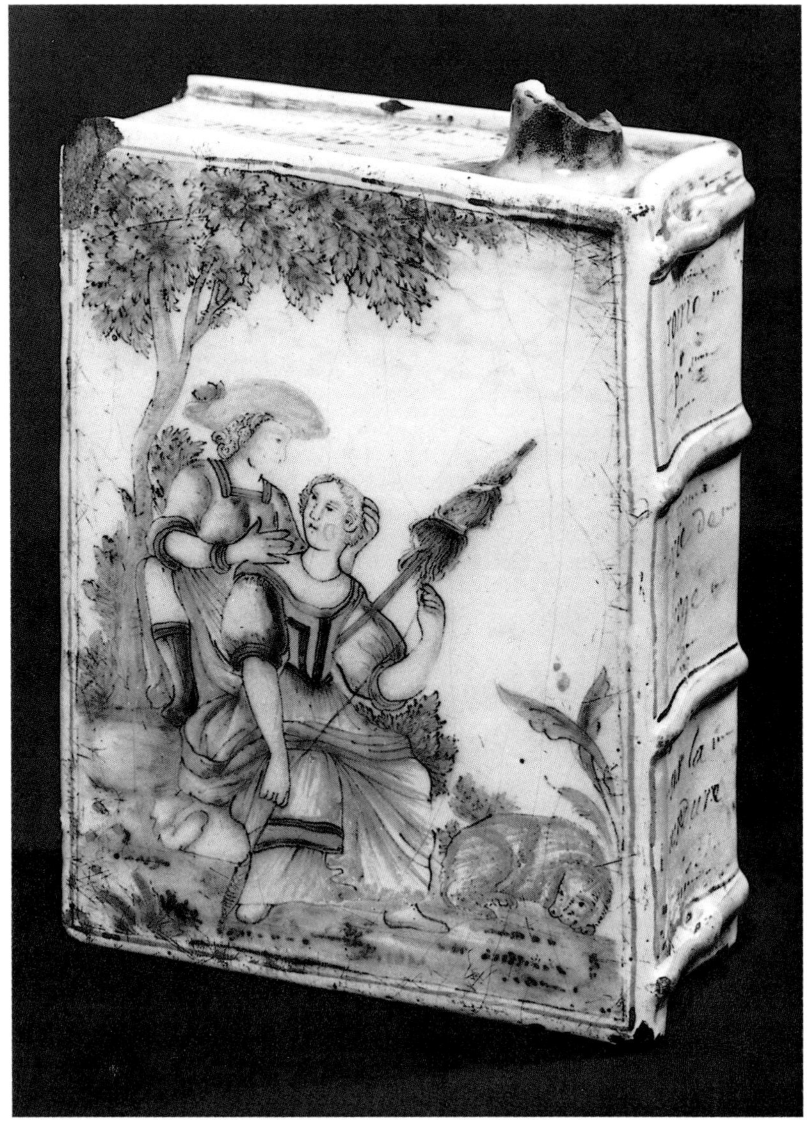

196 LYON (Rhône), *Atelier à la borne feuillue*; 1756
Kürbisflasche; Inschrift an der Basis: Jean Claude Aurel. 1756; polychromer Scharffeuerdekor; H 18,2 cm
Sèvres, Musée national de Céramique, Inv. MNC. 25217
Die dank der Inschrift an ihrer Basis besonders interessante Flasche ist ein gutes Beispiel für die Arbeiten des *Atelier à la borne feuillue*, so wie sie C. Damiron definiert hat: Aus Felsen oder Fäßchen wächst Laubwerk auf, die Personen sind mit lebhaftem und großzügigem Strich gezeichnet.

197 LYON (Rhône), um 1780
Flasche; Inschriften: Pour vivre lon tamps faut boire beaucoup et souvant. Jean Andrieu potié antère – fait à Lyon; polychromer Scharffeuerdekor; H 19 cm
Lyon, Musée historique, Inv. 38.35
Ende des 18. Jahrhunderts übernahm die Fayence von Lyon den Stil von Nevers, bewahrte aber ihre wesentliche Eigenschaft, die Verwendung eines sehr warmen Ockergelb. Es wurde seit der Einführung der Polychromie ständig benutzt und bildet darum eine Art Firmenmarke.

Muffelbranddekors der zweiten Hälfte des 18. Jahrhunderts

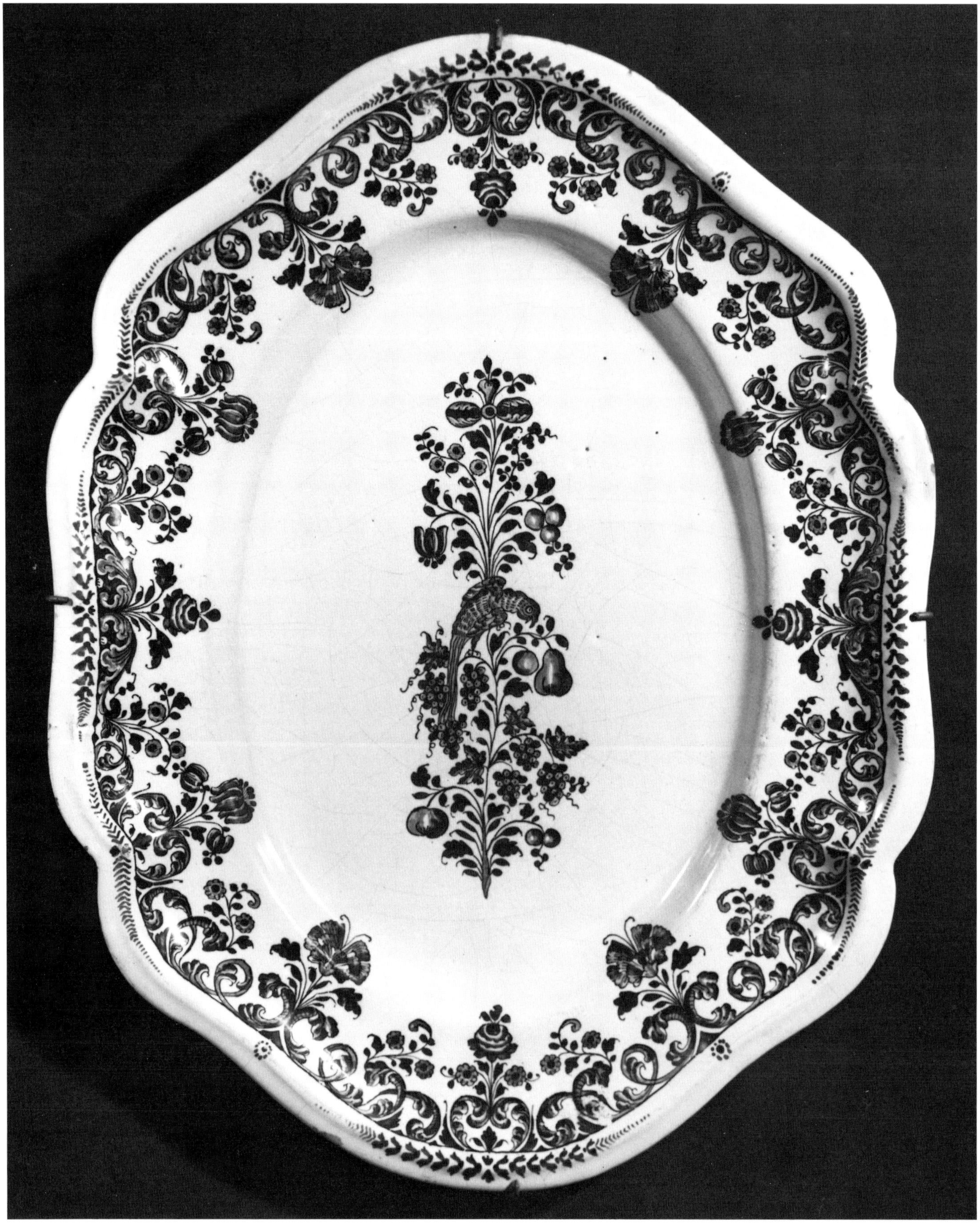

198 STRASSBURG (Bas-Rhin), Periode Paul Hannong, um 1735–1740
Platte; Scharffeuerdekor in Camaieublau; L 41 cm
Straßburg, Musée des Arts décoratifs, Inv. XXVII-20
Das in Straßburg zur Zeit des Manufakturgründers Charles-François Hannong geschaffene Tafelgeschirr folgte dem Vorbild von Rouen. Es ist, mit einer Verzögerung von rund zwanzig Jahren, mit den berühmten Lambrequins – sei es in Streifen oder strahlenförmig – geschmückt, die camaieublau ausgeführt sind. Nach und nach nahmen die Lambrequins wie in Rouen pflanzliche Formen an. Diese Platte ist ein Beispiel dafür. Blumen verschiedener Art, Weintrauben, Birnen und Äpfel treten an die Stelle abstrakter Ornamente. Doch das Prinzip der strahlenförmigen Anordnung, des *décor rayonnant*, bleibt gewahrt. Der Rand der Platte ist mit Motiven aus jeweils zu ihrer Mitte hin stärker werdenden Winkeln geschmückt.

199 STRASSBURG (Bas-Rhin), Periode Paul Hannong, um 1735–1740
Terrine; Scharffeuerdekor in Camaieublau mit türkisfarbenen Höhungen; L 36 cm
Paris, Musée des Arts décoratifs, Inv. AD. 22032
Von 1730 an beteiligte Charles-François Hannong seine Söhne Balthazar und Paul-Antoine an seinen Geschäften. Die Formen der Fayencen wurden geschmeidiger, zum Camaieublau der Dekors wurde ein auf der Basis von Kupferoxid gewonnener türkisgrüner Ton hinzugefügt. Der hübsche Deckelknauf in Form einer Artischocke wurde bei dieser Terrine in der neuen Farbe bemalt.

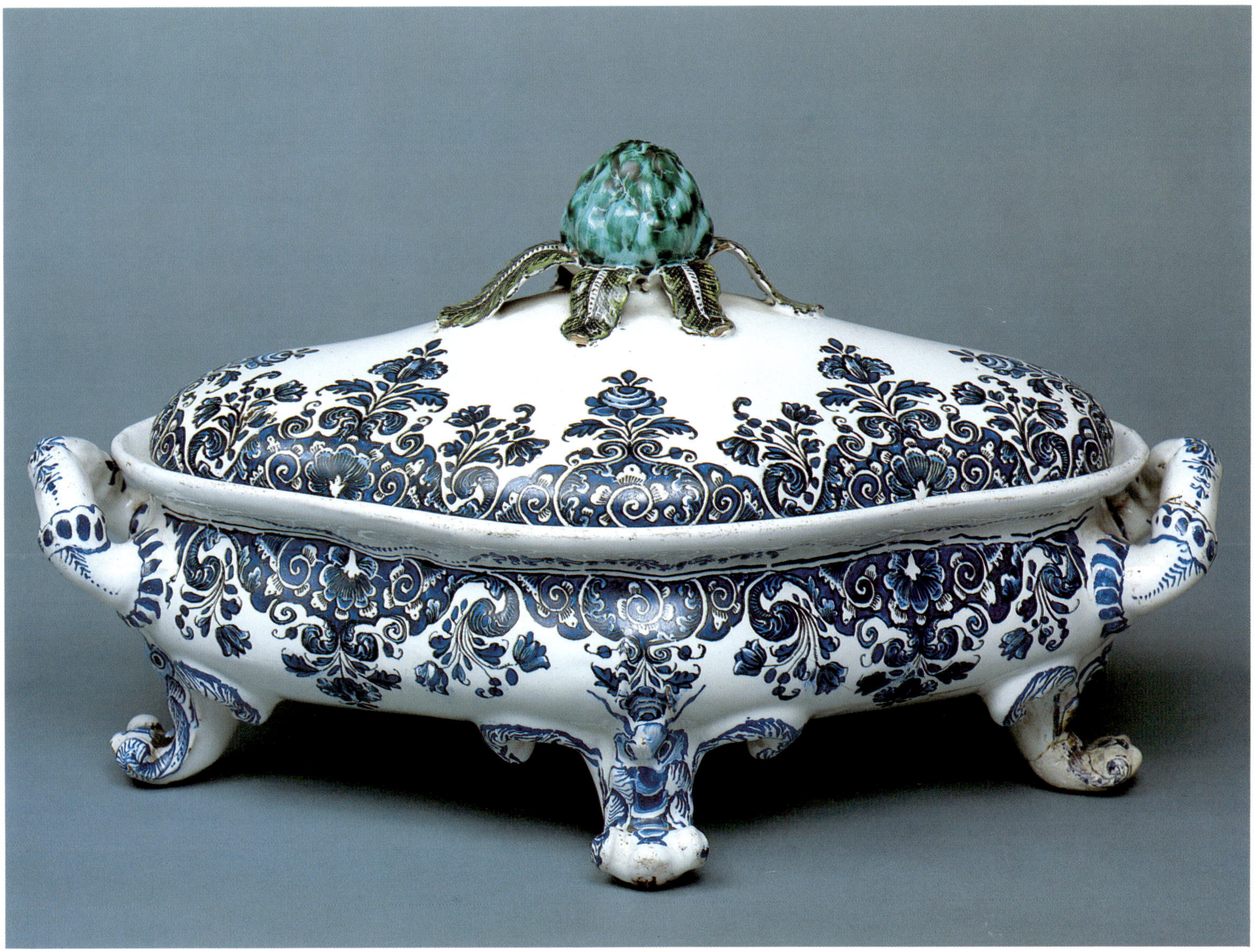

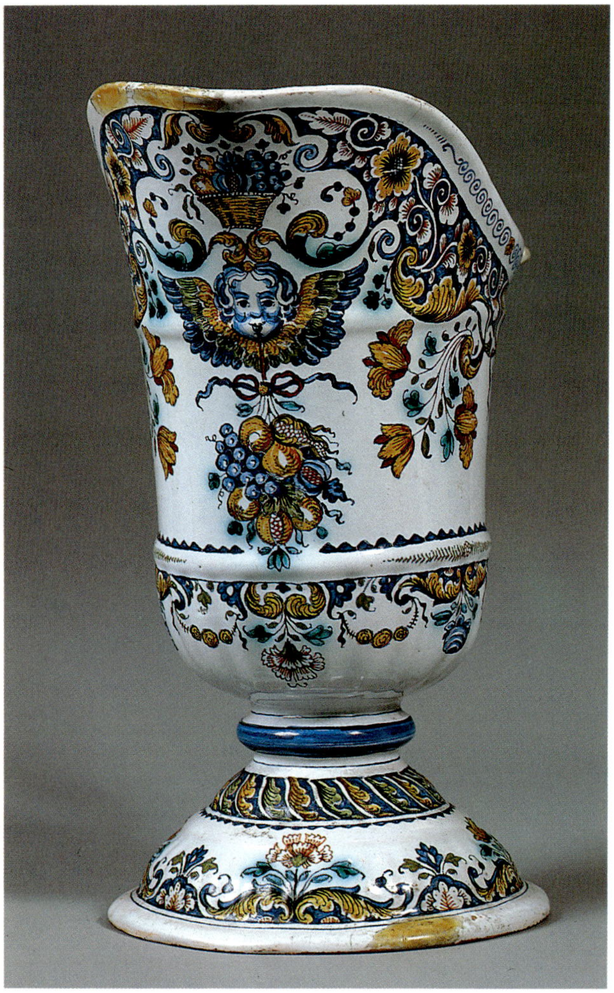

200 STRASSBURG (Bas-Rhin), Periode Paul Hannong, um 1740–1744
Helmkanne; polychromer Scharffeuerdekor; H 22 cm
Sèvres, Musée national de Céramique, Inv. MNC. 21829 (Geschenk der Amis du Musée)
Wie in Rouen gehörte auch in Straßburg die Helmkanne zum Tafelgeschirr. Sie ist nicht so sehr in ihrer Form, der die Kühnheit der normannischen Stücke fehlt, als vielmehr durch ihren farbigen Dekor reizvoll. Die Blütenlambrequins sind in vier gleichwertigen Farben – Blau, Grün, Gelb und Rot – ausgeführt. Ein origineller geflügelter Kopf und darüber ein Blumenkorb sind in der Mittelachse unter dem Ausguß angebracht.

201 STRASSBURG (Bas-Rhin), Periode Paul Hannong, um 1740–1744
Sockel; Marke: blaues K; polychromer Dekor in »Mischtechnik«; L 35,5 cm, B 26,2 cm, H 7,5 cm
Sèvres, Musée national de Céramique, Inv. MNC. 18364
Dieser Sockel wurde in die Mitte der Tafel gestellt und nahm einen Tafelaufsatz auf, der möglicherweise die Form einer Pyramide hatte, wie im Katalog der Hannong verzeichnet. Der Dekor mit Blütenlambrequins in drei Scharffeuerfarben hat vielleicht einen zweiten Brand nötig gemacht, daher die Bezeichnung »Mischtechnik« für diese Art des Dekors.

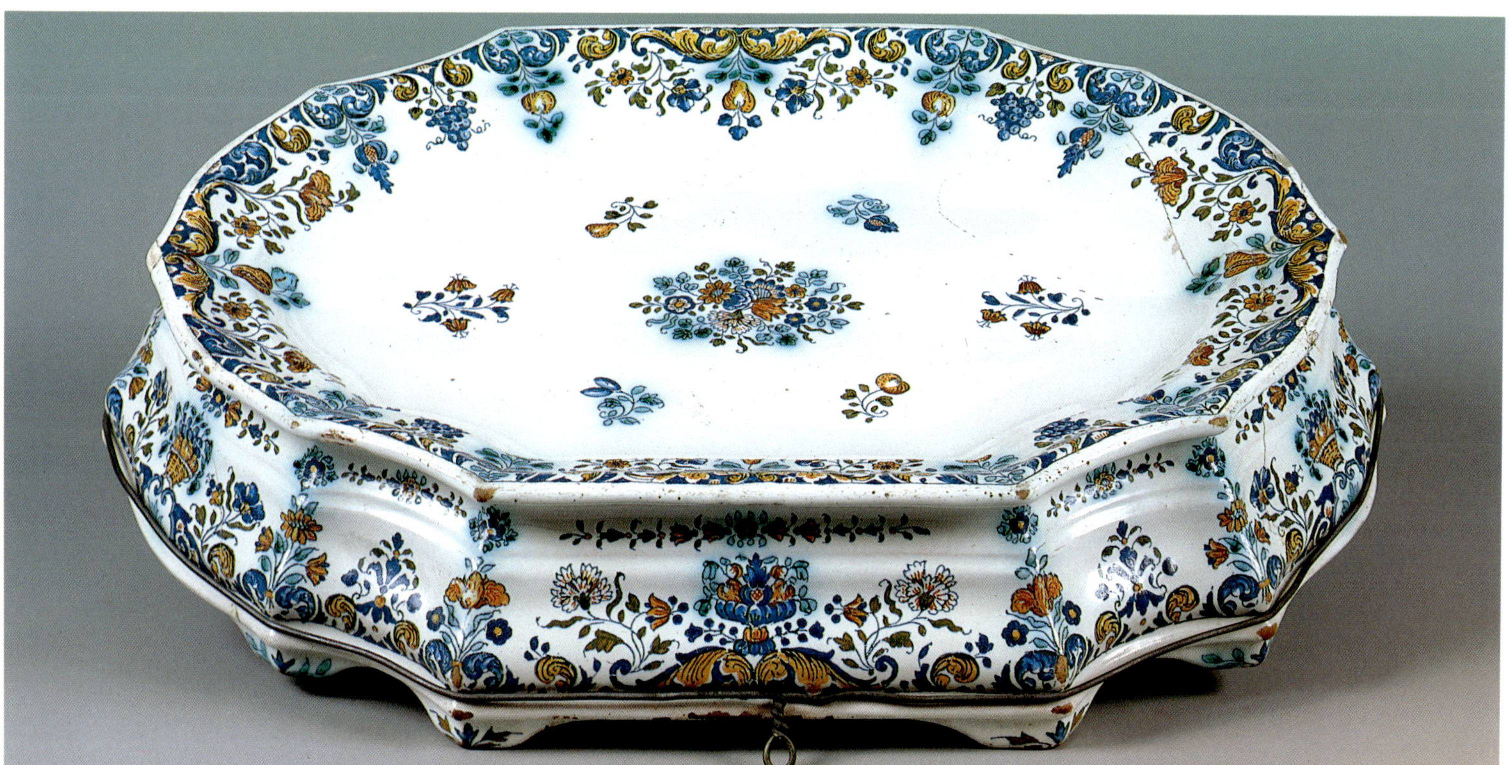

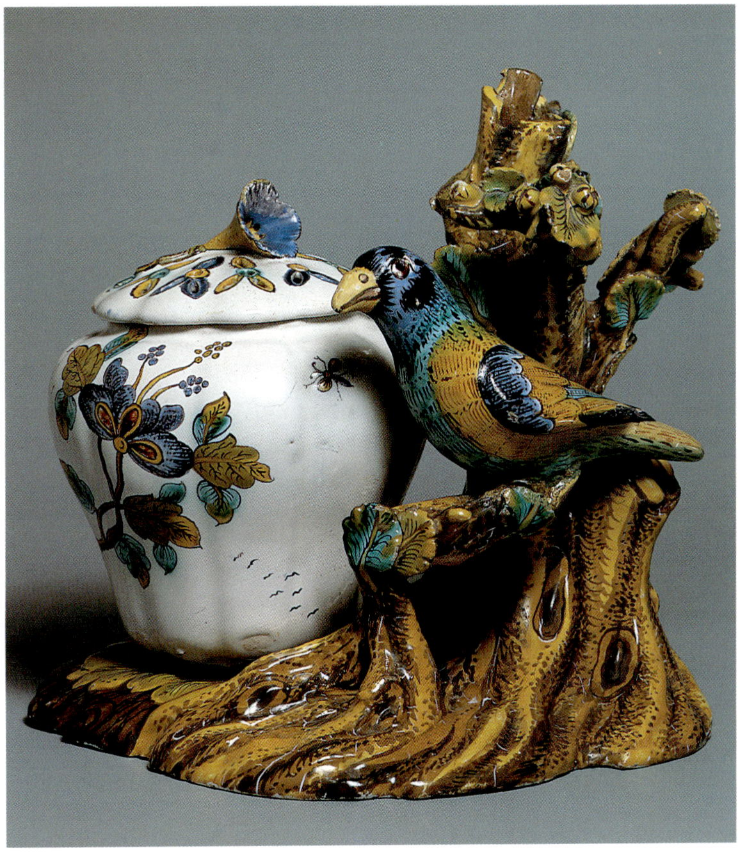

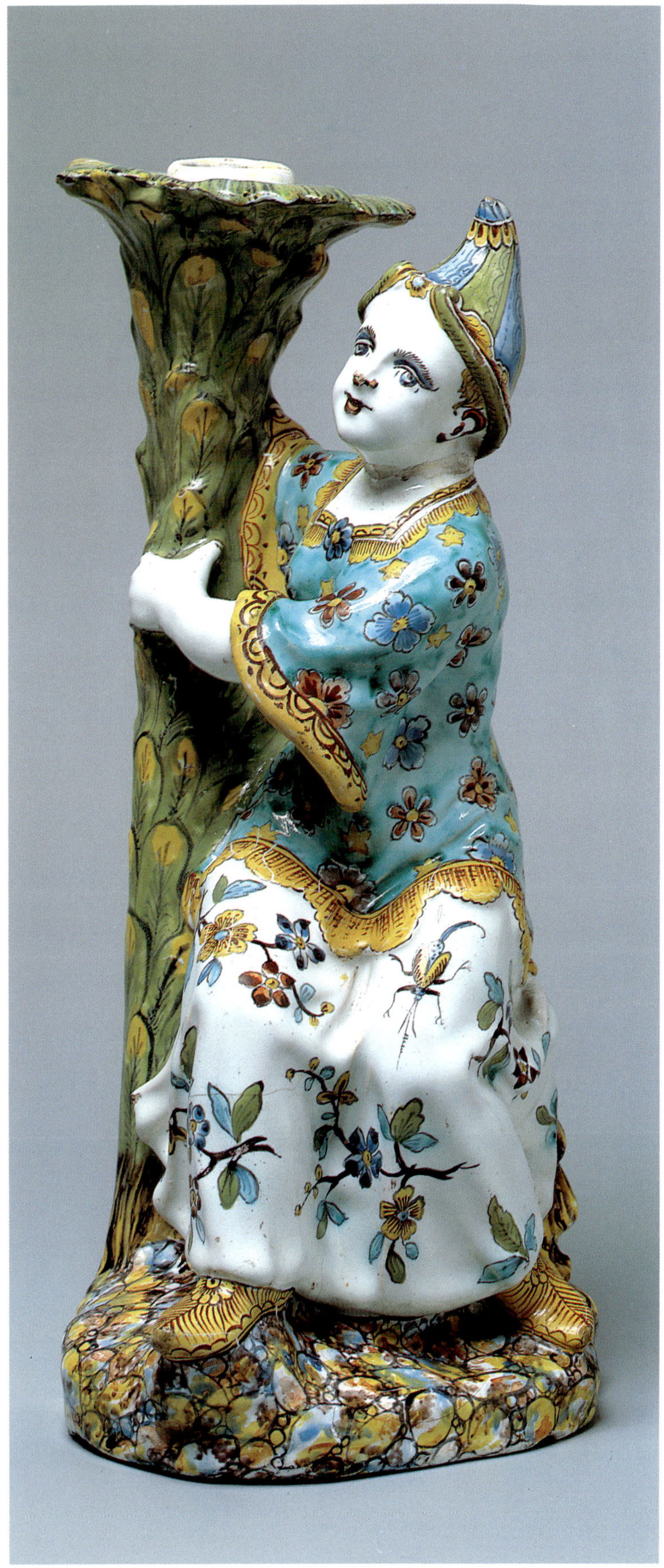

202 STRASSBURG (Bas-Rhin), Periode Paul Hannong, um 1744–1748
Potpourri-Topf mit Sockel; polychromer Dekor in »Mischtechnik«; H 16,5 cm
Sèvres, Musée national de Céramique, Inv. MNC. 20759
Sieht man von den Blütenlambrequins der ersten Werke ab, so ist der Dekor mit auf Porzellane und Stoffe der Compagnie des Indes zurückgehenden sogenannten indianischen Blumen der erste bedeutende Blumendekor von Straßburg. Sein Auftreten fällt mit der Einrichtung von Muffelbrandöfen in der Zeit um 1744, unter der Leitung von Paul-Antoine Hannong, zusammen. Der Dekor wurde einige Mal in Camaieublau ausgeführt, vor allem aber in Scharffeuerpolychromie mit zusätzlichem Türkisgrün, dieser Straßburg eigentümlichen und auf abendländischen Keramiken so seltenen Farbe. Für diesen Potpourri-Topf mit seinem Sockel haben Weichporzellane von Chantilly oder Mennecy als Vorbild gedient.

203 STRASSBURG (Bas-Rhin), Periode Paul Hannong, um 1744–1748
Chinese als Kerzenträger; Marke: schwarzes K; polychromer Dekor in »Mischtechnik«; H 28 cm
Sèvres, Musée national de Céramique, Inv. MNC. 21206
Die Plastizität der Töpfererden ermöglichte den Modelleuren des Paul-Antoine Hannong, dekorative Statuetten der verschiedensten Art zu schaffen. Diese Figuren waren oft als Blumenvasen oder Uhrhalter ausgebildet oder auch als Kerzenträger wie dieser an einen Palmstamm gelehnte Chinese, in dessen geblümtem Gewand Weiß, Gelb und Türkis schön zusammenklingen.

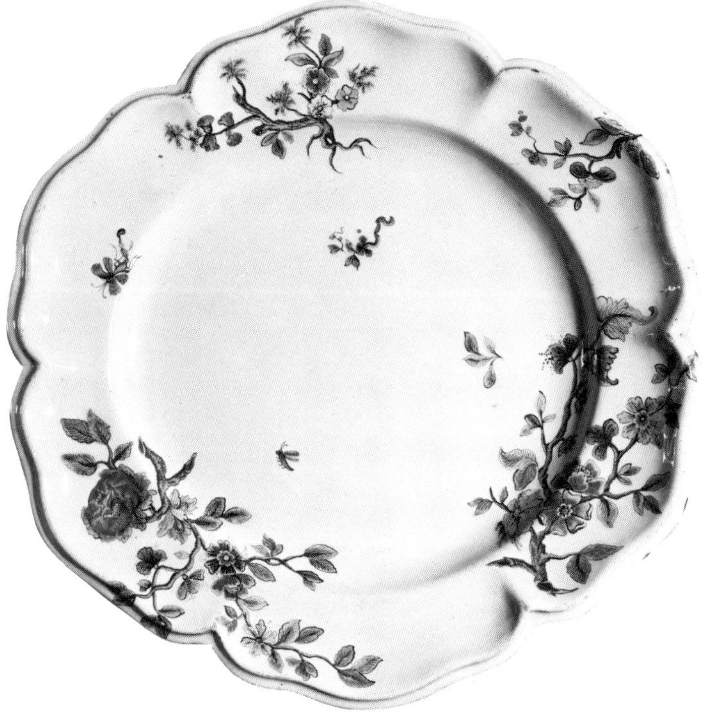

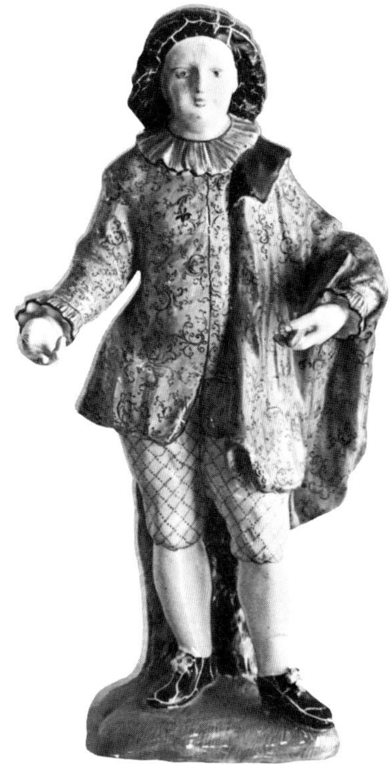

204 STRASSBURG (Bas-Rhin), Periode Paul Hannong, um 1744–1748
Platte; polychromer Dekor in »Mischtechnik«; ∅ 41 cm
Straßburg, Musée des Arts décoratifs, Inv. XLVI-112
Schon diese Platte mit modelliertem Rand vom Typ *à corniche* ist mit drei Motiven von verschiedener Gewichtung geschmückt, die sich aber miteinander in völligem Gleichgewicht befinden. Dieses dekorative Prinzip verhalf den Blumendekors von Straßburg zu Ruhm. Indianische, mit einer feinen Linie konturierte Blumen und vereinzelte Insekten bilden den Schmuck dieser Platte.

205 STRASSBURG (Bas-Rhin), Periode Paul Hannong, um 1744–1748
Harlekin; polychromer Dekor in »Mischtechnik«; H 35 cm
Straßburg, Musée des Arts décoratifs, Inv. XLVIII-23 (Geschenk der Société des Amis du Musée)
Meißen hatte die ersten Statuettenserien in Porzellan geschaffen; Straßburg ahmte sie nach. Es handelt sich um die gleichen Themen. Zur Commedia dell'Arte gehört dieser Harlekin mit typischer schwarzer Mütze, grünem Mantel, gelbem Wams und weißen karierten Hosen. Ein Gilles und ein Abbé gehörten ebenso zu dieser Serie.

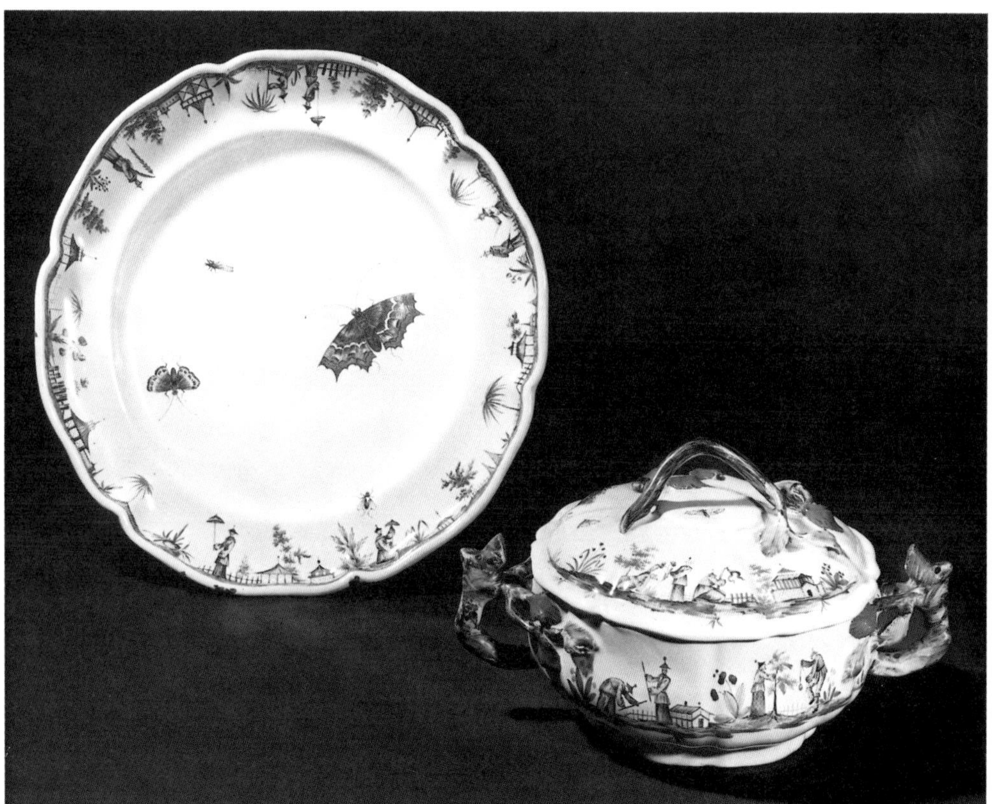

206 STRASSBURG (Bas-Rhin), Periode Paul Hannong, um 1744–1748
Deckelschale mit zugehörigem Unterteller; polychromer Dekor in »Mischtechnik«; Schale: ∅ 21 cm; Unterteller: ∅ 24,5 cm
Straßburg, Musée des Arts décoratifs, Inv. XXVI-14
Chinoise Szenen in winziger, feiner Silhouettenmalerei wurden in Meißen unter Johann Gregor Höroldt (1696–1775), dem bedeutendsten Maler dieser Manufaktur, ausgeführt. Augsburger Hausmaler haben Ende der zwanziger Jahre des 18. Jahrhunderts mit solchen Darstellungen weiße Porzellane überdekoriert. Die Löwenfincks, die ihre Ausbildung in Meißen erhalten hatten, führten diese Dekors in ihrer ersten Straßburger Zeit auf Fayence aus.

207 STRASSBURG (Bas-Rhin), Periode Paul Hannong, um 1749–1754
Teller; polychromer Muffelbranddekor mit Goldhöhungen; ∅ 24 cm
Straßburg, Musée des Arts décoratifs, Inv. XXXIX-45
Straßburg hat den Meißner Malern Adam Friedrich von Löwenfinck, seiner Frau und seinem Bruder die Erfindung seiner schönsten Sträuße naturalistischer Blumen zu danken. Jacques Bastian schreibt diese Entwicklung Christian Wilhelm von Löwenfinck zu und hat die Stichvorlage im Werk von Jacques Bailly gefunden.
Der Strauß besteht hier aus einer Rose, einer Nelke und zwei Winden, die recht botanisch getreu wirken, aber von einem Band zusammengehalten werden. Er breitet sich über den Spiegel des Tellers aus. Ein einziger Schmetterling schmückt die Fahne; vielleicht stammt er aus dem Werk der Maria Sibylla Merian, einer unerschöpflichen Quelle zusätzlicher Motive für die Fayencemaler. Eine schmale goldene Spitzenkante schmückt den Rand in der Art, wie es bei Porzellangeschirren üblich war.

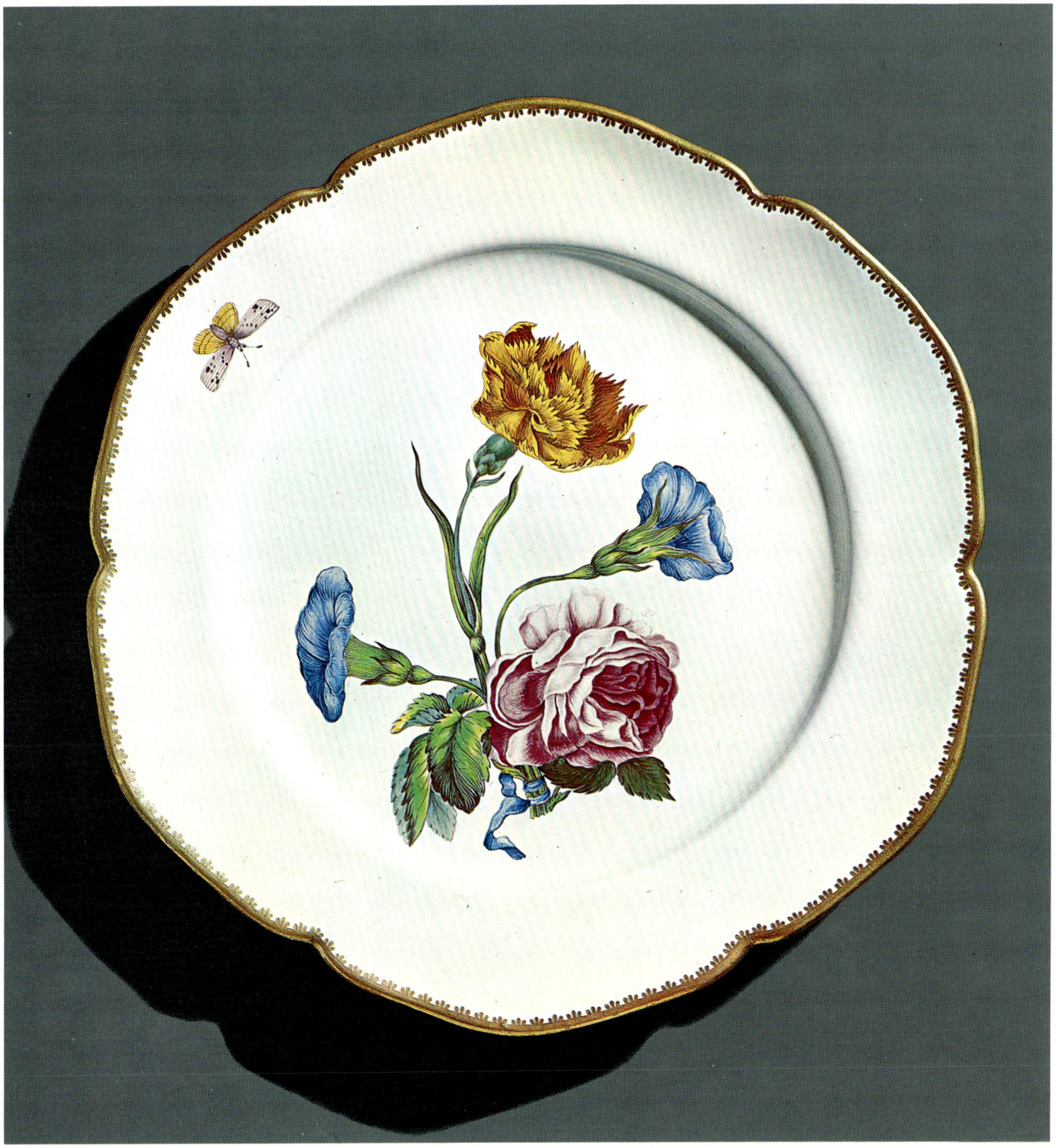

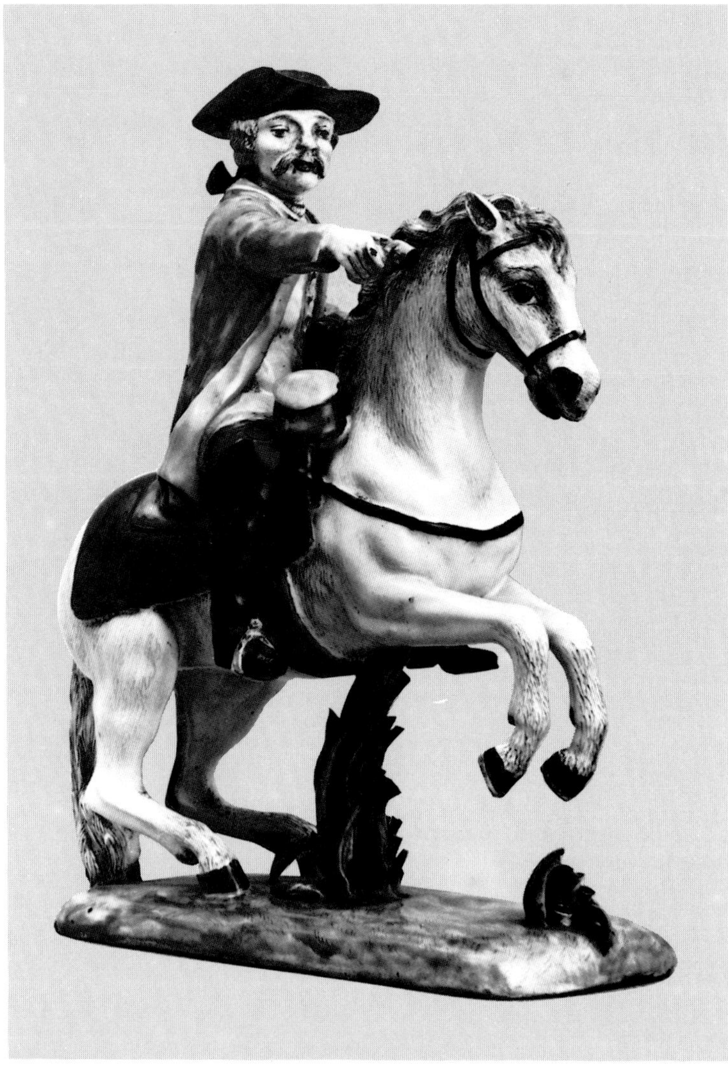

208 STRASSBURG (Bas-Rhin), Periode Paul Hannong, um 1748–1754
Jäger zu Pferd; polychromer Muffelbranddekor; H 26,6 cm, L 20,8 cm
Limoges, Musée national Adrien-Dubouché, Inv. ADL. 6499
Das Thema der Jagd hatte zur Folge, daß außerordentlich lebendig wirkende Tiere, darunter Wild und Jagdhunde, geschaffen wurden, vor allem aber Jäger zu Fuß oder zu Pferde. Solche Statuetten zum Thema der Jagd konnten bei Gelegenheit zum Tafelschmuck dienen und als Trompe-l'œil gebildete Terrinen und Suppenschüsseln begleiten.

209 STRASSBURG (Bas-Rhin), Periode Paul Hannong, um 1748–1754
Trompe-l'œil-Gefäß in Form einer Melone; polychromer Muffelbranddekor; H 7,5 cm, L 9 cm
Straßburg, Musée des Arts décoratifs, Inv. LXVI-4
Um die »Schaugerichte« deutscher Manufakturen – vor allem diejenigen von Höchst – zu imitieren, begann Straßburg mit der Herstellung von Trompe-l'œil-Fayencen, die als Terrinen dienen können: Melonen, Gurken, Artischocken, aber auch Rebhühner, Tauben, Truthähne, Wildschweine, dazu Äpfel, Trauben und anderes mehr. Sie brachten einen humoristischen Zug in das Tafelgeschirr.

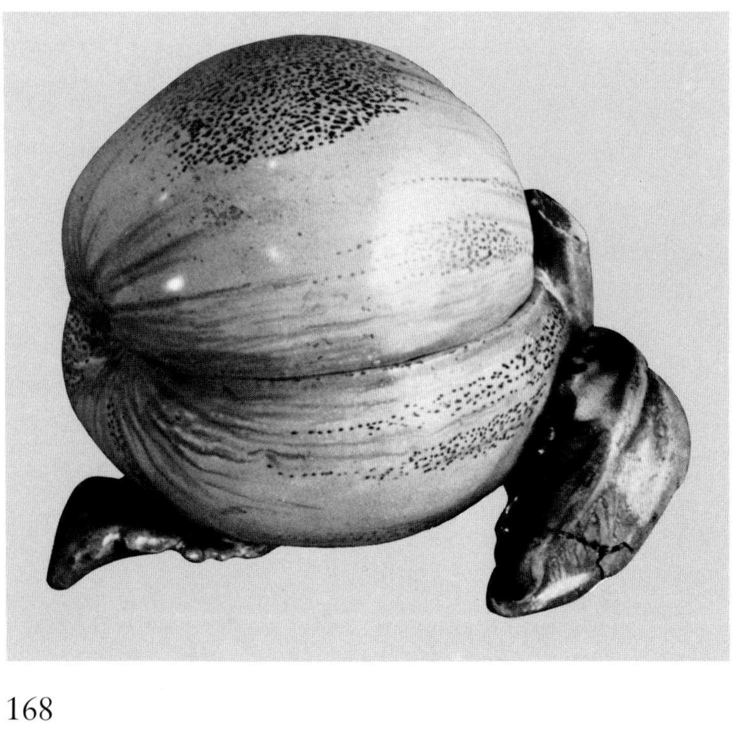

210 STRASSBURG (Bas-Rhin), Periode Paul Hannong, um 1750–1754 ▷
Musizierender Affe; polychromer Muffelbranddekor; H 20 cm
Straßburg, Privatsammlung
In der Straßburger Manufaktur wurden von 1750 an, das heißt als man die Muffelbrandtechnik beherrschte, nicht nur die Themen, sondern auch die Farben der Meißner Porzellanfiguren kopiert. Dieser Affe gehört zu einem Orchester von neun Affen, die in jedem Punkt mit den Meißner Vorbildern übereinstimmen. Der ins Violette spielende Purpurton gleicht dem der Meißner Palette.

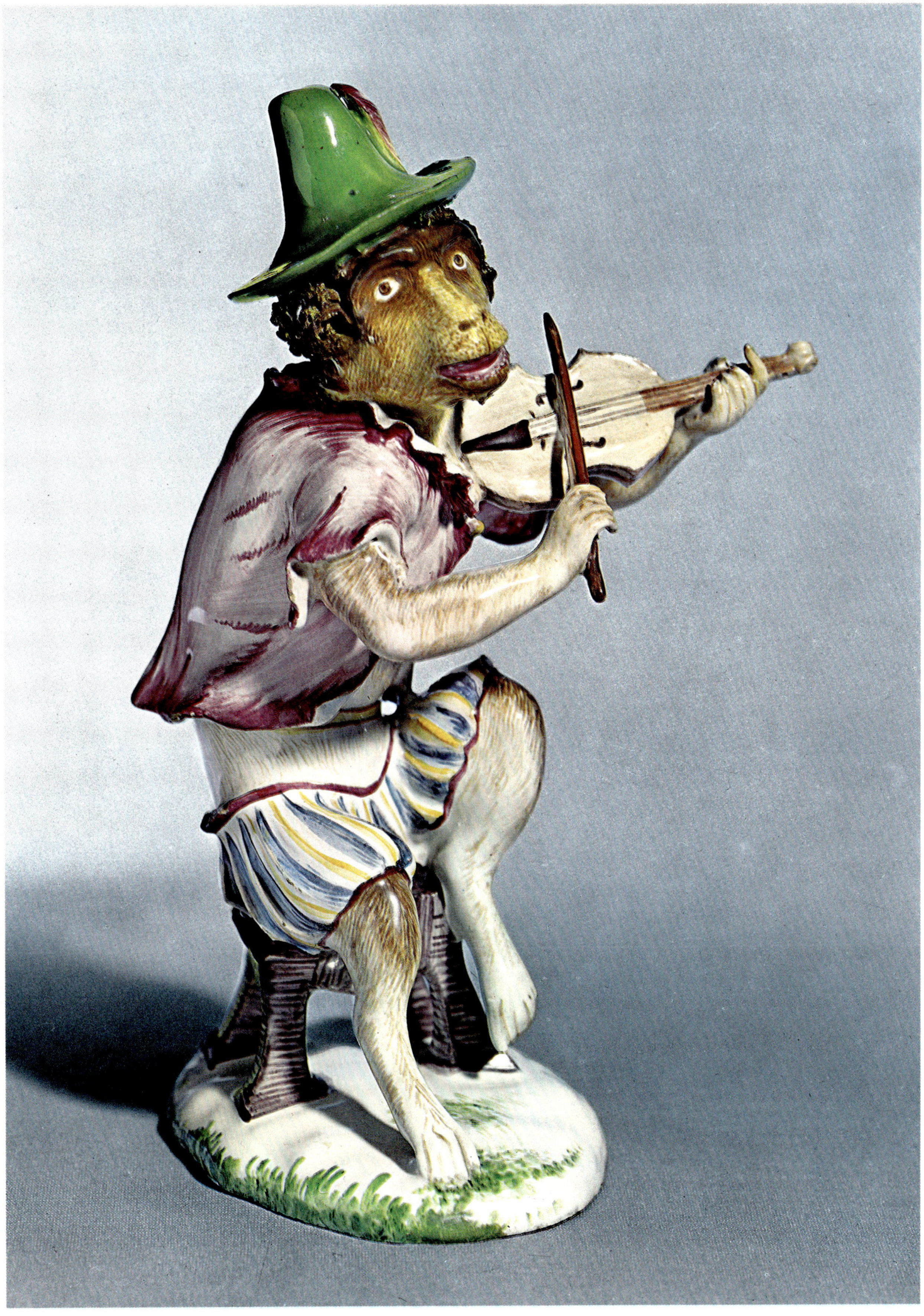

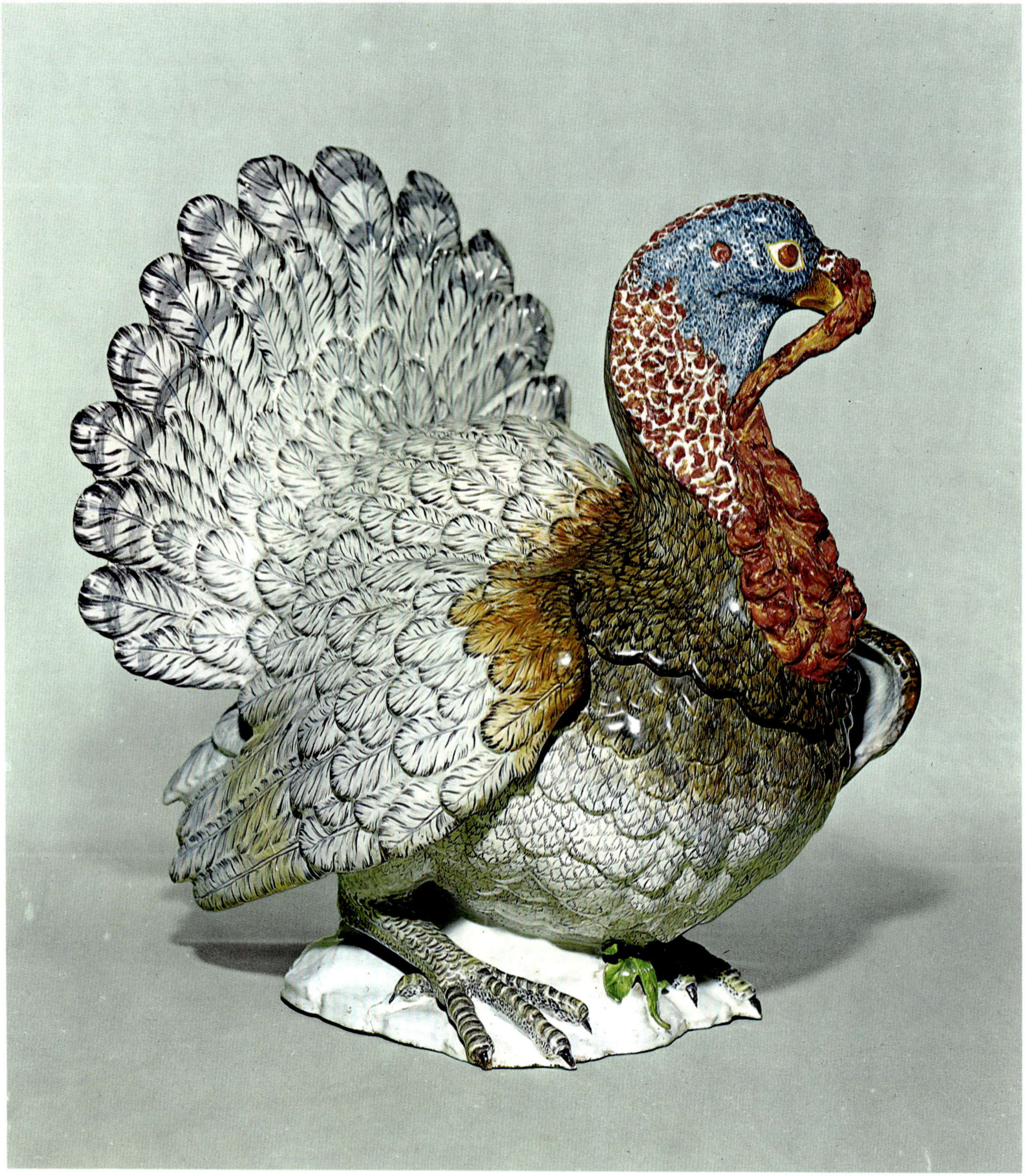

211 STRASSBURG (Bas-Rhin), Periode Paul Hannong, um 1755
Trompe-l'œil-Terrine in Form eines Truthahns; polychromer Muffelbranddekor; H 45 cm
Straßburg, Sammlung G.B.
Unter den Trompe-l'œil-Fayencen, die im Verzeichnis der Manufaktur der Hannong aufgeführt werden, ist der *»dindon faisant la roue«* (Truthahn, der das Rad schlägt) ein außergewöhnliches Stück, nicht nur durch seine Größe und seinen kunstvollen Umriß, sondern vor allem durch seine Palette, die lebhafte Farben mit feinen Grau- und Braunabstufungen verbindet. Die Terrine ist ein guter Beweis für die Beherrschung der Muffelfarbenpalette durch die Straßburger Maler.

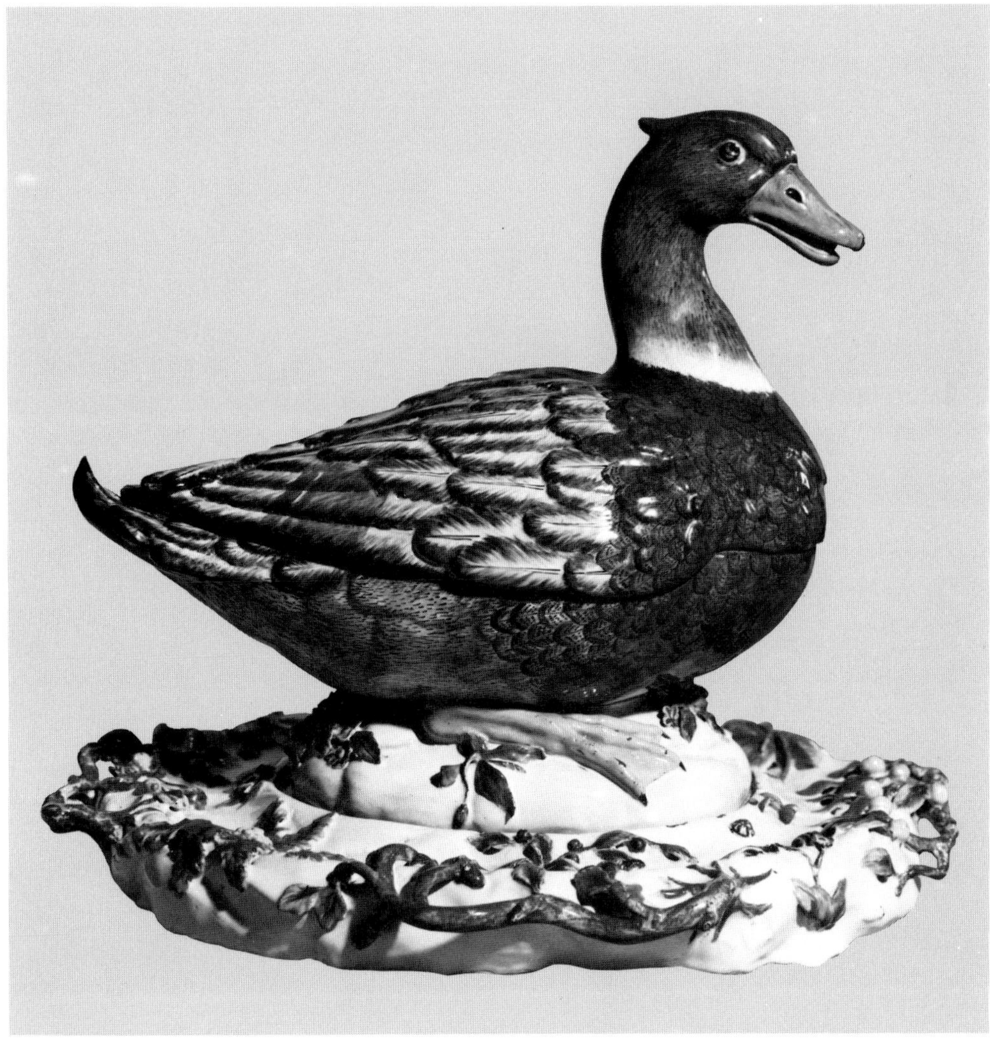

212 STRASSBURG (Bas-Rhin), Periode Paul Hannong, um 1755
Trompe-l'œil-Terrine in Form einer Ente und zugehöriger Untersatz; polychromer Muffelbranddekor; H 37,5 cm, L 45 cm
Straßburg, Privatsammlung
Diese Terrine wurde als Tafelaufsatz geschaffen; darauf weist der mächtige Sockel hin, eine Art felsiger Hügel mit Zweigen und Blumen, die als Reliefs aufgelegt sind. Das Musée national de Céramique in Sèvres bewahrt eine entsprechende Terrine mit zugehörigem Untersatz, die aber in Sceaux zur Zeit des Jacques Chapelle geschaffen wurde und von diesem Straßburger Vorbild abhängt.

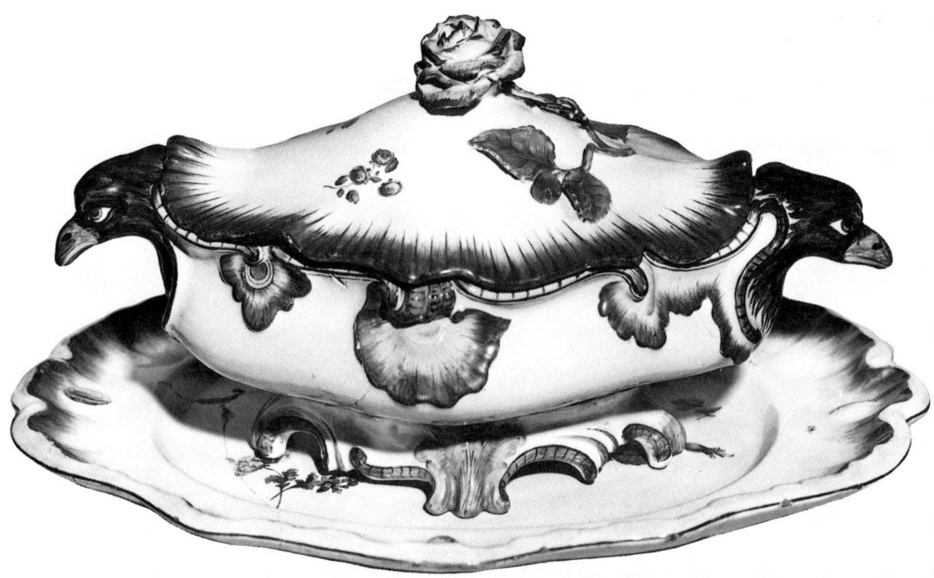

213 STRASSBURG (Bas-Rhin), Periode Paul Hannong, um 1750–1754
Deckelterrine mit plastischen Griffen und Untersatz; Marke auf der Unterseite: PH; polychromer Muffelbranddekor; Terrine: L 38 cm; Untersatz: L 42,5 cm
Straßburg, Musée des Arts décoratifs
Die als *en baroc* bezeichneten Platten und Terrinen der Tafelgeschirre von Paul-Antoine Hannong überraschen durch ihre von deutschen Werken beeinflußten Schmuckformen: rocailleartig modellierte Wandungen, breite und dunkle, kammartig auslaufende Staffierung, plastischer Dekor. Hier sind die Griffe der Terrine als Vogelköpfe ausgeformt, während eine Rose den Deckelknauf bildet. Der Erfolg dieses Modells war so groß, daß es bis zur Schließung der Manufaktur weiter hergestellt wurde.

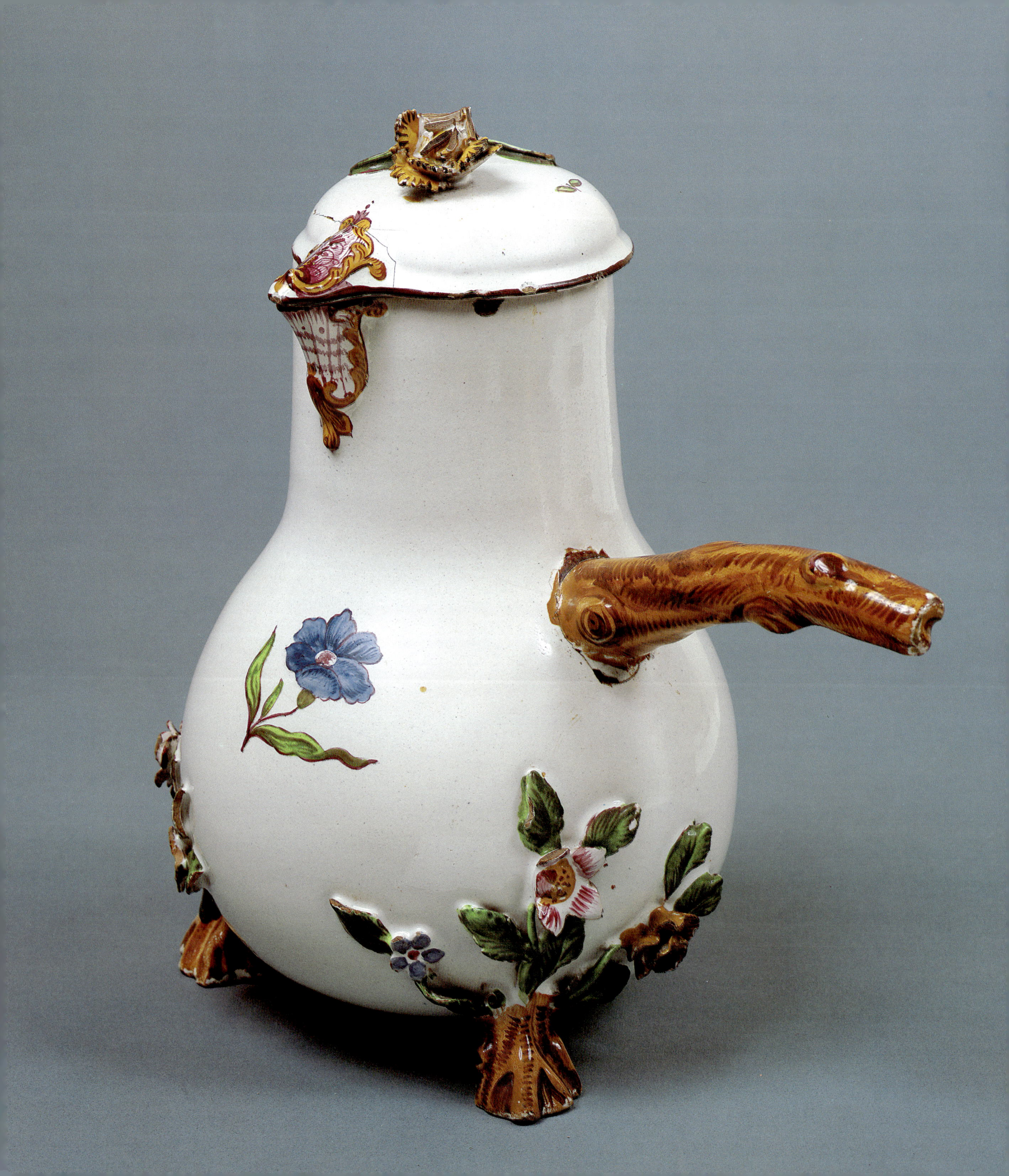

214 STRASSBURG (Bas-Rhin), Periode Paul Hannong, um 1748–1754
Kaffeekanne; Marke im Innern des Deckels: purpurrotes H; polychromer Muffelbranddekor; H. 16 cm
Paris, Musée des Arts décoratifs, Inv. 25 183 A (Geschenk David-Weill)
Meißner Porzellan war das Vorbild für Geschirrstücke wie diese Kanne. Die Modelleure der Manufaktur von Paul Hannong übernahmen dekorative Reliefmotive - Astwerk, Zweige und weit aufgeblühte Blumen –, und die Maler nahmen für ihre fein gemalten Dekors deutsche Blumen des »botanischen« Typs in einem ins Violette spielenden Purpurton zum Vorbild. Obgleich die Anleihen beim Porzellan zahlreich sind, wird der Charakter des Materials, also der Fayence, bei dieser Kanne nicht verleugnet; man scheint im Gegenteil auf ein stämmiges und kräftiges Aussehen Wert gelegt zu haben.

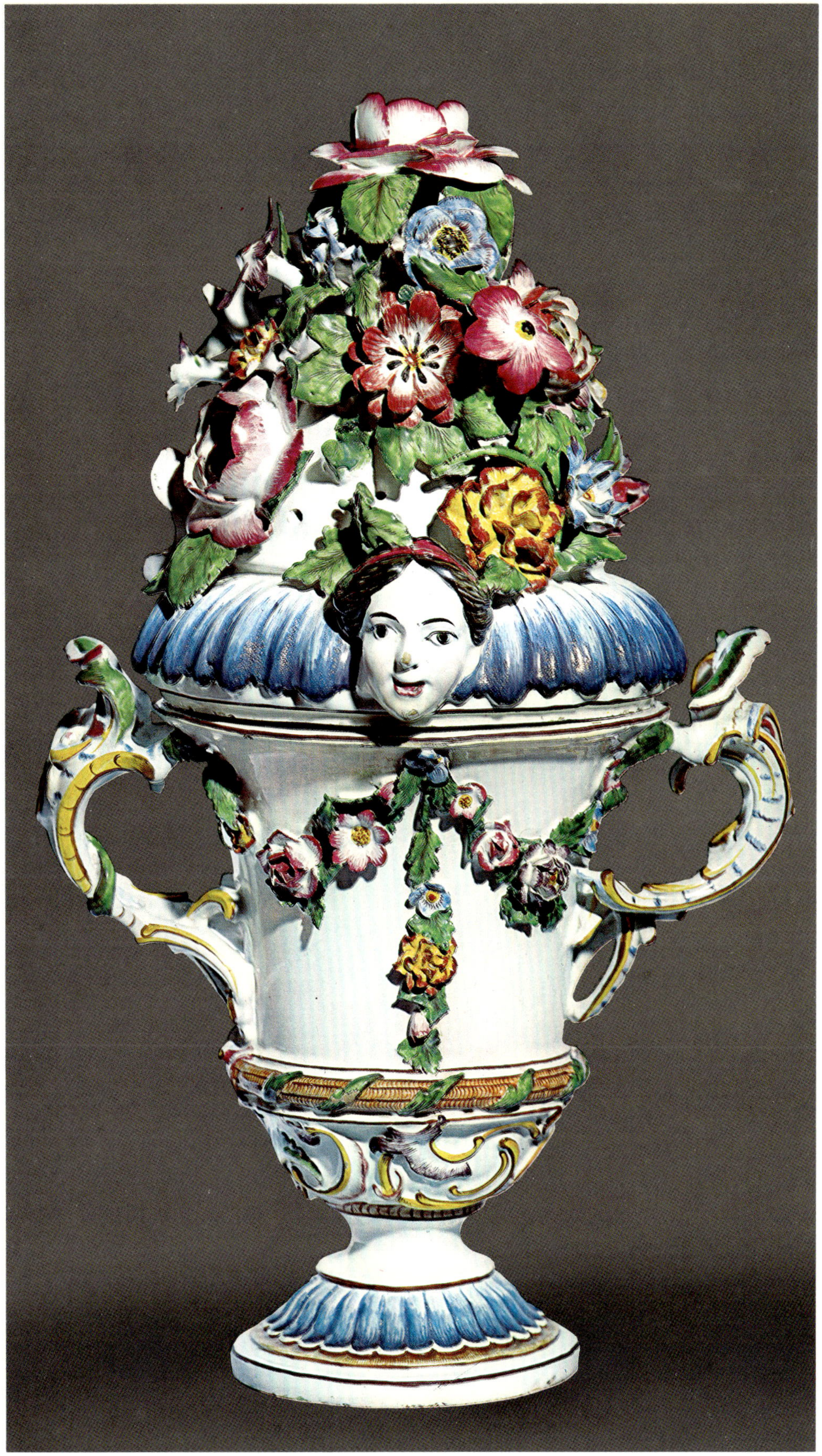

215 STRASSBURG (Bas-Rhin), Periode Paul Hannong, um 1750–1754
Potpourri-Vase; polychromer Muffelbranddekor; H 50 cm
Straßburg, Musée des Arts décoratifs, Inv. LXI-65
Dieses große dekorative Stück, ein Meisterwerk sowohl der Ausgeglichenheit als auch des üppigen Prunks, wurde vermutlich von Johann Wilhelm Lanz, dem bedeutendsten Modelleur der Hannong-Manufaktur, geschaffen. Da Porzellanblumen sehr modern waren, wurden sie von den Fayencemodelleuren nachgeahmt. Wahrhaft eine technische Meisterleistung.

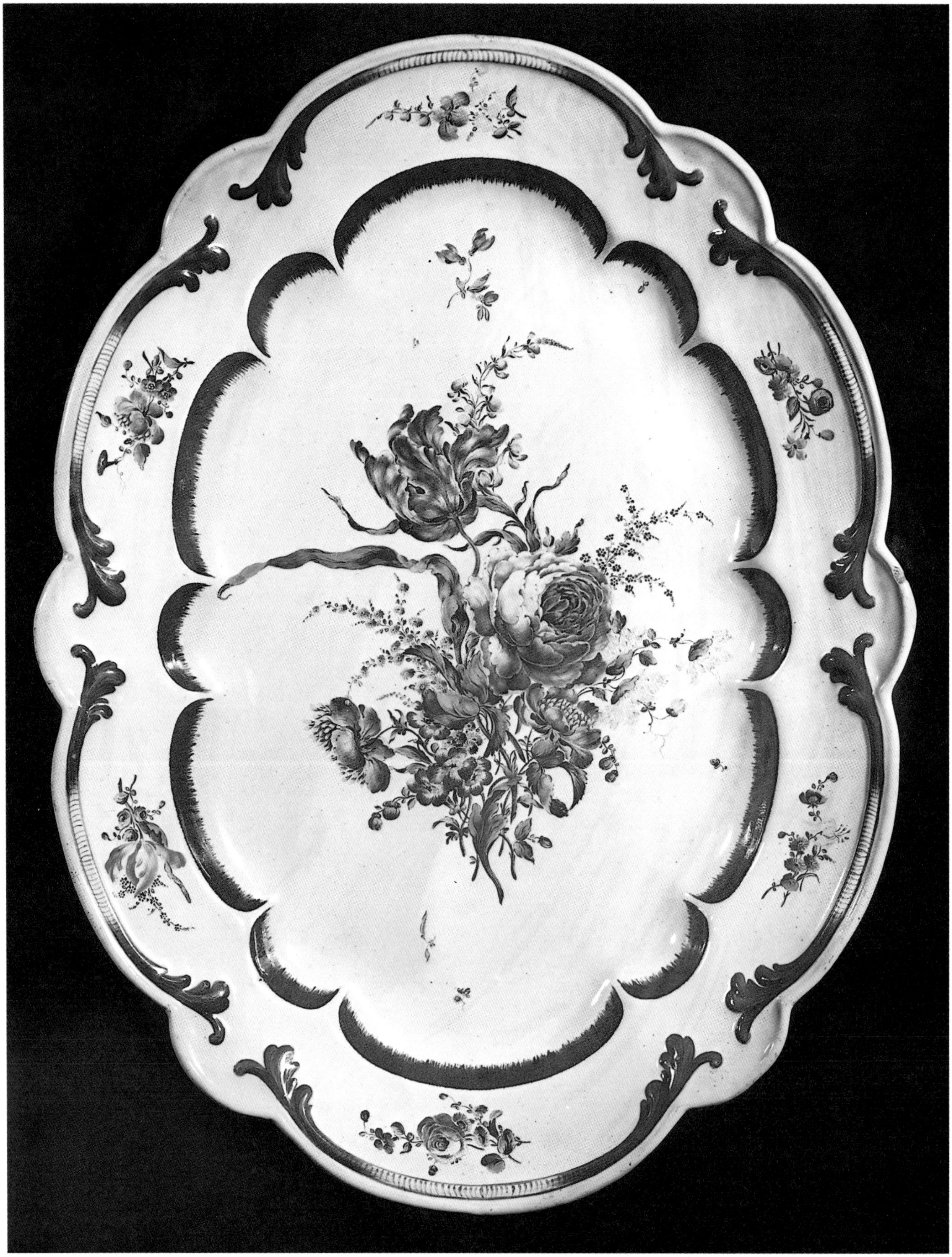

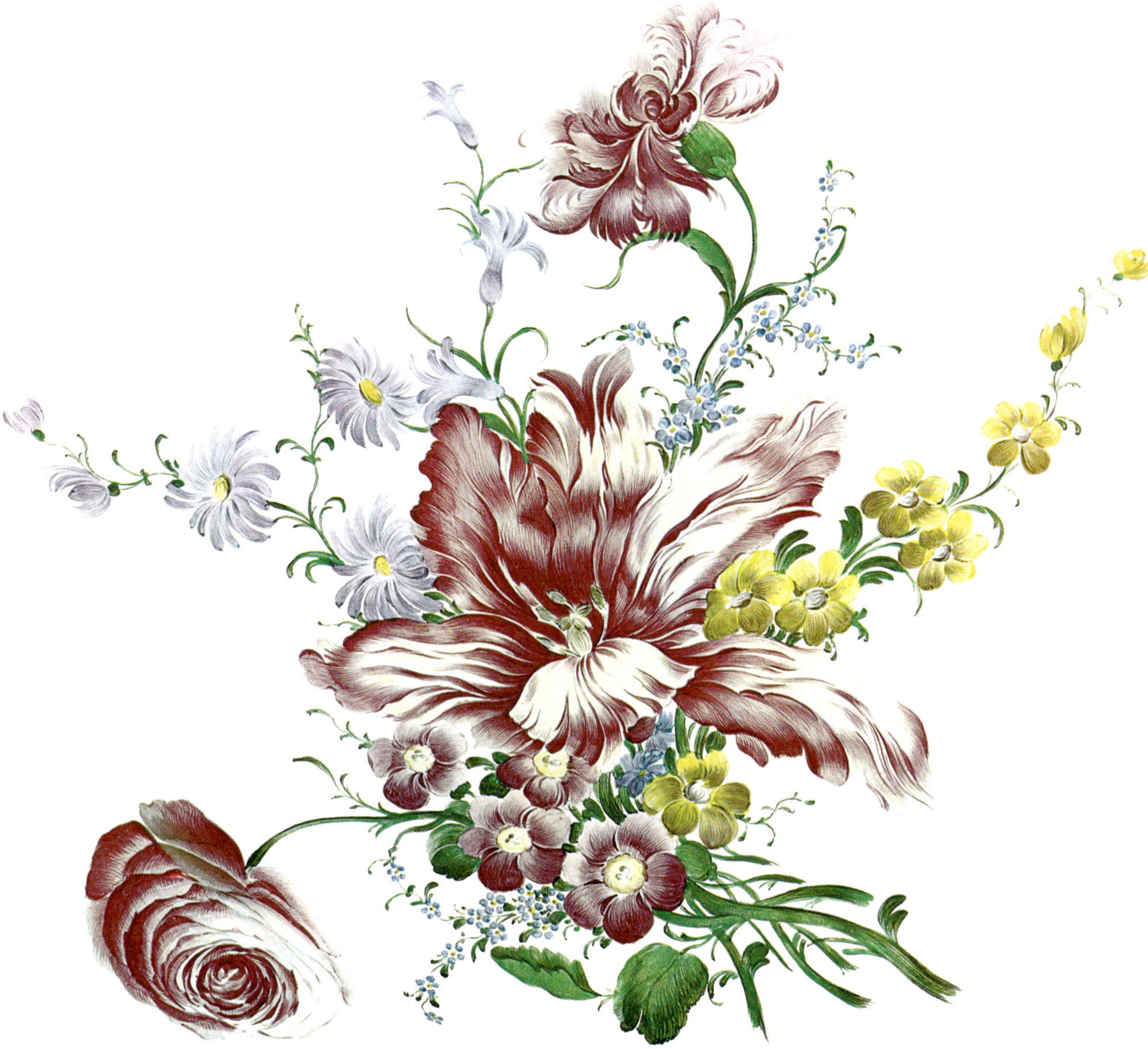

216 STRASSBURG (Bas-Rhin), Periode Paul Hannong, um 1760
Platte; Marke auf der Rückseite: PH; polychromer Muffelbranddekor; L 44 cm
Straßburg, Musée des Arts décoratifs, Inv. XII-252
Die Rand- und Kantenbetonung in lebhaftem Blau steht in erstaunlichem Kontrast zu den rosaroten Tönen der Sträuße. Das Blumenbukett in der Mitte ist eins der schönsten Beispiele für die *fleurs fines* von Straßburg, die in der Periode des Paul Hannong mit großer Sorgfalt ausgeführt wurden. Nach 1770 ist ihre Behandlung großzügiger und kühner.

217 STRASSBURG (Bas-Rhin), Periode Joseph Hannong, um 1765
Platte (Detail); Marke: IH; polychromer Muffelbranddekor; ∅ 44 cm
Sèvres, Musée national de Céramique, Inv. Réc. XXVII
Dieser herrliche rosenrote Straßburger Blumenstrauß, der für sich allein als Symbol der Fayencen der Hannong gelten kann, dankt seine Schönheit sowohl wissenschaftlichen als auch künstlerischen Quellen. Die Sträuße aus Tulpen, Rosen, gefüllten Nelken, dazu noch Vergißmeinnicht und Jasmin haben ihre Vorbilder in botanischen Werken wie in Bildern der Blumen- und Stillebenmaler. Die Mischung von Präzision und Poesie wurde mit Hilfe von Pausen und Vorlagen geschaffen. Die Verwendung des Cassiusschen Purpur in allen seinen Abtönungen trägt ein übriges zur Schönheit bei.

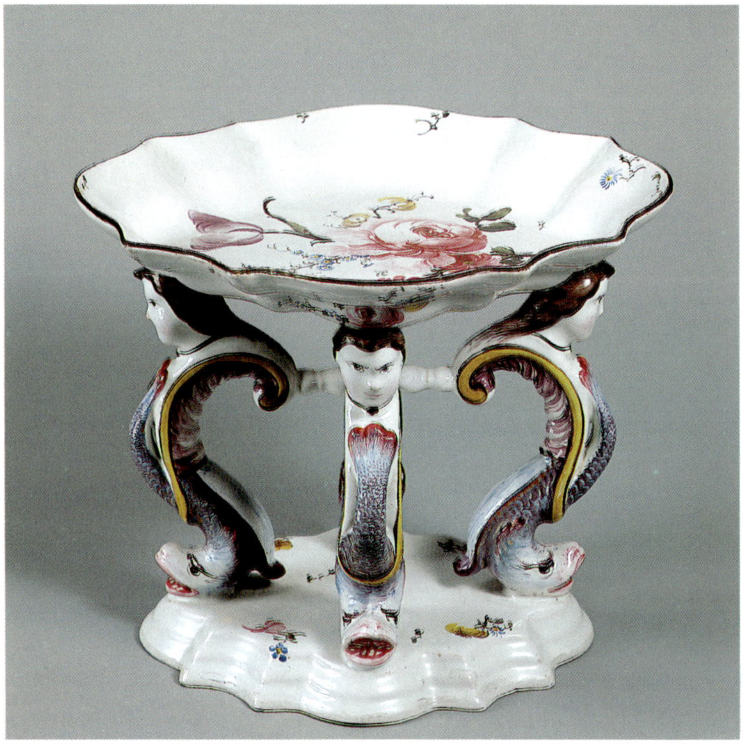

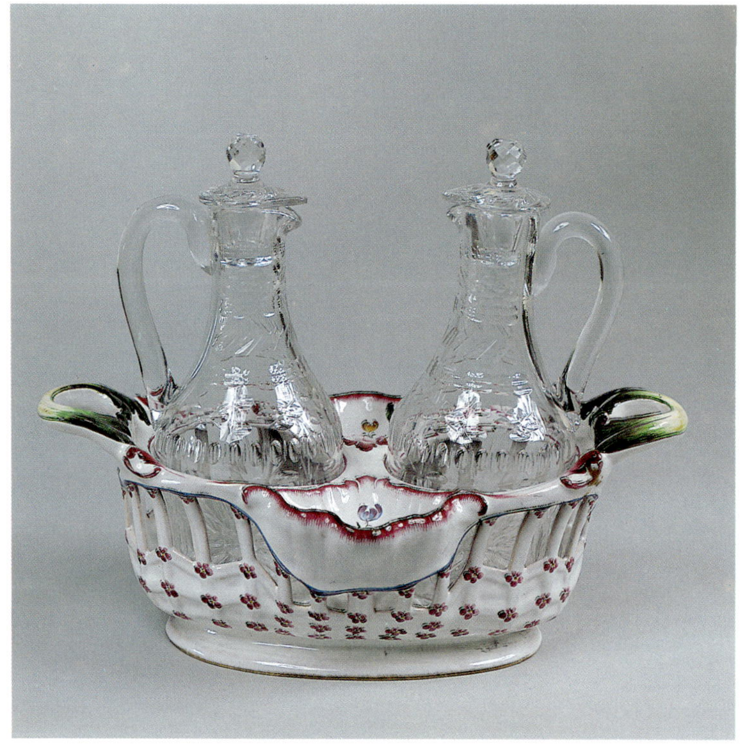

218 STRASSBURG (Bas-Rhin), Periode Joseph Hannong, um 1770–1780
Tafelaufsatz; Marke auf der Rückseite: Ḣ 837; polychromer Muffelbranddekor; H 20 cm, L 23 cm, B 20 cm
Sèvres, Musée national de Céramique, Inv. MNC. 22749 (Geschenk der Amis du Musée)
Vier volutenförmige, in einen Delphin auslaufende Sirenen tragen die Platte dieses Tafelaufsatzes. Die elegante Form des Stückes wurde zur Zeit des Paul-Antoine Hannong geschaffen und zur Zeit des Joseph Hannong wieder aufgenommen, nun aber in fein abgestimmter Muffelfarbenpolychromie dekoriert.

219 STRASSBURG (Bas-Rhin), Periode Joseph Hannong, um 1760–1770
Öl- und Essigständer; polychromer Muffelbranddekor; Ḣ 10,5 cm, L 27,7 cm, B 18 cm
Paris, Musée des Arts décoratifs, Inv. AD. 16770
Da die Wandung des Ständers in der Art eines Korbes durchbrochen ist, war nur noch wenig Fläche für malerischen Dekor frei. Rote Blümchen sind auf der Wandung verstreut, und je ein kleiner Strauß Straßburger Blumen *(fleurs fines)* schmückt das Innere der Gewürzschälchen. Durch die sehr weiße Glasur scheint der rötliche Scherben leicht hindurch.

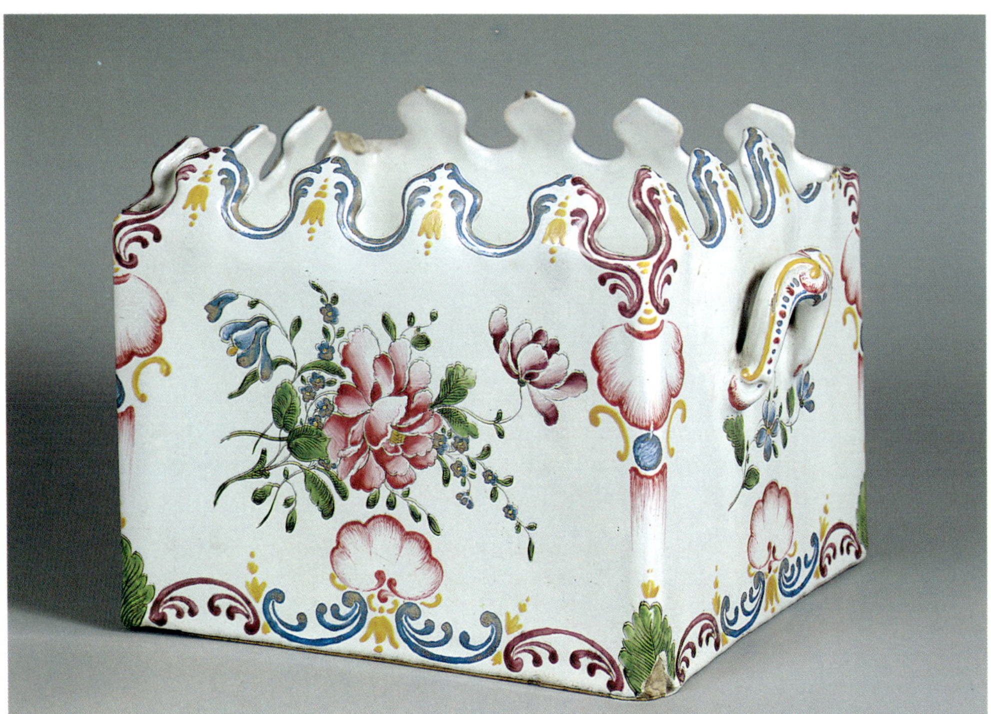

220 STRASSBURG (Bas-Rhin), Periode Joseph Hannong, um 1770–1780
Gläserkühler; Marke Ḣ 547; polychromer Muffelbranddekor; H 14,3 cm, L 21,8 cm
Sèvres, Musée national de Céramique, Inv. MNC. 20144 (Legat Viennot)
In den Malerateliers arbeiteten Maler verschiedener Spezialisierung – *peintres en fin* und *peintres en ordinaire* – Seite an Seite an gleichartigen Stücken. Der Dekor dieses Kühlers für Stielgläser – darum der gekerbte Rand – ist mit *fleurs ordinaires*, sogenannten konturierten Blumen ausgeführt, bei denen eine schwarze Umrißzeichnung der farbigen Behandlung der Motive vorausgegangen ist.

221 STRASSBURG (Bas-Rhin), Periode Joseph Hannong, um 1775
Terrine *(pot à oille)*; Marke auf der Unterseite: IH 370; polychromer Muffelbranddekor mit Goldhöhungen; H 29,8 cm
Limoges, Musée national Adrien-Dubouché, Inv. ADL. 6880
Bei dieser Terrine haben die Straßburger Modelleure die Selleriestangenreliefs eines Porzellanmodells imitiert. Die Maler haben diese Reliefs durch Staffierung betont, Bauch und Deckel mit polychromen Blumen und mit feinen goldenen Linien geschmückt. So entstand ein Meisterwerk.

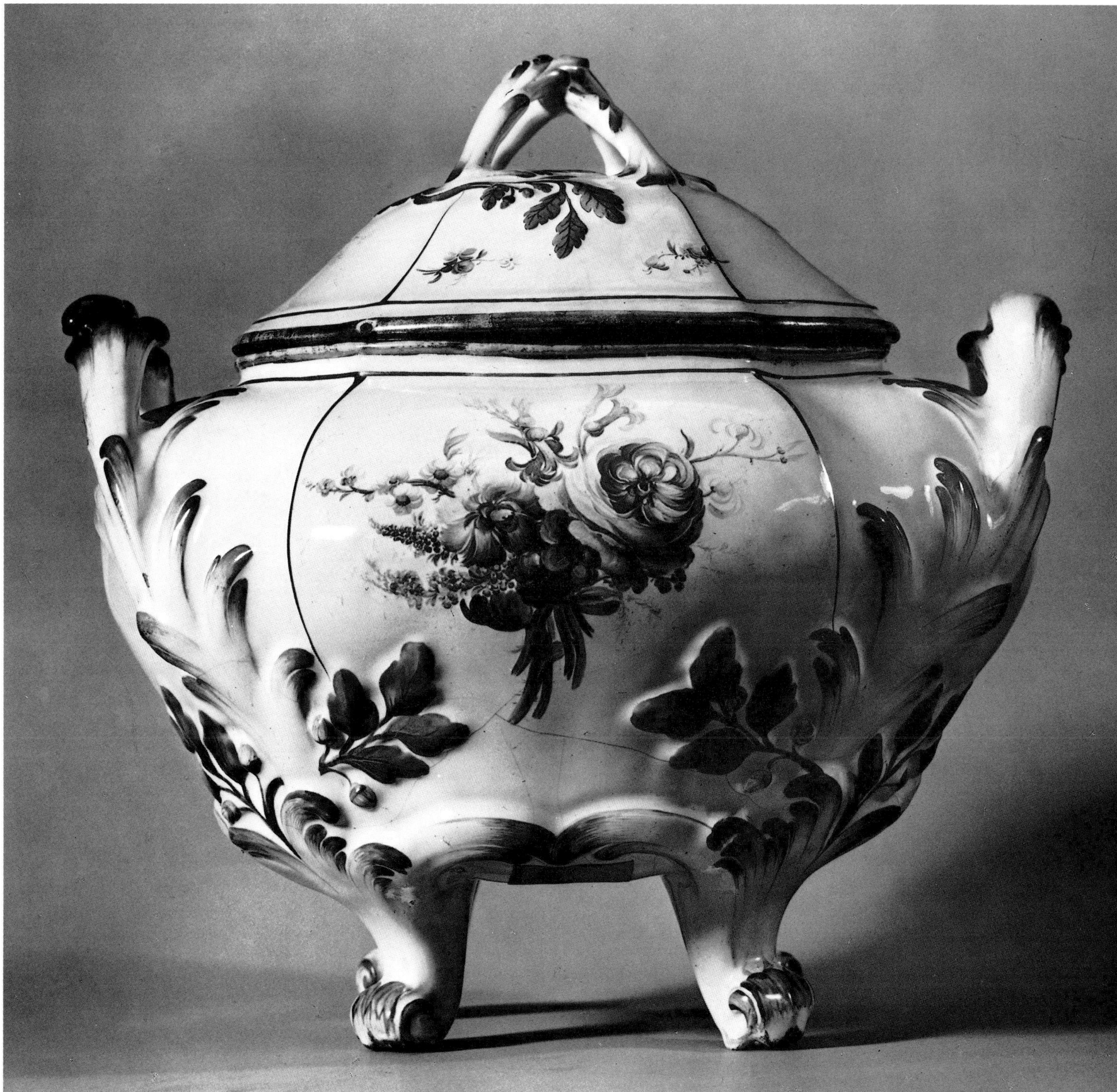

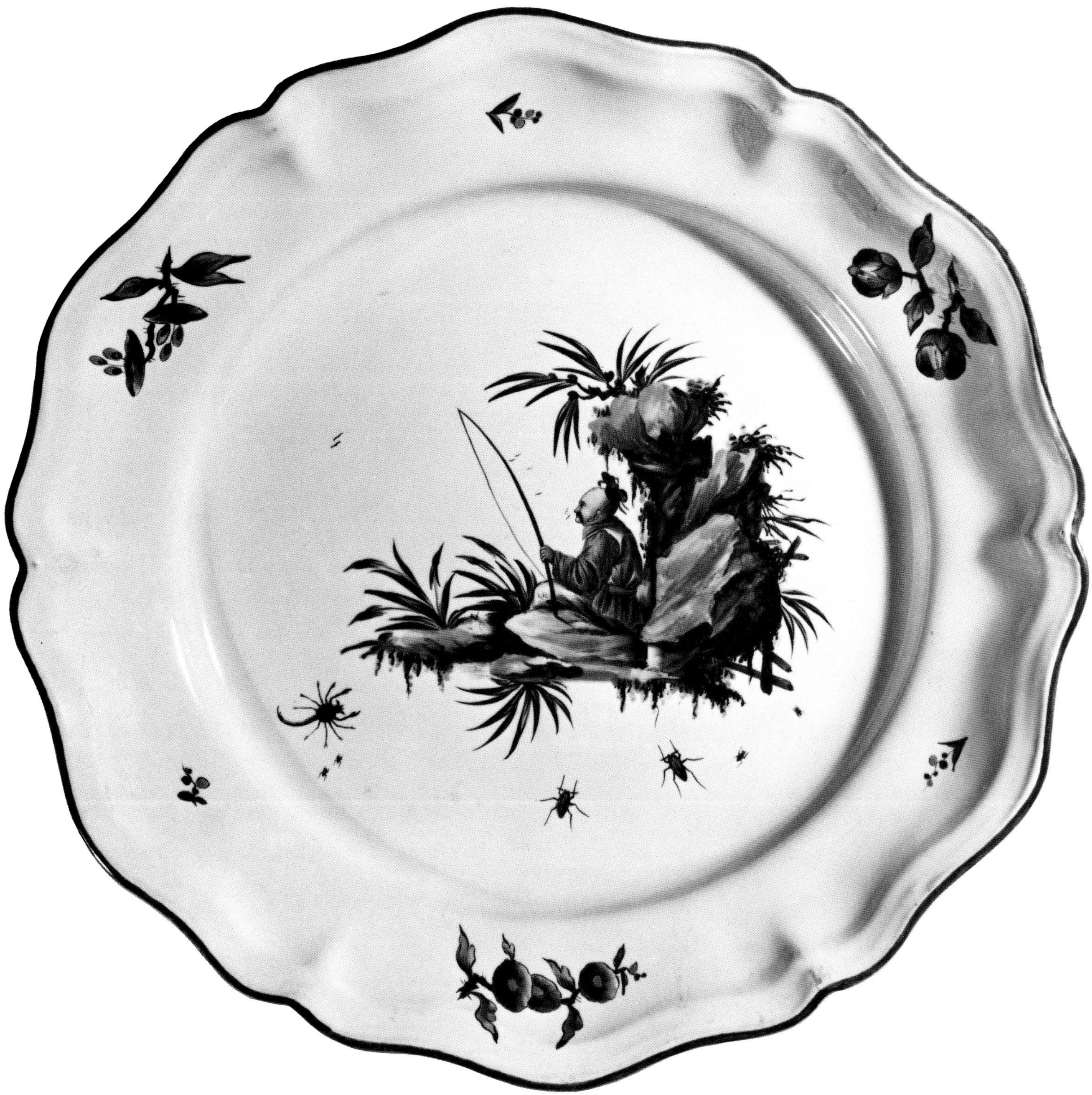

222 STRASSBURG (Bas-Rhin), Periode Joseph Hannong, um 1770–1780
Teller; Marke auf der Rückseite: Ḣ 39 74; polychromer Muffelbranddekor; ⌀ 25 cm
Sèvres, Musée national de Céramique, Inv. MNC. 20198 (Legat Viennot)
Vor gelben und braunen stilisierten Felsen sitzt ein Chinese auf einem mit hohen Gräsern bewachsenen Erdstück und gibt sich der friedlichen Beschäftigung des Fischens hin. Einige Insekten und Vögel – sie sind dort angebracht, wo die Glasur Fehler hat – vervollständigen die für Straßburger Chinoiserien typische Szene, die in »feiner Qualität« ausgeführt wurde. Dieser Dekortypus hat in allen Fayencemanufakturen von Ostfrankreich Schule gemacht und fand noch des öfteren Anwendung.
In der Produktion der Manufaktur von Joseph Hannong ist die Fahne solcher Platten und Teller, nahezu ohne Abweichung, mit drei Blumenmotiven geschmückt, die sich als ein Geißblattzweig, Heidelbeerblüten und Winden identifizieren lassen.

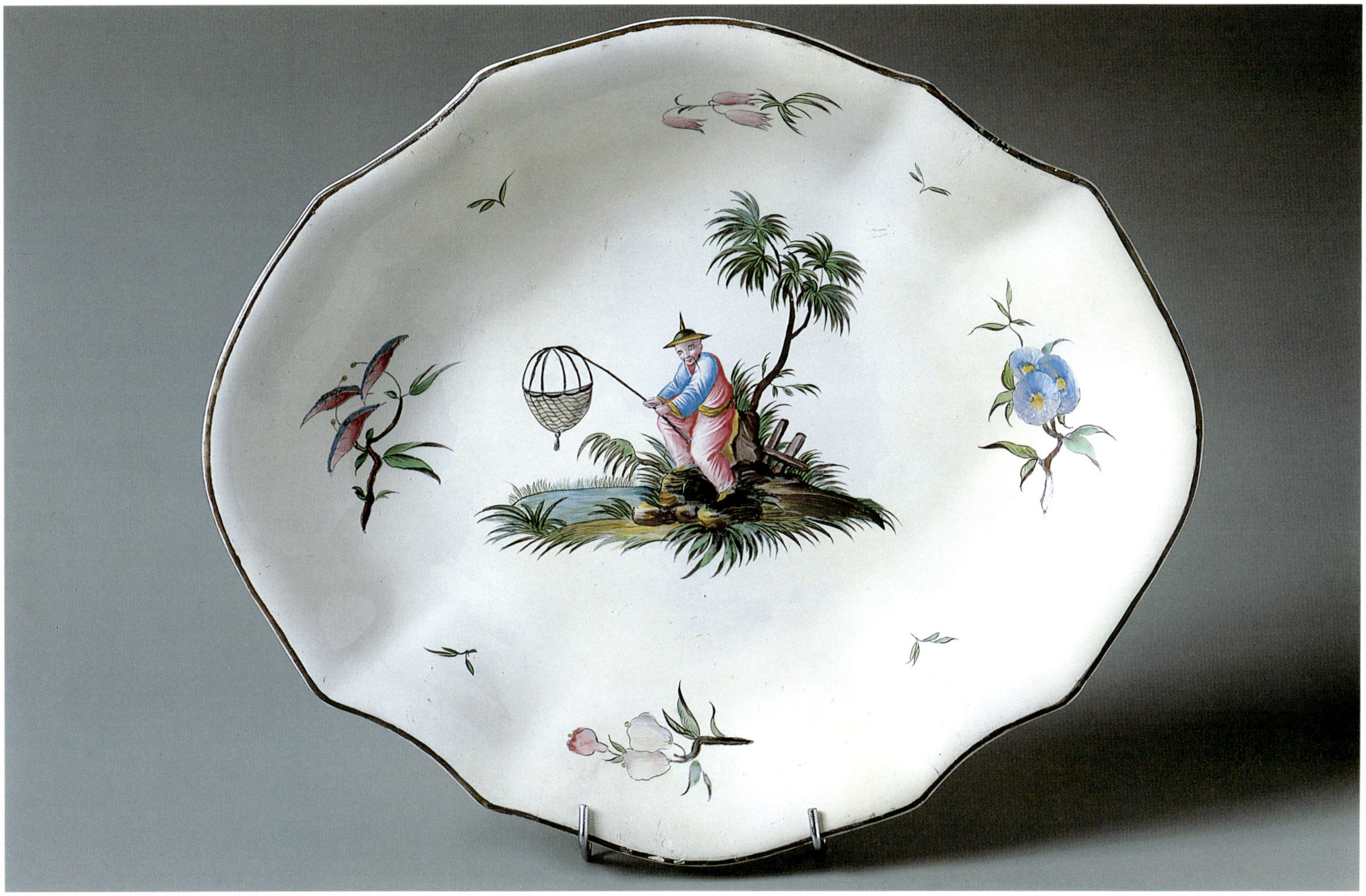

223 STRASSBURG (Bas-Rhin), Periode Joseph Hannong, um 1770–1780
Platte; Marke auf der Rückseite: Ḣ 107; polychromer Muffelbranddekor; L 33 cm, B 26 cm
Sèvres, Musée national de Céramique, Inv. MNC. 21962 (Geschenk Dreyfus)
Zur »feinen Qualität« gehört auch eine sehr einheitliche Gruppe, die mit einem Chinesen in Dreiviertelansicht geschmückt ist. Der stämmig wirkende Chinese mit seiner merkwürdigen, spitz zulaufenden Kopfbedeckung wendet sich auf einem felsigen und grasbewachsenen Bodenstück stets in der gleichen Art zur Seite. Der Dekor ist in einer eigenartigen Farbzusammenstellung – bläuliches Grün, blasses Rosa, Königsblau, Strohgelb und Grau – ausgeführt.

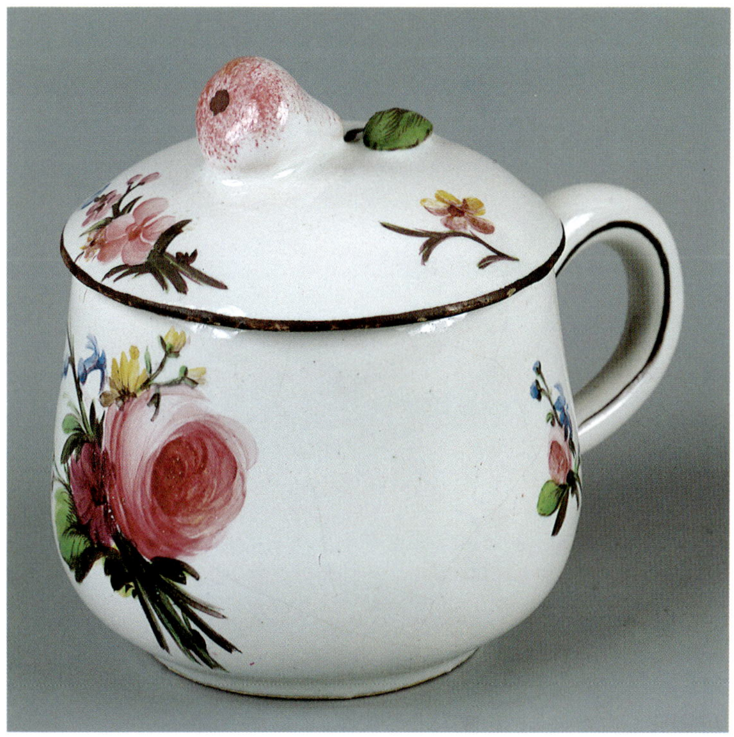

224 STRASSBURG (Bas-Rhin), Periode Joseph Hannong, um 1775
Sahnekännchen; Marke: blaues IH T 38; polychromer Muffelbranddekor; H 6,6 cm
Sèvres, Musée national de Céramique, Inv. MNC. 21024 (Legat Sagnier)
Ein »Strauß mit dicken Stengeln«, aus einer *rose creuse* – einer speziellen Straßburger Rose – und einer blauen Hyazinthe, schmückt dieses Sahnekännchen. Der Knauf des gewölbten Deckels ist als Birne geformt. Solche kleinen Geschirrstücke wurden in großer Zahl hergestellt.

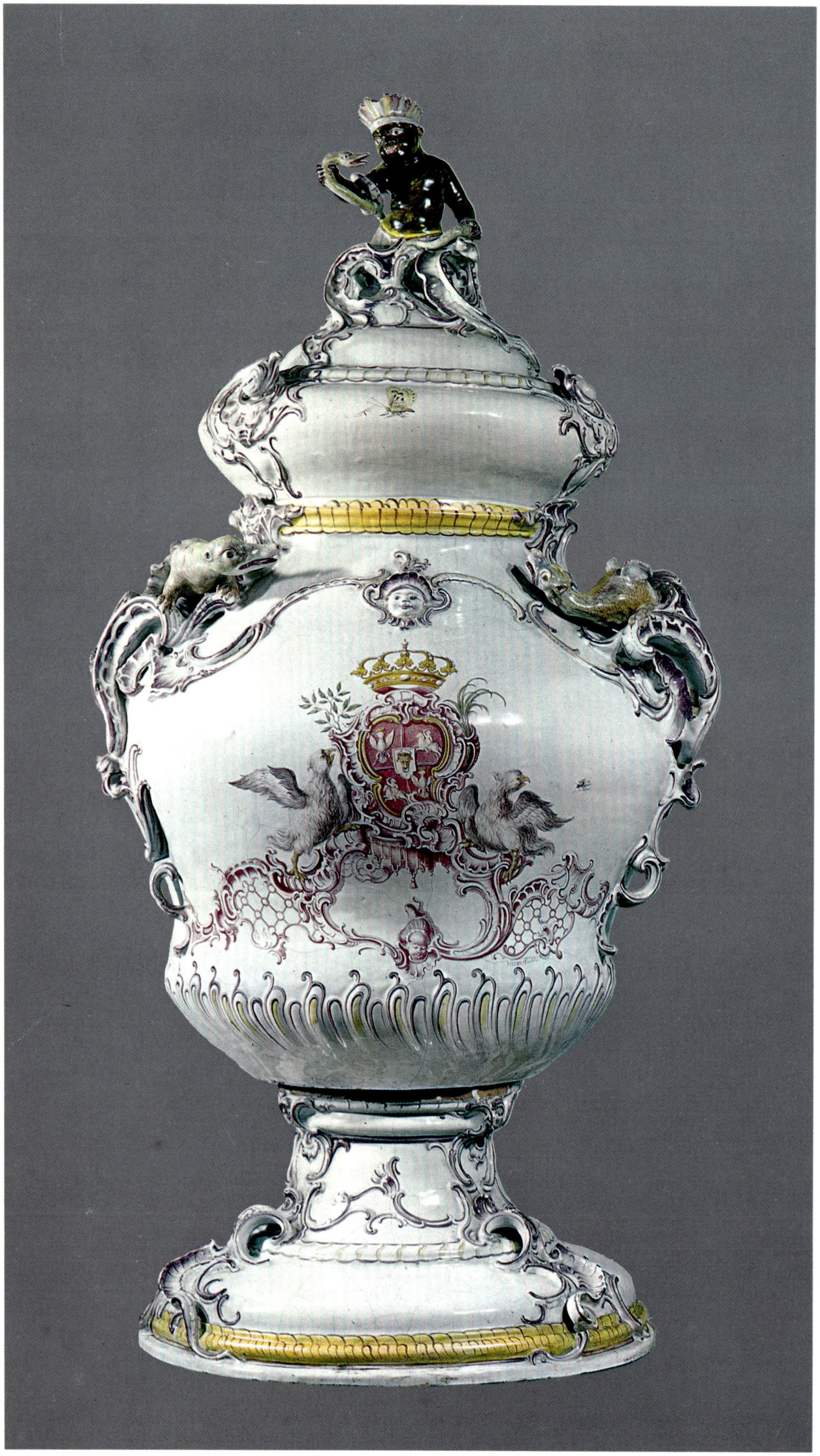

225 NIDERVILLER (Moselle), Periode Beyerlé, um 1760
Apothekervase; Inschrift mit Dekor: NIDERVILLER; polychromer Muffelbranddekor; H 110 cm
Nancy, Musée historique lorrain, Inv. 95.784 (Depot der Hospices civils)
Im Jahr 1759 gründete König Stanislas Leszczynski in Nancy das Hospital des Ordens des Heiligen Johannes von Gott. Einer der ersten Aufträge, die Jean-Louis Beyerlé für seine Manufaktur in Niderviller erhielt, war vom König, dessen Wappen diese Apothekervase schmückt, für seine Hospitalgründung bestimmt. Es handelte sich um eine prunkvolle Apothekerausstattung im Rokokostil mit Relief- und Malereidekor. Die Farbharmonie dieses Ensembles – ins Violette spielender Purpur, lebhaftes Gelb und Grau – zeigt, welche farblichen Feinheiten mit der Muffelfarbenpalette zu erreichen waren.

226 NIDERVILLER (Moselle), Periode Beyerlé, um 1760
Chevrette; Muffelbranddekor in Camaieublau; H 33 cm
Sèvres, Musée national de Céramique, Inv. MNC. 8602[3] (Geschenk Osma)
Diese Chevrette gehört zur gleichen Apothekenausstattung wie die große Vase (Abb. 225). Sie erhebt sich in gleicher Art auf einem Fuß und ist genauso vom Schönheitsideal des Rokoko geprägt. Nur die Farbgebung – hier ein Camaieublau – ist verschieden. Durch den gedrehten Henkel und die drachenförmige Tülle ähnelt sie eher einem Stück aus einem gepflegten Tafelgeschirr als einem Gegenstand aus einer Offizin.

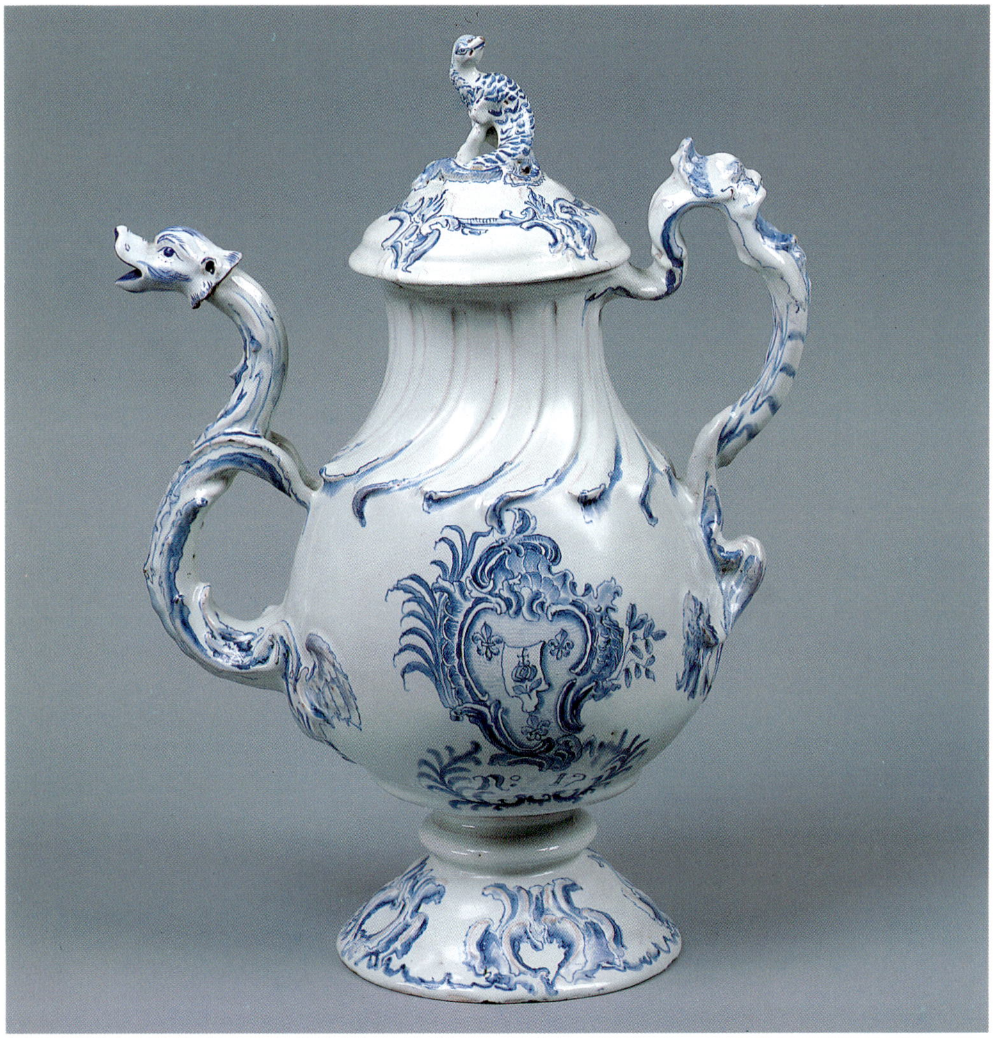

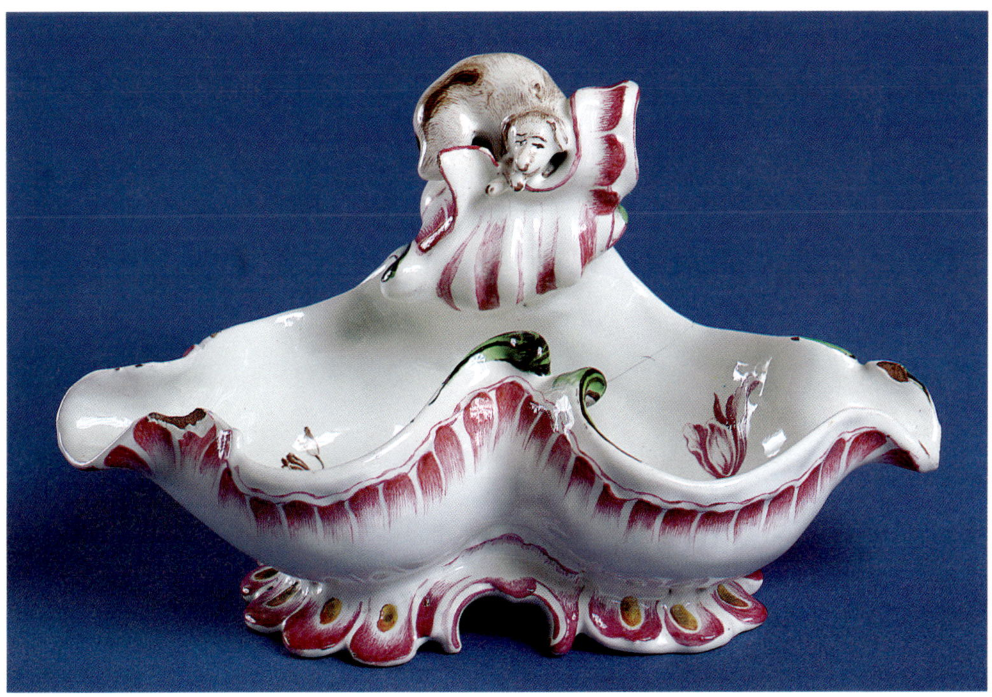

227 NIDERVILLER (Moselle), Periode Beyerlé, um 1760–1770
Sauciere; polychromer Muffelbranddekor; L 21 cm
Paris, Musée des Arts décoratifs, Inv. AD. 18 077 (Geschenk Bichet)
Diese Sauciere mit zwei Ausgüssen und einem vollplastischen Griff in Gestalt eines Hundes stammt aus der ersten Periode der Manufaktur von Niderviller, derjenigen des Barons J.-L. de Beyerlé (1754–1770). Die durch Staffierungen betonte Rokokoform und der plastische figürliche Griff entsprechen dem Stil der gleichzeitigen Fayencen aus der Manufaktur von Paul Hannong, erinnern aber zugleich an die von Duplessis in Vincennes geschaffenen Weichporzellan-Saucieren.

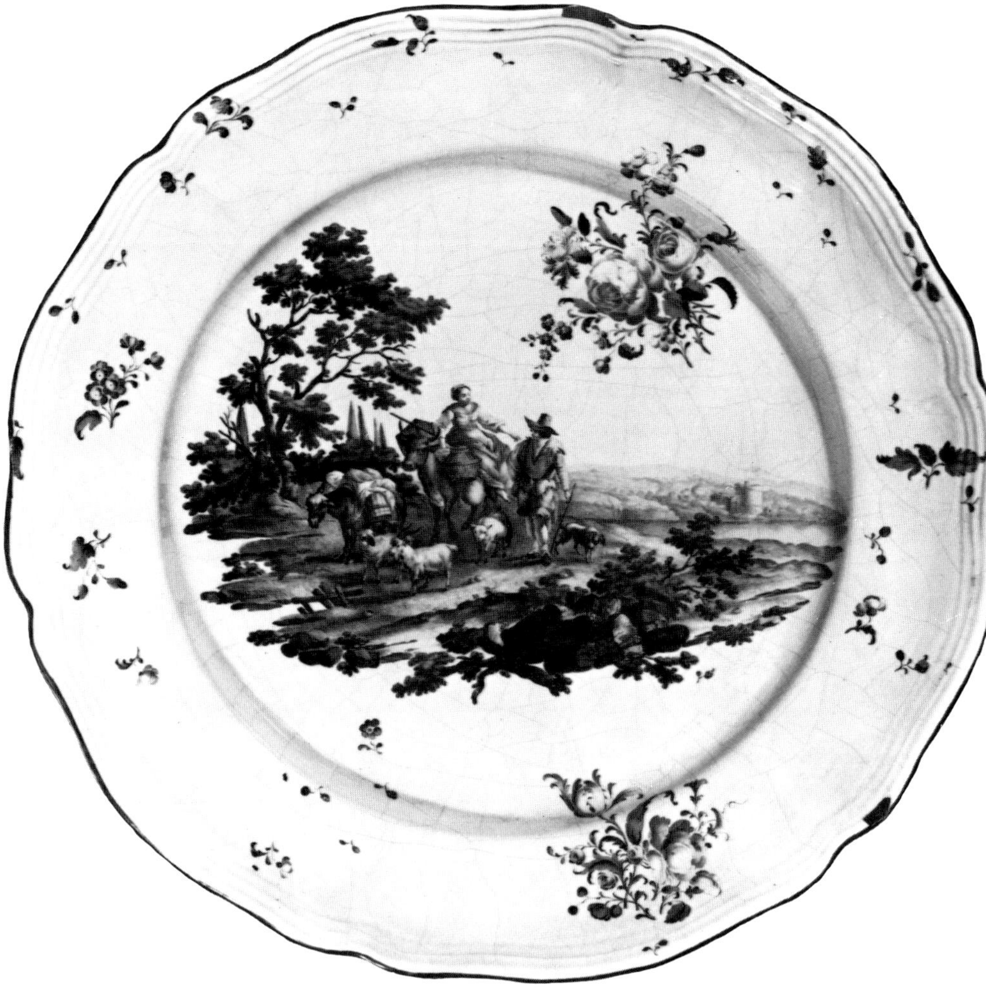

228 NIDERVILLER (Moselle), Periode Beyerlé, um 1760–1770
Platte; Marke auf der Rückseite: BN; polychromer Muffelbranddekor; ∅ 30 cm
Sèvres, Musée national de Céramique, Inv. MNC. 1126
Die Marke auf der Rückseite – BN in kunstvoller Schrift – wird als Beyerlé – Niderviller gedeutet. Die malerischen Qualitäten und die Farbenwahl dieser ländlichen Szene, die den Spiegel der Platte schmückt, berechtigen zu der Annahme, daß die Malerei von dem jungen Straßburger Maler François-Michel Anstett ausgeführt wurde, der von 1759 bis 1771 in der Manufaktur arbeitete. Die stilistische Nähe zu einer Straßburger Fayence in der Sammlung Peschetau, die von Anstett signiert und auf den 16. August 1757 datiert ist, stützt diese Zuschreibung. Der Dekor wirkt so, als könne er auch eine Hartporzellanplatte schmücken, wie sie Niderviller bis 1766 herstellte. Doch die Blumensträuße, Streublumen, Zweiglein und Blätter sind Eigenheiten der Fayencen mit Muffelbranddekor.

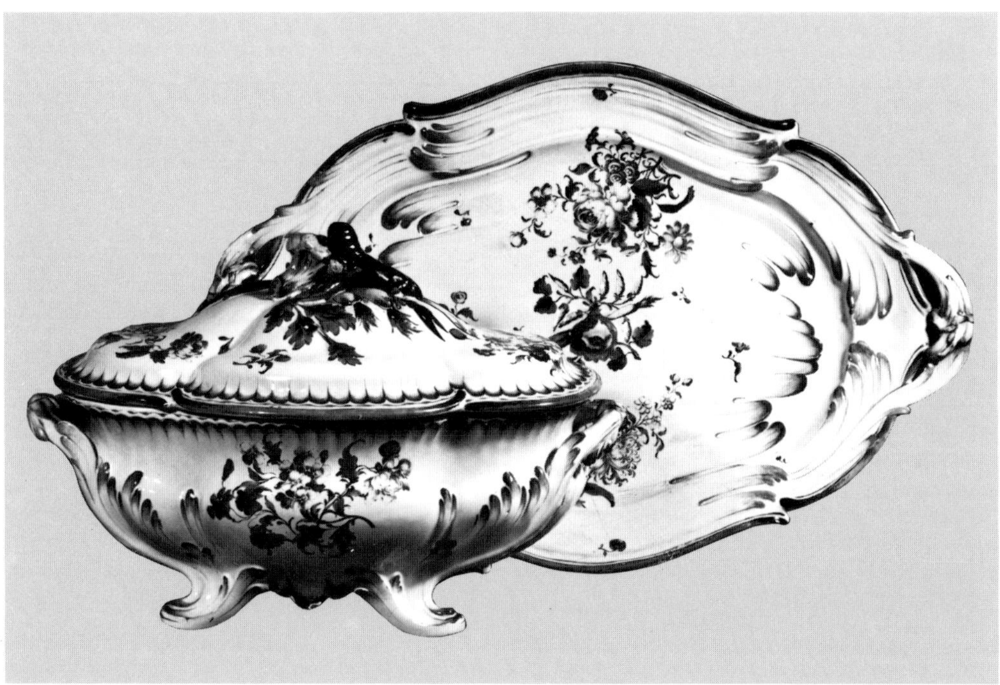

229 NIDERVILLER (Moselle), Periode Beyerlé, um 1765–1770
Terrine mit Platte; Marke unter jedem Stück: BN; polychromer Muffelbranddekor; Terrine: L 38 cm; Platte: L 51,5 cm
Paris, Musée des Arts décoratifs, Inv. AD. 11821 A und B
Der luxuriöse Charakter der Werke der Manufaktur Niderviller zur Zeit Beyerlés äußert sich nicht nur im Raffinement der Malerei, die in einer sehr viel feineren als der Straßburger Farbskala ausgeführt ist, sondern auch in den Formen, die erheblich genauer Porzellane kopieren, vor allem jene, die der Goldschmied Duplessis für die Manufaktur von Vincennes-Sèvres geschaffen hatte. Das Relief der Festons und der Spargel ist durch farbige Staffierung betont.

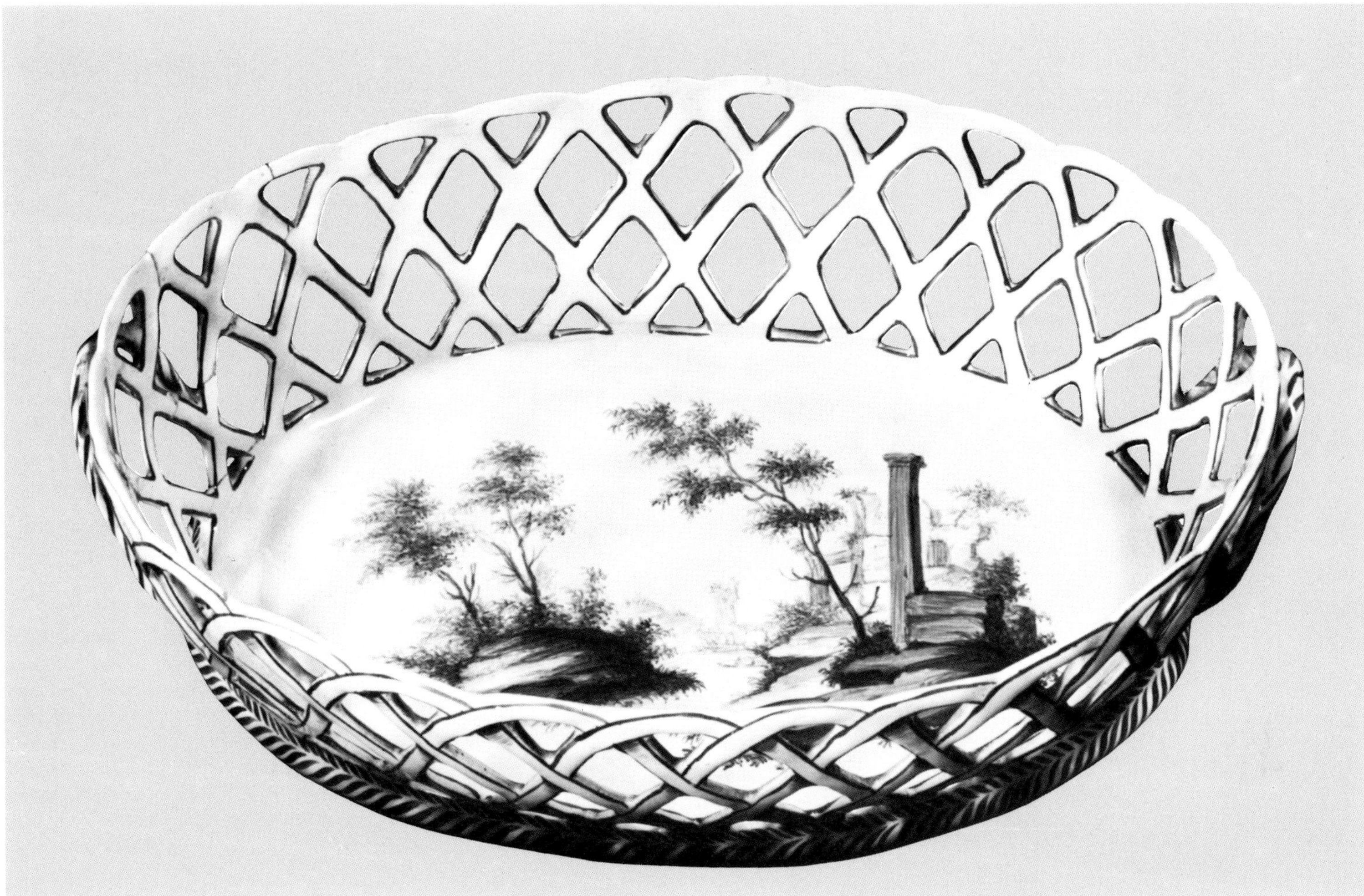

230 NIDERVILLER (Moselle), Periode Beyerlé, um 1760–1770
Korb; Muffelbranddekor in Camaieupurpur; L 23,4 cm, H 6,5 cm
Ecouen, Musée de la Renaissance, Inv. CL. 7358
Ähnlich den großen Porzellanmanufakturen – Meißen, Wien und Höchst – entwickelte auch die Fayencemanufaktur von Niderviller Landschaftsdekors in Camaieupurpur zu einer Spezialität. Der dekorative Wert dieser einen Farbe ist den Fähigkeiten des Chemikers François-Antoine Anstett zu verdanken, der aus Straßburg gekommen und 1754 zum Leiter der Manufaktur von Niderviller ernannt worden war. Es gelang ihm, auf der Grundlage des Cassiusschen Purpur eine weite Skala feinster Tonabstufungen zu entwickeln, die von den Malern für ihre Watteau-Szenen und antikischen Ruinen verwendet wurden.

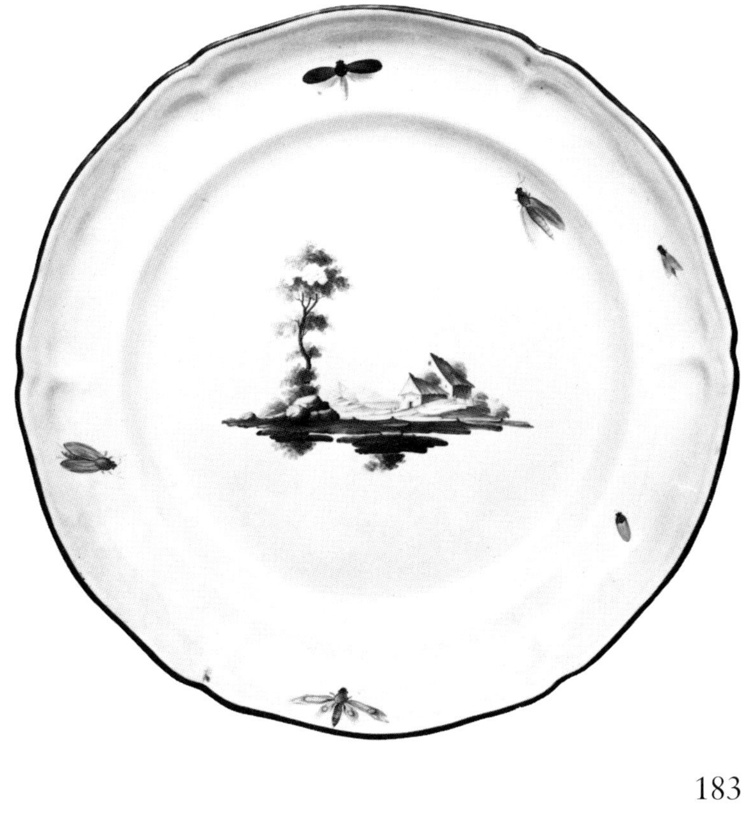

231 NIDERVILLER (Moselle), Periode Custine, um 1775–1780
Platte; Muffelbranddekor in Camaieupurpur; ∅ 40,6 cm
Straßburg, Musée des Arts décoratifs, Inv. 6671
Die Fayencen aus der Zeit des Comte de Custine (1770–1793) sind oft mit miniaturhaften, in Camaieupurpur gemalten Landschaften geschmückt. Dazu kommen einige Insekten, die kleine Fehler in der Glasur verdecken sollen, deren Weiße und Glanz übrigens eine ungewöhnliche Qualität erreichen.

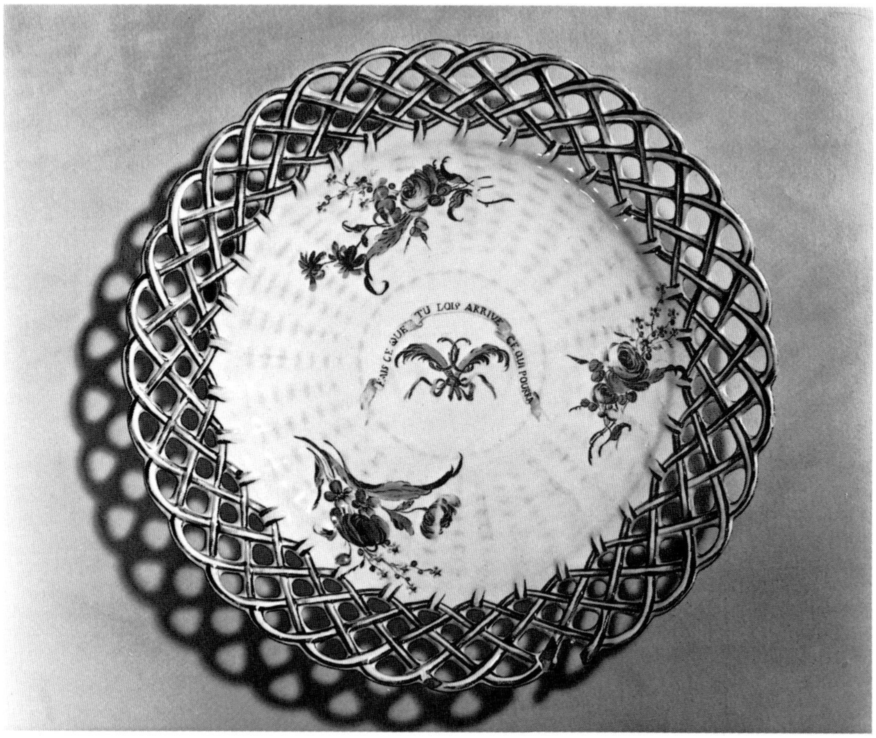

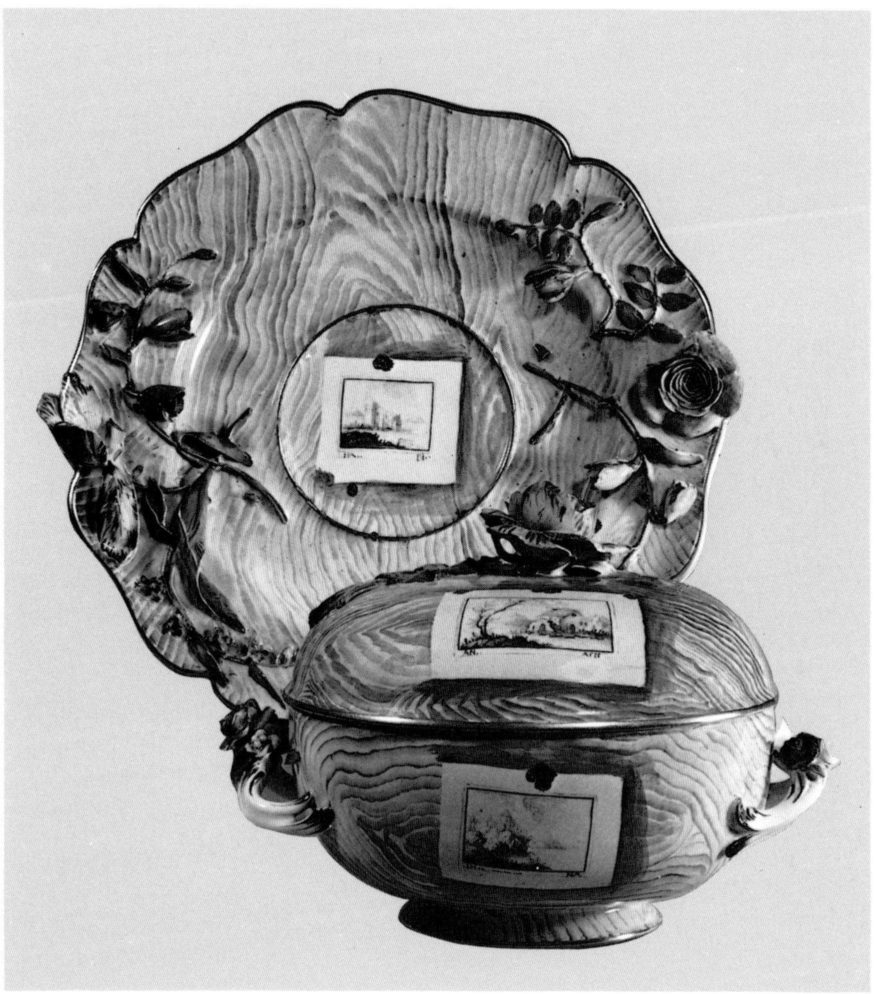

232 NIDERVILLER (Moselle), Periode Custine, um 1770
Teller; Inschrift im Dekor: FAIS CE QUE TU DOIS ARRIVE CE QUI POURRA; polychromer Muffelbranddekor; ⌀ 23 cm
Sèvres, Musée national de Céramique, Inv. MNC. 5962[2]
»Fais ce que tu dois, arrive ce qui pourra« (Vollbringe, was deine Pflicht ist, mag kommen, was will) war die Devise des Comte de Custine, der seit 1770 der neue Besitzer der Manufaktur Niderviller war. Diese Devise und seine Initialen kommen auf verschiedenen Fayencen vor, so auch auf diesem Teller mit leichtem Relief des Spiegels und durchbrochener Fahne. Form und Dekor des Tellers sind eng mit einigen Stücken aus dem Tafelgeschirr verwandt, das zwischen 1766 und 1769 in der schwedischen Manufaktur Marieberg für den Baron Breteuil ausgeführt wurde.

233 NIDERVILLER (Moselle), Periode Custine, um 1775
Deckelschale mit Untersatz; polychromer Muffelbranddekor; Deckelschale: H 13,5 cm; Untersatz: ⌀ 23,5 cm
Sèvres, Musée national de Céramique, Inv. CL. 7372 (Depot im Musée de la Renaissance, Ecouen)
Der Trompe-l'œil-Mode entsprechend schuf Joseph Deutsch in Niderviller, mit dessen Namen mehrere Stücke der Manufaktur signiert sind, um 1773 diesen Dekor. Kleine, Kupferstiche imitierende Landschaften scheinen mit Siegellack auf einem gemaserten, manchmal in Naturfarbe, manchmal rosa gemalten Hintergrund befestigt. Häufig sind solchen Stücken außerdem Blatt- oder Blütenzweige als Reliefs aufgelegt. Diese Fayencen erlebten im 18. Jahrhundert einen sehr großen Erfolg.

234 NIDERVILLER (Moselle), Periode Beyerlé, um 1760–1770 ▷
Kanne; polychromer Muffelbranddekor; H 25,5 cm
Sèvres, Musée national de Céramique, Inv. MNC. 15621 (Geschenk Bichet)
Keine andere mit Muffelfarben arbeitende Fayencemanufaktur hat die Harmonie der aus dem Violett abgeleiteten Farbskala von Niderviller – ins Violett spielende Rosatöne, Abstufungen der Malvenfarbe und des Indigo – übertroffen. Die Maler bedienten sich dieser Palette für ihre Sträuße, in denen sehr oft das Weiß dominiert.

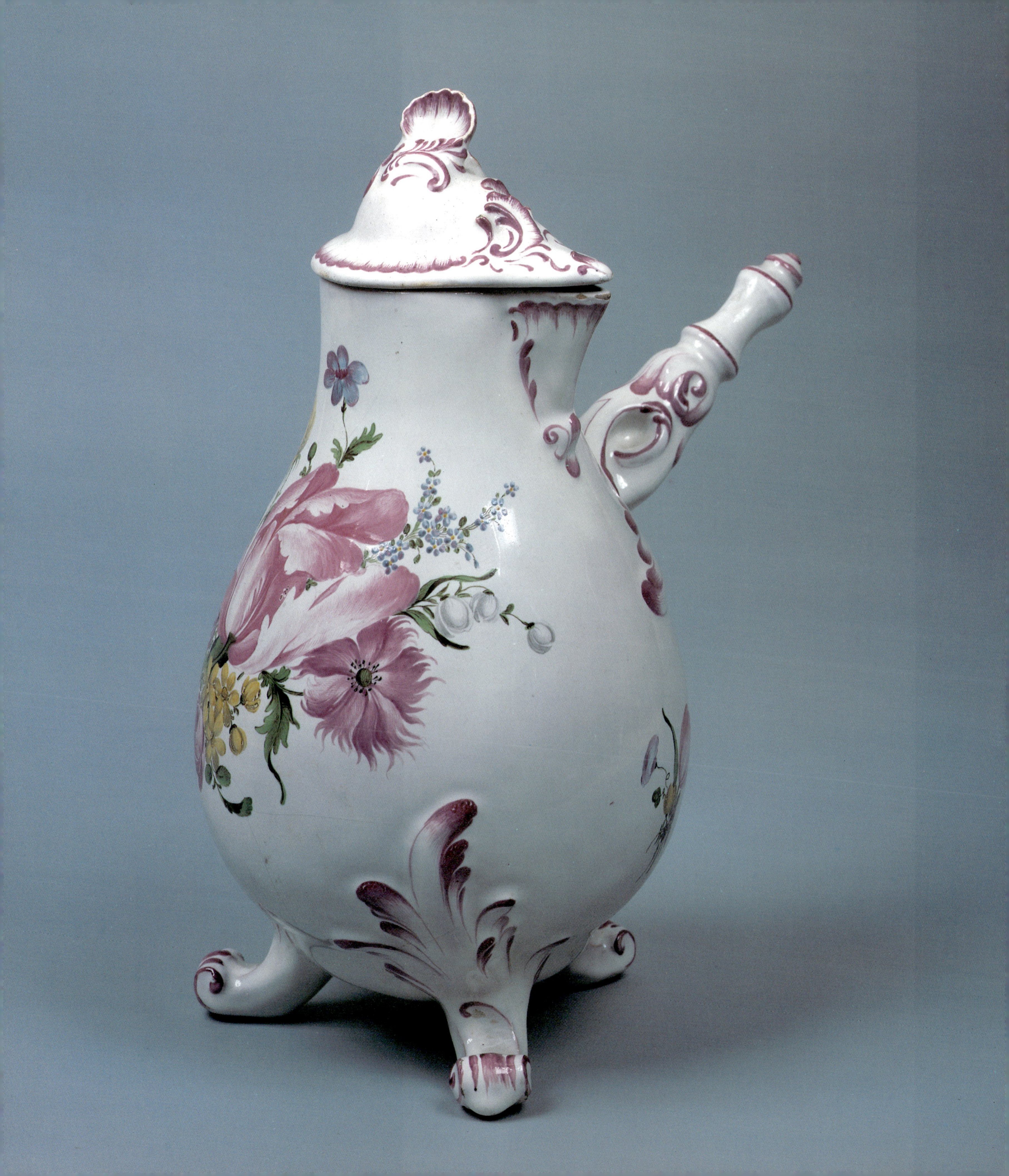

235 NIDERVILLER (Moselle), Periode Beyerlé, um 1760
Personifikation des Erdteils Asien; polychromer Muffelbranddekor; H. 15 cm
Sèvres, Musée national de Céramique, Inv. MNC. 15616 (Geschenk Bichet)
Die Verwendung einer weißen, sehr geschmeidigen Erde ermöglichte den Modelleuren von Niderviller, zahlreiche Statuetten zu schaffen. Gelegentlich benutzten sie sogar Model, die für die Ausformung von Porzellan bestimmt waren. Die Themen wurden häufig der Meißner Manufaktur entlehnt, so auch diese Personifikation von Asien, die zu einer Gruppe der Vier Erdteile gehört. Die besondere Begabung der Maler von Niderviller lag in der harmonischen Abstimmung der Farben und in der Wiedergabe der Stoffe.

236 NIDERVILLER (Moselle), Periode Custine, um 1775–1785
Plastische Gruppe; polychromer Muffelbranddekor; H 31 cm
Paris, Musée des Arts décoratifs, Inv. AD. 26568 (Legat Martelle)
Die Eigenart dieser Gruppe, die zu einer Reihe der Vier Elemente gehört, liegt in der Ruinenarchitektur, um die sich die Gestalten wie in einer Theaterszene bewegen. Hier spiegelt sich der romantische Geschmack der Zeit Ludwigs XVI.

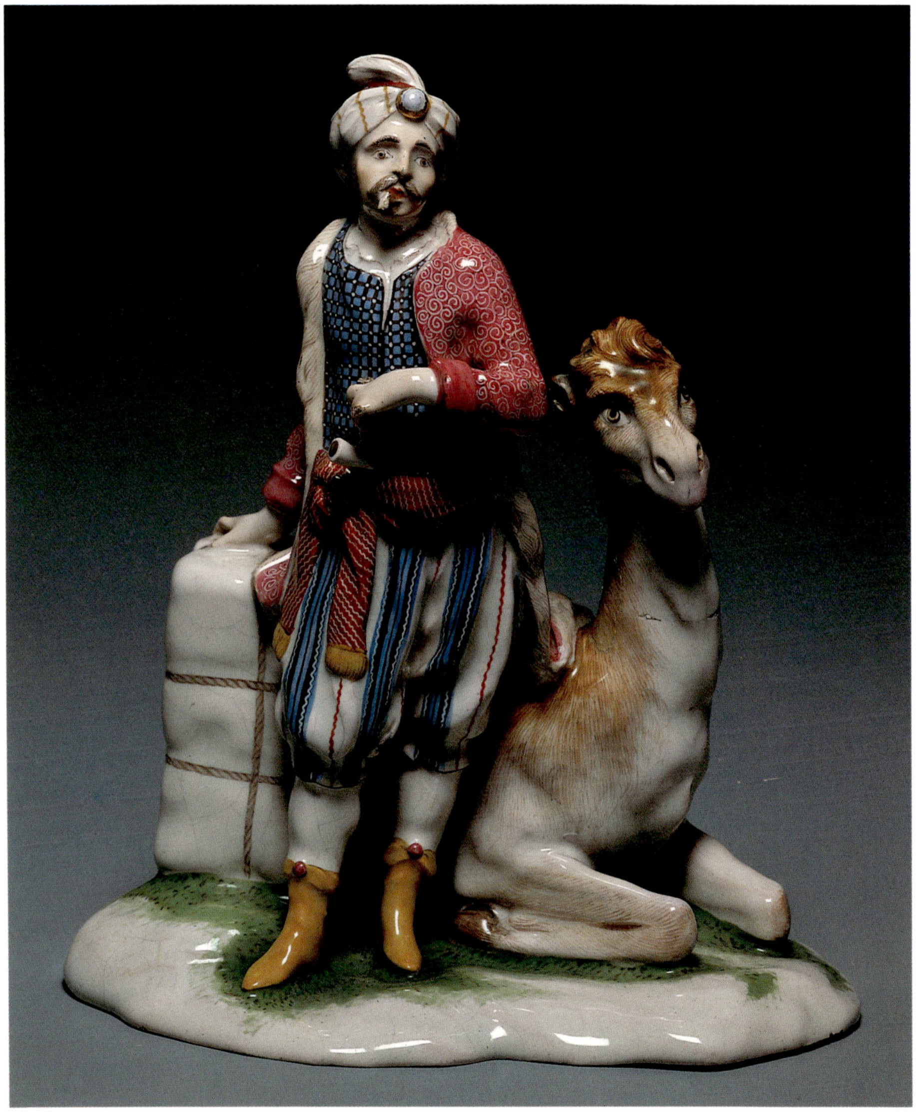

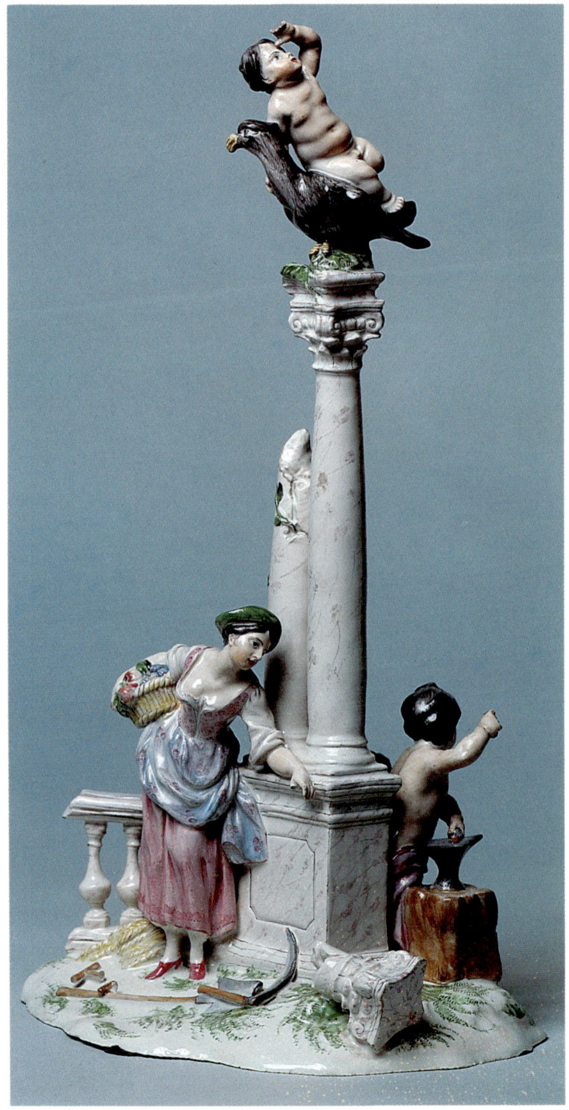

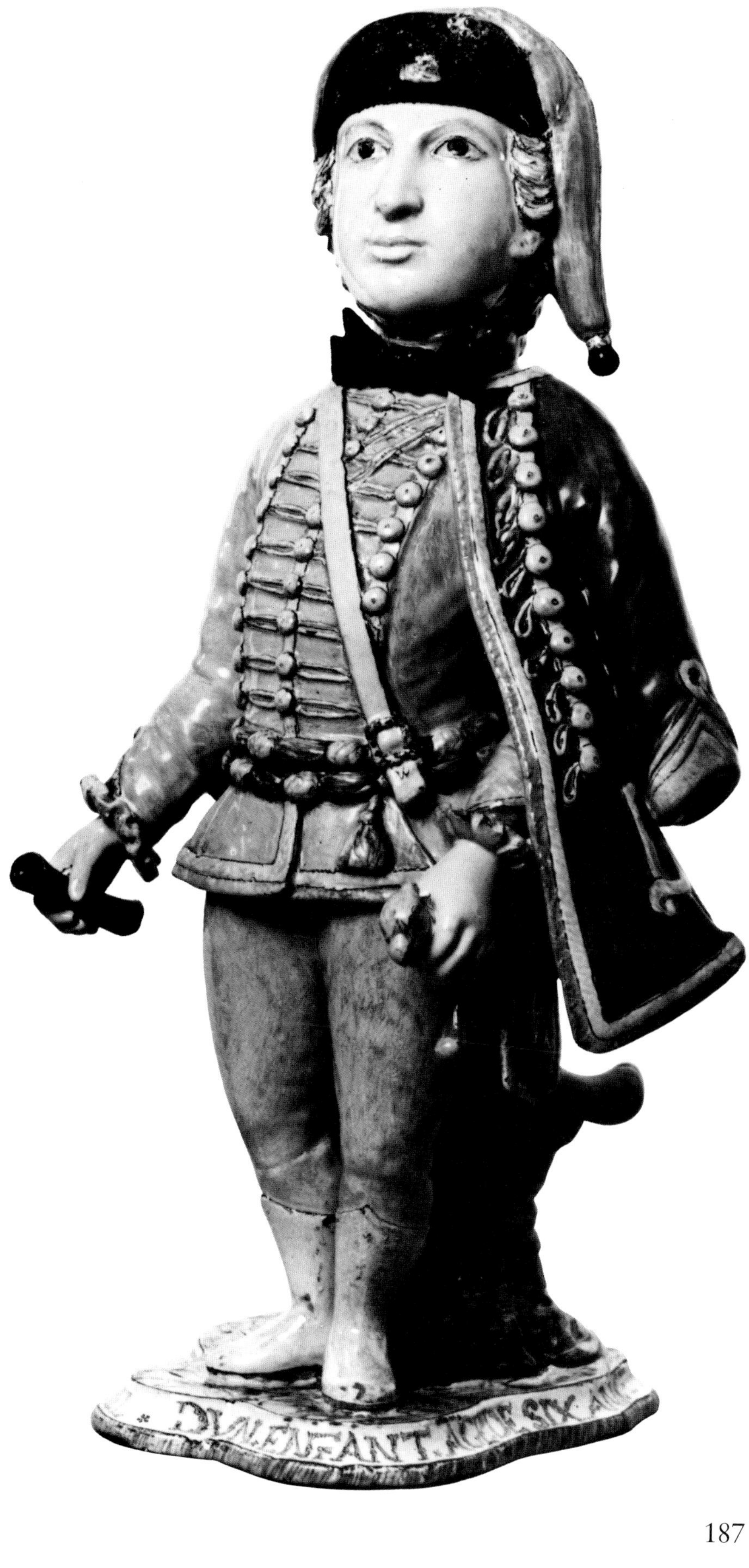

237 LUNÉVILLE (Meurthe-et-Moselle), 1746
Zwerg; Inschrift auf dem Sockel: PORTRAIT . NATUREL . DUN . ENFANT . AGE . DE SIX ANS / N.P. FECIT / DE . LANNEE / 1746; polychromer Scharffeuerdekor; H 56 cm
Lunéville, Musée du Château, Inv. C. 253
Die Manufaktur von Lunéville stand bis zu dessen Tod unter dem Schutz des Königs Stanislas Leszczynski. Seine Initialen sind auf der Uniform eines polnischen Husaren zu sehen, die diese merkwürdige Gestalt trägt; es handelt sich dabei zweifellos um ein Porträt des Nicolas Ferri, genannt Bébé, des berühmten Zwerges des Königs. Die Initialen N.P. des Schöpfers dieser Statuette konnten bisher nicht aufgelöst und gelesen werden.

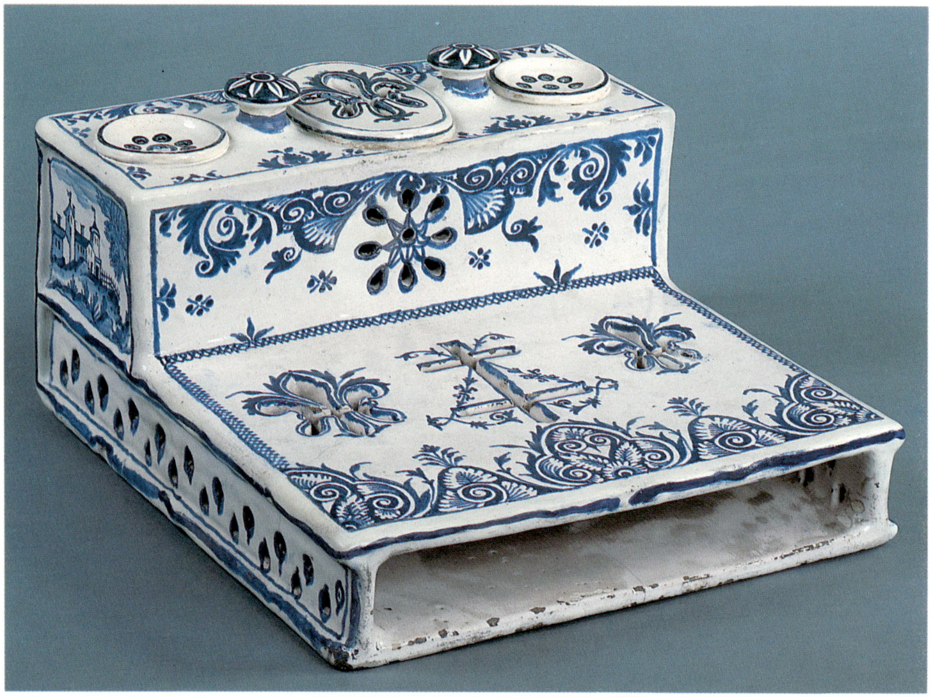

238 LUNÉVILLE (Meurthe-et-Moselle), um 1730
Schreibzeug; Scharffeuerdekor in Camaieublau; L 28 cm, T 31 cm, H 15 cm
Sèvres, Musée national de Céramique, Inv. MNC. 20518
Bei der Zuschreibung dieses Schreibzeugs an die Manufaktur von Lunéville stützt man sich auf den Schmuck der Platte, ein Lothringer Kreuz mit doppeltem L. Man nimmt an, daß es sich dabei um die Initialen des Herzogs Leopold von Lothringen handeln könnte, für den Jacques Chambrette, der Gründer der »großen Fayencemanufaktur« von Lunéville, mehrere Aufträge ausgeführt hat. Der camaieublaue Scharffeuerdekor mit Lambrequins und kleinen Landschaften in der Tradition von Rouen und Nevers wurde von neuen Manufakturen häufig während deren Anfangszeit als erster Dekor ausgeführt.

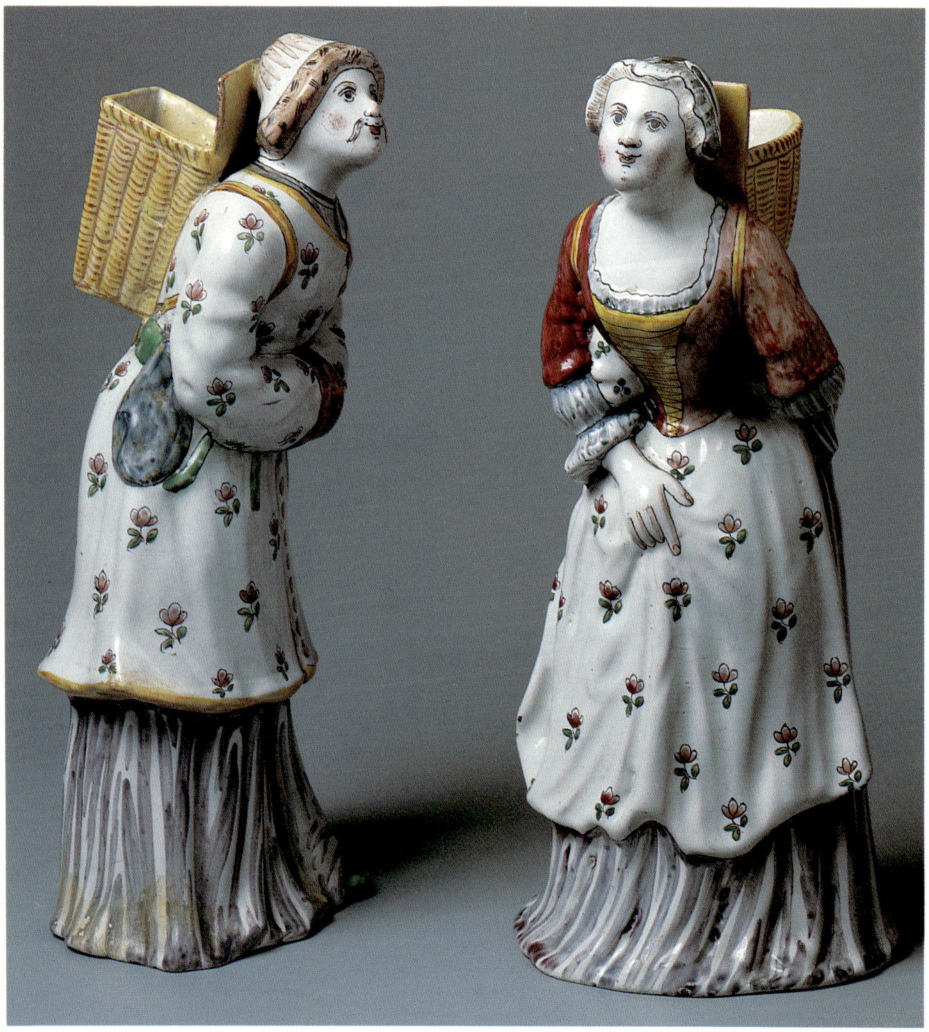

239 LUNÉVILLE (Meurthe-et-Moselle), um 1760
Statuetten als Blumenvasen; polychromer Muffelbranddekor; H 31 cm
Sèvres, Musée national de Céramique, Inv. MNC. 21 564 und 21 565
In der Manufaktur von Straßburg sind zahlreiche Figurinen, teils Tafelschmuck, teils Schaustücke für die Wohnräume, entstanden; die Manufaktur von Lunéville eiferte ihr nach und schuf einige Figurinen. Dieses Paar von Blumenfrauen wurde nach einem von Bouchardons *Cris de Paris* beeinflußten Modell aus Chantilly ausgeführt.

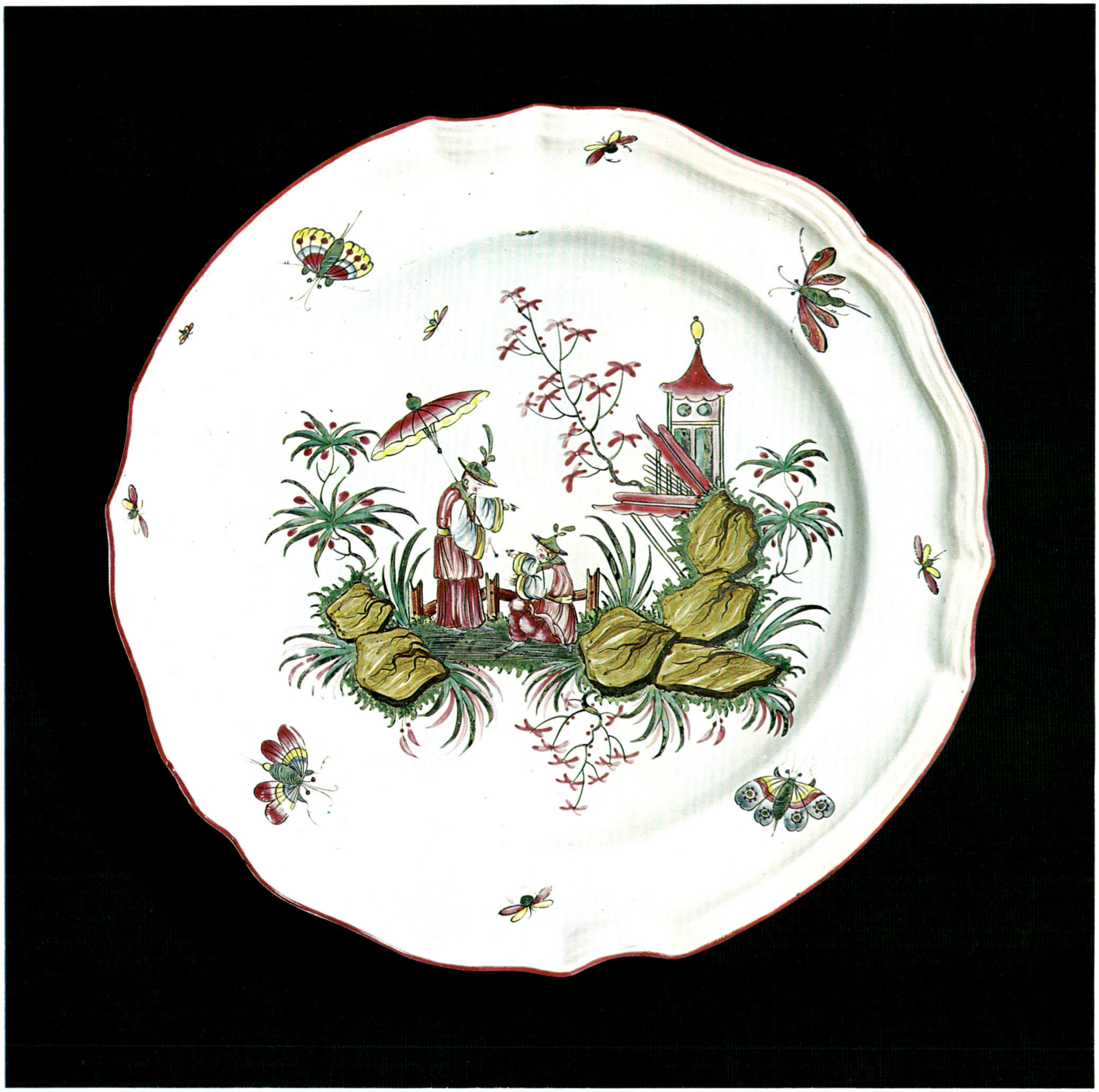

240 LUNÉVILLE (Meurthe-et-Moselle), um 1770
Platte; polychromer Muffelbranddekor; ∅ 35 cm
Sèvres, Musée national de Céramique, Inv. MNC. 20301 (Legat Viennot)
Die aus *terre de Lorraine* gefertigte und mit einer sahnigen Glasur überzogene Platte, deren Rand in der Art von Silbergeschirr profiliert ist, trägt im Spiegel ein chinoises, in Straßburger Art konturiertes Motiv. Auf der Fahne ersetzen Schmetterlinge und Insekten die in der Manufaktur Hannong üblichen Blumen – Geißblatt, Winde, Heidelbeere – und geben dem Dekor eine eigene Note. Bis zum Ende des 18. Jahrhunderts hat die Manufaktur von Lunéville diesen Dekor immer wieder aufgenommen, vor allem, um lange Fischplatten zu schmücken.

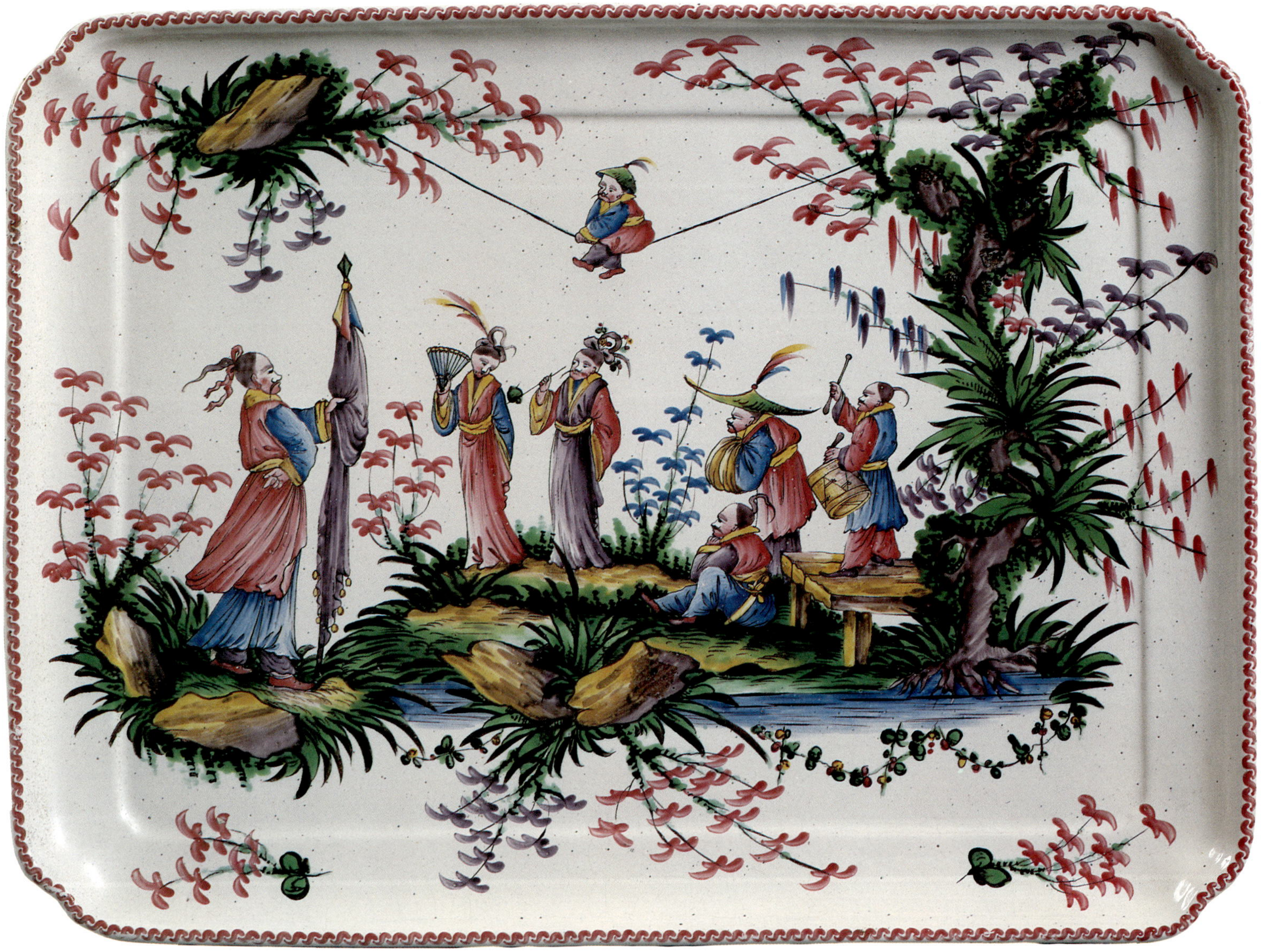

241 RAMBERVILLERS (Vosges), um 1775
Tablett; polychromer Muffelbranddekor; L 47,2 cm, B 35,6 cm
Sèvres, Musée national de Céramique, Inv. MNC. 13 204
(Geschenk Doisteau)
Der Chinesendekor dieses Tabletts ist wegen der großen Zahl dargestellter Personen ungewöhnlich. Der Fayencemaler hat sehr geschickt Schablonen von Einzelfiguren zu einer Genreszene in einer üppigen, der Form des Stückes angepaßten Komposition zusammengefügt. Das von einer Wasserfläche umgebene Bodenstück berechtigt dazu, das Tablett einer Gruppe von Fayencen mit Chinesendekor zuzuordnen, die Rambervillers zugeschrieben wird.

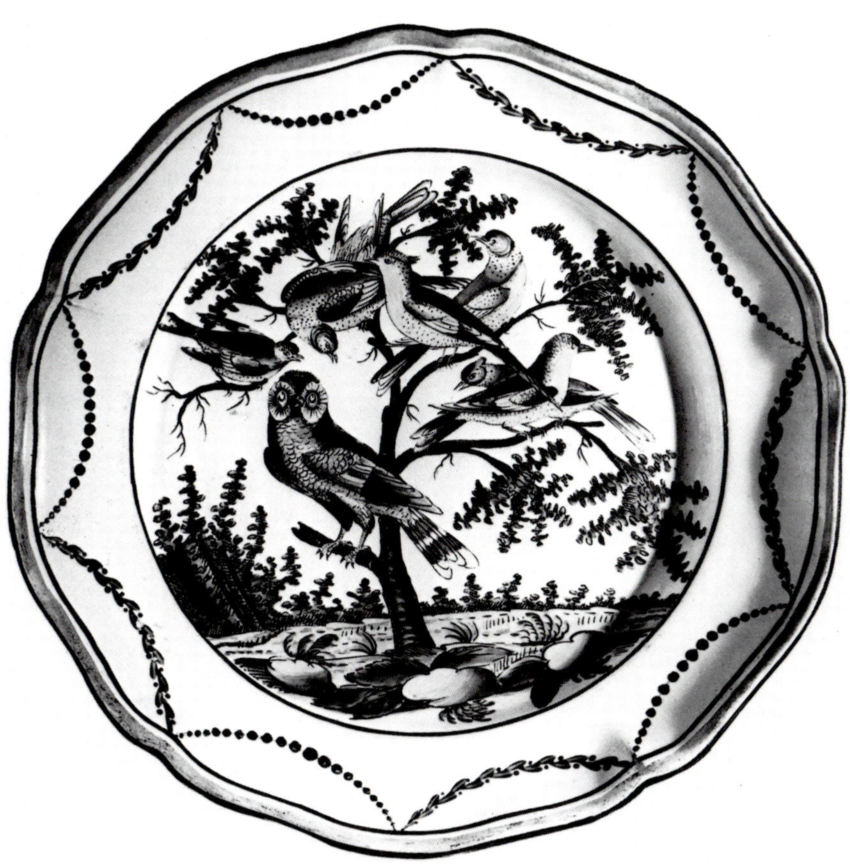

242 LES ISLETTES (Meuse), um 1800
Platte; polychromer Muffelbranddekor; ∅ 31 cm
Straßburg, Musée des Arts décoratifs, Inv. XXX-39
In der schwierigen Zeit, als Steingut der Fayence Konkurrenz machte, leiteten Mitglieder der Familie Bernard auf ihrem Besitz Bois d'Epense bei Les Islettes eine Fayencemanufaktur. 1785 wurde die Muffelbrandtechnik eingeführt, und man übernahm der Gegend eigene überlieferte Motive: Blumendekors und Chinoiserien. Der an Porzellandekors erinnernde Vogelbaum auf dieser Platte ist recht einfach, in der Art eines Bilderbogens von Epinal, behandelt.

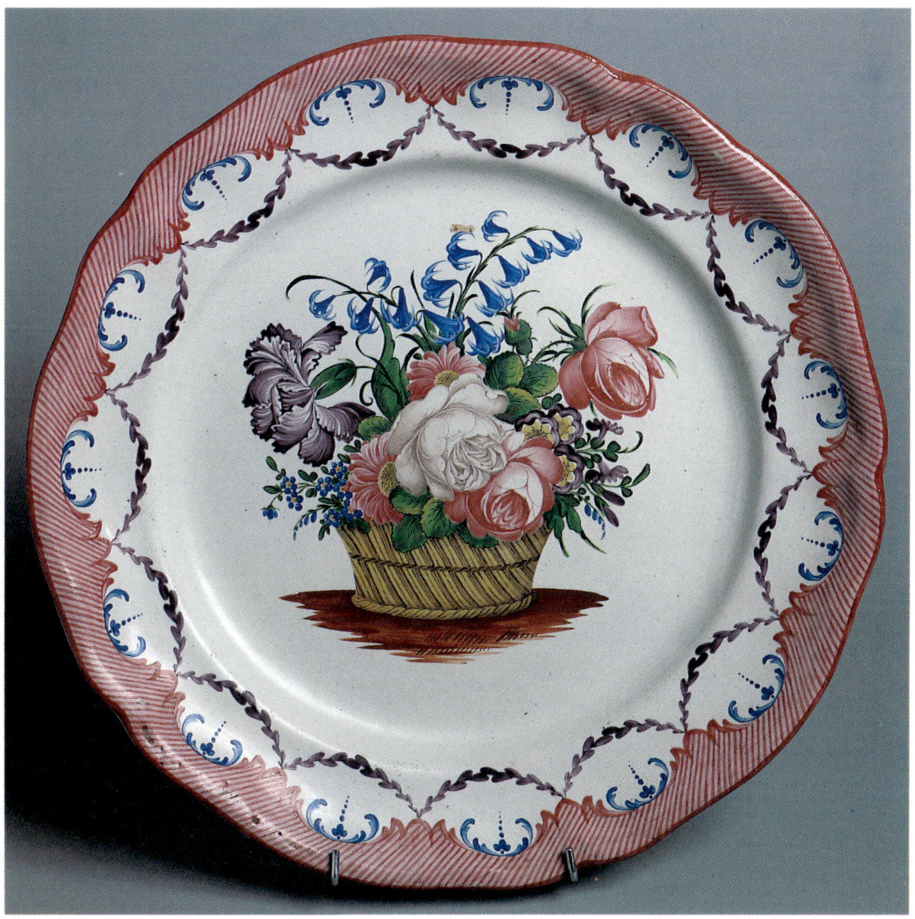

243 LES ISLETTES (Meuse), um 1815–1830
Platte; polychromer Muffelbranddekor; ∅ 32 cm
Sèvres, Musée national de Céramique,
Inv. MNC. 8084
Die Manufaktur Les Islettes hat recht einfach gemalte Teller mit Nelken- oder Rosensträußen, die von einem Band zusammengehalten werden, in großer Zahl hergestellt. Es entstanden aber auch ungewöhnliche Blumendekors. Ein Beispiel ist dieser auf einen Marmorsockel gestellte Blumenkorb voller weißer Rosen, violetter Nelken und blauer Hyazinthen. Die Harmonie der Farben ist sehr fein und wird durch die schraffierte Bogenkante und die Girlande noch hervorgehoben.

244 SAINT-CLÉMENT (Meurthe-et-Moselle), um 1765–1780
Mythologische Gruppe; weiße Scharffeuerfayence; L 26,7 cm
Sèvres, Musée national de Céramique, Inv. MNC. 11124
(Legat Dècle)
Der Gründer der Manufaktur von Saint-Clément, Jacques Chambrette, war zugleich auch Besitzer der Manufaktur von Lunéville. Er hatte 1757/1758 das Unternehmen in Saint-Clément gegründet, weil sich in der Nähe Lager von ausgezeichneter weißer Töpfererde befanden, mit deren Hilfe er hoffen konnte, das englische Steingut zu imitieren, das einen weißen Scherben und eine transparente Glasur hat. Der Scherben dieser Gruppe ist zwar weiß, ihre Glasur aber durch den Zusatz von Zinnoxid undurchsichtig weiß.

245 SAINT-CLÉMENT (Meurthe-et-Moselle), um 1780–1800
Gläserkühler; Muffelbranddekor in Gold; L 32,8 cm
Sèvres, Musée national de Céramique, Inv. MNC. 5592
Dieses Stück ist für einen großen Teil der Produktion von Saint-Clément repräsentativ. Die auf einen sehr feinen weißen Scherben aufgebrachte Zinnglasur ist ganz besonders weiß. Der gemalte Golddekor betont die Ähnlichkeit der Fayence mit Porzellan, dessen strahlenden Glanz sie besitzt, dessen Transluzidität ihr aber fehlt.

246 SAINT-CLÉMENT (Meurthe-et-Moselle), um 1785
Jardiniere; polychromer Muffelbranddekor mit Goldhöhungen; L 24,5 cm
Sèvres, Musée national de Céramique, Inv. MNC. 5314
Man kennt den Anteil von Richard Mique, Architekt und Intendant der Königlichen Bauten, an der Leitung der Manufaktur von Saint-Clément. Vielleicht ist die ständige Anpassung an die jeweils herrschende Tagesmode sein Verdienst. Die Jardiniere entspricht vollkommen dem Louis-XVI-Stil, sowohl in ihrer Form als auch in ihrem Dekor, den mit Geflügel belebten Landschaften. Die Goldhöhungen sprechen für den Wunsch, Porzellan zu imitieren.

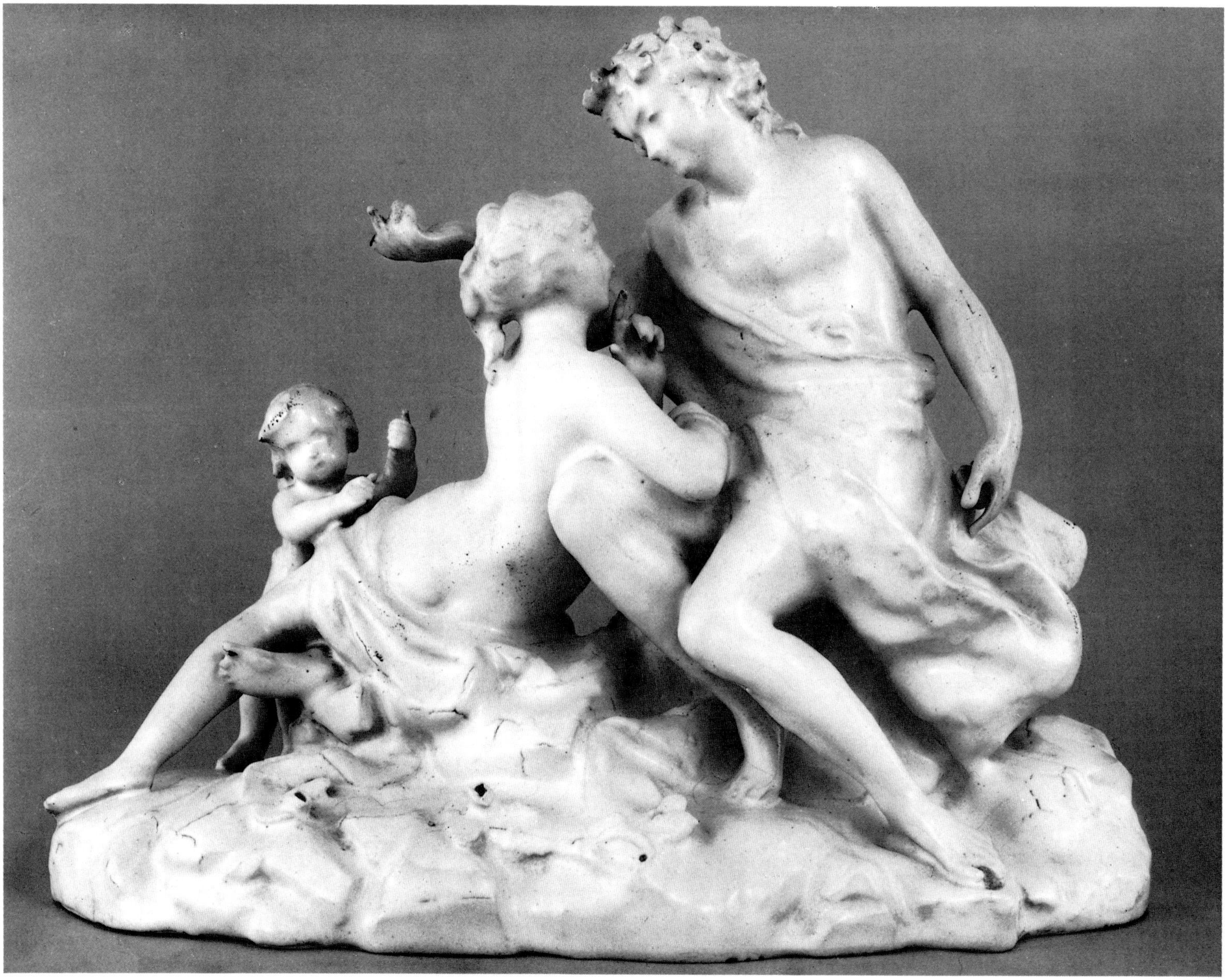

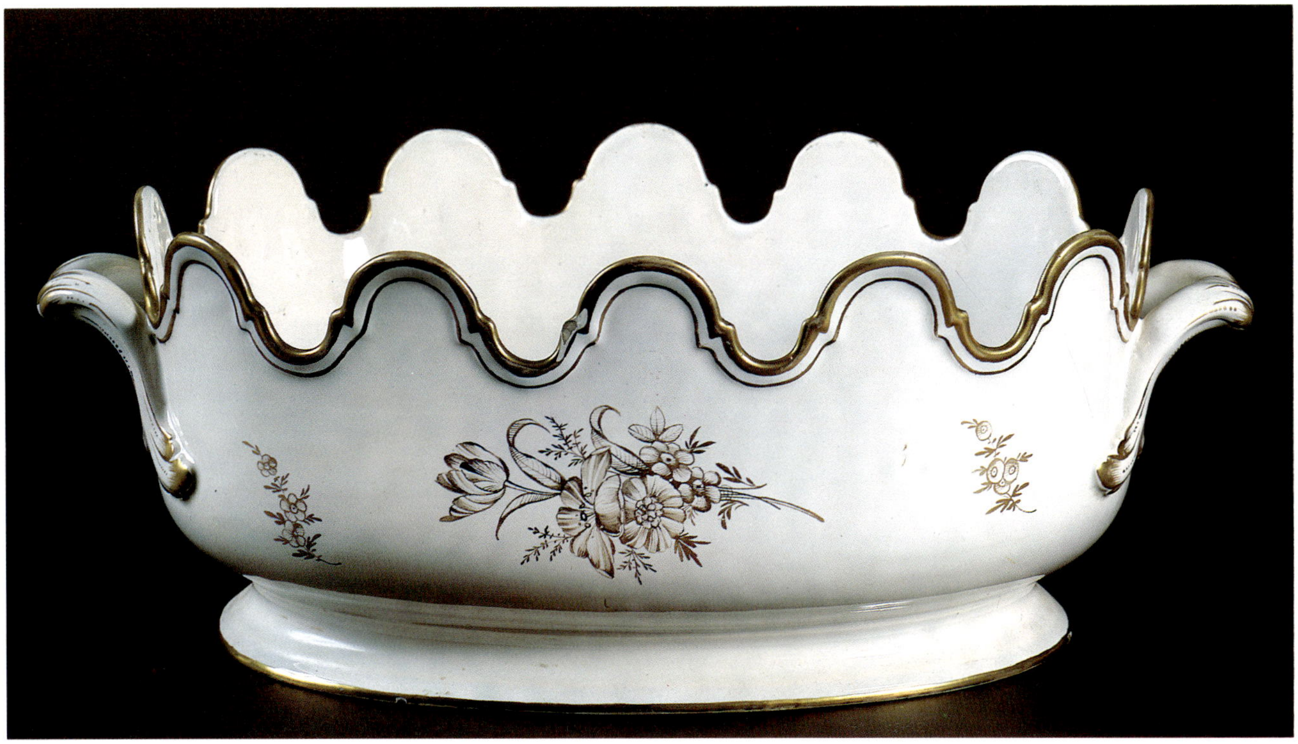

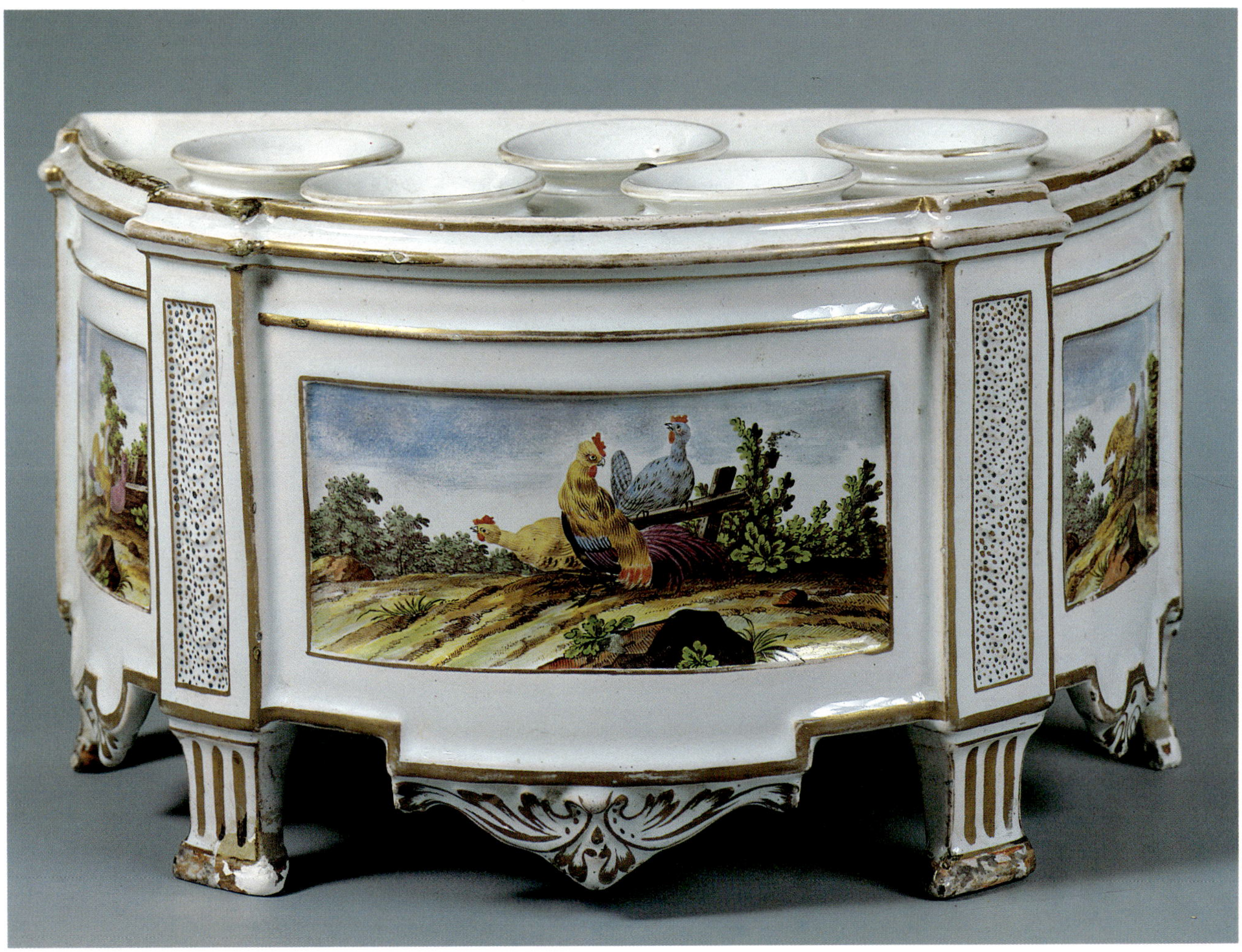

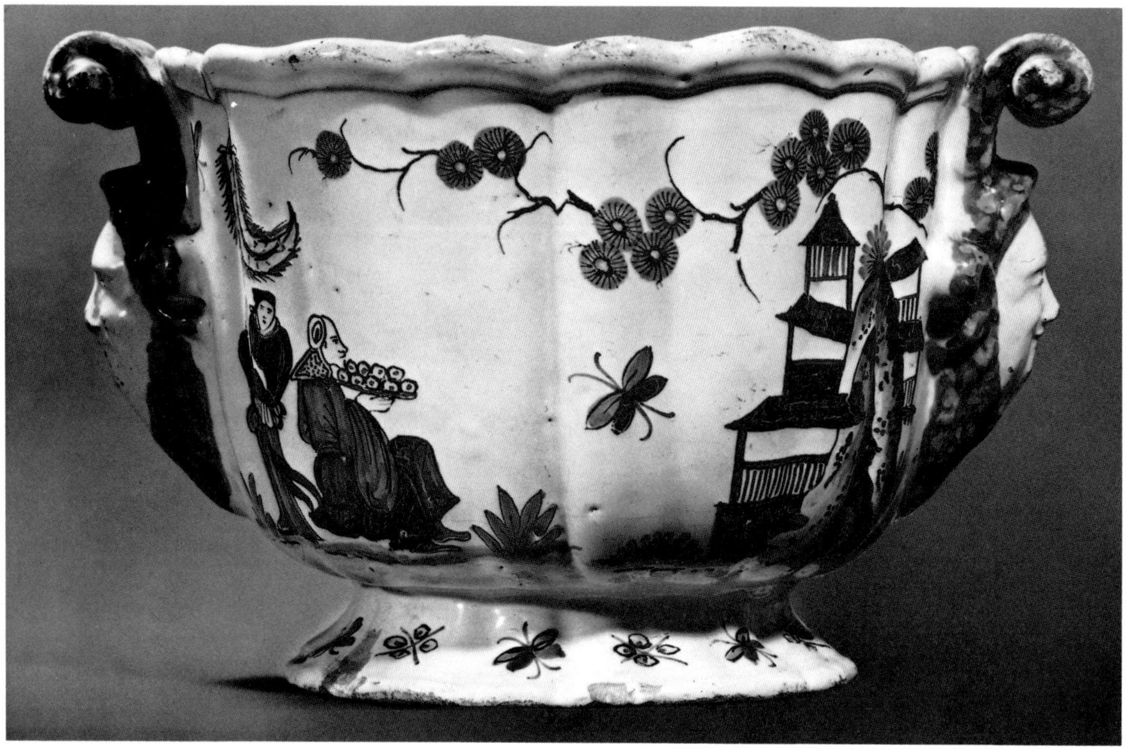

247 APREY (Haute-Marne), um 1750
Weinkühler; polychromer Scharffeuerdekor; H 20 cm
Sèvres, Musée national de Céramique, Inv. MNC. 22363 (Geschenk Chompret)
Seine kräftige Form und eine klassische Scharffeuerpalette mit den vier Farben Blau, Grün, Gelb und Manganviolett, in der ein Chinesendekor ausgeführt ist, charakterisieren diesen Weinkühler aus Aprey. Er gehört zu den ersten Werken der 1744 von dem Baron Jacques Lallemant auf seinem Besitz eingerichteten Manufaktur. Ein identisches Stück – als Depot im Musée national de Céramique in Sèvres – trägt auf der Unterseite die blaue Marke APREY.

248 APREY (Haute-Marne), um 1760
Schale; Marke auf der Rückseite: APR; polychromer Muffelbranddekor; L 24 cm
Paris, Musée des Arts décoratifs, Inv. AD. 27 512
Nachdem 1760 Muffelbrandöfen installiert worden waren, führte die Manufaktur moderne Blumendekors aus, vor allem solche in der Art von Meißen, also »botanische« Blumen. Die üppige Malweise und die Betonung der Form durch dicke und kammartige ausfasernde Streifen erinnern noch an die Eigenarten des Scharffeuerdekors.

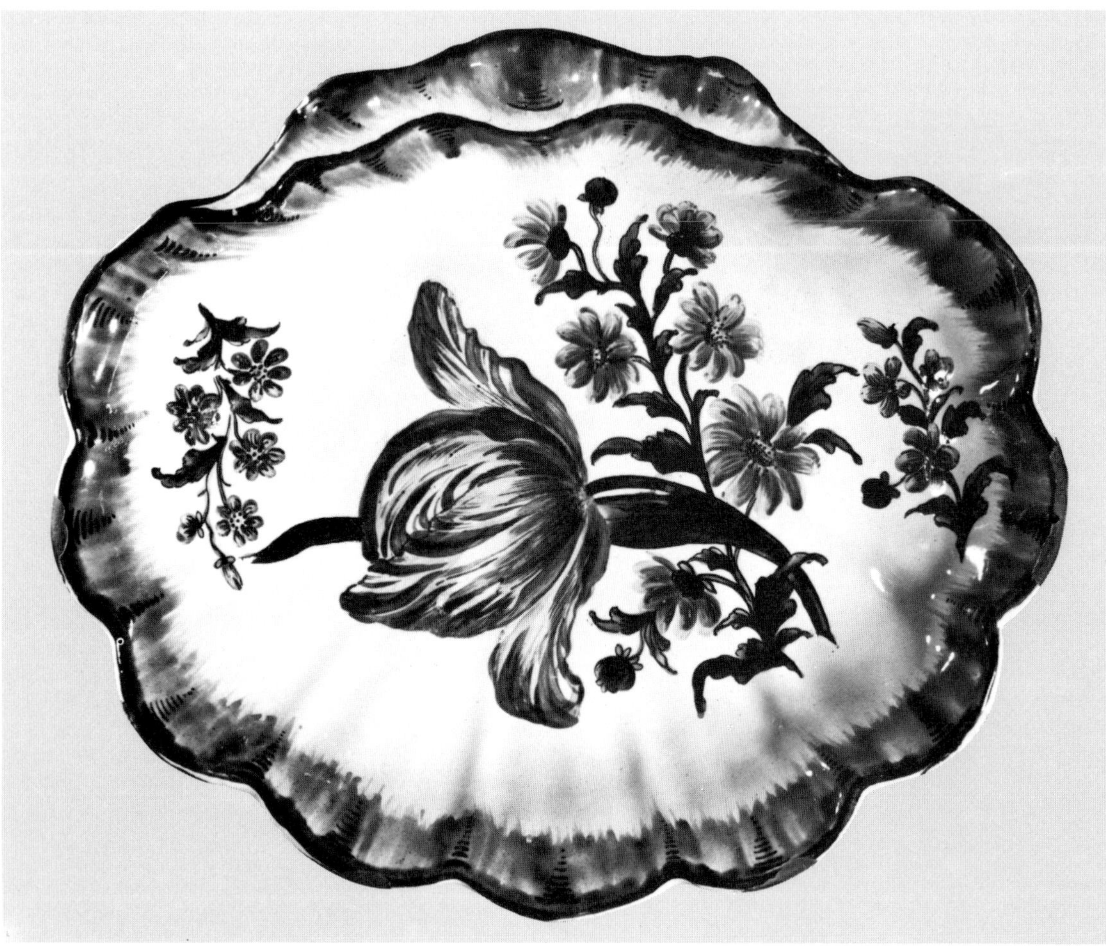

249 APREY (Haute-Marne), um 1770 ▷
Platte; polychromer Muffelbranddekor; Ø 31 cm
Sèvres, Musée national de Céramique, Inv. MNC. 12750
Dank ihrer feinen Qualität sind die Blumendekors von Aprey aus dem letzten Viertel des 18. Jahrhunderts gut mit den entsprechenden Porzellandekors zu vergleichen. Die Fayencemaler führten zudem ein Dekorationssystem mit Reserven ein, die sich von einem neuartigen, grün und purpurviolett gestreiften, Stoffe der Zeit Ludwigs XVI. imitierenden Grund abheben. Die Fayencemaler aus der Familie Ferrat in Moustiers nahmen diese Anregung auf.

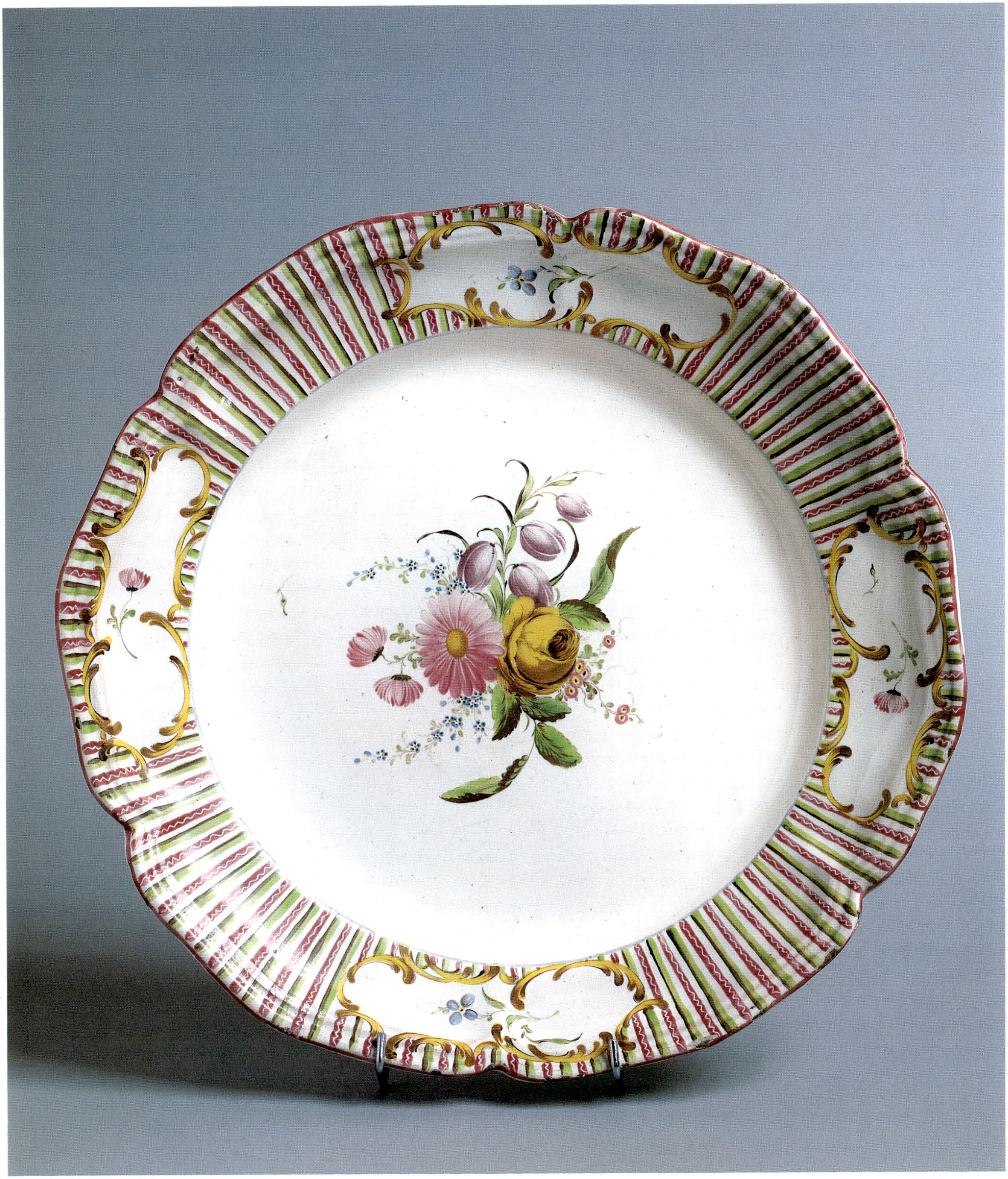

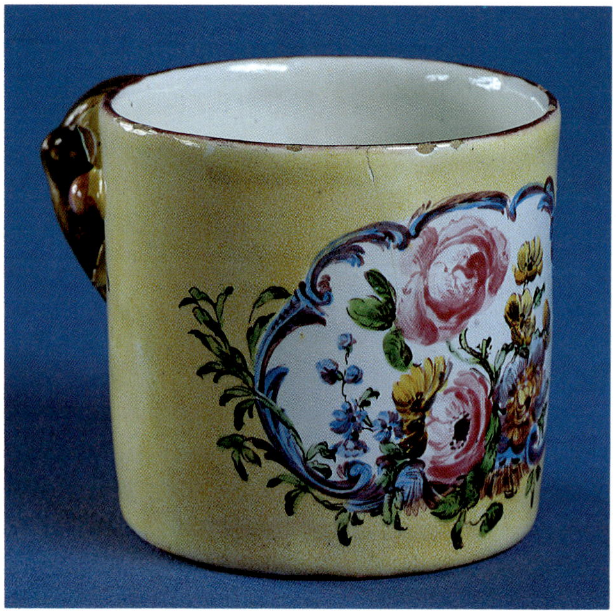

250 APREY (Haute-Marne), um 1770
Tasse; Marke auf der Unterseite: rosa AP; H 6,5 cm
Paris, Musée des Arts décoratifs, Inv. AD. 27526
(Geschenk Chompret)
Wahrscheinlich war der jonquillegelbe Fond, der in der Porzellanmanufaktur von Vincennes-Sèvres verwendet wurde, das Vorbild für diesen strohgelben Grund. Die in einer nicht sehr dicken Schicht aufgebrachte Tönung soll ein durchscheinendes Material vorspiegeln. Der Blumendekor in einer Reserve ähnelt in seiner naturalistischen Art einem Trompe-l'œil. Der in Form eines blühenden Zweiges gebildete Henkel erinnert an einige Werke von Paul Hannong in Straßburg.

251 APREY (Haute-Marne), um 1775
Teller; polychromer Muffelbranddekor; ∅ 24 cm
Paris, Musée des Arts décoratifs, Inv. AD. 27499
(Geschenk Chompret)
Der Vogeldekor ist einer der berühmtesten Dekors in »feiner Qualität« von Aprey. Die Phantasievögel sind beidseits eines knorrigen Astes angeordnet, der aus einem mit besonderer

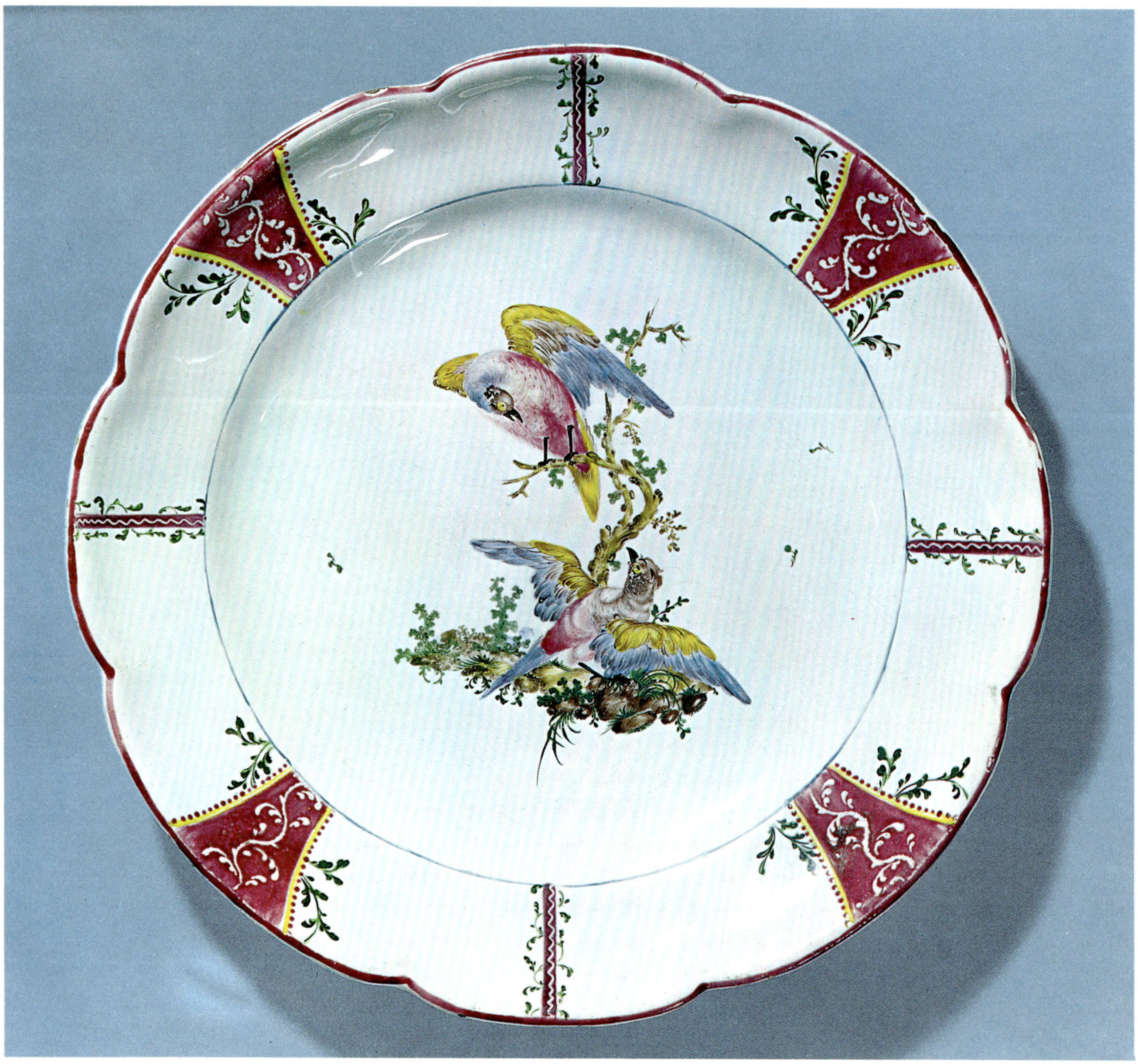

Sorgfalt ausgeführten Bodenstück aufwächst. Der Zusammenklang der drei verwendeten Farben Blau, Rosa und Gelb erinnert an einige Dekors der Manufaktur von Sceaux. Das läßt sich durch die Anwesenheit des Malers Jacques Jarry in dem einen wie dem andern Zentrum erklären.
Der Schmuck der Tellerfahne, für den Ornamente der Bortenwirkerei verwendet sind, bildet einen eigentümlichen Rahmen um die miniaturartige Malerei. Sein Vorkommen berechtigt oft zur Zuschreibung solcher Dekors an Aprey.

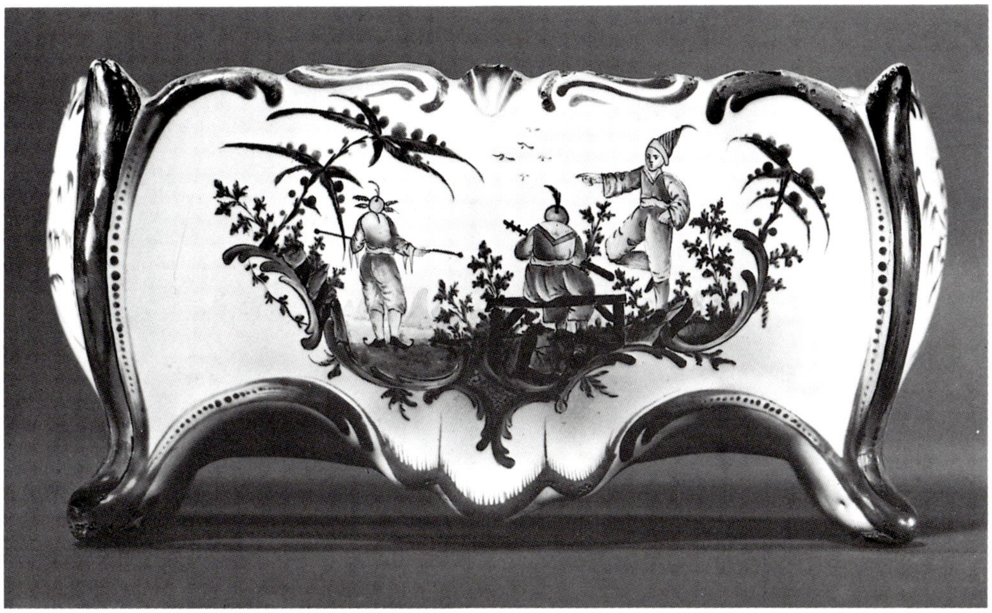

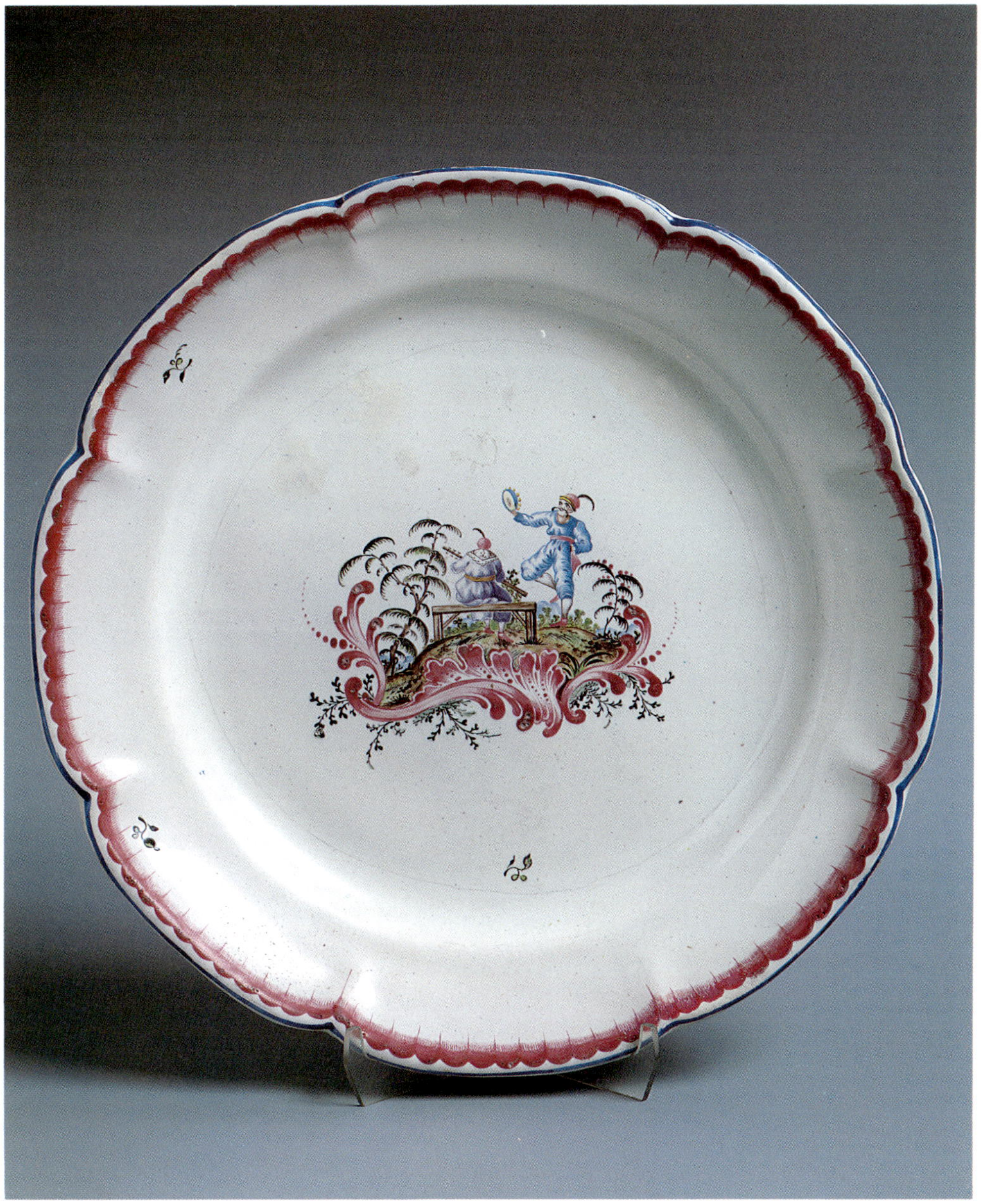

252 APREY (Haute-Marne), um 1770
Jardiniere; polychromer Muffelbranddekor; L 19 cm
Paris, Musée des Arts décoratifs, Inv. AD. 27520
Um 1770 wurden in Aprey nebeneinander Dekors der »feinen Qualität« und solche mit konturierten Motiven des *type paysan* hergestellt. Beim Chinesendekor des letzteren Typs spielt sich die Szene auf einem Bodenstück mit Rocailleformen von lebhaftem Rosa ab; sie enthält ein charakteristisches Pflanzenmotiv: palmenartige, mit roten Kügelchen besetzte Zweige. Die Formen der Fayencen sind stark modelliert, Kanten und Ränder durch breite Streifen wechselnd mit karminroten Punktreihen betont.

253 APREY (Haute-Marne), um 1775
Teller; polychromer Muffelbranddekor; ⌀ 24 cm
Sèvres, Musée national de Céramique, Inv. MNC. 5738[4] (Geschenk Thezillat)
Dieser Teller mit Chinesendekor ist mit einer ähnlichen Gruppe – eine Gestalt en face, die andere in Rückansicht – geschmückt wie die Jardiniere (Abb. 252). Diesmal ist die Malerei in »feiner Qualität« ausgeführt. Die feinen Pinselzüge, die Modellierung der Figuren und die Transparenz ihrer blauen oder rosa Gewänder verraten das Können eines sehr fähigen Malers. Es könnte sich um Jacques Jarry handeln, der bereits im Zusammenhang mit den Vogeldekors (vgl. Abb. 251) genannt wurde.

254 MEILLONAS (Ain), 1765
Jardiniere; Inschrift auf der Unterseite: pidoux fecit le 26 8bre 1765 a milliona; polychromer Muffelbranddekor; L 22 cm
Paris, Privatsammlung
Die Jardiniere ist auf ihrer Unterseite mit einer für eine Fayence recht ungewöhnlichen Signatur versehen. Der Schweizer Maler Protais Pidoux hielt sich, nachdem er zunächst in der Porzellanmanufaktur von Mennecy gearbeitet hatte, einige Zeit in der Fayencemanufaktur des Herrn von Meillonas auf; die Jardiniere ist ein Beweis für seine dortige Tätigkeit. Die leicht gebauchte Form des Stückes ist mit schmalen Streifen in Ockergelb, einer für Meillonas charakteristischen Farbe, betont.

255 MEILLONAS (Ain), um 1765
Teller; polychromer Muffelbranddekor; ⌀ 25 cm
Sèvres, Musée national de Céramique, Inv. MNC. 21792
Man schreibt diesen Teller mit Kinderdekor wegen seiner Ähnlichkeit mit der signierten Jardiniere (Abb. 254) Protais Pidoux zu. Doch auch der Einfluß der Madame de Marron, der Frau des Besitzers, die selbst Malerin war, kommt hier zum Ausdruck, denn die Szene scheint stark von einem Gemälde beeinflußt. Blumengirlanden, miteinander durch Girlanden verknüpft, rahmen diesen ungewöhnlichen Dekor, der auf einer satten weißen Glasur ausgeführt ist.

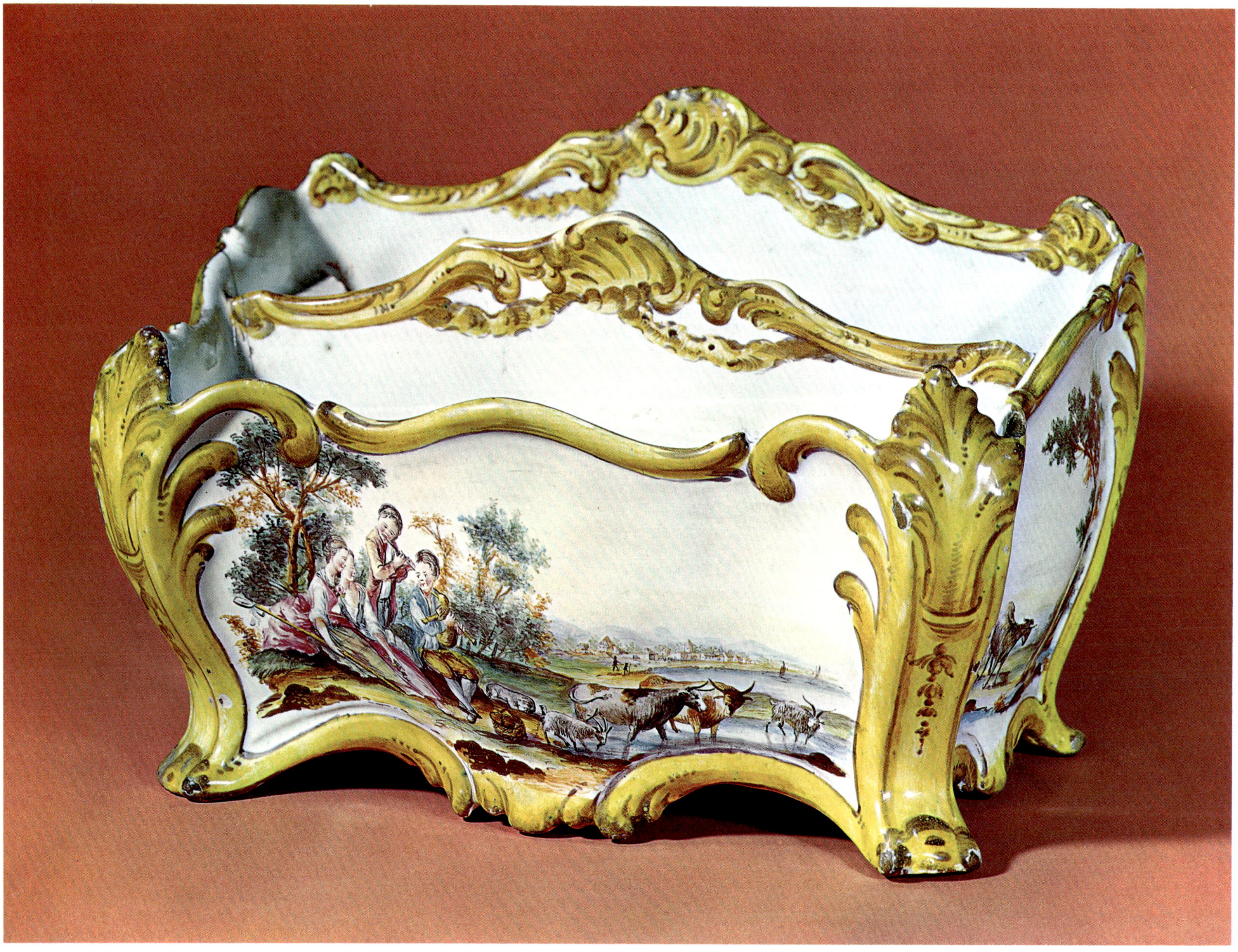

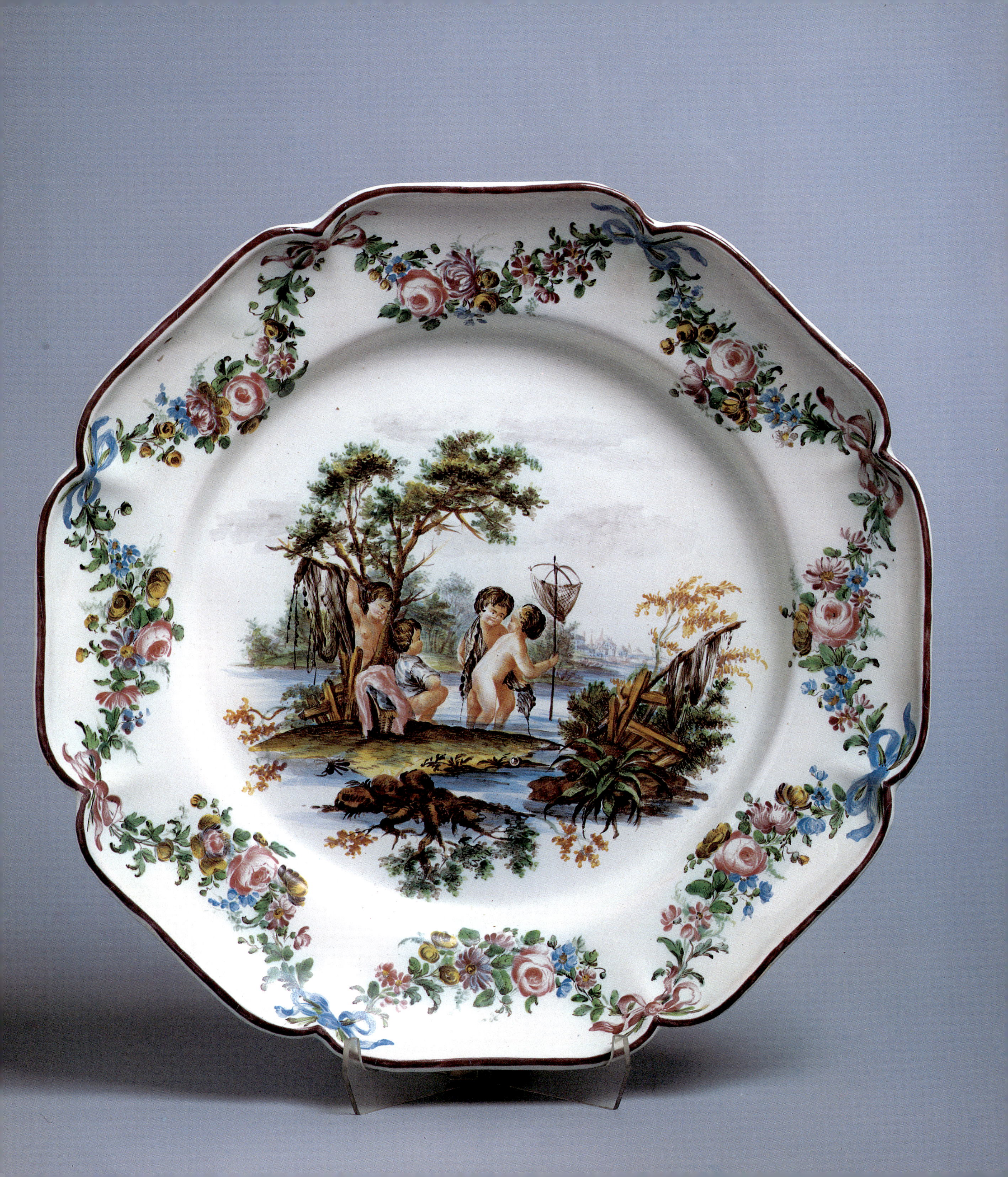

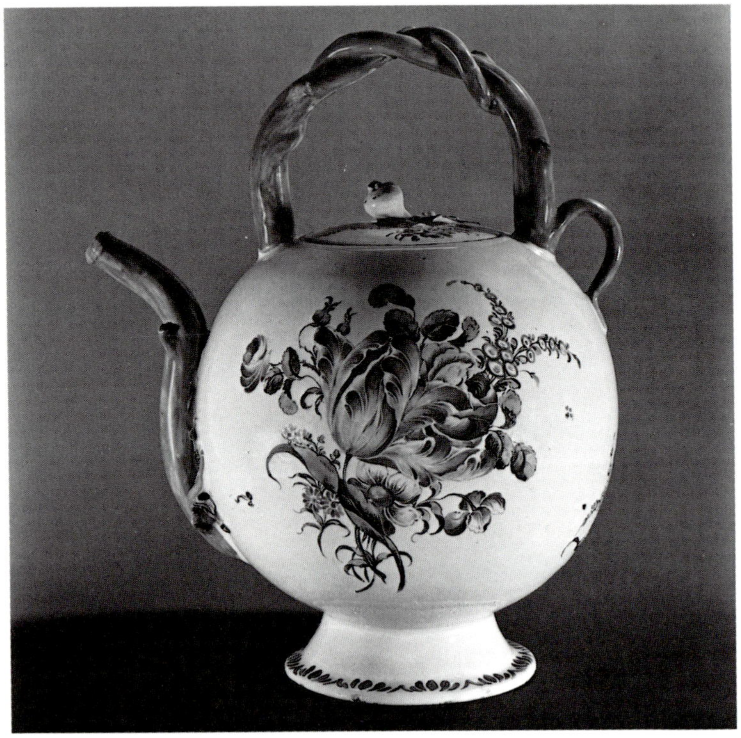

256 MEILLONAS (Ain), um 1763–1765
Teekanne; polychromer Muffelbranddekor; H 26,5 cm
Sèvres, Musée national de Céramique, Inv. MNC. 22405 (Geschenk Chompret)
Der Blumendekor von Meillonas ähnelt dem von Aprey, ist aber oft wesentlich dekorativer und paßt sich besser der Form des Stückes an. Die Kurven der Blütenstengel und die geschwungenen Blütenblätter stimmen ausgezeichnet zur Wölbung der Kanne. Ihr Umriß, auch Henkel und Tülle, die wie Astwerk reliefiert gebildet sind, erinnern an manche Krüge aus der Manufaktur Fauchier in Marseille.

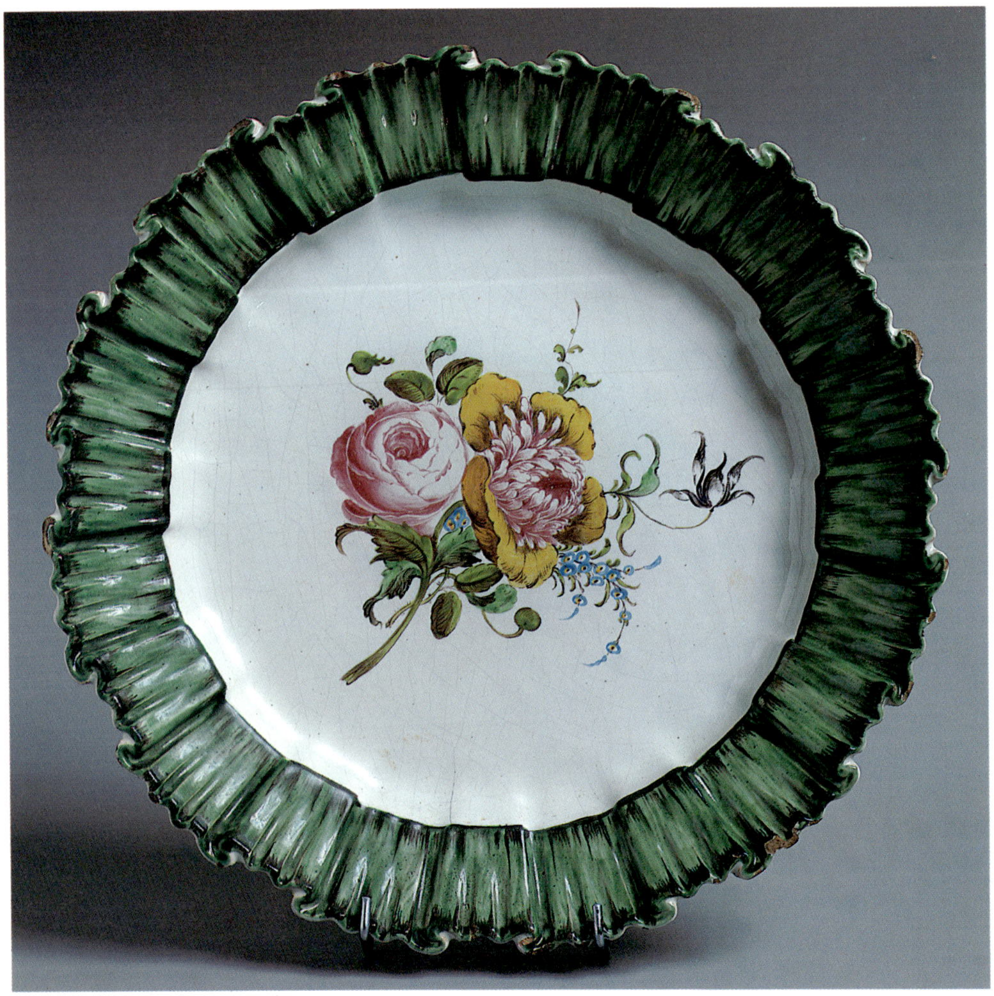

257 MEILLONAS (Ain), um 1765
Platte; polychromer Muffelbranddekor; ⌀ 29 cm
Sèvres, Musée national de Céramique, Inv. MNC. 22595
Diese Platte aus Meillonas mit ihrem gezackten, reliefierten und grün gemalten Rand erinnert an Platten und Terrinenunterteller mit Kohlblatt- oder Eichenblattbordüren, wie sie in der Fayencemanufaktur von Sceaux zur Zeit des Jacques Chapelle geschaffen wurden. Die ungebräuchliche Farbgebung des Plattenrandes ist ein malerisches Mittel, um den Strauß in der Mitte stärker hervortreten zu lassen. Zur Pfingstrose und Rose – einer *rose creuse* – sind kleine, weit aufgeblühte Tulpen mit dünnen stark geschwungenen Blütenblättern und stilisierte Vergißmeinnicht – ein blauer, im Innern braungelber Kreis – gefügt, die für die Sträuße von Meillonas charakteristisch sind.

258 MEILLONAS (Ain), um 1765
Jardiniere; polychromer Muffelbranddekor;
L 21,5 cm, H 15 cm
Sèvres, Musée national de Céramique,
Inv. MNC. 21558
Die leicht bauchige Form dieser Jardiniere wirkt barock. Der besondere Reiz dieses Stückes liegt in seiner strahlenden Glasur, der Feinheit des Grüns und den Farbnuancen des Blumenstraußes.

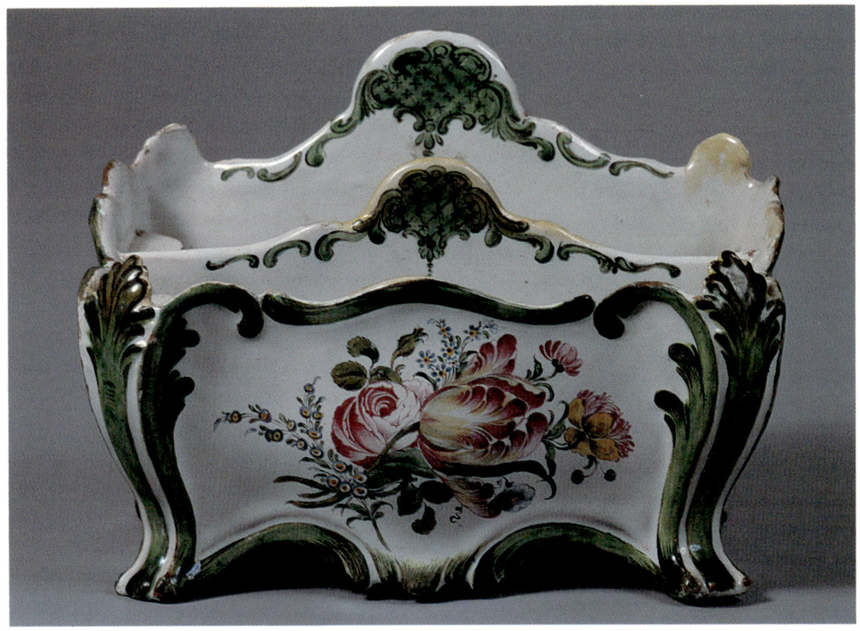

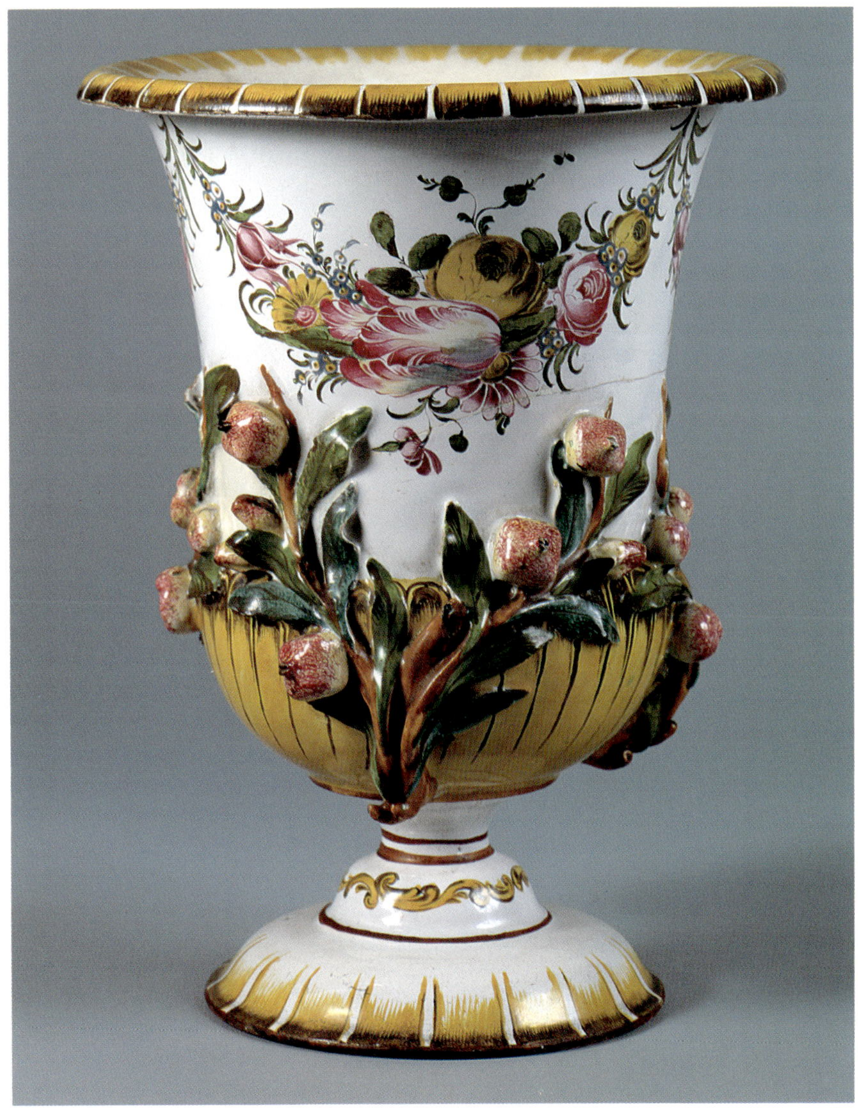

259 MEILLONAS (Ain), um 1765
Vase; polychromer Muffelbranddekor; H 21,5 cm
Sèvres, Musée national de Céramique,
Inv. MNC. 22403 (Geschenk Chompret)
Diese Vase, deren Deckel verloren ist, bemüht sich um die Eleganz der Porzellanvasen von Vincennes-Sèvres, verleugnet aber mit den aufgelegten dickstieligen Fruchtzweigen und den Farben der Blütengirlanden ihren Fayencecharakter durchaus nicht. Das Ockergelb der unterbrochenen Streifen am Fuß, unteren Teil und Rand der Vase beherrscht die gesamte Palette.

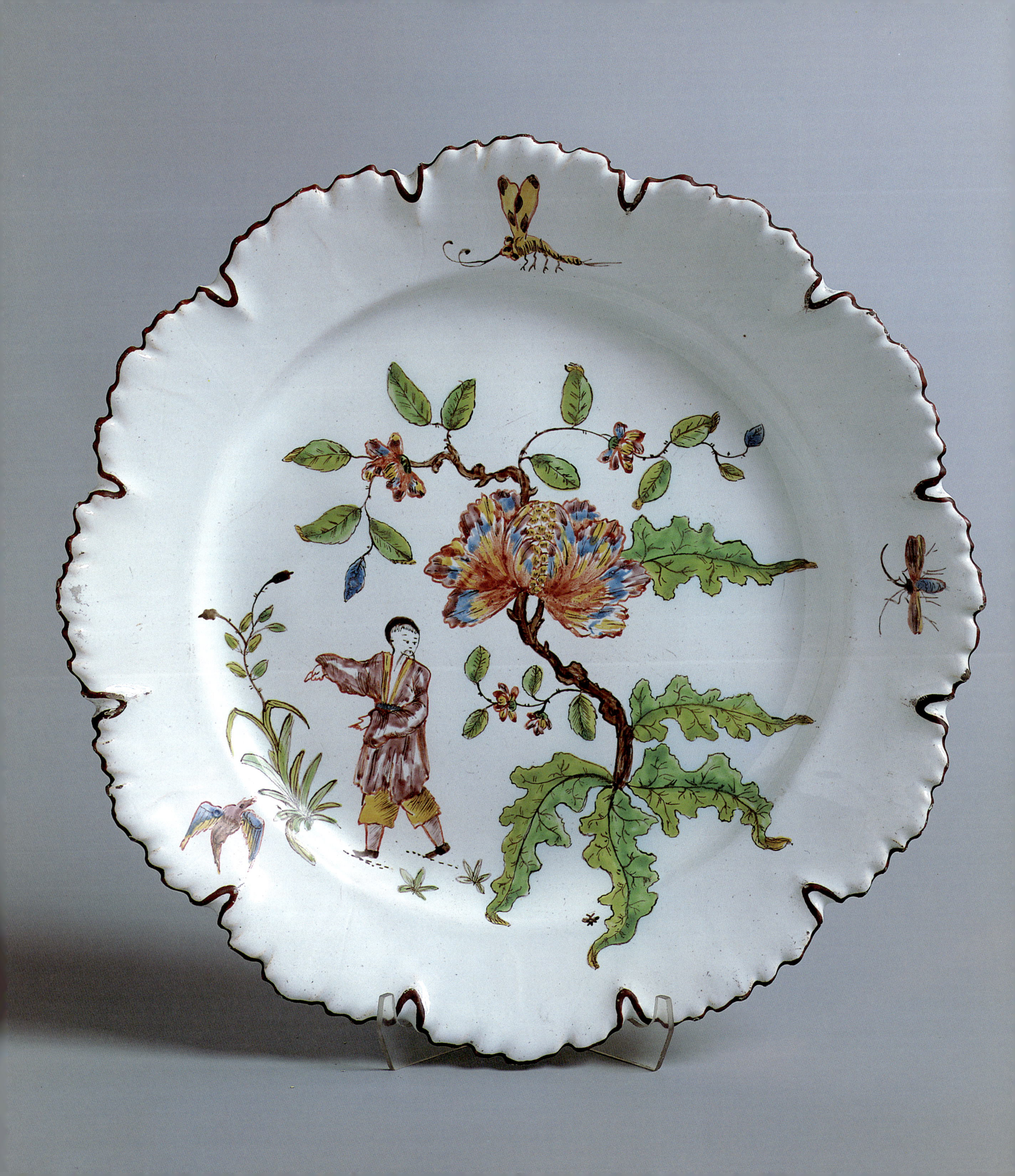

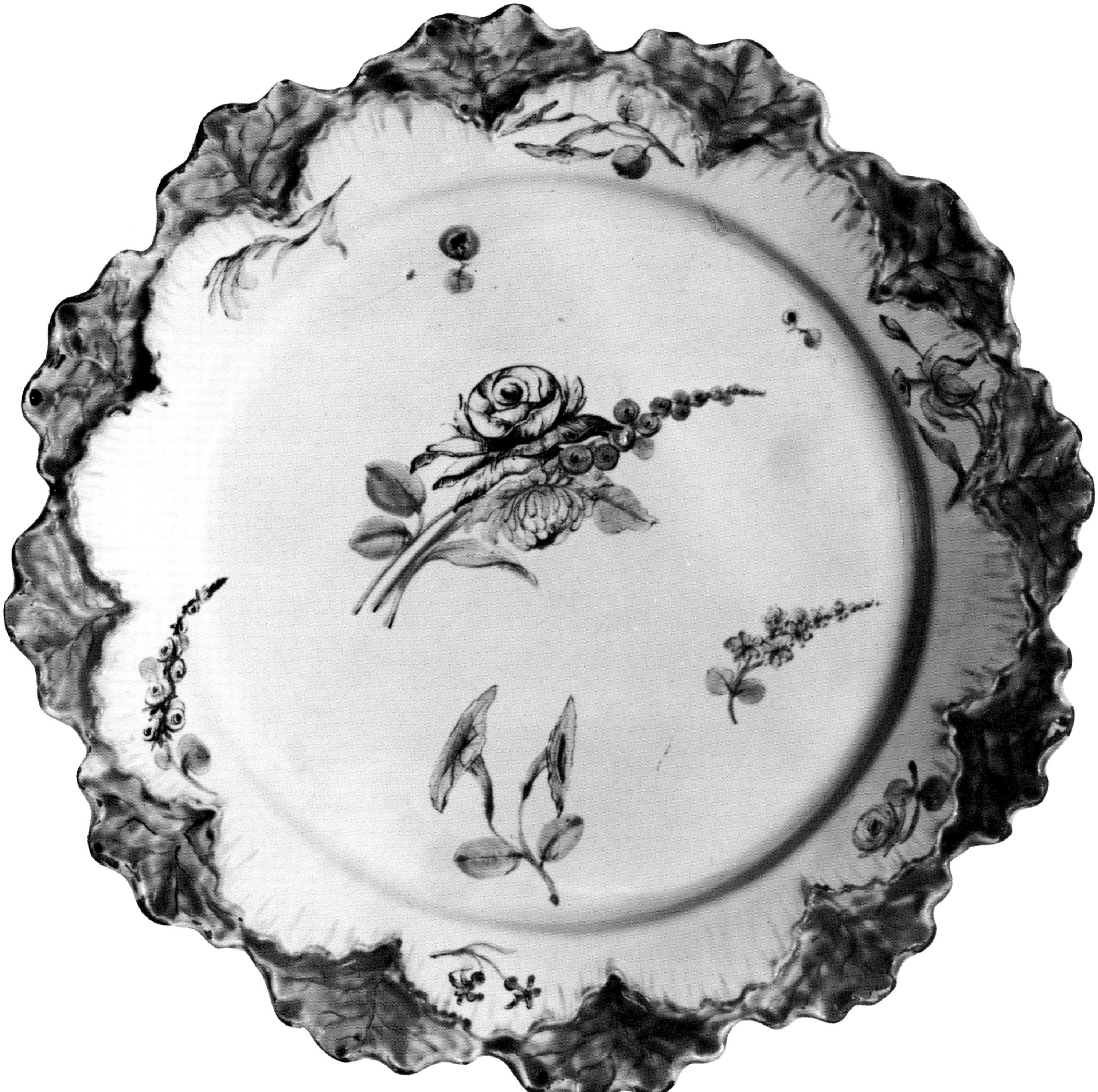

260 SCEAUX (Hauts-de-Seine), Periode Chapelle, um 1750
Teller; Marke auf der Rückseite: C.S.; polychromer Muffelbranddekor; ⌀ 25 cm
Sèvres, Musée national de Céramique, Inv. MNC. 9622
(Geschenk Maillart)
Die Marke auf diesem Teller ist aus den Anfangsbuchstaben von Chapelle und Sceaux gebildet. Jacques Chapelle, der in Sceaux kein Porzellan herstellen durfte, entschied sich für die Fabrikation von *faïence japonée*. Damit brachte er seine Absicht, ostasiatische Ware zu imitieren, deutlich zum Ausdruck. Dieser Teller beweist, daß es nicht bei leeren Worten blieb.

261 SCEAUX (Hauts-de-Seine), Periode Chapelle, um 1753
Platte; Marke: Wappenlilie; polychromer Muffelbranddekor; ⌀ 37,5 cm
Sèvres, Musée national de Céramique, Inv. MNC. 22360
(Geschenk der Amis du Musée)
Diese Platte wurde von Jeanne Giacomotti aufgrund des Vergleichs mit einem Stück derselben Art, das »A Sceaux 1753« bezeichnet ist, datiert. Der Dekor, ein Strauß aus gegeneinander gelegten Blumen, die etwa zwei Dreiecke bilden, ist für die erste Zeit der Manufaktur von Sceaux charakteristisch. Ein weiteres Kennzeichen für die Fayencen von Sceaux aus jener Zeit ist das häufig vorhandene sehr feine Netz von Glasurrissen, die nur bei Streiflicht sichtbar werden.

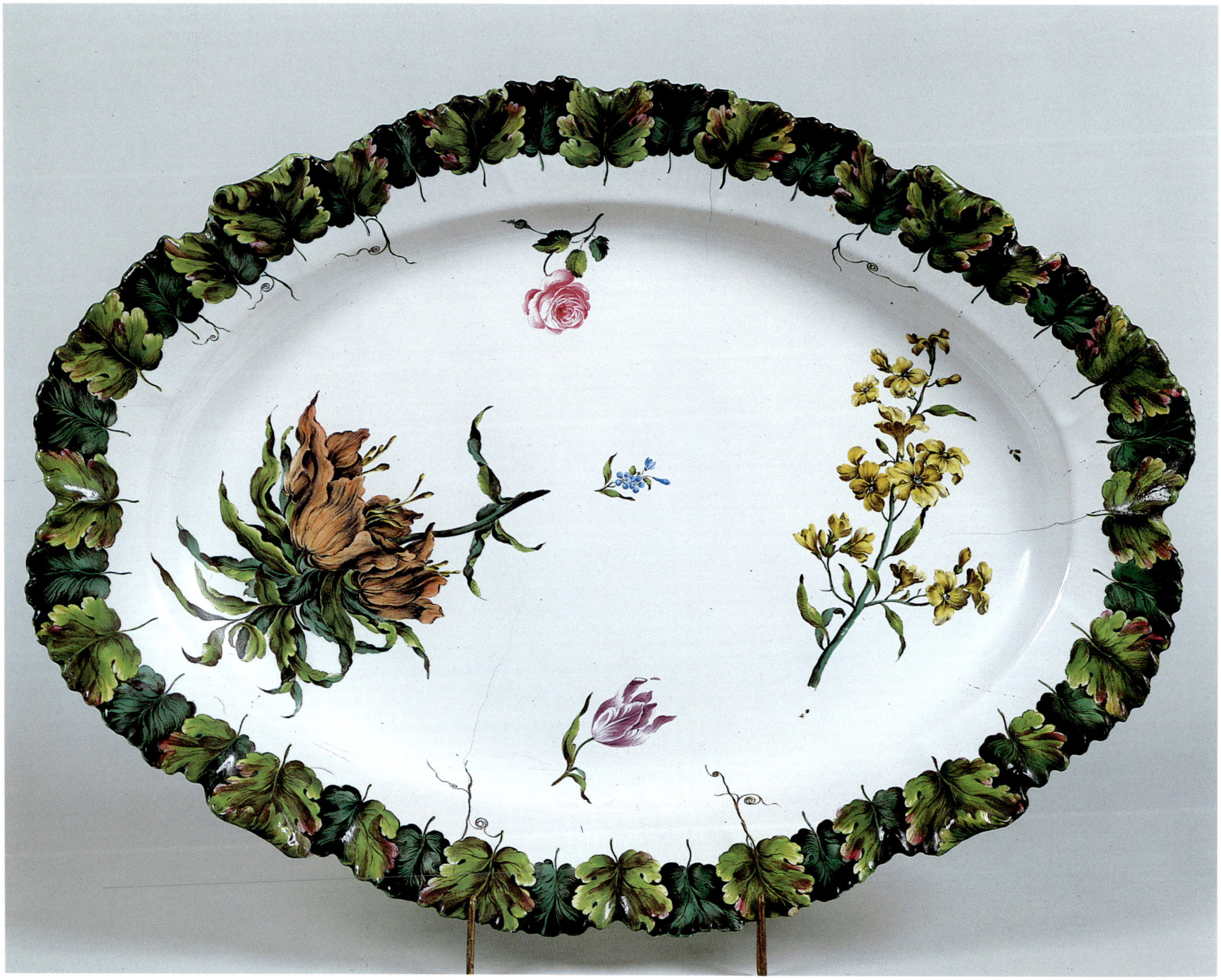

262 SCEAUX (Hauts-de-Seine), Periode Chapelle, um 1755
Tablett; polychromer Muffelbranddekor; L 48,7 cm
Paris, Musée des Arts décoratifs, Inv. AD. 24967 (Geschenk Lion)
Das Tablett scheint aus der Epoche zu stammen, in der die Leitung der Manufaktur bei Jacques Chapelle lag (1749–1763), denn von den andern bekannten Stücken dieses Tafelgeschirrs – Terrinen, Platten, Tabletts, Teller – tragen einige als Marke die Wappenlilie. Die Farben dieses Tabletts sind kräftig, aber ausgeglichen.

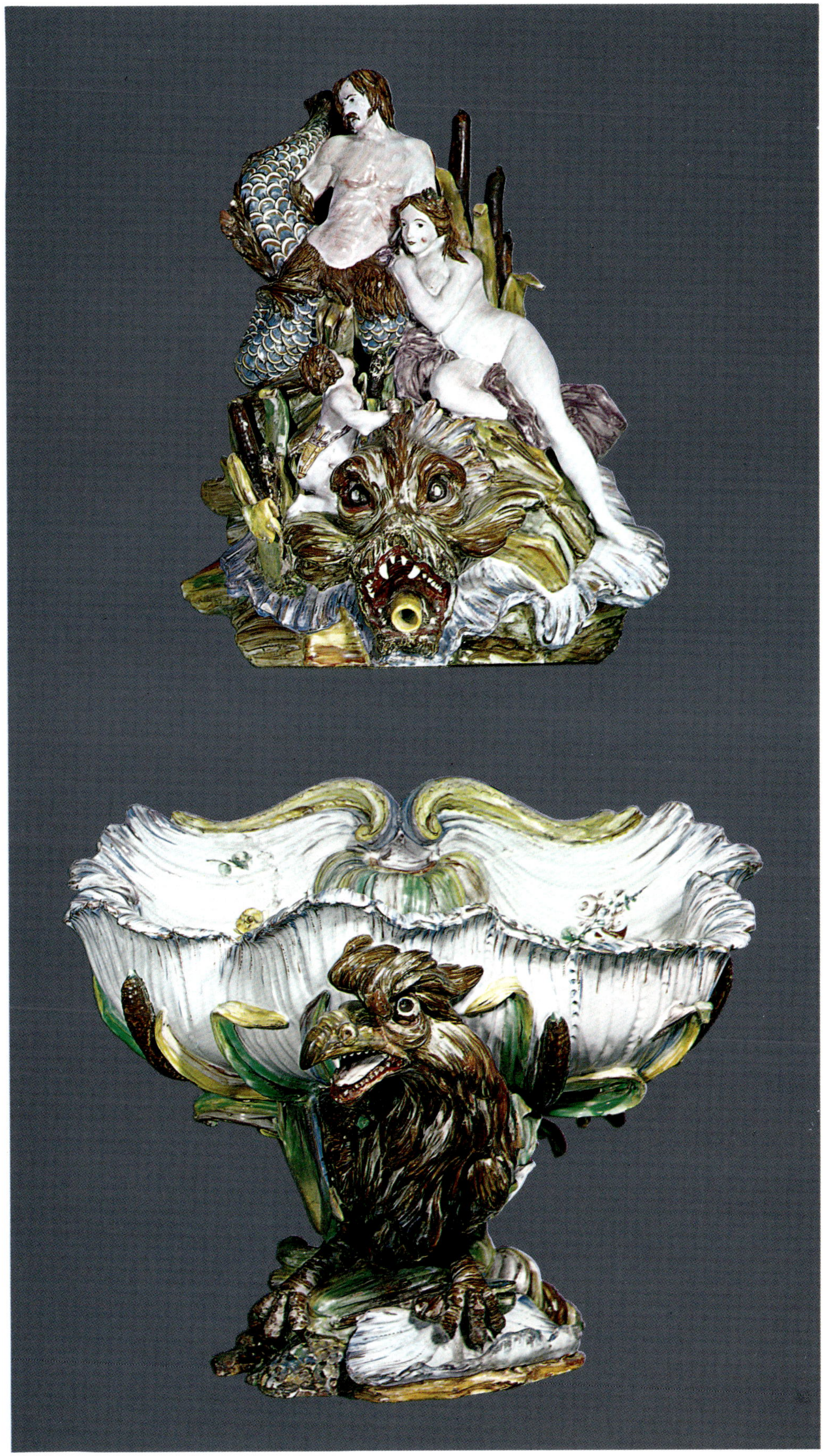

263 SCEAUX (Hauts-de-Seine), Periode Chapelle, Mitte des 18. Jahrhunderts
Wandbrunnen mit Becken; polychromer Muffelbranddekor; H 47 cm und 48 cm, L 54,5 cm
Sceaux, Musée de l'Ile-de-France, Inv. 38.1.2
Obgleich die Manufaktur südlich von Paris lag, scheinen ihre Fayencen von Ostfrankreich, dessen Vorliebe für das Rokoko bekannt ist, beeinflußt zu sein. Bei diesem Wandbrunnen handelt es sich nicht mehr bloß um Reliefschmuck, er ist selbst ein plastisches Werk. Das Innere des Beckens schmückt einer der für Sceaux in der Mitte des 18. Jahrhunderts charakteristischen kleinen Sträuße (vgl. Abb. 261).

264 SCEAUX (Hauts-de-Seine), Periode Chapelle, um 1755
Terrine; Marke: Wappenlilie; polychromer Muffelbranddekor; Ø 43 cm
Narbonne, Musée d'Art et d'Histoire, Inv. (provisorisch) PAL 767 (Legat Canonge)
Die französischen Keramiker der Mitte des 18. Jahrhunderts hatten einen ausgeprägten Sinn für Trompe-l'œil-Werke. Es gab solche Stücke zwar auch schon früher, so unter den Majoliken der della Robbia, der glasierten Töpferware des Bernard Palissy, und auch das 20. Jahrhundert schätzt sie wieder. Die Manufakturen von Straßburg und Sceaux gehörten zu den besten Spezialisten des Trompe-l'œil, für das sich in Muffelbrandtechnik ausgeführte Fayence gut eignet.

265 SCEAUX (Hauts-de-Seine), Periode Chapelle, um 1755
Teekanne; polychromer Muffelbranddekor; L 27,7 cm
Sèvres, Musée national de Céramique, Inv. MNC. 25 030
Man hat diese Teekanne lange Zeit keiner Manufaktur zuzuschreiben gewagt, weil sie mit keinem andern Stück verwandt schien. Doch sie entspricht vollkommen dem Rokokogeschmack der Mitte des 18. Jahrhunderts. Drachen und andere phantastische Tiere waren damals sehr beliebt, vor allem in Sceaux, wo man sie gern für Henkel und Deckelgriffe benutzte.

266 SCEAUX (Hauts-de-Seine), Periode Chapelle, um 1755
Schreibzeug; polychromer Muffelbranddekor; L 23,5 cm
Sèvres, Musée national de Céramique, Inv. MNC. 21 806 (Geschenk Jansen)
Wie der Wandbrunnen (Abb. 263) und die Teekanne (Abb. 265) beweist auch dieses Schreibzeug mit einem Adler als zentralem Teil die Freude des Rokoko an plastischer Gestaltung. In Frankreich hat nur die Manufaktur von Straßburg diesen Typus in gleichem Maß gepflegt.

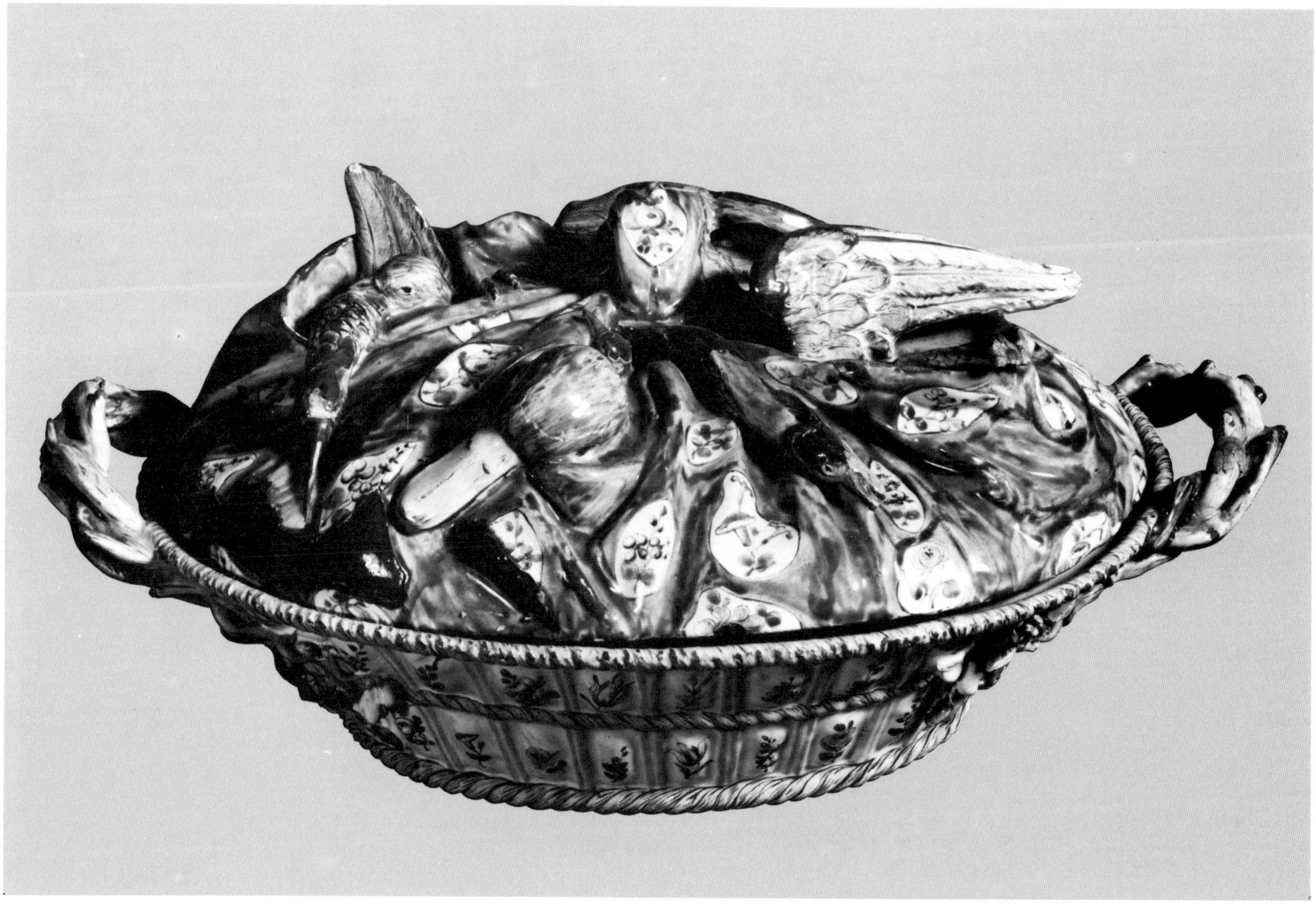

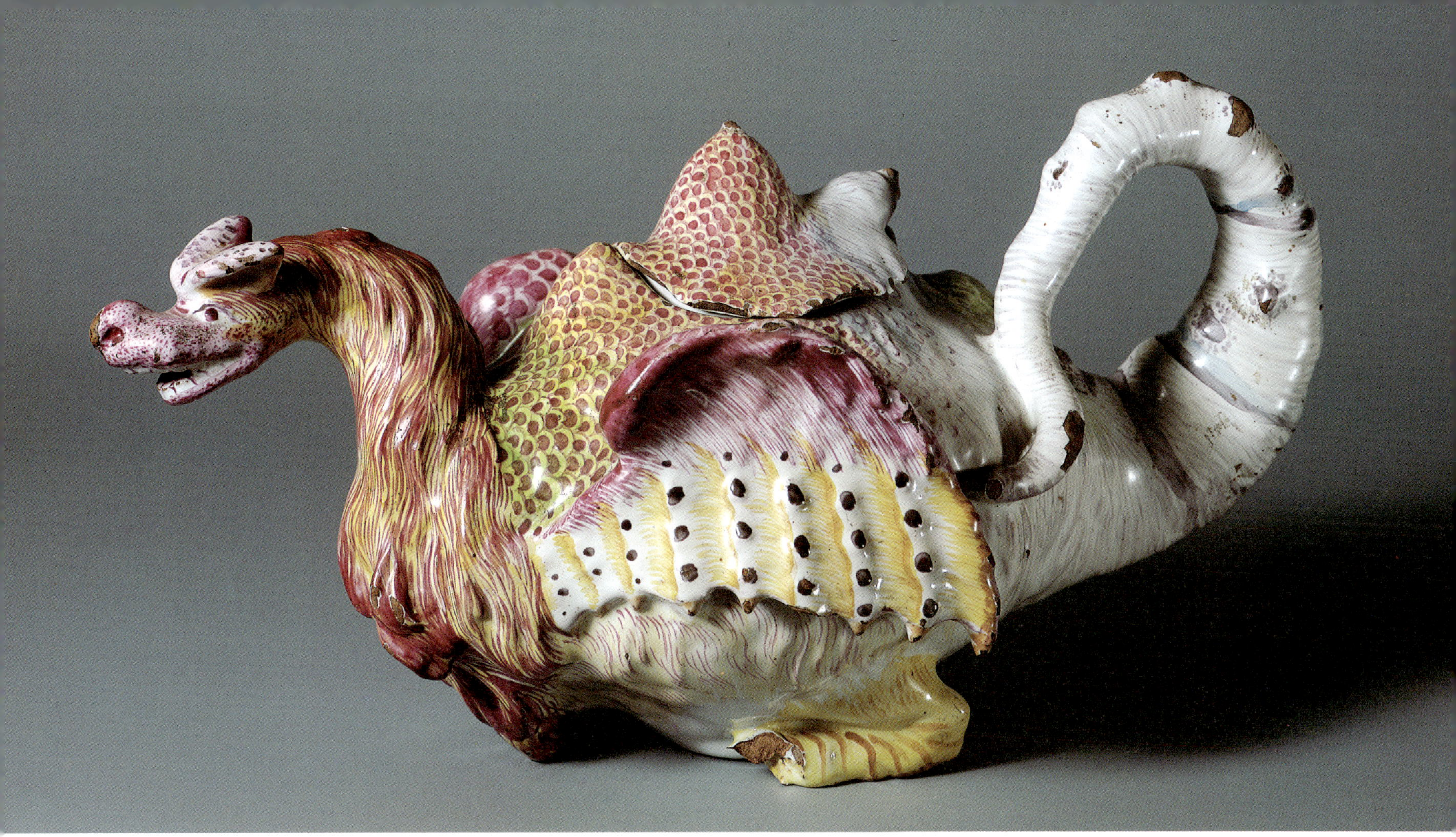
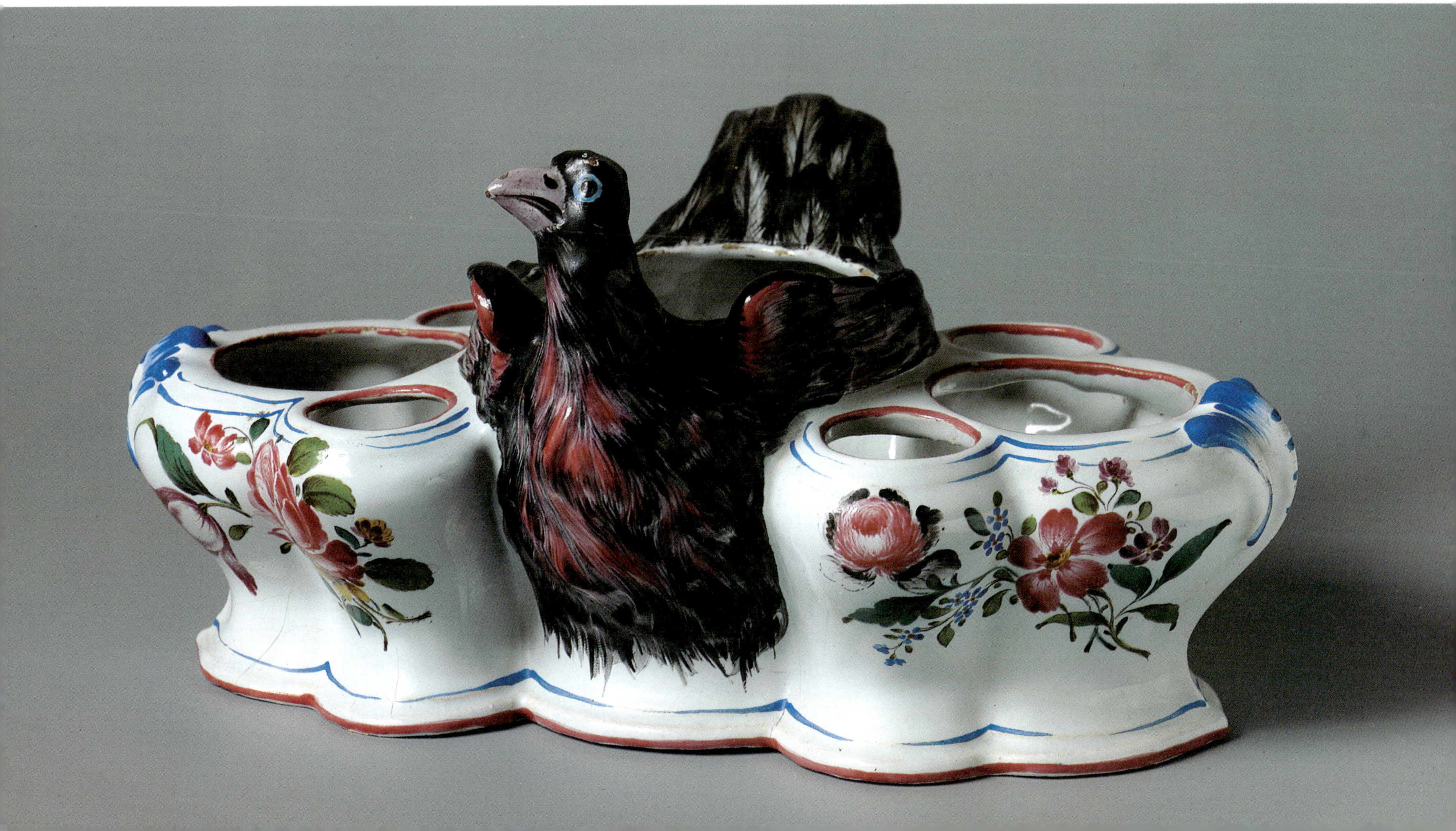

267 SCEAUX (Hauts-de-Seine), Periode Chapelle, um 1755–1760
Schale; polychromer Muffelbranddekor mit goldener Linie; ∅ 24 cm
Paris, Privatsammlung
Wenn die Königliche Manufaktur von Sèvres auch manchmal hinnehmen mußte, daß ihr Monopol der Porzellanherstellung verletzt wurde, wie das Saint-Cloud, Chantilly, Mennecy und Sceaux getan haben, so hätte sie doch nie zugelassen, daß diese Konkurrenzporzellane mit Gold geschmückt worden wären. Wenn Chapelle auf seinen Fayencen Goldhöhungen anbrachte, was selten geschah, hoffte er sicherlich, daß die Kunden seine Stücke mit denen der Königlichen Manufaktur verwechselten, deren Vogeldekor er hier nachgeahmt hat.

268 SCEAUX (Hauts-de-Seine), Periode Chapelle, um 1760
Wasserkanne und Becken; Marke: Wappenlilie und IBSF; polychromer Muffelbranddekor; Kanne: H 26,5 cm; Becken: L 33,4 cm
Paris, Musée des Arts décoratifs, Inv. AD. 19 645 A und B
Die Lilienmarke wurde zwischen 1749 und 1763 von Chapelle in Sceaux benutzt. Geneviève Le Duc nimmt an, daß die Buchstaben IBSF als Jean-Baptiste Sonnerre Fecit zu lesen seien; Sonnerre war ein in Mennecy ausgebildeter Künstler. Dies ist nur ein weiterer Beweis für die wechselseitigen künstlerischen Beziehungen zwischen Fayence- und Porzellanmanufakturen der Gegend von Paris in der Mitte des 18. Jahrhunderts.

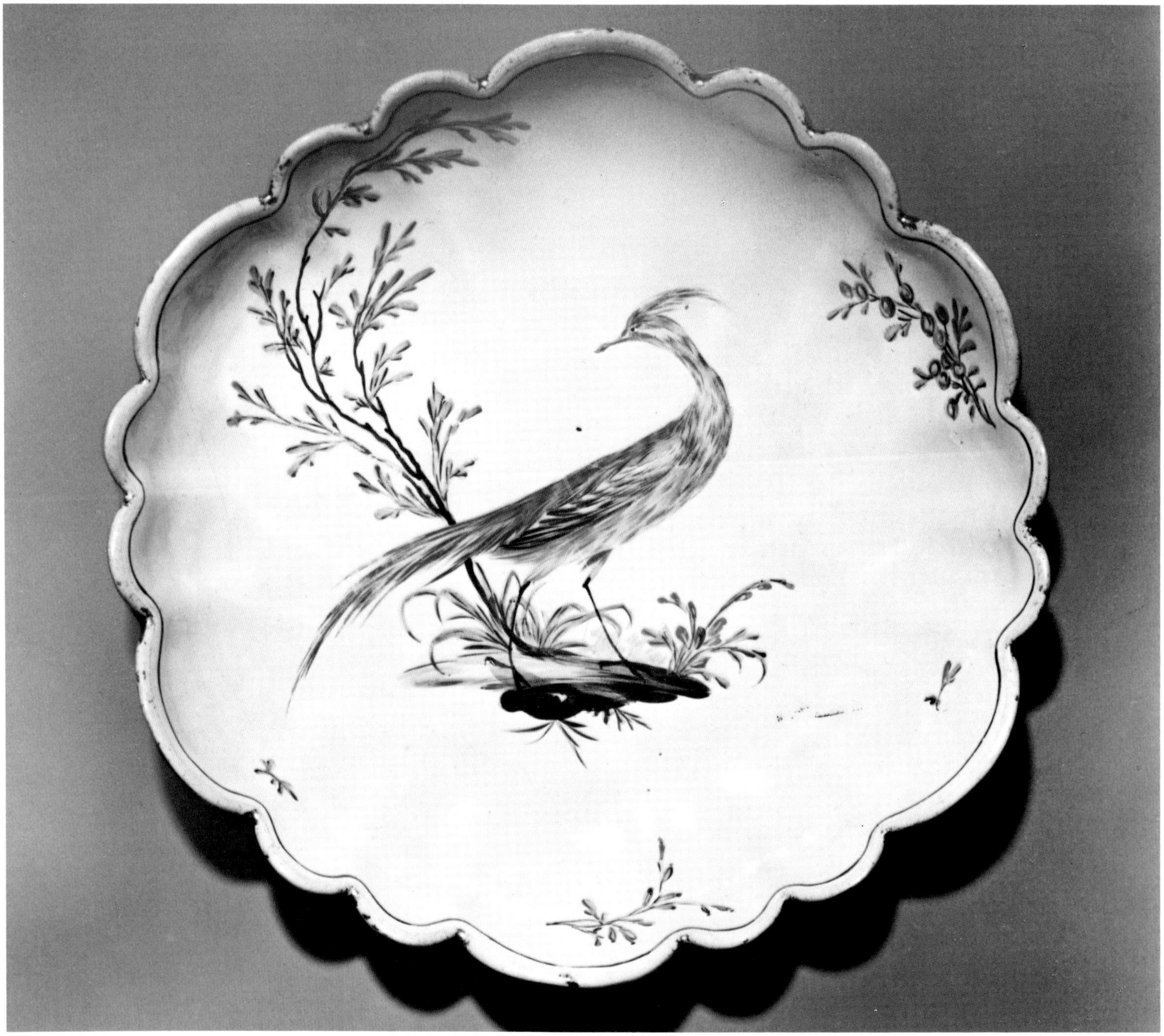

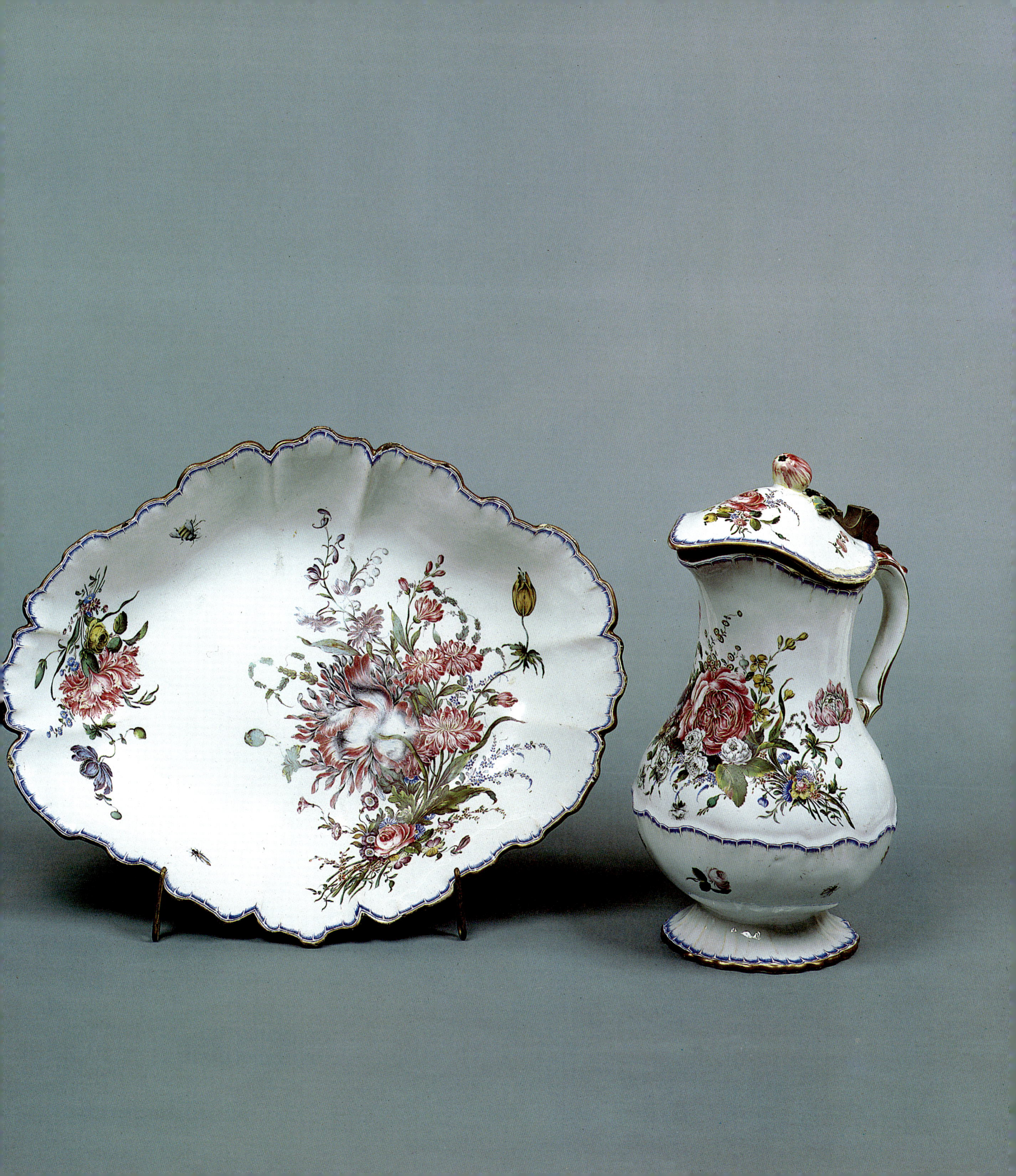

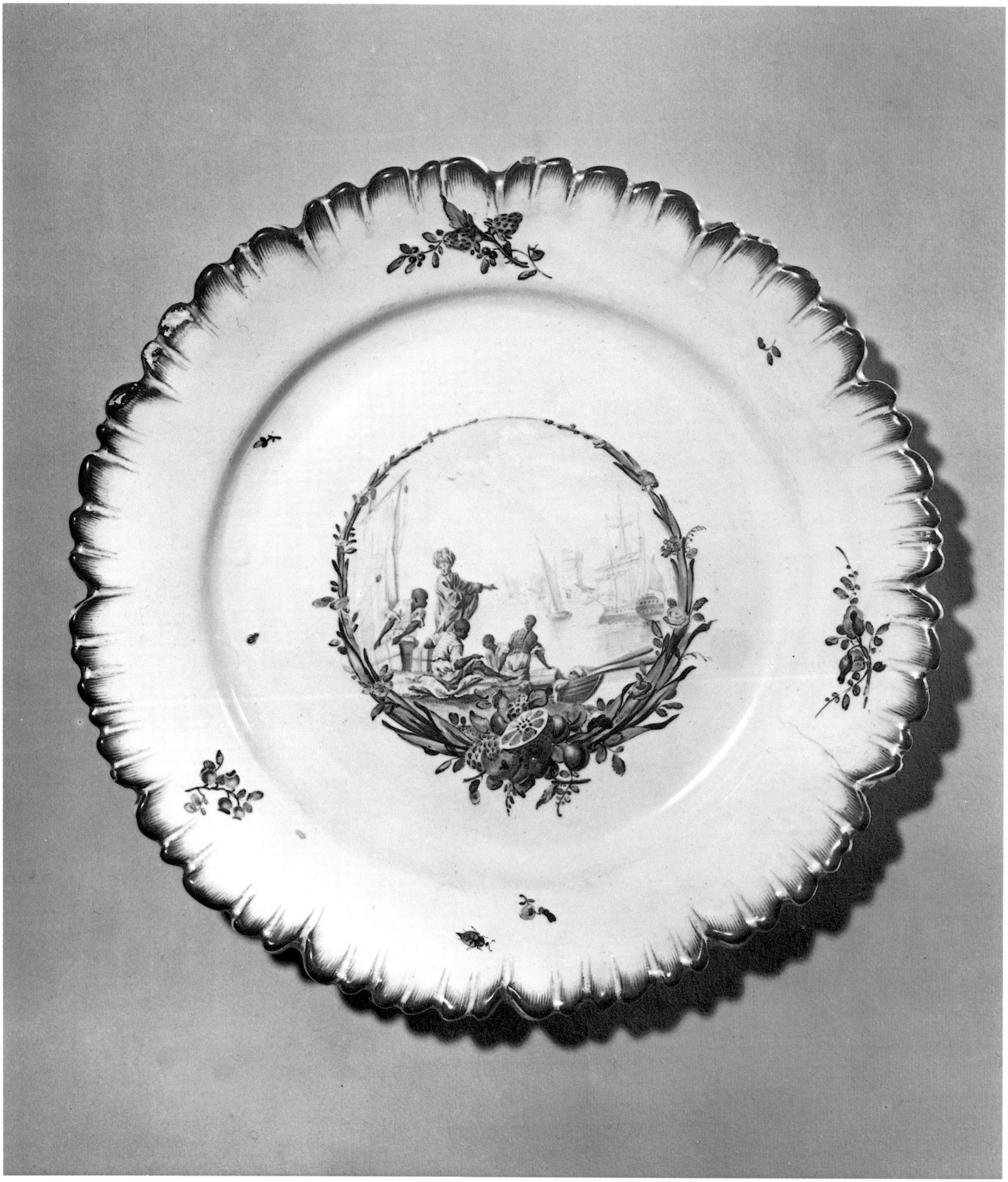

269 SCEAUX (Hauts-de-Seine), Periode Jacques et Jullien, um 1770
Teller; polychromer Muffelbranddekor mit Goldhöhungen; ⌀ 23,5 cm
Sèvres, Musée national de Céramique, Inv. MNC. 9118
(Geschenk Gasnault)
Der Teller ist mit einem Dekor *aux marchands levantins* geschmückt, der auch auf Fayencen aus Rouen vorkommt (vgl. Abb. 296). Die Szene ist wie eine Miniatur mit äußerster Feinheit ausgeführt, für die Porzellandekors das Vorbild waren, und mit einem Kranz aus Blättern, Blüten und Früchten gerahmt. Der ausgezackte Rand ist mit dem charakteristischen strahlenden Blau von Sceaux und mit Goldhöhungen betont.

270 SCEAUX (Hauts-de-Seine), Periode Glot, um 1775
Tablett; polychromer Muffelbranddekor; L 46,5 cm
Sceaux, Musée de l'Ile-de-France, Inv. 49.3.1
Jacques Chapelle war 1748 nach Sceaux gekommen mit der Absicht, eine Töpferei in eine Porzellanmanufaktur umzuwandeln. Er mußte, zumindest offiziell, darauf verzichten, weil die Königliche Manufaktur von Vincennes-Sèvres das Monopol besaß. Chapelles Nachfolger waren dann von 1763 an erfolgreich. Die Vogeldekors sind beiden Manufakturen, Vincennes-Sèvres und Sceaux, gemeinsam, die Maler wanderten von einer zur andern.

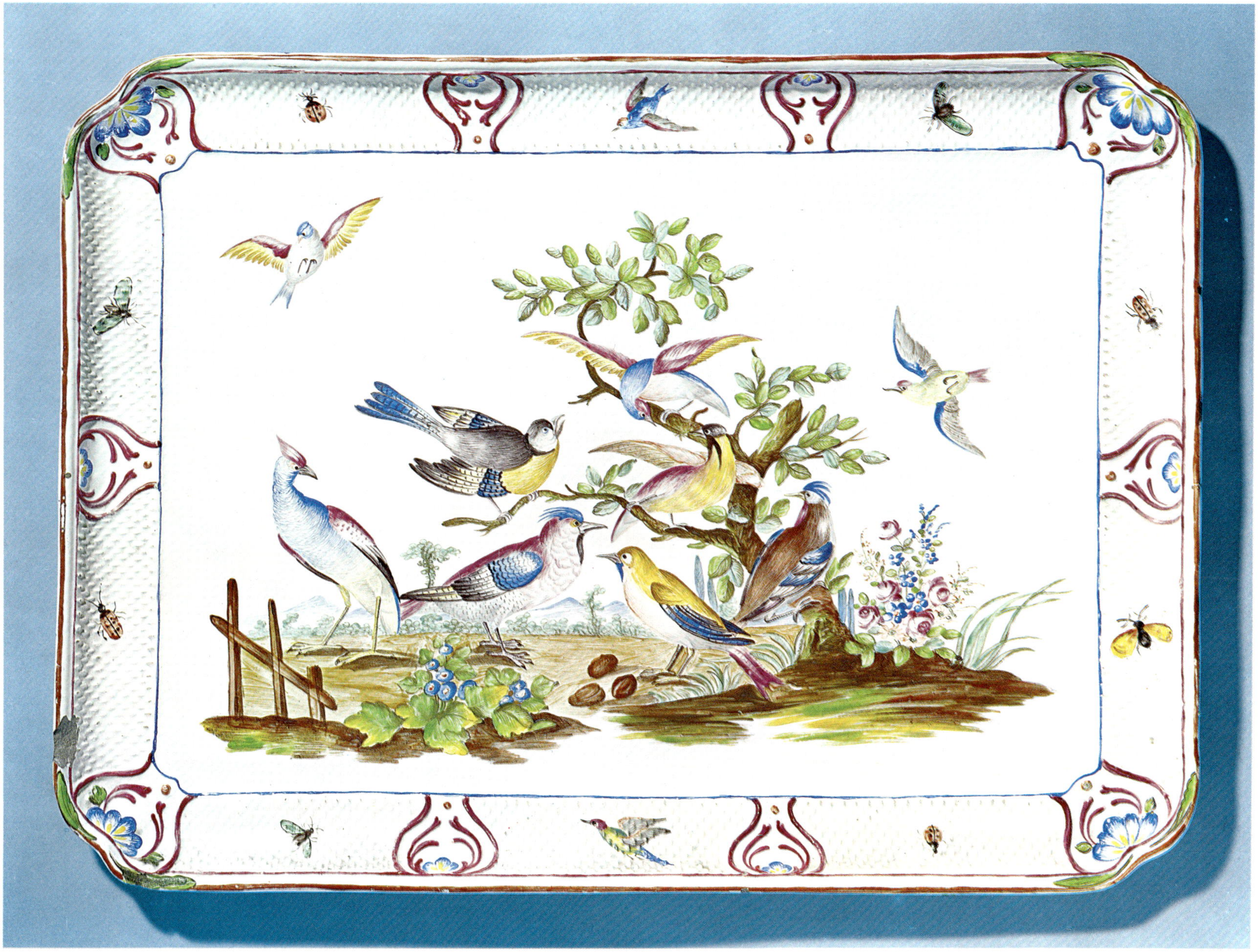

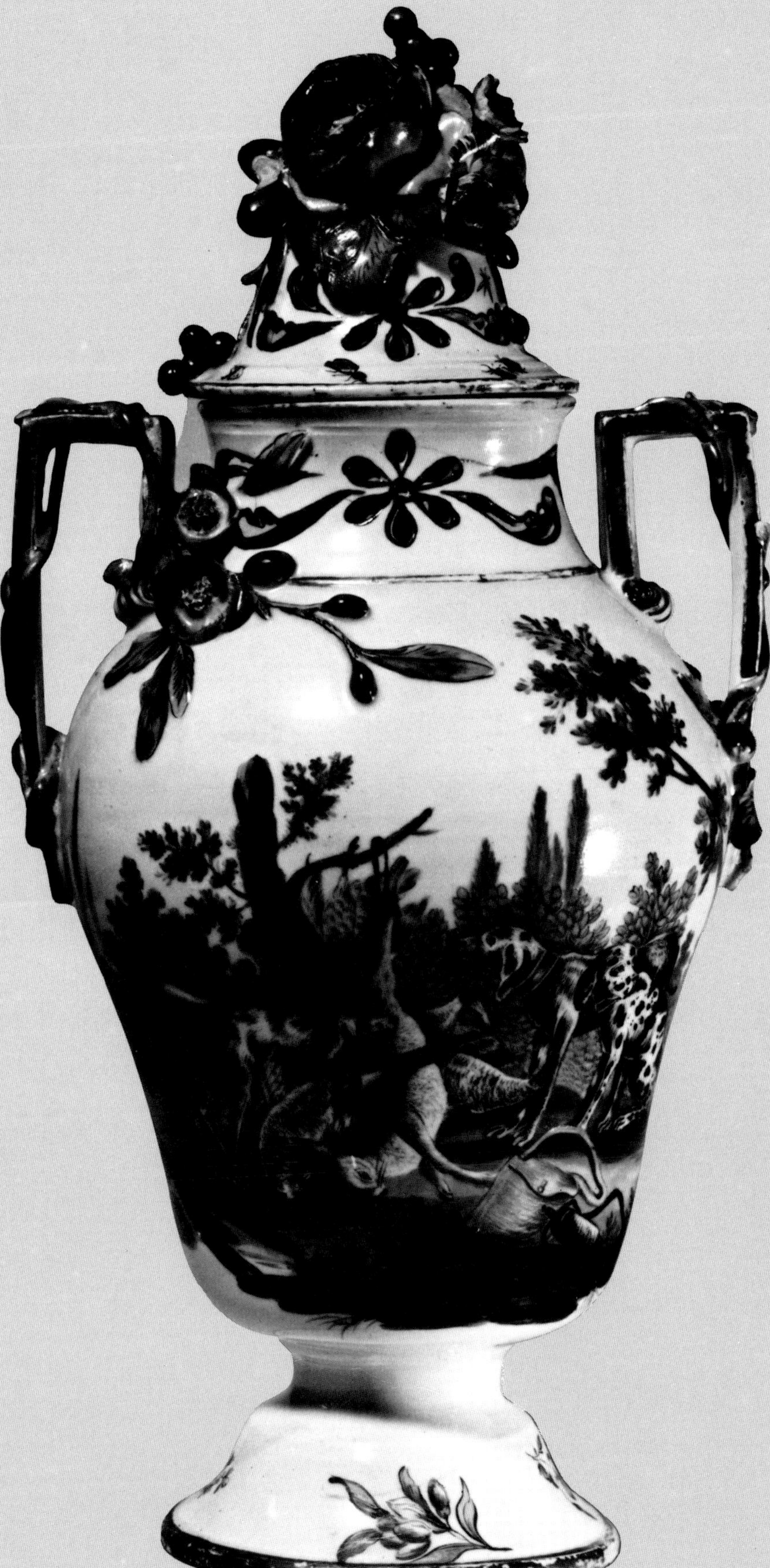

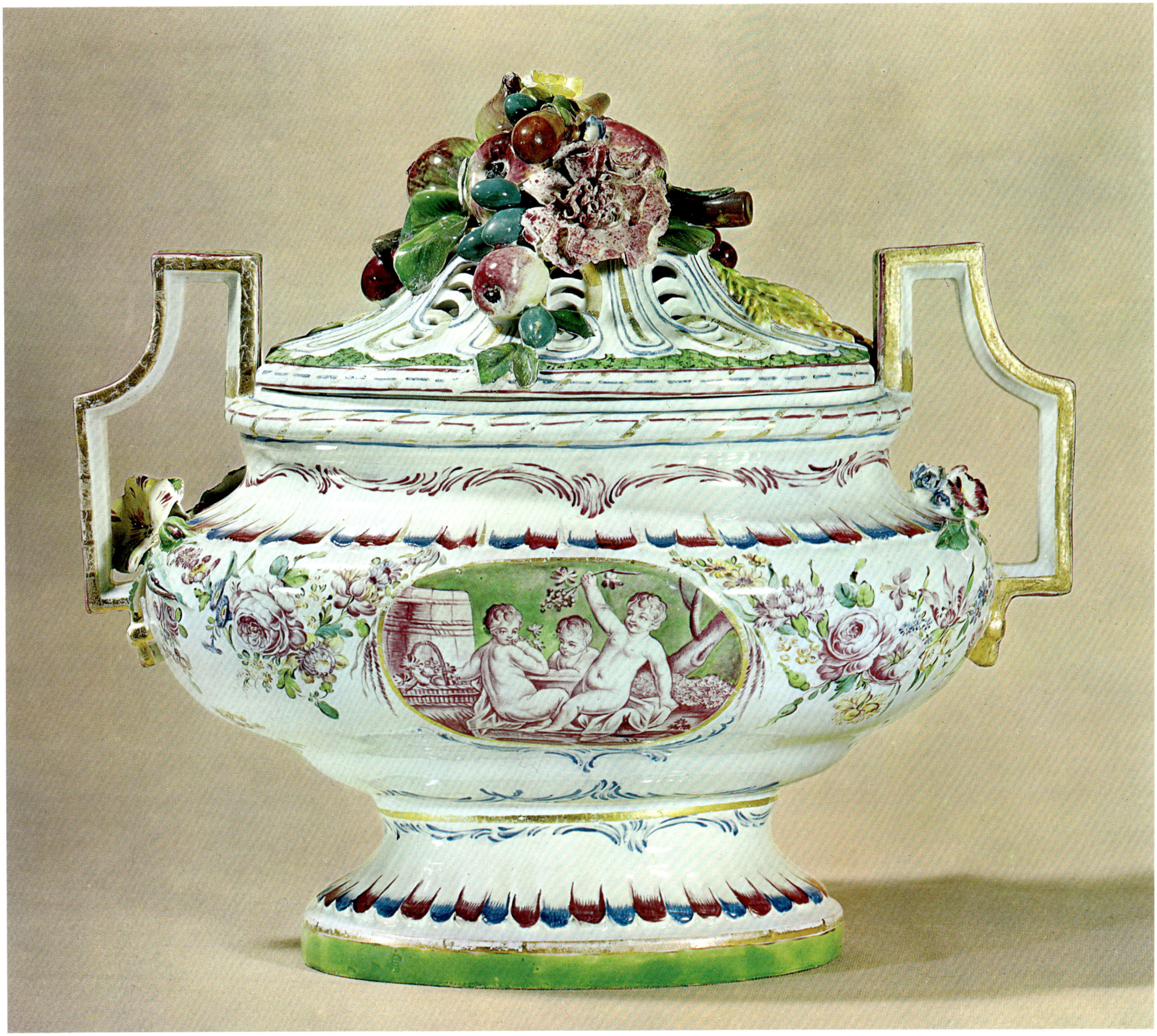

271 SCEAUX (Hauts-de-Seine), Periode Glot, um 1775
Potpourri-Vase; Marke auf der Rückseite: O. P.; polychromer Muffelbranddekor; H 32 cm
Paris, Privatsammlung
Diese Potpourri-Vase gehört demselben Typus an wie die folgende (Abb. 272), ist jedoch von ungewöhnlicher Qualität. Hier besteht kein Widerspruch zwischen dem Umriß des Gefäßkörpers, der Geschmeidigkeit der Henkel, den Reliefmotiven und den blütenförmigen Durchbrechungen. Die feingestufte Palette ist, wie häufig in Sceaux, dunkel. Auf die Begabung des Malers dieser Jagdszene sei besonders hingewiesen.

272 SCEAUX (Hauts-de-Seine), Periode Glot, um 1780
Potpourri-Vase; polychromer Muffelbranddekor; H 25 cm
Paris, Privatsammlung
In den Jahren 1765 bis 1780 hat die Porzellanmanufaktur von Sèvres die Anzahl ihrer Vasen, darunter auch Potpourri-Vasen, erheblich erhöht. Die Manufaktur von Sceaux ging genauso vor und nahm sich dabei die für Sèvres charakteristische Stilmischung – halb Klassizismus, halb Rokoko – zum Vorbild: Die Henkel sind nahezu gradlinig, der Deckel quillt über von Reliefblumen. Der Puttendekor erinnert unweigerlich an die in der Königlichen Porzellanmanufaktur so ungemein beliebten Boucher-Kinder.

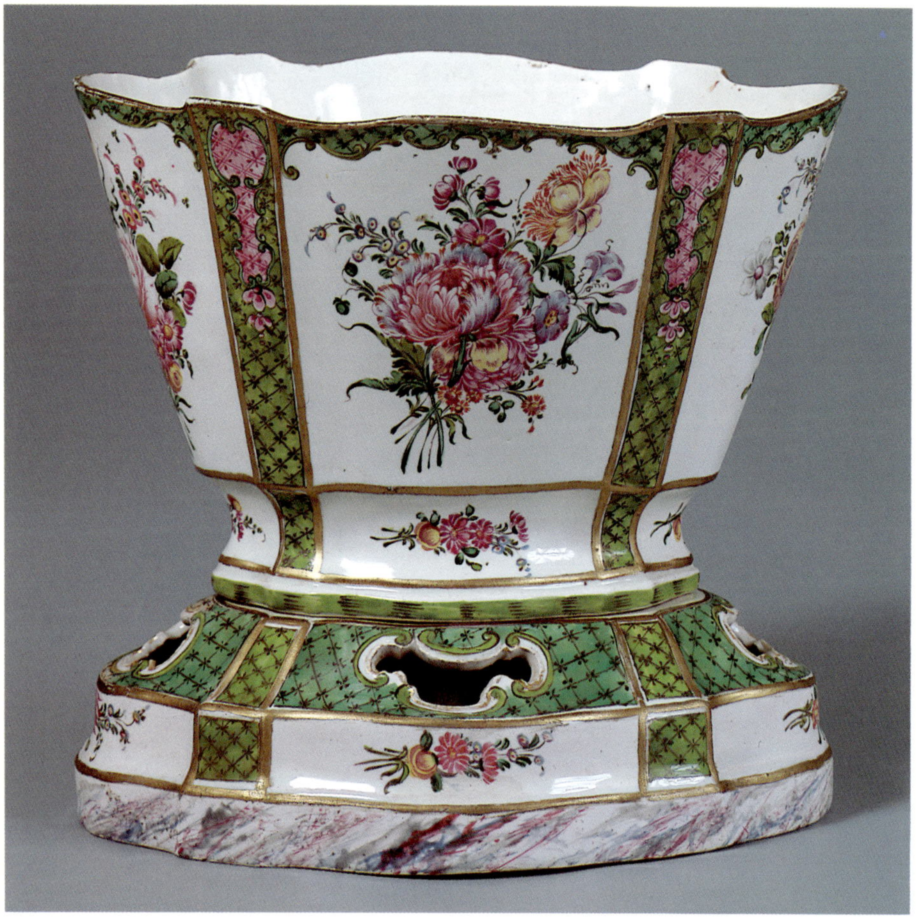

273 SCEAUX (Hauts-de-Seine), Periode Glot, um 1780
Jardiniere, sog. *vase hollandais*; polychromer Muffelbranddekor mit Goldhöhungen; H 18 cm
Sèvres, Musée national de Céramique, Inv. MNC. 25179
Im Jahr 1754 hatte die Porzellanmanufaktur Vincennes das Modell mit dem Namen *vase hollandais* – die Porzellanformen von Vincennes-Sèvres haben alle einen Namen – geschaffen, das beachtlichen Erfolg hatte und oft kopiert wurde, selbst in ausländischen Manufakturen wie Doccia. Der Maler von Sceaux hat sich auch für den Dekor von Vorbildern auf Porzellan anregen lassen, deren grünen Fond, Blumenornamente und Goldhöhungen er nachahmte.

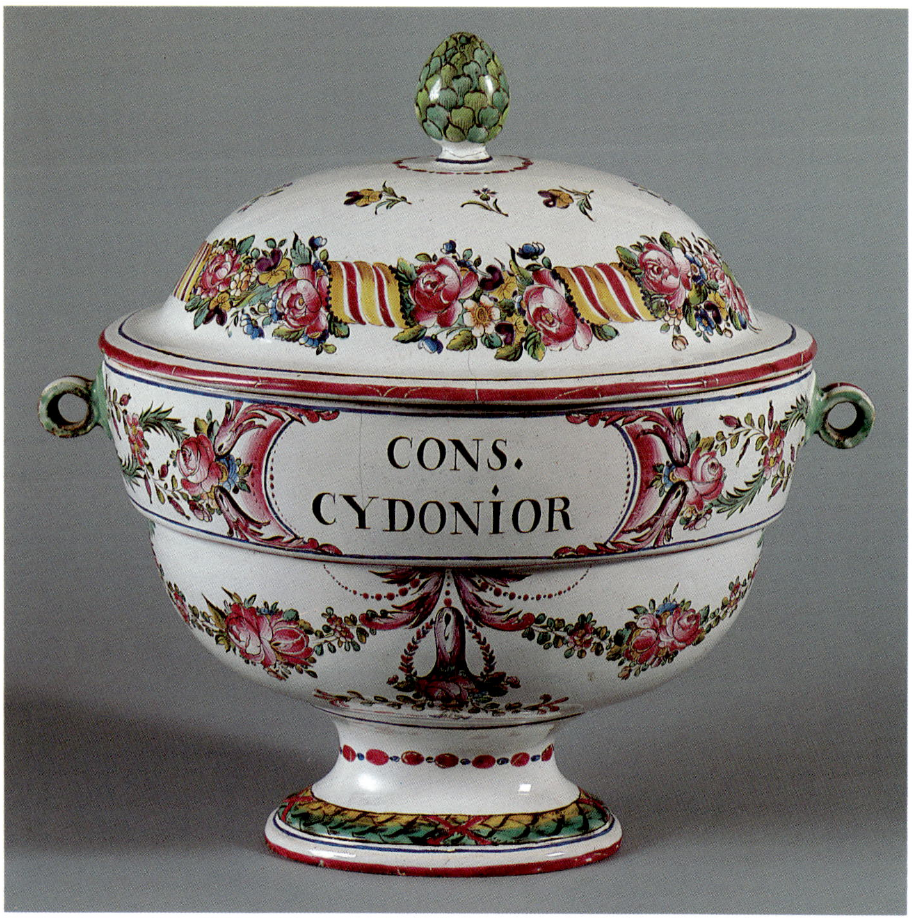

274 PARIS (Seine), um 1785
Cassolette (Apothekergefäß); Inschrift im Dekor: CONS. / CYDONIOR; Marke im Deckel: Ollivier à Paris; polychromer Muffelfarbendekor; H 28 cm
Sèvres, Musée national de Céramique, Inv. MNC. 4607
Im 17. Jahrhundert sind Gefäße für Apotheken in großer Zahl geschaffen worden, man hat sie aber auch während des 18. Jahrhunderts und selbst noch im 19. – dann aber meist aus Porzellan – hergestellt. In der Manufaktur Ollivier, aus der dieses wie eine Terrine geformte Apothekergefäß stammt, entstanden auch Kachelöfen. Der Dekor des Stücks steht in seiner Anlage zeitgenössischen Porzellanen nahe, seine Ausführung ist wegen der Größe des Gefäßes jedoch reicher.

275 MARSEILLE (Bouches-du-Rhône),
Manufaktur der Veuve Perrin, um 1760
Platte; polychromer Muffelbranddekor; ⌀ 37 cm
Paris, Musée des Arts décoratifs, Inv. AD. 18735
In der Manufaktur der Veuve Perrin wurden einige Dekors von Porzellanen der Compagnie des Indes kopiert. Ein Beispiel ist dieser Dekor *au chrysanthème*; er verdankt seinen Namen der Blume mit ausgezackten Blütenblättern im Hauptstrauß, der aus vier recht eigenartigen senkrechten parallelen Strichen aufsteigt. Das Olivgrün der um den Rand der Platte laufenden zierlichen Blattborte wirkt ein wenig wie Gold.

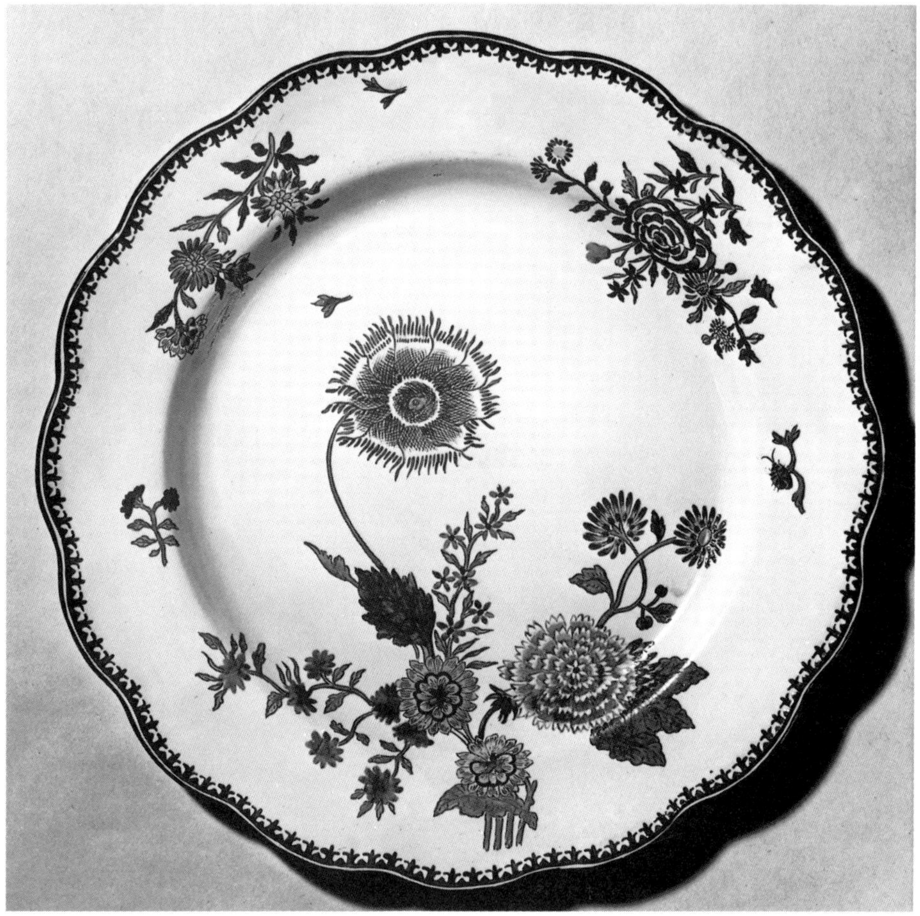

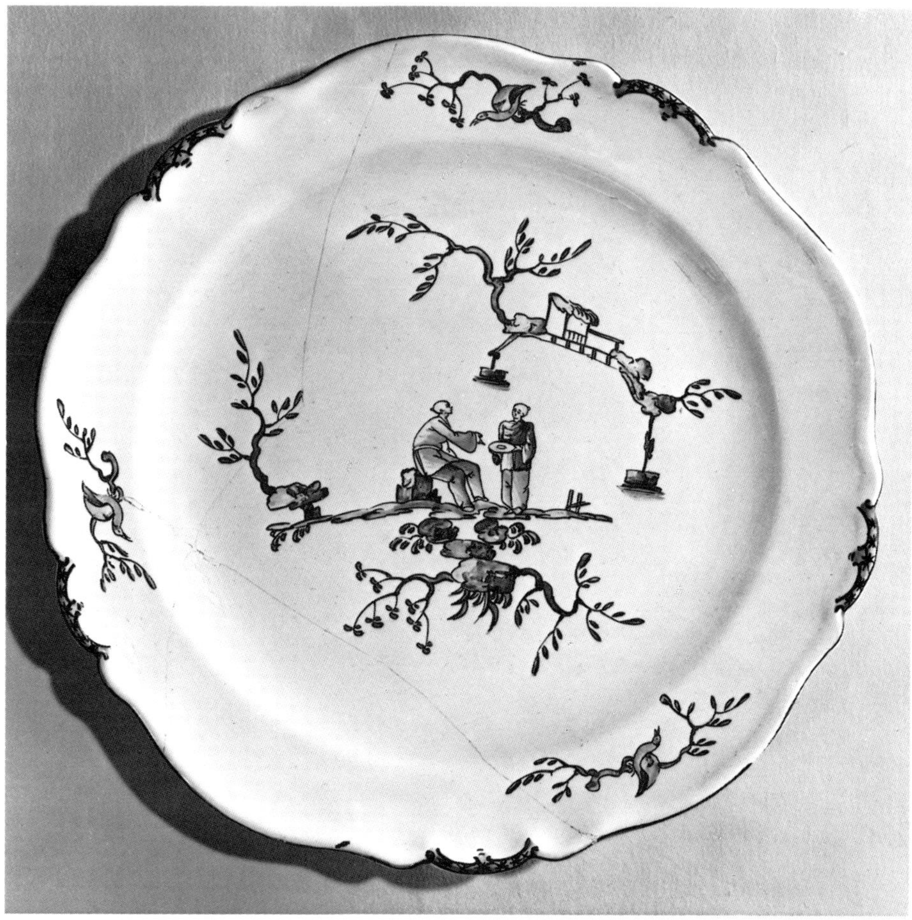

276 MARSEILLE (Bouches-du-Rhône),
Manufaktur der Veuve Perrin, um 1760
Teller; Marke: schwarzes VP; polychromer Muffelbranddekor; ⌀ 23 cm
Sèvres, Musée national de Céramique,
Inv. MNC. 5829 (Geschenk Petitet)
Die Eigenart dieses chinoisen Dekors aus der Manufaktur der Veuve Perrin liegt in der leichten Zeichnung der Motive, die auf Stiche des Jean-Baptiste Pillement, eines Lyoner Künstlers, zurückgehen. Auch der Schmuck der Fahne mit auf Zweigen sitzenden Vögeln gehört zu den Charakteristika. Die Motive sind hier polychrom in Grün, Rot, Graublau, Gelb, Kastanienbraun und Schwarz gemalt, sie wurden aber auch Camaieugrün ausgeführt und sind den Chinoiserien der in Muffelbrandtechnik arbeitenden Manufakturen von Moustiers sehr verwandt.

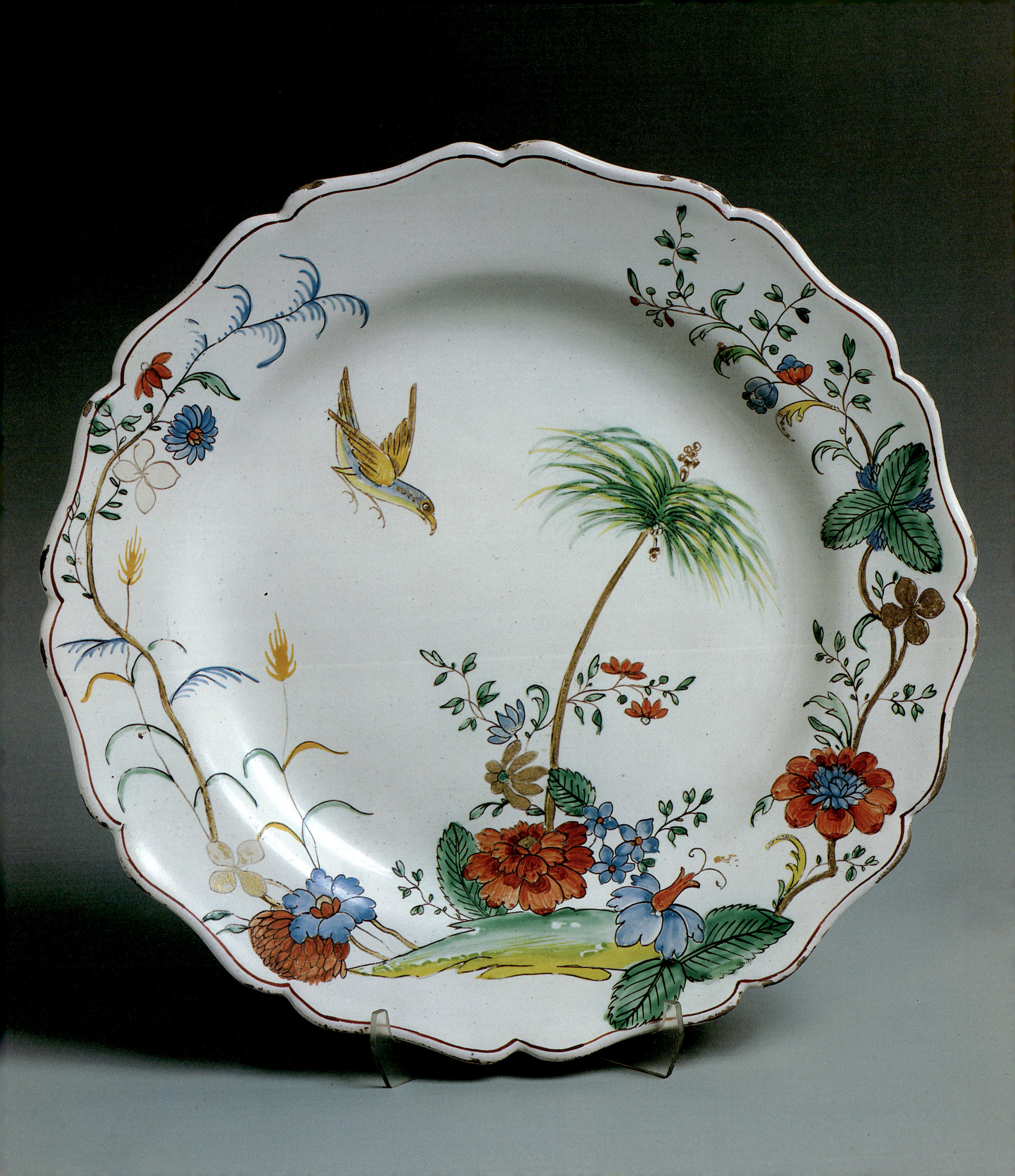

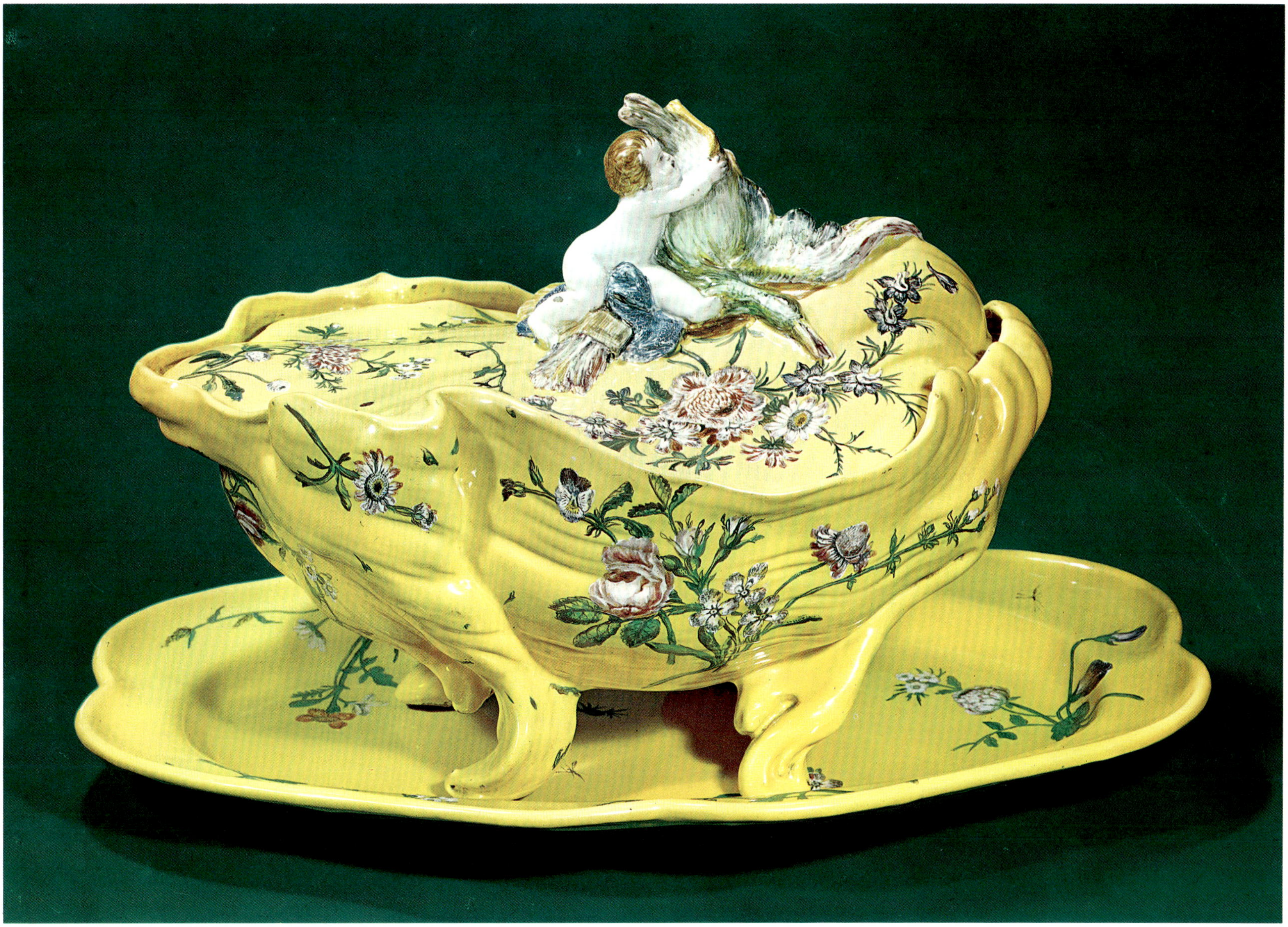

277 MARSEILLE (Bouches-du-Rhône),
Manufaktur der Veuve Perrin, um 1760–1770
Teller; Marke: schwarzes VP; polychromer Muffelbranddekor mit Goldhöhungen; ∅ 24,6 cm
Sèvres, Musée national de Céramique, Inv. MNC. 8990
Der in gebrochenen Farbtönen ausgeführte Dekor mit Blumen und einem Vogel ist dem Formenschatz der Manufaktur des Felice Clerici in Mailand entlehnt, daher sein doppeldeutiger Name *au milan*. Ein mit diesem Stück übereinstimmender Teller im Museum von Saumur trägt ebenfalls das Monogramm der Veuve Perrin.

278 MARSEILLE (Bouches-du-Rhône), Manufaktur der Veuve Perrin, um 1760
Terrine mit ihrer Platte; polychromer Muffelbranddekor auf gelbem Grund; Terrine: H 30 cm; Platte: L 50 cm
Paris, Musée du Louvre, Inv. OA. 10211 (mit Hilfe des Legats Dollair erworben)
Die Modelleure der Manufaktur der Veuve Perrin haben Terrinen in einem kräftigen Rokoko geschaffen, für die sie sich Modelle der Goldschmiede zum Vorbild nahmen. Häufig haben diese Terrinen die Form einer Muschel, wie auch dieses berühmte und sehr große Stück. Die gelbe, dicke und glänzende Glasur ist ein für südfranzösische Manufakturen typischer Farbfond.

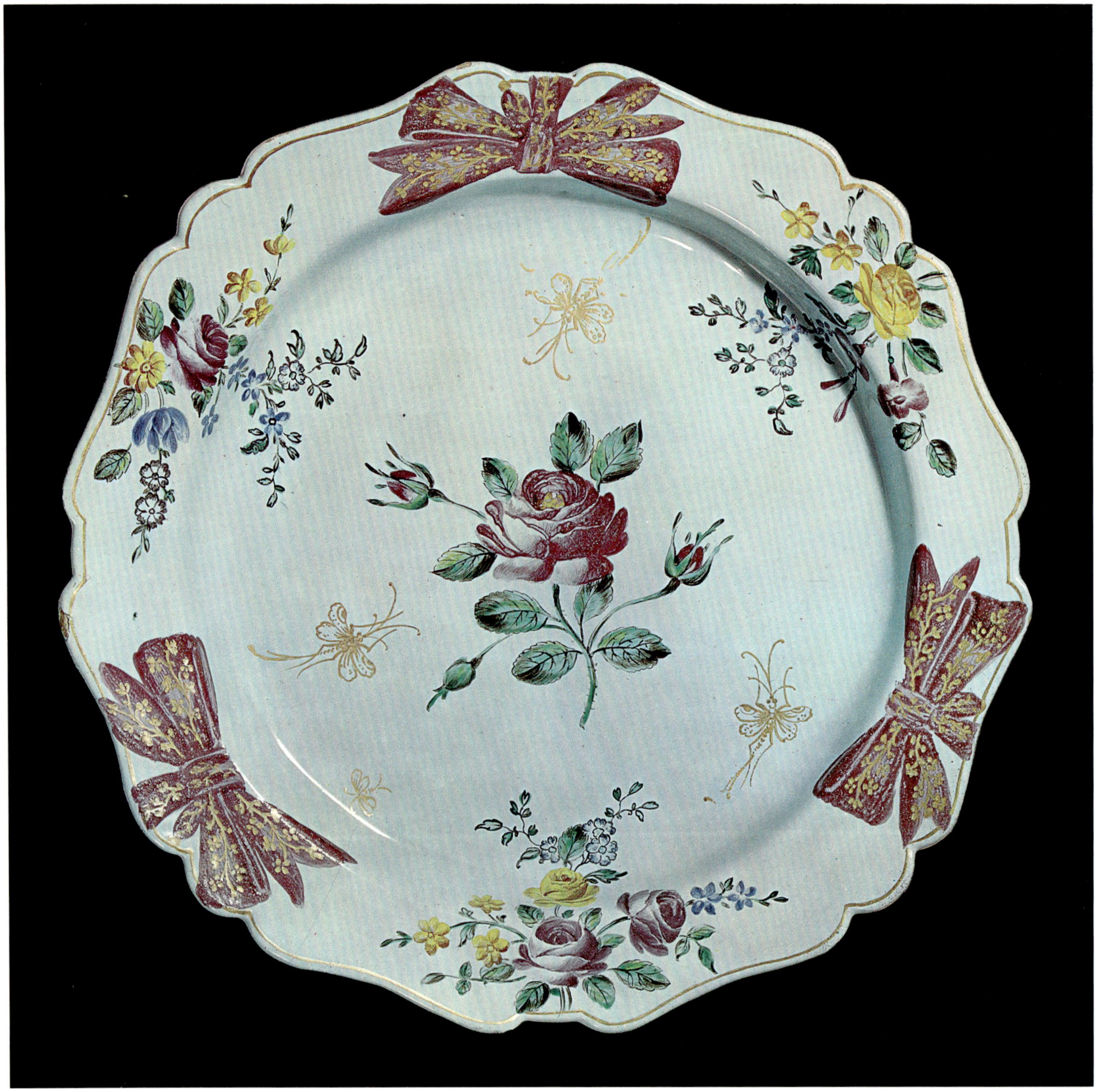

279 MARSEILLE (Bouches-du-Rhône), Manufaktur der Veuve Perrin, um 1760
Platte; polychromer Muffelbranddekor mit Gold auf türkisfarbenem Grund; ⌀ 36 cm
Sèvres, Musée national de Céramique, Inv. MNC. 20935 (Legat Sagnier)
Der türkisblaue Grund mancher Stücke aus der Manufaktur der Veuve Perrin ist eine Nachahmung des 1753 von der Porzellanmanufaktur Vincennes entwickelten himmelblauen Grundes. Die feine Ausführung des Dekors mit Blumen und Insekten verrät ebenso das Bemühen, Porzellan zu imitieren, die drei Schleifen sind dagegen eine unbeholfene Zutat des Fayencemalers.

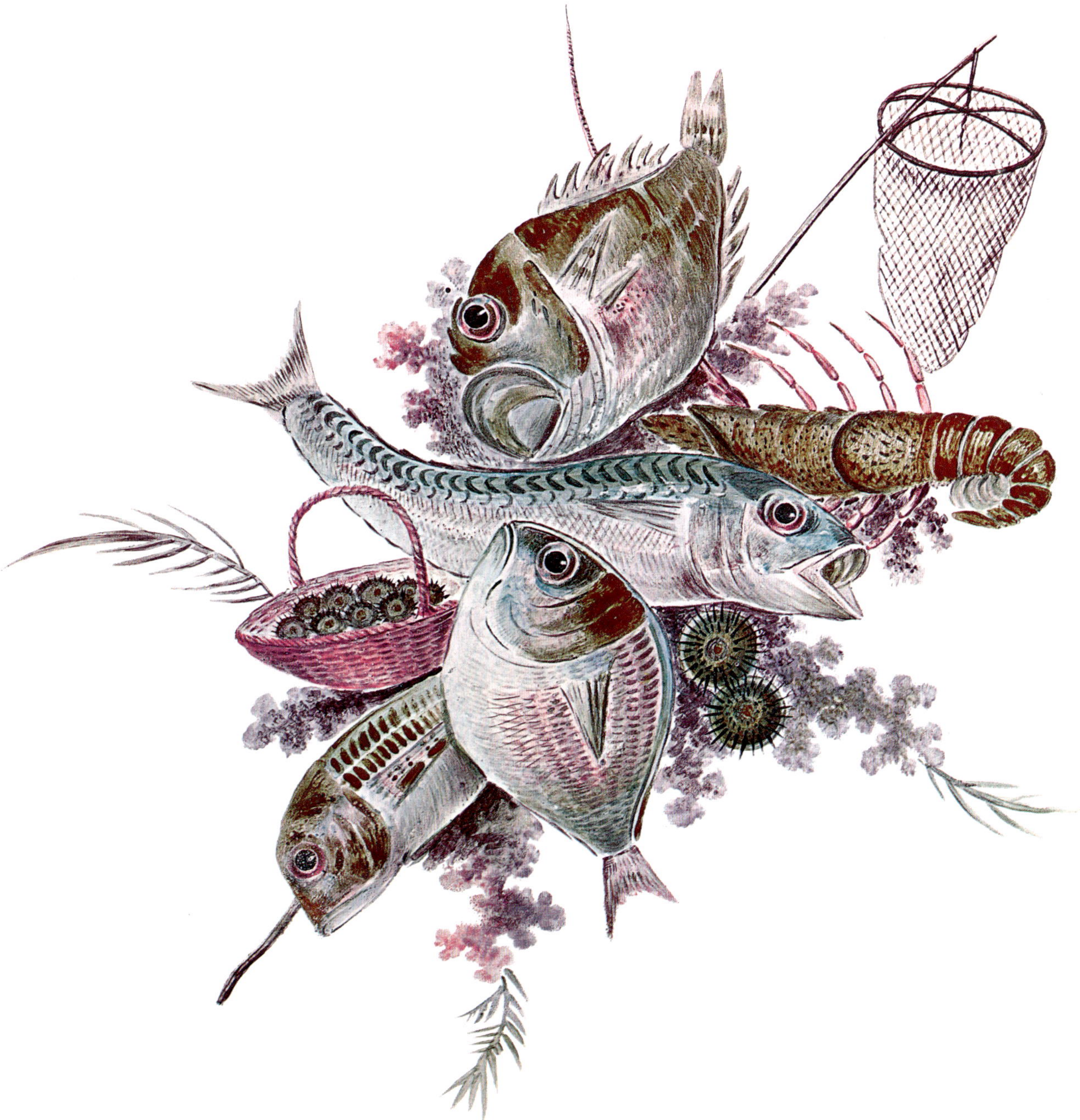

280 MARSEILLE (Bouches-du-Rhône), Manufaktur der Veuve Perrin, um 1760
Platte (Detail); polychromer Muffelbranddekor; ⌀ 46 cm
Paris, Musée des Arts décoratifs, Inv. AD. 25031
Der berühmte Marseiller Dekor *à la bouillabaisse* ist eine eigentliche Meerestrophäe aus Fischen, Krustentieren, Meeresfrüchten und Fischergerät. Die Besonderheit liegt in der außerordentlich exakten Darstellung der Tiere, die derjenigen des Dekors mit »botanischen« Blumen entspricht, der allerdings fast immer nach Stichvorlagen ausgeführt wurde. Die Meerestrophäen des Mittelmeergebietes sind dagegen das Ergebnis eigener Beobachtungen. Der Dekor ist hier durch Mimosenzweige ergänzt, die dem Ganzen eine malerische Note beifügen.

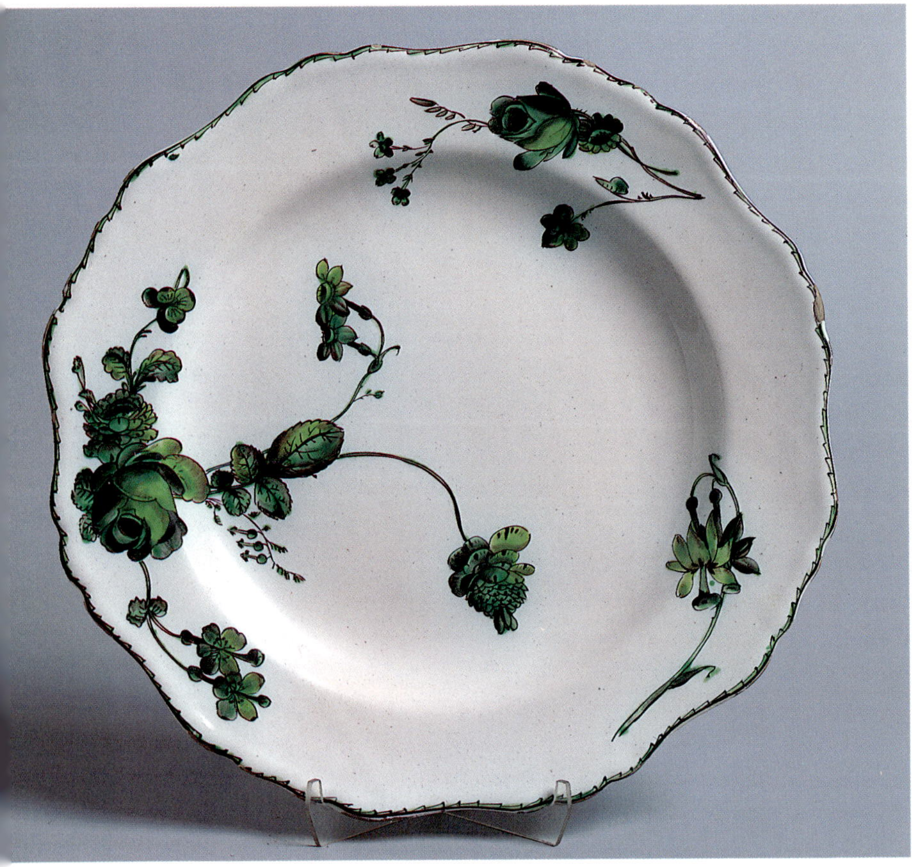

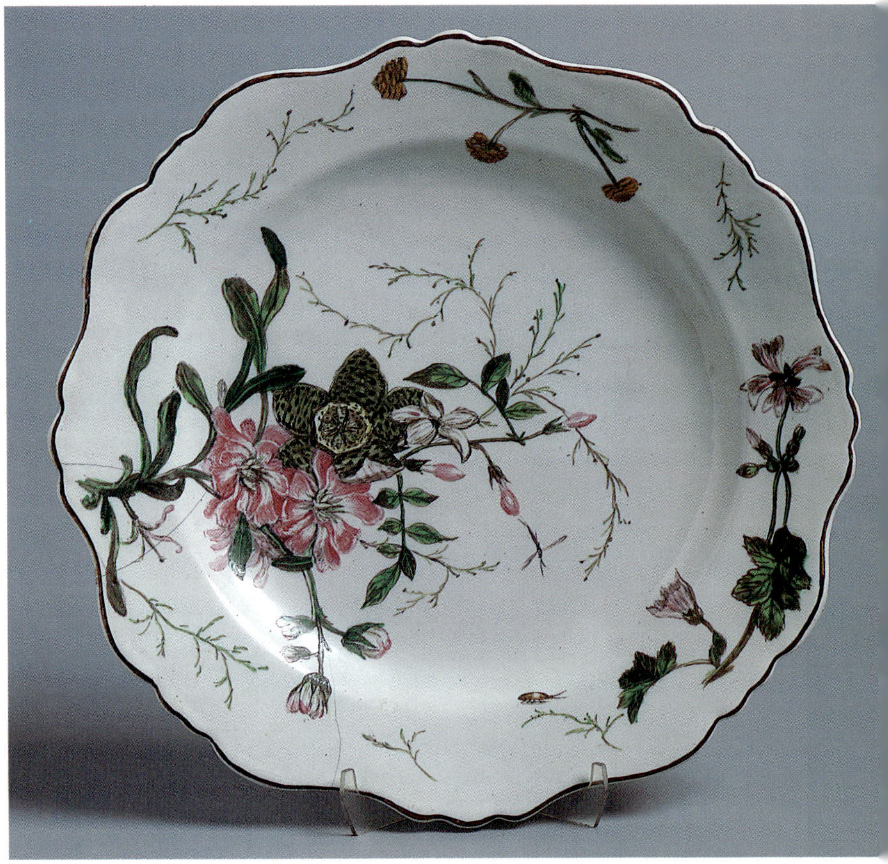

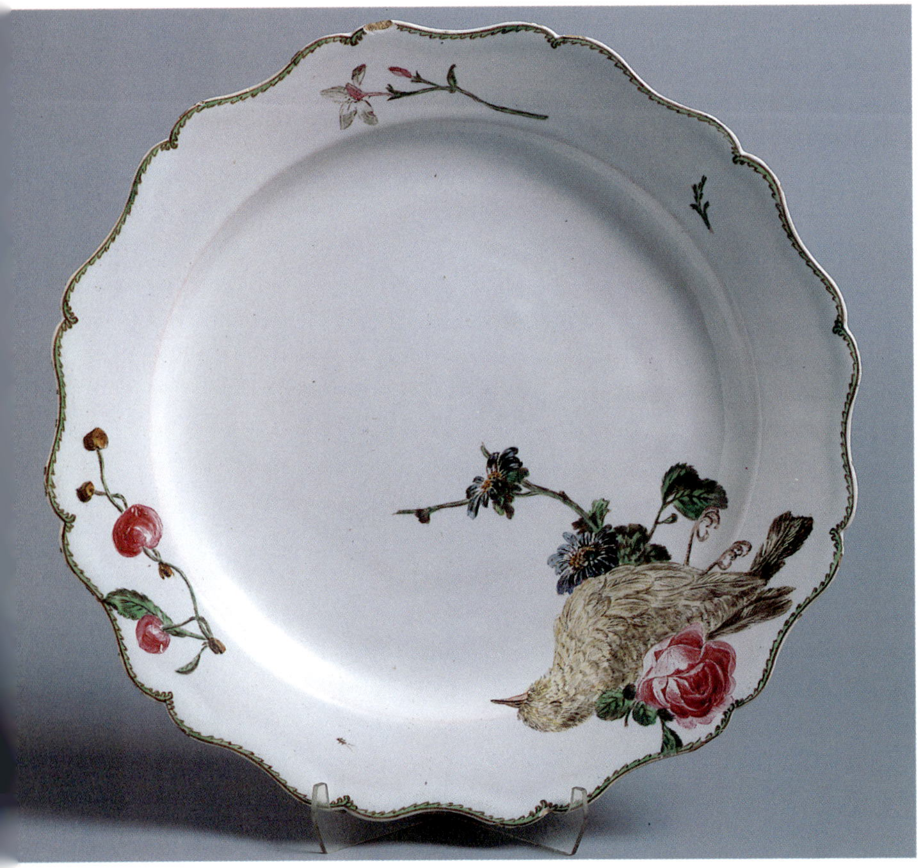

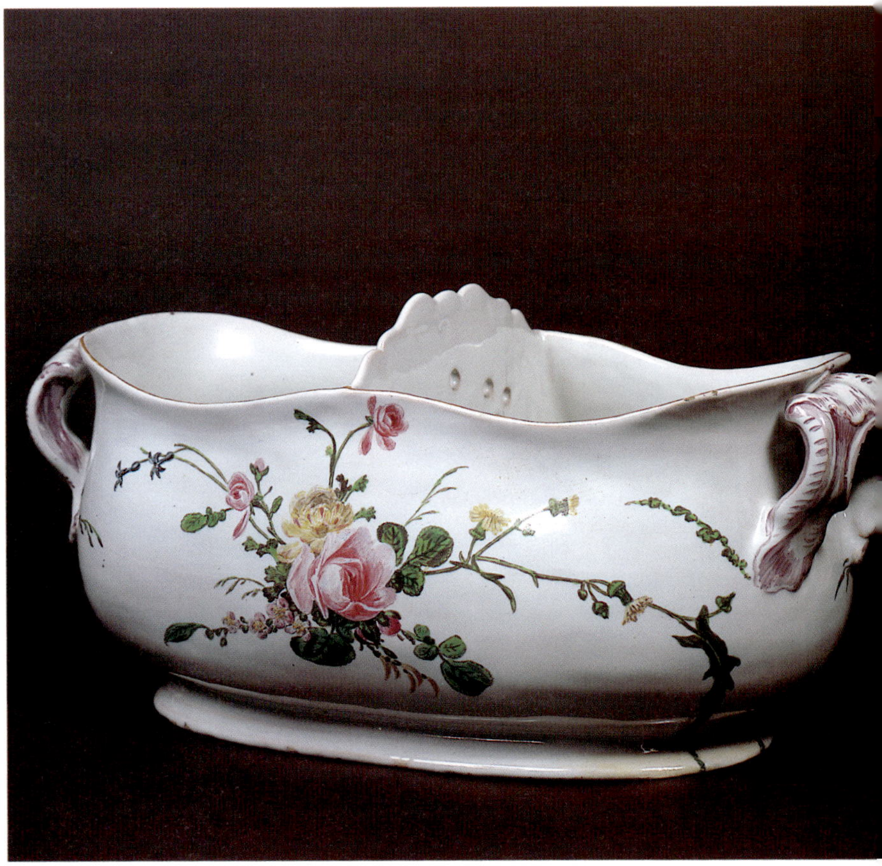

281 MARSEILLE (Bouches-du-Rhône), Manufaktur der Veuve Perrin, um 1760–1770
Teller; Marke auf der Rückseite: schwarzes VP; Muffelbranddekor in Camaieugrün; ∅ 24,5 cm
Sèvres, Musée national de Céramique, Inv. MNC. 20898 (Legat Sagnier)
Während die Manufakturen Ostfrankreichs Cassiusschen Purpur verwendet haben, besteht die Eigenart der südfranzösischen in der Verwendung einer Grünskala wie bei diesem Blumendekor in einem dicken, kräftigen Smaragdgrün.

282 MARSEILLE (Bouches-du-Rhône), Manufaktur der Veuve Perrin, um 1770
Teller; polychromer Muffelbranddekor; ∅ 25 cm
Sèvres, Musée national de Céramique, Inv. MNC. 20657 (Geschenk Allain)
Der Teller ist mit einem ungewöhnlich reichen, fein gemalten Dekor geschmückt, der in der Auswahl der dargestellten Blumenarten und der überlegten Farbgebung große Sorgfalt verrät.

283 MARSEILLE (Bouches-du-Rhône), Manufaktur Robert, um 1760–1770
Teller; polychromer Muffelbranddekor; ∅ 24 cm
Sèvres, Musée national de Céramique, Inv. MNC. 20915 (Legat Sagnier)
Eine feine gezähnte Kante, ähnlich der auf der Terrine mit Leopardenhenkeln (vgl. Abb. 285), betont den bewegten Rand des Tellers, der mit einem unsymmetrischen Dekor geschmückt ist. Dem ungewöhnlich weit aus der Mitte gerückten Hauptmotiv sind, zur Wiederherstellung des Gleichgewichts, einige langstielige Blumen entgegengestellt. Die Manufaktur des Joseph-Gaspard Robert hat die Dekors *à l'oiseau mort* – wie auf diesem Teller –, *au nid* und *au trophée marin* jeweils in Serie hergestellt.

284 MARSEILLE (Bouches-du-Rhône), um 1770
Kühlgefäß; polychromer Muffelbranddekor; L 35 cm, B 15 cm, H 16 cm
Sèvres, Musée national de Céramique, Inv. MNC. 21827 (Geschenk Stiebel)
Neben sehr ausgeprägt barocken Stücken haben die südfranzösischen Manufakturen auch in Form und Dekor recht einfache Stücke geschaffen. Dieses zweiteilige Kühlgefäß von eleganter Form ist mit einem Blumendekor in fein abgestuften Farbtönen geschmückt, der auf der speckigen, sehr weißen Glasur gut zur Geltung kommt.

285 MARSEILLE (Bouches-du-Rhône), Manufaktur der Veuve Perrin, um 1760–1770
Deckelterrine; Marke: V.; polychromer Muffelbranddekor; L 46 cm, H 27 cm
Marseille, Musée Cantini, Inv. 3051 (Geschenk F. Barry)
Die längliche Form der Terrine ist in der Produktion der Veuve Perrin häufig. Der malerische Dekor besteht aus locker zusammengenommenen und dann über Schüssel und Deckel verstreuten Blumen. Eine gezähnte Kante betont den Umriß. Der Deckelknauf, eine Meerestrophäe, und die Henkel in Form gefleckter Leoparden fügen dieser Fayence eine unerwartet phantastische Note bei.

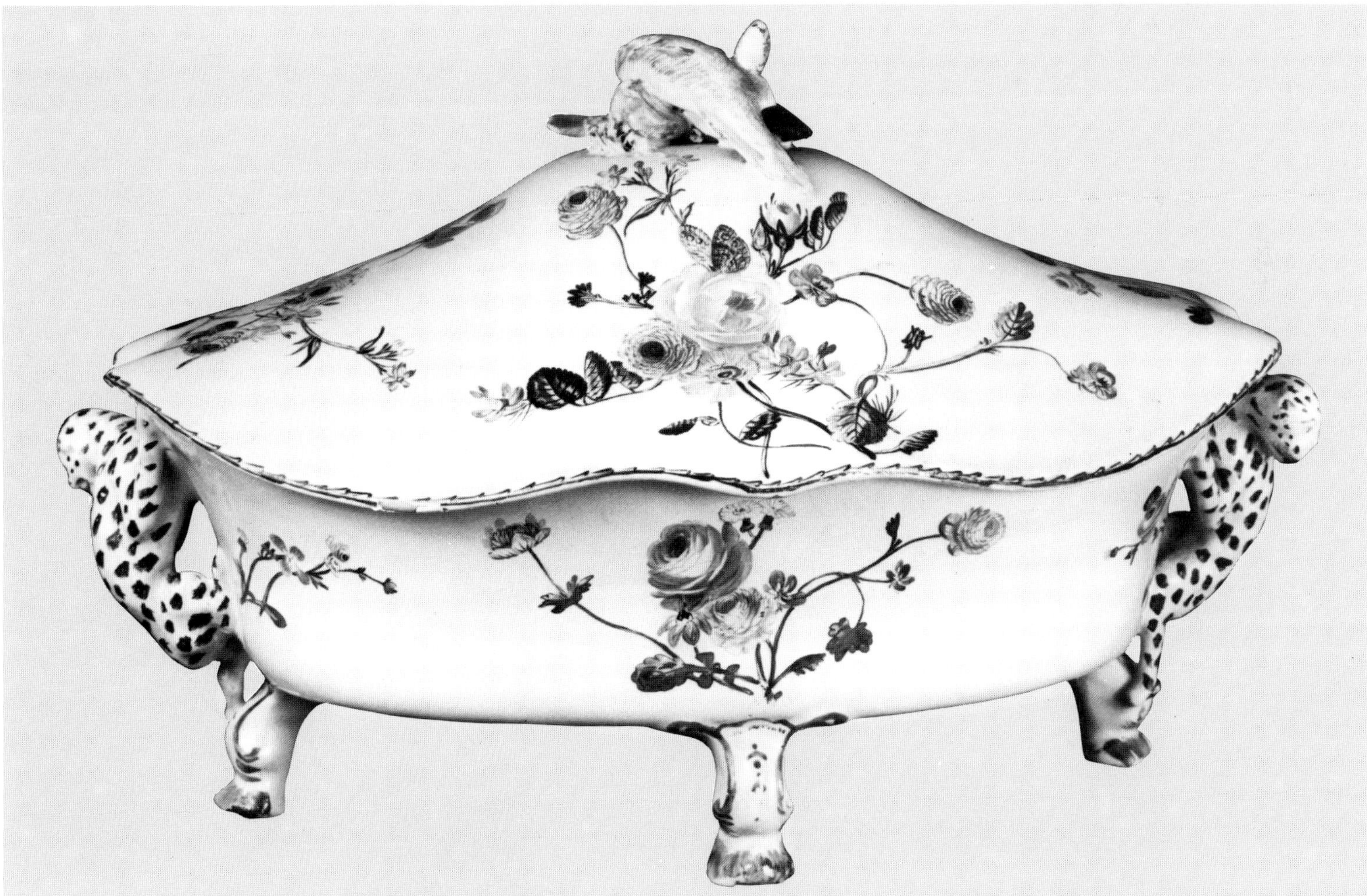

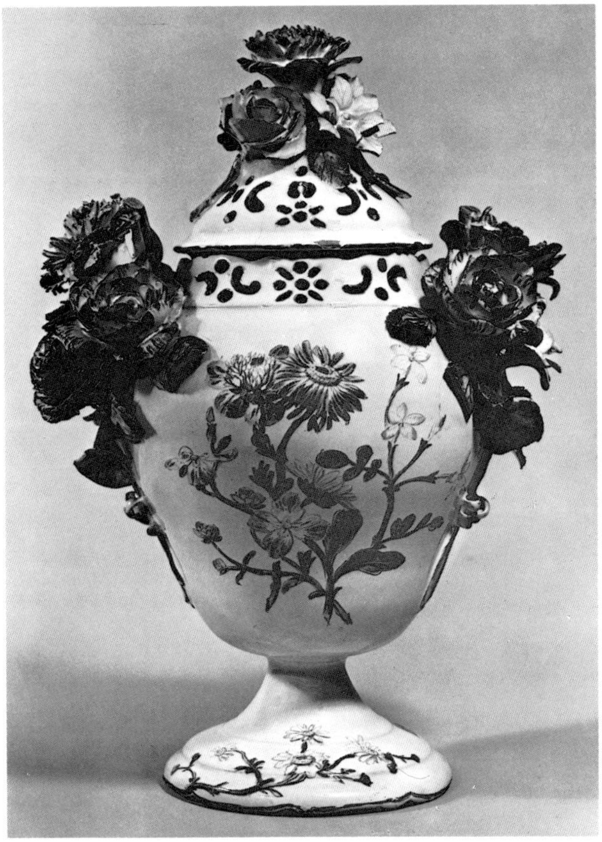

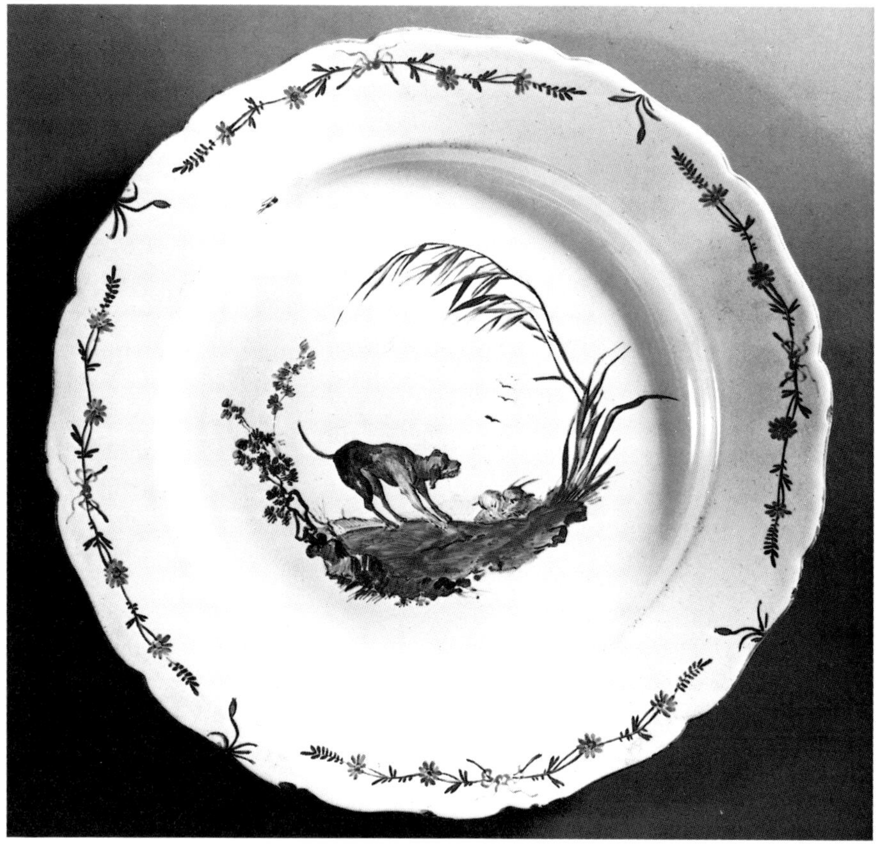

286 MARSEILLE (Bouches-du-Rhône), Manufaktur der Veuve Perrin, um 1760
Potpourri-Vase; Marke auf der Unterseite: rosa VP; polychromer Muffelbranddekor; H 22,8 cm
Sèvres, Musée national de Céramique, Inv. MNC. 20941 (Legat Sagnier)
Die Potpourri-Vase ist in einer Art Entsprechung zu ihrer Bestimmung, duftende Blütenblätter aufzunehmen, mit Blüten geschmückt. In lockeren Sträußen sind Treibhaus- und Feldblumen zusammengestellt. Die Reliefblumen sind in der Art von Porzellanblumen der Manufaktur Vincennes behandelt und ungewöhnlich fein.

287 MARSEILLE (Bouches-du-Rhône), Manufaktur Robert, um 1770
Teller; polychromer Muffelbranddekor; ∅ 25,4 cm
Marseille, Privatsammlung
Die sehr leichten, luftigen Louis-XVI-Dekors der Manufaktur von Gaspard Robert stehen auf recht weißer Glasur und gehören meist dem gleichen Typus an: in der Mitte eine medaillonartig geformte Szene auf einem Bodenstück, auf der Fahne kleine, durch Schleifen zusammengehaltene Zweige. Der Dekor dieses Tellers gehört zu der Serie *à la bergerie*, also mit Schäferszenen; hier verbellt ein Hund Schafe.

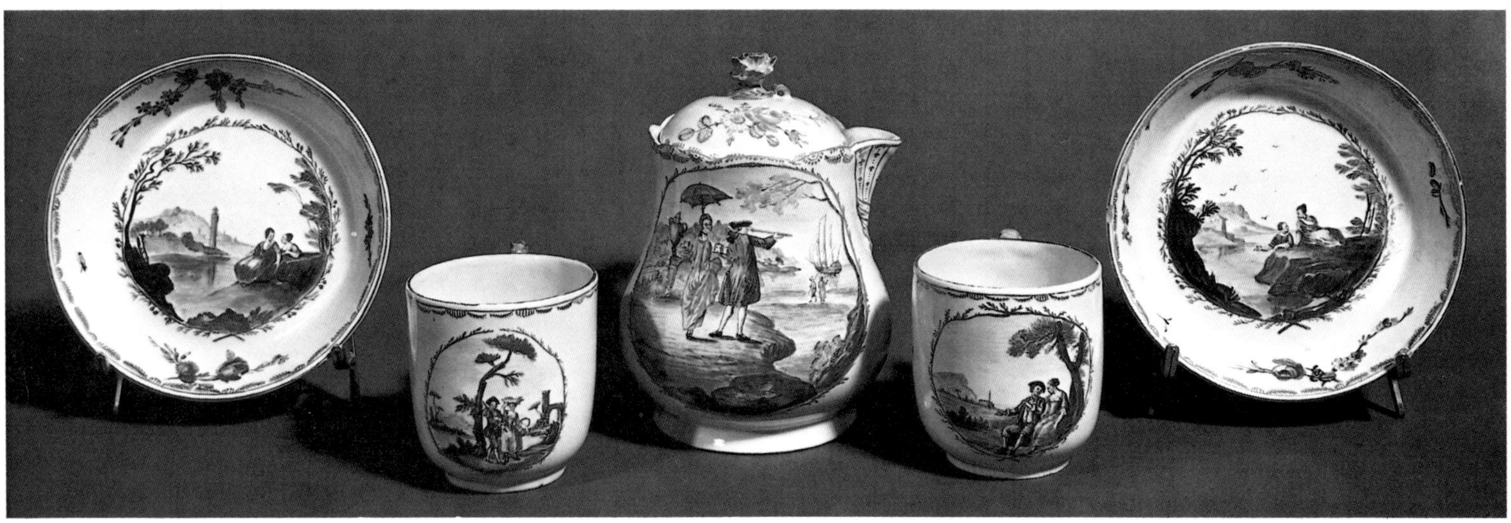

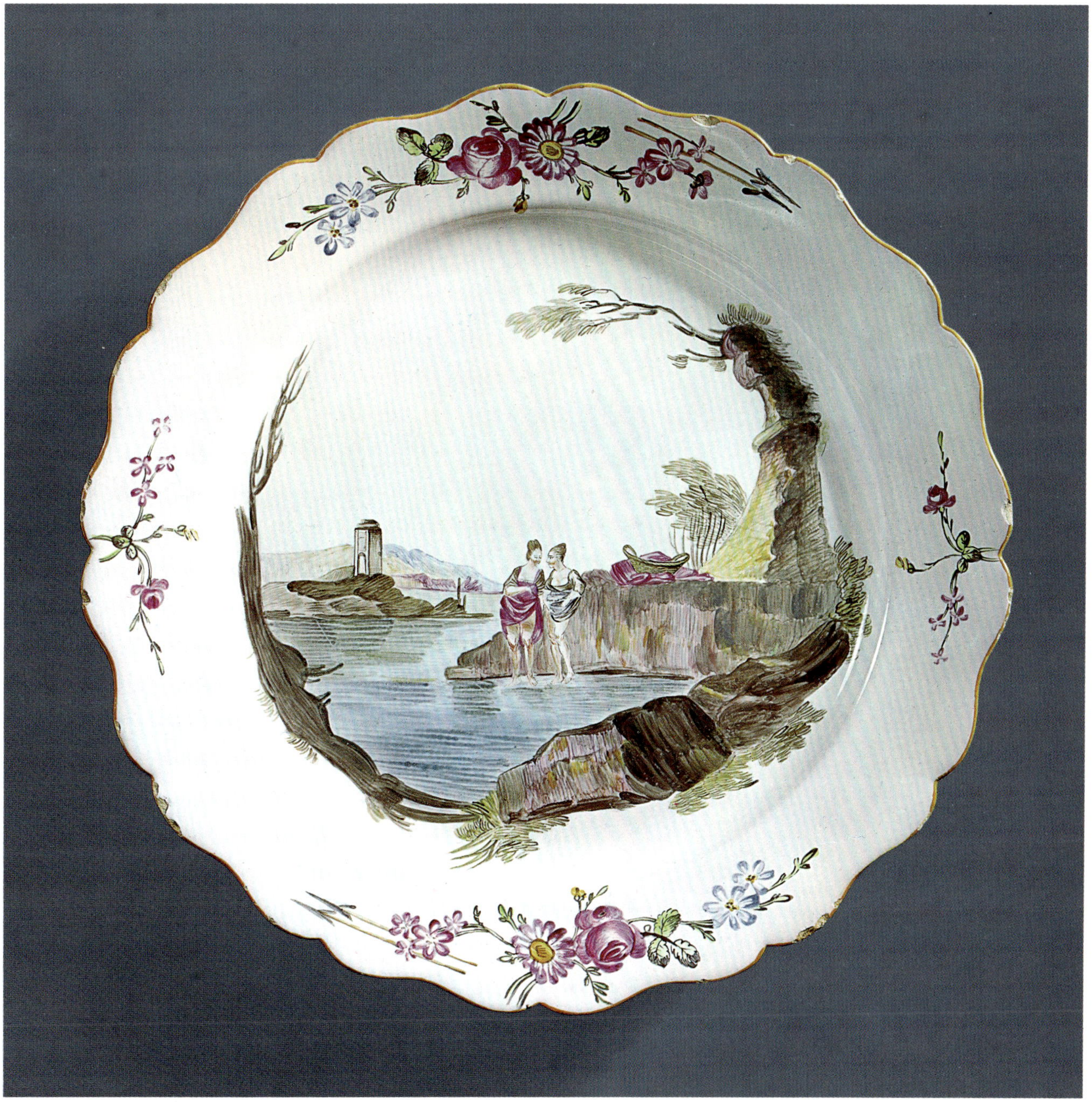

289 MARSEILLE (Bouches-du-Rhône), um 1775
Teller; polychromer Muffelfarbendekor mit Goldhöhungen; ⌀ 24,3 cm
Marseille, Privatsammlung
Dieser Teller mit Goldkante gehört zu einem Geschirr mit der Bezeichnung *à la double flèche*, denn das Motiv des Doppelpfeils wiederholt sich auf der Fahne der einzelnen Stücke. Die Landschaft, eine Meeresbucht, füllt den Spiegel des Tellers. Sie ist ein Beispiel für die Leistungen der in der Malschule von Marseille ausgebildeten Dekorationsmaler.

◁ 288 MARSEILLE (Bouches-du-Rhône), Manufaktur Robert, um 1770
Milchkännchen, Tassen und Untertassen; polychromer Muffelbranddekor mit Goldhöhungen; Kanne: H 13,5 cm; Tassen: H 6,5 cm; Untertassen: ⌀ 12,2 cm
Marseille, Privatsammlung
Das Milchkännchen und die Tassen mit ihren Untertassen gehören zu einem Kaffeegeschirr, das man der Manufaktur Gaspard Robert zuschreibt. Deren Bestreben, nur Fayence der besten Qualität herzustellen, indem sie Porzellangeschirre imitierte, wird hier offensichtlich: Die Formen gleichen Porzellanformen, und der Dekor besteht in Miniaturen – ländlichen oder Meeresszenen –, die in Medaillons eingefügt sind.

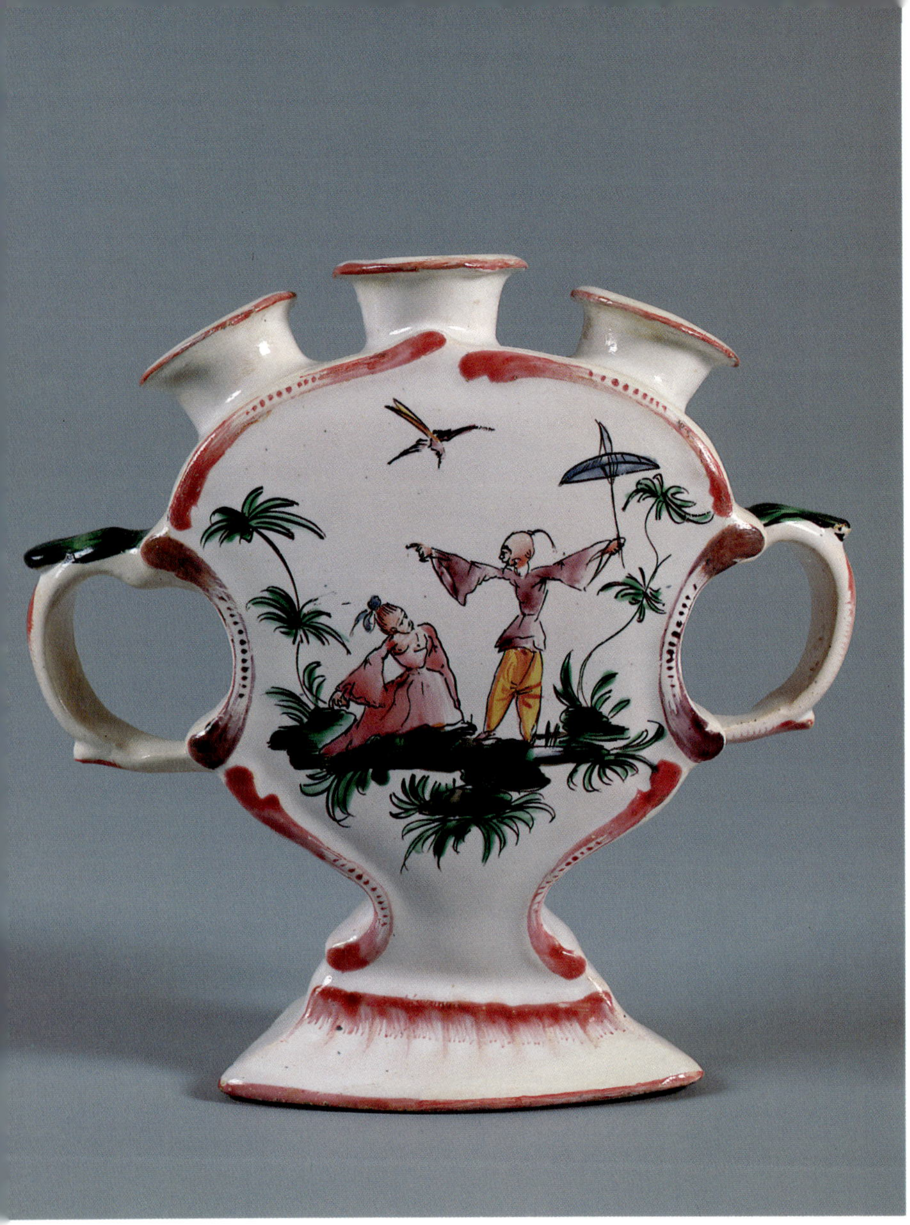

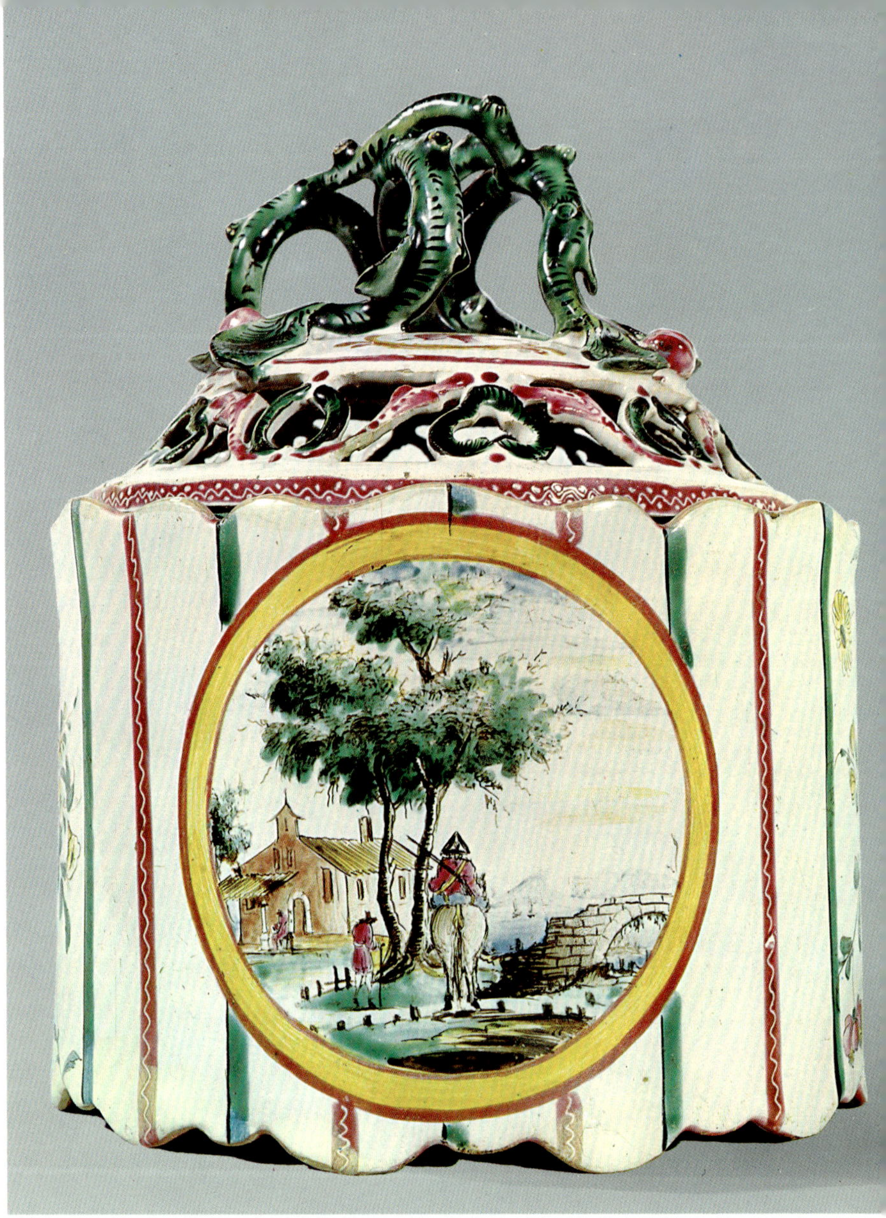

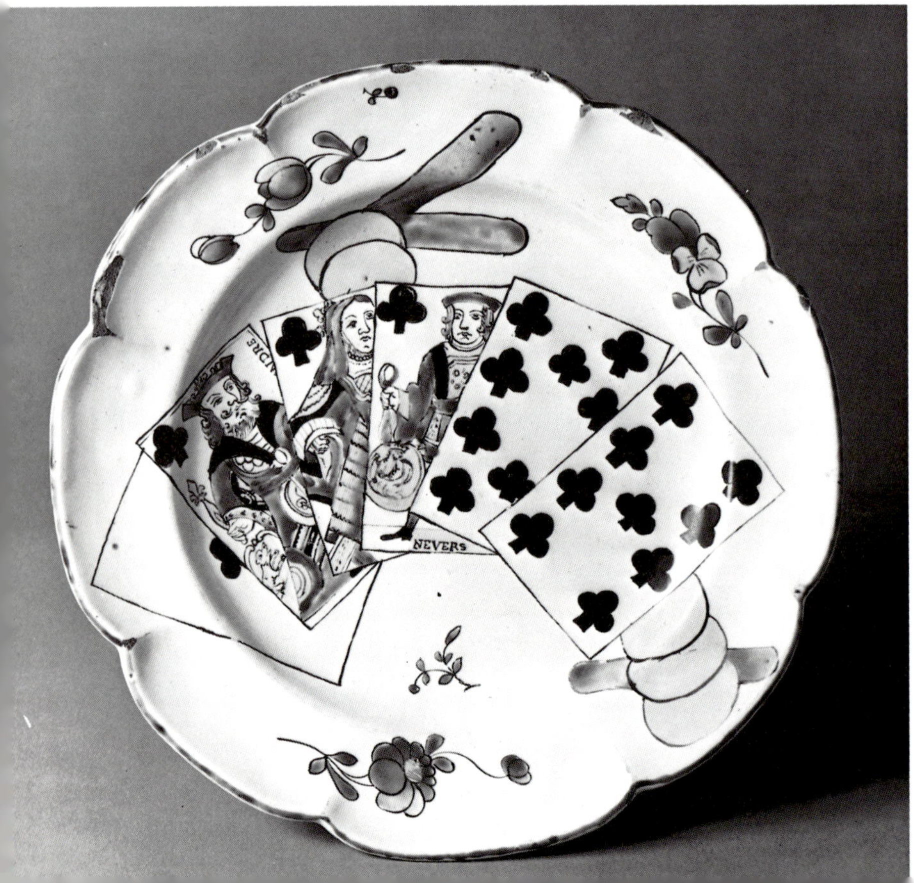

292 MOUSTIERS (Alpes-de-Haute-Provence), Manufaktur Ferrat, um 1780
Teller; Inschriften im Dekor; NEVERS, ...NDRE; polychromer Muffelfarbendekor; ⌀ 24 cm
Sèvres, Musée national de Céramique, Inv. MNC. 20441 (Legat Viennot)
In Moustiers – wie auch in Lille – wurden Fayencen mit einem Spielkartendekor in Trompe-l'œil-Manier geschmückt. Lille arbeitete dabei in Scharffeuertechnik und legte die Karten oft auf einen farbigen oder mit Gitterwerk überzogenen Grund. In Moustiers benutzte man die Muffelbrandtechnik; hier sind den Karten noch Spielmarken beigegeben. Die Inschrift NEVERS auf einer der Karten ist verwirrend.

◁◁ 290 MOUSTIERS (Alpes-de-Haute-Provence), Manufaktur Ferrat, Ende des 18. Jahrhunderts
Tulpenvase; polychromer Scharffeuerdekor; H 13,5 cm
Paris, Privatsammlung
Tulpenvasen in dieser violinähnlichen Form gehörten zu den gängigen Stücken der Manufaktur Ferrat. Sie wurden in mehreren Größen, mit drei oder fünf Tüllen hergestellt; den Dekor bilden Blumensträuße, Spielkarten oder Chinoiserien.
Die exotische Szene auf dieser Vase ist verwirrend: Die leichte Zeichnung der Motive und die gewundenen Pflanzen erinnern an italienische Malweise, andererseits scheint die Komposition bei Jean-Baptiste Pillement, einem Künstler aus Lyon, entlehnt, und in der Palette kommt auch das schöne Grün der Ferrat vor. Handelt es sich hier um das Werk eines aus Italien zugewanderten Malers, der bei den Ferrat in Moustiers gearbeitet hat?

◁ 291 MOUSTIERS (Alpes-de-Haute-Provence), Manufaktur Ferrat, um 1780
Dose; polychromer Muffelbranddekor; H 18 cm
Marseille, Musée Cantini, Inv. 3219
Handelt es sich um eine Puderdose oder, genauer gesagt, um eine Hochzeitsdose, wofür das Medaillon mit den beiden von einem Pfeil durchbohrten Herzen auf dem durchbrochenen Deckel sprechen könnte? Die Bestimmung der Dose steht jedenfalls nicht fest. Der gestreifte Grund mit dem Gegensatz des für die Muffelfarbenpalette der Ferrat charakteristischen Rot und kräftigen Grün erinnert an einige Fayencen von Aprey.

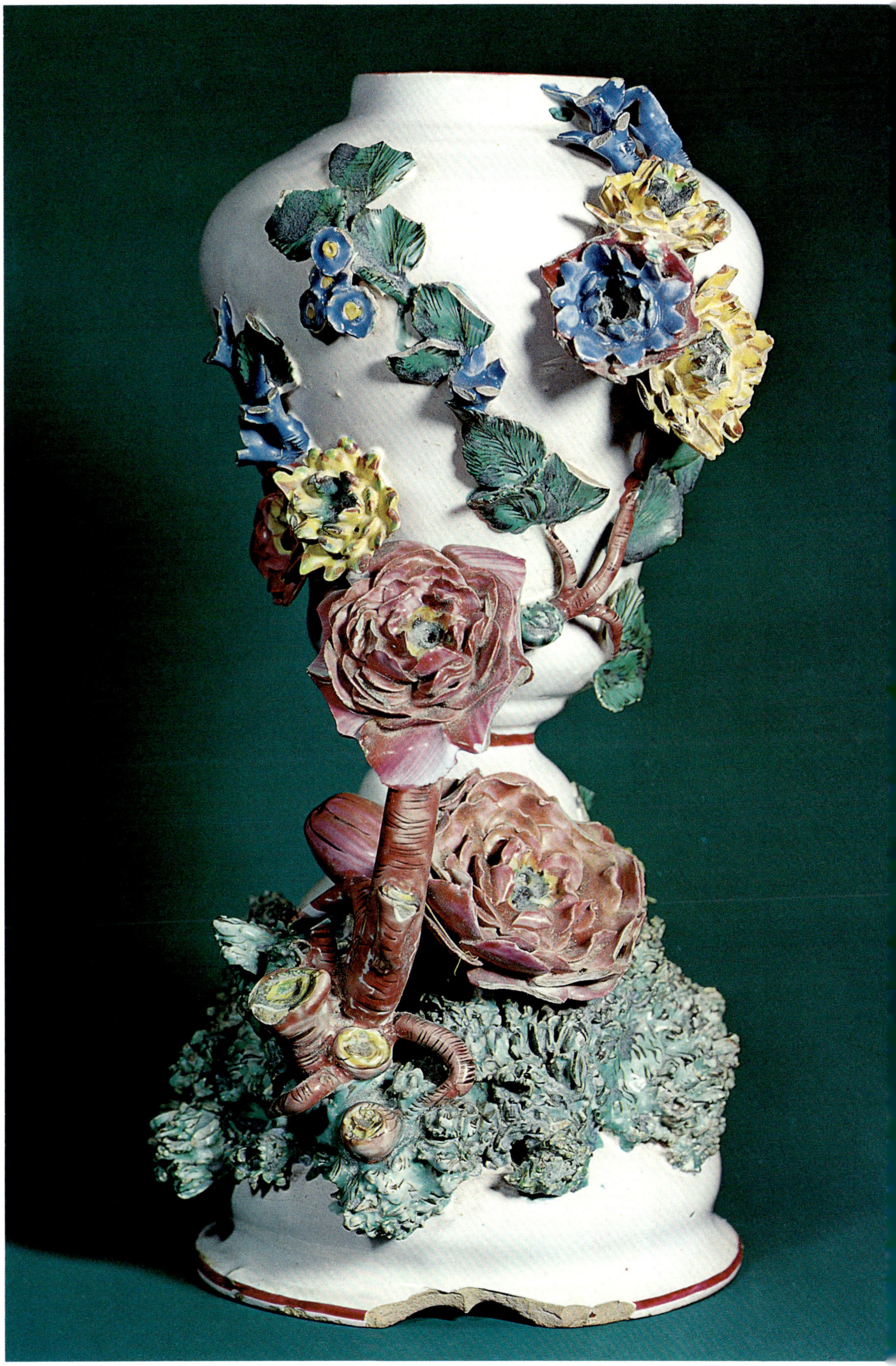

293 LA ROCHELLE (Charente-Maritime), 1777
Potpourri-Vase; Inschrift auf dem Sockel: LA ROCHELLE 1777; polychromer Muffelbranddekor; H 27,5 cm
Saintes, Musée régional Dupuy-Mestreau
Die Museen von La Rochelle und Sèvres besitzen je eine dieser Potpourri-Vasen, die durch ihren überreichen Reliefdekor von blühenden Zweigen und Moosen überraschen. Die eigenartige Palette mit dem Gegensatz der beiden Hauptfarben, einem dunklen Rot und einem schwarz schraffierten Grün, verstärkt den barocken Charakter dieses Gefäßes.

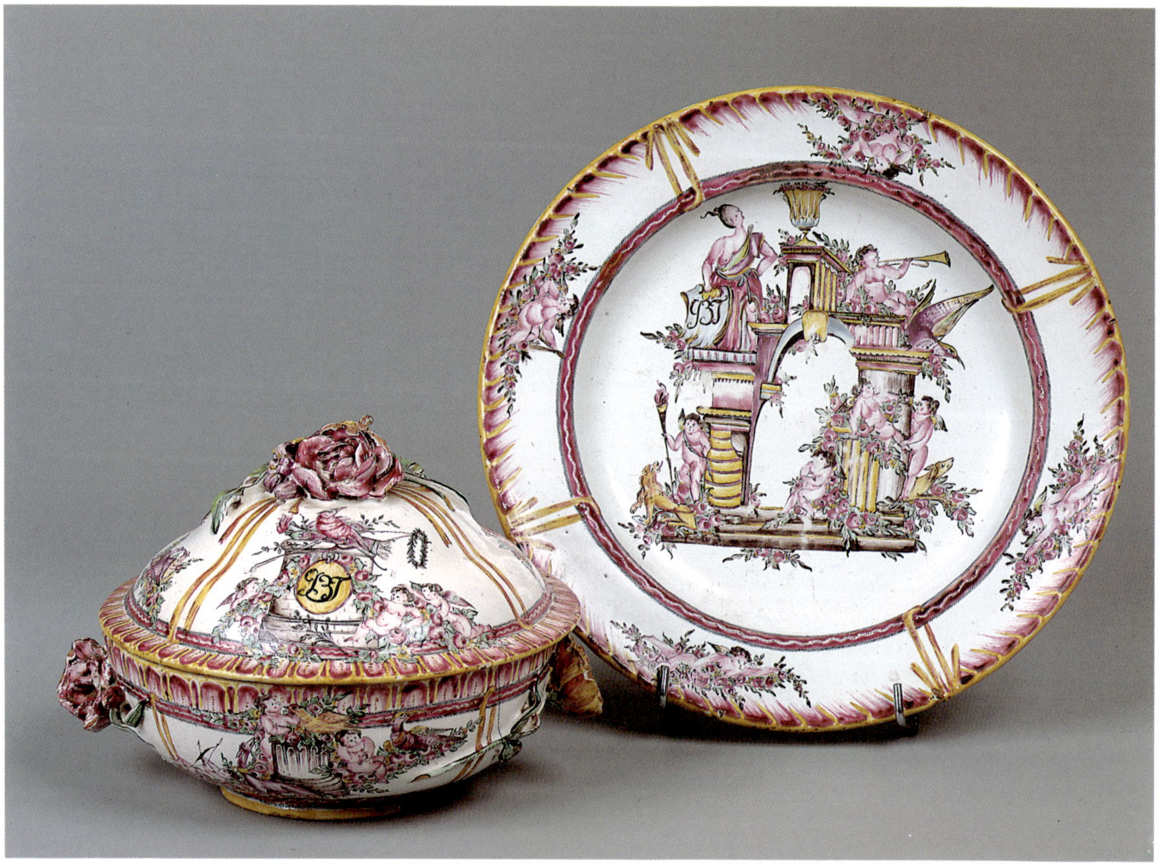

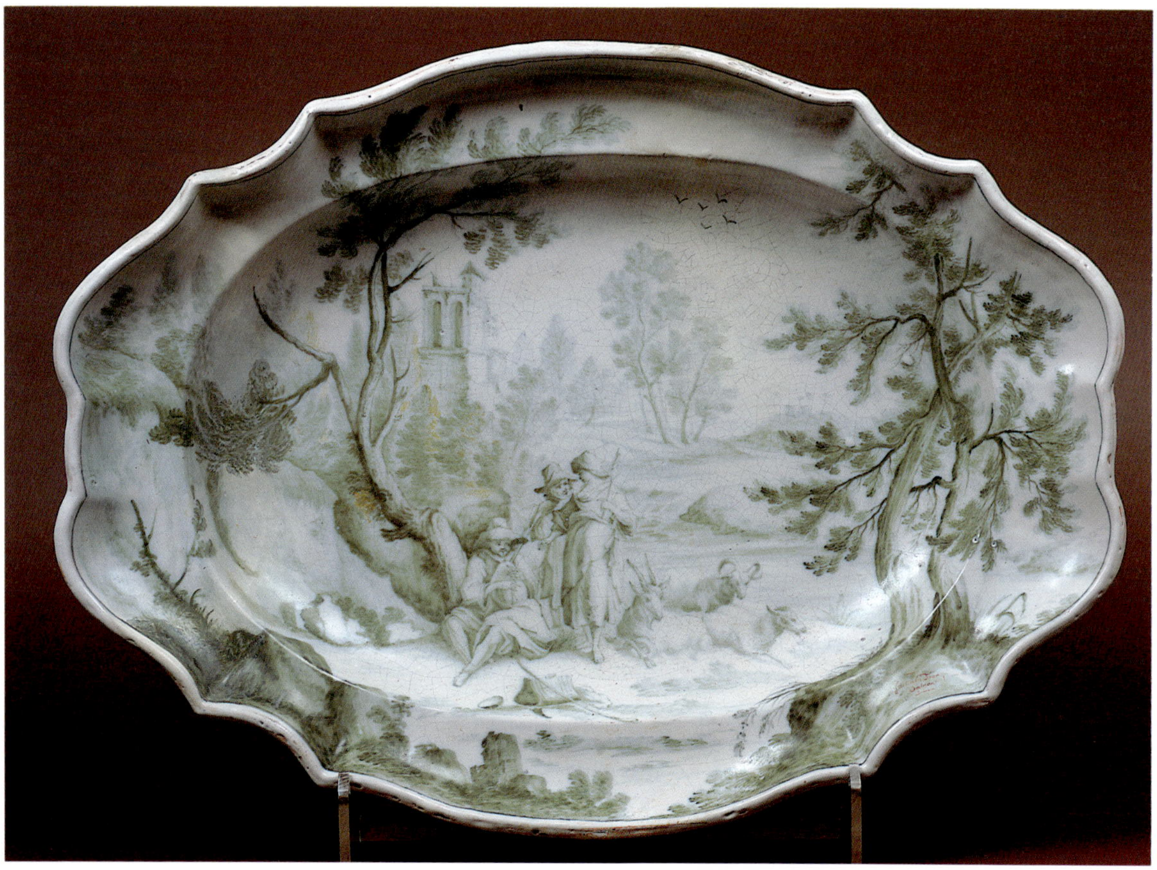

◁ 294 ARDUS (Tarn-et-Garonne), um 1775–1780
Deckelschale mit Platte; polychromer Muffelbranddekor; Schale: ∅ 15 cm; Platte: ∅ 21,5 cm
Sèvres, Musée national de Céramique, Inv. MNC. 23410 (Geschenk Thuile)
Die Manufaktur von Ardus hat Ende der vierziger Jahre des 18. Jahrhunderts zu arbeiten begonnen, doch die Seltenheit bezeichneter Stücke schließt aus, daß wir den Stil der Manufaktur wirklich identifizieren können. Der Dekor dieser Manufaktur ist immer zugleich anspruchsvoll und unbeholfen, mag es sich nun um Stücke handeln, die Matthieu Rigal, der in den vierziger Jahren in Ardus arbeitete, oder um solche, die Antoine Quijou zugeschrieben werden, von dem nach der Überlieferung diese Deckelschale mit ihrer Platte stammt.

◁ 295 LA TOUR-D'AIGUES (Vaucluse), zweite Hälfte des 18. Jahrhunderts
Platte; Inschrift unten rechts: fait a la Tour Daigues; Muffelbranddekor in Camaieugrün; L 51 cm
Sèvres, Musée national de Céramique, Inv. MNC. 6382
Diese Platte ist das einzige bekannte mit einer Marke versehene Stück aus der Manufaktur von La Tour-d'Aigues, die von 1756 bis in die Zeit um 1785 arbeitete. Die Qualität ist ungewöhnlich gut, die Wiedergabe des Raumes und die Modellierung der Figuren sind vollkommen. Man kann hoffen, daß Grabungen am Ort – und ihre Veröffentlichung – unsere Kenntnis der Arbeiten dieser Manufaktur verbessern. Die Verwendung des Camaieugrün scheint eine ihrer Spezialitäten gewesen zu sein.

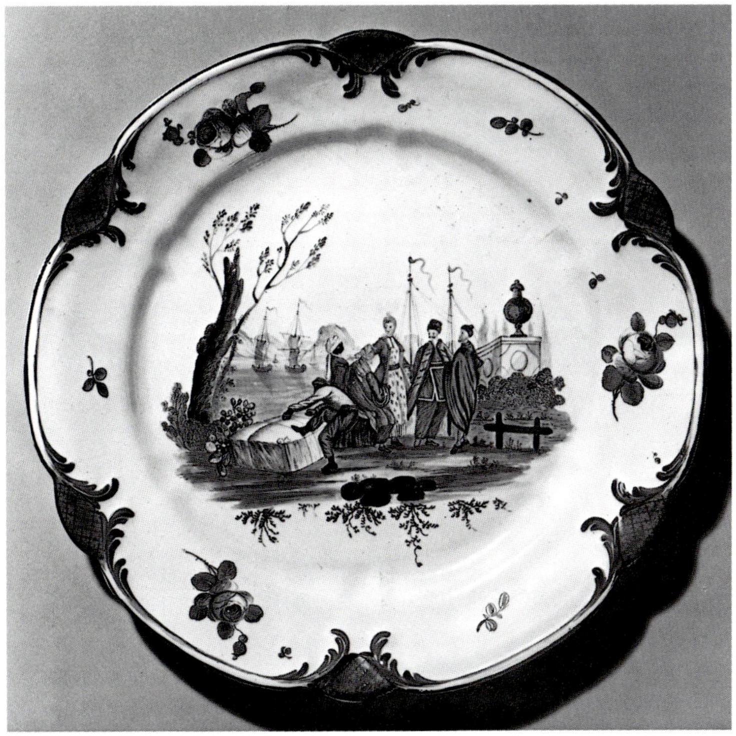

296 ROUEN (Seine-Maritime), Manufaktur Levavasseur, um 1775
Teller; polychromer Muffelbranddekor; ∅ 24,5 cm
Rouen, Musée des Beaux-Arts et de la Céramique, Inv. 576
Daß Rouen eine bedeutende Hafenstadt war, mag eine der Erklärungen dafür sein, daß die Fayencemanufakturen Seefahrts- und Hafenthemen gewählt haben. Das gilt ebenso für Marseille. Von diesem Dekor *aux marchands levantins* nimmt man an, daß er die Tätigkeit der Compagnie des Indes schildern sollte. Die Vorlage, ein holländischer Stich, wurde auch für den Dekor anderer Fayencen, vor allem für Teller von Sceaux, benutzt. Die kleinen, zwischen die sechs Bogen des Tellerrandes eingeschobenen grünen Kartuschen mit schwarzem Netzwerk sind eine Eigenheit von Rouen.

297 SINCENY (Aisne), um 1780
Ein Paar Jardinieren; polychromer Muffelbranddekor; L 20 cm, H 11,5 cm
Sèvres, Musée national de Céramique, Inv. MNC. 10297 (Legat Dolle)
In der kleinen Balustergalerie, die diese Jardinieren bekrönt, liegt ihr besonderer Reiz. Der Dekor mit spielenden Kindern ist in Muffelbrandtechnik ausgeführt, die wahrscheinlich zwischen 1775 und 1795, zur Zeit, als Louis Chambon Leiter der Manufaktur von Sinceny war, dort eingeführt wurde. Es war der letzte Aufschwung einer anspruchsvollen Produktion, denn im folgenden Jahrhundert stellte Sinceny nur noch Gebrauchsgeschirr her.

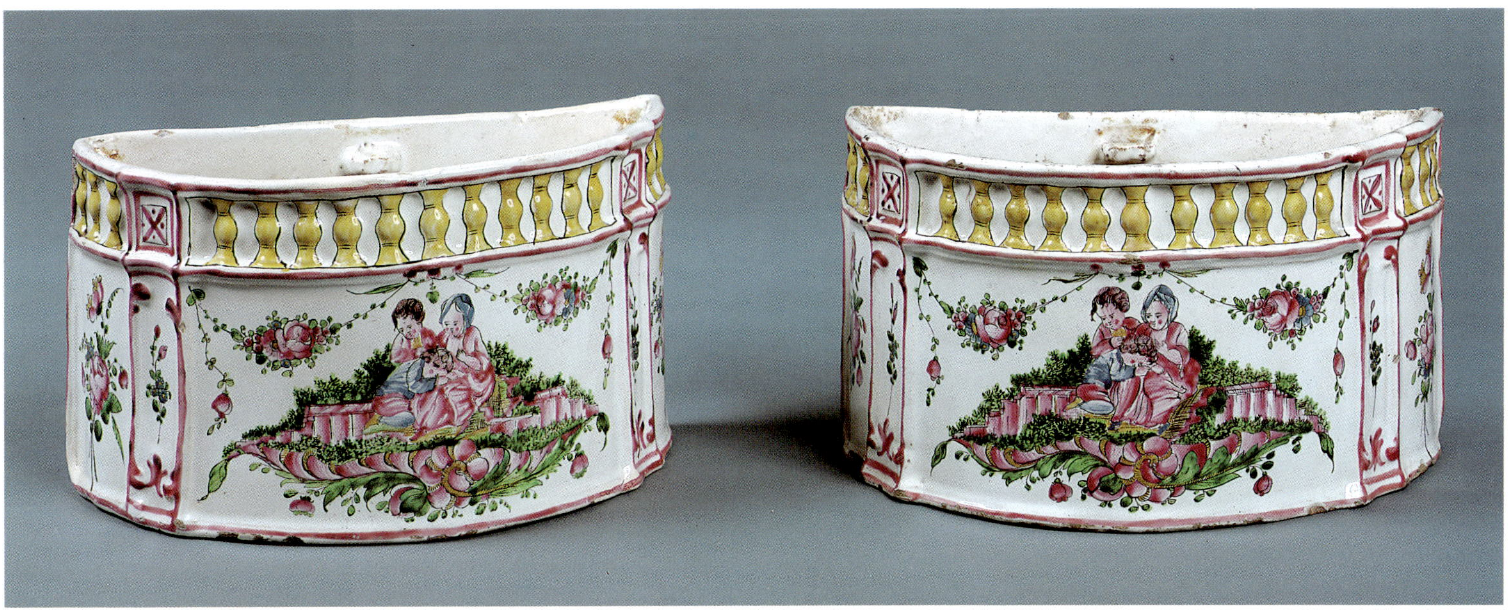

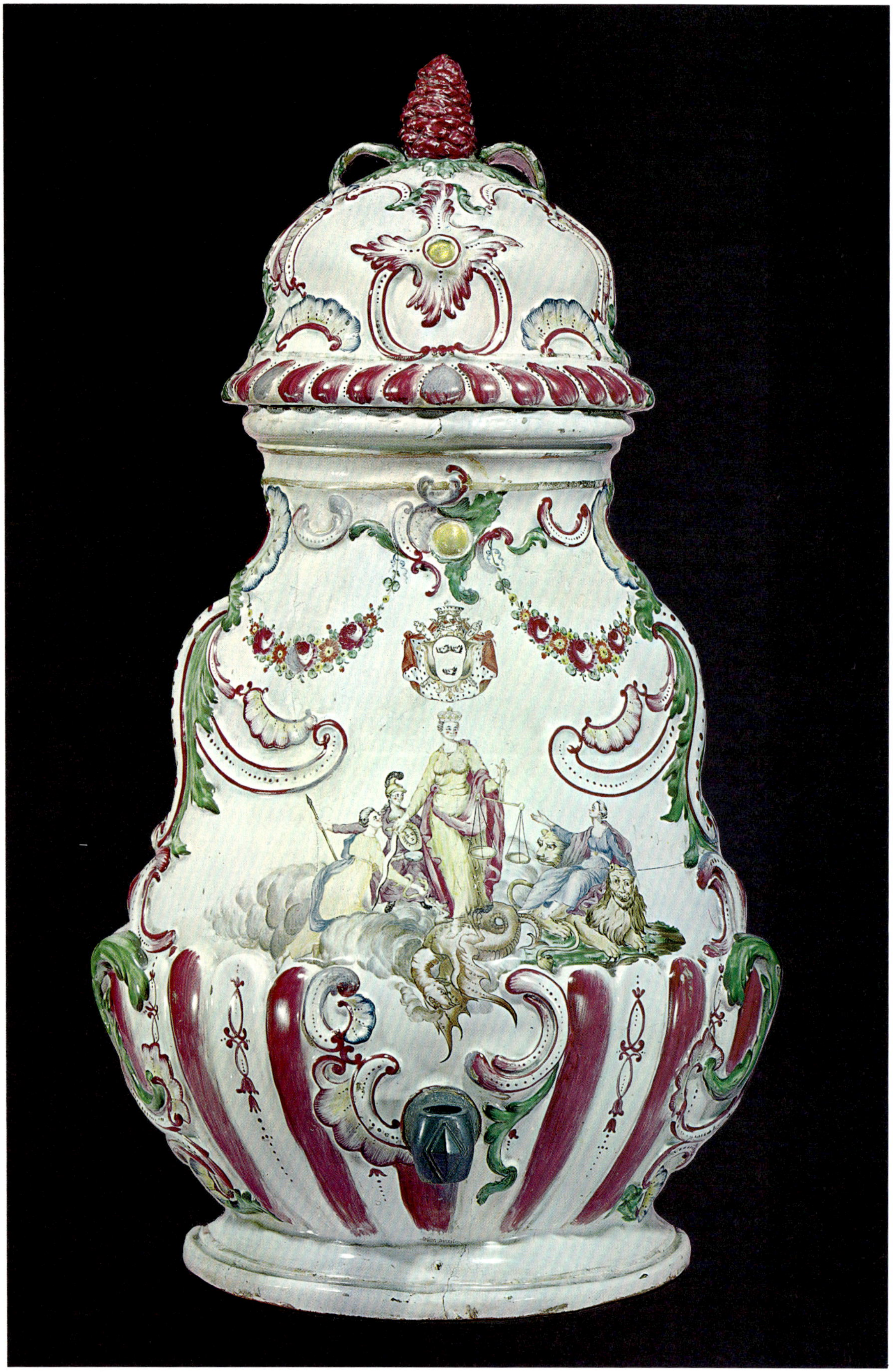

◁ 298 ROUEN (Seine-Maritime), Manufaktur Levavasseur, um 1775
Brunnen; Inschriften: LEVAVASSEUR A ROUEN; TELLIER PINXIT; polychromer Muffelbranddekor; H 57 cm
Rouen, Musée des Beaux-Arts et de la Céramique, Inv. 325
Der Brunnen des Marquis de Miromesnil, Präsidenten des Parlaments von Rouen und von 1774 an Großsiegelbewahrer, ist ein kostbares Beispiel der in Rouen geschaffenen Fayencen in Muffelbrandtechnik. Er trägt zwei Inschriften, deren eine den Namen der Manufaktur angibt, die diese neue Technik übernommen hat, während die andre den Maler nennt, der begabt genug war, alle Nuancen der Muffelfarbenpalette zu beherrschen.

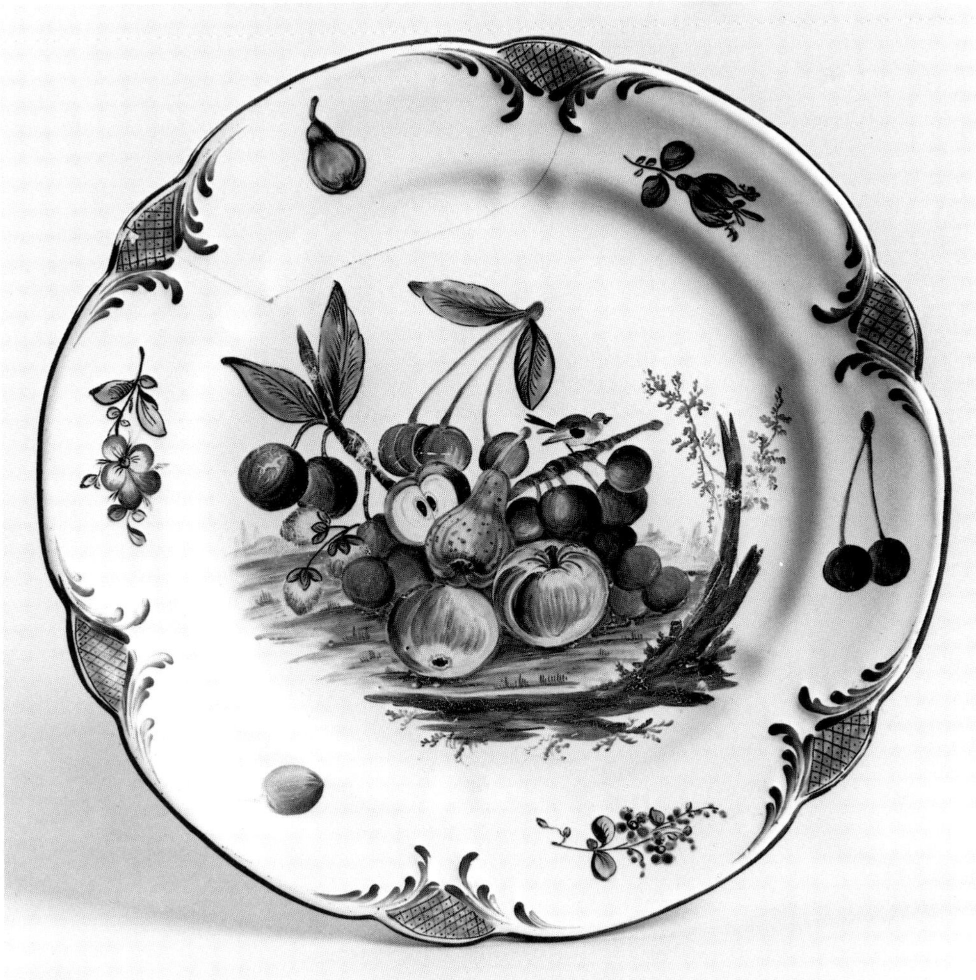

299 ROUEN (Seine-Maritime), Manufaktur Levavasseur, um 1775
Teller; polychromer Muffelbranddekor; Ø 24,5 cm
Paris, Musée des Arts décoratifs, Inv. AD. 23236
Wie in Sceaux gehören auch in Rouen zum Formenschatz der Muffelbranddekors Früchte. Dieser Dekor ist in den gleichen Grün- und Rosatönen ausgeführt wie der Dekor *aux marchands levantins*, auch die Fahnen der Teller sind in der gleichen Art mit Gitterwerkkartuschen geschmückt.

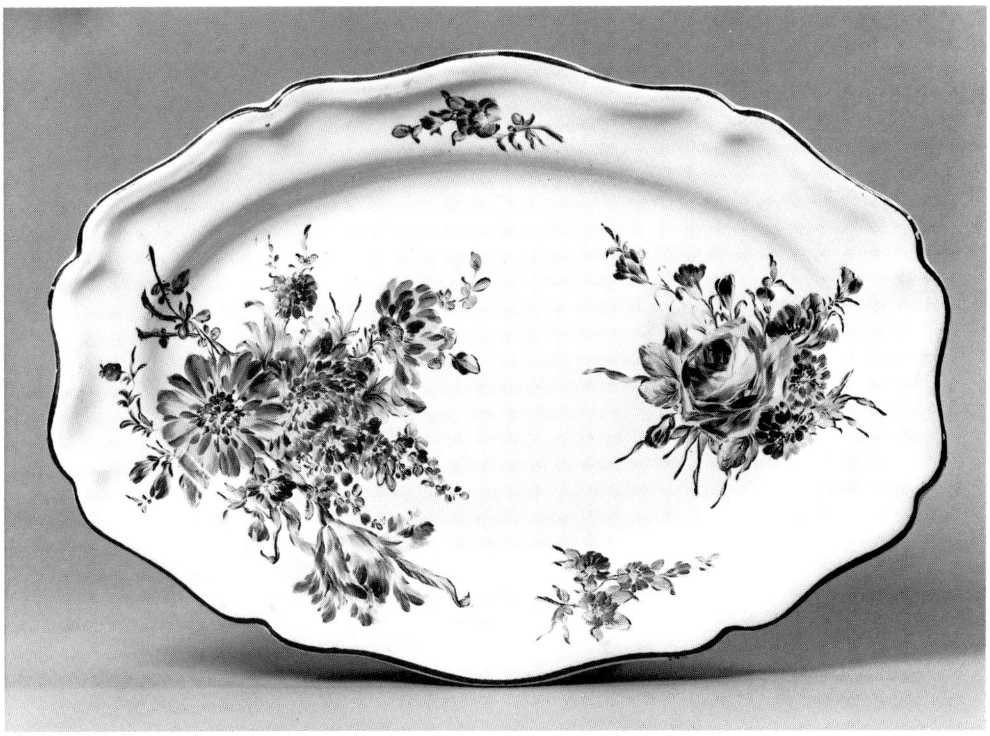

300 ROUEN (Seine-Maritime), Manufaktur Levavasseur, um 1775
Platte; polychromer Muffelfarbendekor; L 41,5 cm, B 29 cm
Sèvres, Musée national de Céramique, Inv. MNC. 9099
Bei diesem Muffelbranddekor aus Rouen sind wie in Straßburg mehrere Sträuße ungleichmäßig über die Fläche verteilt. Doch damit endet die Ähnlichkeit. Die Art des Malers von Rouen ist sehr persönlich und hat nicht viel mit der Fayencemalerei gemeinsam: Die Farbnuancen, die sichtbaren Pinselstriche bei den Blütenblättern und die kantigen Umrisse der hauptsächlichsten Blumen erinnern eher an Aquarellmalerei.

Anhang

Marken

Die Inschriften, die man auf einigen Fayencen findet, erlauben zwar eine leichtere Zuschreibung, doch handelt es sich dabei gewöhnlich nicht um Marken im engeren Sinn. Wir geben hier einige Beispiele.

APREY
Verschiedene Marken von Aprey

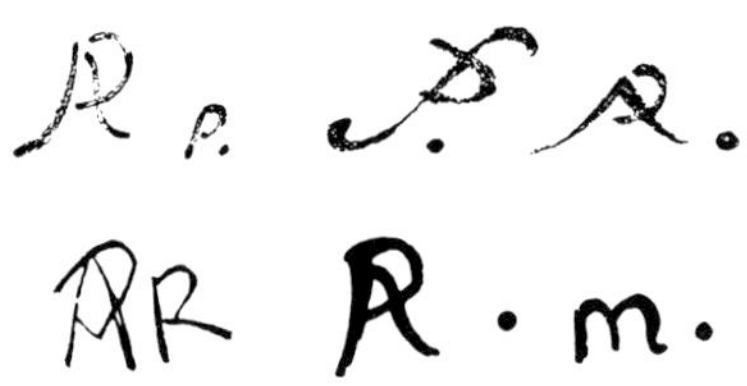

CLERMONT-FERRAND

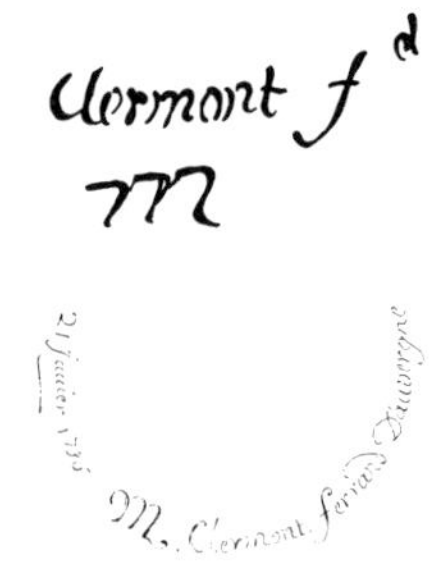

LA ROCHELLE

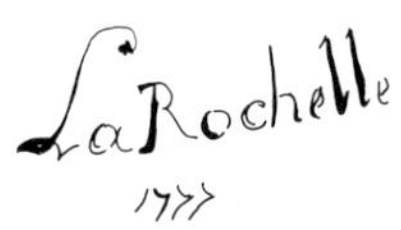

Marken, die gewöhnlich Marans-La Rochelle zugeordnet werden

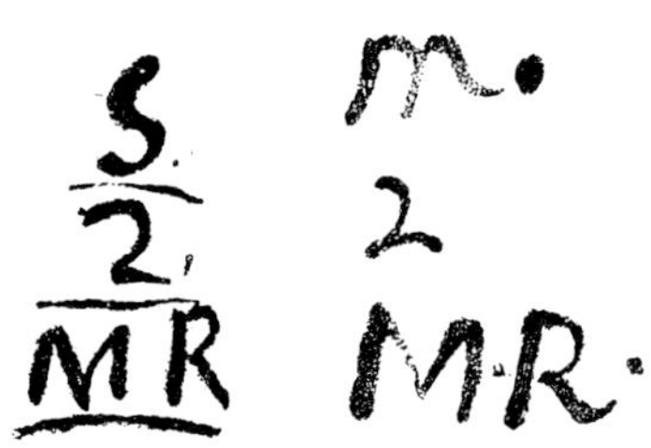

Es sei daran erinnert, daß eine Inschrift keinesfalls die Echtheit eines Stückes garantiert; für einen Fälscher ist es eine leichte Sache, eine Marke nachzuahmen.

LA TOUR-D'AIGUES
Marken auf der Platte von Abb. 295

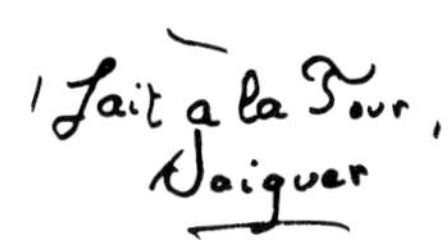

Im Dekor

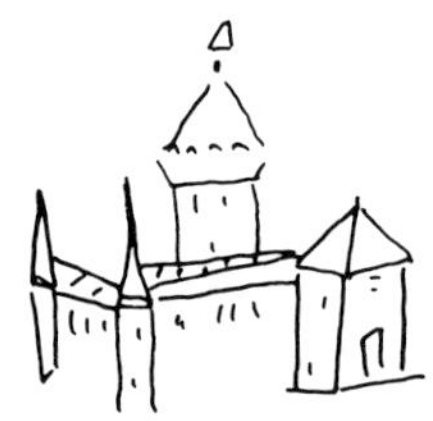

Auf der Rückseite

LILLE
Inschrift auf der Rückseite des Retabels von Abb. 65

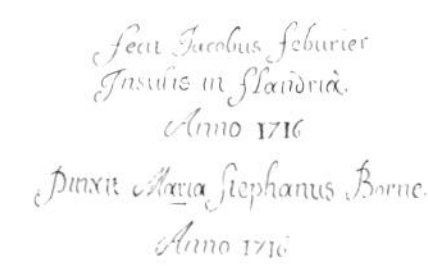

Initialen von Joseph-François Boussemaert

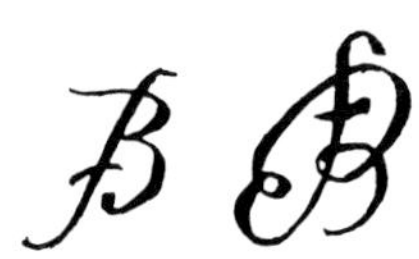

Marke auf der Unterseite der Fruchtschale von Abb. 62. Die Lilie ist das Wappenzeichen von Lille

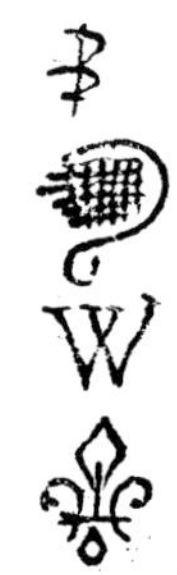

Andere Marken von Lille

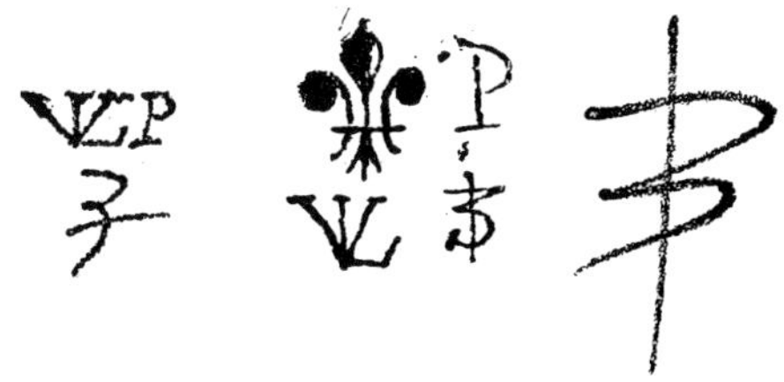

Marke auf der Rückseite des Tellers von Abb. 132

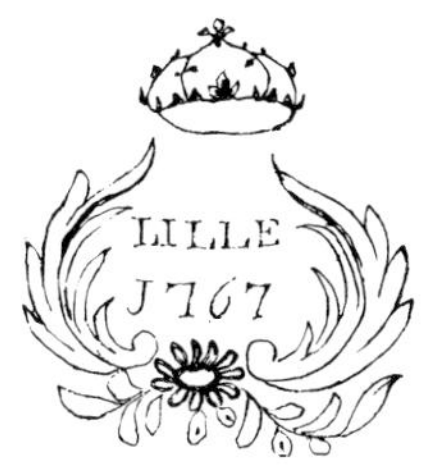

Marke im Deckel der Teekanne von Abb. 130

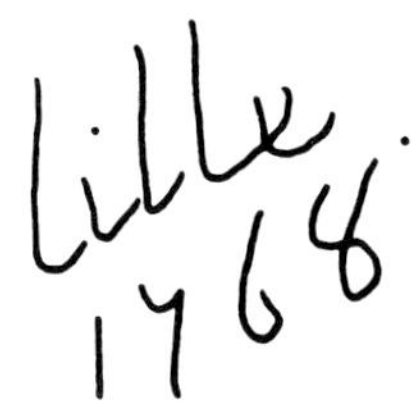

LYON
Inscheift auf der Rückseite der Platte von Abb. 4

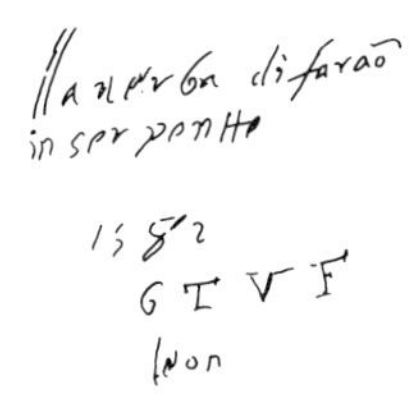

Marke von Joseph Combe (Combe Fecit): siehe Abb. 88

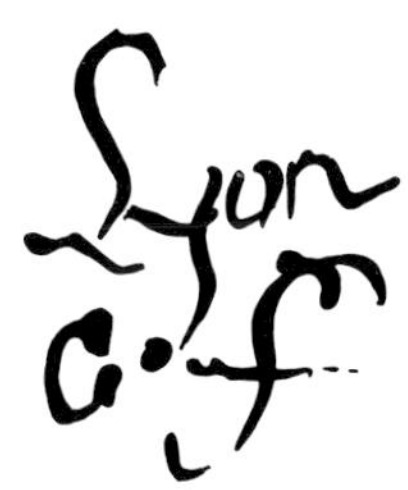

MARIGNAC
Inschrift auf der Rückseite des Beckens von Abb. 189

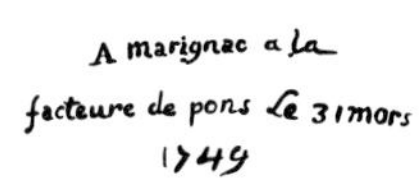

MARSEILLE
Inschrift auf der Fahne der Platte von Abb. 71

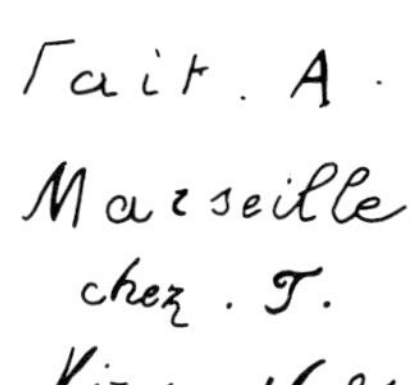

Inschrift auf der Rückseite der Platte von Abb. 70

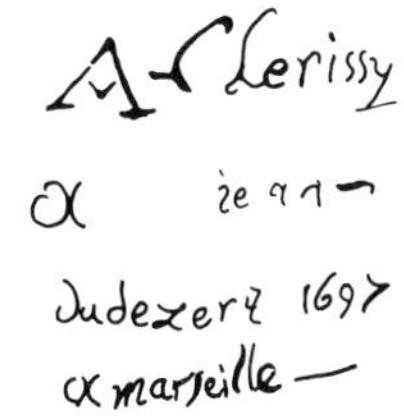

Inschrift auf der Flasche von Abb. 75

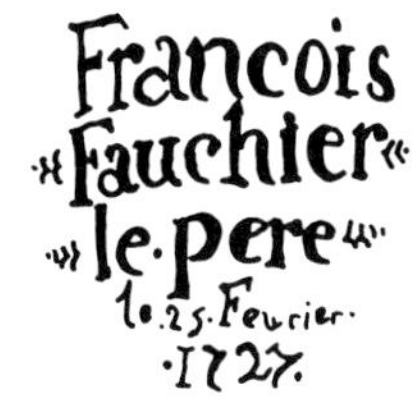

Den Fauchier zugeordneter Buchstabe, der sehr selten vorkommt

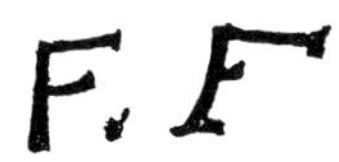

Inschrift auf der Unterseite des Tellers von Abb. 76

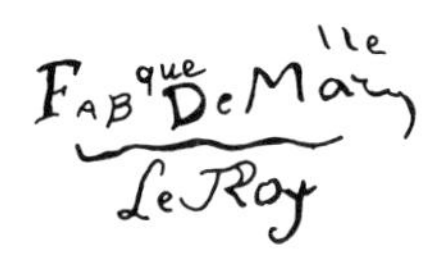

Verschiedene Monogramme der Veuve Perrin, die sehr häufig vorkommen

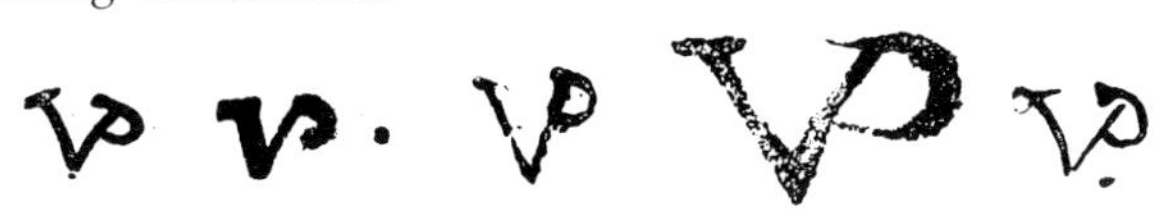

Inschrift im Deckel einer Schüssel, die im Musée national de Céramique in Sèvres aufbewahrt wird

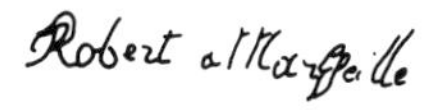

Initiale von Robert

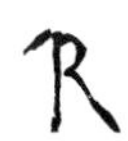

MARTRES-TOLOSANE
Inschrift am Hals der Flasche von Abb. 90

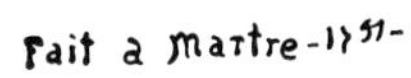

MENNECY
Die Initialen D. V. (Duché de Villeroy) finden sich häufig auf Mennecy-Porzellanen. Sie stehen auch auf einem Fayencekrug in der Sammlung des Musée national de Céramique in Sèvres

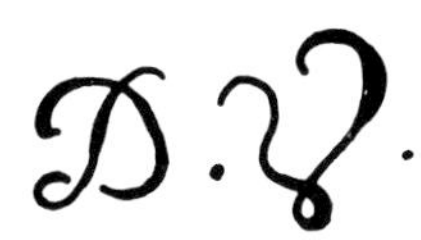

MOULINS
Inschrift auf der Rückseite der Platte von Abb. 119

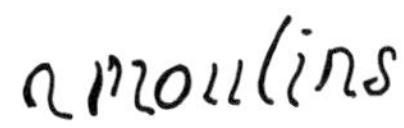

MOUSTIERS
Marke der Manufaktur Olerys-Laugier auf der Rückseite der Platte von Abb. 177

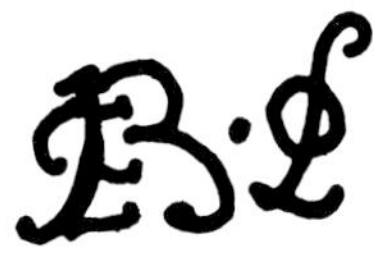

Verschiedene Marken der Manufaktur Olerys-Laugier

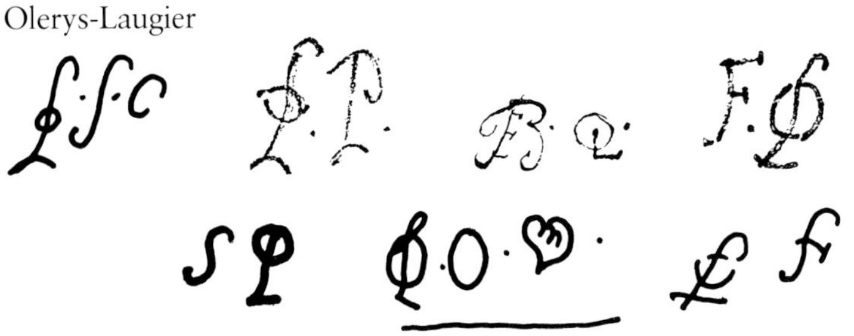

Initialen von Pelloquin-Fouque; sehr seltene Marke

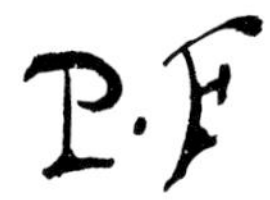

Prägemarke von Fouque

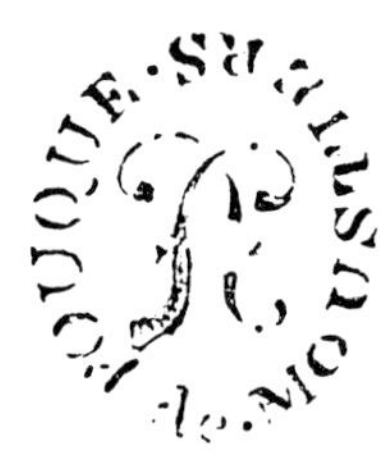

Prägemarke von Féraud

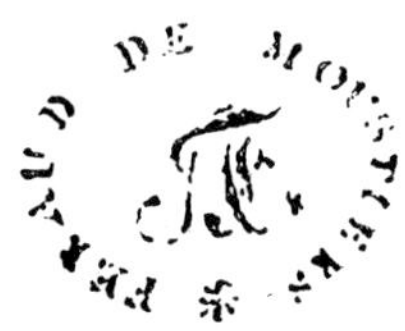

NEVERS
Inschrift auf der Rückseite der Platte von Abb. 5

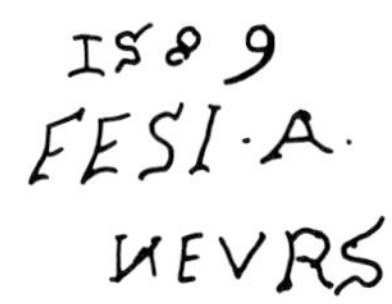

Inschrift auf verschiedenen Stücken von der gleichen Art wie die Platte von Abb. 16

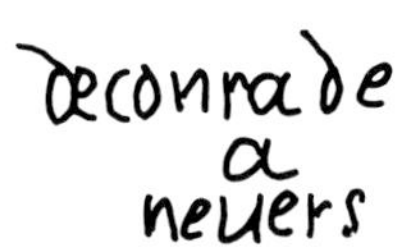

Denis Lefebvre zugeschriebene Signatur, eingeritzt in die Unterseite einer 1636 datierten Muttergottesstatue mit Kind im Musée municipal in Nevers

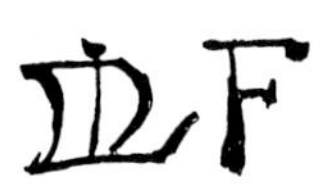

Henri Borne zugeschriebene Signatur, die auf der Unterseite verschiedener Statuetten zu finden ist

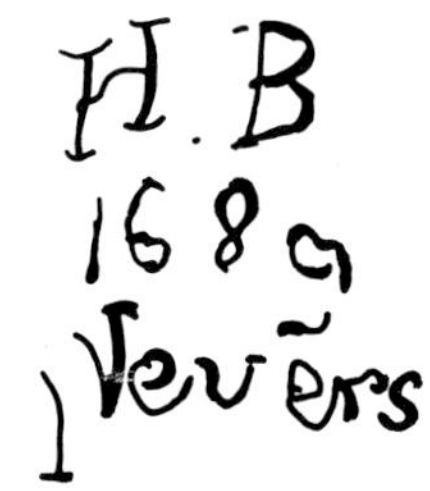

NIDERVILLER
Initialen von Beyerlé-Niderviller (Periode 1754–1770) auf der Rückseite der Platte von Abb. 228

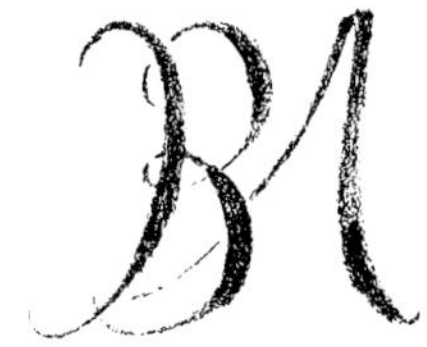

Marke des Comte de Custine (Periode 1770–1793)

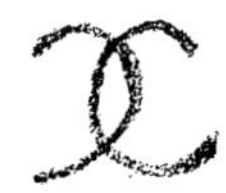

RENNES
Inschriften auf den Seiten des Schreibzeugs von Abb. 126

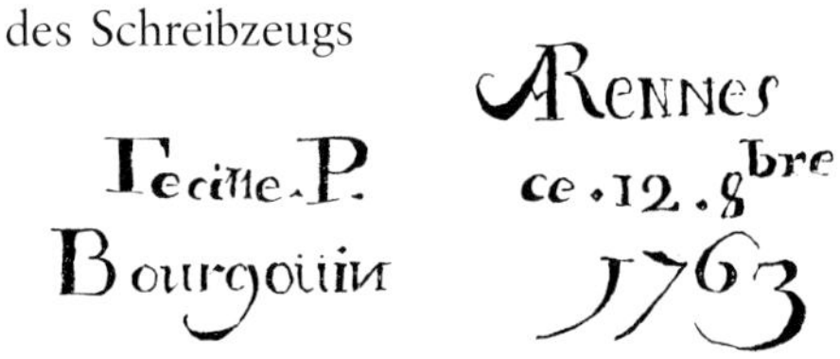

ROUEN
Marke von Masséot Abaquesne; 16. Jahrhundert

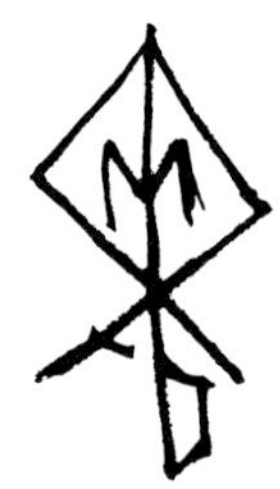

Marke auf einen Teller mit Scharffeuerdekor in Camaieublau des Musée national de Céramique in Sèvres. Sie wird Rouen zugeordnet. Die durchgestrichene Drei erscheint auch auf der Rückseite einiger Lille zugeordneter Stücke

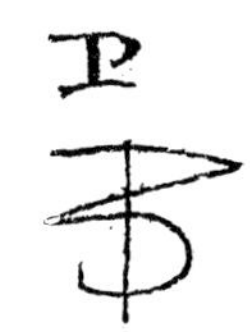

Marke der Manufaktur Guillibaud von 1720 an

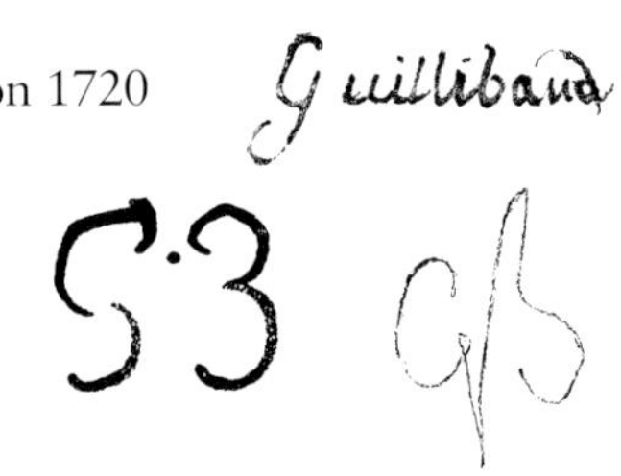

Marken der Manufaktur Levavasseur; Muffelbranddekor; letztes Viertel des 18. Jahrhunderts

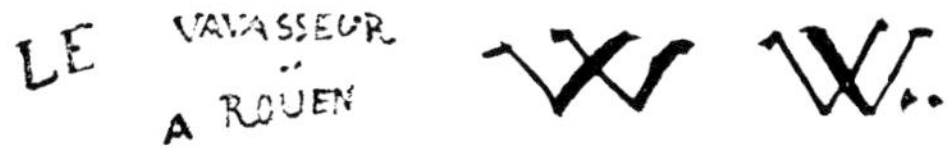

SAINT-AMAND-LES-EAUX
Verschlungene F, Initialen der Fauquez. Diese Marke erscheint von etwa 1760 an

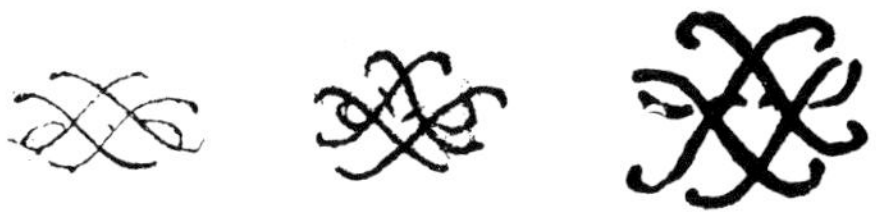

SAINT-CLOUD
Die Buchstaben bedeuten Saint-Cloud-Trou Zwischen 1679 und 1766 gebräuchliche Marke

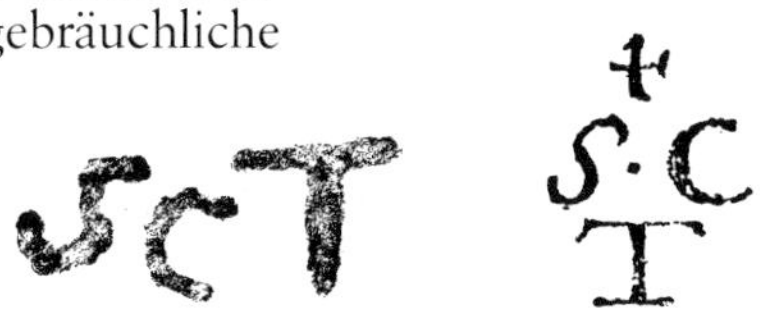

SCEAUX
Periode Chapelle (1750–1763)
Marke mit Wappenlilie und den Initialen von Chapelle-Sceaux

Periode Glot, von 1772 an, mit den Initialen von Orléans-Penthièvre oder Sceaux-Penthièvre. Der Anker ist das Wappenzeichen des Herzogs von Penthièvre

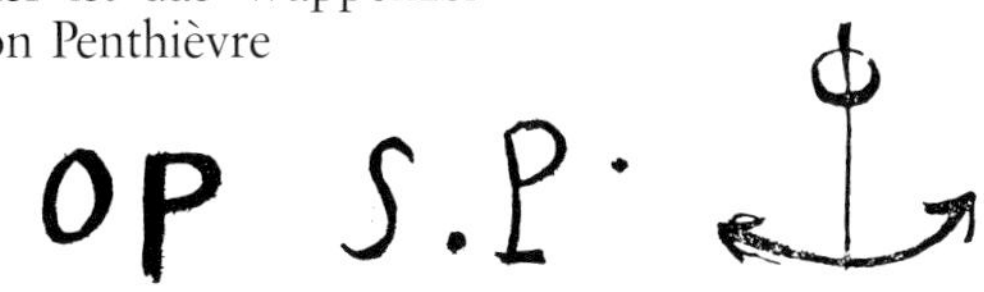

Fabrikmarken aus dem Ende des 18. Jahrhunderts für bedeutende Service

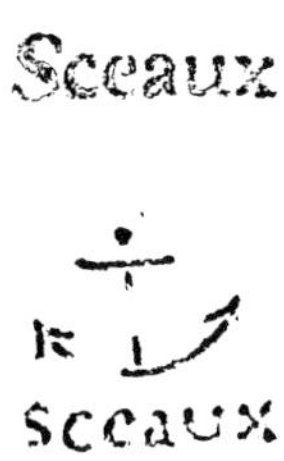

SINCENY
Von 1737 an

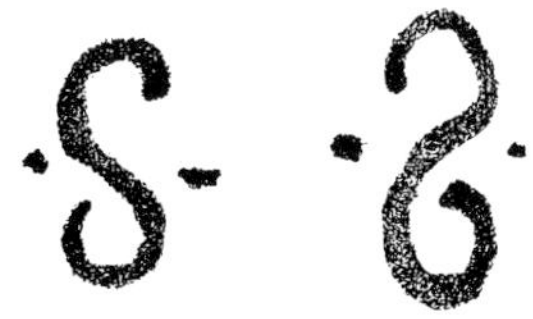

Von etwa 1770 an

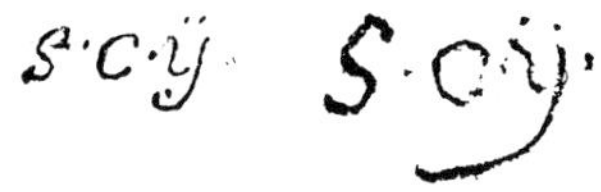

STRASSBURG
Periode Paul Hannong (1754–1760)

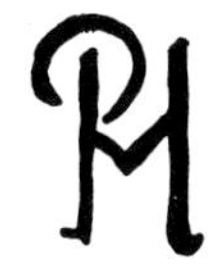

Periode Joseph Hannong (1760–1781)

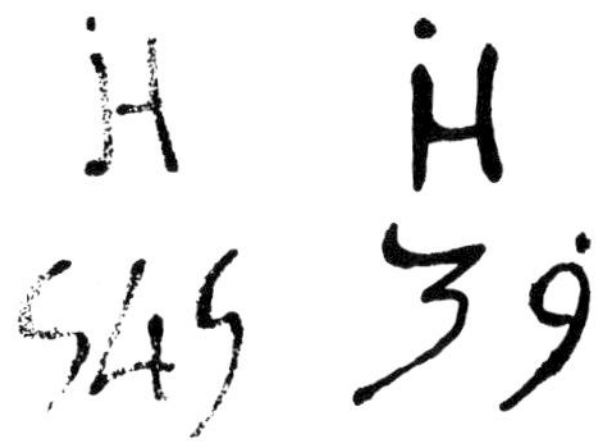

VARAGES
Inschrift auf der Rückseite der Platte von Abb. 87

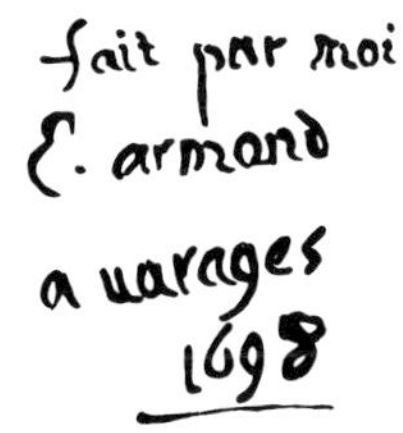

Ausgewählte Bibliographie

ALLGEMEINE WERKE

Alfassa, P., Bloch, J., Chompret, J. und J. Guérin (unter der Leitung von), Répertoire de la faïence française, Paris 1935
Charleston, R. J. (Hrsg.) u.a., World Ceramics. An Illustrated History, London – New York – Sydney – Toronto 1968
Fourest, H.-P. und J. Giacomotti, L'œuvre des faïenciers français du XVIe à la fin du XVIIIe siècle, Paris 1966
Frégnac, C., Europäische Fayencen, Stuttgart – Fribourg 1976
Giacomotti, J., Faïences françaises, Fribourg 1963
Graesse, J. G. Th., Führer für Sammler von Porzellan und Fayence, 25. Aufl. München 1982

ARBEITEN ÜBER EINZELNE ZENTREN

Arnaud d'Agnel, G., La Faïence et la porcelaine de Marseille, Marseille – Paris 1910
Ballot, J., La Céramique française – Nevers, Rouen et les fabriques du XVIIe et du XVIIIe siècle, Paris 1925
Bertrand, P., Faïence et faïenciers de Varages, Varages 1983
Buyer, L. und S. de, Faïences et faïenciers de Franche-Comté, Besançon 1983
Chompret, J., »Les Faïences d'Aprey«, in: Annales de la Société d'Histoire, d'Archéologie et des Beaux-Arts de Chaumont, Chaumont 1933
– Les Faïences françaises primitives d'après les Apothicaireries hospitalières, Paris 1946
Cuzacq, R., Les Faïences de Samadet, Mont-de-Marsan 1940
Damiron, C., La Faïence artistique de Moustiers, Paris 1919
– La Faïence de Lyon, 2 Bde., Paris 1926
Davillier, J.-C., Histoire des Faïences et Porcelaines de Moustiers, Marseille et autres fabriques méridionales, Paris 1863
Decombe, L., Les anciennes Faïenceries rennaises, Rennes 1900
Desnuelle, M., La faïence à Marseille au XVIIe siècle. Saint-Jean-du-Désert, Avignon 1984
Devaux, P., Les Faïences d'Aprey, Paris 1908
Du Broc de Segange, L., La Faïence, les Faïenciers et les Emailleurs de Nevers, Nevers 1863
Fieffé, C. P., Les Faïences patronymiques. Caractéristiques des Saints dans la céramique nivernaise, Paris 1902
Fieffé und Bonveault, Les Faïences patriotiques nivernaises, Nevers 1883
Forestie, E., Les anciennes Faïenceries de Montauban, Ardus Nègrepelisse, Auvillar, etc., Montauban 1876, 1929
Fouque, E., Moustiers et ses Faïences, Aix-en-Provence 1889
Fourest, H.-P., »The Sceaux Faience Factory«, in: The Connoisseur 1961
Grange, G., Histoire de la Faïence de Clermont-Ferrand, Clermont-Ferrand 1882
Haug, H., La Faïencerie de Strasbourg, Paris – Straßburg 1950
– Les Faïences et Porcelaines de Strasbourg, Straßburg 1922
Houdoy, J., Histoire de la Céramique Lilloise, Paris 1869
Huillard, P., La Faïence en Bourgogne auxerroise, Paris 1962
Janot, J.-M., Recherches sur les faïenceries d'Epinal, Epinal 1960
Labadie, E., »Notes et Documents sur quelques Faïenceries du Périgord«, in: Bulletin historique et archéologique de Périgord, 1909
Le Breton, G., Les Faïences de Quimper, Rouen 1876
Lecoq, J. und G., Histoire des Manufactures de Faïences et de Poteries de la Haute-Picardie, Paris 1877
Lejeal, A., Notice sur la Manufacture de Produits céramiques de Saint-Amand-les-Eaux, Lille 1867
Le Men, R. F., La Manufacture de Faïence de Quimper, Quimper 1875
Mancey, R. und J. Broisin, Faïences de Roanne, o.O. 1982
Meaudre de la Pouyade, Essai d'Histoire des Faïenciers de Bordeaux, du XVIIIe siècle à nos jours, Mâcon 1926
Milliet, E., Notice sur les Faïences artistiques de Meillonas, Bourg-en-Bresse 1877
Mompeut, J., Les Faïences de Moustiers, Aix-en-Provence 1980
Musset, G., Les Faïenceries rochelaises, La Rochelle 1888
Noelas, F., Histoire des Faïences roanno-lyonnaise, Lyon 1883
Oliver, P., Masséot Abaquesne et les Origines de la Faïence de Rouen, Rouen 1952
Pottier, A., Histoire de la Faïence de Rouen, Rouen 1870
Quirielle, R. de, La Faïence de Moulins, Moulins 1923
Requin, H., Histoire de la Faïence artistique de Moustiers, Paris 1903
Reynaud, H. J., Faïences de Moustiers, XVIIe et XVIIIe siècles, Vorwort von Ch. Curtil-Boyer, Genf 1952
Ris Paquot, Histoire des Faïences de Rouen, Amiens 1870
Rondot, N., La Céramique lyonnaise du XVIe auf XVIIIe siècle, Paris 1889
Roullet, M. S., Les Faïences artistiques de Quimper au XVIIIe et au XIXe siècle, Lorient 1980
Tainturier, A., Recherches sur les anciennes Manufactures de porcelaine et de faïence d'Alsace et de Lorraine, Straßburg 1868

Thore, A., Les anciennes Fabriques de Faïences et de Porcelaine de l'arrondissement de Sceaux, Paris 1868
Warmont, A., Recherches historiques sur les Faïences de Sinceny, Rouy et Ognes, Chauny – Paris 1864

AUSSTELLUNGEN

1932 Paris, Palais du Louvre, Pavillon de Marsan:
La faïence française de 1525 à 1820
1937 Nevers, Musée und Chapelle Sainte-Marie:
Rétrospective de céramiques et verreries nivernaises
1951 Lille, Palais des Beaux-Arts:
Céramique ancienne régionale
1952 Aix-en-Provence:
Faïences de Moustiers, XVIIe et XVIIIe siècles
1952 Nancy, Musée des Beaux-Arts:
Faïences françaises anciennes
1952 Rouen, Musée des Beaux-Arts:
Trésor de la faïence de Rouen
1952 Sèvres, Musée national de Céramique:
Faïences de Rouen, Lille, etc., à décor de »lambrequins«
1954 Aix-en-Provence
Le décor Berain
1955 Lourdes, Musée pyrénéen:
Faïences et porcelaines des Pyrénées
1958 Anvers, Maison Osterrieth, Meir:
Trésor de la céramique française des origines à la fin du XVIIIe siècle
1958 Marseille, Musée Cantini:
Les frères Ferrat
1961 Pontarlier, Chapelle des Annonciades:
Faïences de Franche-Comté
1962 Montpellier, Musée Fabre:
La faïence de Montpellier – XVIe, XVIIe, XVIIIe siècles
1964 Grenoble, Archives départementales de l'Isère:
Exposition de faïences anciennes des manufactures de Grenoble et de La Tronche aux XVIIIe et XIXe siècles
1965 Lunéville, Musée:
Faïences de Lunéville et de Saint-Clément au XVIIIe siècle
1965 Nevers, Chapelle Sainte-Marie:
Faïences nivernaises parlantes (Faïences patronymiques, bachiques, grivoises et révolutionnaires). Collection du Musée Blandin
1965 Paris, Musée des Arts décoratifs:
Chefs-d'œuvre du Musée Frédéric Blandin. Faïences de Nevers, de la Renaissance à la Révolution
1966 Rennes, Musée des Beaux-Arts:
Faïence française du XVIIIe siècle
1967 La Rochelle, Musée d'Orbigny:
La Rochelle au XVIIIe siècle
1975 Straßburg, Musée des Arts décoratifs, Palais des Rohan:
L'œuvre des Hannong: faïences de Strasbourg et de Haguenau
1975 Toulouse, Centre culturel de l'Aérospatiale:
Faïences à Martres-Tolosane
1976 Saint-Omer, Musée de l'Hôtel Sandelin:
La faïence de Saint-Omer
1980 Paris, Galeries nationales du Grand Palais:
Faïences françaises. XVIe–XVIIIe siècles
1981–1982 Saint-Dié, Musée:
Le décor »au chinois« dans les manufactures de céramiques de l'Est de la France. 1765–1830
1985 Saint-Amand-les-Eaux, Musée:
Faïenciers de Saint-Amand au XVIIIe siècle
1985 Sèvres, Musée national de Céramique:
Richesse de la céramique dans les musées de Picardie
1985–1986 Marseille, Musée Grobet-Labadié:
Faïence de Marseille Saint-Jean-du-Désert

Abbildungsnachweis

Der Verlag dankt den Fotografen, die die Aufnahmen für das vorliegende Buch machten, und den Museen, Archiven und sonstigen Institutionen, die weiteres Fotomaterial lieferten. Die Zahlen verweisen auf die Abbildungsnummern.

Die Bildbeschaffung für dieses Buch besorgte Ingrid de Kalbermatten.

Maurice Babey, Basel 2, 10, 11, 14, 16, 17, 19, 20, 21, 25, 26, 27, 28, 29, 31, 32, 33, 34, 35, 36, 39, 46, 47, 48, 49, 60, 66, 67, 68, 69, 79, 82, 84, 88, 92, 93, 96, 98, 101, 105, 106, 107, 109, 119, 120, 121, 125, 127, 129, 130, 131, 134, 137, 140, 143, 144, 152, 157, 158, 185, 189, 193, 194, 195, 197, 198, 204, 206, 207, 210, 211, 212, 213, 215, 216, 217, 222, 225, 228, 229, 232, 233, 240, 242, 247, 248, 251, 252, 254, 256, 261, 263, 267, 269, 270, 271, 272, 275, 276, 278, 279, 280, 286, 298
British Museum, London 4
Cahiers de la Céramique, Paris 76
Yves Debraine, Lausanne 8, 70, 72, 77, 89, 90, 124, 128, 162, 163, 164, 168, 170, 171, 174, 175, 176, 178, 179, 181, 187, 188, 192, 221, 264, 287, 288, 289, 291, 293, 296
Louis Laniepce, Paris 111, 114, 167
Morel, Dijon 108
Musée Cantini, Marseille 285
Musée des Arts décoratifs, Paris 55, 56, 180 (Fotos Laurent Sully Jaulmes)
Musée des Arts décoratifs, Straßburg 205, 209, 231
Musée du Château, Lunéville 237
Michel Nahmias, Paris 78, 95, 165
Réunion des musées nationaux, Paris 3, 5, 15, 22, 37, 45, 50, 57, 71, 75, 80, 81, 83, 103, 113b, 208, 230, 244
Saint-Amand-les-Eaux, Musée municipal 142, 145, 146, 148, 149, 150
Staatliche Eremitage, Leningrad 7
Studio Lourmel, Georges Routhier, Paris 1, 9, 12, 13, 18, 23, 24, 30, 38, 40, 41, 42, 43, 44, 51, 52, 53, 54, 58, 59, 61, 62, 63, 64, 65, 73, 74, 85, 86, 87, 94, 97, 99, 100, 102, 104, 110, 112, 115, 116, 117, 118, 122, 126, 132, 136, 138, 141, 147, 151, 153, 154, 155, 156, 159, 160, 161, 169, 172, 173, 177, 182, 183, 184, 190, 191, 196, 199, 200, 201, 202, 203, 214, 218, 219, 220, 223, 224, 226, 227, 234, 235, 236, 238, 239, 241, 243, 245, 246, 249, 250, 253, 255, 257, 258, 259, 260, 262, 265, 266, 268, 273, 274, 277, 281, 282, 283, 284, 290, 292, 294, 295, 297, 299, 300
Archives de l'éditeur 7, 91, 113a, 133, 135, 139, 166, 186

Register

Die kursiven Zahlen verweisen auf die Nummern der Abbildungen und der zugehörigen Bildtexte.